新中國出土墓誌

故宫博物院
南京市博物館 編

第二期工程

江蘇〔貳〕南京 下册

文物出版社

本叢書編輯委員會

顧　問　鄭欣淼

主　任　單霽翔

副主任　宋紀蓉

委　員（按姓氏筆劃順序）

王　素　毛陽光　白　寧　任　昉　吴敏霞　佘　輝　宋玲平

馬金花　張宏明　張建林　葉　渡　趙跟喜　韓立森　羅　豐

本叢書主編　王　素

執行主編　任　昉

編　輯　王玉來　馬玥佳　米婷婷

本　書主　編　魏正瑾　白　寧

編　著（按姓氏筆劃排序）

王　璞　白　寧　朱　敏　邱曉勇　徐佩佩　魏正瑾　魏楊菁

邊　昕　顧蘇寧

編　務　孫雨璠　陳宇滔

攝　影　黄秝人

拓　片　張建國　沈利華　邱曉勇　李　克

編　輯　馬玥佳

審　訂　王　素　任　昉

目録

釋文

一　東晉故豫章內史謝鯤墓誌

〔誌文〕

晉故豫章內史陳國陽夏謝鯤幼輿，以泰寧」元年十一月廿八日，假葬建康縣石子罡，在」陽大家墓東北□丈。妻中山劉氏。息尚，仁祖；」女真石。弟褎，幼儒；　弟廣，幼臨。舊墓在熒陽〔一〕。

〔簡注〕

〔一〕「熒」通「滎」，「熒陽」即「滎陽」。

二　東晉使持節侍中大將軍始安忠武公温嶠墓誌

〔誌文〕

祖濟南大守恭，字仲讓；　夫人大原」郭氏。」父河東大守襜〔一〕，字少卿；　夫人潁川」陳氏、夫人清河崔氏。」使持節、侍中、大将軍、始安忠武公」并州太原祁縣都鄉仁義里温嶠，」字泰真，年卌二〔二〕。夫人高平李氏、夫」人琅耶王氏、夫人廬江何氏。息放」之，字弘祖；息式之，字穆祖；　息女膽；　」息女光〔三〕。

〔簡注〕

〔一〕「襜」，《晉書・温嶠傳》作「憺」。「襜」為高官車帷，從字「少卿」看，作「襜」是。

〔二〕據《晉書・成帝紀》及同書《温嶠傳》：　嶠卒於咸和四年（三二九）四月乙未（二十三日），時在江州，故「初葬於豫章」；「其後嶠後妻何氏卒，子放之便載喪還都，詔葬建平陵北」。

〔三〕以上為誌磚正面。誌磚背面單刻一「平」字，此處不録。

三　東晉征西大將軍行參軍贛令王興之墓誌

〔誌文〕

君諱興之，字稚陋。琅耶臨」沂都鄉南仁里。征西大將」軍行參軍、贛令。春秋卅一。」咸康六年十月十八日卒。」以七年七月廿六日，葬于」丹楊建康之白石，於先考」散騎常侍、尚書左僕射、特」進、衛將軍、都亭肅侯墓之」左〔一〕。故刻石為識，臧之於墓〔二〕。」長子閩之；」女字稚容；」次子嗣之，出養第二伯；」次子咸之；」次子預之。

〔簡注〕

〔一〕王興之「先考」佚名，據其卒贈官爵，應即王彬。《晉書・王廙附弟彬傳》：「蘇峻平後，改築新宮，彬為大匠。以營創勳勞，賜爵關内侯，遷尚書右僕射。卒官，年五十九。贈特進、衛將軍，加散騎常侍，謚曰肅。」據同書《孔愉附從子坦傳》云「尚書左僕射王彬卒」，知前傳「右僕射」實為「左僕射」之誤。

〔二〕「臧」通「藏」。

四　東晉琅耶顔謙婦劉氏墓誌

〔誌文〕

琅耶顔謙婦劉氏，」年卅四，以晉永和元年」七月廿日亡，九月葬。

五　東晉征西大將軍行參軍贛令王興之妻宋和之墓誌

〔誌文〕

命婦西河界休都鄉吉遷」里宋氏，名和之〔一〕，字秦嬴，春」秋卅五，永和四年十月三」日卒，以其月廿二日合葬」於君柩之右。」父哲，字世儁，使持節、散騎」常侍、都督秦梁二州諸軍」事、冠軍將軍、梁州刺史、野」王公。」弟延之，字興祖，襲封野王」公。

〔簡注〕

〔一〕「界」通「介」，「界休」即「介休」。

六　東晉鎮西長史騎都尉建昌伯高崧夫人謝氏墓誌

〔誌文〕

鎮西長史、騎都尉、建昌伯」廣陵高崧夫人會稽謝氏，」永和十一年十二月七日」薨，十二年三月廿四日窆。

七　東晉故琅耶臨沂王康之墓誌

〔誌文〕

永和十二年十月十七日，「晉」故男子琅耶臨沂王康之，「字」承叔，年廿二卒。其年十一月」十日，葬於白石。故刻塼為識。

八　東晉故平南參軍湘南鄉侯李府君（緝）墓誌

〔誌文〕

晉故平南參軍、湘南」鄉侯廣平郡廣平縣」李府君諱緝，字方熙。」夫人譙國譙縣陳氏。

升平元年十二月廿日丙午〔一〕。

〔簡注〕

〔一〕本行文字刻在誌磚左側。

九　東晉故中軍參軍李摹墓誌

〔蓋文〕

晉晉〔一〕

〔誌文〕

晉故中軍參軍廣平」郡廣平縣李摹，字仲」山。

升平元年十二月廿日丙午〔二〕。

〔簡注〕

〔一〕此二「晉」字，前「晉」倒刻，後「晉」正刻。

〔二〕本行文字刻在誌磚左側。

一〇　東晉撫軍參軍李纂故妻武氏墓誌

〔誌文〕

晉撫軍參軍廣平郡」廣平縣李纂故妻潁」川郡長社縣武氏。

升平元年十二月廿日丙午〔一〕。

〔簡注〕

〔一〕本行文字刻在誌磚左側。

一一　東晉故琅耶臨沂王閩之墓誌

〔誌文〕

晉故男子琅耶臨沂都鄉南仁」里王閩之，字治民。故尚書左僕」射、特進、衛將軍彬之孫，贛令興」之之元子。年廿八，升平二年三」月九日卒。葬于舊墓，在贛令墓」（以上正面）之後。故刻塼於墓為識。」妻吳興施氏，字女式。」弟嗣之、咸之、預之。（以上背面）

一二　東晉故散騎常侍特進衛將軍尚書左僕射都亭肅侯王彬長女王丹虎墓誌

〔誌文〕

晉故散騎常侍、特進、衛將軍、尚書左」僕射、都亭肅侯琅耶臨沂王彬之長」女，字丹虎，年五十八，升平三年七月」廿八日卒。其年九月卅　日葬于白」石，在彬之墓右。刻塼為識。

一三　東晉故會稽鄮令袁慶墓誌

〔誌文〕

豫州陳國陽夏縣都」鄉扶樂里會鄮令」袁慶〔一〕，字泰同。」（以上正面）興寧三年五月」十二日亡，年六十二。（以上背面）

〔簡注〕

〔一〕「會」下脱「稽」字。

一四　東晉故侍中騎都尉建昌伯高崧墓誌

〔誌文〕

晉故侍中、騎都尉、建」昌伯廣陵高崧，泰和」元年八月廿二日薨，」十一月十二日窆。

一五　東晉故前丹楊令騎都尉王企之墓誌

〔誌文〕

晉故前丹楊令、騎都尉琅耶臨沂縣都鄉南」仁里王企之，字少及，春秋卅九，泰和二年」十二月廿一日卒，三年初月廿八日葬于」丹楊建康之白石，故刻石為志。」所生母夏氏。」妻曹氏。」息女字媚榮，適廬江何粹〔一〕，字祖慶。」息男摹之，字敬道。

〔簡注〕

〔一〕「粹」或釋為「釋」，與字「祖慶」意義不協，此處不取。

一六　東晉振威將軍鄱陽太守都亭侯王建之故夫人劉媚子墓（磚）誌

〔誌文〕

晉振威將軍、鄱陽太守、都」亭侯琅耶臨沂縣都鄉南」仁里王建之，字榮妣。故夫人」南陽涅陽劉氏，字媚子，春秋」五十三，泰和六年六月十四日，」薨于郡官舍。夫人光禄勳、東」昌男璞之長女，年廿来歸。生」三男三女：二男未識不育。二」女並二歲亡。小女張願，適濟」陰下嗣之，字奉伯。小男紀之，」字元萬。其年十月三日，喪還」都；十一月八日，倍葬于舊墓〔一〕，」在丹陽建康之白石。故刻石」為識。

〔簡注〕

〔一〕「倍」通「陪」，「倍葬」即「陪葬」。

一七　東晉振威將軍鄱陽太守都亭侯王建之故夫人劉媚子墓（石）誌

〔誌文〕

晉振威將軍、鄱陽太守、都亭侯琅」耶臨沂縣都鄉南仁里王建之，字」榮妣。故夫人南陽涅陽劉氏，字媚」子，春秋五十三，泰和六年六月戊」戌朔十四日辛亥，薨于郡官舍。夫」人脩武令乂之孫，光禄勳、東昌男」璞之長女，年廿来歸。生三男三女：」二男未識不育。大女玉龜、次女道」末，並二歲亡。小女張願，適濟陰卞」嗣之，字奉伯。小男紀之，字元萬。其」年十月丙申朔三日戊戌，喪還都；」十一月乙未朔八日壬寅，倍葬于」舊墓〔一〕，在丹楊建康之白石。故刻石」為識。

〔簡注〕

〔一〕「倍」通「陪」，「倍葬」即「陪葬」。

一八　東晉故振威將軍鄱陽太守都亭侯王建之墓誌

〔誌文〕

晉故振威將軍、鄱陽太守、」都亭侯琅耶臨沂縣都鄉」南仁里王建之，字榮妣。故」散騎常侍、特進、衛將軍、尚」書左僕射、都亭肅侯彬之」孫，故給事黄門侍郎、都亭」侯彭之之長子。本州迎西」曹，不行。襲封都亭侯。州檄」主簿、建威參軍、太學博士、」州別駕，不行。長山令、廷尉」監、尚書右丞、車騎長史、尚」書左丞、中書侍郎、振威將」軍、鄱陽太守。春秋五十五，」泰和六年閏月丙寅朔十」二日丁丑，薨于郡官舍。夫」人南陽涅陽劉氏，先建之」半年薨，咸安二年三月甲」午朔十四日丁未遷神，其」（以上正面）年四月癸亥朔廿六日戊」子，合葬舊墓，在丹楊建康」之白石，丹楊令君墓之東。」故刻石為識。」二男未識不育。大女玉龜，」次女道末，並二歲亡。小女」張願，適濟陰卞嗣之，字奉」伯。小男紀之，字元萬。」建之母弟翹之，見廬陵太」守；小弟朔之，前太宰從事」中郎。（以上背面）

一九　東晉故宜都太守李纂墓誌

〔誌文〕

晉故宜都太守魏郡肥」鄉李纂。」寧康三年十月廿六日。

二〇　東晉故宜都太守李纂夫人何氏墓誌

〔誌文〕

夫人東海郯縣何氏〔一〕。

〔簡注〕

〔一〕誌主何氏卒葬時間不詳。其夫李纂葬於寧康三年十月二十六日。何氏卒葬時間應該在此前後。

二一　東晉故處士王康之妻何氏（法登）墓誌

〔誌文〕

晉故處士琅耶臨沂王康之妻盧江」潛何氏〔一〕，侍中、司空、文穆公女〔二〕，字法登，」年五十一，泰元十四年正月廿五日卒，」其年三月六日，附葬處士君墓于」白石。刻塼為識。」養兄臨之。息績之。」女字夙旻，適盧江何元度。

〔簡注〕

〔一〕「潛」應為「灊」之誤，盧江郡有灊縣，為何氏鄉里。《晉書·何充傳》：「何充字次道，盧江灊人。」

〔二〕「侍中、司空、文穆公」佚名，據其卒贈官爵，應即何充。《晉書·何充傳》：「（卒）贈司空，謚曰文穆。」

二二　東晉故衛將軍左僕射肅侯王彬繼室夫人夏金虎墓誌

〔誌文〕

晉故衛將軍、左僕射、肅侯琅耶」臨沂王彬繼室夫人夏金虎，年八十五，」太元十七年正月廿二亡〔一〕。夫人男企之，衛軍參軍；」婦彭城曹季姜，父蔓，少府卿。大女翁愛，」嫡濟陽丁引，父寶，永嘉太守〔二〕。小女隆愛，嫡長」樂馮循，父懷，太常卿。

〔簡注〕

〔一〕「廿二」下脫「日」字。

〔二〕「太守」為補刻小字。

二三　東晉故謝温墓誌

〔誌文〕

晉故義熙二年丙午歲九月〼」縣都鄉吉遷里謝温，字長仁，以□歲十一月廿八日〔一〕，□」丹楊郡江寧縣牛頭山〔二〕。祖攸，散騎郎；祖母潁川庾」氏，諱女淑。父諱瓚，母河東衛氏，諱□。伯諱玧，豫」寧縣開國伯。叔諱球，輔國參軍。姊諱□，適太」原温楷之。外祖諱淮，江夏□、關內侯。□諱□，」□縣□□□□□父諱簡之，散騎郎。」□父凝之，右將軍、會稽內史。

〔簡注〕

〔一〕「□」應為「是」字。

〔二〕「□」應為「葬」字。

二四　東晉故輔國參軍謝球墓誌

〔誌文〕

晉故輔國參軍、豫州陳郡陽夏縣都鄉吉遷里謝」球，字景璋，年卌一，義熙三年三月廿六日亡，其年七月廿四日安厝丹楊」郡秣陵縣賴鄉石泉里牛頭山。祖奕，侍中、使持節、鎮西將軍、豫州」刺史；夫人陳留阮氏。父攸，散騎郎；夫人潁川庾諱女淑。伯淵，義興」太守；夫人琅琊王氏。叔靖，太常卿；夫人潁川庾氏。叔玄，車騎」將軍、會稽內史、康樂公；夫人譙國桓氏。兄玧，豫寧伯；夫」人同郡袁氏。兄瓚，夫人河東衛氏。外祖翼，車騎將軍、揚州」刺史；夫人劉氏。球妻琅琊王德光。祖羲之，右軍將軍、會」稽內史。父煥之，海鹽令。球息女令嬀，息男元。」

晉故輔國參軍、豫州謝球安厝丹楊郡牛頭山〔一〕。

〔簡注〕

〔一〕本行文字刻在誌磚左側。

二五　東晉謝球妻王德光墓誌

〔誌文〕

謝球妻王德光，以義熙一十二年六」月四日亡，以其年七月廿五日合葬」球墓。

二六　南朝宋故海陵太守散騎常侍謝府君（琉）之墓誌

〔誌文〕

宋故海陵太守散騎常侍謝府君之墓」誌　」

永初二年太歲辛酉夏五月戊申朔廿」七日甲戌，豫州陳郡陽夏縣都鄉吉遷」里謝琉，字景玫，卒，即以其年七月丁未」朔十七日癸亥，安厝丹楊郡江寧縣賴」鄉石泉里中。琉祖父諱奕，字无奕，使持」節都督司豫幽并五州〔一〕，揚州之淮南、歷〔二〕」（以上第一磚）淮南、歷陽、廬江、安豐、堂邑五州五郡諸」軍事〔三〕，鎮西將軍，豫州刺史，襲封万壽子；」祖母陳留阮氏，諱容，字元容。父諱攸，字」叔度，散騎侍郎，早亡；母穎川庾氏，諱女」淑。長伯寄奴、次伯探遠，並早亡。次伯諱」淵，字仲度，義興太守，襲封万壽子；夫人」瑯琊王氏。叔諱靖，字季度，散騎常侍、太」常卿、常樂縣侯；夫人穎川庾氏。次叔諱」（以上第二磚）豁，字安度，早亡。次叔諱玄，字幼度，散騎」常侍、使持節、都督會稽五郡諸軍事、車」騎將軍、會稽內史、康樂縣開國公，謚曰」獻武；前夫人太山羊氏，後夫人譙國桓」氏。次叔諱康，字超度，出繼從叔衛將軍」尚，襲封咸亭侯，早亡。長姑諱韞，字令姜，」嫡瑯琊王凝之〔四〕，江州刺史。次姑道榮，嫡」順陽范少連，太子洗馬。次姑道粲，嫡高」（以上第三磚）平都道胤，散騎侍郎、東安縣開國伯。次」姑道輝，嫡譙國桓石民，使持節、西中郎」將、荊州刺史。長姊令芬，嫡同郡袁大子，」散騎侍郎。次姊令和，嫡太原王万年，上」虞令。次姊令範，嫡穎川陳茂先，廣陵郡」開國公。妹令愛，嫡瑯琊王撒之。弟璵，字」景琳，早亡；夫人河東衛氏。次弟球，字景」璋，輔國參軍；夫人瑯琊王氏。長子寧，字」（以上第四磚）元真，駙馬都尉、奉朝請；妻王，即琉第二」姊之長女。次子道烋，早夭。次子奉，字剛」真，出继弟璵；妻袁，即琉夫人從弟松子」永興令之女。次子雅，字景真；妻同郡殷」氏，東陽太守仲文之次女〔五〕。次子簡，字德」真；妻瑯琊王氏，太尉諮議參軍纘之之」女。女不名。」琉夫人同郡袁氏，諱琬。夫人祖諱勖，字」（以上第五磚）敬宗，太尉掾。父諱劭，字穎叔，中書侍郎。」琉外祖諱翼，字稚恭，使持節、征西將軍、」荊州刺史。」琉本襲次叔玄東興侯，改封豫寧縣開」國伯〔六〕。大宋革命，諸國並皆削除，惟從祖」太傅、文靖公之廬陵公〔七〕，降為柴桑侯。玄」復苻堅之難功，封康樂縣開國公。餘諸」爵特南康、建昌、豫寧並皆除州〔八〕。（以上第六磚）

〔簡注〕

〔一〕「都督司豫幽并五州」，少一州。《晉書·謝奕傳》作「都督豫司冀并四州」，州數雖然吻合，但州名與誌文不合。據誌文接云仍作「五州」，疑此處脱一「冀」字，即原文應作「都督司豫幽冀并五州」。

〔二〕「淮南、歷」三字與第二磚前三字重複，應為接刻造成，屬於衍文。

〔三〕「五州」與前文「五州」重複，應為衍文。

〔四〕「長姑諱韞」，即「謝道韞」，可能脱「道」字，也可能為雙名單稱。又「嫡」為「適」之通假。以下皆同，不另出注。

〔五〕「太守」之「守」原作「字」，應為「守」之誤，遂徑改。

〔六〕「琓本襲次叔玄東興侯，改封豫寧縣開國伯」，據《晉書·謝玄傳》記載：「玄請以先封東興侯賜兄子玩，詔聽之，更封玩豫寧伯。」知誌主「謝琓」即《晉書》之「謝玩」，「玩」應為「琓」之誤。

〔七〕此處「從祖」云云，應指謝安。據《晉書·謝安傳》，安曾「封廬陵郡公」，卒「贈太傅，謚曰文靖」。

〔八〕此處「南康、建昌、豫寧」云云，分別應指謝氏一族中，謝石之南康郡公，謝峻之建昌縣侯，謝琓之豫寧縣伯。

二七　南朝宋修故東晉恭皇帝（司馬德文）墓碣

〔碣文〕

宋永初二年太歲辛酉」十一月乙巳朔七日辛」亥，晉恭皇帝之玄宮。

二八　南朝宋修故東晉宋乞墓誌

〔誌文〕

亡祖父儉，本郡功曹史、關中侯。」亡父遠，本郡主簿、河內郡河陽縣右尉。」楊州丹楊建康都鄉中黃里，領豫陳郡陽夏縣」都鄉扶樂里宋乞〔一〕，字兆懷，泰元中亡。」息女草，適丹楊黃千秋。息伯宗，本郡良吏。」息駟，本郡功曹史、征虜府參軍、濮陽令。」元嘉二年太歲乙丑月十三日〔二〕，於江寧泉里建作〔三〕。

〔簡注〕

〔一〕「豫」下脱「州」字。

〔二〕「月」上脱「八」字。

〔三〕「泉里」上脱「石」字。

二九　南朝宋修故東晉宋乞妻丁氏墓誌

〔誌文〕

亡祖父儉，本郡功曹史、關中侯。　」亡父遠，本郡主簿、河内郡河陽縣右尉。　」楊州丹建康都鄉中黄里〔一〕，領豫州陳郡陽夏縣」都鄉扶樂里宋乞妻丁，　丹楊建康丁騰女。」息女草，適丹楊黄千秋。　息伯宗，本郡良吏。　」息騆，本郡功曹史、征虜府參軍、濮陽令。　」元嘉二年太歲乙丑八月十三日，於江寧石泉里卜。

〔簡注〕

〔一〕「丹」下脱「楊」字。

三〇　南朝宋修故東晉宋乞暨妻丁氏合葬墓誌

〔誌文〕

亡祖儉，郡功曹史、關中侯。　」亡父遠，郡主簿，河内郡河陽縣右尉；　亡母黄氏。　」楊州丹楊建康都鄉中黄里，領豫州陳郡陽夏縣都鄉」扶樂里宋乞。　妻丁，丹楊建康丁騰女。」息女草，適丹楊黄千秋。　息伯宗，本郡良〔一〕。　」息騆，本郡功曹史、征虜府參軍、濮陽令。　」元嘉二年八月十三日，於江寧石泉里建再賓冢一所〔二〕，」伯宗妻丹楊王氏，騆妻丹楊陳氏。

〔簡注〕

〔一〕「良」下脱「吏」字。

〔二〕「賓」應為「殯」之通假。

三一　南朝宋故員外散騎侍郎明府君（曇憘）墓誌銘

〔誌文〕

宋故員外散騎侍郎明府君墓誌銘　」

祖儼，州別駕、東海太守；　夫人清河崔氏，父逞，度支尚書。」父歆之，州別駕、撫軍武陵王行參軍〔一〕、檜梧太守〔二〕；　」夫人平原劉氏，父奉伯，北海太守；　後夫人平原杜氏，父融。」伯恬之，齊郡太守；　」夫人清河崔氏，父丕，州治中；　後夫人勃海封氏，父慣。　」第三叔善蓋，州秀才，奉朝請；　」夫人清河崔氏，父模，員外郎。　」第四叔休之，員外郎，東安、東莞二郡太守；　」夫人清河崔氏，父諲，右將軍、冀州刺史。　」長兄寧民，早卒；　夫人平原劉氏，父季略，濟北太守。　」第二兄敬民，給事中、寧朔將軍、齊郡太守；　」夫人清河崔氏，父凝之，州治中。　」第三兄曇登，員外常侍；　夫人清河崔氏，父景真，員外郎。」第四兄曇欣，積射將軍；　夫人清河崔氏，父勳之，通直郎。」君諱曇憘，字永源，平原鬲人也。載葉聯芳，懋兹鴻德。晉徐」州刺史裦七世孫，檜梧府君歆之第五子也。君天情凝澈，」風韻標秀。性盡沖清，行必嚴損，學窮經史，思流淵岳。少擯」簪縉，取逸琴書，非皎非晦，聲遜邦宇。州辟不應，徵奉朝請，」歷寧朔將軍、員外郎，帶武原令。位頒郎戟，志鈞楊馮。運其」坎壈，頗亦慷慨。值巨猾滔祲，鐸流紫闈。君義裂見危，身介」妖鏑。概深結嬰〔三〕，痛嗟朝野。春秋卅，元徽二年五月廿六日」丙申。越冬十一月廿四日辛卯，窆于臨沂縣弍壁山。啓奠」有期，幽穸長即，蘭釭巳蕪，青松無極，仰圖芳塵，俯銘泉側。」其辞曰：」

斯文未隧，道散羣流；　惟兹胄彥，映軌鴻丘。佇豔潤徽，晧詠」凝幽；　測靈哉照，發譽騰休。未見其止，日茂其猷；　巨沴于紀，」侈役淩杼。金飛輦路，玉碎宸孃〔四〕；　霜酸精則，氣慟人遊。鐫塵」玄穸，志楊言留！

夫人平原劉氏，父乘民，冠軍將軍、冀」州刺史；　後夫人略陽垣氏，父閳，樂安太守。

〔簡注〕

〔一〕「撫軍武陵王」佚名，據《宋書·孝武帝紀》，應指劉駿。劉駿元嘉十二年（四三五）立為武陵王；二十一年（四四四）進號撫軍將軍。

〔二〕「檜」應為「蒼」之誤，「檜梧」即「蒼梧」。下同，不另出注。

〔三〕「嬰」應為「纓」之通假，「結嬰」即「結纓」。

〔四〕銘文押尤韻，一韻到底。「孃」為陽韻，出韻，疑為「嫱」之誤。

三二　南朝梁故散騎常侍撫軍大將軍桂陽王蕭融墓誌銘

〔誌文〕

□□□墓誌銘序」

□□融，字幼達，蘭陵郡蘭陵縣都鄉中都里人，」□□文皇帝之第五子也〔一〕。王雅亮通明，器識韶潤，清情秀氣，峩然自高，峻」□□衿，窅焉未側。佩觽琁映，則風流引領；　勝冠鳳起，則縉冕屬目。齊永明」元年，大司馬豫章王府僚蕭重〔二〕，引為行參軍，署法曹。又為車騎」隆昌元年，轉車騎鄱」陽王行參軍〔三〕。建武元年，□□初闢，妙選時英，除太子舍人，頃轉冠軍、鎮軍、」車騎三府參軍，署外兵。江夏王主簿〔四〕。頃之，除太子洗馬，不拜。元」昆丞相長沙王〔五〕，至德高動，居中作宰，而凶昏在運，君子道消，惡直醜正，羅」兹濫酷。王春秋卅，　永元三年十二月十二日奄從門禍。中興二年，追贈給」事黃門侍郎。　皇上神武撥亂，大造生民，冤耻既雪，哀榮甫備。有　詔」亡弟齊故給事黃門侍郎融，風標秀特，器體淹和。朕继天紹命，君臨萬寓，」祚啓郇滕，感興魯衛，事往運来，永懷傷切。可贈散騎常侍、撫軍將軍、桂陽」郡王。天監元年，太歲壬午十一月乙卯一日，窆於弋辟山。禮也。懼金石有」朽，陵谷不居，敢撰遺行，式銘泉室。梁故散騎常侍撫軍大將軍桂陽」融謚簡王墓誌銘。

長兼尚書吏部郎中臣任昉奉　敕撰

於昭帝」緒，檀美前王。；緑圖丹記，金簡玉筐。龕黎在運，業茂姬昌。；蟬聯寫丹，清」越而長。顯允初筮，邁道宣哲。；藝單漆書，學窮緗税。友于惟孝，閒言無際。；鄒」釋異家，龍趙分藝。有一於此，無競惟烈。；信在辞金，清由源潔。齊嗣猖狓，惟」昏作孽。；望風高翔，臨河永逝。；如何不吊，報施冥滅。聖武定鼎，地居魯」衛。；沛易且傳，楚詩將説。桐珪誰戲，甘棠何憩。；式圖盛軌，宣美来裔。

〔簡注〕

〔一〕「□□文皇帝」佚名，據《梁書·武帝紀》，「□□」應為「太祖」，「太祖文皇帝」為蕭順之。

〔二〕「大司馬豫章王」佚名，據《南齊書·豫章文獻王傳》，應為蕭嶷。

〔三〕「車騎鄱陽王」佚名，據《南齊書·鄱陽王鏘傳》，應為蕭鏘。

〔四〕「車騎江夏王」佚名，據《南齊書·江夏王寶玄傳》，應為蕭寶玄。

〔五〕「元昆丞相長沙王」佚名，據《梁書·太祖五王傳》，應為誌主長兄長沙宣武王蕭懿。

三三　南朝梁桂陽國太妃（王纂韶）墓誌銘

〔誌文〕

梁桂陽國太妃墓誌銘

吏部尚書領國子祭酒王暕造　」

太妃姓王，諱纂韶，南徐州琅琊郡臨沂縣都鄉南仁里人也。」周儲命氏，世載厥德，清源華幹，派別綿昌。祖深，新安太守。父」僧聰，黄門郎。冠冕承業，映遵前軌。太妃識備幽閑，體含貞粹，」履四德之淳範，播七行之高風。皇基積祉，本枝克盛，岐」陽之功載遠，隆姬之祚在焉。禽幣思賢，允歸卿族。既胥燭有」行，降禮中饋，親理澂漠，躬事組紃。處不踰閾，行必待傅，閫儀」觀則，娣列承風。齊季昏虐，時惟交喪，蘭玉俱摧，人綱已絶。太」妃援鏡貶貌，鴻鵠興辭，操深恭姜，慟均杞室。我皇啓聖御」天，應符受命，瞻言唐衛，利建維城。簡王無嗣〔一〕，以宣武王第九」子象繼〔二〕，世承封為桂陽王。天監三年十二月策命拜桂陽王」太妃，文曰：於戲！維尔令德克昭，静恭靡忒，式儀蕃序，允樹芳」徽。是故遵以朝序，用申彝服。往欽哉！其茂休烈，可不慎歟！太」妃禮秩愈重，身志彌約，奉上謙恭，率下沖素。傍無薰飾，服有」皂縑，慈撫均愛，弘斯教範。雖斷機貽訓，平反有悦，無以加焉。」報施空云，暉塵儵謝。天監十三年十月丙子朔廿日乙未薨。」春秋卌二。有　詔曰：桂陽國太妃奄至薨隕，追痛切割，今便」臨哭，喪事所須，随由備辨。鴻臚持節，監護喪事。粤其年十一」月丙午朔十日乙卯，祔窆弌辟里弌辟山。年序云邁，陵谷徂」遷，俾兹不朽，茂烈是鐫。其辞曰：

悠哉洪緒，基贊潛聖；菴」藹世猷，蟬聯餘慶。亦誕徽音，稟兹淑行；藏圖踐言，詩史成詠；」婦德載宣，女師以鏡。言歸王室，作嬪君子；　聲穆厥繄，譽流福」沚；　運屬屯夷，義冠終始。　帝曰周親，維翰斯侯；　開寓嗣爵，」顯兹錫履。　輜軿式耀，寵服有章；　母儀蕃國，化緝蘭房。　夙褰秩」祉，戢景淪芳；　静枝摽慕，停引哀傷。　祖行撤奠，綍柳在庭；　寒原」眇默，松嶂葱青。　輟駿夕壠，罷吹晨扃；　留芳昭代，永勒沉冥。　」

息男象，字世翼，襲封桂陽王。　年十七。　天監十二年閏三月十」二日，　詔除寧遠将軍、丹楊尹。　」妃張氏寶和，年十九。　亡祖父安之，楊州主簿。　」亡父弘策，車騎将軍、洮陽愍侯。　」息悎，年二。

〔簡注〕

〔一〕「簡王」即桂陽王蕭融，融謚「簡」。

〔二〕「宣武王」即蕭融長兄長沙宣武王蕭懿。

三四　南朝梁盧某墓誌

〔誌文〕

⧄相□若乃水⧄致仁□□已事⧄」⧄司徒盧諶⧄州刺史」⧄識，志度□深⧄變運」⧄闋礼□未忘⧄設」⧄實貫⧄」⧄遨遊⧄」⧄當功名自⧄」⧄拜輔國將軍⧄」⧄斧松誓將⧄」⧄昭先降，由君⧄」⧄請□祐⧄」⧄風牛不⧄」⧄沛馬⧄」⧄侯」⧄母適趙⧄」奉□政⧄猶當三舍⧄」⧄桓範，罪極丁公，既編晉典，⧄」□不⧄興歎，等升岳而長謡。　梁天監⧄」鐸□恩⧄政廉平，與民晈察信⧄」川王司馬⧄理庶績，夙宵匪懈，寬⧄」斁縛□既□道断間⧄恒序。　君德既不孤，⧄」越中郎將、廣州刺史⧄不易志，於貧⧄」六月十二日遘疾卒⧄以黔⧄」有遺床⧄不□□□士無忤⧄」許史憲⧄而運籌舉⧄」影而無⧄博觀載籍，偏有⧄」搆長⧄疑不決，接兵⧄」兼之⧄未傷心於⧄郡⧄」□□是□□會⧄之遠⧄心而君未⧄」⧄瑜□□於州喪⧄歷歲⧄」⧄」⧄不同□□□其陵谷□□□代⧄穎⧄」□通臣□□□疏河激洛，源長流渭及涇，故委輸無窮⧄」為常⧄鎮魏興，通波□雍陳汝，然後巨艦⧄」十三年⧄迺命役徒於浮山□創，隨山刊木⧄高岸⧄」□君□親⧄傳流廣遠，難□算思。　執事之師⧄」⧄乖，君本國良，可惜也。　終⧄」⧄而遽迫朝露，長奄夜臺⧄」⧄以普通二年八月七日，窆於琅耶郡臨沂縣□壁山⧄人□□□□有⧄」□□□□猶□□實□州⧄奇伯⧄文淵之重⧄」⧄才高□式□□□□相知之深，略而聞⧄勒為之⧄」□靈□胄，盛德開□，有一於此，其後克蕃，王⧄與⧄中原鞠為茂草⧄盛德不⧄」于後異人間出，何當之有於□□子，一時之⧄實雄虜庭⧄身非所⧄」□覩神武□武□何時□　聖主，延首南⧄風而⧄」□長□□□□□忠為今德在文載，□孰若⧄」朝堂。　悲哉！　□□□命，不將慷慨雄□□揚仁義⧄」天子爰以祖載之日，　詔蘭台謁⧄又追⧄」事遠至墓所，百僚會喪，朝野⧄遠豈得⧄」乾庶留心者戒！　」曾祖謨，魏尚書右丞、司徒左長史、冀州⧄夫人趙郡李氏，　父哲⧄洛陽令。　」祖贖，魏冀州刺史，□□定侯；　夫人清河⧄清河太守。　」父武，本州別駕；　夫人清河張氏⧄守。　」妻滎陽鄭氏，父義彦，宋江夏王⧄兖州刺史。」三男：　大男奮，字文武，年廿⧄第三男平，字仲文，年十二。」四女：　大女□鏡，適□河⧄第三女季華，年十四。第四女□□，年十⧄〔一〕

〔簡注〕

〔一〕本誌漫漶不清，誌主佚名，據第二行即提到「司徒盧諶」，應出范陽盧氏。盧諶先後仕劉琨、劉粲、段匹磾、石虎、冉閔，東晉永和七年（三五一）為亂兵所殺，事在一百七十年前，誌主不一定是盧諶的直系後裔。但盧諶工詩文，以文學世其家，誌文文學色彩甚濃，倒有近似之處。如誌文「興歎，等升岳而長謡」云云，出自魏晉之際趙至與嵇康兄子蕃書：「昔李叟入秦，及關而歎；梁生適越，登嶽長謡。」又誌文「延首南」云云，出自東漢劉楨《黎陽山賦》：「延首南望，顧瞻舊鄉，桑梓增敬，慘切懷傷。」當時北方漢族視南方為中華文化正宗，因故南歸者頗不乏人，范陽盧氏也不例外。特別是在北魏太平真君十一年（四五〇）崔浩被殺後。《魏書・崔浩傳》説：「清河崔氏無遠近，范陽盧氏、太原郭氏、河東柳氏，皆浩之姻親，盡夷其族。」《南齊書・高帝紀下》建元二年（四八〇）七月甲寅條：「以輔國將軍盧紹之為青、冀二州刺史。」此盧紹之又見於同書《魏虜傳》，稱：「紹之字子緒，范陽人，自云盧諶玄孫。宋大明（四五七—四六四）中，預攻廣陵，勳上，紹之拔跡自投，上以為州治中，受心腹之任。官至光禄大夫。永明八年，卒。」盧紹之南歸正在崔浩被殺後不久。紹之曾任南齊「輔國將軍」，與誌記某人「拜輔國將軍」合，不知是否屬於同一人。只是誌主南歸時間與盧紹之不同。誌中「桓範，罪極丁公」云云，係指曹魏末年桓範受曹爽牽連為司馬懿所殺、西漢初年丁公因政治需要為劉邦所殺二事，説明誌主在北方受到某事株連，決定南歸。下文「梁天監」云云，是誌主南歸的時間。當時南歸者不止誌主一家。《梁書・儒林・盧廣傳》説：「盧廣，范陽涿人，自云晉司空從事中郎諶之後也。諶没死冉閔之亂，晉中原舊族，諶有後焉。廣少明經，有儒術。天監中歸國。初拜員外散騎侍郎，出為始安太守，坐事免。頃之，起為折衝將軍，配千兵北伐，還拜步兵校尉，兼國子博士，遍講五經。時北來人儒學者有崔靈恩、孫詳、蔣顯，並聚徒講説，而音辭鄙拙；惟廣言論清雅，不類北人。僕射徐勉，兼通經術，深相賞好。尋遷員外散騎常侍，博士如故。出為信武桂陽嗣王長史、尋陽太守。又為武陵王長史，太守如故，卒官。」此盧廣也是天監中南歸的。只是誌載誌主仕歷與盧廣不同，誌主肯定不是盧廣。誌主事蹟僅有一事可考，即誌載天監「十三年（五一四）」「迺命役徒，於浮山□創」云云。《梁書・武帝紀中》天監十三年云：「是歲作浮山堰。」同書《康絢傳》解釋是「時魏降人王足陳計，求堰淮水以灌壽陽」。此王足也是南歸者。王足南歸時間，《通鑒》繫在天監四年（五〇五），與誌主大致相同。只是誌載誌主仕歷與王足也不同，誌主也肯定不是王足。但王足陳計作浮山堰以灌壽陽，誌主應該也曾參預其事，不過《梁書》没有記載而已。

三五　南朝梁故侍中中書令寧遠將軍吴郡太守蕭子恪（景沖）墓誌

〔誌文〕

梁故侍中中書令寧遠將軍吴郡太守⧄」

五兵尚書南昌縣開國侯琅玡王規⧄」

仁威將軍晉陵太守陳郡謝舉制銘」

君諱子恪，字景沖，南蘭陵郡蘭陵縣都鄉中都里人也。祖□□□□□神武睿哲，□明為□，□功」超□，亂為君則，威加四海。父丞相文獻王〔一〕，任真體道，含章懷秀，□□陶甄，同邵好善，□□歸遂」□已備昭□□□□版牒。君稟氣中和，迹鄰□善。韶容令德，□□□□之□； 清徽淑□，風播□追之」□。⍁禮□著於□□就辭敕□□也□□□□散札含裳蔚雲□而競緣。司徒文宣王」雅好篇什〔二〕，飾館禮賢，開閤求士，唐□來趨，鄒枚競□。□制高松之□□者成群。君乃斐然□□，□□」便就，新聲逸孤，貫□時流，文□辭□，咸加歎賞。君雅□□□，閑於進止，從容□□，觀者相趨。□□□」端正之聲□多慙色□寶得風□之□不能邁也。及世□嗣嘗特駕宴愛□建永家禪代□□既□」□□□□□禮樂駕□□□□愍懃起家，為寧朔將軍、淮陵太守，仍遭天□毀瘠□基□□□□□」軍□□大⍁以大吳□震□□肩髀首蕭賢救莫或居之，遂□組昌□分⍁」政□□弼□也訟息煩賞⍁」太原□除太子中□官⍁季⍁齊儲□□樂⍁」⍁」⍁雖時過道⍁」□□代所□□入⍁」⍁以⍁」中□□□□司從⍁石⍁」⍁王□文⍁」□□□道⍁」⍁開□□□□之疑⍁」⍁之□□曆□求□出⍁」⍁轉□選部⍁」⍁君⍁」⍁古許□□□還□次⍁」⍁怠所以嘉□允⍁」⍁吳郡太守仕官⍁」⍁不其宣室遘⍁」⍁死□□□春秋五十有二，其年秋八月〔三〕□成⍁」⍁君□□□舉檢□和平奄⍁」□□以惠事□行⍁」生而⍁之□□昔⍁」⍁」⍁」⍁」⍁氏⍁」⍁年⍁」⍁佐郎⍁」⍁

〔簡注〕

〔一〕「丞相文獻王」佚名，據《南齊書·豫章文獻王傳》，應為蕭嶷。

〔二〕「司徒文宣王」佚名，據《南齊書·竟陵文宣王傳》，應為蕭子良。

〔三〕本誌漫漶不清，誌主卒葬時間不詳。《梁書·蕭子恪傳》云：「大通二年（五二八），出為寧遠將軍、吳郡太守。三年（五二九），卒於郡舍，時年五十二。」與誌文記卒年「春秋五十有二」合，則此處「其年秋八月」應指誌主下葬時間。

三六　南朝陳故司空義陽郡公黃君（法𣰰）墓誌銘

〔誌文〕

陳故司空義陽郡公黃君墓誌銘

左民尚書江總制　」

太子率更令□大著作東宮舍人顧野王撰

冠軍長史謝衆書　」

公諱法𣰰，字仲昭，巴山新建人。□□本軒轅之□。□益□宇，江漢胙土。惟黃為楚，□□曰」⍁曰著姓。遷來新建，復為冠族。⍁任征北府參軍。父僧□，」⍁府□□參軍。□□初，追贈給事中。公少□□□□□任決有威嚴。弱年時」□無□□□□因事□命延超□□燕，超褸過於延壽。弱冠，郡命□□並辟，功曹□□□」□□□□或⍁而□□鄉黨前輩齊□咸敬而服之。⍁」⍁事。於是□遏□備守□□□四戰之地，一邦□寧□，□之力也。及侯景」□□，刺□□陽□人心，授公中兵參軍、新淦縣令。公率親兵屯據新淦，南届大庾之北，⧄」之南，⧄地□□郡，憚公威武，自然清肅。時有前高州刺史李遷仕援臺，」□□，退營大皐邑，有異志，須為□□。公乃遣密□言於高祖。高祖遣周文育進屯西昌。」而□□□□入，鄉曲衆至，公遣千人以助文育。文育大喜，一皷便平，虜偽儀同于慶由豫」章□新淦。⧄。虜逕相吉陽。公乃親率精鋭拒隘□□，慶不知。公此」後密遣陽椿□□。新淦軍人懼□生子而固請□師。公徐命□食。已而□□日，未移容。醜□□」成禽，倍道馳歸，椿亦□退。會高祖又遣文育討慶軍于巴丘，擁兵不前，頗有疑色。公□」馬□入，使□腹心陳説□謀。若□諸軍乃方軌並進，破於笙屯。西臺承制，即授假節、超猛」將軍、交州刺史，領新淦縣令，封巴山縣開國子，食邑三百户。高祖既定豫章，命公率□」□輸飛蒭輓粟連軫，□七十萬石。□千金不遺。□平虜偽，此之由也。承聖二年，　詔加户」二百，並前為五百户，改子為縣侯，餘並如故。□年，改授明威將軍、雲騎將軍，餘如故。天成」元年，詔授持節、左驍騎將軍、領雲騎校尉，餘如故。敬帝即位，改封新建縣開國侯，食」邑如前。太平元年，割江州四郡置高州，詔公為刺史、加散騎常侍、使持節、都督高州諸」軍事、信武將軍，餘如故。屯巴山城。曲江公勃遣□連□□□□夜攻巴山。公⧄」⧄內□唯⧄。大陳受命。永定二年，王琳督樊猛、李孝欽、余孝頃等圍周迪。⧄」⧄。公乃⧄。迪又□前之⧄」⧄」⧄將軍，增邑並前一千户，⧄，餘如故。⧄」⧄十月丁酉，詔授平南將軍、開府儀同三司，餘如故。三年六月，熊曇朗反於金口。公」與周迪攻之。⧄，改授安南將軍，餘如故。天嘉元年三月，⧄」⧄須公□中喪次□□□□哀容□□並為過禮」⧄高州刺史，改授鎮南將軍，餘如故。□□□贈母」⧄恭承詔命，即蒞方岳。三年，周迪反，□」⧄麾下⧄。公功居多，□徵公為使持節、鎮北大將軍、」□□都督南徐州諸軍事、南徐州刺史，加散騎常侍，餘如故。未拜，改授鎮南大將軍、江吴」二州諸軍事、江州刺史，餘並如故。天康元年，徵為正衛大將軍。改封新建縣開國公，食邑」□□，給扶二人，餘並如故。光大元年，□使持節、都督南徐州諸軍事、南徐州刺史，餘並如」故。二年，□為都督郢巴武三州諸軍事、鎮西將軍、郢州刺史，餘並如故。太建元年，進号征」西大將軍，餘如故。二年，詔徵公為侍中、中權大將軍，餘如故。四年，除使持節、散騎常侍、」南豫州刺史、都督南豫州□江諸軍事、征南大將軍，餘如故。五年，大舉北伐。詔公□□」⧄而公□□□□使于太峴□□□歷陽□□□等統⧄」⧄。大□□□□，盡□其成卒。□□□□□馬亦歸。暨居歷陽，□□□□」⧄〔一〕

〔簡注〕

〔一〕本誌漫漶不清，釋文部分參考王素《陳黄法𣰰墓誌校證》，原載《文物》一九九三年第一一期，再刊《江寧出土歷代墓誌考釋》（一），南京出版社，二〇一一年六月，收入《漢唐歷史與出土文獻》，故宫出版社，二〇一一年十二月。據《陳書·黄法𣰰傳》，法𣰰卒於太建八年（五七六）十月，則其葬應在此後。

三七　唐王公並公夫人南康郡君樂安某氏合葬墓誌銘

〔誌文〕

⧄並公夫人□□南康郡君樂安」⧄」

□軍事□□□秘書省正字朱存撰」

□隨晉東遷，輔成帝業，勳」□其後也。曾祖諱顯，大父諱」□高尚□賁，雖及鴻飛，遹宜」□前脩，鄉里推賢，出言成範。」□有九，貞元九年冬十二月二十一」□無應，行銘傷嗟，冥期于」□隱士琬之女也，柔懿芳譽，」□主饋，表如賓之敬，承筐」□三□壽□偕老，猗梧夙彫，當」□女□□□□禮崇鞠育，□」□女賢，侍膳盈庭，參拜成列，」□霜，德芬蘭桂，藏儀當室，」□八十有三，敕授南」□十九日，委順于堂。嗣」□幼子允煦，歸心梵門，道光僧」□長女、劉氏、次女相與謀曰：合」□具稱家之儀。祔窆于」□懿，請予銘之。詞曰：」□流既竝，伉儷斯同。」□夫□具美，蘭閨早空。」□如春，其傑如松。」□父，孫學貽翁。」□在，臨沂之東。」

□書

〔簡注〕

〔一〕本誌上部漫漶，誌主佚名。撰者秘書省正字朱存，兩《唐書》不載。《全唐詩》卷七五七收有朱存《後湖》七絶一首，稱朱存為「金陵人」，後湖即「玄武湖」，均屬本誌出土地，原本應有關聯。但《十國春秋・南唐十五》亦有《朱存傳》，云：「朱存，金陵人，保大（九四三—九五七）時，常取吴大帝及六朝興亡成敗之跡作《覽古》詩，二百章，章四句，地志家多援以為證。」《景定建康志》等方志記載略同。此五代南唐之朱存，與《全唐詩》所收之朱存，顯然是同一人，與本誌撰者朱存並無關係。本誌從殘存文字看，應為夫妻合葬墓誌。夫葬於貞元九年（七九三）十二月二十一日。先祖曾「隨晉東遷，輔成帝業」，本人最終亦葬於在金陵僑置的「臨沂之東」，推測應出琅耶臨沂王氏。妻卒葬時間不詳，僅知後於其夫，享年八十有三。按唐制：婦女年八十以上，可以版授郡君。故得敕授南康郡君。應為「樂安」人。樂安大族有孫、任等姓，不知屬於何姓，待考。

三八　唐故右金吾衛兼上騎都尉李君（胡）墓誌銘

〔誌文〕

唐故右金吾衛兼上騎都尉李君墓」

君姓李，諱胡，字萬齡。其先趙郡人也。祖義，□□校尉，隨」□官而居，乃為丹揚人矣。子孫相」□忠皆守道，遁跡林泉，怡神靜志，」□下不謁於王侯，澹然閑□，琴酒自怡。」□子也。少而英明，長而弘潤。昆弟有四，能立」□其悌，交遊稱其信，敬德接賢，克從其政。」□中年初〔一〕，馮陵狂寇，喧我國家。君見危授命，」□節度使　韓選才擇角〔二〕，鎮守方隅。　君秉節」□華夏尅寧，名飛　鳳闕。　天書累降，宜委」□別將，員外置同正圓，兼上騎都尉。修飾裝」□之戀，愀然謂徒侶曰：嘗聞禄不及親，莫以勤養。乃」□安。不幸俄丁母憂，泣盡繼血，克敬克孝，七」□□圖。天降不祥，殲我哲人，於貞元十五年冬十月□日」□信卿里之私第，春秋四十有七〔三〕。嗚呼！喪荆山之寶，」□路，以於元和四年歲在已丑秋八月十七日庚寅」□禮也。有子二人：長曰董朝，次曰」□謹假其文，鎸于旌石。其銘曰：」

赫哉□祚兮，生此令質；履道怛怛兮，幽」□臨危奮勇兮，奉國捐軀；中原既平兮」□託好莊老兮，賤物貴身；于嗟」□刻銘幽石兮，終古千年！

〔簡注〕

〔一〕「中年初」前缺末字應為「建」字。「建中」（七八〇—七八三）為德宗年號。

〔二〕「節度使韓」應指韓滉，滉於建中二年（七八一）五月加檢校禮部尚書、潤州刺史，充鎮海軍節度使、浙江東西道觀察等使。

〔三〕「有七」為旁補小字。

三九　唐琅邪王公（寶）故夫人上谷侯氏（羅娘）墓誌銘

〔誌文〕

唐琅邪王公故夫人上谷侯氏墓誌銘并序

祝琠書　」

夫人字羅娘，其先上谷人也。洎周武王少子唐叔虞」封於唐，有晉水，命曰晉侯，因官錫氏。漢司徒昭公隨晉」東遷，居于建業，分枝弈葉，是為金陵人矣〔一〕。　大父諱崇」玄。　考諱屺，字士明。並放情丘壑，安閑著書，引綱彝組，」為當時之見重。夫人即孟女也。芳姿哲惠，天假神貽，女節」婦功，豈因師訓。于時託以殊媛，娉為我儀；　爰自笄年納綵，歸」於王氏。公令名曰寶，字紓，東晉始興公之後〔二〕，前試宣州溧」水縣尉清之胄子也。神識沉敏，動由禮儀，修身踐言，若秉」徽墨。夫人既和且樂，懿業彌芳，鄰伍推賢，娣姒雍穆。蘋藻」烝嘗之薦，頗竭勤勞；　撫綏鞠育之恩，內外稱譽。當憑積」慶以保遐齡，何圖福善無徵，奄逌凶變，報齡七十有五。」越大中六年壬申七月十八日癸未，終於潤州上元縣北」移風里之私第。即以其年冬十一月十七日己酉，遷窆於」臨沂山南原先舅姑之塋右景穴，從宜也。有子四人：長」曰庥，少蘊裂繻之志，考習三史進身，久遊上京，未就科」第；　次曰彥、曰膺、曰廉，並幼閑儒術，雅譽州鄉。泣血茹荼，」懇營喪事。女三人。令淑早聞，悉秉贄於良㜸。遠慮」陵遷谷易，海變蒼山，刊石泉扉，誌于千古。其辭曰：　」

猗那夫人，哲惠無鄰；　禮順成德，溫柔處身。琅邪上谷，」比晉如秦；　既會君子，怡顏若賓。饋獻蘋藻，明閑組紃；　」益光閨闈，時無等倫。哀哉穹旻，降禍何因；　奪其偕老，」不享其仁。大中六載，龍集壬申；　仲冬十七，己酉良辰。」臨沂南下，景穴安神；　舅姑塋右，接武排鱗。空存聲跡，」莫睹光塵；　誌于巖谷，万月千春。

鄉貢明經陶範撰　柴質鐫

〔簡注〕

〔一〕「漢司徒昭公隨晉東遷，居于建業，分枝弈葉，是為金陵人矣」一段疑有脱誤。漢司徒昭公指侯霸，《後漢書》卷二六有傳，云「河南密人也」。《元和姓纂》卷五上谷侯氏條云「漢末侯氏徙上谷」，又丹徒侯氏條云「狀云漢司徒侯霸之後」。推測侯霸之後應於東漢末年徙上谷，又於東晉初年徙丹徒。至於建業、金陵，係侯氏再徙之地，并非侯霸本人於東晉初年直接由上谷徙建業、金陵也。

〔二〕「東晉始興公」指王導。《晉書·明帝紀》太寧二年七月至十月間云：「封司徒王導為始興郡公，邑三千户，賜絹九千匹。」

四〇　唐故渤海歐陽府君（珨）墓誌銘

〔誌文〕

唐故渤海歐陽府君墓誌銘并序

樂安蔣渾述　」

府君諱珨，字玄規。　曾祖諱嵩，　祖諱端，　考諱珨〔一〕。弈葉菁凝，」忠賢間出，儒林繼德，雲泉為心。宗枝之盛，遠則存乎譜諜，近則著」在史書。若例而言，繁皆不録。晉稱達祖，詞華美贍，公府交辟，「曆」山陽令、尚書郎、馮翊守，時議渤海赫赫，歐陽堅堅，石石建字也〔二〕。稽乎」胤續，　府君即其後焉。積⿰豆咨冲和，立事由古，與夫交道，篤敬」親仁。享壽八十，以大中八年甲戌六月廿五日寢疾，終于旅次」常州江陰縣春申陳侯之館。嗚呼！善可憑而天不祐，神甚鑒」而惠無徵。然全年齡，厚貨殖者，鮮矣。既禄且壽，則　府君」之運歟！其所至也，必潔其居，卜其伍。雲龍相召，無非潤色；琴」書佛典，日以為道；江湖之秀，罕挹高蹤。　夫人清河張氏，家」節勤儉，門風夙聞；訓子導孫，足顯餘慶；哀順有儀，自為教誡。生」子四人：曰誠、曰興、曰俊、曰雄，俱擅義方，式傳儒素。丁於凶禍，號」殞過情，哭踊無時，杖而後起。竭心喪事，畢力送終，疑慕之哀，終」天莫逮。室女一人，曰小娘，銜恤笄年，不能随没。誠、興等扶護靈櫬，」以其年九月癸未廿四日丙午卜其吉，土葬于潤州上元縣鄉曰」金陵青通坊原，礼也。伏恐他載谷變為〔三〕，舟先於壑，請儒者紀德，實刊」貞石，永于終古。銘曰：

山河秀色，鍾我仁賢；福與之祐，壽八十年。一。」華顯之域，無枉長裾；躭雲戲水，左琴右書。二。智深於謀，發言銜鏡；」傳之千里，烱然百行。三。一朝万古，佳城是追；江寧之土，永固音徽。四。

〔簡注〕

〔一〕此處子名「珨」，父亦名「珨」，屬於「父子同名」。此事唐代較多，且集中在今山東、山西、河北、河南、陝西五省。誌主原籍渤海，屬今山東，故不足為奇。

〔二〕「晉稱達祖，詞華美贍，公府交辟，曆山陽令、尚書郎、馮翊守，時議渤海赫赫，歐陽堅堅、石石建字也」一段，指歐陽建。《元和姓纂》卷五渤海歐陽氏條云：「晉有歐陽建，字堅石，石崇外甥也，官至馮翊太守，為趙王倫所殺。」知此段係將「歐陽建，字堅石」六字有意嵌在其中，蓋避先祖姓字之諱也。

〔三〕「谷變為」下疑有脱字，按通例所脱應為「岸」字。

四一　唐胡氏令室北海紀夫人墓誌銘

〔誌文〕

胡氏令室北海紀夫人墓誌銘　」

有唐北海紀夫人，以大中九年歲次乙亥六月戊寅朔十一日戊」子，夫人忽形不□、神不撓，俄而就終于⧄」□舅姑涕咽，親戚悲感，其痛如何！　夫人⧄」子□長，拜都亭侯，皆有傳〔一〕。⧄南渡，子孫⧄〔二〕」故源流□□，具諸典諜，不復録焉。曾⧄。考⧄」□□，優遊□□，知機鑒物，性尚琴罇，不求聞達。夫人⧄」□之長女也，自笄歸于良家，親穆二族，□□□儀，⧄」謙，思□□德，執巾蒸獻，靡不勤輸，故《易》曰閑邪，⧄」而□也。夫人生二男：　長曰師復，先定高陽許氏；　次曰⧄」典教□□□□，並銜哀茹毒，號殞纏綿，哭踊⧄」□摧□□□喪礼，閭里歎嗟。夫人以其年⧄」元縣□□□羅落村馬鞍山西南原⧄」□〔三〕，礼也。□夫曰：　敬奉　嚴父命，嗚咽告舅氏，⧄」□莫不□□所述婦行⧄」□□□美□□淑德，唯□□曰：

⧄留兮，⧄」⧄積善兮，不及永⧄歸⧄」⧄愛女兮，寸斷肝腸。⧄」⧄塋兮，烈墳⧄。

〔簡注〕

〔一〕此段追述紀氏漢代先祖。《元和姓纂》卷六紀氏總條云：「漢有紀信；　弟成，子通封襄平侯。」此三人事蹟散見《史記》、《漢書》，均無專傳。紀通應即誌文之「□長」，因為從名、字關係看，「□長」應為紀通之字。惟誌作「都亭侯」，史作「襄平侯」，有所不同。

〔二〕此段追述紀氏吴晉先祖。《元和姓纂》卷六丹陽秣陵紀氏條云：「吴有紀隲；　生瞻，晉侍中、驃騎大將軍。」《晉書・紀瞻傳》云：「紀瞻字思遠，丹陽秣陵人也。祖亮，吴尚書令。父陟，光禄大夫。」「陟」與「隲」應為一人。

〔三〕「元縣」前缺末字應為「上」字。據《舊唐書・地理志三》江南東道潤州上元縣條：　楚金陵邑，秦為秣陵，吴名建業，宋為建康。晉分秣陵置臨江縣，旋改為江寧縣，唐大致承襲。唐肅宗上元二年（七六一），改江寧縣為上元縣。

四二　唐某府君墓誌銘

〔誌文〕

兒中男永兒，小男吴師。府君⧄」哀，加之以疾難救。親姪⧄」營葬，以大中九年八月廿日，歸窆⧄」鄉清通原，事窀穸禮。以⧄」泣而徵銘，辞不獲免，粗紀□□陵⧄：　」

生死有數兮，善惡無別。同益⧄」異塗轍。惜哉賢人兮，守道⧄」兮福善何及。嗟乎盛才兮，時⧄」倉桑兮〔一〕，愛子嬰孩。將平⧄」新墳危危兮，孰不共哀！

〔簡注〕

〔一〕「倉」為「滄」之通假，「倉桑」即「滄桑」。

四三　南唐青陽制置使司徒江府君（延穗）墓誌銘

〔誌文〕

大唐青陽制置使司徒江府君墓誌銘并序

〼團練衙推孫□□撰　」

嗚呼！天地之形，留憂崩陷；　日月之質，□□滿盈。若非道事虛無，理通寂滅，孰泯短長之歎〔一〕。須」拘生死之期，□□靈□□□，□□西□，□□□□。自□我司徒事　」主公，忠於家，孝□□，稟冲〼力未衰，齒髮尤壯。䰅纏」□床〼明□乃〼」□主興□□□□□孫號殞□娱〼究。於有唐昇元二年歲次戊戌」二月已卯二十五日癸巳辰時，薨于堂〼石□。江氏諱延穗，字義光，其先濟陽」人也。晉元東渡，遷於宛陵。　皇考諱芳□，□□鎮□軍節度押衙鹽麴院使都倉鈐轄，清」列洪勳，門□□□，載于家諜，此益繁云。□□一十六，□皇妣常氏，婦德母儀，柔姿淑態，具述」先府君墓誌銘□□□□並終於潤州〼丹徒縣寶蓋山之陽。　司徒即　」先府君之長子也。□□□□□英姿無□良〼」先齊王豹變〔二〕，委以繁難，尋屬　」今天子龍飛〔三〕，付之綰轂，歷職則從微至□□□□成多四十年，勤苦奉公，三百户酬勞」□績。自禮部右□□□紫司藍鈿□□□盈〼手提制印，集作福星。自鎮臨城，頓」蘇疲瘵，法不亂舉，刑不浪效，無賦□□，自然□□，□神□□，□省咨嗟，庭絶鵲喧，門無犬吠，」一同政化，百里清風，公道既平，民曹□静〔四〕，□馳□□，譽美新都，正在忻忻，俄鍾感感，□」彭遘禍，三□興□，五教□臨，光泉俄生，福星奄耀，□鏡沉光，遺表素㦗，遠通　」青漢。是乃□□□騎云〼」製詞德□□□布〼延義左軍□軄，監□銅官，場鎮在權，富壽當路，」生靈□泰，□□和平。□□□□置副使曹僕射女、　司徒首婚汝南縣君曹氏，淑德有聞，」貞姿□□，歸于翠□，良佐□家。先于□□五年，登于逝駕，殯于上都鍾山之右。有　」男陸人：　長曰弘道，職□左軍□□神武將軍□□人質堂□□故羅城使許僕射女；　次男弘」□，□□□□親衙佐贊指揮當□都幕□□，不廢旨甘，自光忠孝，婚左軍都督衙守黄州刺」史□太保女；　次男弘裕，名□右軍，職居當直，赤心奉上，勵節親衙，可為二龍，同匡久要，□」□□□國李公孫女；　次子弘晊，　殿頭高品，監察群寮，外贊　天機，內承　」□□，□□□露，手付絲綸，親侍　龍□，不離　宸□；　次曰弘智，□哥，蘊積礼儀，將調羽□。」有女二人：　長曰十四娘，出嫁左宣威軍都知兵馬使張氏；　次曰十五娘，年始在笄，未離□□。」司徒繼室亦汝南縣君周氏，天界真姿，人中令節，名親　上□，信□小君，有男一人。□□不□」司徒，　國將委□，人賴瘞庥，夢蝶不還，弔鶴斯切。以昇元二年□月二十日，左軍衙前押衙□□」制置使、光禄大卿、檢校司徒、行右領軍衛將軍、濟陰縣開國男，食邑三百户，府君江氏，年五十」有五，葬于上都江寧縣梓桐原，禮也。嗚呼！ 痛埋天地之 英靈，哭□曹劉之□量。余」才藝荒蕪，謬承 青眼，命述斯誌，有辱貞砥〔五〕，海變陵移，終御□□。銘曰：」

奇哉英傑，降跡于唐。王兮委任，出鎮青陽。明逾樂鏡，□□秋霜。□愛□□，」黎元樂康。福星忽墜，民庶蒼惶〔六〕。玄闕□□兮難問，青山⧄」松風切，千万年兮永難別。唯將貞石刊勳名，□□陵⧄

〔簡注〕

〔一〕「泯」字右「民」原避唐諱缺末筆。

〔二〕此處「先齊王」指徐温。

〔三〕此處「今天子」指李昪。

〔四〕「民」字原避唐諱缺末筆。

〔五〕「砥」字右「民」原避唐諱缺末筆。

〔六〕「民」字原避唐諱缺末筆。

四四　南唐故京兆杜公（昌胤）墓誌銘

〔蓋文〕

大唐故」京兆杜」公墓銘

〔誌文〕

唐故朝⧄」杜公墓誌銘⧄〔一〕」

公諱昌胤，字⧄」士，代為荆人⧄」皇湖南院出⧄」吳左監門衛⧄」君言行修謹，⧄」今上是有唐⧄」爰務旌賢⧄」撫下以⧄」子⧄」今上⧄」從外有如⧄」氏傳上⧄有⧄訪□」義族□公，公即⧄學易研覈疏業⧄凝一夕」⧄極余推之⧄其涯□」公⧄曰求名干禄⧄」⧄千歲入國⧄」□□□春⧄」⧄行大理司直，賜⧄」⧄申⧄出宰百里，蓋非⧄」⧄之君⧄為人，寬猛相濟，⧄」丁酉歲，就加虞曹⧄」⧄永□縣，其年秋⧄人情翕然，如去⧄」□□静恭若一。孰知天⧄太保公聞之，□為⧄」□命其子促□人取歸⧄人，何數不可移□身⧄」一日戊申，終于江寧府□□□□教坊□私第。□享年□十有⧄庚子歲，奉⧄」權窆于上元縣金陵鄉澧湖里□□□□。公前娶□氏生⧄不幸⧄氏」生二男一女。女曰□感。男曰廷，曰貞。貞自繈褓⧄以義⧄之」□□為人師，及其終也，□太保□哀悼□□幾不勝⧄有如」斯者也。知余生平素與公善，乃命紀公□奉勒⧄野累」敬仰。銘云：」

靈椿古柏，孰與其壽；　瑞露卿雲，于何非有。⧄」彼美令德，遐不黄耇。其二。　維年己亥，厥月丁丑；　⧄」幕府之陽，澧湖之右。　揲策灼龜，龔于吉⧄」永□□長，君子之柩。其四。　大聖垂範，⧄」〔二〕

〔簡注〕

〔一〕本誌首題殘存「朝」字，説明誌主帶有「朝」字頭散官。據《舊唐書·職官志一》，唐代「朝」字頭散官，六品以下有朝議郎、朝請郎、朝散郎，五品以上有朝議大夫、朝請大夫、朝散大夫。誌主所帶應為其中之一。

〔二〕誌文漫漶難辨，誌主具體卒葬時間不詳。蓋文稱「大唐」，誌文首題稱「唐」，似屬唐王朝。據誌文：　僅知誌主葬於「庚子歲」，唐代有五個「庚子歲」，不知孰是。誌主卒於「一日戊申」，「一日」之「一」係據殘痕擬補。前文不清，亦有可能是「十一日」或「廿一日」。結合銘文所云「維年己亥，厥月丁丑」，可以推測誌主卒於己亥歲丁丑月戊申日。唐代有五個「己亥歲」，十二月均為丁丑月：　第一個己亥歲為太宗貞觀十三年（六三九），丁丑月朔為己巳，是月無戊申日。第二個己亥歲為武則天聖曆二年（六九九），丁丑月朔為辛巳，戊申為二十八日。第三個己亥歲為肅宗乾元二年（七五九），丁丑月朔為癸巳，戊申為十六日。第四個己亥歲為憲宗元和十四年（八一九），丁丑月朔為乙巳，戊申為四日。第五個己亥歲為僖宗乾符六年（八七九），丁丑月朔為丙戌，戊申為二十三日。均與誌載「一日戊申」不合。考誌載誌主「終于江寧府」。《太平寰宇記》卷九〇《江南東道二·昇州》記「僞唐改為江寧府，因之建都」。《通鑒》卷二八一繫於晉高祖天福二年（九三七）正月，云：　「（徐）知誥（李昪）始建太廟、社稷，改金陵為江寧府。」始知本誌所謂「大唐」和「唐」均指南唐。南唐僅一「庚子歲」，為昇元四年（九四〇）。其前昇元三年為己亥歲，丁丑月亦為十二月，朔為丁酉，戊申為十一日，與誌載「一日戊申」正合。故將誌主葬年之「庚子歲」繫於昇元四年。

四五　南唐宣威軍都虞候檢校太保右領軍衛大將軍某府君墓誌銘

〔誌文〕

⧄文林郎前守歙州司士參軍掌表奏張匡濟撰」〔一〕

⧄永嘉之季，夷狄乱華，洪源本枝，靡不散」⧄武之道，代不乏賢，家諜祖風，莫可具紀。□」⧄陽縣大君。　府君卓出，奇姿挺生，威武負氣，絃直」⧄乙巳之歲，始筮仕于合淝。當龍虵起陸之時，是寰海稱」⧄皇佐命昌期。　府君識運祚有歸，知神器斯□。」⧄險阻，每見先登，蠻蜑畏威，士卒懷惠，有膽勇為　」⧄」⧄張，霸業預控，遏之嘉謀，鐵石其心，寒暑無忒，遂得徽猷，克」⧄左右殿直、捧宸等軍軍使，兼右街使，授光禄大卿、檢校□」⧄緹騎，復拜魚符。天祚丙申夏六月，授知歙州軍州事□」⧄使持節歙州諸軍事、守歙州刺史。自尔□□部⧄」⧄我□之⧄府君以戴，　」⧄加授雄武統軍□□清河縣開國男，食邑三百户，不離」⧄昪元戊戌秋八月，　朝庭以方恩録舊，適在□人，□」⧄器，欣然曰：　三年為郡，政且無苛，一日歸　」⧄」⧄宣威軍都虞候，加檢校太保，□右領軍衛大將軍，官次□□」⧄弥堅，時謂英豪，人欽□侮。　内隴西縣君李氏雍□」⧄於肥家而自頃年俄悲□卒。有子六人：　長曰彦洪，位右軍」⧄銀青光禄大卿、檢校工部尚書，兼御史大憲、上柱國，娶」⧄馬第二指揮都知兵馬使、銀青光禄大卿、檢校國子祭」⧄右軍□□副使，充左右宣威軍小直都都虞侯、銀青」⧄西李氏；次曰彦潛、彦澴、彦溶，未冠，而並風神倜」⧄毗陵秦氏，名處□；　次十二娘，適龍安蔣氏，名建」⧄女既冠適人，或已仕於戎轅，或早歸於佳援，暐□」⧄和，以□□疾，徧徵名藥，一無所瘳，大夜重泉，□」⧄以□於斯，汝等勉力圖功，無」⧄是年□月廿五日，薨于臺城官舍，享」⧄京城之南隅，梓桐之西阜□」⧄村洪茂塘源，禮也。嗚呼！　功名之盛，人誰不圖；　壽考」⧄君乘時立身，見機奉義，位高太保，年及縱心，歷官秩三」⧄誠可貴歟？　誠可貴歟？　長子彦洪將思刊勒，泣送箋封，爰」⧄表揚□子之心，唯賢者能之，匡濟内顧，諛」⧄庶幾遵稟敬述銘言：　」

⧄芳猷；　府君之光兮，孰可與侔。其一。　」⧄華有赫；　府君之功兮，書于史策。其二。　」⧄穆如；　府君之德兮，光彼簪裾。其三。　」
⧄哲人斯喪；　府君之薨兮，莫不悽愴。其四。　」⧄水周旋；　府君之終兮，千年万年。其五。〔二〕

〔簡注〕

〔一〕此為第二行，係撰者署官，前面還有第一行，應為首題，但已完全漫漶，無法釋讀。

〔二〕本誌上部漫漶，誌主佚名，卒葬時間亦不詳。誌載誌主始出仕在「乙巳之歲」，即唐僖宗光啓元年（八八五）。此後提及兩個紀年：　一為「天祚丙申」，即吴國睿帝（楊溥）天祚二年（九三六）。是年誌主外出守歙州刺史。一為「昇元戊戌」，即南唐烈祖（李昪）昇元二年（九三八）。是年誌主内調任右領軍衛大將軍。如果誌主始出仕為二十歲，則至是年已有七十三歲。最後「薨於臺城官舍」，亦即卒於任上。推測誌主之卒應在昇元二年之後不久。故暫將本誌時間繫在昇元二年後。此外，誌載誌主長子名「彦洪」。《通鑑》卷二九二後周顯德三年（九五六）二月癸巳條載：「唐静海制置使姚彦洪帥兵民萬人奔吴越。」此姚彦洪年歲、仕歷與誌主之子「彦洪」相當，值得進一步研究。

四六　南唐左威衛大將軍琅琊太尉侍中王府君（繼勳）墓誌銘

〔誌文〕

⧄晉江人也。其先自秦漢至隋唐，累世名德，冠冕蟬聯不絶，國史家牒，莫不」⧄人仁之□，□□百世，昭穆無窮。若夫離剪佐時寧乱〔一〕，定功於前；　渾祥辅主濟民，垂名於」⧄大功業，近則我祖有之也。別宗因地，始封閩王，諱審知，族人」□□，是為太祖，四世之□，因之追贈。故桂州陽朔縣令，贈司徒諱玉，公之高祖也。司空、贈太師、中書」令讳恁，曾祖也。守泉州刺史、贈侍中、追謚武肅諱審邽，皇父也。

福建管内三司發運副使、檢校司徒、」贈太尉諱延禎，皇考也；　崇國太夫人宋氏，妣也。公大昴炳靈，祥麟叶趾，弱齡襲爵，寅亮秉躬。」我顯祖光宅閩區，功格東表。漢封三越，奕世重熙。修□□方，不替獻命。中閒赤符未集，作帝自娱。」□□哲人，□□公族，剢復閩隸殘孽，乘釁肆凶。公能□平指期，對天永□。果□□殲猾豎，大刷恥讎。」□□邦家，疏爵崇命。英蕩華路，鸞鈴飛鑣。加服九章，踐登三事，高陽舊里，繁盛昔時。行部晉安，遺愛」□□。保大四年，論順祐之理，稽筮遷之徵，實融適變而動，公臆斷有焉。帝嘉其誠，允答高秩，拜」□□，加特進，賜推忠效節奉聖功臣，食邑三千户，戴蟬珥貂，入□　帝閫，功冠群后，位隆鼎司。五」□，□池州都團練觀察處置等使、守池州刺史。秩滿，考成績之狀，居奏課之最，再命陟庸，不替厥位。」□□，崇國太夫人奪問至，自傷行役，版輿闕奉，陟屺增望，劬勞永思，忽焉哀驚，迨將絶息，羸病扶杖，」□□能興。万石君純行篤孝，人皆擬倫焉。卒哭告祔，金□從權。起復視事，共治七載。宜民宜人，無怨」□□。惠政誕洽，庶績咸熙。歸朝拜左威衛大將軍，屯守期門，率厲士校。玉顔鑒物，温言煦春。遇」□□夫有禮，與小人有恩。器度豁然，貴而不佚。兼以書善楷妙，經誥墨迹，餘暇手寫。好學不倦，為善」□□。招禮耆儒，弘廣經義。通□□訓，隆諸子弟，堂構斯盛，由公負荷。有此之賢，如此之親。嗚呼！天不」□□，哲人其萎。享年四十有五，以保大十四年七月十二日，薨于　京師崇禮坊私第正寢。　」皇上撫几增悼，廢朝三日，詔鴻臚護葬、司儀禮，賵賻加等。啓殯，謚曰敬，禮也。以其年八月二十」□日，葬江寧縣安德鄉安宜里。往日卜窆於此，即先夫人青陵原合祔，禮也。嗚呼！祖庭撤奠，遷□」□□。素旒委以曳軫，雲翣翼而蔽骖。笳鼓悲鳴，霜風慘冽。世嗣號而踊絶，虞歌挽以縈紆。嗚呼！既葬」□□，□□不見。親賓拜以復土，輿仗回而下岡。微陽疏林，歸軒空蓋。公娶清河郡夫人崔氏，」□□□□胤族孫女也。秀發景胄，訓承大家。曹謝賢才，維則是效；裴王宗族，作嬪可偕。不幸先公」□□。□□□□□人鄭氏，往歲名推賢淑，翼贊宫闈。玉度有輝，蘭儀誕茂。作儷于□，□□□」□，□也。長男曰傳嗣，池州中軍使，顯居右職，是司鼓□。秉同□□聽軍聲，陳旌旗以□□□。□昔□□，」今為具臣。仁孝之行，天誘其衷。端已厲俗，勤節苦學。寡欲▨人必待舉。次男」曰傳憲，次男曰傳勖，並冠而未仕。就賢親師，進德修業。吾門以□，□□兹乎？有女二人，長有適人為」□之端，次未笄。既喪父天，殆無所怙。箴管右佩，□惠其容。致雍昔同，嚴助州鄉，入見嘯甫獻替，早□」□□，合紀殊庸。拂琬琰以增悲，愧簡頌而鄙略。敬為銘曰：

大哉甌閩，雄冠百越；　皇皇我□，」□昭丕烈。景胄流芳，維公則哲；　弱齡襲爵，守命邦節。伊昔故土，猾豎肆逆；　放弑我君，盜據我國。世□」中零，厥心否塞；　猶違神謀，大翦凶慝。泉山紆盤，秀出高峙；　大荒東流，禹策攸紀。帶海一隅，膏壤千里；　」疇昔賞功，作牧於此。崇徽九命，踐登三事；　載珥貂蟬，　帝閫入侍。守郡池陽，風化大洽；　兩地甘棠，」猶詠蔽芾。執親之喪，杖寢在廬；　漢文權制，墨衰外除。□□金革，起剖虎符；　期門總旅，警衛　」□居。□□□備，文武□墜；　分袂藏書，永錫來嗣。師禮□儒，論道説議；　階軒柱楹，墨迹猶記。　偉哉」□□，□儀堂堂；　蟬冕□□，王顔主光。▨玄堂一閉兮，冥寞▨。〔二〕

〔簡注〕

〔一〕「剪」應為「翦」之誤。「翦」即王翦，人名不能通假。「離」即王離，王翦之孫。此祖孫二人均為嬴秦名將。下文與此「離翦」對仗之「渾祥」，亦指王祥、王渾同族叔侄二人（此為琅邪王渾。同時又有太原王渾，更為著名。但誌主原出琅邪王氏，此處應指琅邪王渾）。此叔侄二人均為西晉名臣。這都是誌主王氏家族的先賢和前典。

〔二〕本誌多處漫漶，誌主原本佚名，故曾定名為《南唐万石君墓誌銘》。今考本墓誌《全唐文》卷八七五收録，為南唐陳致雍撰，首題為《左威衛大將軍琅琊太尉侍中王府君墓誌銘》，始知誌主為「王繼勳」。《十國春秋》卷九七有陳致雍小傳，全文為：「陳致雍，莆田人也。博洽善文辭，憲章典故，尤所諳練。仕景宗為太常卿。入南唐以通禮及第。除秘書監。未幾，致仕還家。陳洪進辟掌書記，譔《晉安海物異名記》及《閩王列傳》（一作《閩王事蹟》）、《五禮儀鑑》諸書。好事者復編其議禮諸論為《曲臺奏議》二十卷。」本誌釋文參考了《全唐文》所載傳世陳致雍撰王繼勳墓誌。但感覺出土墓誌仍然優於傳世墓誌。譬如：传世墓誌「領池都團練觀察處置等使」，出土墓誌「池」下多「州」字。又传世墓誌「朝拜左威衛大將軍」，出土墓誌「朝」上多「歸」字。為便於比較，兹將傳世陳致雍撰王繼勳墓誌全文附録於後。

〔附録〕

左威衛大將軍琅琊太尉侍中王府君墓誌銘并序

公諱繼勳，字紹元，琅琊臨沂人，因家為泉州晉江人也。其先自秦漢至隋唐，累世名德，冠冕蟬聯不絕，國史家牒，莫不詳焉。故所謂仁人之利，本枝百世，昭穆無窮。若夫離翦佐時寧亂，定功於前；渾祥輔主濟民，垂名於後。歸刀示信，誓水指期。或辟王肇基，宏大功業，近則我祖有之也。別宗因地，始封閩王，諱審知，族人尊之，是為太祖。四世之親，因之追贈。故桂州陽朔縣令、贈司徒諱玉，公之高祖也。司空、贈太师、中书令讳恁，曾祖也。守泉州刺史、贈侍中、追謚武肅諱審邽，皇父也。福建管內三司發運副使、檢校司徒、贈太尉諱延禎，皇考也；崇國太夫人宋氏，妣也。公大昴炳靈，祥麟叶趾，弱齡襲爵，寅亮秉躬。我顯祖光宅閩區，功格東表。漢封三越，奕世重熙。修職貢方，不替獻命。中間赤符未集，作帝自娱。維彼哲人，振振公族。矧復閩隸殘孽，乘釁肆凶。公能刻日指期，對天永誓。果見克殲猾豎，大刷恥讎。再造邦家，疏爵崇命。英蕩華路，鸞鈴飛鑣。加服九章，踐登二事。高陽舊里，繁盛昔時。行部晉安，遺愛未泯。保大四年，諭順祐之理，稽筮遷之徵，實融適變而動，公臆斷有焉。帝嘉其誠，允答高秩，拜侍中，加特進，賜推忠效節奉聖功臣，食邑三千户，戴蟬珥貂，入侍帝闥，功冠群后，位隆鼎司。五年，領池都團練觀察處置等使、守池州刺史。秩滿，考成績之狀，居奏課之最，再命陟庸，不替厥位。七年，崇國太夫人奔問至，自傷行役，版輿闕奉，陟屺增望，敬勞永思，忽焉哀鶩，迨將絶息，羸病扶杖，允莫能興。萬石君純行篤孝，人皆擬倫焉。卒哭告祔，金革從權。起復視事，共治七載。宜民宜人，無怨無惡。惠政誕洽，庶績咸熙。朝拜左威衛大將軍，屯守期門，率厲士校。玉顔鑒物，温言煦春。遇士大夫有禮，與小人有恩。器度豁然，貴而不佚。兼以書善楷妙，經誥墨蹟，餘暇手寫。好學不倦，為善是稱。招禮耆儒，宏廣經義。通方之訓，隆諸子弟。堂構斯盛，由公負荷。有此之賢，如此之親。嗚呼！天不憖遺，哲人其萎。享年四十有五，以保大十四年七月十二日，薨於京師崇禮坊私第正寢。皇上撫几增悼，廢朝三日，詔鴻臚護葬、司儀禮，賵賻加等。啓殯右衛上將軍，謚曰敬，禮也。以其年八月二十五日，葬江寧縣安德鄉安宜里。往日卜窆於此鄉先夫人青陵原合祔，禮也。嗚呼！祖庭撤奠，遷柩屬紼。素旒委以曳軫，雲翣翼而蔽軫。笳鼓悲鳴，霜風慘冽。世嗣號而踴絶，虞歌挽以縈紆。嗚呼！既葬皇皇，求而不見。親賓拜以復土，輿仗回而下岡。微陽疏林，歸軒空蓋。公娶清河郡夫人崔氏，舊朝相國允族孫女也。秀髮景胄，訓承大家。曹謝賢才，維則是效；裴王宗族，作嬪可偕。不幸先公而亡。繼室滎陽郡夫人鄭氏，往歲名推賢淑，翼贊宫闈。玉度有輝，蘭儀誕茂。作儷於王，公從夫爵，禮也。長男傳嗣，池州中軍使，顯居右職，是司鼓鞞。秉同律以聽軍聲，陳旌旗以鞠師旅。在昔宣任，今為具臣。仁孝之行，天誘其衷。端己厲俗，勤節苦學。寡欲無玩，瑰瑋奇才。或以德進，而必待舉。次男曰傳憲，次男曰傳勖，並冠而未仕。就賢親師，進德修業。吾門以大，其在兹乎？有女二人，長有適人為婦之端，次以少未笄。既喪父天，殆無所怙。箴管右佩，婉惠其儀。致雍昔與嚴助同鄉，入見諸任在列。仰覿亮跡，合紀殊庸。拂琬玉以增悲，愧銘頌之陋略。辭曰：

惟閩有雄，冠彼百越；皇皇我祖，昭昭丕烈。景胄流芳，維公則哲；襲爵弱齡，守命邦節。伊昔故土，猾豎肆逆；放弑我君，盜據我國。世祚中零，厥心否塞；潛運神謀，入翦凶慝。泉山紆盤，秀山高峙；大荒東流，禹跡攸紀。帶海一隅，膏壤千里；疇昔賞功，作牧於此。崇徽九命，踐登三事；戴珥貂蟬，帝闥入侍。守郡池陽，風化大治；兩地甘棠，猶詠蔽芾。執親之喪，杖寢在廬；漢文權制，墨縗外除。權從金革，起剖虎符；期門總旅，警衛宸居。學業優備，文武不墜；分袂藏書，永錫來嗣。師禮耆儒，論道説義；階軒柱楹，墨迹猶記。偉哉君子，威儀堂堂；蟬冕照面，玉顔生光。蘂蘭鬱茂，高風隕霜；緬邈不見，人懷永傷。元堂一閉兮，冥寞幽魂；江邊古路兮，原頭新墳。青林松柏兮，他年子孫；碑存荒草兮，傷嗟哲人。

四七　南唐修故吴宣懿皇后墓銘

〔蓋文〕

故吴宣懿」皇后墓銘

〔誌文〕

⧄〔一〕」

⧄臣⧄〔二〕」

⧄為所謂乃⧄」后⧄當□吴⧄」⧄教軌範⧄」⧄」⧄」土運⧄謂嘉□克享修齡」以建隆二年⧄高齡春秋七十有一。」今上念□之餘，詔有司率用」加等，奉⧄曰宣懿⧄至六轡咸備，五」輅斯陳，⧄，以其年八月二」十六日，葬于江寧□□陽□□□□□□石□□止。馬鬣俄」封，露往□來，孰有□泉之⧄奉」制直⧄：」

猗□□德，昔嬪帝室。□□其□，□□□□。恩訓浹洽，」芳賢澤溢。善始令終，良由得□。□□□興，」時移世別。味道養和，含章履潔。□□□□，神祐貞節。」□□之□，果逢聖哲。⧄太常定謚，」□□言□。允符宣懿，爰搆玄□。万祀千秋，」無塹銘石。

將仕郎守祕書省校書郎⧄臣陳德寧」奉⧄制書

⧄文秉刻立〔三〕

〔簡注〕

〔一〕此行应為本誌首題。

〔二〕此行应為本誌撰者署官。

〔三〕本誌右下部殘缺，文字多漫漶，誌主佚名。《十國春秋》吴國后妃傳僅收后妃五人（太祖太妃史氏、夫人朱氏、太后王氏、睿帝讓皇后王氏、太子妃李氏），均與此宣懿皇后不類。本誌似由陳德寧書。陳德寧事蹟亦無考。《宋史·藝文志一》收有陳德寧《公羊新例》十四卷、《穀梁新例》六卷，不知此陳德寧是否彼陳德寧。《十國春秋》有南唐陳誨與子德誠傳，先稱：「誨之宗族益盛，諸子悉至顯官，當世榮焉。」後稱：「德誠少好學，才兼文武，有能詩名。」陳德寧是否陳誨之子、陳德誠之兄弟，值得研究。本誌由文秉刻立。文秉姓王，為南唐至北宋初著名書法家和刻碑專家。《十國春秋》南唐應用傳後附王文秉傳稱：「又有王文秉者，善小篆，字畫遠過徐鉉，所書《紫陽石磬銘》、《千字文》傳於世。」王文秉所書《千字文》和《紫陽石磬銘》，歐陽修《集古録》卷一〇著録。徐鉉《稽神録》卷一金蠶條稱：「右千牛撫曹王文秉，丹陽人，世善刻石。」陳思《寶刻叢編》卷一五江南東路建康府條收有王文秉篆刻名品多種，可以參閲。

四八　南唐故奉先禪院浄照禪師塔誌銘

〔蓋文〕

唐故浄」照禪師」墓誌銘

〔誌文〕

⧄街奉先禪院浄照禪師塔誌銘〔一〕」

⧄侍中尚书工部员外郎知制誥雲騎尉□□魚袋張洎撰〔二〕」

⧄自時厥後，弈世⧄因越生死，海□」⧄浄照禪師之⧄清祖考不仕□□」⧄法⧄見東南遂浮□□」⧄成」本無⧄道」富為⧄一言密契」於心⧄師首率」門人⧄　」元宗⧄　」皇上⧄眼能辨大」事宜⧄精舍⧄浄照師名復，」崇兹懿⧄海之□茂林秋⧄與其會，如」林師嘗⧄大德□□絲□於如來藏中□□□可得悟」之則⧄其□謗，後來皆如此。□□□□□□□弘道在」人，慈⧄夜□以乾德丁卯歲□□□人。越己巳歲季冬」月二十⧄有終，吾將丁戊，汝等諸」子善⧄而比□□四十□□□□六十九年壬□失□□梁」四生⧄七⧄年」正月十⧄于⧄里□□二里」遵⧄輪」作大⧄於如來」正⧄佛□□□□法嗣」⧄見□□□□已謹作」銘⧄千⧄墜」⧄甘」⧄畅」⧄有⧄」⧄」□□僧判官翊教大德⧄」監院僧子朋、維那僧行□、典⧄德等」親教弟子僧一百廿七人，長曰義宗，侍者第信、義顯。」

姚慮、吴貞□鐫〔三〕

〔簡注〕

〔一〕「街」前缺文末字疑為「右」字。《十國春秋》南唐僧應之傳：「遷右街僧録，固辭，求居奉先禪院，許之。」奉先禪院可能就在南唐京城之右街。

〔二〕《宋史・張洎傳》記洎先仕南唐，解褐「上元尉」，旋擢「監察御史」，為李煜「記室」時，再擢「工部員外郎、試知制誥，滿歲，為禮部員外郎、知制誥」。没有提到「侍中」，蓋「記室」即「侍中」也。此外，張洎任工部員外郎時所兼為「試知制誥」，滿歲改任禮部員外郎時才轉正為「知制誥」，與本誌署官不同。

〔三〕本誌殘缺漫漶，誌主卒葬時間不詳。誌文提到的時間主要有二：前為「乾德丁卯歲」，即乾德五年（九六七）；後為「越己巳歲季冬月二十」，即開寶二年（九六九）十二月二十日。暫將本誌繫在是日之後。

四九　南唐行饒州別駕武騎尉故智府君（實）誌銘

〔誌文〕

⧄行饒州別駕武騎尉故智府君」誌銘

潁川陳叙為撰　」

⧄子，厥族乃分，歷諸近世，曾少達者。綿」⧄知福為禍先。　府君諱實，字」⧄曾祖諱康，　祖諱昭，　考諱貴，」⧄水以攄懷，託琴樽而肆樂。　妣彭城」⧄先志，能保大和，優遊城闕之間，踈」⧄而居。或酣醉以經句，或杜門而終月。」⧄野鶴無羈，難拘世網；　孤雲出岫，但」⧄慮者獨我。心雖叶道，命且拘時。偶為」⧄佐。開寶五年十二月授饒州別駕。乍」⧄宣，遽從淪謝。明年四月二十四日寢疾。」⧄享年八十有五。當年六月二十四日葬」⧄田村健康里。　夫人吴郡朱氏，」⧄有稱，潔素無擬。先　府君十三年」而歿□□袝于□，禮也，□福不及善，伯道無兒；　慶但鍾身，喬公」有女。長適□水關第二指蹤都頭郄漢賓。次適永興市茶務官陳」□。次適□□□軍左右廟都指蹤使國城都城都檢校使左監門」衛□□□□大夫檢校太尉、食邑三百户皇甫繼勳。　」太尉以敬穆□，當其存而盡養；　操心抱義，送其終而盡哀。維僕久」處交知，懇□言託，固求紀述，以勒貞珉，因而操觚，且為誌曰：　」

懿□別乘，善而藏器。昔其少時，遠名遠利。　」迨乎暮齒，去巧去智。光不可掩，禄亦自至。　」有壽是臻，委化無序。馬鬣其封，千齡無既。〔一〕

〔簡注〕

〔一〕本誌右上部漫漶不清，誌主具體卒葬時間不詳。首題記誌主卒官行饒州別駕。誌文繫誌主官饒州別駕於「開寶五年十二月」，接稱「遽從淪謝」，再接稱「明年四月二十四日寢疾」，「當年六月二十四日葬」。據此可以推知，誌主應係開寶六年（九七三）四月二十四日病故，同年六月二十四日安葬。此外，誌記誌主第三女適皇甫繼勳。皇甫繼勳為南唐大將，因隱瞞宋軍入侵，為後主李煜所殺，時間在開寶八年（九七五）夏。這也説明，誌主的卒葬時間應在此前。

五〇　南唐故右街石城清涼大道場法燈禪師（周泰欽）墓誌銘

〔誌文〕

故唐右街石城清涼大道場法燈禪師墓誌銘并序　」

蘭陵釋省乾撰　」

粵白雲無心，寒松有韻，淡淡閑當於逈漢，青青鬱鎮於高嵓。物」以之然，道亦何隔？則　」我禪師智自天然，性不群比，洞万物以為道，海百川以為懷，出」興利，人籌盈〔一〕，折床以之於後。　」禪師諱泰欽，魏府人，周氏。祖、父閥閱。師少蘊生知，不慕榮顯，十」歲投千佛院大智禪師出家落彩；　十七開元寺琉瑠壇依神海」律師受戒。自迩神識灑落，不刁經論，便慕參玄，杖策雲山，遍扣」諸祖。大和中来游江外，詣臨川崇壽，契大智藏導師心要〔二〕，自後」上廬山蓮花洞万歲庵，情閑道高，人仰弥遠；　即南都静安雙林」禪院，響道請振大音，次居上藍禪院。　」主上欽德，遠詔歸京。始住龍光，終居石城清涼大道場，錫號法」燈禪師。開寶七年六月二十四日申時示疾，奄順世緣，俗壽六」十五。僧臘四十八。小師監院文相等一百五十人哀痛無已，參」徒□子仕俗万千泣送，儼全身於江寧縣鳳臺鄉小茭里，依教」建窣堵波，俾旌懿行。銘曰： 」

白雲無蹤，秋潭影中； 」我師示迹，道濟虛空。 」来匪從兮何滞，去無方兮皆通； 」出没大悲兮弘至妙，儼窣堵波兮該無窮。」門徒弟子兮哀罔極，千古万古兮松清風。」〔三〕

開寶七年歲次甲戌七月丁未朔十五日辛酉」記耳

〔簡注〕

〔一〕「人」疑為「入」字之誤。

〔二〕「大智藏導師」為文益禪師謚號。文益禪師為禪宗分支法眼宗之創始人，早年曾在臨川崇壽禪院掛錫，故誌主要來該禪院訪其心法。後來被南唐烈祖（李昪）迎請到金陵，先住報恩禪院，後遷住清涼寺，並在此圓寂，中宗（李璟）先謚曰「大法眼禪師」（法眼宗之名蓋源於此），再謚曰「大智藏大導師」。

〔三〕本誌誌主法燈禪師，最終亦住金陵清涼寺，自屬法眼宗重要法嗣之一，故在《景德傳燈録》、《五燈會元》二書之中均有專傳，禪宗各類「語録」亦多載其言論。

五一　南唐故北海戚府君（恭）夫人湖州郡倪氏墓誌

〔誌文〕

唐故北海戚府君夫人湖州郡倪氏墓誌〔一〕 」

哀孫▨ 」

家君行年二十九而祖喪，又一万一千三百二十八日而妣卒。□□」致毁，而君毁□。或曰：氣有聚散，適有来去。生之時，死之日，□□□」壽殤，子之□□也。豈况嚮考終極孝養，外盡其敬，內盡其□，□□」制禮，不可過□乎？是以悦若起於苫塊之上，議喪期也。起□□□」人。倪氏諱□，其先漢楊州刺史諺十三代之嫡孫，皇朝蘇州□□」巡官漢章之孫女。母陸氏，東晉二陸之裔〔二〕，本家蘇州，乃□方□□」□子也。未及笄，姆教織維組紃之工，婉娩聽從之德，茂挺閨□□□，」□遂聘□。戚府君諱恭，為琴瑟三十有三載，所天即妣□□□□□」□□道。長曰承玘； 次承皋、再誠、士衡。女一人，曰□，適孫氏。無何卒，」開寶七年甲戌越正月五日甲寅，壽八十二。膳飲不輟，晨省□□」瞑目長往。嗚呼！太夫人未亡之日，長者、少者蒙其鞠□； 屬纊之後，」聞者、親者傷其□媛。以其年前十月一十日〔三〕，道遠不克合葬，□□□」□□鄉之東原，禮也。嗟乎！會葬□□□送終，惟長子將祭於□□，」罔極之孝，思上堂不見，俄瞻望於冥莫，用之始□而失我□□□」□□進□累上□第□於知命，常慮報移恩之晚，幸揚名於□□」□□未□」□□□終，時不我與，天乎罔念。噫！風樹同□亦哭□無亦□□□□」□□□□□石永固，識之封鬛。謹為誌云： 」

〼代□人兮浩茫茫，年華電轉逝飛光。塵波□淪〼」〼百□幾長。彼孝心之無已濟，夫人之其〼」〼兮龍崗。告龜筮兮不克違，奉□□兮〼」〼而死葬既天望而地藏，哀哉杳杳不〼。

〔簡注〕

〔一〕首題「湖州」二字：「湖」字左部僅存「氵」旁，右部基本漫漶；「州」字則完全漫漶。倪姓郡望極少，《元和姓纂》卷三僅列有「中山」一望，與此二字所留殘筆不合。據《宋史·倪思傳》：「倪思字正甫，湖州歸安人。」補為「湖州」二字。

〔二〕「二陸」指陸機、陸雲，二人均死於西晉「八王之亂」，没有活到東晉，此處稱「東晉」有誤。

〔三〕據陳垣《二十史朔閏表》，開寶七年（九七四）閏十月，此非閏月，故稱「前十月」。

五二　北宋故龍圖閣學士禮部侍郎杜公（鎬）夫人鍾氏墓誌銘

〔誌文〕

宋故龍圖閣學士禮部侍郎杜公夫人鍾氏〼〔一〕 」

〼通判亳州並兼管內勸農事呂溱撰〔二〕 」

景祐五年冬十月戊子，太子中舍植與弟樞，表 」祖母夫人之喪，窆于江寧縣之安德鄉。又以 」夫人之美德懿範，有足以激于人者識于壟中。斯亦順孫篤親之心，賢者不朽之事歟！ 」夫人姓鍾氏，其先家潁川。唐之季，天下紛擾，撫劍顧眄，而稱侯王者以數十。 」夫人之王父，傅保江西，民無他寇， 朝廷知之，就畀江西節，封南平王，故」夫人遂為郡人焉〔三〕。 列考諱倩，仕南唐，為秘書監。 」夫人端而惠，柔而淑，自齠年至成人，無一語出于□□，二十執摯于杜氏。 」先龍圖方從官南唐，屬李氏舉而西，家國顛躓，相□於□，戟險阻中，而婦道益明。 」先龍圖歸朝， 用通經擢上第，以該極自□□顯轍，陟內閣，出入金華，顧問」上前，為儒林龜筴。 」夫人譚誦墳史，詳閑詩禮，潔薦祀，禮賓客，為閤門準的。杜氏在 」朝久，族益大，中外姻黨日蕃熾， 」夫人親疏撫視，一一有意，上下肅睦，無閒言。蓋內助□夫人和於族，無一闕于身者。 」天聖五年春正月五日感疾，終于兗州萊蕪監之官□，春秋七十有五。 」夫人累封本郡君。一男：長曰渥，大理寺丞； 次曰濃，萊蕪監判官。二女： 長適尚書外郎」樂黃庭； 次適工部侍郎致仕朱巽。孫六人： 曰植，太子中舍、知杭州糧料院； 曰杞，殿中」丞、知橫州； 曰樞，太子中舍、知江寧府糧料院； 曰彬，大理寺丞、監福州稅； 曰椿，陵州司」理參軍； 曰松，泉州德化縣尉。 」夫人性慈厚，貴清浄，每晨起，瞻□□□四十九數，誦《金剛》、《度人》經各十五過，凡五十」年。雖有寒暑慶吊，□寧如□。每平居燕坐，子孫列侍，必誨以善道，至於成學。故二子」仕皆為清白士，二女□□稱為賢婦，諸孫用能勤□□業，聲聞於公卿間。 」夫人之訓，豈有窮哉？ 固將為 」本朝故事，發圖史光景，與魯恭姜、漢大家較德於前載矣。初， 」夫人之終也，二子先歿，諸孫幼，寓殯於萊蕪佛舍者餘十年，及二孫登朝，始露章乞」告，遷袝于 」先龍圖之塋，禮也！ 溱世金陵，與杜氏為里中舊少，歷諸□間語 」

夫人之賢也熟。長與令孫遊，知　」夫人之教也深。謹用合聞見之美，刻次堅石，以為千萬世法。銘曰：　」

猗歟令人，蘭柔玉溫；　輔佐君子，遂大其門。　西州舊京，地靈物清；　」□為故鄉，乃開佳城。　有孫□□，有碑且堅；　夫人遺問，如山之□。」

太子中舍兼掌江寧府糧料院樞書

〔簡注〕

〔一〕本誌首題「禮」字原漫漶，「杜公」在誌中亦省略其名。據《宋史·杜鎬傳》：「景德……四年（一〇〇七），拜右諫議大夫、龍圖閣直學士，賜襲衣、金帶，班在樞密直學士下。時特置此職，儒者榮之。大中祥符……三年（一〇一〇），又置本閣學士，遷鎬工部侍郎，充其職。……進秩禮部侍郎。六年（一〇一三）冬，卒，年七十六。録其子渥為大理寺丞及三孫官。」此杜鎬歷官與首題「杜公」署官合。此外，杜鎬長子「渥為大理寺丞」，亦與誌載「杜公」二男，長曰「渥，大理寺丞」吻合。知本誌「杜公」即杜鎬。杜鎬卒官禮部侍郎，因據此補「禮」字。

〔二〕本誌撰者吕溱署官「通判亳州」下「並兼管」三字原漫漶。據《宋史·吕溱傳》：「吕溱字濟叔，揚州人。進士第一。通判亳州，直集賢院。」又《東都事略·吕溱傳》：「吕溱字濟叔，揚州人也。舉進士第一，為將作監丞，通判亳州，遷直集賢院。」知吕溱撰本誌時，只可能僅任「通判亳州」地方官，不可能同時又兼任「直集賢院」中央官。據此推測，原漫漶三字及其下「内勸農事」均為任「通判亳州」時的地方兼職。考《宋史·食貨志上一》農田條記真宗景德三年（一〇〇六）定制有云：「知州者並兼管内勸農使，餘及通判並兼勸農事，諸路轉運使、副兼本路勸農使。」據此，知原漫漶三字必為「並兼管」三字，因補。

〔三〕此段叙事含糊不清，謂「夫人遂為郡人」亦不知何郡。按：鍾氏「王父」（祖父）佚名，事蹟無考。此處稱「畀江西節，封南平王」。其子鍾蒨仕南唐，《十國春秋》有傳，没有提及。《南唐書音釋》鍾蒨條引徐鉉撰蒨妻王夫人墓誌稱：「王，太原人，家豫章。蒨父司徒，纘戎是邦，因娶焉。」又將「南平王」改作「司徒」。可以確知的是，所謂「畀江西節」或「纘戎是邦」，都應該是指「豫章」。據此推測，夫人實際應為豫章郡人。

五三　北宋故朝奉大夫京西路計度轉運副使兼勸農使護軍賜緋魚袋借紫徐君（君平）墓誌銘

〔誌文〕

宋故朝奉大夫京西路計度轉運副使兼勸農使護軍賜緋魚袋借紫徐君墓誌銘　」

括蒼龔原字深甫撰

丹楊邵皫字仲恭書

鄱陽陳日新字彦德篆　」

君姓徐氏，諱君平，字安道。其先著籍潤州金壇，自高大父仕南唐，始徙金陵，故今為上元人。曾大父諱□。」大父諱晊。皇考諱大同，累贈左朝議大夫。　君自少穎悟不羣，八歲作詩，有驚人句，日記萬言。既長，通五」经，問譽藉甚。治平三年，應進士舉，佔鄉貢第一。明年，中甲科。歷池州司法參軍、臨江軍新淦縣丞，「擢江寧」府府學教授、饒州州學教授，用薦者改著作佐郎、知沂州費縣事。元豐官制行，授宣德郎，監信州汭口鎮。」再遷承議郎，通判饒州。代還，授知南安軍。未上，除知大宗正司丞事。御史缺，復用薦者，擢監察御史。罷，知」蘄州，移京東路轉運判官，提點淮南東路刑獄；　復移京西北路。除尚書兵部員外郎，遷禮部，遂為郎中，提」點河東路刑獄。最後移京西路轉運副使。未行，復召赴　闕。以元符二年正月庚午，卒于太原府之官」舍，享年五十有七。階官積遷朝奉大夫，勳護軍，賜緋衣銀魚。嫡母張氏，封崇德縣太君；　繼母董氏，封崇仁」縣太君；　所生母戴氏，封崇安縣太君。　君天資明敏，自初仕即以能稱。新淦民喜訟，有執某年契競田者，」累政弗能決。　君一見指其偽，曰：　是為字不□，乃避　國朝諱，前此豈有？　訟者屈服。熙寧初，詔罷詩賦科，以經術取士，遴選學官，分教方州。　君首預選，所至學者羣集，隨□指授，人滿所望，多成材者。知」費縣，一以誠信遇其民，朞年馴服。每使者至，輒乞留；　或作佛事，祈君壽。元祐初，復賢良方正科，今尚書左丞蔡公卞守江寧，取　君所著策應　詔，以朝奉郎弗許試報罷。方調南安，御史中丞李公常、中書」舍人彭公汝礪薦　君宜在文學諫諍之選，遂丞大宗，繼為御史。初，　對言甚切，且謂：　方今法令」數易，議論者多顧望，赴愬不時決，勸沮未著明。剌舉者務為長厚。而吏得肆其奸；　牧民者選用甚輕，而下」受其弊。以至君子因於難進，夷狄浸以內侮。皆衆議所不及。　上嘉納之。時復詩賦科，主者請以聲律」定取捨。　君力言非是，迺寢。　君益自信，遇事無所不言。久之，從官有超其刊擢任簽書樞密院事者，」君疏六事擊之，章六上，未報，復諍之，簾前言益厲，聞者為震恐，而　君自若也。弗聽，即請罷。除尚書」度支員外郎，弗拜。得知蘄州，州久旱，下車禳雨，立應，人呼御史雨。時守數易，事多留繫，　君至未累月，兩」院闃如。郡人讙曰：　吾州獄不空餘百年矣。初至京東，費人焚香夾道迎，且曰：　吾父尚肯顧耶！　其遺愛在民」如此。紹聖二年，自京西召　對，力言：　方今財用之獻計者，規以貸金散粟養民，峻征推厚，折變豐」國，而不知繕堤防、導溝畎、均課税、招逃民之為本。乞責使者專以闢土多寡殿最守令。比在省，奏復熙寧」募士兵法，乞正　人主服御諸非古者，士論翕然曰，是宜任師儒。一日使河東，甚惜其去也。至部，聞將」官無故決人死，州若宿留赦者，立刻以聞。太原獄有論甲殺乙者，將決，　君察甲色疑之，命留鞠，且促告」賞；　數日，獲乙，初無恙也，甲遂免，莫不驚服。自復被　召，識者謂且顯用，而遽不幸矣。　君動容真率，氣」勁而與人温，初未嘗忤物。至於論是非，辨可否，有所守，人亦莫能移也。自為小官，不干當路之舉。在京師，」非公事未嘗造執致門。最嗜書，書無所不讀。而為文辯麗有氣格，嘗作《韓退之別傳》，王文公尤稱之。文公」詩、書、周禮義行〔一〕，學者頗苦文約，或不識所自，且音切多隨義改。　君作《三經音辨》行于世。所著論語、孟子、」揚子義六十八卷〔二〕，《池陽雜著》三十卷，表章雜文一百卷。崇安君自朝議時出適人，　君壯矣，猶不知所在，」求之十年乃得，人稱其孝。事伯氏尤謹，侍疾至不解衣。既卒，字其諸孤，不啻其子也。初不為治生計，俸有」餘，必以給族婣之窮者。娶葛氏，承議郎諱密之女，毗陵人，封永昌縣君。二子：　長曰永，進士及弟，筠州司理」參軍；　次曰奕，補太廟齋郎。女四人：　長適萊州司理參軍李孝遠；　餘尚處。孫男二人：　端亮、景亮；　女一人。諸孤」以君卒之年十一月甲申，葬上元之幕府山。聞予與　君相好也，来請銘。銘曰：　」

嗟嗟安道，學博器閎；初為教官，道滿諸生。繼擢御史，」休有直聲；士望日隆，中外踐更。義不苟處，閒復建明；」施于一路，庶獄以清。有命自天，瞻言上征；云誰尼之，」乃已于行。幕府有原，水秀山成；勒銘幽堂，尚永德名。

供御張士亭、士永摸刊

〔簡注〕

〔一〕「詩、書、周禮義」，據《宋史·藝文志一》，指王文公（安石）《新經毛詩義》、《新經書義》、《新經周禮義》三書。

〔二〕「論語、孟子、揚子義」，當同前注為《論語義》、《孟子義》、《揚子義》三書。其中，僅《揚子義》見於朱彝尊《經義考》卷二七八，但稱：「徐氏君平《揚子義》，佚。」《論語義》、《孟子義》應該亦佚。

五四　北宋故（錢規妻）范氏夫人墓誌銘

〔誌文〕

宋故范氏夫人墓誌銘」

宣德郎新差充韓王翼王宮大小學教授董宜卿撰」

將仕郎新授杭州仁和縣尉艾晟書并題蓋」

棠川居士錢君諱規，字正甫。有賢配，曰范氏夫人，居士同邑人也。父諱德明，始娶梁氏，」生三男；再娶陳氏。陳氏妊娠及月，謂其左右曰：范氏男多矣，生女為幸。及生，果女子，母」氏大喜。而夫人少則婉嫕，美容色，文縷刺繡，巧思過人。居諸女間獨秀出，以故父母尤」愛而賢之。始笄，適錢氏，事舅姑以孝聞。居士舉進士，篤于問學，夫人每聞其讀書輒能」記，有疑必問，問必竟其義而後止。如前世義夫節婦著於人者，往往能道其事。賓客至」門，夫人躬治酒食，連日夜無憚色。年三十餘，舅姑继没，居士毀瘠自致。夫人獨庀家事，」紀綱户庭，敦睦內外，視錢氏之財如公府物，不肯輒私取予；而豐入嗇出，能因其故而」長之。居七年，居士卒，諸孫藐然。而淮壖連歲大饑，富人喪貲失業者相望。錢氏以夫人」故，獨豐羨如平昔。平居事機杼，治絲枲，至破指毀甲。或勸之，曰：此婦人職，可一日廢耶？」衣服簪珥，新潔則已，不肯過為侈麗，以追時好。間出金帛，以嚴佛事，與施親戚之貧者。」於自奉養則未始以經意焉。居居士喪，哀疚踰禮，讀《金剛經》不日能記，迺日夜持誦，比」終喪，以藏數者至十數，以為居士升濟之禱。謂人曰：吾誦此書，非獨為死者地，於以觀」幻妄、去纏惱，為益多矣。除服，布衣蔬食終身。夫人有子四人：曰起、曰越、曰趕、曰赴，而越」它姬子也。初，夫人嫁三年始生女，因風其夫以納妾，已而與妾連月生子，夫人撫愛如」一人，莫能指識，雖越少時亦不知為異母也。居士既没，夫人迺以生事委起，而使越舉」進士。凡州縣供賦，役應期會，未始以累越。以故越得縱所之游學，後居　太學，以選為」內舍生。學士大夫聞夫人厚於其庶，而越之無負其母，莫不歎譽之。夫人曾祖諱正，祖」諱通。女二人：長適進士郭璹；次適劉安祖。孫男八人：作哲、作舟、作霖、作甘、作士、作謀、作」肅、作礪。孫女七人：長適進士金芇；次適進士雍昂；餘在室。夫人以崇寧元年七月十七」日卒，享年六十有六。三年九月三日，葬於長樂鄉梅原里，祔居士君之墓。葬有日，余赴」官過儀真，孤越狀夫人之世次治行，以来請銘。余聞君久矣，當」朝廷遴柬多士時，能以行藝膺其選，其賢而文可知。銘其親獨以属余，義不可辭。銘曰：」

猗嗟夫人，静專柔懿；来嬪幽人，庀其內事。」德以刑家，人莫能疵；儉以長財，天弗能危；」哲夫所難，女子能之。所輕以累其出，所重以仁其庶；」尸鳩之風，配于前古。壽孰云永，榮未之膺；」世則有人，尚其終興。彼敦者丘，其良是祔；」流聲在人，過者□□。

滁陽靳庠刊

五五　北宋故何府君（宗）墓誌銘

〔額文〕

宋故何府君墓誌銘

〔誌文〕

宋故何府君墓誌銘」

天地之秀氣，毓為賢人；積善之餘慶，鍾于盛族。建康何君，諱宗，字」正甫者，實似之也。君累世籍于繖山枝派，今為富姓。曾祖昶，祖先，」考諱廩，皆養德不仕。君幼而志壯，長而力行，孜孜焉見善如不及，」恂恂焉與人無间言，由是孝悌著於家庭，信義行於州里。既而未幾弱」冠，重荷家事，父兄恬然，優游卒歲，宗輩推許，終大家業。後如所言，」籍果繁衍。非特人之知君，君亦不負於人之所知矣。既而族盛隘」居，君欣然擇材肯構。祖考彌壽，君樂然，甘旨不違。輕財好施，無問」親踈。與朋友交，傾蓋如故。賢人君子，樂與之遊焉。君娶韋氏，藹有」中饋之德，闺门美之。生三男：長曰珪，纔踰入學之年，智有成人之」慮，篤性好学，尤精草書，人有得者，收為家藏。君為之言曰：吾今可」以傲白日之舒長，笑白雲之猶忙矣。於是悉委家事，怡然不以得」喪芥蔕於心，味道適性而已。無何，珪厭盛世，奄棄重親。君為痛傷，」若失手足。遠近闻之，靡不興歎。次曰瑨，不疐迺兄之志，尤專怙恃」之勤。次曰璘，尚幼。女三人：長適隴西李文宗；次適東海徐述；一在」室。孫男三人。於戲！里閭之望方深，鐘漏之期遽逼。享年五十有三，」遘疾于家。一日語左右曰：吾遊久矣，期今以歸，北堂福壽，色養無」忘。復曰：死生常理，不足深悲，後事適中，勿拘俗礼。言畢而逝，實崇」寧乙酉仲春初七日也。越季秋十有二日，舉君之柩葬于上元縣」清風鄉之西山，從先塋，礼也。嗚呼！興亡之數大矣，聖賢安能免之；」孝義之節至矣，顛沛必於斯焉。嗟聲塵之永絕，興慷慨以長悲。述」也幸，參諸婿，難辭請銘，援毫濡涕，識彼陵谷。銘曰：」

嗟君子兮，亮簡疎通；伊善人兮，不克永終。約後事兮，豐儉適中；脩」然往兮，明月清風。素車兮丹旐，白草兮青松。想英標兮恍惚如在，」垂佳名兮與天無窮。嗚呼哀哉！

寫石人孝男何瑨，駱子元刊

五六　南宋故贈寧武軍節度使劉公（寶）墓誌銘

〔額文〕

大宋故贈寧」武軍節度使」劉公墓誌銘

〔誌文〕

大宋故贈寧武軍節度使龍神衛四明都指揮使劉公墓誌銘　」

左中大夫充樞密行府參議官郗漸撰　」

右從政郎樞密行府准備差遣王宗游書并篆額　」

公諱寶，字公瑞，汾州西河縣人也。曾祖橫，祖奇，皆隱德不仕。父真，退黜簡静，喜振恤孤貧，鄉里稱之。以　公贈武節郎。　公幼而英特，眉目」聳拔，寡言笑，不為兒童戲。長而沉□精勁，氣幹雄烈。善騎射，拳勇過人，深蘊奇略，識者知其異時必能立大勳業，不特取戰多之功而已也。宣和」歲在壬寅，初從楊志於中山，繼隸王公淵統屬。時　朝廷方有事於燕雲，　公實從志以行幽涿間，戰勝攻取，每先士衆，虜人望之，莫不披」靡。甲辰九月，海賊曰士進剽劫舟舡，海道患之。尋即剋平，又招降群賊七千餘人於一王山。十月，賊有馬威者出没檀州，嘯聚山林，　公從志」以捕之，時遇賊三千餘人，而志馬為賊所中，賊衆悉至。　公躍馬揮戈，以身蔽志，手擊殺數十人，賊始退卻，徐以己馬代志乘之，其忠於主將」有如此者。乙巳二月，收捕高托山於京東。四月，解圍於濱州。又力戰於高苑縣。時群盜縱橫，各立名號，動以數萬計，　公所至平之。十二月，堅」守中山，以捍金人。靖康改元，丙午正月，始議開門出戰，　公直犯其陳，生擒一賊而還。繼接戰於府城之西北。六月，夜戰於平定軍之北三十」里。七月，大戰於盂縣之烏河川。　公皆□力當先，所尚無前。時都統王公淵、副都統王公瓊、鄭公建雄咸知　公名，績效顯著，薦之於　」朝。自驍□副兵馬使，特超授保義郎。都統王公素知　公忠誠可任，特收寘於麾下，帳前事務悉以委之。　公勤練有威裁〔一〕，夙夜恪慎，上下」調集，事無□□。閏十一月，從宣撫使同會合勤　王軍至應天府北一舍間，虜人徑犯中軍，士衆惶懼不知所為。　公獨奮身攘臂，鏖戰退」賊，以功轉成忠郎。丁未四月，以在應天府捍禦屏蔽有勞，轉忠訓郎。建炎改元，五月，以　今皇帝登極覃恩，轉秉義郎。七月，淮寧府鄧灣賊有」杜用者，□□□□都統王公討蕩平之，以功轉從義郎。賊有張遇者，蔽江而下，特　翠華駐蹕維揚，而賊敢留於金山，兇焰如此。　公以收」捕奇功，轉□□郎。二者皆剽賊也。以撫定鎮江功，轉武節郎。以扈從　車駕巡幸維揚功，轉武德郎。以自濟州山口鎮捕獲群盜　，扈從有」勞，轉武功郎。戊申六月，秀州軍亂，徐明為首。　公從都統張公以行，乃今　太傅、樞使公相也〔二〕。　公率所部兵，夜抵城下，梯城以登，賊皆」莫知所止，狼狽就擒，即時撫定，士民咸歎服其神速，以功超轉武略大夫。七月，被　旨差　御營前軍第一將。己酉三月，苗傅、劉正彦謀為」不軌。　公就假　韓公勤王，水陸並進〔三〕，將及臨平時，有叛兵来拒，　公率衆先登，鳴鼓而進，聲振山谷，遂大破之。俄而諸將論功，紛」然莫定，　公獨退處，不復有言。　韓公夫人徐云〔四〕：　若皆無争，適見有黑熊白旗先登者為誰？驗之，乃　公也。諸將於是喑嘿，蓋　公常」繪黑熊於白旗，以為號爾。　公對之亦未嘗有矜色，議者以為漢中興之馮異不是過也。至晚率衆進攻德勝橋，拂旦奪餘杭門以入，大軍俄」至。以復辟功，超轉至武功大夫，餘官回授。閏八月，差秦鳳路第二將，繼差　御前右軍前部統領。未幾，遷統制。十一月，虜騎渡江，賊勢方鋭，徑造錢塘，越紹興，抵四明。會　太傅公率諸統制議欲迎擊。　公鋭意首唱，條畫數事。　太傅公喜，尋授以方略。　公募兵之果勁者，號令明審，内外整辦。詰旦，賊騎大至，　公徐出兵，英氣傑濟，凡三戰而三捷。有一軍士奪馬而還者，　公亟命斬之。或謂：　此勇士也。」公曰：　勇則勇矣，非吾令也。賊見之以為神，咸謂近時我師接戰以来，剋捷自今日始也。　上聞而奇之，宣召勞問，至於再三。　公不以為己」能，志推功於將士。尋　賜金带以旌之，實庚戌正月也。　扈從回，第功行賞，超授靖衛大夫、道州團練使。五月，遷秦鳳路兵馬都監，改神武」右軍前軍統制。紹興改元，辛亥，叛賊李成聚衆數十萬，盜據江淮諸郡；　而馬進者號偽都統，其他統衆者至數十軍，勢既猖獗，漸逼豫章。　」朝廷命　太傅公為江淮路招討使。　公實從行，先破馬進於玉隆觀，次破李成於江州，又破胡選於白湖，復破商元於常平坊石撞坡，梟」夷蕩定，追殺馬進，戮其尸以徇，李成僅以身免，江淮肅静。有　詔班師，榮功第一，超轉中侍大夫、建州觀察使。壬子五月，遷權發遣永興軍路」馬步軍副總管。改神武右軍，□餘□制。癸丑冬，番偽長謳，直抵江滸，　太傅公受　命為浙西江東宣撫使。公以迎擊之勝，控扼之功，」轉一官回授。乙卯，　朝廷以　公威名日著，特選權永興軍路馬步軍總管。時　都督、右僕射張公謀為進取中原計。　太傅公被　」命移屯盱眙。逆豫遣其子麟、姪猊淮西犯順〔五〕，尋□破滅。而□界大安鎮，實當淮甸之衝，築城為寨，儲粟聚兵，　朝廷患焉。　太傅公命　」公圖之。薄暮進兵九山，黎明直抵城下，攻堅擊鋭，將士百倍其勇。城破而賊將司貴者，　公親射死。於是，平壁壘，焚積聚，生獲人畜，數千而還。」丙辰四月，以功轉協忠大夫、彭城縣開國子，食邑五百户。戊子，遷秦鳳路馬步軍副都總管。己未太傅公以　公隸軍十五餘年，忠勞之」舊，勳績之茂，衰而録之，有請於　朝。於是，特轉武勝軍承宣使，官封如故。庚申，虜首兀术叛盟，將□□□。　公從　太傅收復宿、亳州及」蒙城、城父等縣，百姓喜見　王師之来也，扶老攜幼，簞食壺漿以迎之。班師回，以奇功，除□州觀察使。辛酉春，兀术再率番衆數十萬絶淮，直」擣合肥，徑犯歷陽。　公從　太傅公急渡江以遏，方張不制之勢，迎擊於含山，鏖戰於山口，□□於柘皋，横尸蔽野，流血丹道，器甲、輜重、騾」馬等，如山之積，而可以容量也。首領就擒無慮數百，名王貴酋奔潰僅脱，破虜之功，未有盛於此□也。追襲入□胆而慰軍焉。俄賊衆急攻濠梁，」諸軍援之。虜騎□數萬來犯，我師酣戰之際，　公率步士按兵徐進，軍容嚴整，勢若山岳，虜□□不紹，追擊數十里，會日暮而還。第功居上，遷」瀘州軍承宣使、龍神衛四明都指揮使。太傅公召登元樞，擢　公為　御前選鋒軍□□。　公□病矣。　太傅公專委醫調治，日」存問者至於再三。九月三十日，薨於正寢，享年四十有七。尋贈寧武軍節度使。　公賦性深醇□静，心志堅□。少而居家。孝於親，友於弟，待子」孫以慈。出而接物，見到□者卹之，□停□寡，不畏彊禦，不屑屑於細務，不汲汲於利名。孔子曰：　剛毅木訥，近仁。無慾為剛，致果為毅，木則無巧言，」訥則無令色。　公實兼之，誠仁者也。仁者必有勇，勇之所發，其得於此歟！　自出官至通□，未嘗下磨勘，人有言者，則曰：　武臣當立戰功，轉官庶」無愧於中，豈可以尋常事要爵録乎？　□造府宇，止用茅蘆，不加修飾，常曰：　但得避風霜、免□□足矣！　何必華麗，重勞人力。其出入騶從甚簡，其處」家奉養甚薄。訓兵閲武之餘，惟静坐□□史□□□聲樂之奉。尤不好交結權貴。録人之善，□人之過，由是人樂為用。至於出師臨敵，進退疾徐，」所謂暗合孫、吴者。自從太傅公以□□□□□雖所密□至於□敵□□，亦　公之所自得也。　公所志知如此，其所施為如此，而享年」如此，人為　朝廷惜之。薨□之日，□□□□□□無不□□；　闔都之内，官吏士民聞之，識與不識，皆為流涕。公食指既衆，□馬之外，家無」餘積。娶惠氏。男五人：　長曰公□□□□□□□□□郎；　次曰公信；　次曰公道；　次曰公厚，皆保義郎。女一人，在室。夫人有遺腹。孫男一人，孫女一」人，尚幼。卜以紹興十一年十一月廿六日葬於建康府上元縣清風鄉花林鎮甘家山之原。漸與　公同官相從久矣，其行已應物，料敵制勝，」前所叙陳者，目所親睹，非止得於傳聞而已。其弟通與所部將左武大夫忠州團練使張□等專来求誌，且奉　太傅公之命也，義不當詞〔六〕，是」不可以不誌。銘曰：　」

堂堂劉公，一代之雄；　少而英果，長而樸忠。奇略超世，鋭志凌空；　」為時而出，所致有功。出奇神速，雷霆雨風；　濠梁之戰，畏服犬戎。　」上天之啬，云胡□終；　有悲既廣，有丘斯崇。□□之吉，宅此幽宫；　」豐□既鐫，永□□□。

〔簡注〕

〔一〕「栽」應為「裁」之誤，「威栽」即「威裁」。

〔二〕「張公」，誌文省略其名，據下文「乃今太傅、樞使公相也」云云，應即張浚。

〔三〕「韓公」，誌文省略其名，據誌文叙事，應即韩世忠。

〔四〕「韓公夫人」，誌文省略姓名，據誌文叙事，應即《宋史・韓世忠傳》所云「世忠妻梁氏」，明張四維《雙烈記》所謂「奴家梁氏，小字紅玉」者也。

〔五〕「逆豫」應指偽齊皇帝劉豫。

〔六〕「詞」應為「辭」之誤。

〔誌文〕

五七　南宋故從政郎新紹興府録事參軍錢公（壽仁）墓誌銘

宋故從政郎新紹興府録事參軍錢公墓誌銘　」

公諱壽仁，字仁叔。自公而上六世祖倧，五代間嗣有吴粤。」國朝太平興國三年，倧弟俶忠懿王朝覲京師，　詔賜禮賢宅居之，遂」世為開封人。曾祖考參，朝散大夫、知濠州，累贈右金紫光禄大夫；　曾祖」妣咸寧郡夫人王氏。祖考懷哲，朝請大夫、知永州，贈左正議大夫；　祖妣」碩人吕氏。考需，故任朝請郎、通判荆南府；　妣安人趙氏、安人龐氏。紹興」初，通判寓家于建康之溧陽，七年七月初十日公生。及通判下世，公尚」幼，龐安人訓拊至于成人，用父遺澤，補將仕郎，致祠禄，以便孝養。未幾，」丁安人憂。服除，再得請監潭州南嶽廟，仕為臨安府臨安簿。勾會敏給，」民受其賜。調信州永豐丞，未上，丁所生母許氏憂。終制，任江陰軍録事」參軍，平反獄訟，吏服其明。授紹興府録事參軍。淳熙十五年將之官，正」月元日以疾終。公怡性坦夷，居家理，處己约，故從仕每稱職，不苟俸禄，」不事奔競。雖久閑、無愠色。與朋友交，對家人語，绝不道人短長。以其所」稟，若將大其用，嗚呼如斯而已乎！　享年五十有二。娶陳氏，朝請大夫、兩」浙西路提點刑獄公事扑之女。男女七人：　曰曄、曰昶、曰曬；　女適莊大年；」餘蚕夭。明年正月六日，祔公于考妣之墓，縣北四十里来蘇鄉上周西」原。嗚呼！　死以丁酉，葬以丁酉，其偶然耶？　孤子曄欲識其事，敬叙本末，来」告仲舅端行，將刻石内諸壙中。端行以公之生也愿，死也速，於其葬也」禮，亡不足，宜有銘。銘曰：

德可久，命則不；　其有後，銘不朽！

五八　南宋故燕國太夫人曹氏墓誌

〔誌文〕

宋故燕國太夫人曹氏墓誌　」

夫人曹氏，其先真定靈壽人。國初樞密使、濟陽武惠王彬之六世孫女。曾祖譼，故文思副使。祖晁，故贈中散大夫。父洸，故任通直郎。夫人天」姿静淑，識趣超詣。年十三適江寧秦氏，為太師、忠獻申王之家婦〔一〕，少師、觀文殿大學士、福國公之夫人〔二〕。初，先王太師偕兩國沖真先生尚無」恙〔三〕。夫人入門，事舅姑曲盡敬順，滫瀡之奉，剪紉之具，賓客豆觴之須，秋毫皆夫人力也。紹興間，先大父受知」高宗皇帝，首蒙拔擢，致位宰相，而先君通班政路。歲遇」顯仁皇太后誕節，夫人即從沖真入」慈寧殿稱　壽，」車駕嘗臨幸賜第，夫人侍先王、沖真、少師同捧卮酒以　進拜于庭下。雍容和緩，以其年未及笄，閑於禮法，殆若天然，」玉音嘉歎久之。歲在乙亥，太師薨于位。方其疾時，夫人躬自執爨侍藥餌，夜旦不交睫，其執婦之恭，雖古無以過。越六年，少師薨，未幾，沖真」相繼下世。夫人居喪，哀戚癯瘁，水漿不入口者累日，茹蔬飯踰十年。自是始專家政，其示子孫以孝，接姻族以恩，御僮僕以仁。調胹饋祀，必」親臨之。自奉菲約，不事華靡，珠玉之飾，錦繡之服，一切屏去。度尼數十人，乃於寢室之旁，為雲堂數楹，日供於其中，撞鐘擊鼓，一如浮屠氏。」先是沖真奉道精緻，嚴潔壇宇，晨香夕燈，恪事不輟。夫人侍其後益謹，時有瑞芝生，甘露降，人以為誠意所致。尤喜黃老釋氏之書，日交誦」至數萬言。好善樂施之心，終其身不倦。人有緩急告，不問親踈，不計有亡，傾倒弗小靳。間有疾苦者，必以名方妙劑拯救之，賴是更生，不可」勝數。故囊無餘資，而夫人處之晏如也。夫人始以先君除禮部侍郎、兼資善堂翊善封令人，繼以特 恩封淑人，歷和義、同安、建康三郡」夫人，進封國曰和、曰福、曰越。乾道改元，該遇 郊恩，加越國太夫人，繼封於秦者一，封魏者再，最後兩封於燕。命婦之貴，世所罕比。遇節」朔，子孫簪紱，環侍左右，朱紫輝暎，邦人榮之。埰於夫人為幼子，當二兄相繼淪没，夫人嘗太息曰：而兄皆捨我去，所恃以終吾餘年者惟吾」子耳。子母二人更相為命，埰用是不敢遠宦。紹熙初禩，埰以通直郎，賜緋魚袋，備數兩淛轉運司幹辦公事終，更不暇調官，亟歸侍旁。未踰」月，而夫人感疾，且曰：吾子在側，吾雖瞑目無憾矣。夫人性敏晤不凡，經史傳記、諸子之書，往往通曉，於出世間法得其指歸。疾革，精爽如平」時，謝毉不問，湯劑非埰所進即不服。屬纊之夕，猶起坐湛然，手結梵印而逝。實紹熙三年七月二十六日也，享年六十有三。男三人：長曰塤，」故敷文閣直學士、中奉大夫，進顯謨閣直學士、通奉大夫；娶高氏，今封温國夫人。次曰堪，故朝請大夫，充敷文閣待制，贈通議大夫；娶趙氏，」故封大寧郡夫人。次則埰也，娶王氏，故封孺人。女三人：長曰崇國夫人，適朝議大夫、充敷文閣待制吳益；次曰信國夫人，適朝請郎、前知江」陰軍事林桷；次適 皇弟成州團練使師禹，封令人。三女皆先夫人而卒。孫男十五人：曰鈞，故通直郎、賜緋魚袋、淮西提舉司幹辦公事；」曰鉌，宣教郎、賜緋魚袋、新沿海制置司幹辦公事；曰鍇，故承奉郎；曰鉅，宣議郎、賜緋魚袋、監鎮江府江口鎮稅；曰鑑，承奉郎、賜緋魚袋、新差」監臨安府樓店務；曰鏄，承奉郎、賜緋魚袋、前監台州在城商稅務；曰鍵，承奉郎；曰鐸，承奉郎；曰鎬，承奉郎、監秀州羅納倉；曰鋭，承奉郎；曰鎰，」通仕郎；曰鑄，登仕郎；錡、鏜、銓。孫女十四人：長適故奉議郎、行國子録楊沖；次適奉議郎、知廣德軍建平縣事蘇十能；次適朝奉大夫、提舉荊」湖北路常平茶鹽公事張孝曾；次適承事郎、添差簽書、昭慶軍節度判官廳公事趙希明；次適宣教郎、湖北營田司幹辦公事張鎮；次適進」士吳璵；次適進士張見象；次適進士成浚；次適承節郎趙不慄；次適承節郎張宗禹；餘尚幼。曾孫十人：長淵，登仕郎，早卒；次源，將仕郎；澮、潚、」滋，登仕郎；淳、浚、溥、濤、淮。曾孫女十一人：長適修職郎、秀州司户參軍楊公普；餘尚幼。夫人容止端重，生平不妄笑語，其温柔寬厚，能得人之」心。故奄棄之日，知與不知，皆為流涕。埰不幸，幼失所怙，夫人撫育，訓誨備至。罔極之恩，欲報何以？嗚呼痛哉！子欲養而親不待，尚忍言之？今」以其年十一月初三日壬申，葬于江寧縣惠化鄉牧龍亭武章山之原，祔先君福國公之側。埰銜哀茹苦，姑述大概，納諸壙中，以識歲月云。」

孤哀子埰泣血謹書

〔簡注〕

〔一〕「太師、忠獻申王」，誌文省略其名，據《宋史·秦檜傳》，應即秦檜。

〔二〕「少師、觀文殿大學士、福國公」，誌文省略其名，據《宋史》及前注，應即秦檜之子熺。

〔三〕「兩國沖真先生」，誌文省略其姓，據陸游《尚書王公墓誌銘》：「秦丞相（檜）夫人王氏，陳乞舊所得恩數之未用者，自稱沖真先生。公持白執政曰：婦人安得此名？向者誤恩，有司不能執，為失職，今當追正。然王氏封兩國夫人，蓋祖宗以寵親王之配及外家尊屬者，何可輒引以階僭紊，當並奪之。執政不能聽，但寢其請而已。後王氏死，卒奪先生號，識者猶恨不盡用公初議。」知為秦檜夫人王氏。

五九　南宋故運判直閣寺丞張公（同之）埋銘

〔銘文〕

宋故運判直閣寺丞張公埋銘」

公諱同之，字野夫，世為和州烏江人，蓋唐司業籍之後。曾祖幾，累贈金紫光」祿大夫；妣馮氏，安定郡夫人。祖祁，朝請大夫、直秘閣；妣孫氏、李氏恭人，時氏」碩人。父孝祥，顯謨閣直學士、朝奉郎，贈朝散大夫，累贈通議大夫；妣時氏碩」人。公以顯學致仕恩，授承務郎、監平江府粮料院、兩浙轉運司提轄催促綱」運官。遷承奉郎、福建路轉運司主管文字。遷承事郎、宣義郎，用薦者入為提」轄文思院、提轄雜買務雜賣場。遷宣教郎，除將作監主簿，改太府寺丞。以」太上登極恩，遷通直郎，遷司農寺丞，擢知滁州，遷奉議郎，創繕戍兵營寨，賞」特授承議郎、知舒州，除淮西提舉兼權轉運判官，提點刑獄兼提點江淮湖」北鐵冶鑄錢公事。遷朝奉郎，復遷一官，言於　朝，願回授本生母李氏，　朝」廷許之。尋以　今上登極，恩遷朝散郎。於是歲大饑，淮西尤甚，公賑荒盡力，」民賴以安。　上嘉其勞，賜詔褒寵，特授朝請郎，再任。慶元元年七月，除直」秘閣，移江南西路轉運判官。明年，遇疾卒于官舍，享年五十，時三月二十二」日也。娶韓氏，朝奉郎晝之女，先公十八年卒。繼章氏，今中散大夫沖之女。子」男三人：億，將仕郎；俁，先公數月而夭；俌，將以公致仕恩任之。女一人，適修職」郎、寧國府南陵縣尉董鑑。明年，諸孤卜地，復得吉於祖域之旁，黃蘗嶺之陽，」以三月丙申奉公以葬。惟億等不孝，罹此鉅酷，泣血窆壙，痛慕號殞，謹忍死」執筆，記始終大略，刻而藏諸幽云。」

朝散郎新通判均州軍州兼管內勸農營田事賜緋魚袋沈作乂填諱。

六〇　南宋故（張同之）夫人章氏祔葬埋銘

〔銘文〕

宋故夫人章氏祔葬埋銘」

夫人嫁張氏，為朝請郎、直秘閣、江南西路轉運判官諱同之之妻，」姓章氏。其先，建之浦城丞相申公，其高祖也。曾祖授，故左朝請大」夫、知海州，累贈通奉大夫。祖僅，故朝請郎、知徽州，累贈特進。父冲，」見任中散大夫、提舉建寧府武夷山冲佑觀；妣葉氏，贈令人，左丞」石林先生之女〔一〕。夫人生於外氏，而中散亦築居弁山，故為吴興人。」慶元乙卯春，直閣卒官舍。後五年二月乙酉，夫人以疾終於子湖」里第，春秋四十有七。年二十三而来歸，以夫陞朝恩封孺人，以」今上登極恩封安人。子億、備，皆將仕郎。女適從政郎、新婺州義烏」縣丞董鑑。夫人既卒之明年三月壬申，葬和州烏江縣黄葉嶺之」陽，祔直閣之兆。於葬也，孤億泣血書之石，鑱而納諸幽宫。」

朝奉大夫新權發遣施州軍州兼管內勸農事沿邊溪洞」都巡檢使借紫沈作乂填諱

〔簡注〕

〔一〕「石林先生」，即葉夢得。夢得晚年隱居湖州弁山石林，號石林居士，有《石林詞》、《石林詩話》、《石林燕語》等傳世。

〔二〕「佑」又作「祐」，「冲佑觀」或「沖祐觀」，在今福建武夷山，唐天寶年間始建，宋代為退職官員提舉領俸之地。

六一　南宋從政錢公（壽仁）夫人陳氏墓誌銘

〔誌文〕

▨〔一〕」

朝散郎賜緋魚袋致仕湯承慶撰并書」

□□姓□氏〔二〕，其先建寧府□□□場人，□配武肅王十世孫、故朝請郎通判荆南軍府事錢需長子、從政」□□□夫人。曾大父□，故任中奉大夫、□西轉運副使，贈金紫光禄大夫。大父焯，故贈正議大夫。父公抃，」□□□□□□兩□□路提點刑獄公事。母宜人孫氏，是生夫人；繼母邵氏。弟二人：曰端彦，曰端行，皆□」□□□□□□女二人：長適承直郎王卞；次適朝請大夫、知吉州軍州事王萬樞。皆先卒。夫人父公因□□」▨進」▨敕補迪功郎。南渡之後，僑寓□困。紹興年間，夫人父公楊州捐館，歸卜于鎮江□□□□」▨山之原。夫人七歲即失所恃，父公提刑每憐念之，巡按州郡，□携而行，□於視政之所。□□□□」▨輕捨，父公育於夫人，如掌珠然。夫人事父公極其孝敬，内外姻睦，靡不盡禮。父公□深篤」▨見從政錢公巖，巖清峙為一時士夫標的，急命媒而聘之焉。夫人時年二十有三也。姿」▨舉止端淑，凡所悦親者，雖勞不懈。而舅姑俱已謝世，夫人敬奉歲時，不敢怠忽，肅肅唯唯，每自念」▨嘆□不能執婦道於舅姑，凡祭祀之事，必以身先之。且隨夫宦遊，一毫無徇私，其清潔如此□□□」▨己以儉約，用母須萌妄取之心〔三〕。嗚呼！相夫之道，可謂多矣，雖古之賢婦，不能過也！夫人與從政」▨二十九年，未嘗一日相離失色。戊申歲元日丁酉，從政公因以微疾而逝，葬于通判公塋所。夫」▨其齊家嚴，訓子有義方，俾循禮法，待婦子愛而均，視僮御簡而恕。平居好□樂施，賙人急難。」▨券不問，故親族無戚疏皆嘆譽之。夫人今年春得小疾，遽甚，自謂弗可瘳，命其子曮曰：「請」⧄其醫藥。既再至，不獲已，敬詣其前，而夫人乃諭以言曰：「吾子曮隻力當□，後事相囑。神識超」⧄如此□云。至暮竟不復語，啓手足于前馬之正寢，實開禧三年二月十有□日也，壽七十有三。卜」⧄府溧陽來蘇鄉上周村舅姑塋域之旁，與從政公墓對峙，葬以是年□□四月十六日□□□」⧄三子：長曄、次昶，皆早世；次曮，肄舉業。女一人，適金壇將仕郎莊大年，未□不録。孫尚幼。孫□□」⧄有期，而其孤曮來求銘。□□雖忝曮之姑夫行，然不才，似不能盡述其懿德。數至泣請，」⧄刊□以納諸壙。銘曰：「

⧄歌⧄千載不隳。

〔簡注〕

〔一〕本行應為首題，但已漫漶莫辨。

〔二〕誌主姓氏漫漶不清，據誌文叙，其夫仕南宋「從政」、父名「抃，……兩浙西路提點刑獄公事」、子名「曮」，與本書第五七號《南宋故從政郎新紹興府録事參軍錢公（壽仁）墓誌銘》所云「娶陳氏，朝請大夫、兩浙西路提點刑獄公事抃之女」相對，應即錢壽仁妻陳氏。

〔三〕「毋」在此處為「毌」之古字。

六二　南宋周國太夫人楊氏（善慶）壙誌

〔額文〕

宋周」國太」夫人」楊氏」壙誌

〔誌文〕

先妣姓楊氏，諱善慶，世居廬州之合肥。曾祖考、　曾祖妣；　祖、　祖妣；　考、　妣〔一〕。」先妣生於嘉泰辛酉正月十四日卯時，適　先考少師、開府儀同⧄節度使、殿前」都指揮使、左金吾衛□將軍王公福□□□□驅馳淮甸，入領⧄逾五十載。隆」家以道，內助居多焉。　考先十二年而薨，□□明堂恩，自孺⧄自寶祐六年，」以　明堂恩，加封歷陽郡夫人。景定元年，以　明堂恩，加封吉國太夫人。景定四年，以　明」堂恩，加封和國太夫人。景定五年，以　登極恩，加封衛國太夫人。□□二年，以　郊恩加封」魯國太夫人。咸淳五年，以　明堂恩加封周國太夫人。屢被⧄。先妣性天」澹静，待人寬慈，節儉有規，始終如一。雖□□□□年，猶親績⧄過侈，舊服之敝」不堪者，則補而衣之。日僅兩餐，食不兼味。□□之類，亦不過用。□□□佛，茹□之日多。身居」貴榮，不忽貧賤，見不給者，必思所以濟之。□□□考薨後十餘年，□凡所以修功德、將報薦」者，備極其至。祇事靈几，孝心日勤，城闉至□□為三置。晨香夕燭，念□弗忘。至於墳廬，則時」往汛潔，纖悉注意，惟恐隳壞。今堂宇整肅，松柳茂陰，皆必躬必親，□理而成也。咸淳六年七」月初三日丑時，薨於正寢，享年七十。痛思：先妣身體康健，未嘗臥病，起居飲食，笑談如常。」是夜五更，頓生微喘，攬衣而起，坐於藤床。長幼□遑，欲進湯藥。先妣止之曰：不必，但汲水」來。水纔下嚥，隨覺痰壅，逝於俄頃，醫就莫施。嗚呼痛哉！嗚呼痛哉！男三人：長應龍，右武大夫、」吉州刺史，帶　御器械，知招信軍，兼管內勸農營田屯田事，沿邊都巡檢使節制，招泗屯戍」軍馬任責措置邊面，兼兩淮□置大使司諮議官，歷陽縣開國伯，食邑七百户；次應虎，武節郎，」閤門看班祗候，特差紹興府兵馬鈐轄仍釐務，兼浙西安撫司計議官；次應麟，修武郎，」宜差主管建昌軍僊都觀。女二人：長適朱秀明；次適武翼郎、兩浙西路馬步軍副總管周用。」孫男三：長天任，忠翊郎、國子監　奏名進士；次元慶，成忠郎，監太府寺發引局門；次在幼。孫」女三，重孫男二，重孫女二，皆幼。應龍等忍死勉襄大事，以咸淳七年八月辛酉奉柩窆于　」先考塚右。謹叙歲月，刻諸壙石。

孤哀子王應龍泣血謹誌　」

門生從政郎宜差招信軍軍學教授包雲龍填諱　」

朝奉郎新宜差通判和州軍州兼管內勸農營田事賜緋魚袋趙崇傆篆蓋

〔簡注〕

〔一〕「祖」下似脱「考」字。自「曾祖考」至「妣」六人下，原各空一格，準備填諱，但最終未填。

六三　元承事郎吉安路總管府經歷楊公（元）墓誌

〔蓋文〕

有元承事郎吉安路總管府經歷楊公▨

〔誌文〕

有元承事郎吉安路總管府經歷楊公諱元▨」南渡，七世祖從蹕至建康，高祖徙溧水，傳至曾▨」大益蕃。至元丙子，」天兵下江南，父避宣城，因隸籍。考贈承事郎、徽▨〔一〕，」葬于贊賢鄉之小苑山。母朱氏，封宜人。至元十▨」日辰時生。至元貞二年，公年二十有一，時科▨」九十月。大德八年，江東道辟為憲掾，守四十▨」五月，再調湖北道。得七月，值南人例，革除徽▨」。延祐七年，調江西贛州路知事。終更選為江▨」，脚氣疾辭去。後二歲，授吉安任。得二歲，以▨」。至至順二年三月，始疲倦，臥病不出。至二十▨」哭最緊，復令供養，下至家事纖悉，並喪事，一▨」月六日，天向曙，安然而逝。今以九月二十四▨」保之原。娶王氏，贈宜人。生男一，晞誠。女一，▨」葬於贊賢鄉楊塘保之原。繼何氏，生男一，▨」門鐵冶里之原。又娶吴氏，今封宜人。孫男▨」今聊書大略，刊于堅石，内之於壙，用誌▨至順二年九月二▨

〔簡注〕

〔一〕「徽」字上部原僅存殘筆。按元前期制度：徽籍官吏卒，例贈「徽州路」官。如元趙汸《東山存稿》卷七《長樂縣程令君行狀》記程令君為「徽之休寧人」，卒後「追贈承事郎、徽州路同知婺源州事」。誌主亦為徽之宣城人。故據此補全。

六四　明故榮禄大夫同知大都督府事贈推忠翊運宣力懷遠功臣光禄大夫湖廣等處行中書省平章政事柱國追封蘄國公謚武義康公（茂才）墓誌

〔蓋文〕

故榮禄大夫同知」大都督府事贈推」忠翊運宣力懷遠」功臣光禄大夫湖」廣等處行中書省」平章政事柱國追」封蘄國公謚武義」康公之墓

〔誌文〕

公諱茂才，字壽卿，姓康氏，世為蘄州人。稟性平坦，尚氣義，」鄉里稱之。當元之季，四方雲擾，遂起義兵，立戰功，屯戍太」平之采石。歲丙申，率兵三千歸附于　」大明，授秦淮翼水軍元帥兼營田使，守禦龍江。張士誠犯」境，公出戰，獲其海舟。升親軍指揮使，復同總兵。取樅陽，攻」皖城，獲孫四海舟。及陳友諒来侵，與之力戰，獲士卒船馬」無筭。已而率舟師從征安慶、江蘄、興國、漢陽、武昌，並拔梅」家寨，攻龍興，復敗友諒八陣指揮於瑞昌。下廬州，又與陳」兵大戰于彭蠡。克武昌，進都護府都護。復同大將取江陵、」湖南，進大都督府副使。取泰州，援宜興，攻江陰之巫子門，」搗淮安之馬邏港，所獲士卒與船馬為多。繼克湖州，戰姑」蘇，闔齊門，下無錫，而張氏遂亡。轉同知大都督府事，階至」榮禄大夫。同克汴、洛，駐師陝州，鎮河中，招来絳、解二州，其」功尤偉。從伐興元還，軍未至，病薨。公生於延祐二年六」月三日，薨於洪武三年八月三日，年五十六。訃聞，贈推忠」翊運宣力懷遠功臣、光禄大夫、湖廣等處行中書省平章」政事、柱國，追封蘄國公，謚武義。特　」敕有司造墓於應天府上元縣鍾山鄉之幕府山，以九月」廿一日葬焉。惟公為當代將臣，屢從征伐，功業焜燿，足以」垂芳名於不朽矣。其行事之詳，當見之神道碑中。葬日既」臨，因取歷官次第與卒葬歲月，書刻堅石，而納諸壙云。是」歲九月　　日謹誌

六五　明故榮禄大夫同知大都督府事贈開國輔運推誠宣力武臣榮禄大夫柱國東勝侯食禄一千五百石汪公（興祖）墓誌

〔蓋文〕

故榮禄大夫同」知大都督府事」贈開國輔運推」誠宣力武臣榮」禄大夫柱國東」勝侯食禄一千」五百石汪公墓

〔誌文〕

侯諱興祖，姓汪氏，廬州巢縣人。童幼時失怙恃，遭天下亂，轉」徙入和州，僉樞密院事張德勝子養之，遂姓張氏。歲庚子夏」六月，陳寇犯龍江，德勝戰以死， 」上憫其勞，追封蔡國公。俾侯為樞密院判官。辛丑，攻安慶及」江州、蘄黃，皆下之。進攻湖廣。歲壬寅正月，克南昌。癸卯七月，」大敗偽漢陳氏兵，升授湖廣行省參知政事。甲辰，克武昌，取」廬州。乙巳，授大都督府副使。是年，復泰州。丙午年春三月，破」高郵。四月，取淮安、武安、安豐。七月，攻浙西，取舊舘，破湖州。吳」元年九月，取蘇州。十月，授榮禄大夫、同知大都督府事。時蔡」國公子宣已長，授懷遠將軍、同知宣武衛親軍指揮使司事。」上命侯復姓汪氏。侯往定中原，山東、河洛次第盡平。洪武元」年，克西京、大同，就屯兵守禦。洪武三年冬，徵還。會命將往征」西蜀，俾侯前驅自效。四年夏，既取文州，復乘勝逐北，中飛石」死焉。訃聞， 」上嗟悼久之。追授開國輔運推誠宣力武臣、榮禄大夫、柱國、」東勝侯，食禄一千五百石，仍賜鐵券，給禄養其家。命有司迎」其喪，所過州縣皆設祭，俾善相地者卜兆　京城西北，官營」塚壙，以六月丁酉葬焉。侯生於戊寅七月十九日，卒於洪武」四年四月初六日，享年三十有四。配夏氏，側室鄧氏。生子男」一人，甫四歲。女三人。於戲！侯以功臣義子，特受 」主上知遇，而能以才自見，顯著勳績，及身兼將相，位列通侯，」乃至捐軀徇　國，亦可謂烈丈夫矣！獨天不假其壽，惜哉！謹」述其梗概，並記其卒葬歲月云。

六六　明故周公(顯)墓誌

〔誌文〕

公諱顯，字□□，姓周氏，廬州合肥人。曾祖十六府君，妣胡」氏。祖明可，贈明威將軍、親軍指揮副使、上騎都尉，追封汝」南郡君。父原德，封懷遠大將軍、同知金吾右衛親軍指揮」使；母游氏，封汝南郡夫人。公狀貌魁偉，膂力過人，當元□」失□，兵革四起，能擇 」真主而從之。歲乙未， 」上駐蹕太平，公来伏謁，始充先鋒，隨軍攻溧水、句容，取之。丙申」□月，破陳也先兵。 」上既定金陵，遣兵取鎮江。丁酉三月，克常州、横林、洛社。四月，取」寧國。六月，克江陰。公皆與有功。 」上賞以金帛，俾充前部先鋒。戊戌，從 」車駕取婺州。己亥八月，從攻衢州，擢□前左先鋒。庚子，偽漢陳」友諒兵犯龍□，公□力戰敗走□遂復太平。癸卯三月，從 」車駕援安豐，收□□□□□□□□□□。從徐魏公復」□□。乙巳五月，從開平公□□□安陸、襄陽。擢驍騎衛千」户。吳元年，從□蘇州⧄ 」⧄軍衛千户□□□□□同知金吾右衛指揮僉事。洪」武元年正月，□□□征□中京。□月，取□州。三月，取汴。四」月，□河南府。七月，攻汝□□□□□克河中府。二年二」月，□□□驍騎□□指揮司事。□□□應昌，陞本衛指揮」使，調驍騎□衛。五年正月，從左都督曹國公征沙漠，抵阿」魯渾河，□□□死焉。 」上深惜之，□□□其□南□ 」命中書遣□□□卜葬于江寧縣大□□山之原。

復遣內侍□」□祭賻□□加，仍俾有司□□□事。公生於重紀至元乙」亥□月二十八日，卒於洪武壬子□月二十九日〔一〕，享年三」十有八。配□氏，封汝南太夫人。子男三人：巖、嵩、崇。女一人。」葬□□□□□□□□□。公生能宣勞國家，及其歿也，」又能□志王□，捐軀保國家□□□□烈士者也。葬日是」未□□□□□公□□□□其□□及歷官歲月，納諸」幽室。謹誌。

〔簡注〕

〔一〕「卒於洪武壬子□月二十九日」：洪武「壬子」為五年。「月」上「□」漫漶難辨。《明史·太祖紀二》繫此役於洪武五年六月甲辰，云：「李文忠敗元兵于阿魯渾河，宣寧侯曹良臣戰没。」李文忠即誌載「曹國公」。據陳垣《二十史朔閏表》，是年六月丙子朔，甲辰正為二十九日，與誌記誌主死亡日期合，證明「月」上「□」也應為「六」字。關於此役，同書《李文忠傳》記載更詳，原文為：「至阿魯渾河，敵來益衆。文忠馬中流矢，下馬持短兵鬥。指揮李榮以所乘馬授文忠，而自奪敵馬乘之。文忠得馬，益殊死戰，遂破敵，虜獲萬計。追奔至稱海，敵兵復大集。文忠乃斂兵據險，椎牛饗士，縱所獲馬畜於野。敵疑有伏，稍稍引去。文忠亦引還，失故道，至桑哥兒麻，乏水，渴甚，禱於天。所乘馬跑地，泉湧出，三軍皆給，乃刑牲以祭。遂還。是役也，兩軍勝負相當，而宣寧侯曹良臣，指揮使周顯、常榮、張耀俱戰死，以故賞不行。」其中即提到誌主周顯，與宣寧侯曹良臣一同戰没，故本誌與《明史》記載二人死亡時間相同。

六七　明□□將軍指揮僉事佚名墓誌

〔蓋文〕

□□將军」□□僉事」□□之墓

〔誌文〕

▨以從攻采」▨鎮江等府，復從　」▨軍千户。洪武元年」▨事、□永清右衛指揮僉事，欽」▨　」▨指揮僉事。洪武十一年」▨僉事，領兵往四川松、疊，卒於」▨將軍在戎馬間凡十五年，」▨方□內清年宜安享禄位」▨命不▨徵□耶。子鐸今襲職為」▨　」▨命，其可徵也耶。」▨葬于紫金山之原，」▨非理者開。謹」誌〔一〕。

〔簡注〕

〔一〕本誌殘缺漫漶，誌主卒葬時間不詳。誌文記事最後時間為「洪武十一年」。接記誌主「領兵往四川松、疊」，卒於途中。此處「松」指松州，「疊」指疊溪。據《明史·四川土司一·茂州傳》：「洪武十一年平蜀，置疊溪右千户所。」同書《太祖紀二》洪武十二年正月丙申條：「丁玉平松州蠻。」誌主應卒於洪武十一年，葬於洪武十一年後。

六八　明開國輔運推誠宣力武臣特進光禄大夫左柱國海國公謚襄毅吴公（禎）墓誌

〔蓋文〕

□開國輔運」推誠宣力武」臣特進光禄」大夫左柱國」海國公謚襄」毅吳公之墓

〔誌文〕

⧄縣人。曾祖三七府君，贈鎮」⧄；　祖妣周氏，追封潁上縣子夫」⧄追封延陵伯；　妣劉氏，追封」⧄事、柱國，追封渤海侯。」⧄元季天下大亂　」⧄乙未六月，渡大江，以公充」⧄」⧄與兄江陰侯同守江陰，備」⧄守湖州。丁未九月，從」⧄府事□□命為征南副將軍」⧄之國珍，即率衆来降。公」⧄戰拔其城，於是漳泉」⧄擒陳有定。四月，公先還」⧄調兵悉勦之，瀕海諸」⧄宣力武臣、榮禄大夫、柱」⧄焉。五年，有　」⧄及□近負固未附者，悉討」⧄十一年春，奉　」⧄」⧄年五月，疽發于背，二十六日薨，」⧄享年五十有二。訃聞　，」⧄光禄大夫、左柱國，追封海國公，謚」⧄之原。□喪事所須，皆官給之。以」⧄封靖海侯夫人。子男五人：　長堅，」⧄左衛鎮撫夫人，李出也；　次端；　次」⧄之交際，興隆之運，奮其智勇，為」⧄矣。其詳具載于神道碑。姑誌。」

⧄尚書來□□謹誌〔一〕。

〔簡注〕

〔一〕本誌上部殘缺漫漶，誌主卒葬時間不詳。誌文前記洪武「十一年春」云云，接記某「年五月，疽發於背，二十六日薨」，據此，誌主應卒於洪武十二年五月二十六日。但本書第六九號為其兄吳良墓誌，記吳良卒於洪武十四年，謂其弟禎「先公三歲薨」。據此，則誌主應卒於洪武十一年五月二十六日。今據《明史·吳禎傳》云：「（洪武）十一年，奉詔出定遼，得疾，輿還京師，明年卒。」仍繫誌主之卒於洪武十二年五月二十六日。

六九　明開國輔運推誠宣力武臣榮禄大夫柱國江陰侯加贈特進光禄大夫上柱國中軍都督府事都督追封江國公謚襄烈吳良墓誌

〔蓋文〕

開國輔運推誠宣」力武臣榮禄大夫」柱國江陰侯加贈」特進光禄大夫上」柱國中軍都督府」事都督追封江國」公謚襄烈吳良墓

〔誌文〕

□□□□□□□□□武臣、榮禄大夫、柱國、同」□□□府事、□□□□封江國公、謚襄烈」□□□，初名國興，後賜今名，鳳陽府定遠縣昌」□□□□□□□□□為　」□□□□□大□攻取城池，多負勤勞。歷陞軍」□□。至於征討四方，守禦江陰，兄弟皆有功焉。」□□□既□論功行賞，受爵封江陰侯。後奉　」□□□□州。至洪武十四年十一月二十六日」□□□薨，享年五十有八。公弟禎，亦以勳封靖」□□□追封海國公，先公三歲薨。公男二人：　長」□□□□，神策衛試指揮使。庶出子，曰壽安。女」□□□。訃聞，　」□□□□□加贈特進光禄大夫、上柱國、中軍」□□□□□□□□封江國公，謚襄烈。仍遣使」□□殯，歸　」□□，賜葬于鍾山□□，□以洪武十五年二月廿」□日下葬。嗚呼！千萬年後，非理者開，知理者」完。」謹誌〔一〕。

〔簡注〕

〔一〕本誌上部殘缺漫漶，誌文難以完全釋讀，可與《明史·吳良傳》對照審閱。

七〇 明安遠將軍同知袁州衛指揮使司事徒健墓誌

〔蓋文〕

安遠將軍同知」袁州衛指揮使」司事徒健墓

〔誌文〕

大明安遠將軍、同知袁州衛指揮使」司事徒健，鳳陽定遠人。兵興初，」以勇力親隨渡江，從軍征討，備」著功勤，歷陞軍職。天下既定，授」懷遠將軍、大興右衛指揮同知。」洪武八年，陞授安遠將軍、同知」留守衛指揮使司事。尋調袁州」衛。十六年三月 召還 」京師。六月初七日以疾卒，年五十」有九。其月二十四日，」賜葬于新亭鄉周塘岡之原，嗚呼！」千萬年後，非理者開，知理者完。」謹誌。」

洪武十六年六月二十四日

七一 明指揮使趙圭墓誌

〔誌文〕

□□□□□指揮使趙圭，滁州全」□□□□□□□□版橋来歸，累從」□□□□□□人攻取城池，所向克」□□□□□□著勳績，助成平定」□□□□□百户、千户，陞指揮僉」□□□□□陞指揮使。洪武七年，除」□□□指揮使，授驃騎將軍。復陞」□□□軍。十七年二月，以疾卒于」□□□還，以九月初七日，葬于江」□□□德鄉陰山莊之原。嗚呼！千」□□□，非理者開，知理者完。謹誌。」

洪武十七年九月初七日〔一〕

〔簡注〕

〔一〕本誌上部殘缺漫漶，誌文難以通讀。據明李賢等《明一統志》卷七四福州府名宦類趙圭條：「洪武中，為福建都指揮使，剛直忠厚，訓練士卒，號令嚴明，能以恩威兼濟，在任十年，鎮之以靜，軍民咸賴之。」知趙圭曾在洪武中任「福建都指揮使」十年。據此可知：誌文「洪武七年，除□□□指揮使」中三□應為「福建都」三字。誌文洪武「十七年二月，以疾卒於□□□還」中三□應為「福建，喪」三字。

七二　明曲靖衛指揮同知牛麟墓誌

〔誌文〕

曲靖衛指揮同知牛麟，廬州府合淝縣」人也。癸卯歲，天下兵争，始從大軍東西」征討，累戰有功。庚戌歲，自軍中擢驍騎」右衛、百户。癸丑歲，陞副千户。乙卯歲，復」陞指揮僉事。皆即其衛而授之。丙辰歲，」從征沙漠還。又踰年，調府軍右衛。辛酉」歲，從征雲南，屢戰皆捷，擒其偽帥，遂調」守曲靖衛。擊羅、雄等州諸蠻寨，悉破□」之。乙丑歲，遷指揮同知，命世其爵。克□」異俗，鋤其强梗，遐壤以安。洪武丙寅歲」七月壬申，以疾卒于官，享年四十有四。」娶楊氏。子男二人。以是年十二月二十」日，葬于江寧縣鳳臺西鄉之原。嗚呼！千」萬年後，非理者開，知理者完。謹誌。」

洪武十九年十二月二十日

七三　明指揮僉事王公（彪）壙誌

〔蓋文〕

昭勇將軍」指揮使王」彪之墓

〔誌文〕

指揮僉事王公壙誌」

指揮僉事王公，諱彪，無為巢縣人也。曩者」元政不綱，天下兵争，民無寧居。壬辰年，公」随父文虎從軍，攻鱭魚洲時，文虎充萬户。」從渡大江，攻取采石、太平等處。丙申年，克」復南臺及鎮江，充總管職事。丁酉年，進攻」太湖、池州。戊戌年，復征太湖，取宜興。己亥」年，攻安慶，文虎遂没於陣，時公襲父文虎」職。庚子年，随大軍進取馬駄沙。辛丑年，充」管軍鎮撫。厥後，數從征進，咸與力焉。洪武」十一年，除大河衛世襲千户。既而，復陞茂」州衛流官指揮僉事。十八年十月初七日，」以疾終於家，贈昭勇將軍、指揮使，享年五」十三歲。娶劉氏，次趙氏。男佛保，女一人。以」洪武二十年九月初五日，葬于鍾山之陰。」嗚呼！千萬年後，非理者開，知理者完。謹誌。

七四　明永城侯薛公(顯)壙誌

〔蓋文〕

開國輔運推」誠宣力武臣」榮禄大夫柱」國永國桓襄」公薛公之墓

〔誌文〕

明永城侯壙誌　」

公姓薛，名顯，世為徐州蕭縣人。當元末大亂，列郡」□□，公不能已，亦斂衆從亂雄〔一〕。後亂雄敗，視無可」□□□望久之已。而今我」□□□陵，卓然有為。公聞之，即率所部自泗州来」□□□鎮江西，士民畏服。從征荆楚，又克建功，遂」□□右丞及大將軍。北定齊魯、燕薊，公皆與其勞。」天下既平，」朝庭論功行賞，封永城侯，食禄二阡五百石。洪武丁」卯夏，」上念其驍勇，邊鄙知名，乃命從大將軍防胡〔二〕，屯塞上。」秋八月癸亥，以疾卒于軍，享年五十有八。冬十月，」柩還。追封永國公，謚桓襄。子男七人：長曰經，次曰」紋，次曰綱，次曰纓，次曰紘，次曰綖，次曰紳。女六人。」公起自田里，而能建功業，為國勳臣，顯祖宗，福後」嗣，張大家聲，流芳史册，大丈夫之能若此者亦少」矣！以今洪武丁卯冬十月二十五日，葬于鍾山之」陰。嗚呼！千萬年後，非理者開，知理者完。謹誌。」

洪武二十年十月二十五日謹誌

〔簡注〕

〔一〕「亂雄」指趙均用，下文同。《明史·薛顯傳》：「薛顯，蕭人。趙均用據徐州，以顯為元帥，守泗州。均用死，以泗州來降。」

〔二〕「大將軍」指徐達。《明史·薛顯傳》：「（先）從大將軍徐達取中原。……復從大將軍（徐達）征漠北，……屯田北平。」

七五　明封承信校尉神策衛百户于公(禮)壙誌

〔蓋文〕

大明封承」信校尉神」策衛百户」于公之墓

〔誌文〕

大明封承信校尉神策衛百户于公壙誌　」

先考諱禮，字仲和，姓于氏。世居維楊江都縣之正東隅。大父七一公，諱某。」父八三公，諱文正，元鄱陽魚泊所提舉。妣張氏。先考以前元至大戊申十一」月十一日生。正當全盛之時，且江都富庶繁華甲天下，先考生於其邑。既長，」能以謹愿自持，動循禮法，不流於侈靡。事父母以孝敬，接朋友以信義，恂恂」然，鄉里咸以善人目之。元末兵興，遐迩騷動，有號曰奇軍者，竊據其域，先考」挈家匍匐出走，将渡江避地於吳，亂離急遽之頃，遂與不肖子寶相失，乃丙」申歲也。寶得依義父鄭公。庚子年，從戎」天朝，充舍人。丁未，大軍克姑蘇，始得與先考會聚，盖不相知者十有二年。奉歸」京城，以侍養焉。洪武三年，寶以戰伐微勞，由舍人除驍騎衛百户。」朝廷推恩，給」誥命，封先考為承信校尉、神策衛百户。十七年，寶從征雲南凱還，陞武略将軍、」府軍前衛管軍千户。十九年冬十一月，先考呼不肖子，謂曰：吾追念往昔喪」乱，走離故鄉以来，今已三十載。得汝為軍官，享有」天禄，足慰吾目前。但祖宗墳塋在揚州東門之外，久稽省謁，汝時年幼，必不能」記憶。吾今老矣，欲同汝一行，令汝識之，吾死無憾。寶遂請」命于朝，得與先考同歸故里，剪除荆榛，奠祭墓下，修築墳垣而返。二十年春，寶」從征迤北，駐軍大寧。未回，先考以疾終於家。乃是年冬十月二日也，得年八」十。停柩在堂，且逾月，寶適奉」總兵之命，以軍務馳驛来」京，奏事既畢，方知我先考已遺棄。嗚呼痛哉！持服於家，事」聞九重，蒙」恩賜葬地於鍾山之陰。」敕工曹為穿壙，磚灰皆給於官。爰卜十二月十四日庚申以葬焉。娶同郡王氏。」生一男，寶也。孫男六人，曰清，曰浩，曰浚，曰淵，曰深，曰晏奴。孫女二人，□兒、京」奴。寶螻蟻微末，過蒙」朝廷厚恩，錫葬先考，其榮至矣。大懼泯没，且葬日薄，未能乞銘當世立言君子，」以圖不朽，姑忍死摭其世系歲月，銘于幽堂之石，以志其哀。嗚呼！千萬年後，」非理者開，知理者藏。

孤子寶泣血謹誌」

府軍前衛管軍百户程欽填諱」

洪武丁卯十二月十四日謹誌

七六　明延安侯（唐勝宗）太夫人施氏壙誌

〔蓋文〕

大明延」安侯太」夫人施」氏之墓

〔誌文〕

◪施氏壙誌」

□□姓施，□□□□□一之長女也[一]，早遵母」□□□里人唐成。會元季大亂，列郡騷然，乙」□[二]，夫人□夫成□渡江，入金陵。壬寅夏四月」□子朔[三]，夫没。後子勝宗從征有功，封延安侯。」□□以子功，贈榮禄大夫、□□大都督府事」□□□封延安侯□□□□□封侯太夫人。」夫人居孀二年，□□□□，□□不墜，訓子有」方。其子勝宗◪」□國之勲臣，張□□□□□□□晚歲克享」

□壽，斯亦盛□□□□□□有二月戊子，」□疾終于□□□□□□□□子男四人：長曰」〼勝宗，即延安侯。」〼長適封廣威將」軍〼原慶。以丁卯」〼後邨山之陽。嗚」□！□□□□，□□□□，□□者完。謹誌。」
〼五日

〔簡注〕

〔一〕「姓施」下五字漫漶，其中應叙及籍貫。下文言施氏適「里人」唐成，説明施、唐同籍。唐成為唐勝宗之父。《明史·唐勝宗傳》云：「唐勝宗，濠人。」則知施氏亦為濠人。

〔二〕「乙」下「□」漫漶，據叙事時間推測，應為「未」字。「乙未」為元至正十五年（一三五五）。

〔三〕「壬寅夏四月□子朔」之「□」漫漶。據陳垣《二十史朔閏表》：「壬寅」為元至正二十二年（一三六二）。是年四月「丙子朔」。則此□應為「丙」字。

七七　明開國輔運推誠宣力武臣榮禄大夫柱國安慶侯追封皖國公謚莊襄仇公（成）壙誌

〔蓋文〕

開國輔運推」誠宣力武臣」榮禄大夫柱」國安慶侯追」封皖國公謚」莊襄仇公成墓

〔誌文〕

大明開國輔運推誠宣力武臣榮禄大夫柱國安慶侯」追封皖國公謚莊襄仇公壙誌」

安慶侯仇成，和州含山縣銅城鄉人。少負勁氣，言行」惟純，殊異於流輩。當元季之時，海內紛擾，人無寧食，」乃挈家從事戎行。值」大明肇興，心悅從服。自渡江以来，弗[illegible]於苦險，屢敵寇」賊，罔有不克。厥後大將四征，王師所抵，與有功焉。以」致助興」大運。天下甫平，及分鎮邊陲，克盡綏撫之道，而衆咸德」之。遂歷官至于侯封，食禄二千五百石，享年六十有」四。曾祖考諱栗，追封考城子；曾祖妣張氏，追封夫人。」祖考諱智賢，追封昇城伯；祖妣汪氏，追封夫人。考諱」文安，追封安慶侯；妣葛氏，追封安慶侯夫人。娶吳氏，」封安慶侯夫人。子男一人，曰正。女一人，尚幼。洪武二」十一年七月初八日，以疾而終于家。追贈皖國公，謚」莊襄。卜以是年八月二十九日，葬于鍾山之陰。嗚呼！」其生也，勤勞王家，以膺侯爵之貴；其殁也，名全終始，」以昭國典之勳。丈夫至此，古今惟難。千萬年後，非理」者開，知理者完。謹誌。」

洪武二十一年八月二十九日

七八　明虢國（俞通海）夫人於氏墓誌

〔蓋文〕

虢國夫人」於氏之墓

〔誌文〕

虢國夫人於氏，贈虢國公俞通海之妻也。」年十九歲，歸于俞氏，勤儉不二，循循有婦」道。時元末，政化不行，天下兵起，所在騷然。」田野之民，莫不棄耒耜，執戈矛，以為保身」保妻子計。而虢國公亦與鄰里團結，以護」鄉閭。久而勢不可釋，遂因　」大明之興，而委身焉。東征西伐，歲無寧居，夫人」治家，凜然有法，虢國公亦自以為不及也。」吴元年，虢國公戰死于蘇州，夫人寡居，依」于今南安侯俞通源；　侯，虢國公弟也。洪武」二十一年夏六月己未，夫人以疾卒，享年」六十歲。以是年九月廿六日，葬于聚寶山」之原。嗚呼！世降道微，禮義不立，若夫人之」始終一姓而無變者，甚不多見。謹刻于石，」以藏諸幽，以告于後云。」

洪武二十一年

七九　明浙江都指揮使司都指揮使陸公（齡）墓誌

〔蓋文〕

浙江都指揮」使司都指揮」使陸公之墓

〔誌文〕

浙江都指揮使陸公，諱齡，字仲遠，揚州府人。曾」祖考諱清，曾祖妣氏〔一〕。祖考諱召，贈明威將軍、」僉指揮使司事；　祖妣王氏，贈德人。考諱世榮，贈」懷遠將軍、同知指揮使司事；　妣錢氏，贈淑人。公」於庚午夏六月二十四日生。資性剛明，自幼好」武事，長而勇敢善戰。丁酉，選為親随軍，數從」征伐，屡建大功。辛丑，授百户。吴元年，陞宿衛鎮」撫，授武節將軍。洪武二年，陞授宣武將軍，僉金」吾右衛親軍指揮使司事。五年，調陞同知河南」衛指揮使司事，授安遠將軍。十四年，陞授昭勇」將軍、河南都指揮使司指揮使。十七年，調陞浙」江都指揮使司都指揮使。公凡在鎮，政令嚴明，」軍民畏服。二十一年戊辰冬十月十一日，以疾」終，享年五十有九。明年己巳春二月二十一日，」敕賜葬于紫金山。夫人程氏、王氏、夏氏，皆先卒。子」男二：　長曰英，次曰雄。孫男一，曰〔二〕；　孫女一，曰」〔三〕。嗚呼！千萬年後，非理者開，知禮者完。謹誌。

〔簡注〕

〔一〕「氏」上原空一格。

〔二〕「曰」下原空二格。

〔三〕「曰」下原空二格。

八〇　明開國輔運推誠宣力武臣榮禄大夫柱國南安侯俞通源墓誌

〔蓋文〕

開國輔運推誠」宣力武臣榮禄」大夫柱國南安」侯俞通源之墓

〔誌文〕

□□侯俞公，諱通源，字伯川，鳳陽臨淮人，虢國」□通海之弟也。公之兄當元季之亂，起兵来和」陽，效忠于　」國，大勳方集，不幸而逝，乃追封為虢國公。公始年」少時，亦從兄于戎伍間，至丁未，克蘇州有功，」命為平章，守江淮省。洪武己酉，同總兵官取燕趙、」齊魯之地，克西京、汴梁、隴西諸郡。三年之間，悉」定中原。旋師之日，定功行賞，因世其官，授以開」國輔運推誠宣力武臣、榮禄大夫、柱國、南安侯，」食禄一千五百石，仍使子孫世襲其爵。自是而」後，征西蜀，征沙漠，征甘肅，皆有功焉。洪武癸亥，」命守雲南，征廣南。戊辰，征僰夷。八月，有　」詔回京師。至己巳三月二十九日，以疾薨於家，享」年四十有四。夫人吴氏。子男一人，曰祖。女三人。」以是年五月初二日，葬于江寧縣聚寶山之原，」□□以納諸壙中。嗚呼！兄能立功于前，弟復立」功于後，悉授封爵，光于鄉里，以顯祖宗，傳之子」孫，□□無躬，可謂盛矣。生榮死哀，何憾焉？千萬」□□，□□□□，□□者完。謹誌。」

▨年□月▨

八一　明明威將軍僉興武衛指揮事王公墓誌

〔蓋文〕

明威將軍僉」興武衛指揮」事王公之墓

〔誌文〕

▨廬州府　故元師王勝〔一〕，」▨戎，乙未年歸附，癸卯從」▨鄱陽湖，死于王事。洪武戊午，以勝有」▨蚤卒，□嗣授公驍騎左衛副千」

户。⧄将军。辛酉，調随潁川侯征進」⧄間□□部山寨〔二〕，克平大理等處。」⧄甲子，回　」⧄衛指揮僉事，階明威將」军，⧄丁卯，調迤北。未幾，以疾回」⧄己巳三月十六日，終于家，享年四十八」⧄。娶趙氏，生三子：長曰玉政，次曰全川，」⧄長曰觀奴，次曰招兒，其季曰」⧄年五月初二日庚」⧄陰。嗚呼！千萬年後，非理」□□，□□□□。謹誌。

〔簡注〕

〔一〕「元師」之「師」應為「帥」之誤。《明史·趙德勝附丁普郎等康郎山廟忠臣傳》記元至正二十三年（一三六三）七月朱元璋與陳友諒鄱陽湖康郎山大戰云：「辛卯，復大戰，副元帥昌文貴、左元帥李信、王勝、劉義死。」王勝死時任左元帥。

〔二〕「潁川侯」為傅友德。誌文所記為誌主隨傅友德征討雲南事。《明史·太祖紀二》繫此事於洪武十四年（辛酉，一三八一），其九月壬午朔條云：「傅友德為征南將軍，藍玉、沐英為左、右副將軍，帥師征雲南。」

八二　明明威將軍指揮僉事王公（鑑）墓誌

〔誌文〕

大明明威將軍指揮僉事王公諱鑑，世」為應天府上元縣人。當元季時，海內」紛裂，民無止息。適　」大明肇興，公乃挈家從事戎行。既随大」將，四征不庭，惟律是從。其被堅執鋭」之勞，亦云大矣；驗其功，豈不於衆哉！」是以累官至於明威將軍、盖州衛指」揮使司事。洪武二十一年正月十三」日，以疾而逝，享年五十有三。娶妻許」氏，生子曰裕；復娶妻戴氏，生子曰禮、」曰德。女二人，俱在室。卜以洪武二十」二年五月初四日，葬於鍾山之陰。嗚」呼！始以一身之微，克效勤勞，而終取」顯爵，俾子孫得以世禄。公可謂不死」者矣。千萬年後，非理者開，知理者完。」謹誌。

洪武二十二年　月　日

八三　明驍騎右衛親軍指揮僉事牛麟德人楊氏墓誌

〔蓋文〕

德人」楊氏」之墓

〔誌文〕

驍騎右衛親軍指揮僉事牛麟德人楊氏，」鳳陽定遠縣人，楊貞之長女也。年十九，歸」牛氏門，事舅姑與夫敬弗解，接鄰里姻戚」有禮，治家御僕妾有方。初，指揮公官尚微，」貲亦未豐，至洪武十二年，　」誥授前職。德人因亦　」賜誥，且富且貴。生二子：長能，次禮。教之讀書，」雖指揮公久從戎于外，循循戒飭，如嚴父」師，不使一日廢所業。及冠，卓然能成人，今」能為錦衣衛指揮同知，率由德人內助慈」教之所致。故人咸稱德人為得婦母之道」焉。為婦為母若此，宜天畀之遐齡，以享多」福。柰何嬰疾，藥不能療，於二十二年五月」初五日卒，僅得春秋四十有六。嗚呼！豈理」也耶？將葬，其次子禮請誌，故為述此，俾寘」諸幽。千萬年後，非理者開，知理者完。謹誌。」

洪武二十二年八月二十五日葬

八四　明故靖海侯吴忠墓誌

〔蓋文〕

故靖海」侯吴忠」之墓

〔誌文〕

〼公□禎之嫡子，「世」為鳳陽定遠□□□□開國勳臣，由靖海侯」追封為公，以□□□□即□　」誥□侯□洪武□□□月四日也。比年北征」□□□將者□□戊□□月二十日」□□雲南僰夷，積累□勞，欲集大功。己巳夏，」詔□歸；秋□□□□□次小孤山，遇暴風，覆」舟而歿。□□□□□年三十有四。嗚呼！侯之」□赤，欲□□□□□之勳業，欲成而未就，何」彼蒼遽奪其志而弗壽耶！豈欲報　」國家以□助保□卒以陰□耶！抑欲損其禄」壽，晦其□業，使後嗣緜緜，繼述而永茂耶！嗚」呼！皆不□得□推究也。娶馬氏，生子男三人：」長安，次□，次德壽。女三人。以是年九月廿五」□□□□□先塋之次。請誌以圖不朽。嗚呼！」千萬□□，□□□開，知理者完。謹誌。」

〼年九月二十五日〔一〕

〔簡注〕

〔一〕本誌上部漫漶，難以通讀。誌主為吴禎之子，禎與兄良並為明開國功臣，《明史》皆有傳，可以比較閱讀。

八五　明故中軍都督府僉都督事陳公（旺）墓誌

〔蓋文〕

故中軍都」督府僉都」督事陳公」之墓

〔誌文〕

中軍都督府僉都督陳公，名旺，廬州巢縣人。元至」正間，天下兵興，群雄角立。乙未，公從 」上渡江，克采石、太平，所得立功。甲辰，授天策衛管軍百」户，進攻湖、蘇等州。吴元年，調随總兵徐丞相征山」東。洪武元年，攻取汴梁、關陜，屢著顯功，除青州左」衛副千户，授武略將軍流官 」誥。四年，随曹國公征上都，欽授世襲前職。是後，進攻」沙漠，其功益彰。十六年，除太原前衛指揮僉事，授」流官明威將軍 」誥。公自隸戎伍，冒矢石，身無完膚，然勇敢過人，雖甚」艱，未嘗有畏憚意。至此年耄，為傷疾所苦，遂於十」八年正月，令長男佐替職，欽授本衛世襲指揮僉」事；公則陞除今官，是年十二月二十四日也。令公」以洪武二十二年十二月十七日〔一〕，病終于家，葬于」鳳臺西鄉之原。嗚呼！古之虎臣，乘時立功者固多，」其得所附，底定大業，享禄位，保令終，貽福于後昆」者，未之多見，公其有之矣，死何憾？專兹誌其本末，」以納于壙。千萬年後，非理者開，知理者完。 」

洪武二十三年二月初九日謹誌

〔簡注〕

〔一〕「令」字疑屬上句，與「也」字互乙，讀作「是年十二月二十四日令也」。

八六　明明威將軍張公（亨）墓誌

〔蓋文〕

明威」將軍」張公」之墓

〔誌文〕

建寧左衛指揮僉事張亨，鳳陽府定」遠縣人也。父岱，立戰功，官至貴州衛」指揮僉事。洪武癸亥，以公襲其職，調」飛熊衛，階明威將軍，仍許世其爵。甲」子，命率官防倭。乙丑，廣東夷獠依險」梗化，公部伍士卒，抵所在戢捕，多所」俘獲。戊辰十月二十日，感瘴霧，以疾」卒于軍中。亨年二十一歲〔一〕。娶妻孫氏。」洪武二十三年二月二十日，歸葬于」光宅鄉拱村。嗚呼！公以武人，夙承先」業，建功邊陲，不墮家聲，可謂能繼人」者矣！千萬後〔二〕，知理其幸完之。謹誌。 」

洪武二十三年二月二十日

〔簡注〕

〔一〕「亨」為「享」之古字，「亨年」即「享年」。

〔二〕「千万」下應脱「年」字。

八七　明故開國輔運推誠宣力武臣柱國航海侯追封恩國公謚莊簡張公（赫）墓誌

〔蓋文〕

故開國輔運」推誠宣力武」臣柱國航海」侯追封恩國」公謚莊簡張」公之墓

〔誌文〕

開國輔運推誠宣力武臣、柱國、航海侯張公，諱」赫，鳳陽臨淮人也。當元之季，四海鼎沸，公奮身」田里，招集士旅，慨然來附，即授以千户。命之征」討，首取濠、泗、滁、和等州，陞為萬户。乙未，渡江，取」太平、采石，陞為總管。繼又取鎮江及建康諸郡。」丁酉，取常州，階進定遠將軍。甲辰，克武昌，平蘇、」湖等州，授福州衛指揮副使，階進明威將軍。庚」戌，陞指揮同知，階進懷遠將軍。巡海捕倭，殺獲」甚多。戊午赴京，陞為大都督府僉事。己未，命督」遼東漕運，有功，錫以侯爵，食禄二千石，仍令子」孫世襲。至庚午八月初五日，以疾終，贈恩國公，」謚莊簡，享年六十七歲。夫人高氏。子三人：長曰」榮，次曰政、敏。將以洪武二十三年十月十二日，」葬于安德鄉下保魏家庫官山之原，請誌納于」壙中。嗚呼！昔天下大亂，豪傑竝興，公能集士旅，」以歸于」朝廷，屢立戰功。及天下已定，復效勤勞，監督漕運。生」則封侯，死則封公，榮及前人，福延後嗣。公可謂」烈丈夫矣！千萬年後，非理者開，知理者完。謹誌。

八八　明寧海衛指揮僉事魯公（忠）壙誌

〔蓋文〕

明威將軍」寧海衛指」揮僉事魯」公壙誌

〔誌文〕

寧海衛指揮魯忠壙誌」

魯公，諱忠，和州人也。始元末從軍，隨諸將」渡江，克取江東諸郡，征進江西、湖廣及盧」泰等州，直抵中原，咸與有功。」朝廷論功行賞，進公昭信校尉、青州衛百户。」戊申八月，復取北平、上都等處，以功，階進」武毅將軍、濟州衛副千户。甲子，通録前功，」階陞明威將軍、寧海衛指揮僉事。命捕倭寇，數年之間，殺獲甚衆，厥績茂焉。不幸於」洪武二十年九月二十日以疾終，享年五」十有四。娶魏氏，生子一人，長曰勝，仍襲故」職；娶安氏，生子一人，曰德。生女一人，曰觀」音奴。將以洪武二十四年九月二十二日，」葬于安德鄉□家庫鐘家山之原〔一〕。請誌納」諸壙中。嗚呼！丈夫生世，能立功于國，以取」富貴，上顯祖宗，下傳之後嗣，亦可謂死而」不忘，曰壽者矣。

千萬年後，非理者開，知理」者完。謹誌。

〔簡注〕

〔一〕「□家庫」之□，從所存殘筆看，似「吕」字。但史籍似乎僅見「高家庫」、「戴家庫」、「皮家庫」。如：明李賢《古穰集》卷一一《奉天翊衛宣力武臣特進榮禄大夫柱國南寧伯追封南寧侯謚莊毅毛公神道碑銘》：「諸弟扶櫬自金齒至南京，卜葬於静明山高家庫之原。」清朱彝尊《曝書亭集》卷七七《徐州蕭縣儒學訓導樂君墓誌銘》：「擇地于攝山戴家庫，題曰悟賓歸宿處。」清修《江南通志》卷三七《輿地志·江寧府祠墓》：「修撰焦竑墓在江寧縣皮家庫。」而此「高」、「戴」、「皮」三字筆畫與該□所存殘筆不合，故不擬補。

八九　明僉浙江都指揮事张公壙誌

〔誌文〕

□公壙誌　」

□六安人。父諱雲易，前元」□兵歸附。父授江西行省」□」□中元。洪武元年春，征西」□一十三處，敗元將賀總兵」□北平濟陽衛管軍。秋，征北，敗」□林省黑龍江。十四年春，征北灰」□春，征北捕魚海。廿三年春，擒捕」□難河。秋回，以年老征傷替職，蒙　」□衛，世襲副千户，公贈如其子，爵致」□皆贈宜人。廿六年春，豫以建忠陞」□指揮，公及恭人復得贈，如其子若婦」□。廿七年秋，復陞豫□□將軍、僉陜西行都指揮事。廿八年春，」授詔，公之父及公皆贈爵，如其子；　公之母氏若妻金皆封淑」人〔一〕，如其子婦。二十六年，公以致政出僉浙江都指揮事。二十八」年春，偵兵船出海捕倭回，卒于官。公生以元元統丙子十二月」二十三日，卒以今洪武乙亥閏九月二十六日，享年六十。子男」二人：　長曰豫，授僉陜西行都指揮事；　次曰瑾，授散騎舍人。訃聞」□□之不逮送終也，　敕都府文移豫乘傳至京發喪，　」□□□門外山地一所葬之。其經營窀穸及菴宇之費，悉官為」□」□弗耀也，求誌翰林以壽永久。嗚呼！千萬世之不」□是為誌石。　」□

□孝子張豫誌

〔簡注〕

〔一〕「氏」上原空一格。

九〇　明長興侯（耿炳文）夫人陳氏（善願）墓誌

〔蓋文〕

大明長」興侯夫」人陳氏」之墓

〔誌文〕

大明長興侯夫人陳氏之墓　」

夫人姓陳氏，諱善願，其先鳳陽人也。夫人自少穎悟，」美德性，為父母所偏愛。選所宜歸，既笄，來嬪于侯。侯」姓耿氏，字炳文，年十八，當元季之末，天下大亂。從　」太祖高皇帝，龍飛鳳陽，起兵淮泗。侯弼贊　」天機，受知于　」太祖，為最深。夫人于時內助益勤。洪武初，天下既平，定功行」賞，□侯以開國輔運推誠宣力武臣、榮禄大夫、柱國、」秦王□□兼陝西行中書省右丞，封長興侯，食禄兩千五」□□□□□□亦封長興侯夫人。洪武三十五年　」⧄年六月二十三日，終于堂。　」⧄」⧄賜以米布棺斂，復　」⧄初九日，葬于江寧縣安德鄉麻」⧄壙中。夫人生元至順癸酉九」⧄男五人：長曰瓛，前軍都督；次」⧄都尉；其二子未名。女二人，」⧄中衛指揮同知解義孫」⧄幼。孫女十人。嗚呼！夫」⧄有奉祇敬，以有」⧄傳之子」⧄〔一〕

〔簡注〕

〔一〕誌石左上部殘缺，誌主具體卒葬時間不詳。僅知誌文記誌主行事，至太祖「洪武三十五年」亦即惠帝建文四年（一四〇二）止，接記「年六月二十三日終於堂」。「年」前一字左上部殘缺，僅存右下部捺筆殘痕。紀年數字帶捺筆者，僅有「元」、「七」、「八」、「九」四字。誌主之夫長興侯耿炳文為明開國元勳，《明史·成祖紀二》永樂二年（一四〇四）十月條云：「是月，籍長興侯耿炳文家，炳文自殺。」誌文記誌主卒後曾蒙恩「賜以米布棺斂」，知其卒必在永樂二年十月籍家之前。因「二」字無捺筆，則可斷定「年」前一字必為「元」字。即誌主之卒，為永樂元年（一四〇三）六月二十三日。又，誌主之葬，亦應在永樂二年十月籍家之前。

九一　明瀋王（朱模）妃張氏墓誌

〔蓋文〕

瀋王妃」張氏墓

〔誌文〕

妃張氏，右軍都督僉事致」仕文傑之女。洪武二十九」年八月初八日，册為　」瀋王妃。永樂四年八月初五」日，以疾薨，得年二十五，無」子。以是月十六日，　」賜葬于石子岡。於戲！妃以武臣」之女，選配　」王室，將期蕃衍支庶，以享太」平無窮之慶，而竟以一疾，」遽然長逝，命弗克永，悲夫！　」謹誌于壙，用垂不朽焉。

九二　明韓憲王朱松墓誌

〔誌文〕

▨子也。生於洪武庚申五月二十三日，」▨册封為韓王。王資質温粹，性行端淑，循」▨友。」皇上隆厚親親，益加眷愛。而王之事」上敬大，小心謹飭，未嘗少有怠忽。今年冬，王忽染疾，不數日，」疾甚，竟致不起。時十月三十日酉時也，享年二十有八。」妃馮氏。子五人：長曰沖㦬，永樂二年册封為世子；次先」卒；曰沖烋，册封為襄陵王；曰沖熇，册封為臨汾王，以永」樂四年八月薨；曰某，生二歲。女三人，長先卒。」皇上念骨肉之親，不勝悼痛，輟視」朝五日，特賜謚曰憲王。自受封以來，未□▨」十二月二十四日，權厝于向山之原。嗚□！」帝室至親，方當盛年，政期安榮貴富，以享▨」一旦遽至於斯，豈不痛哉！然王生▨」享年弗永，而所以垂諸不朽者，▨略，以納諸壙云。謹誌。」

永樂五年十二月

九三　明（馮義）祖妣郢國夫人樊氏（妙廣）壙誌

〔蓋文〕

故郢國夫人」樊氏之墓

〔誌文〕

祖妣郢國夫人樊氏壙誌」

祖妣樊氏，諱妙廣。父諱陸，母錢氏，鳳陽定遠人。生于元　辛酉二月〔一〕，卒于」大明永樂戊子十月丙申，享年八十有八。卜十二月乙酉，葬江寧縣鳳西鄉先塋次。自笄歸我」祖考郢國公諱國用，先卒。生我先府公特進、榮禄大夫、右軍右都督諱誠。及我姑諱〔二〕，適」黔寧昭靖王沐英。孫男三人：長任，大理衛指揮同知；次義，尚寶司丞；次禮。孫女妙親，為」韓憲王妃。先府公亦先卒。我有從姑，蚤鞠育于祖妣，教訓不啻己出，今為」周府親王妃。祖妣訃聞于」朝，十一月庚戌，禮部奉」敕賜祭焉。祖妣康寧日，嘗語義等曰：吾幼聞諸先人，吾初生時有相者過吾，言曰：是女生有異」貌，後當為上公命婦。言已，不知所之。吾既歸汝祖父，汝祖父屬方剛之年，際」龍飛之運，率義旅從」鑾輿渡江，定鼎金陵。汝祖父在行陣間，善撫士卒，遇饑寒甚者，輒食之衣之。吾躬執爨紉綴焉。」及萬方底平，汝祖父即世，蒙膺爵封，吾遂預被寵榮，實洪武戊申三月也。義祖考洎先府」公蚤棄諸孤，惟祖妣治家政，平居誨義等諄諄，

以報　」國恩、奉憲度為務，其臨祭祀必誠，屬待親姻必雍，睦教子女慈以莊，御童奴嚴而恕。馮氏之」緒不墜者，皆祖妣之力也。今不幸大故。兄任仕滇南萬里外，未及奔訃。義與弟禮黽勉襄」事，喪具葬儀，不敢違乎禮制，日薄事嚴，未遑乞銘於名公卿，惟祖妣之淑德貞行，非義等」所能備述，姑摭聞見之概，納諸玄堂，以志哀痛云。

孝孫義泣血謹誌

〔簡注〕

〔一〕「元」與「二月」下各原空二格。

〔二〕「諱」下原空一格。

九四　明指揮僉事某公墓誌銘

〔誌文〕

▨□初　」▨指揮僉事。公蚤席父蔭，為子弟謹」▨事母恭人咼氏，尤極孝敬，甘瀡必」▨諸史氏，以播其芳懿。初，明威公為」▨　」▨襲其職，都督楊公之征五開也，從」▨直隸建陽缺帥，　」▨親□入直宿衛，今　」▨　」▨　」▨」▨十二年冬，奉使湖南，在道得風淫末疾，」▨五十歲。訃聞子　」▨人：　長昱，襲公職；　次昇。女四人。以其年」▨王氏合焉。先期，昱叙其官世治行丐余，其銘」▨」子弟，厥祖厥考，汗馬功伐，得於垂死之餘，一旦」▨往往而是如公承父之貴，母弟奉祀　」▨欽欽自持，不惟無忝厥考，抑且有光焉。可不謂之」▨卓，逢時之昌，而動益揚。維忠維孝，位以長保，功名」▨厥慶何長。　」

▨昱立〔一〕

〔簡注〕

〔一〕誌石上部殘缺，誌主具體卒葬時間不詳。誌文僅記誌主卒於「十二年冬」，享年「五十歲」。據墓誌紀年通例，十年至五十年間之複數紀年，分別寫作廿、卅、卌，明代皇帝在位未有超過五十年者，可知此處「十二年」為實際紀年。誌文記誌主曾從「都督楊公之征五開」，此處「都督楊公」指楊文，「五開」指洪武十八年於今貴州東南設置五開衛管轄之苗蠻，楊文征五開指《明史·太祖紀三》洪武二十八年（一三九五）八月條記『都督楊文為征南將軍』討龍州土官趙宗壽後，又『移兵討奉議、南丹叛蠻』。龍州、奉議（今名田陽）、南丹均在今廣西，其中南丹在今廣西西北，與貴州東南接壤，亦屬五開苗蠻活動範圍。太祖之後，成祖在位二十二年，仁宗在位一年，宣宗在位十年，英宗在位十四年。此處「十二年」若是英宗正統十二年（一四四七），則距誌主從楊文征五開之洪武二十八年有五十二年，與誌主享年不合。據此可知，誌主所卒之「十二年冬」，只能是成祖永樂十二年（一四一四）冬。

九五　明傅氏妙壽壙誌

〔蓋文〕

傅氏」妙壽」壙誌

〔誌文〕

傅氏⧄」壽，⧄　」皇命□適武□□□唐侯曰□□□□□□歲⧄」□□月二十□有三日，卒於永樂乙未三月□有一」日。蒙　」皇□賜葬於應天府江寧縣之安德鄉也。擇于莫冬二」十有一日葬。為善和懿，天賦有賢淑行，雖生於金屋」富貴之門，未嘗以貴富驕怠於家。事舅姑孝敬，處娣」姒雍穆，洎夫家內外姻聯少長，次及媵妾奴隸，莫不」各盡其道。媲于他人，淑德有異矣！惜哉年壽之未艾，」遽疾而逝也。所生男唐雄，幼年不録，葬之。先五日，忽」寺人持狀曰：唐侯浼先生文以誌墓□。余與侯桑梓」連於括蒼，故不辞不拒，而為之銘曰：」

嗚呼！石蘊玉而山潤，潤藏珠而水明。彼淑懿之」生潤庭，如芝蘭之性芳馨。山之左江寧，地之右」金陵。刻石埋詞，誌承幽扃。更千万年，惟永寧□。」

永樂拾叁年拾貳月十□日誌

九六　明驃騎將軍中軍都督府都督僉事徐公（膺緒）壙誌

〔蓋文〕

大明驃騎將」軍中軍都督」府都督僉事」徐公壙誌

〔誌文〕

大明驃騎將軍中軍都督府都督僉事徐公壙誌　」

公姓徐氏，　」太祖高皇帝賜名膺緒，　」中山武寧王諱達之季子，　」仁孝皇后之弟也。高祖五四，曾祖四七，祖六四，以武寧王貴，皆追封中山」王。高祖妣何氏，曾祖妣周氏，祖妣蔡氏，妣謝氏，皆封中山王夫人。生」母孫氏。公以洪武二十三年擢任尚寶司卿。二十五年，陞明威將軍、」大同中護衛，世襲指揮僉事。三十一年，調金吾前衛。三十五年，陞驃」騎將軍、中軍都督府都督僉事。惟武寧王淳德懿行，配古賢臣，豐功」盛烈，為　」國元勳。公為之子，又　」聖后之親弟，累荷　」國恩，榮爵厚禄，職任之重，優禮之隆，為至盛矣。而公資稟質愨，表裏一」致，和厚謙遜，不肆不矜，謹法循理，未嘗踰越。蓋卓然於武寧為令子，於」國家為良臣，於戚里為老成賢德者也。永樂十四年二月三日以疾卒，」享年四十有五。訃聞，」皇上、」儲君、」親王，皆隆親親之恩，遣使祭之。」儲君又命有司備給其□□，哀榮之典，又加盛矣。嗚呼！人之生世如公，」復何憾哉！公娶□氏，封夫人。子男六人：景珩、景璜、景璿、景瑜、景瑛、景」瑄。女二人，在室。凡公之世次、行事、歷官，於葬也宜有誌。是用誌其概，」藏諸幽堂，以貽永久云。」

永樂十四年五月壬寅日」

奉直大夫左春坊左諭德兼翰林侍講楊士奇譔」

承直郎右春坊右中允吳均書并篆

九七　明故昭勇將軍孝陵衛指揮使蕭公墓誌銘

〔蓋文〕

故昭勇將軍」孝陵衛指揮使」蕭公墓誌銘

〔誌文〕

故昭勇將軍」孝陵衛指揮使蕭公墓誌銘」

昭信校尉胡謙篆額」

賜進士及第翰林院編脩文林郎林誌譔文」

皇明受」天命，无社既屋〔一〕，雲龍風虎，悉登際會。乃起自田里，應募為禁兵隊長。洪武▨」王師平六詔五開，屢從行陣，戰功居多，累官至明威將軍、錦衣衛▨」飭雅馴，未嘗為綺紈氣習。明威公没，而能哭泣盡哀，喪葬以禮。▨」時恭人後明威公九年乃没，事終之禮，一如明威公時，且求銘▨」鎮撫署掌水軍衛事。」高皇帝憫其年老，以公代為之。明威公既以功陞為指揮僉事，公遂得▨」行，諸將語其沉勇多略，御軍有法，皆曰：蕭將軍真將門子也。會▨」朝選威望素著者，而以公行。公鎮建陽，果稱治最。復召為錦衣典▨」上即位，陞為」孝陵衛指揮使。永樂七年春，」車駕巡守北京，公統親軍扈從，小心清慎，隊伍無譁。八年春▨」上北征胡寇，公奮勇率先，士卒多用命。胡平，論功行賞，得列優等▨」賜歸南京里第就醫。永樂十四年十月十二日，卒于正寢，享年▨」朝，命官吊祭，贈賻特厚。室□氏，贈淑人，先公六年没。男三▨」十二月庚申，附葬江寧縣安德鄉花園村先塋之左，▨」余惟公事兩」朝，二十餘年，夙夜恪勤，未嘗敖逸，以曠官麗法。異家子▨」富貴，安坐有之？不以沈湎毀德，則以驕怙褫職者，▨」皇陵，女弟獲選宫掖，一門富貴鮮儷，而能於功名始終▨」忠孝兩得者哉！是宜銘諸？銘曰：

資世之基，有行⧄」昭融，是曰令終。孰前顯焉，孰後殄焉。視此銘□。⧄」

永樂十四年十二月初三日

　孝男藺⧄

〔簡注〕

〔一〕「无」應為「元」之誤。

九八　明福清公主壙誌

〔蓋文〕

福清」公主」壙誌

〔誌文〕

福清公主壙誌　」

公主諱□□，」太祖高皇帝第八女，　」母后孝慈高皇后，生母鄭氏。公主」生洪武三年十月□五日，十」八年二月□□日册封為福」清公主，□□駙馬都尉張麟。」⧄十五年⧄薨。」⧄四十有八。子男一人，」⧄，是年四月初四日□⧄」敕葬安德山之原。謹誌。

九九　明故西寧侯（宋晟）夫人葉氏壙誌

〔蓋文〕

西寧侯」夫人葉」氏壙誌

〔誌文〕

故西寧侯夫人葉氏壙誌　」

永樂十六年六月初七日，故西寧侯宋公諱晟之賢配葉」氏卒，訃　」聞，　」賜祭，又　」賜誥，追封為西寧侯夫人，　」恩至隆也。宋公少隨父兄，事　」太祖皇帝，以軍功累官至建寧、江西、大同、陝西四都司都指揮」使，遂陞右軍都督府僉事。　」皇上正大寶之初，又陞後軍都督府左都督，　」制授平羌將軍，總兵鎮甘肅。永樂三年，封西寧侯。永樂五年，」於甘肅終焉。夫人世家建寧，父□復。夫人天資溫柔端重，」年十七歸宋□。恪勤婦道，綜理家政，悉有禮法。德惠所及，」族姻咸宜。閨庭之間，以肅以和。生子男二人：長琥，尚　」皇女安成公主，為駙馬都尉，襲封西寧侯；　次玘。女一人，嫁肅」州衛指揮張鎮。孫男四人：　長福壽，　」上所賜名；　次智堅、智滿、吉祥。孫女四人：　長善祥，次善財，次福奴，」次海福。夫人生丙申正月五日，享年六十有三。以卒之年」八月二十五日，祔葬城南雷家山之原先侯兆次。惟夫人」躬秉淑德，媲于勳賢，用生令子，克篤孝敬，為　」國至親，家享貴富，哀榮之典，光賁始終，何其盛也。用誌其概」於幽堂，垂不朽焉！　」

永樂十六年歲次戊戌八月壬寅日誌

一〇〇　明故駙馬舍人張克俊（傑）壙誌

〔誌文〕

故駙馬舍人張克俊壙誌　」

舍人諱傑，字克俊，姓張氏，世為鳳陽臨淮人。祖諱隆，」以開國功封鳳翔侯；　祖妣王氏，封鳳翔侯夫人。推恩」及三世祖、妣，皆侯爵、夫人。父諱麟，以功臣子，選尚　」太祖高皇帝女福清公主。洪武二十三年歲庚午閏四月」十二日，舍人生。甫五歲而孤。及長，好讀書，循矩度，事」母以孝謹聞。永樂十五年二月十三日，丁母公主憂，」哀毀逾禮。洎終喪，常如袒括日。及禫，即躬赴　」行在拜　」恩。既至，忽遘瘍疾，以永樂十七年八月初七日，卒于　」北京慶壽寺寓舍，享年僅三十。娶閻氏。子二人：　長武綱，」次武紀，皆童稚。卒之日，中使以　」聞，有　」敕禮部備棺殮歸葬。以是年十一月二十日，葬于安德山」母公主塋之東。

一〇一　明故處士周公宗器（璉）墓誌銘

〔蓋文〕

故處士周」宗器之墓

〔誌文〕

故處士周公宗器墓誌銘　」

國子監學正武陽王顯撰」

公諱璉，字宗器，姓周氏，世居淮安府山陽縣，在」城東南隅人也。父子信，母馬氏。宗器生於癸丑」年二月初十日寅時。公幼而聰敏，長明德義，有」睦族和親之道，濟困扶危之心。治家勤儉，教子」有法。洪武辛未，遷居　」南京應天府上元縣太平門外；　後於洪武三十」五年〔一〕，移居江東門外。永樂十八年歲次庚子十」二月初三日丁酉，疾終正寢，壽四十有八。配同」郡趙氏之長女也。子男二：男曰鑑；女曰福□，適」同郡王蘭。洪武三十一年四月內趙氏病故。繼」配同郡殷景商之長女也。子男八。男四：曰鏞，曰」鐸，曰銘，曰鋭。女四：曰福善，曰福寧，曰福祐，曰福」緣。今卜兆葬于金陵安德門外安德鄉殷山庄」大住村魏家山為祖塋。時永樂十九年歲次辛」丑三月初十日壬申。乃請誌其石，遂為銘曰：」

仁周于鄉，礼具義全；善積餘慶，」瓜瓞綿綿。山陽巨族，名聞淮海；」永昭厥聲，惟此銘在。」

永樂辛丑季春壬申日

季子周銘等泣血立

〔簡注〕

〔一〕「洪武三十五年」即惠帝（朱允炆）建文四年（一四〇二）。

一〇二　明故西寧侯（宋晟）夫人許氏（妙德）墓誌銘

〔蓋文〕

西寧侯」夫人許」氏壙誌

〔誌文〕

故西寧侯夫人許氏壙誌」

夫人姓許氏，諱妙德。其先為廬州府合肥縣人也。父義，授前元撫」軍元帥；母郭氏。夫人生而有儀，賢而好禮，年十八歲，以世族選為」故西寧侯宋公諱晟之賢配。公少事」太祖皇帝，以武勳累官至建寧、江西、大同、陝西四都司都指揮使，繼陞」右軍都督府僉事。伏遇今」上改元之初，輒以公之文武才兼，陞後軍都督府左都督，總兵甘肅，」制授平羌將軍。永樂三年，封西寧侯。以疾卒於官，是永樂五年七月」初二日也。夫人子男三人：長瑄，襲先公指揮使；次瑛，尚」皇女咸寧公主，爵駙馬都尉；次瑾。女二人：長適鎮番衛指揮彭鉉；次適」永康侯男徐□。孫男五人：曰永康，曰永泰，曰永昌，曰永安，曰永寧。」皆都尉之子也。孫女二人：淑寧，適清化衛指揮陳鑑；淑德，在室。夫」人生庚子九月初七日，享年六十有二，卒於辛丑年六月二十九」日，其年八月三十日，祔葬于應天府城南雷家山先公之原。夫人」為德慈愛寬柔，毓秀名家，主饋高族，以懿范隆於閨閫，以義方篤」於家庭，清心玉暎，淑德蘭芳。故其子生賢貴，上聯」帝室之親；女生幽閒，皆適華冑之裔。及其歸也，子孫滿前，高旌巨節，以」光賁於幽扃，生榮死哀，自古所無，何其盛也。都尉泣血樹石，蓋有」不忘其北堂之養，而誌其永慕焉。」

宗人府奉議大夫經歷虞進譔 」
前□□□□胡達欽男胡彥閶鐫

一〇三　明故西寧侯（宋晟）夫人丁氏壙誌

〔蓋文〕

西寧侯」夫人丁」氏壙誌

〔誌文〕

故西寧侯夫人丁氏壙誌 」
夫人丁氏，世家鳳陽之壽州。父總管以善行著稱鄉里。夫」人年十二，歸同郡宋侯晟。時侯之父朝用，兄國興，方從 」太祖皇帝渡江，征伐四方。侯居行陣間，數著勞效。洪武初，累功」陞懷遠將軍、建寧都指揮同知。繼陞驃騎將軍、江西都指」揮使。又調大同、陝西、涼州都指揮使。久之， 」召還京師，陞右軍都督府僉事，充總兵官，仍守禦涼州，勦捕」西北餘寇，由是功烈益懋。 」今天子嗣位，陞後軍都督府左都督，拜平羌將軍，總兵鎮甘肅。」永樂三年封西寧侯。時家益貴顯，而夫人克謹禮法，閨門」之內，嚴而有恩，親疏長幼，罔不順適。又二年而侯終。越十」又一年，葉氏夫人卒，追封西寧侯夫人。其所生男曰琥，駙」馬都尉，襲封西寧侯，尚 」皇女安成公主；許氏所生男曰瑛，駙馬都尉，尚 」皇女咸寧公主。夫人皆愛之，過於己子。婦行純備，姻族罕比。」春秋八十有四。其生之日，辛巳九月十九日也；卒之日，永」樂甲辰二月晦日也。以次月二十一日，葬城南雷家山先」侯墓右，喪事皆琥主之。夫人丁氏生男一人，曰瑜，早世。孫」曰勝保。女適甘州右護衛指揮厲真。於戲！夫人秉柔順之」德，自結髮歸宋，遭遇 」聖朝，享有富貴，終以壽考，其榮盛可謂至矣！是用備書其實，刻」石以垂永久云。 」
永樂二十二年歲次甲辰三月丁酉日誌

一〇四　明雲南都司同知沐公（晟）夫人邢氏（妙仙）壙誌

〔蓋文〕

夫人邢」氏壙誌

〔誌文〕

夫人邢氏壙誌 」

夫人邢氏，諱妙仙，同知沐公繼室也。公寔」黔寧昭靖王中子，出鎮雲南都司。留夫人于」南京之第，養姑侍膳。永樂甲辰十月八日己」酉，疾終于堂，壽四十有二。夫人之祖諱德，」前元河南省平章。父名聚，仕 」天朝，由南海衛百户積功陞水軍右衛千户致」仕。母袁氏，生夫人于洪武癸亥，為 」王門介婦二十三年，克儀婦道，然無所出。是」月庚午，葬應天府江寧縣長泰北鄉觀音」山之原 」王墓右麓，從先兆也。期安于永久，是為誌。

一〇五　明故僧録司右闡教非幻大禪師（道永）塔銘

〔額文〕

大明故僧」録司右闡」教非幻大」禪師塔銘

〔銘文〕

大明故僧録司右闡教非幻大禪師塔銘 」

奉議大夫衛府左長史三衢金寔譔 」

徵事郎中書舍人錢唐朱暉書 」

嘉議大夫户部左侍郎兼詹事府少詹事東昌郭敦篆額 」

在元之世，烏石傑峰禪師以大慧覺開演空義，獨承信器，弘示道宗。其言流布遠近，雲集數溢百千，入室上足亦數十人，」非幻永師其一也。師字無涯，族姓吴氏〔一〕，信安浮石鄉人。母初娠，父夢明果長老肩輿至門，誕之夕復然，因名之曰原僧。幼」即翛然出塵，初學識字，日課《金剛經》一過，信嚮堅定。父以夙有夢符，弗貳其志，俾入烏石山，從傑峯為僧。初入門，傑峰問：」何處来？師答云：虛空無向背。指寺鐘俾作頌，即口占偈云：百錬鑪中衮出来，虛空元不惹塵垓〔二〕；如今挂在人頭上，撞著洪」音遍九垓。時年十二，傑峰大器之，即令祝髪，居坐下，躬服勞勩弗懈，于始究竟，積久，凝滯澌盡，遊刃肯綮，所向無閡，遂受」印可。杖錫徧遊大方，扣善知識，遇處機鋒觸發，往往屈其行輩，聲聞浙右，宗門稱巨擘焉。中年居處之遂昌縣，建靈泉覺」場，日與其徒講其師之道，簡易剴切，從而歸者，如水就下，至不可遏。居數歲，去主新安之祥符。晚年始歸三衢，住天寧寺。」衲子趣嚮視〔三〕，遂昌時弥衆，願力弘深，人緣畢集，所至率皆振起，廢墜為之一新。永樂丁亥初， 」太宗文皇帝有事于 」長陵。廷臣有言：師精於地理學者。徵至入對，稱 」旨意，大加宴賚，即授欽天監五官靈臺郎， 」賜七品服，俾涖其事。事畢，將大用之。師懇求願復為僧，遂擢僧録司右闡教，住南京碧峰寺。明年得乘傳還三衢，登烏石山，」展敬祖師塔下，拜二親墓，聚其族而饗之。復還南京。 」上時在春宮，雅敬師之道，俾住持靈谷寺， 」恩遇益隆。庚子閏正月二十八日示寂時，」朝廷方於靈谷建大齋，禮官董其事甚嚴，師獨若不經意。其徒怪問之，師笑曰：自家有一大事甚緊，無暇他及。至是沐浴更」衣，趺坐榻上。二僧捧紙至前，把筆大書偈云：生死悠悠絶世緣，蒙」恩永樂太平年；這回撒手歸空去，雪霽雲消月正圓。投筆而逝。同官啓」聞，有命停龕方丈十又三日，一再遣官致祭，顔面如生。荼毗之夕，祥烟弥布，設利充滿。送者千百人，無弗歎異。其徒宗賢奉骨」歸葬烏石山傑峰塔西。壽八十五，僧臘七十有三年。弟子：曰正宗，曰正隆，曰宗成，曰正行，曰普叡，曰宗謙，曰宗賢，曰智紹。」洪熙改元，宗賢、惟俊以禋事来京師，願有紀述，以示来者。乃摭其事實，来求銘。銘曰：」

惟大覺尊，道廣且慈；由法不二，乃一其施。流布寢訛，誕幻多歧；淪胥緣業，昧其指歸。達磨觀心，不立一辭；」海天華月，萬古流輝。傑峯晚秀，師實踵之；聲蜚大方，榮冠一時。去留無著，歸宿有涯；繼承弗替，勒此銘詩。」

洪熙元年二月既望日

中貴黄宗淡、来宗震、韋宗惠立石

〔簡注〕

〔一〕額文、首題稱誌主為「非幻大禪師」，誌文又稱誌主為「非幻永師」，以及「師字無涯，族姓吴氏」，姓名、字號關係不甚明晰。據明釋明河《補續高僧傳》卷一五《非幻禪師傳》：「道永，字無涯，非幻其號，信安浮石鄉吴氏子。」知禪師俗姓吴，法名道永，字無涯，號非幻。

〔二〕「惹塵垓」之「垓」應為「埃」之誤。前揭《補續高僧傳》卷一五《非幻禪師傳》及明釋浄柱《五燈會元續略》卷二《南京靈谷寺無涯非幻禪師傳》等亦均作「惹塵埃」。「惹塵埃」典出《六祖壇經》：禪宗五祖弘忍欲知門下弟子悟道境界，令各寫一偈。大弟子神秀作偈曰：「身是菩提樹，心如明鏡臺；時時勤拂拭，勿使惹塵埃。」惠能作偈曰：「菩提本無樹，明鏡亦非臺；本來無一物，何處惹塵埃。」高下立判。惠能遂傳弘忍衣鉢，成為禪宗六祖。

〔三〕「視」字在此處意义不明，疑為衍字。

一〇六　明故驃騎將軍後軍都督府都督僉事汪公（浩）墓誌銘

〔蓋文〕

大明驃騎將」軍都督僉事」汪公墓誌銘

〔誌文〕

故驃騎將軍後軍都督府都督僉事汪公墓誌銘」

公姓汪氏，諱浩，世家鳳陽五河人。元末，父從戎伍歿，」公代其役。洪武己未，以功為燕山左護衛百户，繼陞正千」户。踰年，功最，陞本衛指揮僉事。壬午年，善戰立功，陞金」吾左衛指揮使，俾膺世襲。已而陞鎮國將軍、遼東都指」揮同知，仍命掌衛事。永樂甲午，隨」上迤北定夷，大立戰功，賞賚甚重，」賜以驃騎將軍、後軍都督府僉事。公飭勵士卒，不得有所」侵暴。戰勝攻取，不自有其功。都督之所以受多福者，其」致此必有道也。《易》曰：勞而不伐，有功而不德。此公所以」受福也。又曰：主三錫命〔一〕。承天寵也。此公所以受福之多」也。歿於永樂二十二年十二月廿五日，生於洪武庚子」正月廿六日，享年六十有五。祖清、父法，贈驃騎將軍、都」督僉事；祖母蘇氏、母張氏，皆贈夫人。配張氏，亦如贈。夫」人曁子奉柩以洪熙元年四月初三日，葬於上元鳳城鄉周家村虎山之原。子二人：長曰泉，次曰源，皆有功勛。」女二，孫男四，皆秀淑，未有家室。嗚呼！公力足以尚人，而」欲然未嘗恃其力；惠足以及人，而泊然未嘗以為惠；功」足以折衝禦侮，而闇然不自有其功。夫如是，則公之獲」祐于天，而垂裕于後者，不其宜哉！」銘曰：」

猗嗟公行，功業並有；有光于前，有啓于後。所處愈敦，其」獲愈厚；銘之幽堂，垂之不朽。

〔簡注〕

〔一〕「主三錫命」之「主」，《易・師》原文作「王」，孔穎達疏：「三錫命者，以其有功，故王三加錫命。」亦作「王」。

一〇七　明故魏國公徐欽墓誌

〔誌文〕

⧄濠人，中山武寧王達」⧄妣夫人陳氏。輝祖卒，欽以」⧄日，襲封魏國公。十九年正月，自」⧄月，遽請歸」⧄去冠帶為庶民，守祖墓于鳳陽。二十二年」⧄」□□即皇帝位，欽来朝。」上念其」仁孝文皇后懿親，及中山□□元功勳德，復其爵禄。不數」日，得疾，踰月□□□□□十九日也。」上為之悼惜，遣□□□□□□□仍」□敕有司□□□□□□□南京。□生于洪武二十四年」⧄三十有四。配何氏。長男顯宗，」⧄洪熙元年五月二十一日」⧄胄，仰承」⧄」⧄豈非命哉！豈非命哉！」

⧄謹誌

一〇八　明故前軍都督劉公（鑑）墓誌銘

〔誌文〕

大明故前軍都督劉公墓誌銘」

奉訓大夫兵部職方員外郎周岐鳳譔文」

文林郎翰林院編脩清江習嘉言書丹」

徵仕郎中書舍人吉水羅淵篆盖」

公諱鑑，姓劉氏，世為鳳陽臨淮人。父諱旺，母田氏。公生臨淮之西關，兒時膂力常過」人。當元綱解紐，四方迪屢弗靖，淮、潁、徐、泗尤甚，居民剽竊攘相攻擊如仇敵。至正」辛卯，郭總管起兵〔一〕，父為左領軍先鋒。公尚少，從父累立戰功。乙未渡江，從取采石、太」平，追走陳也先。又從破頭周指揮克定西，奪王保保寨。從常國公取舒、饒、鄱、洪處，降」熊平章。還兵采石，克建康。復從徐國公攻秀湖、臨安。又從常國公擒張士誠。吴越已」平，從攻太原、山西、澤潞、雁門，連戰降數十城。從信國公討寧夏，取鳳翔，克西河，破潼」關，復連降數十城。洪武三年庚戌九月，父以戰死，公收餘散，随征沙漠，渡黑龍江，追」走哈剌，連戰破敵如神，功與父劣。戊申，」太祖皇帝定鼎金陵，四方漸砥于平，乃策諸將士，勳第以功次，授公昭信校尉」誥一通，為護衛百户。從今」太宗皇帝于藩邸。洪武三十二年〔二〕，奉」天征討，為千户副正。尋陞指揮僉事同知，又陞都指揮僉事河南都司，時洪武三十五年九」月。明年為永樂元年，領軍討山賊至吉，號令嚴明，民不知兵，農田安堵。暨還，差鎮滁」州。永樂十三年五月，陞前軍都督府都督僉事，差守大同、山西，留七年乃還。又明年，」宣宗皇帝即位改元，差守南京後軍都督府事。今」太子登大寶，公年耄矣，倦于勤勞，方將乞身歸老，以享太平悠久之安閑，一旦弗豫，湯藥不」及嘗，而疾大作，乃端坐翛然以逝。實宣德二年七月十五日也，享年七十六。生元至」正壬辰五月十九日。夫人胡氏。生子二人：長綬，襲公職；次紱。孫男四人：瓘、瑨、琦、瑄。女」三人：長妙圓，適鄭旺；次妙海，適孟宗；次妙善，適陳智。孫女六人：長福緣，適俞震；餘幼，」尚在室。以是年十月十九日，葬公于應天上元之江寧鎮歸善鄉原曰下保。未葬之」前期，訃聞京師，」天子惻然，憫其勤勞有年，乃遣官行人以少牢之奠，」諭祭於公之喪。」親王鄭國亦為文以祭之。于時，從官臣僚咸嗟悼。公平生謹敕自修，忠以事」上，誠以撫下，故能始終克享厚福，保有令譽，所謂碩德之臣矣。及卒，葬祭吊恤之典有加，」恩澤之隆，人莫與比。其子綬乃以公之功行述為狀，請言誌墓。若夫封碑之」賜，則有史臣立言者為之述焉。遂略其言，節其事，俾鑱于石，以永幽居者。銘曰：」

於維我公，實事」四聖；諄諄其仁，不伐不兢〔三〕。自微而著，由卑而高；珠玉子女，泰山鴻毛。」皇懋乃績，日篤不忘；享有牲醴，誄有銘章。江陵之山，考卜所占；子孫百世，」用永其瞻！

〔簡注〕

〔一〕此處「郭總管」，從時間和文意看，應指郭子興（誌記「辛卯」為至正十一年，史載郭子興起兵在至正十二年二月，雖有一年之差，但此類情況文獻常見，可以暫時不管）。然而《明史·郭子興傳》僅稱：「始，子興同起事者孫德崖等四人，與子興而五，各稱元帥不相下。」未見郭子興稱「總管」之例。待考。

〔二〕「洪武三十二年」，即惠帝建文元年（一三九九）。

〔三〕「不兢」之「兢」，應為「競」之誤。「不競」，不争名逐利也。

一〇九　明史仲銘室張氏（壽貞）墓誌銘

〔蓋文〕

史仲銘」室張氏」墓誌銘

〔誌文〕

史仲銘室張氏墓誌銘」

奉政大夫修正庶尹前僉提刑按察司事大理寺左少卿山陰吕升譔」

賜進士出身奉議大夫刑部貴州清吏司郎中泰和梁洞書丹」

賜進士出身徵仕郎前中書舍人行人司副四明鄭雍言篆額」

宣德三年四月癸丑朔，應天郡庠弟子員史經，執其國子上舍繆赳公」武状其祖母張氏之行，拜而泣訴於余曰：祖母謂經可教，相祖父以禮，」遣送郡庠肄業，期覩成效，光顯門閭。不幸於今年正月十七日，以疾而」卒，近卜宣德己酉五月廿八日，葬于江寧縣安德鄉上保高家庫村進」名山之原。經懼歲月云邁，而祖母之德不白於後，敢請以銘。按狀：祖母」諱壽貞，姑蘇士人張敬福之女也。母孫氏，自幼教以婉娩聽從，與夫紡」織中饋閫門之事。祖母賦性穎敏端莊，不事容飾，貞静專一，罔違母訓，」母甚愛之，謂其良曰：必擇賢子弟以女之。及得史仲銘氏為壻，父母懽」甚。伉儷諧和，唱随恭順，信非尋常夫婦之比。事舅姑以孝，處妯娌以和，」從容慎密，晨昏弗怠，於女紅、治家、教子，咸有矩度。雖僮僕婢使，亦未嘗」加以厲色惡言。内外稱道，無間戚踈。自後家益饒足。洪武丙寅，有司移」檄郡縣，徵遺殷富之户以實」京師。仲銘夫婦挾具子女以行，暫住上元縣富民坊。聞鐘鼓，覩」儀衛，頓忘鄉土之思，但知感」恩樂業而已。天祐善人，俾其子室女歸，豐裕甲於隣佑僑居闤闠者，四十」餘載，俾夫無一非横之事干於有司，多其内助之力也。甫爾優游康泰，」撫育子孫，豈意一疾，而竟不起。及觀臨終誠勉誠敬仁慈之語，誠可謂」賢而有德者矣。德者福之基。祖母生於至正己亥十月十七日，享年希」有，可謂壽矣。洪範五福，以壽為首，有德有壽，可無銘乎！銘者，所以昭德」而示于悠久者也。余奚敢當！姑誌其實以俟。子女四人：長即經之父，曰」祥，娶馮氏；仲曰鑑，娶尹氏；季曰鏞，娶李氏。女曰善廉，適郡人陳復。孫男」五人：長即經也，娶吴氏；曰綸，曰縉，曰紳，曰綬，幼皆未娶。嗚呼盛哉！銘曰：」

為女以賢，為婦以德；子姓振振，母儀是則。」有孫秀異，學業日崇；兹誌歲月，以俟褒封。

一一〇　明營國（郭英）夫人嚴氏墓誌銘

〔蓋文〕

營國夫」人嚴氏」墓誌銘

〔誌文〕

營國夫人嚴氏墓誌銘　」

嘉議大夫太常寺卿兼翰林院學士國史總裁南郡楊溥撰　」

奉議大夫翰林院學士雲間沈度篆盖　」

奉訓大夫尚寶司少卿吴門俞敬書丹　」

營國夫人嚴氏卒，嫡孫柱國、武定侯玹泣述夫人之德，拜而言曰：　」某與先生舊，願得一言誌其墓，則比他人不誣矣。辭不獲已，遂誌」之。謹按：　夫人姓嚴氏，其先太原人，家世名族。歸營國威襄郭公有」年。夫人資性聰爽明敏，事上盡恭，無驕怠之容。待諸媵以寬慈為」本，絶妬忌之念。治家嚴而不煩，為教寬而有禮。尤善女工剪製之」事，克承祭祀蘋藻之勤。閨儀整肅，婦德用光。威襄公嘗謂曰：　吾起」家之良助也。洪熙乙巳，　」仁宗昭皇帝登大寶，册厥孫女為貴妃，遣中使迎至行在所，禮敬孔加。」夫人生至元庚寅，卒宣德己酉五月朔，享年八十，以壽終。子男二：　」長銘，贈武定侯；　次鏞，仕榮禄大夫、中軍都督府右都督。俱先夫人」卒。孫男七：　長曰琮，仕明威將軍、府軍衛親軍指揮，早卒；　嫡即玹；　次」曰琛、瑄、瑀、琬、琰。瑀仕　」梁王府典寶，餘未仕。孫女四：　長即貴妃，餘未醮。曾孫男二：　長曰聰，散」騎舍人；　次曰眈。此皆出自夫人。餘歷仕顯官及不仕者子孫甚衆，」不具書。訃聞，　」皇帝遣禮部以牲牢祭。夏六月，　」敕遣玹、次孫行在尚寶司丞珷護喪南歸。秋八月甲申，　」賜葬于南京大山之原。嗚呼！　夫人其賢，而獲大國之封，享有壽禄，宜」乎！　又為之銘曰：　」

賢矣哉，榮矣哉；　賢而榮，宜矣哉！　五福備，佳城峙；　蔭及後嗣，福禄萬」世。　」

掌宗人府事欽承祖業推誠效義武臣柱國武定侯孝孫玹立石」

荆南李潤鐫

〔蓋文〕

故處士高」公墓誌銘

〔誌文〕

故處士高公墓誌銘　」

賜進士前武陵縣儒學教諭會乩鍾述夫撰　」

賜進士前監察御史今國子助教宋琮書　」

徵仕郎中書舍人劉素篆盖　」

宣德四年歲在己酉十月二十四日丁酉，姑蘇高叔平合葬其考妣以及其兄、」其妻之柩于應天江寧之安德鄉湾塘上保王家山之原，乃以其行泣請予銘」其墓，以紀其德行，以識其歲月。按狀：公諱彥英，世為崑山之玉峯人。以積善裕」家，營治産業，克致殷富。其值歉歲，鄉民有不給者，輒賙恤而不責其報。及徙居」京師，善譽益著，民多德之。公生於辛巳，卒於」大明洪武癸酉，享年五十有四。娶同郡楊氏，有淑德，善克相之。後公三十六年卒，」享年八十有三。生於元丙戌十月十七日，卒於宣德戊申六月八日也。子男五：」曰叔明，曰叔遠，曰叔平，曰叔昂，曰叔暉。女二：曰妙清，適吴伯昭；曰妙真，適潘德」賢。孫男十三：曰安，曰玘，曰進，曰傑，曰倫，曰寧，曰佐，曰佑，曰瑞，曰賓，曰禎，曰端，曰」祥。孫女三：曰妙安，適盧信；曰妙福，適吴琳；曰妙壽，入侍」宫幃。曾孫五：曰永；曰定；曰春；曰芳；曰壽。孫女二〔二〕，在室。其家嗣叔明，亦克紹先業，聿」修禮讓。在家庭教子訓孫，必以矩度，務使之讀書學問，以底于成。其遇鄉黨、接」朋友，恂恂如也。是年七月二十九日以疾卒。生於丁未十二月七日，得年六十」有三。娶宋氏，亦恭循婦道，孝于舅姑，友于娣姒。閨門之内，無少間言。叔明既殁，」哀毁之餘，克勤克儉。躬率諸子諸婦，早作夜息，以紹繩之。迄今壽考在堂。未越」旬，而叔平之妻張氏亦卒。張氏出自名家，歸于望族。其内外之謹，上下之和，躬」蚕桑以御衣服，為酒饌以待賓客。撫育諸子姓二十餘人，慈愛之篤，教訓之嚴，」長幹蠱，幼讀書，家法嚴肅儉約，罔敢違怠。内治之美，張氏寔與焉。享年六十有」一，生於洪武己酉十一月七日，卒於宣德己酉八月二日也。宅兆既卜，襄事已」畢，不可以無銘，遂為之銘曰：　」

猗歟彥英，家于玉峯；既遷金陵，善道是崇。楊氏貞淑，亦克孝理；」壽考且寧，八旬而止。冢嗣叔明，繼述先蹤；待人接物，和氣雍雍。」維娣張氏，内行聿修；慈愛勤儉，貽厥孫謀。安德之鄉，灣塘之原；」宅兆既卜，千載永安。

〔簡注〕

〔一〕「孫女」上應脱「曾」字。

一一二　明馮淑人（淑清）墓誌銘

〔蓋文〕

馮淑人」墓誌銘

〔誌文〕

馮淑人墓誌銘」

賜同進士出身觀政大理寺張景福撰」

從仕郎中書舍人柴蘭書丹并篆盖」

宣德四年十二月庚寅，懷遠將軍、水軍右衛指揮王衡」衰服纍然，執其母行實來相泣告於予曰：衡不幸母死，」將以是月丁酉卜葬於安德鄉之原，丐先生銘，以誌諸」幽陰，使母之德不白於後也。按狀：母諱淑清，姓馮氏，河」南人。自幼端淑，寡言笑，習女紅，勤紡績，織紝皆極精緻。」及笄，父母為之擇配，得王恭禮，遂妻焉。既歸，善事舅姑，」克盡其禮，雖祁寒盛暑，未嘗有怠，人咸謂王氏有賢婦」矣。其後生二男：長即衡，娶曹氏，於永樂中以武功陞水」軍右衛指揮，」誥封父以其子之職，母淑人；次子健，娶張氏。姪曰寧、曰清。」叔曰斌，娶吴氏。女一，清淨，賢，適朱普文。孫男五：曰瑛，娶」楊氏；曰琭，娶倪氏；曰璸，娶記氏；曰璿，曰璣。孫女五：曰善」祥，適馬昇；善堅，適徐鐸；善春、妙音、住兒。曾孫男一，曰倫。」曾孫女二：曰惠圓、惠明。淑人生於至正乙酉九月二十」五日，卒於宣德己酉十一月廿九日，享年八十有五，可」謂壽矣。洪範五福，以壽為首，有德有壽，奚可無銘。銘曰：」

德以榮，壽以昌；一旦死，吁可傷！

一一三　明故（鄧濟）夫人宋氏墓誌

〔誌文〕

故夫人宋氏墓誌」

夫人姓宋氏，其先鳳陽府定遠縣人也。父宋朝用偕兄宋」晟上謁」太祖高皇帝，龍興濠泗，參預謀議，累從征伐，克復有功。父因年」老，還居建康，疾没。兄晟代為元帥，積功，累陞至右軍都督」府僉事，充總兵官，征伐迤西等處，料敵制勝，茂著勳庸。」太宗皇帝入承大統〔一〕，陞授兄後軍都督府左都督。選其子瑛為」駙馬都尉，是夫人之姪也。尚　」皇女咸寧長公主。兄由都督佩平羌將軍印，總兵甘肅，奠安」一方。進封西寧侯。於永樂五年，以疾没于甘肅。奉　」旨欽取歸葬南京之祖塋。姪瑛以駙馬襲封侯爵。夫人歸同郡」守男鄧濟之時，年甫十九。秉性慈慧，懿範淑德，閨門之内，」恭儉和肅。鄧濟疾卒，夫人已二十九矣。堅貞守節五十餘」年。生子一人，曰祐。女二人：長曰妙善，適都指揮弟葛暹；次」曰妙曰，適前元撫軍元帥李哲男埜。次女疾卒於永樂之」癸巳。有子三人：長曰鏸，次曰銓，曰銘。甥埜教育有成，以孝」謹見稱。夫人生於庚寅四月三日，享年八十。卒於宣德己」酉十一月二十九日，以次年二月十九日，祔葬於城南安」德鄉闞家山之原。於戲！夫人秉柔順之德，操貞良之節，為」皇親，享以貴富，終於壽考，生榮死哀，可謂盛矣。用刻其石，以」垂無窮焉。　」

宣德五年歲次庚戌二月庚寅日誌

〔簡注〕

〔一〕「太宗」之「太」原殘缺，據文義及平闕式補。

一一四　明嚴（文聰）母孺人顧氏（妙貞）墓誌銘

〔蓋文〕

嚴母孺」人顧氏」墓誌銘

〔誌文〕

翰林院五經博士兼脩　」國史盧山陳繼撰　」

徵仕郎中書舍人婁東朱𣅀書丹　」

奉議大夫吏部稽勳郎中廣平程南雲篆蓋　」

孺人姓顧氏，諱妙貞，蘇之崑山人。父諱福，母沈氏。孺人温」柔靖恭，少持女道克謹。父母甚鍾愛，嘗語其族姻曰：吾女」行不待教而脩，吾欲擇才贅之而未得也。聞者以里中嚴」伯通告曰：是誠佳子弟也。遂贅之。伯通敕行義，孺人相之」益力；伯通綜生業，孺人佐之益勤。福從例遷鳳陽，挈妻子」行，他無滯懷，惟曰：吾不能舍孝女也。後伯通以閭右徙實」京師，四方之人與居者鱗集。伯通夫婦行皆稱言，人稱善」者，聲溢里中。伯通早失怙恃，孺人長嘆曰：吾幸於親而不」幸於舅姑也。長子文聰，伯通命習醫，孺人誨之尤篤，每戒」曰：毋忘父志。永樂間，文聰選為　」梁府良醫副。宣德已酉，伯通殁已十五禩，孺人春秋八十，以」四月二十五日而卒。卜庚戌四月二十七日，葬應天府鳳臺城西，而合伯通兆。銘曰：　」

婦道之善，厥家必成；鑑於古昔，斯道足徵。猗歟孺人，克履」前蹤；婦婦母母，惟柔惟恭。教有所歸，嗣者勤脩；擇術廣施，」孰與之儔。孺人之藏，禮祔於天；考德有銘，其無愧傳。

一一五　明故都知監太監楊公（慶）墓誌銘

〔蓋文〕

大明故都」知監太監」楊公墓誌」銘

〔誌文〕

大明故都知監太監楊公墓誌銘　」

文林郎監察御史陳芸譔文　」

徵仕郎中書舍人姜濬書丹　」

徵仕郎中書舍人劉素篆盖　」

都知監太監楊公慶，宣德五年三月二十四日，奉　」敕差来鎮守南京。其年四月十九日到，遂病，不能視事。以七月二十」二日，終于三山里第，壽年六十有四。卜以八月二十八日，葬于」城南窑頭山之原。前期，中書舍人姜孟珪率其養子楊仁等拜」而求銘，辭不獲，乃按狀而為之銘。銘曰：　」

楊氏之先，派出南滇；歷世顯貴，簪紱蟬聯。父曰壽奴，萬户姚安；」母曰趙氏，德容克完。是生我公，際會雲　」龍；髪始垂髫，入侍　」皇宫。出入內庭，謹密志誠；　」聖情欣悅，」賜以慶名。祇奉　」天戈，克平內難；厥功居多，」恩陞太監。扈　」駕北征，再鎮永平；胡人遠遁，赫有聲名。　」上念其勞，復憐其舊；重惟南京，」命公鎮守。　」寵錫既隆，公心實喜；胡為南来，一病弗起。吏民失望，部屬感傷；公卿」奔吊，車馬盈廊。生既顯榮，官為中貴；壽過六旬，死復何愧！吉日」令辰，將以窀穸；窑山之原，是公玄宅。我本無文，忝曾荆識；中書」屬我，命題墓石。文雖不工，事則確實；用勒堅珉，以昭無極。　」

從仕郎中書舍人胡廷鉉仲子彦闇鐫

一一六　明史均祥室馮氏（諒）墓誌銘

〔誌文〕

史均祥室馮氏墓誌銘」

奉訓大夫兵部武選員外郎永嘉陳亢宗譔」

奉政大夫吏部稽勳司郎中廣平程南雲篆」

從仕郎前中書舍人大理評事吳東張益書」

馮氏諱諒，字淑貞。祖均澤先生邃於學而精於《易》，世居吳」縣泰伯鄉。父廷之，母朱氏。淑貞生而秀慧，先生鍾愛之，教」以讀書，輒能成誦，於女紅尤精。先生恒謂廷之曰：他日謹」為擇配。均祥故名族，用文雅，馳譽里中，遂以女焉。及事姑」章，孝謹彌著，承眷愛益隆。歲時羞葅醢粢盛助奠，以致其」蠲潔。睦族厚婣、處鄰馭下之方，咸不使失宜。中饋之職舉，」而鄉黨皆賢之。洪武中，均祥以閭名〔一〕，起實」京師，淑貞從居。生子經，訓誨自襁負，雖甚愛之，然不為婦」寺之仁。稍長，遣入應天郡庠。肄業，語之曰：學當謹不息之」功，光宗祖，榮父母，吾志願塞矣。隆師親友之道，不以累汝」也。治家用儉，處事以周，和氣藹然。一門不幸，以宣德辛亥」五月二十二日卒，其生洪武癸亥八月二十日。壽弗掩行，」人用哀之。茲卜以是年十月十八日，葬都城南安德鄉進」名山先塋，禮也！經奉狀泣拜余請銘。夫教令不出閨門□，」其盛亦弗可盖也。銘曰：」

質孔良，循厥常，母儀母忒婦道臧。壽不掩行貽盡傷，柔□」有範志亦償，我銘昭隱埋斯藏。

〔簡注〕

〔一〕「閭名」之「名」應為「右」之誤。「閭右」者，鄉閭富豪之家也。

一一七　明處士吳彥真（真）墓誌銘

〔誌文〕

處士吳彥真墓誌銘」

中憲大夫太常少卿兼翰林院侍讀學士吳郡金問譔」

承德郎吏部稽勳清吏司主事錢唐張弘書」

中憲大夫太常少卿兼經筵侍書廣平程南雲篆」

按狀：處士姓吳氏，諱真，字彥真，乃姑蘇吳縣之望族。世以積善相承，至」清甫翁者，居郡城，家聲滿人耳。配鄭氏，孜孜相與為善。生四子：長曰子」正，次子實、子華、子中。子正娶朱氏，亦俱惟善是好，乃生彥真。彥真性資」純篤，積德樂善，克紹其先，治家以儉約，處世以和平。於父子、夫婦、兄弟」之間，能盡其當然之道。宗婣內外，稱之無異詞。娶胡氏，同邑之著姓，有」德行，實能助相，以成其家。永樂初，徙居金陵全節里。再遷金臺之澄清」□□□人，咸以長者稱。生丈夫子四：長謙，娶顧，繼朱氏；次讓，葉氏；又次」流，蘇氏；進，譚氏。昆季森然，皆聰秀不鄙，尤能昌大其門。女三人：妙清，適」錢安；妙靖，適曹茂；妙安，適周傑。孫男五人：瑾、琛，瑄，琮，琪。孫女五人。其長」適曹榮，餘皆在室。胡氏先彥真二十二年而卒。彥真生於洪武庚戌□」月十八日，以疾卒於宣德壬子三月六日，春秋六十有三。茲卜以某年」月日葬應天府江寧縣旌亭鄉邵村里之原，蓋素願也。謙率諸弟衰□」□聯，以賫永樂初科進士同郡沈成章所述行狀，踵門泣拜，請銘于墓」石。予於彥真既同鄉里，且有親舊之好，義不可辭。夫源深則流長，本固」則枝茂，物理尚然，人靈於物寧不然乎？天地之間，惟人為貴。人之所貴，」惟善為先。人能積善於躬，不惟享福祉於當時，抑能廕子孫於後世。古」今咸有其人。亦不云乎〔一〕：積善之家，必有餘慶。《書》曰：作善降祥。此之謂歟？」□彥真先世之積既深且固如此，而彥真又能濬培不替若是，宜其考」終於命，家門昌大，子孫繁衍，苾芬之祀，繼承而不已也。遂書其狀之世」次生卒歲月于右，又從而銘之曰：」

茫茫穹壤，人寄微軀；斯德匪務，畢竟奚為。」嗟哉吳氏，惟善是崇；後先修積，愈久愈隆。」茲卜旌亭，以藏以寧；銘鐫堅石，以示雲仍。」

金臺曹源鐫

〔簡注〕

〔一〕「亦」應為「易」之誤。下文「積善之家，必有餘慶」，出於《易·坤》。

一一八　明奉議大夫工部營繕司郎中周公(敏)墓誌銘

〔蓋文〕

奉議大夫」工部營繕」司郎中周」公墓誌銘

〔誌文〕

奉議大夫工部營繕郎中周公墓誌銘」

翰林院檢討從仕郎同修國史廬山陳繼譔」

公諱敏，字彥功，姓周氏，世家和州。太父雲逸。父福，」國初從大將攻下姑蘇諸郡，授兩淮鹽運使。尋以疾去位，而占著名數於」應天之江浦。子有二人，均美，公之兄也。公聰敏端重，言動有常度，運使」鍾愛之。嘗謂之曰：吾操志立功，官達即止，豈天之報吾者而在汝耶？公」知父意，乃為邑庠生。受經於師，攻習無晝夜，疑辯惑解，心融異類，先生、」長者皆器重之。後登太學，益勵行業。選知宛平，政清訟簡，民賴以安。轉」旗手經衛，佐理無虧。朝廷大營北京，設繕工司，以屬工部，事集旁午，」非才智勤敏者弗堪任。大臣薦公，超拜主事。公承其職，日昧不食，夜分」不寢，事理功就。　朝廷報勞，贈其父以其官，階承德郎；　妣魏氏贈安人。」秩滿，陞本司郎中。未幾，疾卒于官舍，乃宣德四年六月六日也，春秋五」十有八。配衛氏，德與公齊。子才、子英、子貞，其子也。公事親事兄，皆克謹」其道。為父而慈，有教必嚴。交友有恩義，赴人急不怠。賑恤窮乏，意豁如」也。居官終歲勤勞，或勸之曰：仕同禄者恒休，公獨營營，得無過乎？　公曰：」好逸惡勞，人之常情。念吾有不可者。育才受爵，皆」上之恩，感恩無報，能不愧乎？　懷愧以居位，君子不為也。然吾之所以勞於」身者，而遠人之責。遠人之責，斯可以貽親之令名，而成親之志矣。聞者」稱為忠孝焉。子才等扶柩歸其鄉，卜七年七月十七日葬白馬鄉。而中」書舍人張益所為狀乞銘。銘曰：

子焉而孝，臣焉而忠；　忠孝勿虧，厥德」乃崇。德崇而亡，名譽益昌；　千載有稱，銘表其藏。

一一九　明黔寧昭靖王（沐英）夫人耿氏墓誌銘

〔蓋文〕

黔寧昭靖」王夫人耿」氏墓誌銘

〔誌文〕

黔寧昭靖王夫人耿氏墓誌銘」

榮禄大夫少傅工部尚書兼」謹身殿大學士國史總裁建安楊榮譔」

襄城伯李隆篆蓋」

宣德辛亥十一月壬戌朔，黔寧昭靖王夫人卒。訃聞，」上為之感悼，親製文，遣中官諭祭，命有司為治墳塋，」恩至厚矣。其子征南將軍、太傅、黔國公晟，命弟駙馬都尉昕，將以明年八月十六日奉葬。乃」述夫人事行，請予銘。夫人姓耿氏，世居鳳陽。父再成，僉都督，追封泗國公，謚武莊；　母鮑氏，」贈泗國公夫人。夫人孝敬慈惠，出於天性。及笄，以德儀婉娩，為黔寧昭靖王繼室。王姓沐，」諱英。父母蚤亡，幼蒙」太祖高皇帝鞠育保愛，恩猶己出。長而忠勇，四征有功，眷待益隆。自僉大都督府事，累封西平」侯，卒贈黔寧王，謚昭靖。夫人亦屢承」恩禮，兩受」褒封。貴而益恭，富而能儉。言非禮不發，事非禮不為。閨門整肅，勤於內助，王甚敬重之。時」國家開創之初，王多效勞于外。夫人綜理家政，其奉先禮賓，待姻族，雍容而有禮。表率諸婦，」恤孤撫幼，嚴謹而有恩。以至處媵妾，馭婢僕，周貧濟乏，酬應往来，皆寬恕而周浹，人無小」大，莫不翕然，稱為賢夫人。是以王無內顧之憂，而得展布忠力，為」朝廷所倚重。既殁，夫人訓迪諸子，咸底成立。安享禄養，壽八十有七。王先夫人一子曰春，襲」侯爵而卒。夫人子男四人：　曰晟，嗣封積勳，進爵黔國公，加封太傅，總戎鎮雲南，將卒感其」誠，士民懷其德，而蠻夷亦莫不怗服；　曰昂，右軍都督同知，掌雲南都司事，規畫綏撫，咸適」其宜；曰昶，早卒；曰昕，駙馬都尉，尚」常寧公主。」太宗文皇帝以昕肺腑之親，屢任以事，皆稱」上意，令譽有聞。女四人，亦賢淑。長適指揮戴玉；次適右府左都督、追封定國公徐增壽；次適營」州衛指揮孫毅；次適朔州衛指揮周忠。孫男九人：儼、僖、俁、俊、佺、傑、偉、佐、倫。女八人：長」壽昌王妃，次」趙簡王妃，次適成國公朱勇，次適右府右都督陳政，次許嫁武定侯郭玹，餘在室。曾孫男二：」長曰玘，次曰璘。女一人。於戲！夫人作配元勳，婦道母儀，淑德懿行，備于身，著于家，恩榮壽」考，享有全福。是宜有銘，以昭不朽。銘曰：」

猗歟夫人，名閥毓秀；惟淑惟賢，益長益懋。乃配雄傑，感會風雲；樹勳」明時，為國將臣。篤生賢子，克紹前烈；為侯為公，光輔邦國。」天錫之福，彌久彌敦。為國夫人，壽逾八旬。」恩命荐臨，哀榮終始；委祉遺休，子孫世世。爰卜佳宅，京山之陽；銘以藏之，千載垂光。」

孝子昕泣血謹書

一二〇　明故沖虚至道玄妙無象光範演教莊静普濟長春真人淵然劉公墓誌銘

〔蓋文〕

□□□□虚至」□□□□象光」□□□□莊静普」□□春真人淵」□□公墓誌銘〔一〕

〔誌文〕

⧄大父脩醮事于郡城」⧄特為陳鍾愛。年十六」⧄謂吴曰：此子有道氣。」⧄宗教及祈禱之法。越三年」⧄用之已疾疫、致雨暘也。如響」⧄　」⧄以其道法精專，恐分散精神，遂止」⧄山道院舘□。是年夏五月朔，　」⧄　」⧄不為凡所累，當日入」⧄家　」⧄　」⧄　」⧄勵。六年冬，偶罹」⧄　」⧄教莊静普濟長春真人，領」⧄妙傳道秘顯神明不則之功。昔」⧄　」⧄萬里還歸，皓然白首。又曰：」⧄　」⧄遣太監侯泰、鴻臚寺官送至」⧄　」⧄其老　」⧄道孫、道録司左玄義李明善」⧄　」⧄不舉哀服孝，止以道衣」⧄利□為心，集諸家」⧄公□遠⧄不尊禮四方往」⧄無為為教。漢文皇」⧄　」⧄表，歷事四朝，」□人履謙用虚」⧄

〔簡注〕

〔一〕本誌誌蓋上部漫漶不清，僅知蓋文五行，滿行六字，共有三十字。誌主劉淵然，《明史・方伎》有傳，但未記封號。清章宗瀛《明史列傳考證》據《獻徵録》記封號二十字，為「沖虚至道玄妙無為光範衍數莊静普濟長春真人」。明王世貞《弇山堂别集》卷一五《道教封爵之異》作二十一字，為「沖虚至道玄妙無為光範衍教莊靖普濟長春大真人」。僅多一「大」字，「衍數」作「衍教」。本誌誌文及清修《大清一統志》卷二五四《贛州府二・仙釋》明劉淵然條亦作「衍教」。據此，蓋文三十字，應為「大明故沖虚至道玄妙無象光範衍教莊靖普濟長春真人淵然劉公墓誌銘」。其中「無為」作「無象」，與史載封號均不相同。按：「無象」原出《老子》：「無狀之狀，無象之象，是謂忽怳。」似更正確。本誌誌文上部亦漫漶不清，難以卒讀。兹將明王直《抑菴文集・後集》卷五《長春劉真人祠堂記》

全文附録於後，以便比較和理解。

〔附録〕

長春劉真人祠堂記

南京棲真觀新修長春劉真人祠堂成。蓋守玄冲靖秉誠專確志道衍教妙悟静虚宏濟真人邵公以正，命其高第弟子道録司玄義李希祖為營建。希祖則守玄之法嗣，而長春之孫也。祖孫相承，以報德垂遠為事，其用心厚矣哉！長春劉氏，字淵然，號體玄子，其先徐州蕭縣人。祖伯成，仕元，為贛州路總管，因家贛州。次子元壽生真人。將生之夕，祖母謝夫人夢紫衣道者入元壽室，既覺而真人生。總管以夢祥，祈祐於玄妙觀，因許道士陳方外俾為徒。年十六，遂入道受符法。元陽趙真人見之，喜曰：此子形全神清，真良器也。吾法嗣無過此。留之座下，授以諸階玄秘。携歸金精山，復授以玉清宗教，社令、烈雷、玉宸、黄籙、玉籙等書，及金火返還大丹之訣，棲神鍊炁，呼召風雷，驅役鬼神，濟拔幽顯，動有靈驗。嘗遊龍虎山，過南昌，值歲旱，為禱雨，立應，聲聞益彰。洪武癸酉，徵赴闕，上深嘉奬，賜號高道及劍一具，命於朝天宫建西山道院居焉。上嘗幸朝天宫，幸道院加撫諭。或入謁，則賜坐論道要，禮遇甚至。且以其玄悟宿契，命為尋真之游，冀益有所遇，以致其神化；賜襲衣、楮幣，俾乘傳以行。於是上匡廬，過鄂渚，至武當山。召還，擢右正一。永樂初，遷左正一。建金籙大齋，有醴泉、甘露、鸞鶴之祥，而寵賚備至。未幾，謫居龍虎山。尋徙滇南，居龍泉觀。滇南之民，有旱疫，求禱無不應，化大行。仁宗即位，遣内臣召還，封冲虚至道玄妙無為光範演教真人真人，頓首辭，不許。尋賜誥，加莊靖普濟四字。有輟侍於九重，往化導於南服，亦使息勞於閒寂，實將遺朕於今兹之語。賜以銀章，領天下道教事。以制詞觀之，則真人之被命於南者，意有在也。宣德之初，眷待益隆，賜之劍，問曰：此劍當誰傳？對曰：臣法得之浚儀趙元陽，繼者惟邵以正耳。即遣中使召還，使繼其後。乃請立道紀司於雲南、大理、金齒，以植道教，凡有請，無不從。其所服用，皆出上賜。宣德七年二月，懇以老辭，乞歸西山道院，以終餘年。上灑翰作山水圖，題詩其上，送之。遣中貴羅智？行。既至道院，僅半歲，一日昧爽，沐浴更衣，結跏而坐，語弟子曰：吾將行矣。弟子請遺言，曰：氣聚而生，氣散而死，固恒理也。吾何言？引手作一圈，象太極，曰：呵呵！遂化去，壽八十二。比斂，舉體柔軟如生，人以為尸解云。上遣官賜祭，工部為治塋域，葬於江寧安德鄉之園子岡。所居西山道院，賜名棲真庵；正統間，改賜名棲真觀。真人志行高潔，由儒入道，凡其所行，必依於忠孝，惓惓為國祝釐，以濟民利物。凡可以布德施惠，使人得樂其生，如醫藥之類，皆盛行於世。初，趙真人得天心帙於其師，舉以授長春，曰：人心即天心，欺心即欺天。日之所為，皆書之；其不可書者，勿為也。長春復以授守玄，而舉以自代。此其相傳之要道，蓋與吾儒合，非如世之所謂遊方外，出人間，騰九霄，而隘六合者也。守玄感訓誨奬拔之勤，念授受承傳之妙，嘗建祠祀於滇南龍泉觀，至是復以棲真觀乃先朝所賜，長春始終所寓，其精神流通，焄蒿悽愴，常若有見焉，不可以無祀也。乃復出金幣，命希祖建祠於觀之左，香花鐘鼓，朝夕嚴祀焉。予觀元陽之授長春，長春之授守玄，其所告語者，惟曰心、曰天，與其所行，必以忠孝仁慈為本，不汲汲於其他，是以德懋位高，受榮命於累朝，而衍元化於無窮也。後之學者，推是心以事天，而不違師真之訓，則教基之崇，將永久而不壞矣。守玄求予記，故為記之，俾刻石以告來者。

一二一　明太傅黔國公（沐晟）夫人程氏墓誌銘

〔蓋文〕

太傅黔國」公夫人程」氏墓誌銘

〔誌文〕

太傅黔國公夫人程氏墓誌銘」

榮祿大夫少傅兵部尚書兼 」華蓋殿大學士盧陵楊士奇譔 」

資善大夫禮部尚書兼 」華蓋殿大學士邢臺張瑛篆蓋 」

宣德六年十二月二十日，征南將軍、太傅、黔國沐公之夫人程氏卒，享年五十」有八。程世家盧州之舒城，洪武初，積武功至萬户，守金華。諱俊卿者，夫人伯祖」也，萬户從子。諱庸，字得中，娶甘氏，夫人父母也。夫人生於洪武甲寅十一月二」十四日，生二十有一年，歸黔國，為黔寧昭靖王之介婦。黔國時僉後軍都督府」事，遂授誥封夫人。夫人貞静柔婉，處室有孝行。既歸，逮事姑兼隆敬愛，先祠祭」薦必以誠，處娣姒怡怡如兄弟，於長幼戚疏恩意咸當，謹禮度，貴而能謙，富而」能儉，有寬惠逮下之德，治家秩然條理。黔國奉 」命鎮雲南三十餘年，夫人留侍太夫人居南京，黔國所以能盡心焉。展其才猷，宣 」上德威，不煩鞭笞，而諸夷皆革心嚮化，使西南萬里之外，怗然如即衽席之安者，亦」以夫人善其家政，無内顧之慮而得專其心於臣職也。夫人其賢矣哉！昔周之」盛，際諸侯夫人及大夫之妻皆有賢德。如《召南》、《鵲巢》、《采蘩》諸詩所咏者，盖一本」於文王后妃之化。我 」國家自 」祖宗開創，茂隆化本，而昭靖以至戚豐功最貴且近，則其家涵濡薰陶於」上者尤深厚矣。夫人之賢，其有所本哉！夫人之卒也，」朝廷遣官賜祭，喪葬一給於公，固出。」國家厚勳親之典，亦惟夫人之賢有以光承之矣。夫人子男一，儼。女二：長為 」趙簡王妃，先卒；次許歸武定侯郭玹。孫男一，玘；女一。夫人之葬，以卒之明年九月」初一日，墓在南京西南觀音山之原。銘曰： 」

禮著内則，詩咏宜家； 維家之本，而德之華。 」國有君子，桓桓柱石； 厥有主壼，内周于德。 」隆尊惠卑，咸和戚疏； 外内以辨，儀節不踰。 」五十八年，哀榮兼備； 述行有詞，垂範来裔。 」

駙馬都尉沐昕謹書

一二二　明故蔡國徐公（忠）夫人武氏（妙順）墓誌銘

〔蓋文〕

蔡國夫」人武氏」墓誌銘

〔誌文〕

故蔡國徐公夫人武氏墓誌銘 」

朝列大夫國子祭酒金華貝泰譔 」

奉議大夫禮部郎中金華陳景茂書 」

奉議大夫吏部郎中廣平程南雲篆 」

夫人諱妙順，廬州合肥樂歲鄉武氏，河南衛中所總旗武興之」女，奉天靖難推誠宣力武臣、特進榮禄大夫、柱國、前軍都督府」左都督、永康侯、追封蔡國徐公忠之妻，襲永康侯安之嫡母也。」生於丙午歲九月初四日，宣德壬子十二月十一日，卒於北京」居賢坊東之第宅，壽六十有七。禮部奏於 」上，命安護喪，從葬先公之墓，在聚寶門外安德鄉長岡之原。 」敕工部造墳， 」遣官致祭。明年癸丑四月初一日襄事，以狀匄銘，刻石藏諸幽。初，」夫人之父起於兵，随何左丞守江西，夫人生於南昌。父後逐寇」至河南，就留備禦，遂居洛陽。公之父諱用，以戰功積官，至武毅」將軍、河南□□副千户，歷任十有三年，以老疾退閑。公襲職六」年，而夫人來歸。一日祀先，夙起執家婦禮，周旋肅慎，不愆于儀。」驚異曰：大吾家者在是乎？公後陞僉濟陽衛事，夫人偕至。越十」四年，當平內難之秋，公總大軍征伐，克成底定之功，書勳旂常，」爵為列侯。及卒，追封蔡國公。夫人亦累受 」誥命，封為夫人，恩榮鮮儷。此固 」朝廷寵光先公遺澤，而夫人亦有自致之道。觀其躬節儉，謹養祭，」正內外，嚴上下，輔佐君子，家政秩然。是以公在軍數年，略無內」顧之虞，得以盡心於 」國，而成其豐功駿烈也。子三人：晏保、僧保、三保。早亡。撫安如己出，」教訓鞠育，恩意有加，故能成其德器，所至見稱。而安之孝敬亦」篤矣。於乎！貞節者，家之盛大，其本此乎？蔡國委身，夫人效職，遂」建子孫無窮之業，古所謂賢婦賢母，夫人克配之矣。銘曰： 」

節成大勳，助由內則； 蔡國啓封，夫人貞德。 」曰躬勤儉，亦備孝慈； 温温陰教，婉婉令儀。 」先公云殂，歲廿五閲； 昔稱未亡，今乃共穴。 」母行之傳，維子之賢； 示于無極，亶乎其然。

一二三 明寶慶大長公主壙誌

〔蓋文〕

寶慶」大長」公主」壙誌

〔誌文〕

寶慶大長公主壙誌 」

公主， 」太祖高皇帝第十六女。 」母后孝慈高皇后，生母張氏。公主」生洪武二十八年二月初一」日。永樂十一年二月初一日，」冊封寶慶公主，下嫁駙馬都」尉趙輝。永樂二十二年， 」仁宗昭皇帝加封寶慶大長公主。」宣德八年正月十一日薨，享」年三十有九。以是年六月初」三日，奉 」敕葬光澤鄉之山原。謹誌。

〔蓋文〕

大明都知」監太監洪」公壽藏銘

〔誌文〕

大明都知監太監洪公壽藏銘　」

賜　同進士出身脩職郎行人司行人廣右周鳳撰　」

徵仕郎中書舍人姑蘇姜孟圭篆額　」

賜　進士出身前翰林院庶吉士吳門殷㝷書丹　」

壽藏銘者，太監洪公存日而作也。公名保，字志道。乃自嘆曰：人生在世，如駒過隙，與其身後之有為，」孰若生前之早計也。於是置地一所，於京南建業鄉牛首山之原，祖堂禪寺之左，鳩工砌壙，上下周」完。命前進士殷君㝷述狀請銘於余。余固辭弗獲。按狀：公世居雲南大理之太和。祖諱長蓮，娶楊氏。」考諱賜，妣何氏。公生俊偉，以齠年来京師。洪武乙卯，從侍」飛龍於潛邸。愛其聰敏慎密，俾常随左右。永樂紀元，授內承運庫副使，蒙」賜前名。充副使，統領軍士，乘大福等號五千料巨舶，賫捧」詔勑使西洋各番國，撫諭遠人。永樂丙戌，復統領官軍鐵騎，陸行使西域。臨藏管覺、必力工瓦、剌撒、烏斯」藏等國。至宣德庚戌，陞本監太監，充正使，使海外。航海七度西洋，由占城至爪哇，過滿剌加、蘇門答」剌、錫蘭山及柯枝、古里，直抵西域之忽魯謨斯、阿丹等國。及聞海外有國曰天方，在數萬餘里，中國」之人，古未嘗到。公返旆中途，迺遣軍校諭之；至則遠人駭其猝，至以親屬随公奉」□效貢。公所至諸國，莫不鼓舞感動。公為人外柔內剛，恬静寡欲，尤能宣布」□命，以德威肅清海道，鎮伏諸番。雖國王、酋長、雕題、㭊服之人，聞公之來，莫不歸拜麾下，以麒麟、獅、象，與」夫藏山隱海之靈物，沉沙棲陸之奇寶，同貢」天朝，稽顙稱臣焉。公生於庚戌十月二十五日戌時。弟一人，曰接。姪二人：長曰子榮，次曰子誠。從孫二」人：金剛、福安。吁！公春秋六十有五，康强無恙。尚能乘槎泛海，竭忠報效。所得」恩賜內帑財物，不專己用。捐捨寶鈔五百千貫，修造祖堂寺輪藏一座，又建東峰菴一所，度剃十二僧，好善」不倦。奉使公勤，知其有國，而不知其有身。預為此壙者，使住世弟男知所奉祀焉。遂銘曰：

猗歟」皇明，統御萬國；服之以威，懷之以德。極地窮天，罔不臣妾；寔維奉宣，殫厥心力。」我公桓桓，合為首功；風颿海舶，遠迩必通；所至披靡，孰有不從。群星共北，衆流趋東。」維公之力，博望寔同。牛首之下，祖堂其友；水秀山明，鬼神呵守；萬古千秋，藏斯不朽！」

宣德九年歲次甲寅孟冬六日立

四明胡彥誾鐫

一二五　明故處士周公（益嘉）墓誌銘

〔蓋文〕

故處士」周公墓」誌銘

〔誌文〕

故處士周公墓誌銘　」

賜進士出身前翰林院庶吉士姑蘇殷昮撰　」

處士周公，宣德九年四月初二日歿。其子真，卜宅兆之吉，」得地于上元縣慈仁鄉之原，將以十二月十七日以安厝」焉。恐泯其父之德，衰絰踵門，請銘於余。按狀：公字益嘉，從」佛氏之教，法名普敬，世居福建泉州府晉江縣十七都石下」村。祖汝用，父子華，皆以孝義積善稱於鄉。洪武九年，」朝廷整點軍旅，公之兄以丁力應選，從戍於」南京之留守中衛。洪武三十年，公憫其兄之久歷行伍，□」自鄉里来代其役，尋以功陞小旗職事。永樂五年，姪順亦」念叔父之勞勩，復代其役。乃得優游于家。公自幼樂善謙」恭，篤實好禮，從釋持齋戒，參明師，講究生死之原，讀儒書」以明□□，孜孜為善，至老不倦。故名刹緇流，衛所官屬，人」皆稱善之。公娶張氏。子二人：長真，娶尤氏；次政，娶葉氏。孫」男五人：長曰旺，娶洪氏；次曰皆幼〔一〕，而俊秀可教。女二人：長」全，適蔡旺；次會，適林阜。公愛親敬兄，出乎天性。至於子姪，」亦能繼公之志。孝友萃於一門，家業由是而昌者。可見積」善之家，必有餘慶者乎？公生於甲辰八月二十二日，得年」七十有餘；没於宣德甲寅四月初二日。余雖不識公，觀其」狀，目其子，知公為善人也，遂不辭而銘之。曰：　」

積善於身，年踰七旬；既壽而康，樂道日新。」事親以孝，教子以仁；家業之昌，善慶所臻。」刻銘于珉，□之後人。

宣德九年　月　日置

〔簡注〕

〔一〕「次曰」與「皆幼」間應有脱文，全文應為「次曰□，娶□氏；餘皆幼」。

一二六　明故貞節安人倪氏（守堅）墓誌銘

〔蓋文〕

貞節安」人倪氏」墓誌銘

〔誌文〕

故貞節安人倪氏墓誌銘　」

承直郎刑部山東司主事趙倫撰　」

河南僉事鄭雍言篆蓋　」

嘉興府海鹽縣儒學訓導楊瑾書丹　」

安人諱守堅，姓倪氏。父諱益，母朱氏。世居姑蘇長洲，茂族也。洪武間，以殷産實」京師，占籍應天之上元焉。安人賦性貞静，雅有敏慧，勤於女紅，而父母愛鍾焉。及」笄，歸同郡劉公世昌。既歸，躬執婦道，善事舅姑，順相夫子，禮接姻親，内外之間，」介然有別，宗族咸以為賢。舅氏殁，安人哀戚哭踴，克全其孝。不幸而夫又先安」人卒焉。安人循禮以墩喪事。既葬，而奉姑，姑見其孤苦，嘗欲棄其志，而安人必」號泣以随之，獲全其節。而事姑尤謹，其於昏定晨省之禮，飲食奉養之節，未嘗」少替。迨夫姑殁，而安人傾囊以葬之。嗟其舅姑夫子後先相逝，語及其事，未嘗」不涕泣以哀之。於是躬自紡績縫紉，以撫二子，時奉烝嘗。治家以儉，日用之間，」井然有條，以至貲産日殷，家聲不替。乃以義方教子，使其長而幹蠱，幼而讀書，」挺拔於閭里間，而人莫不敬慕焉。尤樂於施予鄉里，有貧乏者，必賙之而不吝。」殁之際〔一〕，安人時年二十有六，苦志守節三十有六載，宣德丁未，而有司以安人」節行　」聞於　」朝廷，奉　」命旌表門閭，題其榜曰：　旌表劉世昌妻貞節之門。應天府尹薛公均率寮宷咸趋于」門以立之。何其榮耀矣哉！　是皆安人之篤于守節，而有光於祖宗，有光於子孫，」有光於閭里也。不幸天不假年，一旦遘疾，弗起，而終于家。時宣德十年乙卯六」月十三日也。安人實生於洪武七年甲寅二月初六日，享年六十有二。男二：　長」曰得成，娶孫氏；　次曰榮，娶周氏。女一，曰劉氏，配王德。孫男一，孫女四，俱幼。卜地」於城南于家山之原，以塋幽室〔二〕；　功將告成。以是年十一月初六日扶柩安厝。期」前十日，厥子榮執郡庠生楊繼先行狀，泣血拜請于余，曰：　先妣既殁，願先生誌」銘于壙，以垂於不朽焉。余按状而述之。於戲！　安人淑德懿行，既有光於當時；　美」譽芳名，必有傳於後世。則安人之殁，可謂不死者矣。復何憾焉？　迺為之銘。銘曰：　」

惟德之懿，惟性之温；　水霜節操，旌表其門。」光于祖宗，顯于子孫；　安歸窀穸，以利後昆。

〔簡注〕

〔一〕「殁之際」前應脱「夫」字。

〔二〕「塋」應為「營」之誤。

一二七　明承德郎南京欽天監監副李公（宗善）墓誌銘

〔蓋文〕

承德郎南」京欽天監」監副李公」墓誌銘

〔誌文〕

承德郎南京欽天監監副李公墓誌□　」

賜進士及第朝列大夫南京國子祭酒⧄」

賜進士出身承直郎南京⧄」

賜進士出身文林郎河⧄」

公姓李氏，諱宗善，字元吉，别號⧄」仕。宋季為參謀官參謀。生元平⧄」大父愷，　」國朝洪武初，主興化簿。又自越之錢⧄」文通，皆不仕。公，謙子也。以文通無⧄」術業多不由師傅，弱冠，以嘗學曆⧄」自是，日益求推步之法，占候之書⧄」焉。宣德乙卯，授南京欽天監五官⧄」郎，雖久滯資格，未始有冒昧意⧄」監副缺，須業優考深者為之。公⧄　」祖陵，奉祠言居民葬地多侵犯，陰陽家⧄　」上命公往按其事，或遷或否，悉斷以理⧄　」敕褒贈文通官，如其子；　其配何為安⧄」受　」敕褒贈登後，亦累官監副。昆弟兩京⧄」秉衷。吾家世宦業，惟吾父叔志尚⧄　」寵命，尔曹宜及時勉學，遂遣遊京⧄」淮揚，聞公疾，亟馳歸省，至則公⧄」十有四。配封安人張氏。嘉⧄」賓客，閫内事必致⧄」子男一，即秉衷⧄」英。女一，⧄□⧄〔一〕

〔簡注〕

〔一〕本誌下部及左部殘斷，誌主卒、葬時間不詳。誌文僅殘存一處紀年，為「宣德乙卯」，即宣德十年（一四三五），宣宗在位最後一年。次年即英宗正統元年（一四三六）。而誌文在「宣德乙卯」後，還有關於誌主生平、仕歷的諸多記載，且有「久滯資格」等措辭，顯然誌主之卒、葬應在英宗之後。史籍關於誌主的記載較為貧乏。僅知誌主與徐有貞曾經為友。徐有貞《武功集》卷五有贈誌主詩二首：一為《題李宗善師善堂》：「脩德何所本，主善以為師。阿衡有遺言，請為君誦之。泰山五嶽宗，丘垤所不遺。滄海長百川，細流實同歸。凡人有淑行，取之皆我資。物理惟一原，博求約以持。欲成萬仞臺，必由咫尺基。乃知致高大，本來自忽微。勉遵聖途軌，德成端可期。」一為《送李宗善司曆還南都》：「故人相别六年餘，卻喜重來獻曆書。官守於今專曆數，家風自昔盛文儒。暑殘河朔蓮初實，秋到江南柳未疏。歸見金陵孫逸士，為詢出處意何如？」但均難以繫年。況且，誌主年輩似較徐有貞為長。據日本學者新宮學研究：宣宗初即位，曾欲還都南京，但由於種種原因，在宣德三年（一四二八）即終止了該計劃。而在行在欽天監做勤務的天文生李宗善較早就察知宣宗準備放棄遷都（見： 新宫學《北京遷都の研究——近世中國の首都移転》，東京： 汲古書院，二〇〇四年，第三六七頁。未見。轉引自： 渡邊健哉《新宫學著〈北京遷都の研究——近世中國の首都移転〉》，《歴史・地理・人類学論集》第七集，二〇〇六年，第六九—七八頁）。則知誌主於宣德初已經出仕。而徐有貞為宣德八年（一四三三）進士，以助英宗復辟得名，直到憲宗成化（一四六五—一四八七）中才卒。年輩似較誌主為晚。又據本書第一五八號其妻《安人張氏（安）墓誌銘》，知其當卒於天順八年（一四六四）四月三日後。今因版式排定，故仍將本誌繫於宣德十年（一四三五）後。

一二八　明李處士（和甫）墓誌銘

〔誌文〕

李處士墓誌銘　」

登仕佐郎國子學録廣信李奎撰　」

奉議大夫刑部郎中同郡徐行書　」

翰林檢討管助教事四明張山篆　」

正統丙辰之秋，七月二十五日，宣城李處士以疾卒于金陵之寓舍。其孤景賢」介鄉友太學上舍戴恕衰絰詣予，以禮部郎中黄養正所銘處士壽藏，及工部」主事艾鳳翔所述處士傳，哭拜請銘其墓。予讀至再，有以知處士之詳也，遂次」其言而書之。處士姓李，和甫其名，宣城陵陽人也。曾祖榮，祖茂，父盛華，皆有隱」德。母方氏。處士生前元辛卯十二月二十一日，迄卒，享年八十有六。娶馬氏，有」賢行，先二年卒。子男三人： 景賢、景明克世其家，景先早卒。孫男十二人： 豫、庸、良、」讓、貴、禎、敬、玄、善、勝、福、安。孫女七人： 妙惠適周治、妙姻適萬傑，皆名家子； 妙緣、妙」清、妙浄、妙安、妙祥，皆在室。曾孫男二，曾孫女二。以卒是年八月乙酉合葬於安」德鄉郭家山厥配馬氏之兆，乃存日所自營也。噫！ 如處士者，可稱為善人君子」矣。當幼時，穎敏異常兒。長克樹立，事親孝，處衆和，於公家之務，竭力以供之。親」殁，葬以禮。洪武初，以户役被譴，謫戍蜀之建昌。與配偕行，間關數千里，跋涉險」阻，及至，備茹艱苦。每顧配謂曰： 古聖賢亦有困於患難，厄於播遷者，况我輩乎？」惟當順受，安吾命、樂吾天而已。配深然其言，勤於理家，儉於自處，由是在謫所」三十餘年，履困猶亨，而不至於失所者，内助之功有賴也。永樂丁亥，始援」恩例還金陵，隸籍錦衣衛。時年逾六十。家事及公府之後悉付二子，乃築别室為」頤老之所，日焚香静坐其中，物我兩忘，悠然之趣，若出埃𡏖之表。親賓過從，□」治具款洽談笑，竟夕不倦也。令歲時節，伉儷列宴高坐，白髮相映。二子率婦稱」觴上壽，孫曾拜舞膝下，蘭玉交映，見者莫不嘆羨，謂處士昔之謫蜀也，孰意復」有今日。今既壽而康，享二子之養，於困苦百□之餘，觀」太平之盛，於耄年無事之日，非存積之厚，曷克然哉！ 謂之善人君子，宜矣。銘曰：」

困極而亨，德隆以壽。歸安□□，以昌厥後。

一二九　明昭勇將軍都指揮朱公淑人馬氏（善□）墓誌銘

〔蓋文〕

昭勇將軍」都指揮朱」公淑人馬」氏墓誌銘

〔誌文〕

⧄

⧄撰文　」

⧄篆額　」

⧄王剛書丹　」

⧄昭勇將軍□□都司都指揮□□□命□劉□□□揚」⧄配淑人馬氏行狀□□□□□□□門告□□曰吾外」⧄懿德淑行，衆目□□□世昭□□□□死生文諸墓石」⧄有炳□□□□□□□□猶□□也。□□□□□□□人□馬氏諱善」⧄南正千户□□錦衣衛指揮□□□□世有勳□□□氏封德人。元太」⧄也。淑人生而慈惠，性沉静端□□□□□□□□循矩□人母□□□」⧄仕龍江左衛指揮使。嘗奉　」⧄陞今職。□歲□□於外□人居家□□家□□□□以《詩》、《書》訓」⧄内外，□戚以禮，家□百口，衣□□一□好□子」⧄人□□□□公得以□□　」⧄相之也。晚年公致仕，淑人亦年邁，猶執婦道事，」門□以為法。子男三人，女六人。長子海，女善□、善玉、」⧄海娶都指揮沈公女，襲仕宣州衛指揮使，有□」⧄指揮胡□□□□留守、右衛指揮劉□，即請銘者。次子浩、清。□」⧄淑人□也。浩娶錦衣衛鎮撫□公孫女。清娶金吾前衛千户王」⧄公男□□□□前□□□□公長男獻。善祥、悟真在室。孫」⧄人。生洪武□□六月十有一日，卒于正統二年八月九日，享年五十」⧄三日，葬於江寧安德鄉之原，從先兆也。嗚呼！淑人懿德淑行，無愧」⧄子茂著□□□□顯□訓□□□□學□行，繼美先緒，不亦」⧄世□多□哉！銘曰：　」

⧄世有令德；簪纓□□，武功赫奕。□彼淑人，太師外孫；」⧄□配勳門。勳門有□，家室是宜；兢兢婦道，婉婉母儀。」⧄大□；慶□流傳，子孫是承。安德之原，其土孔阜；」⧄乃後。

一三〇　明南康大長公主（朱玉華）壙誌

〔蓋文〕

南康大」長公主」壙誌銘

〔誌文〕

南康大長公主壙誌 」

公主諱玉華，」大明太祖高皇帝第十一女，」太宗文皇帝之妹，母林氏。生於洪武六年正月二十五日。二十」一年五月十一日，册封為南康公主，下嫁駙馬都尉胡觀。」永樂三年十二月初三日，進封長公主。」仁宗昭皇帝即位，加封太長公主。」宣宗章皇帝臨御，益隆眷待。」皇上嗣統，篤念親親，恩禮尤厚。公主孝敬天賦，貞順柔淑，戚里」稱譽。雖屢膺」恩命，富貴安榮，而能以恭儉自持。正統三年十月二十八日，」以疾薨，享年六十有六。訃聞，」上深悼之，遣官致祭，」敕有司營葬。」太皇太后、」皇太后及諸王、公主以下皆遣祭。生榮死哀，享有全福矣。子男」一人，曰忠。孫男四人：長曰靖、次曰竭、曰漢、曰澄。女八」人。公主以薨之明年閏二月十二日，葬三山之原。爰誌諸」幽，用不朽云。」

正統四年閏二月　日誌

一三一　明故贈太淑人張氏（楊貴母）墓誌銘

〔蓋文〕

故贈淑」人張氏」墓誌銘

〔誌文〕

故贈太淑人張氏墓誌銘 」

鄉貢進士任豹韜左衛經歷四川周克明撰 」

明威將軍鷹揚衛指揮僉事南陽傅雲彰書 」

懷遠將軍興武衛指揮同知潁川陳景新篆 」

蓋謂水自涓滴而成夫江河，土自覆簣而成夫崨岌；木非萌蘖拱把，」曷能至於干雲霄、蔽日月也？疇言慶佑之集，有不本於積善乎？余經」衛金陵都會，忽承廣文劉先生以一行狀徵銘于余。按狀，乃興武衛」指揮使楊侯貴之母，贈淑人，姓張氏。其先薊門松山故家顯融之女，閨門以孝友聰明，為父母所鍾愛。選所宜歸，適楊氏。楊氏族大且貴，」夫子楊公鴻，故河間府阜城縣司徒之嫡長。洪武初，從 」上累戰有勳，授興武衛指揮使。永樂間，克平交址，陞都指揮僉事。何其」善終天年。淑人以相夫肅恭，至誠不怠。生男：長曰俊，永樂初，以武功」授指揮使之職，守貴富不危溢，亦不幸先父母歿；次男曰貴，歲丁未，」襲父前職，英威卓犖，曉暢軍政，凡承上接下，不惟有儒者之風，抑且」以智謀驍勇奮振于當時，人莫不曰得良將也。況生女楊氏，允為女」師，適羽林前衛指揮傅兀魯思不花，甚有家教。孫男曰秉忠，生而俊」偉不凡。然得非乃祖篤忠貞、致恭慎，仰思」朝廷食禄之恩，報稱於涓埃，俯思前人樹勳立業不易，及非淑人內訓」所致，豈足以臻？ 夫祚胤如水土木，焉之疏濬滋培，流芳委址，久而愈」盛也已！ 淑人生於前乙未年十一月十二日申時，正統己未年六月」初二日辰時殁于金陵官舍。卜以卒月二十一日午時，葬于神策門」外石灰山之原。遂叙而銘之曰：」

張氏之先，松山巨族；　孝友閨門，令德不殁。」適事楊侯，肅恭是篤；　埋玉鄉山，過者咨朂。

一三二　明定遠忠敬王（沐晟）壙誌

〔蓋文〕

大明定」遠忠敬」王壙誌

〔誌文〕

定遠忠敬王壙誌」

王諱晟，字景茂，姓沐氏，世家鳳陽之定遠。故西平侯、追封黔寧」昭靖王英之仲子也。母夫人耿氏。王生於洪武元年二月十三」日。天資清淑，聰敏而端厚，篤孝友之行。廿六年，授驃騎將軍、後」軍都督府僉事。廿九年，陞特進榮禄大夫、左都督。初，黔寧填雲」南〔一〕，有功德於民。既没，長子春嗣侯爵，仍填雲南。三十一年，春没，」命王嗣侯爵，填雲南。永樂四年，交阯叛，命王佩征夷左副將軍」印，率師與英國公同征之。兩公協心合謀，殲除叛逆，綏撫降附，」遂郡縣其地。六年，入朝，進顯忠輔運推誠宣力武臣、特進榮禄」大夫、右柱國，封黔國公，食禄三千石，錫誥券，命子孫世襲；　加賜」御製詩，褒嘉拜冠服、玉帶、白金、文綺。是年九月，交阯復携貳，命王佩」征夷將軍印，率師討之。既平，十二年，入朝，宴勞備至，賜內廐良」馬。乙未，還填雲南。永樂二十二年八月，」朝廷遣官齎敕獎諭，加太傅，賜寶鈔、文綺，命佩征南將軍印，總兵填」雲南。宣德十年二月，」朝廷遣官齎敕褒諭，賜白金、文綺。正統三年，率師征麓川叛寇，以疾」薨于楚雄之峩菉驛，四年三月十八日云，享年七十有二。娶程」氏，追封定遠王夫人，先卒。子男一，儼。女二：長為」趙簡王妃，亦先卒；　次適武定侯郭玹。孫男一，玘。女一。訃」聞，深用悼惜，輟視朝一日，追封定遠王，謚忠敬。敕有司治喪葬，遣官」賜祭，親藩皆遣祭。卜以薨之年十一月二十六日，葬觀音山之」原。葬之日，仍輟朝一日。嗚呼！ 王起元勳之家，襲父兄爵，效忠于」朝。茂建征伐綏靖之功於邊方，進秩上公，殁而封王，賜以美謚，生榮」而死哀，媲美前休，遺福後嗣，令名無窮矣！ 用述大概，納壙中，以」傳不朽云。

〔簡注〕

〔一〕「填」通「鎮」，「填雲南」即「鎮雲南」。下同，不再出注。

〔蓋文〕

故馮孺」人王氏」墓誌銘

〔誌文〕

故馮孺人王氏墓誌銘 」

□□□□□□人□□張承翰撰文 」

將仕郎鑄印局副使四明楊□□篆蓋 」

文林郎大理寺□□事金陵□□書 」

孺人姓王氏，諱妙清，先世系應天句容瑯琊鄉之龍潭鎮人。孺」人生異質，深為父母所鍾愛。在閨門，克遵姆教，聰敏秀發，綽」有□□之□□。及笄，擇配歸于本鎮馮伯仁，尤盡相助之道。縫紐」織紝，為女紅首。稱其綜理家事，皆有條而不紊，故家日以豐裕，」光顯盛大，閭里稱美。伯仁雅好賓客，每盍簪投轄，孺人飲饌必」極其豐潔。伯仁用是亦有所藉焉。事舅姑能以孝敬自持，旨甘」之養，承順之色，若素明理道者，未嘗不與古賢婦相侔。處妯娌」以和，待臧獲以恩，視子姪不以親疏而有間。性尤喜澹素，綺紈」富麗之習，略不少留於心。歲時祀事之禮，務竭其誠；怵惕之義，」表于宗門。鄰曲窘乏者，日資假貸，輙欣然赴其急〔一〕，顧吝之色，曷」嘗形於顏面？孺人之善行，類多如此。生于洪武七年甲寅七月」初五日辰時，卒於正統七年壬戌六月初三日戌時，享年六十」有九。子三人：長曰慶，娶本鎮包氏；次曰庸，娶龍潭丁氏；季曰廣，」娶本鎮李氏。女妙慧，適龍潭錢彥昇。孫男六人：長曰鑑，娶本鎮」戴氏；次曰銓，娶下蜀鐘氏；又其次曰鎮、銳、鈺、鏵。孫女四人。曾孫」一人，字清。嗚呼！以孺人之柔順淑茂，宜延于上壽，今竟止此，哀」哉！諸孤子將奉柩，涓以癸亥仲春月初四吉，葬于本鎮青山之」側，皆庚戌向，甲辰□土厚水深，是宜叶其卜也。遂具事狀来丐」銘，遂序而銘之。銘曰： 」

□□惠□，□約清慎；　孝愛克敦，嘉譽日振。　」□□□□，益其安之；　萬古千秋，視此銘詩。

〔簡注〕

〔一〕「輙」應為「輒」之誤。

〔蓋文〕

左軍都督」府左都督」劉夫人梁」氏墓誌銘

〔誌文〕

皇明左軍都督府左都督劉夫人梁氏墓誌銘」

資政大夫南京吏部尚書劍江黃宗載譔文」

欽差駙馬都尉廣陵趙輝篆盖」

榮禄大夫柱國平江伯陳豫書丹」

夫人梁氏，諱慧清，順天府宛平縣人。羽林前衛指揮同知梁三翁之孫女。父志剛，母」崔氏。夫人生長名門，資稟純美，父教母範，閑習見聞，父母家鍾愛，年二十擇所宜配，」以昭勇將軍、金吾右衛指揮使劉聚氣剛志鋭，有將材，為歸焉。歸時舅姑先逝，常以」不得奉養為恨。性穎敏，相夫甚得婦道。家事巨細，綜理秩然，有條不紊。吉凶賓祭，慶」吊慰問，豐儉適中，人無過不及之議。閨門之內，雍雍如也。永樂八年夏，將軍」扈從北征。夫人親裹餱糧，手自縫紉，隨身器備，莫不畢給。時將行，屬夫曰：宜盡忠厥職，」家門之事，毋煩慮也。是年秋，捷還，以功進秩都指揮僉事。既而□隨」聖駕，肅清沙漠，皆有勞績。洪熙改元，適南京左府都督闕員，難其人，僉以將軍奉承恩，特擢都督僉事。掌府事十有七年，事無玷缺者，夫人內助力也。嘗語都督公曰：富不期」驕，禄不期侈。諸子雖生長將門，不讀儒書，無以知古人得失，以為鑑戒，乃相助延師」教之。束脩供給，毋少缺乏。正統六年，夫人遘疾，臨終謂都督公曰：予婦人，無所建明，」惟守」國法，可保富貴。又謂諸子曰：汝等務和睦，勤學業，毋墜家聲。予瞑目矣。言訖而逝。卒五」日，都督公」敕取赴京，充右副總兵，統領軍馬，同」欽差總督軍務、兵部尚書王公征進麓川叛寇思任發，未克葬。正統七年，凱還，」欽賜銀叚楮幣〔一〕，陞左都督，命掌府事，榮莫大焉。至是乞歸，將以正統癸亥五月十八日，葬」于南京神策門外龍岡之原。夫人生於洪武庚午五月十二日，卒於正統辛酉正月」十九日，享年五十有二。子男四：長曰昱，隨父征進麓川有功，擢授府軍衛副千户；次」曰昇、曰昂、曰昕。女一，妙祥，適都指揮使梁忠。孫男五：曰鍴，曰鐸，曰鏸，曰錡，曰鑑。孫女」二。嗚呼！女婦之行，不求聞於人。然生有淑德，没而令名，自然□於後矣。若夫人懿德」夙成，婉愉和順，理家得宜，相夫有道，教子以正，母儀婦道，克備於己，見稱於人，亦可」謂賢矣。是宜銘。銘曰：」

猗嗟夫人，柔淑貞純；生於宦族，嬪於將門。既宜於家，相助由禮；」閨門之內，繩繩綜理。桓桓夫子，出類超群；內顧不憂，累立奇勳。」男冠女笄，愛之以德；男熟武經，女勤內則。期爾偕老，共樂時雍；」云胡不遐，遽爾長終。子哭萱帷，傷失賢母；夫斷琴弦，哀失賢助。」鬱鬱龍岡，體魄歸藏；」褒贈有日，光賁泉鄉。有豐其墳，有穹其石；我作銘辭，過者必式。

〔簡注〕

〔一〕「叚」為「緞」之通假。

一三五　明故徐（昇）母淑人范氏墓誌銘

〔蓋文〕

徐母淑」人範氏」墓誌銘

〔誌文〕

故徐母淑人范氏墓誌銘」

賜進士出身中憲大夫南京太常寺少卿四明鄭雍言譔」

奉訓大夫南京工部都水清吏司員外郎東吴錢博書丹」

賜進士出身南京刑部雲南清吏司主事永豐陳誠篆蓋」

淑人諱〔一〕，姓范氏，世為廬州府無為州巢縣人。曾祖諱友諒，妣成」氏。祖諱琳；妣廖氏，鄖國公永安長女。父諱岳，妣李氏。淑人生而端」靖柔慧，寡言笑，慎重有儀，精於女紅，纖巧絶倫，父母特鍾愛之。及」笄，歸懷遠將軍、錦衣衛指揮同知徐毅。克孝舅姑，克相夫子；祭祀」以時，必精必潔。賓客過從懷遠，雖未有治具，□□□□已治，俟命」而設，豐儉適宜，人稱為賢内助也。懷遠没，淑□□□□□□事禮」無遺缺。既葬，屏華飾，茹淡素，為未亡人十有□年。其間，男婚女嫁，」悉合禮度；内外家政，井然有條。居常以勤儉，率其子婦必身先之。」每訓曰：吾歸徐門已四十餘年，賴祖宗之庥，禄入雖盈，未嘗侈靡；」褒典雖及，未嘗驕縱。唯劬劬以相厥家，乃克□於今日。尒等宜深識」之。諸子婦佩服唯謹。一日，無疾而卒，實正統癸亥九月三十日也。」生於洪武乙丑二月二日，享年五十有九。子男三人：長曰昇，襲懷」遠將軍、錦衣衛指揮同知，綽有父風，政聲□□，娶顧氏，鎮遠侯女；」次曰暹，娶来氏，鷹揚衛指揮女；次曰旭，娶□□，神策衛指揮女。女」一，錦衣衛前所千户沈旺，其壻也。孫男一，曰□。女三：安壽、安祥、智」惠，俱幼。卜以是年十月二十八日，葬于江寧縣□德鄉〔二〕，與懷遠合」窆焉，禮也。昇具淑人事狀，來徵予銘，不獲辭，乃為之銘。銘曰：」

婉婉淑德，秩秩令儀；作配君子，室家是宜。内治孔脩，」助祭克敬；冠服煌煌，以膺」寵命。良人謝世，淡素以居；為未亡人，十載有□。云何一旦，」無疾而逝；母儀婦道，始終無媿。□□□□，□□□□；」風氣固閟，於焉永藏。

〔簡注〕

〔一〕「諱」下原空一字未刻。

〔二〕據前後墓誌，「德鄉」上□應為「安」字。

一三六　明故陳（暹）母淑人俞氏墓誌銘

〔蓋文〕

陳母淑」人俞氏」墓誌銘

〔誌文〕

故陳母淑人俞氏墓誌銘　」

賜進士南京刑部雲南□□司主事永豐陳誠撰　」

鄉貢進士吴郡沈雲書并篆蓋　」

林之大者，由天地滋長，而其根基迴固；　位之隆者，由祖宗積蓄，而其」功業宏深。夫爵禄世之，豈偶然哉！南京應揚衛指揮使陳君暹母淑」人俞氏卒，暹泣血以狀屬予，曰：　先祖并太淑人及先考土皆未藏□，」不幸母亦逝，敢併葬一丘，庶盡人子之道，欲為之誌，以永其墓，因□」南原。陳之先，直隸安慶府宿松縣望族也。曾祖諱興，在庚子歲為□」氏千户。越辛丑歸附，從我　」太祖高皇帝征伐，凡攻取城邑，所向克捷。功定，累奉　」詔命，官至百户，卒。祖諱慶，襲其職，後以功，　欽陞正千户。永樂元年，　」孝文皇帝臨御，蒙　」恩欽陞指揮僉事。既而奉使西洋公幹，番有不享，征之，斯殺有□□□□」感疾，卒於海隅。父諱榮，因厥父西洋之功，　」欽陞鷹揚衛指揮使。信夫功業由祖宗之積蓄也。昭勇將軍□□□□」幾以疾卒。淑人迺其配也。淑人本衛鎮撫俞公諱福全□□□□□」善女紅。既長，歸陳氏焉。及成家室，相夫子有道，勤儉成□□□□□」肅然無譁，可謂賢且哲矣。淑人生於乙亥年十一月十□□□□□」於正統八年十月十九日寅時，享年四十有九歲。子男二人：　□□□□」揮使暹，娶留守左衛指揮袁諱真長女；　次曰政，娶水軍左衛□□□」英女。卜是年十一月初三日吉旦，葬於神策門外之平原。銘曰：　」

棟材之巨，根培深固；　人竭真忠，子孫榮□。　」雄哉厥祖，雲龍風虎；　際我　」高皇，混一疆宇。祖兮考兮，骸未安葬；　致此玄□，」於心無恙。爵賞紛紛，寵命惟新；　欽哉褒美，　」贈爾淑人。淑人賢行，治家勤正；　但云逝□，　」悼惜不幸。代沐　」恩光，至哉非常；　安厝兹原，昭焉久長。

一三七　明故醫士汪君（瑄）墓誌銘

〔蓋文〕

故醫士」汪廷壁」墓誌銘

〔誌文〕

故醫士汪君墓誌銘　」

南京翰林院孔目東吳王資撰　」

賜進士文林郎河南道監察禦史同郡魏淡書　」

徵仕郎中書舍人金陵劉良篆　」

君諱瑄，字廷壁，汪姓，菜根子其別號也。其先諱世華者，仕唐越國」公，著姓徽之休寧西門，世為望族。高祖仲罕，仕元贛州路石城尹。」曾祖季陶，處州路儒學教授。其後，自祖叔仁以儒醫入　」國朝，教授江西南昌醫學，惠及民卒，遂家南昌。父友諒，永樂間以名」醫入太醫院醫士。君自少穎悟，讀書習醫業，多會解旨意，能自名，」尤善針灸。宣德間，代父醫士。上官知其能，俾長一班，衆醫亦皆悅」服。君平生倜儻好義，克篤孝友。凡行醫不以貲之重輕計，務以濟」人為心，雖赤貧者亦往治之，以是名奕奕縉紳間。交朋友尤善，事」謀於己，必躬為之，多藉其力，事以理。性好吟詠，嘗為五七言詩，亦」可觀，金陵才子集詩社，君亦與焉，人多推讓其善吟也。年五十有」一，始遘疾，能自斷曰：吾中氣敗不能起。已而，果然正統甲子冬十」二月十三日丙辰卒。生洪武甲戌十月廿有一日。娶柳氏，淑德配」良。以是年是月廿九日癸酉，厝柩於城南安德鄉前庄村之原，祔」先塋也。男一，伯淵，亦能讀儒書，習醫樹家聲。昆季五：曰瓛，曰璠，曰」琬。瓛，其長也，與若子治喪事。次曰瑛，早世。嗚呼！君卒之日，不惟子」弟之失父兄，至於朋輩交游吊哭者踵門，非其平昔能感動人，人」曷能若是耶？子伯淵奉行狀，泣以請銘。予舊識君，詎能辭？乃為之」銘。銘曰：　」

嗟嗟汪君，世有令聞；」逮發於身，宣揚厥芬。」以儒以醫，庶昌其門；」奈何中道，遘疾而迍。」天道好遠，云胡難諶；」尚引鴻澤，以利後人。」

一三八　明故特進榮祿大夫右軍都督府左都督追封定邊伯謚武襄沐公（昂）墓誌銘

〔蓋文〕

故特進榮禄」大夫右軍都督府左都督」督府左都督」追封定邊伯」謚武襄沐公」墓誌銘

〔誌文〕

明故特進榮禄大夫右軍都督府左都督追封定邊伯謚武襄沐公墓誌銘　」

朝議大夫贊治少尹南京國子祭酒四明陳敬宗撰文　」

賜進士中憲大夫南京太常寺少卿四明鄭雍言篆盖　」

通議大夫南京吏部左侍郎蕭山魏驥書丹　」

公諱昂，字景顒，世家鳳陽定遠，黔寧昭靖王季子也。昔　」太祖高皇帝命王總兵，削平雲南，遂留鎮守。王薨，伯兄西平侯諱春，繼鎮七年而没。仲兄太傅，黔國公諱晟，繼鎮四十」年而薨，追封定遠王。公之弟昕，今為駙馬都尉。洪武中，公自散騎舍人，陞府軍左衛指揮僉事。　」太宗皇帝嗣位之初，定遠入　」覲，公適奉使雲南，遂命留守。時醜類有奪攘者，公立斬以徇，一境肅然。既而定遠還鎮，凡一切幾務，悉以命公，無不」如志。永樂丙戌，　」上命定遠總兵往征交阯，陞公雲南都指揮同知。歲庚寅，廣西師宗州土酋龍豆等聚衆劫殺，公令其所親誘禽之。壬」辰，沅江土官那榮抗暴，　」上以敕公，公出奇計，擒械京師。丙申，定遠遣公入朝，　」恩賜有加。己亥，富州土官沈紘經父子據寨，公從定遠攻圍踰月，父子窮蹙出降。癸卯，維摩曲部村野羅羅作耗，公」梟其首賊，餘寇悉平。明年，定遠與公入覲，　」仁宗皇帝陞定遠太傅，佩征南將軍印綬；　陞公右軍都督同知，掌雲南都司事。回鎮未幾，　」仁廟賓天，公再入覲，　」宣宗皇帝賞賚優渥。宣德丙午，瀾滄力些蠻嘯聚劫殺，公率兵殲其渠魁。甲寅，公入朝，適　」宣廟升遐。今　」上皇帝嗣登大寶，陞公右軍都督府右都督，俾翊贊定遠。正統丙辰，以黎溪賊底泊糾聚劫殺；　丁巳，馬龍他郎甸百夫」長刀聾亦劫殺。公捕之，底泊、刀聾悉皆授首。戊午，麓川賊寇思任發侵據潞江、騰衝、南甸，虜掠邊民，　」上敕定遠總師往討。公為參佐，師抵潞江，乘夜攻破排栅，殺獲甚衆。公分軍進抵騰衝，適都督方政攻上江失利，且時」已向春，公遂班師。定遠遘疾，公日侍湯藥，回至楚雄峨碌驛而薨，公哭之如哭父母。己未，　」敕公總兵，佩征南將軍印綬，與副總兵都督吴亮、太監吴誠、吉祥，統率士馬，復征麓川。進至隴把，攻破關栅，殺獲甚」衆，而首賊未擒。辛酉，　」朝廷命總督軍務、靖遠伯，平蠻將軍、定西侯，再征麓寇，留公鎮守内地，相機接應。壬戌，麓川平，　」上嘉公有協贊之功，陞右軍都督府右都督，錫賚有加。癸亥，　」朝廷必欲擒滅賊首，復命定西侯、靖遠伯率大軍往討之。師至騰衝，公分軍同參贊侍郎侯璡，由干崖、南甸進抵隴」把，會都督冉保、毛福壽等軍，三路進兵，攻克山寨，直擣賊巢，斬首擒獲無筭。甲子，陞公左都督，總兵如舊。乙丑六」月二十二日，得中風，疾甚重。公歎曰：　死生有命，但此賊未了，不能報　」國恩矣。言訖而逝，春秋六十有七。軍校夷民老稚皆驚愕，聚哭于門，城郭為之罷市。訃聞，　」上為之震悼，輟視朝一日，遣行人劉益馳驛　」賜祭，追封定邊伯，謚武襄。　」上命其從子黔國公斌，仍佩征南將軍印綬，總兵繼鎮。其子俊護喪歸葬于觀音山先塋之側。公之先世追封，具於黔」寧昭靖王之碑。母方氏，元平章明善之女，以公貴，受　」誥封夫人。公先娶段氏，繼娶文氏，俱封夫人。子男四：　長僖，文出，授錦衣衛副千户，先二年卒；　次俊、佐、佑。女三：

長適成」國公朱勇；次適右都督陳政。孫男四：璘、瓛、瓚、琬。孫女一，在室。公天資聰悟，識見超詣，翊贊兄定遠王在鎮四十餘」年，凡所以服遠夷，靖邊徼，誅鋤梗化之略，必先德義而後斧鉞。訓兵練卒，動作有法。賑貧恤饑，不惜公私之費。是」以軍民夷獠，愛之如父母，敬之如神明。公退則博觀經史，而於七書韜略，尤所究心。客至，則相與觴咏琴奕〔一〕，無異」儒者，有雅歌投壺、輕裘緩帶之風，方諸古之良將何弱？殆將過之也。銘曰：」

赫赫沐公，桓桓將臣；閥閱勳舊，爵命維新。閫寄南詔，旌麾節鉞；眷倚隆重，俾專征伐。」昭靖定遠，父兄其王；茂功碩德，繼洽是邦。肆維紹述，克賁先志；撫綏懷來，益溥惠利。」有兇弗率，褒煽羣醜；以殲以殛，罔不授首。屹立雄鎮，截然長城；夷獠帖帖，邊徼肅清。」錫賚優渥，寵擢穹峻；迩昭遠揚，譽望遹駿。前干後戚，左琴右書；文經武略，惟懷永圖。」戮力未殫，物終有數；滇民攀號，如失母父。載歆贈章，歸祔先塋；生榮死哀，百世其寧。

【簡注】

〔一〕「奕」通「弈」，圍棋也。

一三九　明魏國公（徐欽）夫人何氏（妙蓮）壙誌

【蓋文】

魏國公」夫人何」氏壙誌

【誌文】

魏國公夫人何氏壙誌」

翰林侍讀學士奉直大夫兼經筵官鳳陽苗衷撰」

中憲大夫太常寺少卿兼經筵侍書廣平程南雲篆」

奉政大夫脩政庶尹禮部郎中永嘉黄養正書」

夫人諱妙蓮，姓何氏，其先江都人。曾大父瑞卿，大父清，」國朝錦衣衛指揮使。父道寧，母郎氏。夫人生而端莊静一，異於常女。」永樂八年五月，歸魏國公徐欽，為夫人。欽為中山武寧王達之孫，」仁孝皇后之姪，魏國公輝祖之子，功閥赫奕，為國懿親。夫人事之，克稱厥」配。永樂二十二年，欽卒于北京，」上遣官護柩歸葬。明年為洪熙改元，夫人侍其姑太夫人拜謝」恩命于」闕下。有」旨賜譙宮壼，賜以金幣，仍」命其子顯宗襲其父爵，俾還南京。正統元年正月，顯宗朝京師，」命留宿衛。正統九年二月，乃迎夫人來就養。十年八月二十日，忽嬰疾，」卒于北京府第。訃」聞，」上篤勳戚之誼，敕封為魏國公夫人，遣禮官」諭祭，仍給驛舟，歸其柩于南京。夫人生於洪武二十三年六月七日，至」是享年五十六歲。子男三人：長即顯宗，次承宗、紹宗。女三人：長適武」平衛指揮僉事王禧；次適鷹揚衛指揮使蔣通；次適含山大長公主」次男尹淳。卜以是年□月廿□日，祔葬于鍾山先塋，從夫之兆。」惟夫人生有淑德，承夫之貴，享子之榮，歿而獲膺」褒寵之贈，〼梗概，納諸幽□，□□不朽云。謹誌。

一四〇　明穀城郡主壙誌

〔蓋文〕

穀城」郡主」壙誌

〔誌文〕

穀城郡主壙誌」

南京太常寺少卿四明鄭雍言撰文」

南京禮部左侍郎羊城陳璉書丹」

南京太僕寺少卿華容鄧浩篆蓋」

郡主」太祖高皇帝孫女，」郢靖王之次女也。王國封湖廣之安陸州。永樂十二」年十一月一日，」王薨。宣德三年二月，」宣宗皇帝遣奉御楊禮，往湖廣擇儀賓，得魯信，盖湖廣都」司都指揮僉事曾之第四子也。越明年，奉」敕移郡主至南京舊內。遣禮部儀制司主事史彥銘賚」誥命儀仗，册今封」賜居第於南京府軍地坊〔一〕。宣德五年八月二十四日，」畢婚禮。」郡主天資明敏，德性賢淑，治家以儉，撫下以慈。正統」九年九月十九日得疾，十月二十三日薨。生於永」樂庚寅十月十九日，享年三十有五。子男四人，女三人。訃」聞，特遣內官細紀致祭，行人司行人秦顒掌行喪禮，南京」工部成造墳塋、享堂。卜吉於應天府江寧縣鍾家」岡之原，正統十一年二月初四日，奉柩安厝。姑述」始末，勒石納于函。謹誌。

〔簡注〕

〔一〕「今」疑為「令」之誤。

一四一　明故定邊伯沐公（昂）夫人文氏（妙義）墓誌銘

〔蓋文〕

故定邊」伯夫人」文氏墓」誌銘

〔誌文〕

故定邊伯沐公夫人文氏墓誌銘　」

正議大夫資治尹南京吏部左侍郎蕭山魏驥撰　」

中憲大夫南京太常寺少卿四明鄭雍言篆并書　」

正統十一年九月初二日，故征南將軍、右軍都督府左都督、追封定」邊伯、謚武襄之夫人文氏卒于南京之府第，卜以是年是月之十七」日，與定邊公合兆，葬于江寧縣觀音山之原。先期，其子俊等衰麻泣」而持所為狀，請予為銘，以納于幽堂。按狀：夫人諱妙義，其先今北京」人。祖士堅力卜花，元雲南萬户府萬户。父紹先，隱德弗耀；母裴氏。年」甫笄，歸為定邊公繼室。端莊貞静。其薄於自奉也，雖富而未嘗或奢；」其勤於家政也，雖貴而未嘗或惰。奉其家規，於子孫輩必以身先之，」致定邊公每喜，以為得賢内助之慶。一日，倏曰：吾為沐氏婦，而嘗以」不逮事舅先王黔寧公為歉。今吾姑年高，留京師，去天萬里，雖康疆」無恙〔一〕，乃又不及日侍膝下，奉甘旨，候寒燠。而惟日坐享富貴，吾豈安」哉！定邊公聞之，乃曰：吾志也，汝言良是。遂從夫人之願以歸。及抵家，」夫人率諸子升堂稱慶，致太夫人津津喜見顔面，曰：吾婦之来奉我，」猶吾子之歸奉我也。太夫人天台方氏，廣西左丞國珎之孫，且又賢」而有禮。享夫人之奉，心甚樂焉。能俾定邊公自萬里聞之，歎曰：匪吾」婦之賢，歸以奉吾母，則吾於吾母之離憂，何時而可釋也。邇以不幸，」定邊公薨於治所。夫人聞訃，哀慟過之，遂成疾，以至於不起。距生洪」武丁卯八月初十日，得年六十。子男四：曰僖，南京錦衣衛副千户，先」卒；曰俊，曰佐，曰佑。女一，右軍都督府右都督陳政，其壻也。孫男五：曰」璘，雲南左衛指揮僉事；曰瓛，曰瓚，曰琓，曰琇。女一，在室。銘曰：　」

嗚呼夫人，黔寧介婦；克相定邊，寔為賢助。」曰孝曰敬，惟儉惟勤；婦則母儀，貽厥子孫。」榮封是膺，由德之致；命服煌煌，世其能幾。」溘焉全歸，袝于定邊；既深且固，妥魄九泉。

〔簡注〕

〔一〕「疆」通「彊」，「康疆」即「康彊」。

一四二　明（宋鉉）恭人唐氏（妙真）壙誌

〔蓋文〕

恭人唐」氏壙誌

〔誌文〕

恭人唐氏壙誌 」

恭人諱妙真，姓唐氏，世家維楊之江都，水」軍左衛指揮同知銘之第貳女也。 」母陳氏。恭人生而端靖貞淑，甫笄，歸 」先祖推誠輔運宣忠效力武臣、特進榮禄大」夫、柱國、後軍都督府左都督、西寧侯宋晟」之長孫、 」授南京錦衣衛指揮僉事宋鋐。鋐盖 」永樂安成大長公主之嫡長子。生子貳：曰福，曰」誠。女叁：惠真、素真、潔真。孫男壹，曰義。惠真」歸梅霖，乃 」洪武寧國大長公主曾孫、 」孝陵衛指揮使梅謙之長子也。恭人生於永 」樂丙戌拾壹月拾伍日丑時，卒於正統戊」辰正月叁日酉時，享年肆拾有叁。今卜卒」之年貳月肆日，安厝於江寧縣長泰南鄉」孫家山之原，從先兆也。謹誌始末，納諸幽」壙，用垂不朽云。

一四三　明故逸士孫公（旺）墓誌

〔蓋文〕

有明故」逸士孫」公之墓

〔誌文〕

有明故逸士孫公墓誌 」

中山湯鐸撰 」

河昜王僎書 」

池陽鞏珍篆 」

孟子謂：養生不足以當大事，惟送死可以當大事。至言乎？後之人雖能盡生前」孝養，將喪葬大事皆忽焉而莫究，盖亦非其人之尤也。而弊亦有作俑者。以□」□□然乎？其故何哉？皆感於異端茶毗之耶説〔一〕，將聖經賢傳置之而莫問。況□」□□恐晉蔽習以成俗。雖孝子，有不淪於悖禮者鮮矣。噫！抑程子所謂道之□」□□端之害也。正統十三年正旦日晡時，逸士孫公終于家。其子瑛哀痛慘□」□□晝夜，以里生陳廷所述狀，来丐銘勒石，又且問葬事。予謂之曰：《周禮》墓大」夫法制甚悉，司馬文正公説，吴草廬《葬書》載，舍此其誰歟？嗚呼！瑛可謂能子□」為人子□□□□□食死能□襄事，而又欲顯其親，揚聲於永久者，是吾夫子」所謂□身行□□□□後世必顯□□野之終也。瑛得之矣。君子樂道人之善，」當成其□也，□□□乎？按狀：公諱旺，字□仁，世為蘇州崑山人。國初，時厥先父」□民走滇南，公生□三歲，不果行，鞠於祖父母。不十數年，皆凋謝。公幼有志，□」□經營，克儉于家，不自滿假。常憾其幼失怙恃，與人言輒流涕，言直行方，鄉黨」於式焉。厚於責己，而薄求於人，故子孫肖焉。而能盡孝養，皆本乎公之德而□」自之也。

公素見重于予，今考終壽，予亦為之慟。嗚呼！忍銘友人之墓乎？而敢□」其意乎？予不佞，不足以發公之茂德，且録其見而知之者著其右。予惟古之人」已歿，而銘垂於天地間，同其悠遠者，亦賴其有子孫賢而著述也。今公積德于」躬，故能垂裕後昆，而克樹立，紹厥家聲，孫枝蕃衍，是皆而翁之德，」上天之報施也。公歿亦何憾焉？是以宜為之銘。公生於洪武十二年十一月二」十八日丑時，歷春秋七十。以終之年有二月二十八日未時，葬於江寧縣鳳西」鄉下保池家村山之原。配劉氏，生子二：長即瑛也，婦沈氏；次瑺，婦張氏。男孫六」人：謙，娶朱氏，蚤死；讓，娉李氏；曰諰，曰馬兒，曰狗兒，曰住兒，皆幼。女孫三：妙賢、□」德、伏女，亦幼。銘曰：」

生也不辰，隱德弗曜；無尤于人，恬淡樂道。勵操志節，」年崇德邵；寔翁之休，唯子之孝。天道福善，其報昭然；」生事死葬，其義備焉。□□之原，式固其阡；垂尔後人，」百世其傳。

〔簡注〕

〔一〕「耶」通「邪」，「耶説」即「邪説」。

一四四　明南京守備內官監太監羅公（智）墓誌銘

〔蓋文〕

故守備南京」內官監太監」羅公墓誌銘

〔誌文〕

南京守備內官監太監羅公墓誌銘」

中議大夫贊治尹南京太常寺少卿四明鄭雍言撰文」

正議大夫資治尹南京吏部左侍郎蕭山魏驥書丹」

朝請大夫贊治少尹南京國子祭酒四明陳敬宗篆盖」

公諱智，姓羅氏，柳之遷江茂族也。曾祖諱某。祖諱某。父諱秀，母李氏。公生而岐」嶷不羣，警敏爽朗，性姿醇謹。年十一，選入」內廷，簡在」宸衷，攻習書史，日有進益。至於道經釋典，靡不博覽。二十，擢大使，掌寶藏、承運庫」事，詳於出納，纖悉無遺。永樂丙申，掌內官監事。洪熙乙巳，陞本監太監，」欽賜龍山田地十六頃，免其税糧。宣德改元，」命守備南京。夙夜祇慎，恪勤匪懈，機務庶政，無不畢舉。尤精於造作，凡」陵廟、殿宇、城垣修創之工，必躬親提督。制度規模，堅完壯麗，超軼往古。正統元年，」敕書褒其忠勤，賜白金一百兩，綵叚四表裏〔一〕。迄今守備二十有餘年，存心平恕，處」事詳慎，令行於上，事集於下，軍民為之安堵，京師為之帖然。其攄衷蒞政如此。」嘗於城南安德鄉購地一所，山明水秀，生氣攸聚，卜為壽藏。且傍建梵刹，具章」上請，」賜額曰静明寺，擇僧住持，以祝延 」聖壽，祈福蒼生。復蒙 」聖恩，降護敕一道、佛經一藏，為山門之鎮。宣德間，奉 」召至京，感王靈官之神庇，乃於城西南隅烏龍潭山，肇建祠宇，以荅神貺〔二〕。蒙 」賜額曰靈應觀。復塑梓潼真君像於洞神宮，建祠立碑以奉焉。其發心為善又如」此。嗟乎！公歷事 」五朝，忠貞之志，無間始終；仁厚之心，老而彌篤。」國家之所倚重，人民之所仰賴。正期壽考，以享遐福，夫何一疾，奄忽長逝。惜哉！公」生於洪武乙卯十月二十日，卒於正統戊辰九月二十八日，享年七十有四壽。」子三人：長曰喜，次曰銘、曰祥。將卜是年十一月八日葬焉。喜等具公行實来徵」銘，鑱諸石，不獲辭。遂次第其事，序而銘之。銘曰：」

顯允羅公，天姿卓異；遭際 」聖明，擢為近侍。勤於德業，富有才能；識見益博，福禄攸增。歷事 」五朝，小心翼翼；委任日隆，克殫忠赤。南京守備，機務寔煩；從容處分，」政妥民安。曰生曰死，夜旦常理；預卜壽藏，達生如是。下人懷德，」千載不忘；刻銘貞石，于以揭芳。

〔簡注〕

〔一〕「叚」為「緞」之通假。

〔二〕「荅」為「答」之通假。

一四五　明李景原妻劉氏（明）墓誌銘

〔蓋文〕

李景原」妻劉氏」墓誌銘

〔誌文〕

李景原妻劉氏墓誌銘 」

南京翰林侍講學士奉訓大夫兼修國史兼經筵官吉水周叙譔」

將仕郎國子監學正金陵徐昱書丹」

亞中大夫江西等處承宣參政使司右參政吴郡陸友諒篆蓋」

應天郡庠生李倫，介其友徐文載、嚴文脩，詣予泣拜，道其祖、」其父之意，来請銘其大母劉氏之墓。曰：大母不幸，今正統己」巳九月三日以疾卒。吾父哀毁羸然，衰絰中不敢造門。大父」與父俾倫具大母事行，乞大人君子文，以誌諸幽。余辭不獲，」按狀序次之：劉氏諱明，其先姑蘇名族，後以殷富，徙實 」京師，今為上元人。父原聰，德善有稱；母嚴。劉氏生而貞静，長」而柔惠。父母為擇配，得李景原甫。既歸李氏，克盡婦道，相夫」無違禮，御下有恩義。以勤治家，以嚴教子。樂善好施，喜聞嘉」言。遇有涉於女事者，輒記以自箴。嘗勸景原曰：人之所貴光」前裕後者，家産豈足常恃？惟訓迪子孫，俾之從師力學，庶知」□義，圖顯揚也。景原然之。嘗遣次子昌為郡庠生，修業駸駸，」不造蚤卒。復遣倫繼之。豈非賢哉？其生以洪武壬戌六月十」□日，享年六十有八。子男二人：長芳，膺門幹蠱，克承親志；次」□，□。女一，姚玘，其壻也。孫一人，即倫，習舉子業，光大李氏，副」□□母之志可期也。其葬在江寧縣鳳臺鄉之原。銘曰：」

□□貞静，稟德淑温；生于茂族，歸嬪名門。」□□裕家，教子逮孫；婦道純備，卓哉孰倫。」□□□鄉，奕奕高原；我銘其藏，遺尔後昆。」

金陵朱信鐫

一四六　明故昭勇將軍浙江都司都指揮僉事沈公（轔）墓誌銘

〔誌文〕

明故昭勇將軍浙江都司都指揮僉事沈公墓誌銘」

南京貴州道監察御史錢唐莫源撰文」

昭勇將軍南京金吾右衛指揮使濟南溉源書丹」

賜進士承德郎南京刑部清吏司主事李瑶篆蓋」

正統十四年五月辛卯，昭勇將軍、浙江都司都指揮僉事沈公卒，卜以是年十」有二月庚午，葬于鳳西鄉崗子村之原。其子泉持狀匍匐泣而告曰：先人奄逝，」宿德弗忍没，敢請銘于墓石，以彰不朽焉。予惟道人之善者，迺君子之所當行」也。矧其孤求之之篤，曷庸以辭？按狀：公諱轔，字彦和，其先鳳陽定遠鉅族。曾祖」諱友仁，適元末群雄並起，幸際」太祖高皇帝龍飛淮甸之初，募義兵千餘来附，實」天命有歸。屢攻取有捷效，遂授百户，復陞千户、萬户、總管、元帥，以至左軍都督府都」督僉事。祖諱默，疾辭不仕。考諱理，留守左衛指揮使；妣張氏，封淑人。公甫髫齔」間，輒有食牛之氣，動静語默，遠過常人，衆咸異之。及長，嗜《詩》、《書》，尚儒術，不事無」益。尤所長者，韜略之典，弓馬之藝能也。永樂初，襲指揮使，調除留守右衛。宣德」癸丑，以功陞都指揮僉事。正統乙丑，適浙江銀場武臣闕員，」朝廷特命往。公涖職以来，能緝和軍旅，撫安元元，興之、革之、經之、治之，而咸當其」可。下人靡不畏其威武，服其信義，而政無不舉。不意今年夏，處之草寇嘯聚萕」發，擾攘猖獗。公奉」命殫力往討其罪，遂勦滅餘孽，斬首幾二百餘級，獲其器械及偽造印章納于官，」居民咸賴以安焉。嗚呼！公方嚮用，天胡不憫其遺，遽止於此？卒之日中表宗戚」以至士卒，莫不為之傷悼流涕，蓋遺愛及人之深若是。娶張氏，有賢行，甘肅都」指揮張公之女也。子男三人：長曰榮，娶駙馬都尉永春侯王公之孫女；次曰淥〔一〕，」娶楊氏；

次曰洪，娶趙氏。女一人，蚤卒。孫男一人，曰良，娶都指揮使翁公之女，今」襲公之蔭。孫女五人：杭州右衛千户郭瑛之冢嗣郭鑑，錦衣衛指揮使張英之」冢嗣張綱，乃其壻也；餘在室。公生於洪武丁卯八月初五日，距今享年六十有」三。為之銘曰：」

嗟哉沈公，光嶽所鍾；爰祖爰禰，有著豐功。迨于其躬，克亢厥宗；」兵書好習，儒術是崇。宣力于外，密勿于中；殫力討罪，惟烈惟忠。」天胡不佑，一疾而終；勒銘墓石，垂示無窮。

金陵楊林鐫

〔簡注〕

〔一〕此處之「淥」，與前文之「泉」，應為一人。

一四七　明故征南將軍黔國公沐公（儼）壙誌

〔蓋文〕

明故征南」將軍黔國」公沐公壙」誌

〔誌文〕

明故征南將軍黔國公沐公壙誌」

公諱儼，字可觀，姓沐氏，世家鳳陽之定遠。故西平侯、追封黔」寧王、謚昭靖英之孫，太傅、黔國公、追封定遠王、謚忠敬晟之」子也。母夫人程氏。公生於洪武丁丑五月初三日。天資敦厚，」聰敏好學，閑於禮教。正統四年，嗣公爵。十年秋，」欽賜改諱斌，字文輝。」命佩征南將軍印，充總兵官，鎮守雲南。先是麓川賊寇思任發」叛逆，」朝廷屢命師征之，雖賊衆被戮，而寇首逃竄，萌蘖未除。十一年，」公同鎮守太監蕭保，參贊侍郎楊寧，左、右參將冉保、毛福壽，」統率官軍駐滕衝等處接取，公議先遣都指揮李昇進兵，孟」璉以促之。緬甸宣尉卜剌浪震懾，斬首并妻孥来獻。捷奏，」上遣主事何瞻賚寶鈔、綵段〔一〕，以勞其功。十三年，賊子思機發復叛，」命將討之，仍敕公總督粮儲，接應官軍。本年十月廿二日，錫以」誥命。景泰元年十月初五日，以疾卒，享年五十有五。訃」聞，」上深嗟悼，輟視朝一日，敕有司治喪葬，遣官賜祭，親藩皆遣祭。以」卒之明年十二月初九日，葬於應天府江寧縣觀音山祖塋」之側。臨葬，仍輟視朝一日。公先娶張氏，太師英國公輔之女；」繼娶徐氏，蔡國公忠之女，俱封黔國公夫人。子男二：長曰玘，」先卒；次曰琮。女一，適魏國公徐顯宗。嗚呼！公為元勳之裔，襲」爵效忠于」朝，綏靖邊方，正宜久享富貴，而遽止於此，其非命也歟？爰述其」概，用誌諸幽云。

〔簡注〕

一四八　明故處士嚴公克昭墓誌銘

〔蓋文〕

故處士」嚴克昭」墓誌銘

〔誌文〕

故處士嚴公克昭墓誌銘　」

中憲大夫南京大理寺左少卿吉水廖莊撰文　」

賜進士出身奉議大夫南京通政使司左參議廣陽李震篆盖　」

賜進士第南京尚寶司丞吉郡宋懷書丹　」

予家食時，金陵處士嚴公克昭以餘貲貸邑人而来，見其端重耿介，以禮」自防，植德藝善，取與不苟，知其賢者也，因託交焉。及予承乏棘寺，相厚善」惟處士，然相規以正，不干以私，七載如一日。方託交之堅，而處士以疾卒。」時景泰四年春二月六日也。距其生洪武甲戌十月十八日，得年六十。其」孤繼將以月日〔一〕，葬于鳳臺麻田村祖塋之次。迺奉天官主事松江」夏公寅狀，泣拜請銘。按狀：嚴之先，本姑蘇人。祖伯通，洪武中，以閭右實京」師，占籍江寧縣。父公敏，官至　」梁府良醫，積有勞效，　」朝廷褒以綸命，階脩職佐郎；母沈氏。處士克自樹立，以孝友著稱。事父母不違」於理。父喪，哀毁弗勝。既葬，以自家抵墓重岡亂石，行者病之，即出錢為倡，」命工市磚甃之，凡十餘里，而成橋者七，行者頌之。又於墓左結屋，以專祀」事，尚寶宋公士臯題曰思亭。處士復求善書者書陳師道《思亭記》，置於壁，」以儆後人。歲時必躬祭祀，而事季父公偉如父。其弟克企，以儒醫鳴；曰勗，」曰杲，及其從弟曰晟，曰昇，曰昺，亦克世其家。處士極相友愛，生産立業，不」蓄一錢之私，人無間言。故公卿大夫，若大司馬徐公琦、少司馬杜公寧，皆」與之交往。性好恬淡，不尚矯飾，與人無宿怨。見後生不检者，厲聲色以戒」之。及貧乏不資者，捐貲財以賙之。嘗客遠方，從者得人所遺金環，即物色」其人還之。及死而無歸者，惠之以棺。至於待姻族，接鄉里，御僮僕，曲盡禮」意，人以是益敬重之。臨卒，召諸弟與子姪曰：生死常理，第上不能以奉老」母餘年，下不能與若等相聚白首。家事宜儉約，善事老母。言訖而逝。娶張」氏，有賢德。子一人，即繼，娶金氏。女二人：曰妙端，適錢唐汪慶；曰妙莊，適本」里陳黻。孫男三人：曰恒，曰恂，曰懷。女孫一人，曰妙慧。夏公謂處士立身制」行，既能有以自持，又能克成其家，信不虚矣。迺銘之曰：　」

孰不有生，貴持以正；孰不有死，貴安乎命；況孝友之足稱，宜子孫而流慶；」魄深深兮既藏，魂杳杳兮無定；昭潛德兮勒銘，

〔一〕「叚」為「緞」之通假。

仰高風兮起敬。

〔簡注〕

〔一〕「月」上原空一格，「日」上原空二格。

一四九　明故黔國（沐斌）夫人徐氏（妙源）墓誌銘

〔蓋文〕

黔國夫」人徐氏」墓誌銘

〔誌文〕

明故黔國夫人徐氏墓誌銘　」

賜進士出身亞中大夫浙江布政使司左參政樂安謝輔撰　」

推誠宣力武臣特進榮禄大夫柱國靖遠伯兵部尚書東鹿王驥書　」

中順大夫雲南按察司副使前中書舍人姑蘇姜濬篆　」

夫人諱妙源，姓徐氏，世家廬州之合肥。父忠，洪武間，從　」太宗文皇帝肅清內難，以功歷陞榮禄大夫、柱國、前軍都督府左都督、永
康侯，卒，　」追封蔡國公，謚忠烈。高祖六二公，曾祖七九公，祖用，皆追封蔡國公；　高祖妣」陶氏，曾祖妣王氏，祖妣張氏、王氏，並追封
蔡國夫人。妣方氏、武氏、周氏，亦皆」封為夫人。夫人永康側室白氏出也。幼聰慧孝順，最為父母所鍾愛。年十六，」歸沐氏，為黔國公
配。黔國之祖　」黔寧昭靖王，父定遠忠敬王，累世勳舊，家法嚴整。夫人既歸，心益弘朗，奉侍」黔寧王夫人耿氏，定遠王夫人程氏，恪謹
孝敬，克執婦道。正統庚申，黔國襲」公爵，　」□從寓京師。尋奉　」上命總□□鎮雲南。在外凡十有餘年，留夫人居京第，以主宗祀，歲
時祼獻必嚴」□□睦姻族待□下靡不順適。至於維持家政，尤所攸為。故黔國得以專志」□□□夫人內相之力也。乙丑冬十月，　」〼　」
□□封為黔國夫人。夫人愈益恭謹，無纖毫矯矜之色。景泰改元，黔國公以疾」□□鎮，次年柩還，夫人□□踰節奉襄大事，未幾亦以疾
薨。寔景泰五年七」月□四日也，非所□永□□□，享年四十又五。子男二：長玘，蚤卒；次琮，蒙　」恩□給□襲黔國爵。女一，適魏
國公徐顯忠。卜以是年十月乙酉，祔葬于應天府」江寧縣長奉北鄉觀音山祖塋之右，與黔國公合兆焉。嗚呼！夫人生世禄之」門，□□
姆訓，又獲嬪于大家，承接禮範，肆能內相，元戎始終濟美，而致　」□□□之塋也，是宜有銘。銘曰：　」

婉婉淑德，秩秩令儀；　歸配勳閥，室家甚宜。爰事攸尊，曰孝曰敬；　」婦道聿修，閨壼是正。惟茲懿美，克相元戎；　」□□用嘉，
錦誥褒封。雲冠霞帔，命服□飾；　」□□斯□，□自谦抑。福履中阻，先失所天；　□□襄事，□□九泉。　」善積□躬，慶流後裔；

勒銘貞石，以昭百世。

一五〇　明故朱公景昕（昺）墓誌銘

〔蓋文〕

故朱公」景昕墓」誌銘

〔誌文〕

故朱公景昕墓誌銘 」

賜進士出身户部觀政濟南陶元素譔 」

奉政大夫通政司左參議廣陽李震書 」

賜進士出身户部主事古渝李永寧篆 」

華亭朱景昕以景泰五年冬十二月二十有四日，疾卒于家，其孫」楫介余妻姪許仁持鄉貢士鄒允達所為狀，凶服拜泣，求銘墓中」石。
余於景昕相知有素，其可辭乎？按狀：景昕諱昺，氏朱，景昕其字」也，世家松江之華亭。曾祖諱璧，祖諱顯，皆以孝義相承。父仲輝，
洪」武間，從實京師，遂占籍為上元人；母郭氏。景昕天性孝友，而寬厚」純朴，事其親能盡色養，終身不少衰。與弟景昭恩誼尤篤，弟嘗
感」疾，景昕輒憂形于色，寢食不寧，疾愈乃復常。弟卒，撫其姪昇，毋異」己出焉。所居雖闤闠中，而未嘗有一毫侈靡之習。與人交，恭而
不」□，犯而不校，人尤以是重之。俄遘疾將革，立其子若姪于前，諭之」曰：吾兄弟辛苦以立門户，以致今日者，由不為婦言所惑也。又
謂：」惟勤可以立身，惟惠可以及物。爾輩宜遵承之，則吾死且瞑目矣。」語畢，溘然而逝。遡所生洪武癸亥十一月十五日，春秋七十有
二。」娶高氏，先景昕卒四十有四年矣。子男一人，曰暹，娶陳氏。孫男四：」長即楫，娶許氏，仁之妹也；次枋，娶徐氏；次桓，次楷，
俱幼。曾孫女一。」暹謀以卒之明年正月六日，扶櫬葬江寧縣鳳西鄉下莊村祖塋」之次。於戲！以景昕之行若此，又曷忍使之泯泯無聞
於來世，以獎」為善者乎？是宜銘之，以識予衷。銘曰：」

克盡夫孝，允蹈乎友；大德既脩，小德何有。垂歿之言，」意深且厚；子孫孫子，庶其永守。」帝城之陽，泉甘土厚。勒銘于幽，
用彰不朽。

一五一　明故時中柳公（中）墓誌銘

〔蓋文〕

明故時」中柳公」墓誌銘

〔誌文〕

明故時中柳公墓誌銘」

奉政大夫河南按察僉事錢唐王俊撰」

南京光禄寺丞滇陽陶鎔書」

南京户部貴州司員外滇陽張益篆」

公諱中，字時中，姓柳氏，其先雲間人。父諱榮甫，母宣氏。洪武」初，從戍於滇南，所歷多艱險，而能夙夜勤慎，幹蠱卓立，克成」于成。雖居顛沛，然多積善，卒保其身。凡遇時物，而思不能奉」親於甘旨，則不食也，可謂孝誠之士矣。宣德間，被」命還京師，遂占籍於錦衣衛。豈期萬里之隔，復拜親於高堂之」上，可謂孝感之所致也。雖居闤闠間，不尚浮華，未嘗以聲利」自恃。雅慕清静，暇則游心於老氏書，孜孜樂善。或故舊賓客，」徜徉於杯酒，放懷談笑，樂桑榆之樂，以終天年。一日忽疾革，」遂不瘳。與其子若孫曰：吾自幼克紹其家，汝等勿墜先志，則」吾無憾矣。景泰六年七月十八日卒，距其生洪武壬子正月」初二日，享春秋八十有四。配周氏，先卒。子男三：曰景春，娶張」氏，繼莊氏、蕭氏；曰景芳，娶孟氏，繼王氏、莊氏；曰景林，娶顧氏，」繼鄭氏、常氏。孫男三：曰瑄，娶葉氏；曰懋，娶劉氏，繼李氏；曰溥，」尚幼。孫女五。曾孫男一，曰富。卜以是年八月十有一日，葬于」江寧縣鳳西鄉之原。而景春等泣拜請余銘其墓。嗚呼！公其」善人也，享有高年，而又有子若孫森森玉立，庸非公之積善」之所致歟？是宜慶之流於後昆，方来而未艾也。是宜銘。乃為」之銘曰：」

行飭而莊，德厚而淳；所積者善，卒保其身。」鳳西之鄉，有隆斯墳；千古其藏，慶延後人。

一五二　明故處士何德誠（孝）墓誌銘

〔蓋文〕

明故處」士何公」墓誌銘

〔誌文〕

明故處士何德誠墓誌銘　」

賜進士奉政大夫南京户部郎中晋陵韋觀撰文」

南宮大史四明楊準篆蓋」

武德將軍府軍衛正千户高郵包宇書丹」

人之生世，夫婦和諧，子孫昌盛，卒得合葬於佳山秀」水之原，豈不真難得乎？ 處士諱孝，字德誠，姓何氏，世」為浙之三衢西安茂族。洪武中，以殷實来，籍名上元，」居金川，領廂長事。生而質朴，以積德相承傳。在鄉黨，」喜相慶，憂相恤，必先於人。救患赴急，樂為之不少怠。」見人有一善，稱許不絶口；一有不義，輒毅然見於色，」必以正論析之，人皆悦服。洪武丁巳十月一日，處士」生也；宣德癸丑五月二十一日，其卒也。娶董氏，有懿」德，善克相之。生於洪武己未九月十六，卒於天順己」卯十月三十。子男：長文，娶江氏；次敬，先卒，娶杜氏，」守節不二。孫男五：長寧，娶龔氏；次宣，娶翁氏；賓，娶胡」氏；寅，娶史氏；寬，未娶。曾孫九：曰海，曰清，曰灝，曰洪，曰」源，曰澄，曰潤，曰湧，淑〔一〕。清以天順四年正月二十八日，」子孫㸺㸺捧函，合葬于南京龍江右衛左千户所張」家山之原。其長孫寧素衣踵門，泣且拜，請銘其墓。銘」曰：

處士之生，聿著令聞；德積于躬，貽厥子孫。賢配董」氏，善克相之；里閈揚芳，閨門仰儀。佳城既卜，張家」之原；合葬于茲，千載孔安。

金陵張仲貴鐫

〔簡注〕

〔一〕「淑」前，據前例，應脱「曰」字。

一五三　明封承德郎南京刑部主事吴公（瑄）墓誌銘

〔蓋文〕

封承德郎」南京刑部」主事吴公」墓誌銘

〔誌文〕

封承德郎南京刑部主事吴公墓誌銘　」

奉訓大夫南京刑部員外郎雲間張畹撰文　」

奉訓大夫南京刑部員外郎天台高瑛篆盖 」

承德郎南京大理寺右寺正華亭王祐書丹 」

公諱瑄，字文玉，世居蘇之崑山。曾祖彥明，祖益之，父文質，皆不仕。母王孺」人，洪武甲戌六月六日生公于崑，秀實不浮，鍾父祖愛。文質翁尋以閭右」徙實京師，公與兄文諒隨行，入隸上元，故今為上元人。少偕文諒游鄉校，」讀書務大義，不拘拘於章句間。文質翁意有所屬，輒能先事承之，當公意〔一〕，」翁以為有子。永樂中，文諒用薦擢文思院，公佐父理家，善廢舉，家日以裕。」文質翁與王孺人後先卒，葬祭如禮，而哀戚過之。事文諒篤友恭之誼。與」人交，懇款有恩，不苟同，不詭激，或有犯之者，未嘗與較。於古法書、名畫、鼎」彝、觴豆之屬，經其目即能辯真偽與時世久近，時人材公之能識古〔二〕。家有」所畜，客有好者，推以與之，一無所愛惜。偶得珍奇，則曰：是豈庸庶所當有。」亟獻于 」朝，時獲 」錫賚。性不樂劇飲，與賓客朋游會燕，投壺雅歌必盡歡，若樂而不厭者。閒」居據几，凝坐沉思，人莫窺測。生一子，曰璘，俾從明師游，夜歸課其業甚嚴，」不以祈寒暑雨少間。所親或勸之。曰：吾豈不知止有此息耶？不教德無以」成，何以綿世慶。璘亦率教脩辭立行，以《書經》取進士，擢南京刑部主事，有」能聲。天順改元，」朝廷推恩，封公如璘職。璘尋陞員外郎，階奉訓大夫，冀加 」封于公，而疾作矣。天順庚辰四月三日，疾革，呼璘至榻前曰：平生教汝已多，」無他囑，忠君守身，汝宜益勉。遂卒，享年六十有七。娶同邑張氏，」封安人。子男一，即璘，娶蔣氏，太醫院使謚恭靖之孫〔三〕。女一，適士人王賢，先卒。」孫女一，尚幼。璘以是月十二日，奉柩葬安德鄉，祔于文質翁之墓。族之人」謀為之誌，璘哀不能文，乃走其姻淮南蔣君主忠狀其行系，託於畹。以常」辱知於公，不能辭，遂誌而銘之。銘曰：」

秘而彰，壽而臧；委蛻以去，斯其藏。

〔簡注〕

〔一〕「公」，據文意，應為「翁」之誤。

〔二〕「材」通「裁」，裁度、論定也。

〔三〕「太醫院使謚恭靖」，此處省略其名。其人為蔣用文。明鮑應鰲《明臣謚考》卷上恭靖蔣用文條曰：「太醫院判，贈院使，洪熙年謚。」

一五四　明義菴鄒君（旻）墓誌銘

〔蓋文〕

明故義」菴鄒君」墓誌銘

〔誌文〕

義菴鄒君墓誌銘 」

賜進士及第署南京翰林院事侍讀前史館編脩蜀人周洪謨譔 」

正議大夫資治尹南京兵部左侍郎嘉禾俞綱書丹 」

賜進士奉訓大夫南京刑部廣東清吏司員外郎黄岩高瑛篆盖 」

君諱旻，字孟仁，姓鄒氏，其先姑蘇人。曾大父諱福，大父諱勝，父諱彦中，」皆樂清遯。洪武初，徵吴浙富民實京師，彦中與焉，遂著籍上元。母張氏，」有淑行。生子四人，君其季也。天稟粹茂，雖居京師紛華富麗之地，而淫」哇之聲，靡曼之色，皆無所近。事二親孝，事三兄友恭彌至。前吏部尚書」損齋黄公為顔其堂曰孝友，且為記之。又建重屋數楹，以置琴書，而其」外雜藝花卉，客至則與觴詠其間，閒然塵表，初若不在闤闠中也。又置」别墅於都城南門外，距唐李白題詩處為甚邇；作堂曰鳳西草堂，暇則」偕騷人墨客相羊其中，或以謂有謝安東山之趣，而清則過之。二親既」殁，諸兄亦相繼淪謝，葬祭皆一於禮，撫群從如己子，而勵之學。其季和」尤穎敏，舉丁丑進士，出知晉州。先是景泰中，有 」詔募民入粟者官之。君曰：振民不給， 」國之切務。慨然白其兄以輸粟。及 」寵命既至，而兄適卒，君以讓其兄之子。府尹馬公及諸大夫皆曰：家必有」長，義不可辭。不得已受之，而益謙慎以自厲。故諸大夫為扁其菴曰義」菴，而里閈遂以為君號焉。配李氏，無子，以兄魯子泰為後。泰生男一，曰」鏞；女三。泰先卒，或從臾君以置側室〔一〕。君弗許，曰：吾有孫矣，何必他圖也。」以天順五年二月二十六日，中風卒於正寢，春秋五十有九。將以是年」夏四月二十日，葬鳳西鄉先塋之次。其從子愷、讓以刑部員外郎同郡」任君孜所狀事行，來乞為銘。先是和在京師，常數謁予，而情甚孚洽。及」予南来，與君處，未幾，而君不可作矣，銘奚宜辭？銘曰： 」

惟孝惟友，惟義之元； 惟惠惟讓，惟義之敦。宅都市兮而跡雲壑，躬簪紱」兮而心丘園，嗟勒辭以垂耀兮鳳西之原。

金陵胡通鐫

〔簡注〕

〔一〕「從」通「縱」，「從臾」即「縱臾」。

一五五　明鄒允賢（愷）墓誌銘

〔蓋文〕

明故鄒」允賢墓」誌銘

〔誌文〕

鄒允賢墓誌銘」

資善大夫南京禮部尚書泰和蕭鋐撰」

奉訓大夫南京尚寶司少卿星沙夏瑄書」

奉議大夫浙江按察司僉事崐山吴璘篆」

上元鄒愷既卒於疾，予驚愕惋惜不已，且聞其母孺人哭之甚慟。以愷無」子，同居弟讓為之治喪，故使来請銘於予。因念鄉入京時識愷，於其季弟」進士和之寓舍，嘉其兄弟之能友愛，心竊識之。愷後南還，予亦承乏南京」禮部。將進愷之賢，而遽聞其卒。予忍為之銘耶？自予識愷，迨今未四三年，」始也有可嘉，而其後也繼之有可愕，為之惋惜不已者。此固予已不能忘」情，則其母孺人之慟當何如也？予尚忍為之銘耶？不銘，無以掩諸幽，慰其」親，乃序而銘之。愷字允賢，先由姑蘇徙上元，今為上元人。其家世事行，詳」見大冢宰魏公所志先府君孟誠父之墓。母王氏，生六男，愷居長。事親極」孝敬，處弟極友恭，一門之內，和氣藹然。御下以慈，待人以謙遜。賓客過從，」必盡懽成禮而止。雖居盛年極富之時，不矜以取忤，不佞以求合，氣和色」温，人多愛之。家舊有孝友堂，故父所築也。旦暮與諸弟曰：孝、友，一理也，父」子其可不一心乎？於是雍睦之行，無忝於前人。嘗出游四方，踰大江、過淮」魯，出汶濟，會名勝之士，輒傾倒，高歌鼓缶，將追蕭振、盖邦式之故步。心甚」慷慨，而志尚簡淡。遇有窘急，往往肯周卹人，獨官府事尤小心敬畏。故平」居，非理之干，無得而至前，人益以是偉之。進士君擢知晉州，即治任往視」之。既至，聞季父義官孟仁訃，服單衰，走赤日，踰旬抵家，哀號毀悴，致疾沉」篤。復踰旬，遂不起。臨終曰：吾諸父皆謝世，諸弟惟讓與和在。幸和有官，吾」母康强，倘」天恩及之，足以慰望。今而垂白在堂，顧反以吾致親之悲。若等善事之，則吾」目瞑矣。言既，翛然而逝。寔天順辛巳五月十九日也，距其生永樂己丑十」月初五日，得年五十有三。娶徐氏。生一女，適許仁，亦士族。姪曰鉞，曰鑑，曰」鏞，愛隆訓嚴，撫之無異己出。以是年十二月十八日，祔葬鳳西鄉先塋之」次。銘曰：」

德義積於久，而獨遏其後，孰為之咎？銘斯不朽，庶以慰其母。

金陵胡通鐫

一五六　明欽差南京守備司禮監太監懷公（忠）墓誌銘

〔蓋文〕

欽差南京」守備司禮」監太監懷」公墓誌銘

〔誌文〕

欽差南京守備司禮監太監懷公墓誌銘　」

賜進士朝議大夫南京國子祭酒前翰林侍講安成吴節撰文　」

賜進士資德大夫正治上卿參贊守備機務南京兵部尚書廬陵蕭維禎篆盖　」

賜進士出身通議大夫資治尹南京工部侍郎汝南郝璜書丹　」

天順七年三月十七日卯刻，　」欽差南京守備司禮監太監懷公卒于蒞政之官署。同寮官属具公行事始末為状，来」成均徵銘。按状：公姓懷，諱忠，字秉直，世為交南大姓。永樂初，入侍内廷，荷蒙　」聖皇撫育，深沐　寵榮。宣德中，奉　」旨簡拔，命從翰林講習，以待擢用。　」皇上嗣登大寶，正統初，授奉御之職。凡内殿經筵，區畫事機，謀謨治道，公晨夕居　」左右，躬侍討論，竭忠效勞，已有年矣。由是臺閣儒臣，咸加禮敬。正統己巳，奉」敕鎮守山西，聲譽益振。未幾回朝，擢陞内織染局副使。天順元年春，陞司禮監左少」監；尋陞太監，信任尤重，顧待愈隆。天順三年冬，奉　」敕南京守備，綜理内外政務，訓練軍馬，護守城池，文武庶職，咸服其公，合属軍民，皆被」其澤。公嘗詣太學，見　先師孔子聖位年遠蠹損，即命工更新製造，加彩嚴飾，用」昭祀享。都城之外，舊有神祠曰天妃宫，永樂初年奉　」敕創建，典守不謹，厄于回禄。公念其神顯靈洋海，護　國庇民，具疏請于　朝，捐平昔」恩賜之貲，市材鳩工，鼎新盖造；復募兩京内外重臣官員士庶，捨財以成其事，可謂」樂善好施者矣。公賦性聰敏，忠鯁不阿，達古今之典，通書史之要。事　」上以誠，待人以恕，功著國家，名揚遐迩。内臣之中卓犖有為，篤於大義者也。以癸未」春，得疾而卒，壽六十有六。京師上下之人，聞者莫不痛傷焉。内外守臣，具聞于　」上，深加惻憫，遣南京司設監右少監陳魯　」諭祭，賜寶鈔十千貫。復命所司造墳於應天府江寧縣龍山之陽，擇是年五月初九」日安厝。其始終兼全、恩榮備至如公者，鮮矣！是宜銘之。曰：　」

發跡交南，歸于中土；位列内臣，為　」國匡輔。識達古今，博通書史；初授奉御，恭勤　」帝所。出鎮太原，遏絶戎虜；歸司内監，制精纂組。少監榮陞，雍容　」天府；遂陟太監，聿為心膂。守備南畿，軍民按堵；崇重神明，奬勸文武。」困苦顛連，咸獲綏撫；六十六年，溘然仙舉。都城有山，嵯峩伊阻；　」歸窆于兹，永奠千古。

一五七　明金陵樓君光澤（潤）墓誌銘

〔誌文〕

金陵樓君光澤墓誌銘　」

賜進士出身奉直大夫南京户部員外郎石首周易同撰文　」

賜進士出身奉政大夫南京吏部郎中華亭夏寅篆盖　」

賜進士出身奉直大夫南京户部員外郎京山黎永明書丹　」

君姓樓，諱潤，光澤其字。甫四十七歲而終，以卒之年八月二十日，葬於金陵之」安德鄉李家山之原，從吉兆也。先期，厥弟清，偕厥季弟充京庠弟子員者曰浩，」奉其友徐信狀，即余請銘，且泣為余曰：吾先兄性沉重廉隅，讀書最懇切，不妄」嬉遊。平居寡言笑，及長，勇於有為。克佐家君治生道，用是先業日以隆。其動止」必以古人為法。大凡事親必先於孝，務欲得其歡心；處昆弟必先於友，務欲使」之洽和。昆季有過者，怡怡訓飭，以漸而乂。與人交，終始一誠，以故士夫君子樂」與之交者多。其御下以慈，周人無吝色，猶其餘事。吾先兄之賢，率多類此。所望」以昌大其家者在斯，養親而終其天年者在斯，撫清輩而底於有成者亦在斯。」不意一旦忽遘疾，諸醫不一效。嗚呼惜哉！未卒之先，加巾被衣，起坐於衽席之」側，執親之手泣曰：子事親於百年，理之常也。今不幸而先逝，不得以終二親，不」孝之罪莫大也！蓋卧病不能起，特為衣巾以致永决於父母也。既而示清與季」弟浩曰：吾不幸，不得以奉侍二親。今幸有二賢弟在。汝當竭力以盡子職，使無」白頭之嘆。吾雖死無憾焉。言訖而卒。余聞其言，隨啓狀三復，確然一辭。余然後」深然清、浩昆季之言，而足以有徵於光澤之為人也。嗚呼！君之孝友於家，誠於」□人，急於周人，皆循天賦之善也。至於臨死而泣告於親，示勉於弟，是非天賦」之良心發□於垂死之際乎？要亦《詩》、《書》潤澤有以致之也。向使天質明毅，不陶」染於《詩》、《書》，其何以能□死生之理，而預為其親之别耶！視彼獍獍之徒，雖百歲」何益也。君之卒日，實天順七年閏七月初五日；生之日，實永樂丁酉閏五月十」□日。君之家世先為浙之金華義烏人。曾祖子高，官至左軍都督府經歷，階奉」政大夫。祖仲明，永樂初，以高能占籍錦衣衛，遂為金陵人。君父弘道，母侯氏。娶」陳氏。二女皆幼。所惜者，君有懿德，而無子繼後。嗚呼！有二弟之賢敏，諸姪之清」俊，樓為有傳矣，何無後哉！銘曰：

」

天與之以才而乃嗇其壽，天與之以德而乃吝其後；」不知造物者之有定與，抑若人之不為天佑。」勒銘於貞，百年遺臭。

賜食五品禄承務郎光禄寺署正吴郡楊春鐫

一五八　明敕封李（宗善）安人張氏（安）墓誌銘

〔誌文〕

□封李安人張氏墓誌銘　」

賜進士出身奉政大夫南京吏部郎中雲間夏寅撰　」

徵仕郎中書舍人東吴張翊書丹　」

奉政大夫南京吏部郎中豐城孫而安篆蓋　」

南京欽天監監副李公宗善一日過余言曰：吾妻病且久，殆不起矣。子知我，倘」不諱，幸畀之銘。不惟不朽死者，亦解吾生者之悲也。余時將上京師，姑應之曰：」唯唯。翌日果卒。其子秉衷自述安人事行為狀，来趣銘，余不得以辭。按狀：安人」諱安，姓張氏，浙之嘉興人。父諱信，隱德弗彰；母孫氏，生安人。孝敬慈惠，天性夙」成。年十九，歸李氏宗善。李亦鉅姓，先世居豐邑，歷宋、元，代有顯官。」國朝洪武中，授將仕郎、興化簿諱愷者，其祖也，遷于江寧。安人既生令族，又獲麗」接大家，左贊右翊，恭事彌謹。得舅姑懽心，嘗曰：有新婦如此，吾何憂！宗善初授」司曆，繼陞靈臺郎。凡南北往還，安人悉從其行。雖備歷險艱，絶無怨懟意。及拜」今官，尋受」敕命，封安人。既貴且富，亦無驕矜之色，親姻稱其賢不置口。其遇歲時祀事，具物」必豐潔；待賓客，內外必盡禮意。至於御下撫幼，亦必加之以恩。於是閨門肅雍，」少長秩然有序。嘗訓其子秉衷曰：汝先世皆以儒起家，至汝父與汝叔夏官正」登，始以星曆之學官於兩京。汝惟讀書取科第，以紹承其先，則吾不忝為李氏」婦。秉衷受教，遂以明經領天順己卯京闈鄉薦，明年中乙榜，例得教官，辭不就。」卒業太學，亦慈訓之力居多。天順甲申三月十三日，卒于南京官舍。泝其生洪」武丙子九月初七日，享年六十又九。子男一，即秉衷，娶張氏。女四，周溥、叚玉、徐」宗皡、劉餘慶，其壻也。餘慶，湖廣癸酉解元。孫男一，翰英。女一，尚幼。以卒之年四」月初三日葬于其邑安德鄉之原。嗚呼！昔諸侯、卿大夫之妻見稱於《詩》者，皆能」內肅家範，外相政事，以成一代休明之治。若今安人婦道母儀，秉德執度，實與」之相符。況遭際」盛明，茂隆化理，則安人之賢，蓋亦有所本歟？惜其夫膺晚福不得與之偕老，子」將禄仕不及見其早成，是可悲也。乃為銘曰：」

閨門之教，繇其媲賢；展也安人，幽閒静專。乃相其夫，乃迪其子；」式穀後胤，以承先志。推恩錫典，五采龍文；被之青霞，翟以翠雲。」既華其躬，不偕其壽；銘以慰之，其傳不朽。

金陵楊林鐫

一五九　明楊（茂）母太淑人朱氏（安）墓誌銘

〔蓋文〕

楊母太」淑人朱」氏墓誌」銘

〔誌文〕

楊母太淑人朱氏墓誌銘」

京闈壬午解元合肥任彦撰文」

南京尚寶司少卿奉直大夫長沙夏瑄書丹」

南京羽林左衛指揮僉事明威將軍東魯都勝篆盖 」

太淑人姓朱氏，諱安，故光禄寺卿士廉公之女。性幽閒惠順，」為父母鍾愛。生十九年，選所宜歸，遂適羽林前衛指揮使楊」公清。太淑人既歸楊氏，克盡婦職。事舅姑以孝，事夫子以敬，」待媵侍以恩，處家用以儉。至於歲時蒸嘗，尤謹飭覃厥心，舉」族譽之。楊公先卒，太淑人撫諸孤，夙夜劬勞，出服飾與其就」學，故諸孤繼成立克肖。至成化元年六月初八日，太淑人以」疾卒。是月丙申，合葬于先夫楊公之墓地，在江寧縣安德鄉」之原。據其生洪武二十九年十月二十三日，享壽七十有一。」子男三人：長曰茂，襲父爵，有廉能聲，為時碩臣所信，□□遷」有期，娶蕭氏；次曰晟，孝謹能業家，娶商氏；次曰俊，娶張氏。女」一人，適都指揮僉事男韋能。孫男四人：曰瓚，曰瑋，曰□，曰□。」皆有業。茂率諸弟子泣血請銘。銘曰： 」

猗與淑人，令德孔純；苗于文族，爰歸武臣。」為婦克敬，為母克仁；采蘩采藻，必躬必親。」緊有令器，為時之珍；廉潔不疵，淑慎其身；」云胡其然，由母之甄。昊天罔極，滄海無□；」刻銘墓石，千載惟新。

一六〇　明榮禄大夫南京前軍都督府都督同知范公（雄）墓誌銘

〔蓋文〕

榮禄大夫」南京前軍」都督府都」督同知范」公墓誌銘

〔誌文〕

榮禄大夫南京前軍都督府都督同知范公墓誌銘 」

賜進士出身通議大夫資治尹南京兵部右侍郎燕山李震撰 」

奉議大夫尚寶司卿雲間張翌篆 」

賜進士出身中順大夫南京大理寺右少卿仁和夏時正書 」

天順八年十二月十六日，榮禄大夫、南京前軍都督府都督同知、致仕范公卒于家。訃」聞，」上遣官賜祭，敕有司治喪葬，公侯、六卿而下，皆往吊祭焉。其孤瑄縗絰奉進士陶君元素所」述事狀，踵門泣拜請銘。予與公兩京相與，殆三十年，誼不可辭，乃按狀叙而銘之：公諱」雄，字仲英，姓范氏，世家河南開封之杞縣。曾大父諱彦禮，隱德弗仕。大父諱禮，早應賢」良之擢，侍 」太宗文皇帝于潛邸。舉兵靖内難，首擒奸惡，陞儀衛司儀衛正。從 」車駕克懷来，接應遵化，攻圍真定，赴援永平，下大寧，大戰鄭村垻，皆建奇功，超陞錦衣衛」指揮僉事。未幾，以疾卒。父諱愛，卒公大父之先。而公遂襲錦衣衛指揮僉事，調陜西鎮」番衛。 」仁廟御極，念理舊勞，召公還原衛。宣德癸丑，廷臣知公賢，共薦之，獲總神機營事。正統乙卯，」朝廷求武臣有謀略、善騎射者，以備調遣。公預選，試藝居優等，陞署都指揮僉事，操習軍」馬。甲子冬，虜寇犯邊，公從興安伯徐亨率兵追之，斬獲甚衆。既還，陞實授都指揮僉事、」□中軍都督府都督僉事事。屬福建民鄧茂七惑衆為亂，」命寧陽侯陳懋為總兵官，公實授都督僉事，充左參將，分兵往討之。公有智勇，常先事籌」畫，遇敵而鮮有不克者。寇平，留公鎮守其地，勞徠有方，民安其堵。景泰辛未，」召至京，論功行賞，陞前軍都督府都督同知，加之重賚，」賜誥命追封其曾大父、大父、父皆如公官，曾祖妣趙、祖妣朱、妣吕、配吕皆贈夫人，繼室王」封夫人。天順改元，」英宗皇帝光復大寶。以公老成，調任南京，蓋息勞以就逸也。逾年，公以老疾自陳，蒙」恩致仕，豈意竟不起耶！壽七十有二。卜明年月日〔一〕，葬于江寧縣鳳西鄉孤塘村之」原。子男二：長即瑄，襲南京錦衣衛指揮僉事；次玉。女二：長適指揮使楊雄，次適潘倫。孫」男二：長永，次輝。公為人直亮，約己守法，平生少有過失。馭士卒撫恤誠至，人人歸心。故」所向披靡，迄成大功，有光前烈，垂慶後昆，誠可謂難也矣！豈徒能傳珪襲組而世其家」者所可儗乎！銘曰：」

桓桓范公，有勇有智；」襲家之勳，能自砥礪。初任鎮番，尋復錦衣；」所在振聲，獲總神機。荐歷崇階，連率都督；」訓練卒伍，號令嚴肅。」八閩有寇，擾我编氓；」調兵討捕，克期欲平。公為參將，多謀健鬪；」疇其膺之，摧枯折朽。凱旋論功，賞賚獨優；」玉帶緋袍，榮顯孰侔。」名遂身退，終始無失；」昔雖勤勞，今則安逸。從容優游，曷不百年；」大星忽隕，良用潸然。都城之南，墳卜善地；」琢銘其藏，永告来裔。

〔簡注〕

〔一〕「月」上原空一格，「日」上原空二格。

一六一　明故王遇時（遇）墓誌銘

〔蓋文〕

王遇時」墓誌銘

〔誌文〕

故王遇時墓誌銘」

賜進士出身奉政大夫南京工部郎中錢塘沈富譔」

南京禮部司務錢塘項麒書」

南京大理寺評事錢塘張珏篆」

公餘退休一清軒時，京友陳君得民者，持其親王君行狀，来徵墓誌於予，曰：吾」子鉞，昔與大人先生同選，常歸頌盛德，景仰素矣。

公来粉署，京師文章，聲價日」增。山斗辱親，敢得數言，以發其幽，俾其名藉公文字以垂不朽，一何幸歟！經曰：」敬其父，則子悦。君之子府同者，予嘗與舊，友其子而不諾其父之請。禮乎？然誌」者記其行、記其實也。王君，予未嘗識其為人，泛為之誌，不幾於妄？子曰：蓋有不」知而作之者，我無是也。予豈敢妄作，以干聖訓也耶？雖然，按其狀之不為妄矣。」王君諱遇，字遇時，世家漢陽武昌邑。因貿遷来京師，觀金陵文物之盛，嘗自嘆」曰：前楚雖大且富，在春秋時，未免為聖人所外。子曰：里仁為美，擇不處仁，焉得」知？遂樂居金陵之江寧。善治生，居積致富，是邑大家矣。能知禮，孝友于家，恭信」於鄉黨鄰里，自奉適可而止。其供祭祀，宴賓客，務在豐潔。見人之不足，能周之。」人咸以義稱。素性質直，能補人過，而尤善聞己過，聞不憚於改，故四方之賢人」君子多樂於交。不徒能徙居，又能徙行者。公生于洪武庚辰四月初一日，卒于」成化戊子正月十五日。是歲春三月十二日吉，卜葬于龍江楊家沙。君娶同邑」彭氏。子二：長曰景暹；次曰景忠。皆知孝弟忠信者。女一，歸陳氏，即予友得民家」也。孫男四：曰志賢、志德、志剛、志貴，皆蘭秀不凡。孫女二。其子子孫孫引之勿替」者，一皆由君素昔脩德為善之所致也。嗚呼！墓之有誌，其来遠矣。昔晉汲塚得」古書，科斗文字蓋知矣。其具載世系於墓者，豈徒為觀視之美而已哉。蓋欲俾」世世子孫知其木本水源之義，不使骨肉路人也。是以不惜金帛之費，務求名」公鉅卿為之誌者，亦豈務為觀視之美而已哉？實意在藉其名，以共垂於不朽」也耶？得民持予文，宜告諸其子孫輩，謹勒諸石，藏諸墓與后土，相為無疆也。王」氏其幸矣哉！銘曰：」

王氏之先，世居于荆；殆及於君，景遷於京。克勤生業，居積致富；」富而好禮，惟義是務。享兹高年，壽終于家；卜其宅兆，葬楊家沙。」子子孫孫，敏行其文；源深流長，猗歟慶門。必誠必信，禮備情至；」納銘幽宮，以昭千歲。

一六二　明故奉政大夫江西按察司僉事朱公（華）墓誌銘

〔誌文〕

故奉政大夫江西按察司僉事朱公墓誌銘」

賜進士及第朝列大夫南京國子監祭酒前翰林院侍讀學士同脩」國史蜀人周洪謨撰」

文林郎江西南昌府建昌縣知縣致仕金陵張勗書篆」

成化四年六月十一日，奉政大夫江西按察司僉事朱公以疾卒于家，其弟」富奉事狀介予友友菊賀先生請為墓銘將卜日以葬，予固辭弗獲。按狀：公」諱華，字文輝，蘇之吴江茂族。父諱宗，洪武中，以閭右徙京師，隸籍上元，遂為」上元人。母沈氏。公生而聰穎嗜學，自成童，經傳、四書皆涉獵通大義，為詩詞」蔚有可觀。十五，入京庠，為弟子員。踰冠，領鄉薦，登辛未科進士第，拜南京雲」南道監察御史。公風裁凝峻，凡有舉劾，不避勢要，讞獄用法，則平恕不苛，深」得憲體。僅越三載，能聲茂績，翕然著稱於時。尋」賜褒敕，封文林郎、南京雲南道監察御史，推恩及其配與父母，皆受 」封贈，光耀閭里，鄉人榮之。景泰丙子，未兩考，以廷臣推選，陞僉憲江右。公到官，」益廉慎自飭。遇事裁決，務求當於理，不為苟隨，取同於人。分巡郡縣，所至首」察民隱，視凡利有可興，害有可除者，亟命舉行。其於强梗，必仰而鋤之〔一〕； 善良，」則撫而安之。官吏有貪酷者，悉黜罷之。審決刑獄，務伸冤直枉，而多所平反。」用是，威惠行乎列部，頌聲傳於道路，則民之□仰愛戴者非一日矣。而公之」歷任，所行所積，大率此類。成化丁亥，當九載，赴 」闕奏最，陟明有日，不幸遘疾。道南京，過家，因留以醫治，病轉纏綿，遂至不起。方」疾革時，親屬家人咸集，公强引首作氣曰： 我自書生入官，兩任風憲，受 」朝廷厚恩，未有涓涘之報。今母老在堂，局於所職，又不得朝夕親甘旨，以遂終」養之願。此吾所遺恨最莫釋者。其餘家事，不足卹也。語畢遂卒。時吊者聞之，」無不為之悼惜焉！ 公生于永樂甲辰十一月十六日，至是享年四十有五。娶」支氏，封安人，有賢行，善相家。與公同歲生，少二十一日，先成化丙戌九月六」日卒，殯于墓次。生三子，皆不育。一女，納士人周經子椿為贅婿。側室劉氏，生」一女，尚幼。姪一人，璧。以是年七月三日，夫婦合葬於江寧縣安德鄉英山之」原，從先考兆也。予既述其所具次第而序之，乃復為之銘曰： 」

□□有為，足以致遠； 行之所積，其壽宜衍。嗚呼命邪，而竟止於斯； 惟銘之有」□□□乎其永垂。

〔簡注〕

〔一〕「仰」應為「抑」之誤。

一六三 明故徐季昭妻趙氏（妙安）墓誌銘

〔誌文〕

明故徐季昭妻趙氏墓誌銘 」

賜進士及第朝列大夫南京國子祭酒前翰林學士同修國史兼 」經筵講官晉陵王㒺撰 」

從仕郎中書舍人檇李羅麟書丹 」

進陞朝列大夫四川督學山東提刑憲司僉事吳興王麟篆蓋 」

吴人徐季昭居南京，以醫術鳴。南京士大夫多往来季昭所，必款洽」終日，厚具苛留，期盡歡乃已。方是時，其妻趙氏在中饋，烹肥擊鮮，為」佳設，出美醞，以佐歡。其有無豐儉，一不以煩季昭。故季昭座上客益」衆，而不為子玉之懈，豈惟其客主之賢，亦趙氏有以順承之也。趙氏」歸季昭六十又七年，生四男六女。既畢婚嫁，季昭益日以無事優游」燕嬉以待老，以成化三年卒。後五年辛卯九月丙戌，趙氏亦卒，春秋」八十有三矣。季昭之客往吊之，相與感昔遊而興永歎，謂： 雖古賢淑」不是過，而今已矣，其何以激流俗而儀刑於閨閫哉！ 蓋其至於隣姬里媪，」亦相與齎咨涕洟，懷令儀而道盛福，謂： 壽考令終，宜若無遺憾矣！ 而」貧窮患難，顧將何賴以賑恤於州里哉！ 蓋其平生能推有濟無，饑寒」之資，吉凶之具，其所施予，雖多而不吝，至老而不衰，亦其性然也。趙」氏諱妙安，姑蘇趙廷珪女，母林氏。始生而敏慧，父母極憐愛之。既長」而開明，而性尤勤服姆教，女紅之暇，略涉書史。擇對而歸，以養舅姑，」奉祭祀，卒相夫子，以亢徐宗。信乎隋王通氏所謂男女之族，各擇德」焉。後世專尚門閥，以締言襁褓者，豈不為大謬也哉！男曰坦，卒；曰堅，；」曰壁，卒；曰垣。女適曹萱、陸禧、王原、陸瓊，伊粢、朱枋。孫男鎰、銓、鎡、鋹、鉞、」鏞、欽。是歲閏九月辛酉，葬江寧縣安德鄉之原，祔季昭兆。先葬，垣介」予姻臧琰，以浙人金崇德所為述內行來，泣拜請銘。蓋垣能紹父志，」以世其業。觀其汲汲焉，惟恐其親有善不傳，以圖存於予，可知其為」賢子矣。為之銘。銘曰：」

古稱女婦之行，以順為正，以義為至。配適君子，俾式彰其譽；貽厥」胤祚，俾克延於世。嗚呼趙氏，其殆庶幾乎是矣！

一六四　明櫟菴徐君從吉（迪）壽藏誌銘

〔蓋文〕

櫟菴徐」从吉壽」藏誌銘

〔誌文〕

櫟菴徐君從吉壽藏誌銘」

敕封登仕佐郎尚書兵部司務中憲大夫知南安府致仕」加封中議大夫贊治尹江左金澗譔」

登仕郎中書舍人眷生錢唐凌暉書丹」

賜進士第翰林院脩譔兼脩國史同郡鄭環篆蓋」

徐從吉，錢唐右族，洪武中，以殷實来」為金陵人。大父天驥，隱德不仕。父諱遠，字文穆，號居」學，□經史，善騷詩，□□置坐，喜怒不行於色，有詩集傳於家。德望為鄉」里所重，稱以□□先生。母陳氏，以永樂壬午正月二十三日生君〔一〕，諱迪，」字從吉，別號櫟菴。能以□□□性孝友，謹厚和愛，與人交，久能敬。尤嗜」□□圖書，前人墨蹟，□□□□□東建樓數楹，錢唐秋鴻陳先生名曰」□陽，有記紀其事。客至款留，焚香瀹茗，盤桓終日，餘無所尚。居學之晚」歲得以優裕者，蓋以迪之為子也。其弟昱，為應天府庠生，蚤殁。撫其姪」若子，訓誨必以先世詩禮，期其成立。成化初元，昱妻錢氏以貞節表其」門閭，光前裕後，天之報稱可謂至矣！《易》以積善之家，必有餘慶，信夫！從」□□□謂予曰□□子久矣□□□老矣，吾將為壽藏於鳳西鄉之原，」欲子誌而銘之，為□□□□之暮景，猶建亥之月，草木零落，風水寒沍，」天地之氣，閉塞而□□。予聞愀然嘆息：從吉今當七十之年，古稱稀得」□□□□□□古矣□□□□人於衰老，當自葆愛，以求其休適也。何」□□□□□□□□□□□□□繫於□利，而不知止，卒同負版之蟲，」□□□□□□□□□□□□□□□□□□也哉。惜

□彼□□哀也。今聞從吉之」言，可謂達人大觀者矣！考昔□□□□□□□自為壽藏，王樵預為」靈室，初不以早為諱。從吉之不諱，非□死生解外，膠者能之乎！配凌氏，」有賢行。子姪二：曰雍，曰熙。皆恂恂雅飾，□然有成。孫男三：曰元，曰亨，曰」貞。女一。皆締名家。噫！天地之造，陰陽之□，乃有肖貌，是命曰人。而其消」長晝夜，無一息之停，唯達大觀，委順其寧。是宜有銘。銘曰：」

緊有佳士，培根達枝；放情泉石，逍遥自怡。鳳西之原，草木華滋；靈秀□」聚，樂丘是宜。家慶延綿，寔基於兹；用垂永年，視其銘斯。」

卒於成化壬辰三月十七日，葬以是年四月初四

〔簡注〕

〔一〕永樂無「壬午」，「壬午」為惠帝朱允炆建文四年。

一六五　明處士陳公（亮）墓誌銘

〔蓋文〕

明故處」士陳公」墓誌銘

〔誌文〕

處士陳公墓誌銘」

賜進士及第嘉議大夫資治尹禮部侍郎致仕前翰林院學士侍」文華殿講讀直東閣兼修國史錢唐倪謙撰文」

賜進士中順大夫南京太常寺少卿前翰林院□□□□官同脩國史西蜀李本書丹」

徵仕郎中書舍人直文淵閣錢唐凌暉篆蓋」

公諱亮，字克明，陝西漢中府略陽東□里人也。祖諱名，字隆妙。洪武中，」以材武被選，累立戰功。歷陞湖廣施州衛千户。伯父諱普護，襲任祖職。」父諱普祐，留居南京鷹揚衛卜城東上新河□焉。母蔣氏。公早喪父，有」兄弟三人。兄禮，亦早亡。與弟信處，克篤友愛。竭力以養其母，備甘旨，候」起居，人稱其孝。公生而器宇魁梧，襟度磊落，倜儻有為。與人交，惟以忠」信相接，無面背欺隱，温厚和易，人樂親之。新河地通大江，乃商帆賈舶」湊集之所。公遇凡交質貨賄，一裁以義，取予不苟。有所附託，必為盡心，」始終其事，以故名聞四方。其有稛載至新河者，必首訪公，以公為歸。公」勤於治生，家日饒裕。而能親賢好禮，務實去華，未嘗以富驕人。有求之」者，輒周之，無吝色。賢士大夫重其為人，多從之遊。成化壬辰正月二十」九日，以疾卒。其卒也，遠近聞者，莫不惜而哀之，亦可見其行乎於人有」素矣！公生於洪熙乙巳九月十四日，享年四十有八。配吴氏，賢淑有婦」德。生一子，曰廉。二女皆幼。從子二：曰庸，曰庶。公

待如己子，教之皆底成。」子廉等擇是年四月十六日，葬公於上□□□□之原，先塋之次。以」狀来乞予銘納諸墓。為之銘曰：」

没世無稱，孔子所疾；名可稱也，由有其實。嗟陳處士，玉立長身；其儀可」則，其德可親。行誼所孚，綽有令譽；親賢善交，名以實著。若人之淑，壽福」則宜；胡嗇其報，不臻艾耆。有子克家，慶源斯衍；我銘厥藏，幽光不顯。」

朱仲實鐫

一六六　明南京內官監太監楊公（雲）壽藏銘

〔蓋文〕

南京內」官監太」監楊公」壽藏銘

〔誌文〕

南京內官監太監楊公壽藏銘」

賜進士及第進階正議大夫資治尹禮部侍郎致仕前翰林學士侍」文華殿講讀直東閣兼脩國史錢唐倪謙撰文」

賜進士福建等處承宣布政司參議東吴盧雍書丹」

徵仕郎翰林院中書舍人嘉禾羅麟篆盖」

南京內官監太監楊公，豫營家壙於城南安德鄉瑞雲山之麓。嘗語其子泰曰：死生者，晝」夜之道也，有晝必有夜，有始必有終，天地間一陰陽聚散之所為，乃古今不易之常理，未」見有超然獨免者也。吾是以順吾之常。為是，以待爾其求當代名筆為吾作誌，及吾未瞑」目而一見焉，豈不樂哉！泰遵命惟謹，乃琢石為壽藏誌，謁予以銘為請。予聞而歎曰：世之」人以後事為諱者多矣！公獨能視若晝夜而為之地，豈非達生知命之君子哉！乃為叙其」履歷之概，俾刻之。公名雲，姓楊氏，世為吉安永新鉅族。祖計一，父友生，皆有隱德，樂善好」施，鄉稱長者。母温氏，以賢淑聞。公生而岐嶷，性敏好學。年十二，選入」內庭，功習書史〔一〕，學日有進，以其餘力，於道經、梵典亦皆博覽。公舊名學雲，」太宗皇帝嘉之，賜今名。永樂丙申，擢內承運庫右副使，典司寶藏，盡心厥職，出納惟謹。丁酉，調」司禮監奉御。甫二年，」上以其練習舊章，俾復原任，陞左副使。庚子，陞大使。」英宗皇帝御極，以其歷年滋多，老成縝密，效勞者久，召赴」闕庭，面加奬諭，特陞南京內官監太監，兼掌庫事。尋賜白金一百二十兩，楮幣二萬七千貫。」綵段四表裏〔二〕。」上以遠夷慕化，来」朝者衆，乃出內帑白金五千斤付公，南還織買綵段，以備賞賚之費。其為」朝廷信任如此。公詳加閱較，罔不精良，」國用有濟，公嘗伏念：荷」國厚恩，無由上報。乃擇山水明秀之地，悉罄己貲，創建梵刹，為」國祝釐，為民祈福。規制宏麗，輝映林壑。具疏以」聞，賜額普應寺。後則公營壙之所也。公為人端慎小心，公勤不怠，事」上以忠，待人以恕。自幼至老，深居」禁掖。歷事」六朝，居官蒞政，近六十載。竭誠奉公，罔有疏慝。是致　」列聖眷顧，恩寵日薦，功成名立，終始克全，不易得也。公生於洪武辛未十月二十三日，今年己」丑，壽七十有九。子三人：曰霆，曰霑，曰泰。嗟夫！古人於年之漸老，必豫為終備，故六十歲制，」七十時制，八十月制，九十日脩。蓋慮倉卒之變也。公之為備若此，可謂周矣。其卓見遠識，」夫豈常人所能及哉！是宜銘已。銘曰：　」

城南有山，瑞雲是名；風氣完固，儲祥閟靈。維公相之，卜云其吉；　」迺開紺園，迺成窀穸。迺樹松檟，蔚乎相繆；千歲厭世，歸茲樂丘。　」達人大觀，洞然無累；賢聞無窮，昧者知媿。　」

卒於成化癸巳二月十一日申時，享年八十有三。　」

大明成化九年歲次癸巳二月十二日

金陵楊林刻石

〔簡注〕

〔一〕「功」通「攻」，「功習」即「攻習」。

〔二〕「叚」通「緞」，「綵叚」即「綵緞」。

一六七　明旌表孝行龐公（景華）墓誌銘

〔蓋文〕

旌表孝」行龐公」之墓

〔誌文〕

旌表孝行龐公墓誌銘　」

賜進士及第正議大夫資治尹南京禮部侍郎前翰林學士侍　」文華殿講讀直東閣兼脩國史錢唐倪謙撰文　」

賜同進士出身資德大夫正治上卿南京吏部尚書廣宗崔恭書丹　」

敕命　」孝陵主祀事駙馬都尉維揚趙輝篆盖　」

公諱景華，字宇春，别號松雪，世為吴之松陵人。曾祖積之，祖昇甫，父彦恭，俱有隱德。洪武」間，以産殷徙京師，占籍應天，今為上元人，居長安街西。彦恭號安分，平生行履，見侍卿金」公庠所撰墓誌。母吴氏，有懿德。公幼有至性，方九齡，彦恭歿，即知哀毁。母孀居守節，慈訓」有方，屏膏沐，躬儉素，脱簪珥，以市書籍，遣公就學里塾，歸則課其所業。公佩慈訓，力學不」懈。人以為非是母，無是子也。比長，為娶婦徐，服從姑命，勤於紡績織紝，家因以饒，孝養豐」腆，母心安且樂焉。宣德戊申，母嘗得疾阽危，公湯藥必親嘗，夜則稽顙北辰以禱；差而復」作，乃刲股為糜以進，疾果瘳。又嘗作痢，刲股如初，嘗糞甜苦，語其妻曰：糞苦，母不死矣。果」復瘳。嘗至龍潭江滸，時大風，舟多覆，見有溺水起附舟□者十六人，公即捐金購□□□」往救之，賴以全活。丹陽道上有井，夜行不知者，多失墜。公見而病之，為命工鑿石為闌以」護。其拯濟多類此。天順戊寅春，鄰火爇近所居，乃籲天曰：吾母老矣，願留此終餘年。須臾」風及火息，人皆以為孝感所致。母壽九十餘，有司以其事聞，天順巳卯，」詔旌其門，曰孝行，復其家丁役。成化初，纂脩」《實録》，嘗采其行績以進。母至九十三而終，公號慟踊絶，衣衾棺殮，悉合於禮。太史安□□□」生時，為銘其墓。葬鳳臺門外安德鄉王家山之原，與父合窆。追廬墓側，朝夕哭奠，□□盜」十餘人欲發其墓，聞其哭聲，曰：此孝子也。遂各遁去。有慈烏集於松柏，靈芝産於階□，縉」紳多為詩文美之。成化丁亥，府尹王公弼、江寧縣丞廖公世清，舉其孝廉，不起，乃以□□」請預鄉飲，鄉人慕之。成化乙未二月二十六日，以疾卒。卒時取紙筆，述身後事，以遺□□。」享年六十有五，生於永樂辛卯三月十五日。配徐氏，有賢行，克勤内助。子男四：拯，娶□□。」撫，娶朱氏；撫卒，朱守節。拱，娶梅氏。掄，娶王氏；掄以儒士薦，供事南京禮部，將授以官。孫男」一祐。孫女二：長適陳鎧，餘在室。諸子卜以是年六月初八日，舉柩祔葬祖塋，奉禮部□□」張汝正所述行實来請銘，嗚呼！人之行，莫大於孝，景華孝於親者如是，其於子道盡□□」宜」朝廷旌之，為世勸也，可無銘乎？銘曰：」

生事葬祭，孝親終始；孰能盡之，曰龐孝子。嗟嗟孝子，發於一誠；病不措□，」葬則守塋。謂天莫親，乃息延燎；謂人叵測，乃止强暴。烏棲芝茁，瑞□□□；」扶危拯難，孰非此仁！名績上」聞，有詔旌表；雙桓在門，于以勸孝。嗟殞其壽，不殞其名；曾閔往矣，公襲□□。」玉山之藏，既安且固；過者式之，孝子之墓。

一六八　明制封黔國（沐琮）太夫人梅氏（妙燈）墓誌銘

〔蓋文〕

制封黔國」太夫人梅」氏墓誌銘

〔誌文〕

制封黔國太夫人梅氏墓誌銘」

賜進士及第正議大夫資治尹南京禮部侍郎前翰林學士侍」文華殿講讀直東閣兼脩國史錢唐倪謙撰文」

奉」勅南京守備掌中軍都督府事總兵官成國公鳳陽朱儀書丹」

欽差駙馬都尉維揚趙輝篆盖」

成化十年甲午秋八月七日，黔國太夫人梅氏以疾卒於滇南。明年，柩還南京，啓黔國榮康公」之窆，合葬於觀音山祖塋。其子嗣國公、鎮守雲南總兵官沐公琮，寓書於余，求銘文以葬。按狀：　」太夫人諱妙燈，梅其姓也，世為鳳陽之定遠人。高祖成，當元季世亂，遇　」太祖高皇帝龍興臨濠，乃聚衆協謀，率先歸附，從隸麾下，勇敢有謀，戰無不剋，屢建奇勳，受賞賚，陞」百户至千户。曾祖榮嗣職，緣事謫戍雲南金齒，尋復其職，卒於官。祖盛嗣，改調廣南衛中所，卒。」考昪嗣，恪守家範，勤脩職業，有能名。妣蔡氏，本所百氏春之女〔一〕。生女二，長即夫人也。夫人自幼」端淑，遵姆教，精女紅。年及笄，歸黔國榮康公。公總戎南滇，綏鎮獠夷，遠近帖服，夫人贊助之力」為多。歲庚午，今嗣公生甫十月，而榮康公以疾薨。時夫人年方二十有一，蓬首垢面，稱未亡人，」以撫育嗣公。性嚴厲，治家謹肅，內政截然齊一，人無間言。比嗣公成童，朝夕督使嚮學，勉之以」忠孝，教之以公勤。嗣公能服從其訓，志慮過人。成化改元，嗣公襲爵，朝覲　」京師。夫人與俱，跋涉萬里，不憚艱辛。丁亥秋，嗣公奉　」命，繼鎮於滇，夫人復從南還，舟車往返，若安處於家，不知有道路之遠者，保護左右，有嗣公之能」孝也。戊子，　」朝廷推恩，錫以　」誥命，封為太夫人。　」天語褒嘉，光榮至矣。每嗣公曉起視事，罷退拜夫人於堂上，夫人必舉先公忠　」君恤民之道，撫夷靖邊之略，以為嗣公告曰：汝以青年，荷重爵，膺重寄，宜踵汝先公之蹟，上報　」朝廷可也。故嗣公奉公惟謹，不敢有纖毫縱恣，夫人訓誨之力也。夫人生於宣德庚戌閏十二月」十二日，享年四十有五。卒之日，滇之軍民，老稚傷悼，如喪考妣。訃聞於　」朝，遣官諭祭，為營葬事，其生榮死哀何以加諸！嗚呼！古昔盛時，諸侯夫人、大夫妻，化行於家，德脩」於身，詩人從而詠美之，若二《南》所歌是已。孔子取之，所以為天下後世之法焉。今夫人之淑德」懿行，視二《南》所歌為無媿，使不著於聲詩以傳，則後世曷由而知所法耶？是用為銘，以誌於墓。」銘曰：　」

猗惟世臣，匹休於　」國；卓生偉人，寔由母德。嗟嗟賢母，蚤喪所天；有子在哺，忍死保全。以愛以勞，　」撫教兼備；材德有成，膺家　」國寄。承家重爵，為　」國總戎；南滇保障，緊母之功。曰太夫人，　」龍章褒錫；慈節純全，伊誰能及。胡豐其德，乃嗇其年；天意固遠，千億其傳。　」返葬故山，優承　」恤典；生也寵榮，没也光顯。幽堂合窆，無媿從夫；揭芳貞石，垂示闓模。

〔簡注〕

〔一〕「氏」應為「户」之誤，「百氏」即「百户」。

一六九　明故秦仲良（能）墓誌銘

〔蓋文〕

明故秦」仲良墓」誌銘

〔誌文〕

明故秦仲良墓誌銘　」

賜進士及第正義大夫資治尹南京禮部侍郎前翰林學士侍」文華殿講讀直東閣兼脩國史錢唐倪謙譔文」
賜進士出身文林郎南京山西道監察御史姑蘇徐完書丹」
賜進士出身承德郎刑部主事南康鄧存德篆盖」

成化乙未秋八月三日，金陵秦仲良卒。其子瑋既以禮斂之，扶杖衰」經，持郡庠龍君民望所述事狀，再拜来乞銘。予與秦氏居相鄰，且有」舊也，銘惡可辭。按狀：仲良諱能，仲良其字也，姓秦氏，其先維揚之泰」州人。洪武初，厥祖通從」太祖高皇帝起兵淮甸，累建奇勳，擢錦衣百户。父勝世其官，有聲於時。曰」劉氏、李氏、張氏，則公之祖妣、妣也。仲良天性嚴正，在齠齔時，不與羣」兒遊戲。及就外傅，孜孜務學。比長，日涉獵諸子百家之書，詩賦駢麗」之章亦皆記誦。至於小學一書，誦之尤熟，盖欲身體而力行之也。平」居教諸子有義方。其猶子百户瑛治事有聲譽，冠帶舍人，雲進學問，」累遊場屋。秦氏之多佳子弟者，有仲良繩督之也。善營居室，虛敞高」明。喜種菊，所居之旁黄白成蹊，雖落落與人寡合，至於賢士大夫過」其門，必把菊玩賞，命觴咏歌，罄歡而後已。遇鄉鄰子弟，恒勉以讀書，」教以孝弟。不喜僧道，履其門，必麾斥之。事母孝，扁其堂曰奉萱。早遊」江湖，晚樂閒逸，悠然自得，無求於世，真物外人也。平昔衣冠整潔，人」物魁偉，議論英發，人莫敢與之狎。所與知厚者，皆金陵之貴公子也。」忽遘奇疾，伏枕三四載，至是卒，享年六十有四，距所生為永樂壬辰」七月二十五日。娶劉氏，先卒；繼林氏。子四：璽、璋，先卒；瑋、瓚，皆克家幹」蠱。女一，適府軍衛指揮劉鏞，中軍都督聚之孫也。孫三：鑑、鉞、銘。以次」月望日祔葬江寧縣安德鄉大店坊之原，從先兆也。於戲！仲良自幼」至老，持身治家，內外井井，不以生長貴族而驕縱，可謂有德者矣。是」宜銘。銘曰：」

惟恬淡是甘兮，不炎以趋。樂林下之清風兮，浩歌唐虞。豈逸民之」徒兮，遁世全軀。勒銘貞石兮，百世弗渝。

一七〇 明故靳（安）繼祖母太夫人岡氏（妙蓮）墓誌銘

〔蓋文〕

明故靳」繼祖母」太夫人」岡氏墓」誌銘

〔誌文〕

明故靳繼祖母太夫人岡氏墓誌銘」
賜進士中憲大夫南京太常少卿前翰林侍」讀經筵講官直東閣同脩國史西蜀李本撰」
欽差南京守備成國公掌中軍都督府事總兵官鳳陽朱儀書」
欽差參贊機務提督巡江資善大夫南京都察院右都御史三原王恕篆」

嗚呼！古之所謂有德而能致壽，有壽而能享福者，予今於奉」敕守備南京司禮監太監安公之繼祖母太夫人岡氏見之。公自至南都，政事脩舉，軍民」樂業。痛岵峙之蚤背，幸祖母之獨存，乃迎以就養，朝夕定省，左右扶持，旨甘滫瀡必」親視。始奉太夫人身心恬豫，耳目聰明，年踰九衮，飲食動履，如少壯之日。得以久享」公之孝養，士夫孰不以為有壽有福。不意成化十四年戊戌春三月朔日，偶以疾卒。」公哀毁踰禮，士夫之走弔，亦莫不為之悼傷，可謂生榮死哀者矣。公卜以是年三月」廿日，葬于應天府江寧縣安德鄉静明山，」敕賜崇恩寺之右。乃持狀求銘。予叨貳南臺，聞太夫人之積德，知公之能孝已非一朝夕，」烏敢以蕪陋辭？按狀：太夫人諱妙蓮，世家直隸薊州。自幼聰慧重厚，寡言笑，精女紅，」凡縫紝絺繡，不煩姆教而能。父母甚愛之，曰：是女他日適人，必能光大門户。及長，擇」所宜歸，得繼武德將軍靳公室。孝順恭謹，勤儉和睦。凡所欲為，即能婉順相成，或有」未當，則必從容諫止。所以夫君奉親祀先，睦族交友，待賓御下，皆合乎道。而家業成」就，聲譽播揚者，時人咸以為得太夫人之賢之助焉。初，妻李氏夫人有子，太夫人愛」如己出，幼則撫教之，長則婚配之。不幸夫君奄棄，太夫人痛絶復甦。躬治葬祭如禮」教，愛諸孤益至。家聲愈振，族屬益繁。篤生令孫，英邁俊爽，才足以幹事，智足以周物。」蚤荷」恩寵，左右」聖明，托以股肱心膂，資其贊襄輔弼。況其為人簡重寬洪，恭勤慎密，亦云至矣。而忠」君報國，守法奉公之訓，惓惓不忘。太夫人之德，何其盛哉！惟其有是盛德，所以獲此高壽，」而備此盛福也歟！太夫人生於洪武戊辰十月一日，至是享年九十有一。子男三人：」長曰文，李出也；次曰武，曰全，太夫人生也。女一人，妙金，選入」禁內。俱先卒。孫男四：長即太監公；次順，任錦衣鎮撫；次銘，任南京錦衣百户；次春，未仕。」俱文之子。曾孫三：玉、珊、琇。太夫人以高壽享盛福，孫曾滿前，得正而斃，夫復何憾！銘」曰：」

毓秀鉅族，繼室名門；為婦為母，俱有道存。不妬而慈，愛前室子；」《關雎》攸載，正家之始。秀發孫枝，早輔」聖君；托以重任，撫安軍民。孫著才賢，教戒尤切；不自滿假，所以有德。」年高福備，主順死安；我銘其墓，千古不刊。」

金陵楊林鐫

一七一　明故南京內官監左少監楊公（忠）墓誌銘

〔蓋文〕

大明故南」京內官監」左少監楊」公墓誌銘

〔誌文〕

大明故南京內官監左少監楊公墓誌銘」

嘉議大夫南京吏部左侍郎前國志總裁直」文華殿賜一品服東吴錢溥撰」

敕南京守備掌中軍都督府事成國公鳳陽朱儀書」

敕參贊機務南京兵部尚書前都察院右都御史資善大夫三原王恕篆」

公姓楊，諱忠，字德遵，其先交南世家。生而氣清質粹，閑于《詩》、《禮》。永樂十九年，被」選入」內廷，侍」太宗文皇帝，小心慎密，眷顧日隆。」仁宗昭皇帝目公秀異，命從學于翰林，氣質丕變，異於儕輩。」宣宗章皇帝特加奉御之職，奉」敕巡察內外奸邪，益深付託。」英宗睿皇帝命掌內務數年，尤得」上之歡心。景泰間，命往南京尚膳監，恭祀」宗廟，祇誠寅畏，夙夜罔懈。成化九年，」今上皇帝特陞南京內官監左監丞。十二年，命侍」孝陵，掌神宮監事。十三年，仍陞內官監左少監，兼管大報恩寺齋供一切事及脩」大庖廚。咸著成績，人衆皈仰。享年六十有八而卒，生永樂辛卯十一月廿七日，而」沒則成化戊戌十月廿一日也。公天性淳儉，不尚侈靡。涉獵子史，能達大義。臨」政簡約明決，無有壅滯，揮翰敏捷，處事老成。至于謙和待人，不以貴賤而有異，」誠愿接物，一以不欺為主，本人皆樂從而信嚮。故其沒也，人争哀悼而吊，惜之」者甚衆。其猶子福成卜以其年十一月十五日，奉厝于德恩寺後，乞司禮監奉」御梁公端為狀，托都指揮彭鑄来請銘。余不能辭也。為之銘曰：」

維楚有材，晉實用之；公生交南，人際」盛時。恭侍」列聖，委以重寄；勤慎有加，率諧」睿意。聿来南都，尚膳是專；祇事」宗祏，夙夜惟虔。歷陞監佐，守大報恩；祝釐」萬壽，深結善因。樂此浮生，逾六望七；一朝千古，竟與世隔。都城之陽，梵刹之傍；室堅」且好，于焉永藏。」

朱大用鐫

一七二　明敕典南京祭祀駙馬都尉趙公（輝）墓誌銘

〔蓋文〕

敕僉典南」京祭祀駙」馬都尉趙」公墓誌銘

〔誌文〕

敕典南京祭祀駙馬都尉趙公墓誌銘」

嘉議大夫南京吏部左侍郎前翰林侍讀學士國志總裁直」文華殿賜一品服東吴錢溥撰文」

欽差駙馬都尉永平石璟書丹」

敕命南京守備掌中軍都督府事成國公鳳陽朱儀篆盖」

公姓趙，諱輝，字孟暘，別號存古道人。宋宗室後，扈蹕南渡，隱于維楊之江都豐樂鄉家焉。曾祖諱省，仕元平章，」贈太保。祖諱應，洪武初，以武功受陝西鞏昌衛正千户。第五子諱和，公之父也，永樂初，亦以武功授府軍後衛」正千户。征交阯没。遺公甫七齡，賴太夫人孫氏嫠居教育。長襲廕蒞事，穎敏越人，文武經史，悉喻其旨。嘗宿衛」闕廷，益加勤慎。癸巳，　」太宗目公既久，知其器識不凡，選尚」太祖寶慶公主。時　」仁宗在東宫。當出閤之日，特命躬送入府，以極恩榮，前未有也。公自拜爵駙馬都尉，益親賢樂善，德與學峻為時信」用，幹濟機密，及諸重務，皆獲成效。甲辰，　命取蜀王，繼命取前漢王，至則備宣恩威大義，二王感悟赴京，」盡釋其疑。全　恩義而免師旅，皆公力也。由是，　錫賚甚厚，眷注益深。命掌中軍都督等府事，官軍畏服，聲」績□著。嘗監脩　」皇陵者三，清白乃心，工欒於事。選將軍入侍者二，所志惟公，號得其人。致荷　」宣宗敕，有操履清慎，練達老成之褒。督理南畿馬政幾二十載，政令嚴明，奸除弊革，馬蕃於昔。正統丁巳，　命取遼」王赴京。明年，　敕總官軍脩築要兒渡，開河十餘里，夙夜勤勞，不月而完。　朝廷厚金幣以勞之，舟航至今利」便。越三年，奉敕主祭　」孝陵等處，恪秉誠敬，未嘗少忽。己巳秋，聞土木兵變，　」乘輿未復，遂號天大泣曰：　主辱臣死，義不共天。况叨戚里厚恩，雖粉身莫報。疏乞統率三軍，直入虜廷，迎復　」大駕為事。朝廷以公忠勇宜留守，以固根本。未幾，虜酋感　」上威德，恭送還　朝。及自南内光復寶祚，公每稽顙，嘆曰：　豈圖復覩蒼天，雖死奚憾！公既授爵，即置私第，迎太夫人」就養。昕夕定省，克盡子職。語及父死，輒涕泣不自勝。太夫人年高，守節在堂，南京守備魏國公等以其事聞，」詔特旌表其門，公備禮具謝。以公忠孝兩盡，復賜蟒龍等叚〔一〕，并白金寶鈔，以嘉奬之。太夫人遘疾，日侍湯藥，夜不」解帶。疾增劇亟，籲天求代，情極懇切，既而獲瘳，人以為孝感。享年九十一終。公服喪過哀，葬祭之禮，一出乎誠。」兩京縉紳，舉嘆以為難。歲戊戌正月之望，公壽登八十有一。乃謂其孫曰：　吾為駙馬，久荷　國恩，今罔報矣。但」願汝盡忠孝，親君子，以保世勳；　務勤儉，宜兄弟，以守遺業，可也。言訖而逝。訃聞，　」上深傷悼，輟視朝三日。遣南京禮部右侍郎李本等官諭祭，共一十五壇，及米帛棺槨塋葬，悉給于内，　恩至渥也。」子男二：　長琮，襲府軍後衛正千户；　次珎。俱先卒。女二：　長聘與金吾後衛指揮僉事許璟子純，未行，卒；　次適府軍」衛指揮使程鵬。孫男二：　長鍾，襲陞本衛指揮僉事；　次鎧。皆琮子也。女一，適右府王都督之子璣，珍女也〔二〕。公忠孝」謹厚，本乎天性。雖聯姻　」帝室，久享名爵，而謙撝抑抑，不少矜肆。嘗搆日省齋以自警。當時，楊文貞、文敏、文定三公，咸為詩若文，以嘉勉之。三」公没世雖久，公每暇必焚香莊誦，接目警心，惟恐驕志或萌。故能歷侍」七朝，克備五福，而保有令名，勳庸德量，為世罕有。推之往代，在戚畹如公者，亦豈能有哉！是宜論譔其德業，以俟太」史氏所采，為後貴戚者勸。鍾將以其年十二月十五日，奉厝于應天府江寧縣光澤鄉三山之原，祔　」公主墳，遵制命也。乃以塾賓學録王鍾成狀来請銘，嗚呼！余自癸巳改任留都，獲敦舊好者，殆及六年。見公雖」耄，而愛賢好士，為國為民之心，恒孳孳未已，真國之老成人也。何忍遽銘于公哉！然不銘何以掩諸幽？銘曰：　」

唐有叔寶，以武取貴；　宋有晉卿，以文致譽。孰有如公，文與武濟；　富貴壽考，世何能備。」雖居戚里，豈無恩遇；　亦孰如公，終始罕儷。皆　」天所錫，曷由倖致；　德與壽兼，在公奚媿。三山之原，合葬以制；　派衍　天潢，」其克永世；　有徵斯銘，耀于来裔。

朱大用鐫

〔簡注〕

〔一〕「叚」通「緞」。

〔二〕此處之「珍」，應即前文之「玠」。「珍」與「玠」雖可通用，但作為人名，似不應混同，因疑二者恐有一誤。

一七三　明戚里王公克威（鉞）墓誌銘

〔蓋文〕

戚里□」公克威」墓誌銘

〔誌文〕

戚里王公克威墓誌銘」

嘉議大夫南京吏部左侍郎前翰林侍讀學士國志總裁直」文華殿賜一品服東吴錢溥撰」

賜進士嘉議大夫南京禮部侍郎前太常少卿翰林侍讀」經筵講官直東閣同脩國史西蜀李本篆盖」

賜進士進階正奉大夫正治卿南京刑部左侍郎江浦張瑄書丹」

克威王公，諱鉞，克威其字，順天密雲人也。高祖玉，曾祖福，世尚隱德。元季兵」興，祖福率附我」高皇平定〔一〕，以功授密雲中衛百户。福生壽，襲陞義勇後衛正千户，因家南京；尋調」歸密雲，公之伯父也。父鳳、母高留居南京。生三子：長鑑，次鎮，次即公也。鎮為」今上皇后之父，晉中軍右都督。封其父，贈其祖、曾祖，皆榮禄大夫、中軍都督府都」督同知；妣皆贈夫人。父既受封，年餘八十，既貴且壽，安享尊榮。而公獨侍其」左右，以孝敬聞。成化壬辰，哭其父；明年，哭其伯兄；又明年，哭其仲兄。父既没，」朝廷以椒房至戚，命官諭祭，命工部營葬于都城南鳳臺門之西。公又出父所」遺貲，以增益之，不自私焉。公體貌魁梧，美鬚髯。家置園亭，粲石浚池，雜植花」卉，畜禽魚，馴鶴鹿，以供觀玩，以樂宴游，一切世務不屑焉。凡橋圮而欲建，道」壅而欲除，井湮而欲浚，梵宇琳宫之欲飾，貧無資而欲賴之以舉火，親欲婚」而不能成、死不能以葬者，有告于門，輒樂然響應，而周濟之，不少吝焉。享年」五十有七，成化己亥八月二十四日，無疾而卒。其天性和厚，早游江湖，以貿」遷為業。逮居戚畹，謹禮法而無驕侈之態，保富貴而無危溢之虞，延譽遠邇，」而搢紳加重焉。配葉氏。子男四：長淳，早卒；次溥；次淶。女三：一適興武衛指揮」使脩紀；一適豹韜衛指揮同知金潤；一適應襲羽林衛指揮使張昱；皆葉出」也。幼子淮，側室孫出也。卒之日，五弟鋭與其孤溥、伯兄之子洪經紀其喪，且」以訃報仲兄之子錦衣衛都指揮使源。以其年十月初八日葬焉。鋭以其友」冬官郎中吴元玉所為状来請銘。余亦交于公者，嘗記公先都督之墳矣。而」于銘墓也奚辭？銘曰：」

處貴戚而不驕，守富盛而不溢；不溢不驕，誕歸有極，以無忝于先德。後其有」徵，在此銘石。

〔簡注〕

〔一〕前記曾祖名「福」，此記祖又名「福」，如果不誤，則亦屬「父子同名」。又，「平定」下無賓語，疑有脱文。

一七四　明故竹菴處士張君（縉）墓誌銘

〔誌文〕

明故竹菴處士張君墓誌銘　」

賜進士及第朝請大夫南京國子祭酒前翰林學士太子左庶子同脩　」國史兼經筵講官晉陵王㒜撰　」

中憲大夫南京通政使司左通政　」賜三品禄江陰徐世英書　」

賜進士第中憲大夫南京通政使司右通政　」三品禄眉山萬翼篆　」

竹菴處士姓張氏，諱縉，字宗禮，壽六十八，以成化十七年六月丙寅，卒于正寢。」其年九月丁酉，即其所預營壽藏于都城南安德鄉梅山之原窆焉。前期，其子」儀等奉南京刑部郎中李君堯臣狀，衰絰詣予請銘。君往年六十時，士友諸希」仁輩嘗請予為文壽君，予於是雅知君賢。蓋君少嘗讀儒書，為京庠生，有志分。」會病免去而業醫，乃更讀軒岐書。而經史百氏其故嘗涉躐者，亦往往能舉其」辭，通其義，以措諸行。君家故貲厚，既居善藥以售人，而尤自製劑以治療人。人」有求者，樂然應之，不責其報，而其所售直亦未嘗取贏。嘗曰：醫，仁術也；藥，所以」輔其仁者也。可同於它貨殖以乘時而射利哉？斯於仁有戾矣！於是以之起人」阽危，濟人夭札，惟恐不及。而於賑寒饑，助棺斂，推所有以與人者，亦未嘗少靳，」人咸德之。君事父母盡孝。母嘗病亟，籲天刲股，和糜以進，母尋瘥。翰林張學士」士謙有文頌之。至於處宗姻，奉祭祀，接賓友，撫卑幼，咸盡理道。其性亦好談佛」老，得其書輒購之，謂二家者流與儒教雖不同，其諄諄導人為善，其大率亦同」也。晚年既有子克家，遂遺落世故，放情山水，植竹數本於居第之偏，以寄傲其」中。其所營壽藏既成，每拉一二知己，以觴永於斯〔一〕。吁！可謂達矣。君配王氏，繼丁」氏，側室彭氏。子四男：儀，娶胡氏；仁，娶蔣氏，繼朱氏；傑，娶嚴氏；儒，娶李氏。四女：靖，」適京庠生梁堅；靜，適嚴紘；緣，適吳宗裔；安，幼在室。丁出也。孫男一，夔，聘朱氏。女」四：端，許聘梁宇；年、齡、莊，尚幼。君先世祥符人。宋建炎中，有仕為萬石諱荆山者，」扈蹕南渡，家于吳門。子成漢，元初平江路總管。生紹伯，紹伯生孟學，相繼為□」學録，君六世祖也。高祖景山，為醫學正。曾祖貴甫繼之，」國初召入太醫院。祖敏中，卒時年九十八。考用美，年八十。皆世其業。君母倪，尚在」堂，年九十又七。而君年亦幾七十矣。傳曰：仁者壽。豈不於斯而有驗哉！銘曰：」

學可以用於時，而不究於成；業可以世其家，而以其術鳴。匪利」之為謀，而仁之足徵。於戲竹菴，賢孰與京；銘以詔幽，以紘厥聲。

〔簡注〕

〔一〕「永」通「詠」，「觴永」通「觴詠」。

一七五　明劉處士（剛）墓誌銘

〔蓋文〕

劉處」士墓」誌銘

〔誌文〕

劉處士墓誌銘　」

賜進士第承德郎南京行人司副江浦莊㫤撰」

賜進士第奉政大夫南京工部郎中江東潘傑書　」

賜進士第承直郎南京户部主事江東俞經篆　」

公諱剛，字克柔，其先淮安山陽人。祖諱名，洪武中以殷富」從實京師，占籍上元。父諱忠，母　氏。公天性至孝，竭力養」其父母，備甘旨，候起居，人稱其孝。且器宇軒豁，襟度倜儻」有為。與人交惟以忠信相□，□面背□□，温厚和易，人樂」親之。凡遇交質貨賄，一裁□義，取□不苟。有所附托，必為」盡心，始終其事。以故名聞於人。公勤於治生，家日饒裕，而」能親賢取□，樂善好禮，務實去□，未嘗以富驕人。有求之」者，輒周之無吝色。賢士大夫重其為人，多與之游。成化辛」丑十二月五日，以疾卒。其卒也，遠近聞者，莫不惜而哀之，」亦可見其行孚於人有素矣。公生於永樂丁亥六月廿有」二日，享年七十有五。配宛平　氏，繼劉氏。子男三：禎，先卒；」祥，娶張氏，繼陳氏；祺，娶浦氏，繼郭氏。女三，陳玘、梁能、袁壽，其壻也。孫男二：□，娶□氏；綸，娶汪氏。曾孫二：長□，次尚幼。」祥等擇是年十二月二十日，卜葬于江寧縣之鳳西鄉陳」家庫之原。先期以狀来乞銘，納諸墓。銘曰：　」

允矣處士，偉哉令名。慶鍾于後，子姓繩繩。　」卜葬高原，永固永寧。　」

朱大用鐫

一七六　明故秦公仲和（忠）墓誌銘

〔誌文〕

明故秦公仲和墓誌銘 」

賜進士嘉議大太南京禮部侍郎前太常少卿翰林侍讀經筵講官直 」東閣同脩國史西蜀李本撰文 」

賜進士第文林郎南京山東道監察御史金陵吴文度書丹 」

賜進士出身奉政大夫南京兵部郎中東鄞金澤篆盖 」

公諱忠，字仲和，姓秦氏，其先維揚泰州人。洪武初，祖通從 」太祖高皇帝起兵淮甸，累樹奇功，授錦衣衛百户，遂家金陵。父勝世其官，聲譽」赫然于時。公承先世之業，勤於治生。事母張氏孝謹，得佳蔬時饌，奉之恐」後。事兄仲良，怡愉誠恪，若嚴君焉。家務巨細，悉以諮決，一錢尺帛，不入私」藏。或少貽兄怒，則屏氣拱立；怒霽，乃復敢言。公幼而岐嶷，長而孤騫不群，」耻作鄙客態。交游皆清脩博雅之士，必占一藝於時者。不設擭穽，人有過，」必面斥之，不肯諂韋屈下。人性凝重，若未易涯涘，素不留滯於心胸。人有」危難，力為排紛。皆始而忌，終而敬，且慕焉。諸子百家之書，皆涉獵大義。小」學一書，誦之尤熟。古今騷人詞曲警句，遇風清月白之夕，每擊節歌之，時」以簫管作數聲。名花異卉，假山奇石，環遶于庭。以至法書名画，商鼎周彝，」皆品題其真贋，無少差忒。大營居室，一新前人之制。嘗載重貲，遨游淮揚」閩浙，每至必知名。人以夙逋未償以千計者，悉折券免貸。歲歉，給衣食，以」賑饑寒。於家庭前築一室，延明師以教子弟，召宗黨悉就學。若陶君希文、」高君汝欽、諸君□二，皆所器重者。浮屠、巫祝、尼媪之属，不敢跡其門。性不」能□觴，□弗醉弗已。聞人語及聲利，輒掩耳以遯，若有所浼之者，子雲嘗」□游□序，從博士授《易經》，累厄場屋，乃大肆力於詞翰之學。定西總戎知」其□器不凡，薦于 」朝，膺京營贊畫戎機之任。公往視於金臺，到家甫半載，一疾弗起。配趙氏，有」淑德。子四人：曰雲，即膺聘者；曰璧，曰玠，曰瑜。孫男二，幼。成化壬寅正月初」三日，卒于家，享年六十有五。公生為永樂戊戌八月初九日，卜以是年是」月廿八日，葬于江寧縣安德鄉大店坊之原，從先兆也。其姪百户瑛，以予」仕南都有年，頗知其家，持郡庠龍民望狀，再拜乞為葬銘。嗚呼！公生平行」義端方，雖處乎鄉井之中，而譽出於衆人之口者，自有莫能掩者。是宜銘。」銘曰： 」

晚聲利之彊，漱道藝之芳。立千仞之岡，興一日之觴。勒太史之銘章，垂千」百祀之耿光。

一七七　明故蘭谷老人樓翁弘道（定）墓誌銘

〔蓋文〕

明故蘭」谷老人」樓翁弘」道之墓

〔誌文〕

明故蘭谷老人樓翁弘道墓誌銘 」

賜進士第通議大夫南京禮部侍郎前翰林侍講西蜀李本撰文 」
賜進士第奉政大夫南京兵部職方司郎中東鄞金澤書丹 」
脩職佐郎南京國子監助教泰和李概篆蓋 」

成化壬寅三月十一日，新河樓翁弘道卒，其子浩將以是年四月十七日，扶柩葬于安」德鄉季家山先塋之次。先期，持其庠友羅□禮所述事狀，衰絰踵門，拜且泣曰：浩罪惡」不天，禍延先君，使不得大□□。以光幽□□。不孝之罪，重不可言。幸哀而賜之銘。予觀」其孝誠懇切，辭不獲。按狀：翁諱定，字弘道，別號蘭谷，姓樓氏。其先浙之金華義烏宦族，」代有聞人。厥祖子高，洪武中官至左軍都督府經歷，階奉政大夫，坐事謫戍滇南。父仲」明，隨侍謫所。母董氏，有懿德，寔生翁于滇南。翁少有志于學，凡子史百家，皆通大義。弱」冠，以仲明甫年及耆，即身代其勞，征勞遠方。中鹽課以千計，家致饒裕。永樂初，翁伯兄」弘遠以能繪事被 」徵，翁與其兄奉祖母俞宜人暨父母遠来京師，占尺籍於錦衣衛，遂家新河之上。後伯兄」扈 」駕往北京，翁以鬻鹽之資，半給其兄，且與之偕行。至則為治居室器用之類，俟其安處，而」後歸焉。每三載輒一往視，仍助其不足。伯兄傾棄，所遺子女，悉為之婚嫁。祖母俞及父」母没，喪葬皆合禮度，人咸稱之。翁性端謹簡淡，詞氣温恭。與人交，敬而不慢，安而不亂，」和而不流。平居儉素自如，凡世俗所謂聲色浮靡，不一動于其中。而於孝友忠信，必求」克踐其實。壯歲嘗遊江湖，探歷名賢勝跡，以博聞見。暮年以其子能幹蠱，乃屏絶轇轕，」恒閉門掃室焚香，端坐誦經而已。餘無所好尚也。距其生洪武乙亥五月廿日，享年八」十有八。配侯氏，楚雄衛指揮僉事之女，善理内政，先翁十四年卒。子男三：長曰潤，字光」澤，讀書尚禮，交游縉紳，尤善治生，用是先業日隆，天順癸未以疾令終；次曰清，字光宇，」克自樹立，成化己亥亦以疾卒；季曰浩，字光大，以其資質穎敏，遣從前侍御高茂卿學」《易經》，入補京庠弟子員，屢試秋闈不偶，痛二兄相繼而逝，慨然以養親為心，故弗克進」用。女二：長贅興武舍人謝惠，次適天文生潘俊。孫男、女各一，皆幼。嗚呼！翁孝友本乎天」性，言行出乎自然。居富足而薄奢侈，處喧囂而就安閒。高年碩德，人所罕及。宜表見于」世，可無銘乎？銘曰：」

樓氏之先居浙東，累朝宦譜稱名宗。翁之令祖人中龍，蚤年都府時登庸。謫戍滇南折」遐衝，二世接武從邊戎。翁之伯兄妙畫工，被召入覲 」明光宫。伯兄扈 」駕居鎬豐，留翁一葉家江東。翁之孝友本降衷，天錫五福萃厥躬。年弥高兮德彌崇，子孫」繼美如璧琮。奄垂大化隨長風，士林悼惜憂心忡。季家之原馬鬣封，體魄安妥藏無窮。」

朱大用鐫

一七八　明榮禄大夫副總兵都督同知沐公（瓚）墓誌銘

〔蓋文〕

榮祿大夫」副總兵都」督同知沐」公墓誌銘

〔誌文〕

榮祿大夫副總兵都督同知沐公墓誌銘 」

賜進士出身通議大夫南京吏部右侍郎前禮部侍郎翰林侍講學士兼 」經筵講官同脩國史泰和尹直撰 」
資政大夫南京兵部尚書奉 」敕參贊機務莆田陳俊書丹 」
南京前軍都督掌府事專管操江南寧伯金陵毛文篆蓋 」

明受天茂奇，肇興淮甸，龍雲虎風，豪傑景附，戰勝攻克。當是之時，勳臣宿將，不可勝紀。而略定一方，以身鎮」之，傳封襲爵，至于孫曾，世守其土，德澤孚於黎氓，威信震于遠夷，而功業禅於 」社稷，百十年来，赫然並著，則未有若沐氏之在雲南也。嗚呼！ 若副總兵都督公，其克紹先烈者歟？ 公諱瓚，字」廷器，世家鳳陽之定遠。曾祖黔寧昭靖王諱英。伯祖定遠忠敬王諱晟。祖定邊武襄伯諱昂。考諱僖，字可」怡，南京錦衣左所副千户； 以公貴，追封都督同知。妣徐氏，封太夫人。公性資重厚，敦《詩》説《禮》。善騎射，有膂」力。景泰壬申，襲錦衣職。天順戊寅，赴京比試，適兄雲南總兵都督公璘訃至。 」英廟念沐氏世守雲南，兵政不宜他屬。召公詣 」榻前，見公儀觀魁偉，進止安詳，有祖父風，深喜焉。遂陞都督同知，充總兵官，掛征南將軍印，馳驛還鎮。公感」激圖報稱，脩飭城壘，增羡糧儲，禮賢興學，禁貪剔蠹，號令嚴明，軍民悦服。禄谷寨夷迪屢不靖，公畫計授」都指揮高遠等，率兵致討，一鼓而克。霑益州賊首阿賽與女土官適仲構兵，戕及平民，公調都指揮張諒」統兵往擒之，地方以寧。隴川蠻酋木梅、罕賢相争奪弗解，公議遣三司巡守官諭以禍福，酋伏罪，謫調遠」方。歲壬午，麓川餘孽思卜法擅侵孟木等地，謀為變。公奉 」敕遣使宣布威命，賊遂遁，邊民按堵。事 」聞，勞以白金、文綺。成化初元， 」今上念公效勞歲久，頒賞賜，敕奬勵益至。公感 」恩，誓殫忠藎。成化丁亥，今黔國公襲爵繼鎮，仍命公協同贊理。明年，命公為副總兵，鎮守金齒、騰衝等處。比至，」德化夷獠，恩撫士卒，邊以無警，歲以屢豐，遠迩頌歌之。庚子，嬰疾，具疏乞休致。 」上以公開國勳臣之胤，官高望重，夷民信服，非他衰邁者比，不允。公勉視事，而疾寖劇，乃舁至滇，便醫藥，弗效。」嘆曰： 吾没無憾，但世受 」國恩，弗克終報！ 語訖而逝，時辛丑四月廿九日也。 泝生正統己未七月廿二日，享年四十有二。所部軍校民」夷，皆賫咨涕泣，以為何可復得也！ 訃聞， 」上悼惜，輟朝一日，賻以米布，遣雲南布政使司左布政唐瑜並南京禮部大臣諭祭者六。南京工部治塋於城」南觀音山昭靖王之墓域也。 卹典渥矣！ 公娶夫人賈氏，都御史銓之女。子男四： 長誠，雲南左衛指揮僉事，」奉 」命嗣鎮金齒等處； 次謙，早世。皆嫡出。次詳，次諫，側室出也。卒之明年，諫奉柩至南京，卜十月廿五日葬。而以南」京守備成國公之命，持狀来請銘。嗚呼！ 」國家之制，勳臣子孫，悉世其官，往往安於豢養，無所自效，而驕墮酣嬉，以殄世澤者，亦有之。視公之忠謀武」勇，克濟世美，真國之金湯，故宜其生榮死哀，有非尋常所可及歟！ 銘曰： 」

維鎮滇南，有沐世家； 王公侯伯，世為國華。大宗小宗，孰匪名將； 維都督公，文武恭讓。昔初入覲，魁偉其儀； 」英皇一見，天顏懌怡。曰兹滇南，汝其世守；　乘傳以還，金印在肘。有赫印文，征南將軍；　總是戎伍，掃浄邊氛。首宣」德意，不專黷武；　夷酋嚮風，邊氓按堵。」歲信遠暢，洽于海隅；　緝熙先烈，鞏固」□圖。盡瘁來□，」帝曰咈哉；　汝國長城，休可得哉。孰謂將星，遽殞于營；　壽則弗遐，死哀生榮。金陵之南，有祖塋域；　奉柩歸安，松栢」欝欝。風馬雲車，祖曾是從；　勒銘于石，以昭世功。」

金陵朱大用鐫

一七九　明竹溪王公（真）墓誌銘

〔蓋文〕

明故處」士王公」墓誌銘

〔誌文〕

竹溪王公墓誌銘」

賜進士通議大夫南京禮部侍郎前太常少卿翰林侍」經筵講官直東閣同修國史西蜀李本撰文」

賜進士奉政大夫南京兵部郎中江東金澤書丹」

賜進士奉政大夫江西按察僉事前南京山西道監察御史金陵徐完篆盖」

公姓王，諱真，字子純，別號竹溪，世為青齊莒州大族。大父諱三公，隱德弗」仕。父諱奎，母　氏。公生而資性淳朴，心地光明，寡言而發必當理，篤行而」□必不苟。髫年即知嗜學，涉獵子史，能通大義。鄉里長者以其異常兒，多」▨▨以武略，選為錦衣力士，後扈從」□王入□，以功陞總旗。既老，公代」▨儀□□動作謹慎，選為樂舞生，領率群□以奉祀事，深荷嘉賞。」▨亥調南京，隸籍京衛之豹韜，遂家焉。公事親非特供甘旨，而於晨」▨出入扶持，罔不盡道。及親没，哀毁逾度。而歲時必祭，祭必竭誠。以」□起家，以節制度。凡日用衣服飲食，與夫婚喪慶吊，不尚侈靡。而於親識」□□貧之，慨然賙給，略無吝色。晚年猶手不釋卷。暇則邀知己二三人，登」山遊寺，以吟咏風景，用之以示子孫，鄉人多所感發。諸孫中見冕資敏可」進，授以一經，遣入郡庠，以期科第。餘則令其經營，家益饒富。正宜享福，忽」尔奄棄。公生於洪武丁丑二月十日，没于成化癸卯二月廿二日，享年八十」有七。配趙氏，有淑德，先公十有六年卒。子一，諱恂，先公二十有三年卒。孫」男三人：　長曰黼，亦没；　次曰黻；　又次即冕。女二人：　長適旗士郭英，次適舍人」方昂。孫女一，適京庠生雍震。曾孫男四，曾孫女二，俱幼。兹卜卒之次月望」日扶柩合葬於金陵石灰山之陽。冕衰服持天官劉公憲所為事狀，泣求」銘垂諸遠。予，蜀人也，久聞公之賢，烏可以不銘？　銘曰：　」

彼美君子，讀書達禮；　樂舞純和，恪供藩祭。調兹金陵，」家業聿興；　啓迪後嗣，以禮以經。壽望九旬，忽尔奄棄；　」我銘諸幽，用昭百世。

一八〇　明李翰英妻徐氏墓誌銘

〔蓋文〕

李翰英」妻徐氏」之墓

〔誌文〕

李翰英妻徐氏墓誌銘」

賜進士第□□□□□□工部郎中▨」

▨」

▨東吳倪▨

▨」▨」儒素相承□□公□誼，且深▨」▨諱□順□□母氏事書史▨」歸翰英。事舅姑□色養▨」▨親庭甘旨，及四時供養▨」▨布帛無□，□妄費，鄉閭▨」▨」▨不難從也。君▨」▨仕階吾雖早逝▨」▨于□經面墻當事▨」▨願聞，有以也。□日果▨」▨皆幼。生於天順戊寅▨」▨成化甲辰九月廿二之丑，翰英擇以是▨」▨之原，先塋之次。乃持京庠龍▨」▨銘曰：」

▨寧天，胡不錫之以遐齡。迪維後」▨飛期千祀，而承其芳馨。」

金陵朱大用鐫

一八一　明魏國公（徐俌）夫人朱氏墓誌銘

〔蓋文〕

魏國公」夫人朱」氏墓誌」銘

〔誌文〕

▨」▨史三原王恕譔文」

▨右軍都督府事伏羌伯西蜀毛銳書丹」

▨」

〼南京吏部尚書前兵部尚書奉　」敕參贊機務莆田陳俊篆盖　」

成化二十一年乙巳五月二十有四日，南京左軍都督府掌府事魏國公徐公俌夫人朱氏卒，」〼　」〼　」〼七日，葬夫人于太平門外。　」〼科給事中葵丘王□□行狀，而以埋銘是託。恕深愧無文，而辭」〼朱其姓也，世家鳳陽定遠縣。榮禄大夫、右柱國、左軍都督府左」〼諱能者，曾大父也。特進榮禄大夫、右柱國、太保、成國公□」〼掌南京中軍都督府事、成國公儀者，父也。母夫人胡氏，□」〼昆陵胡公□之女也。魏國公、追封中山武寧王諱達者，夫之高祖也。襲封」〼夫之曾祖；　諱欽者，夫之祖也。〼淑，出於天性，又」〼足以雖在上□中無驕無泰言□□□而事親以孝。年十七，以父母命，嬪于魏公。」〼先王，克誠克孝，視膳問安，無所不用其情，承顔順色無少拂。魏公之祀宗廟也，夫」人必為之□□□視□定以忍□□□趨　」〼于公所也，必親為之治厥裝。其教子也，必以義。無故不得出外户」〼未嘗以疾言遽色加之。其接宗族也，必以仕以恭，而驕惰之不作。閨閫之」〼理□有條而不紊，所以甚宜於太夫人，甚宜於公。是以太夫人嘗以佳婦稱」□公□□□□□不及乎他，固雖公之有心正大，亦夫人有以相之矣。宗族鄰里，咸以夫人為」賢，而無間言也。先是嫁長女于在京□太子太保、襄城侯之冢子〔一〕，太夫人往送之。夫人即日不」肉食，唯啖蔬素，曰：　必俟吾姑回而后食之，不急。遂嬰疾不能治，竟不肉食而卒。其子女、其父母、」其族人哭之，則不勝其痛。世人□□□□□□□□悲嘆之，而聲嘖嘖。嗚呼！　人之所以哀夫人」者，豈徒然哉！　盖其為處子也，□□□□□□□；　□为世婦也。以孝事其姑，以禮敬其夫，以義教」其子，以仁睦其族，以恩待其□□□□□□□□焉，□不能不哀。宜夫夫人有是德，宜乎享」期頤之壽也，然而未及四十〼於天，非人之所能為也。有其」□而□其德是徒壽耳，何之重〼為愈也哉！　夫人生於」景泰六年二月二十日，享年〼寧伯諱公之女，次應」□□□□□□都指揮同知〼女，次幼〼襄城侯家婦也。餘尚」幼。銘曰：　」

□□夫人，〼及長曰歸，配元勳子。　」〼助祀克誠，治内有紀。　」〼」〼風□水。珠玉其藏，永安無徙。　」

金陵楊林鐫

〔簡注〕

〔一〕明自李濬始封襄城伯，世代相承，無襄城侯之封號。僅《明史·李濬附子隆傳》記數傳至「珍嗣，殁於土木，贈侯，謚悼僖。無子，弟瑾嗣」。珍死後才得以贈侯。如此處「襄城侯」係指李珍，則珍「無子」，係「弟瑾嗣」爵，此處「冢子」又無著落。待考。

一八二　明故奉訓大夫户部員外郎李君（秉衷）墓誌銘

〔蓋文〕

明故奉訓」大夫户部」員外郎李」公之墓

〔誌文〕

明故奉訓大夫户部員外郎李君墓誌銘」

賜進士出身奉政大夫修正庶尹南京工部郎中松陵吴珵撰文」

賜進士出身中順大夫知湖廣永州府事前兵部郎中章貢謝芳書丹」

賜進士出身奉訓大夫户部員外郎齊東王問篆蓋」

尚書户部員外郎李君以疾，得告歸金陵之三年，成化乙巳十月二日卒。」詎其生正統丁巳正月四日，僅年四十有九。其壻謝瓚偕其仲子世英哀」經踵予，賫其父之友、前刑部主事鄧君新之所次狀，祈以銘。君與新之於」予皆同年，銘何辭！謹按狀次而銘之。君諱秉衷，字德夫，姓李氏，先世為徐」之豐人。有諱宥者，仕宋為參謀，遂家于滁。宥生珪，仕元為平江路治中，徙」金陵。珪生恩孝，判廣惠路。恩孝生愷，入」本朝，簿興化，君之曾大父也。愷生文通，抱道而隱。文通生宗善，精天文，累官」南京欽天監副，則君之父也。母張氏，封安人。君生而秀發，儀觀偉然。蚤从」今福建方伯章公治《詩經》，補應天府庠弟子員。天順己卯，領鄉薦，中成化」己丑進士第八人，試政兵部，尋授户部主事。時關梁政弛，當道推幹濟者」八人分理之，而君得淮陽。至則修舉廢墜，財阜而民以安。未幾，丁外艱，甲」午起復。丙申冬，關西邊餉告急，君奉」敕往督之。刑不用而事罔弗集。既事竣還。尚書楊公以天下有所聞於」朝，及部有所奏，章疏紛集，以君精敏，俾鑒别之。庚子，始陞員外郎。明年，復」督淮陽賦。是冬，大同、宣府皆告急，又奉」敕以行。還，以風療，弗即愈，竟抱病，乞歸養。又明年，遂弗起。烏乎！君其已矣乎！」累世宦家，有官將二十年，孰不以其為積之豐邪！气岸突兀，體貌充溢，孰」不以其為無所容邪！此特即其外而求其似，皆孰得而知其中邪！蓋棺事」定，行槖以空，犯而不校，善罔弗从。夫然其不謂之豪雄矣哉！君娶南都詩」社以全張先生之女，皆封安人。子男二人：長翰英，娶江西僉憲徐君用美」之女，卒；次即世英，聘福建藩幕羅君文璧之女。女一，永州太守謝君景昌」之子瓚，其壻也。孫男一，天貴。君嘗慕周濂谿人品之高，扁其休憩之亭曰」光霽，因以自号。所著有《光霽編》云。君之葬，以卒之歲明年三月庚申日；葬之」地，城南安德鄉廟山祖塋之次也。銘曰：」

得之難，守之尤難。燬無慚於刻石，是始定於蓋棺。

一八三　明故周（鑑）孺人孫氏（善進）墓誌銘

〔蓋文〕

明故周」孺人孫」氏之墓

〔誌文〕

明故周孺人孫氏墓誌銘 」
賜進士出身奉政大夫南京工部郎中江東潘傑撰 」
南京禮部鑄印局副使東吳顧萃書 」
京闈鄉貢進士江左施堯臣篆 」
孺人諱善進，姓孫氏。父諱全，母王氏。其先山東萊州府平渡州人」也。洪武初，其父以殷富徙實京師，遂占籍南京之錦衣。孺人性柔」惠慈順，勤於女紅，潔於中饋，於剪製工巧之事，不學而能，父母甚」愛之。甫笄，為孺人擇配，聞周君鑑、字仲輝者，其賢過人，遂歸焉。仲」輝之先，姑蘇崐山人。洪武初，從戍京師，遂占籍南京之錦衣。孺人」入門，事舅姑孝，雞鳴而起，上堂問舅姑安否何如，乃和顏悦色，以」承奉甘旨。舅姑有疾，躬侍湯藥，未嘗少離於側，甚得其歡心。相仲」輝以禮，相敬如賓，雖處閨閤，未嘗有褻慢之容。其於家事，井然有」條，克勤克儉，以佐理之，致家日益饒裕。春秋祀先，必誠必敬。平居」教子以正，皆循循雅飭，勤於克家。孺人睦隣和親，恩義尤篤，内外」姻戚，皆稱其賢。仲輝今年壽八十，」恩賜冠服，以榮其老。方期與孺人共享太平康寧之福，以安子孫之」養。不意孺人忽遘疾，先公而逝。距其生永樂己亥九月十三日，没」於成化丁未十月十四日，享年六十有九。子六人：長璇，娶王氏；次」璘，娶康氏；次琦，娶王氏，先卒；璟，娶胡氏；瓊，娶李氏；瑶，娶陳氏。女一」人，妙智，納婿丁智。孫一人，曰杲，聘鈕氏。其子璇將以是年十一月」廿有五日，葬於金陵鄉寅山申向之原。先期持狀詣予，泣拜請銘，」誼不容辭。銘曰： 」

柔惠慈順，女德之良；克相君子，家日以昌。金陵之原，」蔚乎貞藏；鑱銘金石，永播幽光。

一八四　明誥封（王克英）宜人楊氏墓誌銘

〔蓋文〕

大明誥」封王宜」人楊氏」之墓

〔誌文〕

誥封宜人楊氏墓誌銘 」
賜進士及第資善大夫南京吏部尚書前翰林學士國子祭酒 」經筵講官兼修國史嚴晉陵王㒨譔文 」
賜進士出身中憲大夫南京太常少卿前翰林侍講 」經筵官兼修國史莆田陳音書丹」
賜進士出身南京工科給事中東嘉章玄應篆蓋」

宜人楊氏，金陵望族。南京鷹揚衛指揮均之曾孫女，都指揮僉事得廣之女也。」母趙氏。宜人德性沉静，寡言笑，慎舉止，非父母有命，不輒至中庭，媚族稍疏遠」者，至不知其在室。年十九，以選歸戚里王氏，為南京錦衣中所正千户克英之」妻，都督同知、贈瑞安伯鳳之介婦。都督五子，其仲諱克安者，今 」聖母尊上皇太后父也。其季為克英。兄弟同居，家庭雍睦。而宜人處妯娌之間，侍舅」姑之側，柔遜以和，敬養不衰，上下稱之，無間言焉。成化癸巳，都督自顧暮齡，仰」給者衆，乃命諸子分財異産。宜人至是又相克英，以儉以勤，用致饒裕，因間請」曰：人之娶婦，上以承宗祧，下以繼胤嗣也。君家貴盛，胤嗣宜蕃，而妾故多病，生」子不育，為君之慮，宜早置妾。克英不納，謂為過計。宜人言之至再至三，意誠詞」懇，而後納焉。既又謀於克英，焚香籲天，祈早得嗣。自壬寅以迄戊申六七載間，」累生三子，宜人撫之，仁慈備至，提携顧復，無異己出。賢聲播聞， 」皇太后乃賜衣履，固篤親親，亦 」寵嘉之也。宜人平生奉先以誠，待下以恕。妾媵有過，不加譴責，從容訓戒，俾之悛」改。遇克英之箠撻婢僕，必勸止之，罔俾離心。其服御不尚華侈，間得珍異，必均」給衆妾，而自取其不堪者。衆妾德之，如奉慈母。而諸子亦親愛之，不知其非宜」人所出。往歲丁未，以克英貴，給 」誥命，封宜人。居無幾何，而遘疾卒矣。此克英所為深悼惜之，以圖其傳於予也。宜」人生景泰辛未十一月五日，卒弘治改元六月二十三日，享年三十有八。子三」人：漢、潮、漟。卒之年九月十日，葬江寧縣鳳臺岡祖塋之次。其狀則光禄少卿張」君所述。烏呼！太史公嘗言：女無美惡，入宮見妬；士無賢不肖，入朝見嫌。盖謀深」慮遠，而急於承先；推賢讓能，而樂於忘我。此學士大夫所不多見，況女婦乎！噫！ 」如宜人者，誠不可使無聞於後世也。故不辭為論譔之，而系之以銘。銘曰： 」

先王教遠習俗媮，人懷媢嫉憎匹仇。争妍妬寵身為謀，名雖為士妾婦流。賢哉」宜人誠好逑，女中丈夫乃其儔。樛木逮下德最優，恩施均一猶鳲鳩。年齡有已」聲無休，斲石薦詞款諸幽。

一八五 明王志遠（洪）墓誌銘

〔蓋文〕

皇明戚」畹王志」遠之墓

〔誌文〕

王志遠墓誌銘 」

賜進士出身中憲大夫南京都察院右僉都御史奉」敕提督操江括蒼虞瑶撰文」

賜進士出身奉議大夫南京吏部文選郎中東嘉杜整書丹」

奉議大夫南京尚寶司卿吳郡李應禎篆盖」

王志遠，諱洪，金陵人也。其先家于順天之密雲。曾大父福，密雲中衛百户、贈榮」禄大夫、中軍都督府都督同知；妣劉氏，贈夫人。

大父鳳，封榮禄大夫、中軍都督」府都督同知，贈柱國、瑞安伯；　妣高氏，贈夫人。鳳少倜儻不羈，南游齊魯吴楚間，」愛金陵山川文物之盛，遂徙家于城東之正陽街。生六子。長曰鑑，」恩榮冠帶；　娶趙氏，是為志遠之父母也。次曰鎮，寔生　」皇太后，以貞静柔慈，含弘光大之德，配我　」憲宗純皇帝，用是封榮禄大夫、中軍都督府都督同知、陞右都督，卒謚康穆；　後以子」源封爵，贈柱國、瑞安伯。志遠之曾大父、大父，暨其妣，皆有封贈，實又推恩之所」及云。志遠生七月而失母，且多疾，賴叔母李鞠養以長。既而又得繼母徐□夜」教育，克底成立。性純篤，寡言笑，涉獵書史而通其大意。弱冠喪父，斂葬視諸禮」無愆，而哀毁過之。歲時奉祀事，必誠必敬。語及父母不逮養，輒涕泣俱下。感繼」母及叔母鞠養教育之恩，孝情曲盡。侍奉諸父如其父，友愛羣從如其同氣。至」於處姻族鄉鄰，皆有恩義。所與遊者，多縉紳逢掖之士。尤善治家，食指雖繁，節」其勞逸，均其衣食，皆有矩矱，無敢有偷惰怨望者。雖居戚里，自奉儉素如寒士。」由是藉藉有賢名，南畿大夫士咸器重之。」皇太后察其賢，且為王氏之元孫，嘗命之入見，將蔭以官。志遠深以盈滿為戒，語人」曰：　吾家素無勳伐，徒以　」內戚之故，諸父及吾弟源等，仰蒙　」恩賚，叨享爵位，已踰分矣。猥芳如洪，豈敢復有所覬覦哉！　欿然退處不敢當。　」皇太后聞而益賢之，不强其所不欲，數　」遣人慰勞，而賚以内帑幣帛，盖所以旌之也。以疾卒于弘治己酉三月十二日，」享年三十有九。娶成氏，子男一，曰樹，在襁褓。女三，皆幼而未行。凡所以撫育其」遺孤，而綜理其喪事，於從父錦衣衛正千户鋭者，幸有賴焉。鋭卜是年十一月」六日，舉其柩附葬于鳳臺崗先塋之次。先期求南京光禄寺少卿張君賁狀其」行實，而請銘於予。銘曰：　」

雖畀其賢，而奪其年；　彼蒼者天，胡為而然？

一八六　明故（王明遠）孺人祝氏（妙金）墓誌銘

〔蓋文〕

明故孺」人祝氏」墓誌銘

〔誌文〕

明故孺人祝氏墓誌銘　」

賜進士南京大理寺南寺政江陵趙鑾撰文　」

南京禮部司務華容謝讓書丹　」

南京光禄寺署丞安陸周堈篆盖　」

孺人姓祝氏，諱妙金，蜀之名家子。自幼有淑德，閑於姆訓。既笄，歸」處士王公明遠。王之先，湖廣荆郡公安舊族。厥祖一郎及厥父必」賢，於洪武初入隸京衛，預選錦衣力士，後改豹韜左〔一〕，遂家于鼓樓」之北。世效忠勞，迨處士益修前烈，益振家聲。而孺人為配，勤儉孝」敬，宜室宜家，婦道罔或弗共。成化庚子，處士動水木本源之思，歸」公安認祖，以脩祀事，忽遘疾而卒。族之人擇葬祖塋之次。孺人制」於禮，而弗克犇喪，向南擗踊，朝夕踰哀。時祭必躬必敬，哀慕如始。」弘治庚戌秋，遣子寬拜掃處士墓，未旋，□□月二十日，疾作弗興，」遺訓諸婦子，無非厚倫理、篤恩義之言。孺人□儀之正，終惠淑慎」如此。越七日，卒於正寢，享年八十。子男二：長即寬，為人好禮尚義，」配劉氏；次宏，蚤卒，先配梁氏。子女一，名聰，適官□鄧祥。孫男二：曰」輔，曰弼，偕業舉子，垂成有造。輔定畢氏女，未完。孫女二：淑秀，壻段」景；淑真，壻油文明。皆未歸。寬擇今年辛亥十二月十八日葬于神」策門外石灰山西山卯向之陽，且思以夫婦死當同穴，父母葬不」異處，欲迁父柩以歸，或遣母柩以往，圖惟合窆之舉。然長江千里，」為慮百端，迺質于大夫士，衆議：王處士葬公安祖塋，祝孺人子孫」聚族于此金陵，今而于此塋葬，所托皆非浮寄不根之土，與其迁」送多慮，不如得已之為愈也。矧夫婦卒于異方，至後不得同葬者，」今昔往往有之。春秋享祀，合祔以奉。議遂定，弗易。先是寬持捧許」文衍先生状孺人行實，乞銘於予。鄉情友誼，辞所不獲，因繫之銘。」銘曰：

於乎孺人，維德之茂；繁祉駢臻，亦既多壽。夫殯楚鄉，」山川阻隔；孺人所終，望夫化石。維春及秋，祔奉以祭；」子孫孝思，綿綿奕世。

〔簡注〕

〔一〕「豹韜左」下應脱「衛」字。

一八七　明故都督同知沐公（瓚）夫人賈氏墓誌銘

〔蓋文〕

明故都督」同知沐公」夫人賈氏」墓誌銘

〔誌文〕

明故都督同知沐公夫人賈氏墓誌銘」

賜進士及第資政大夫南京吏部尚書前翰林學士國子祭酒户部尚書」經筵講官兼脩國史晉陵王㒜撰文」

南京左軍都督府前掌府事柱國隆平侯鳳陽張祐書丹」

欽差協同守備南京兼管右軍都督府事懷柔伯施鑑篆盖」

榮禄大夫、右軍都督府都督同知沐公瓚既卒之九年，其夫人賈氏亦卒，弘治」庚戌閏九月十六日也，享年五十有一。明年辛亥，公從弟鎮守雲南　太子太」傅、黔國總戎公，遣人歸其喪金陵，以是年十二月辛酉，葬江寧縣長泰伯鄉觀」音山先塋，與公合兆。黔國且授使者以葬必求顯者銘，公從父七公子倫乃奉」四川布政司參議、致仕朱君貞狀，来請於予。夫人廣平邯鄲世家。父諱銓，都察」院左副都御史；母高氏。夫人天性淑慧，精女紅，閑禮度。父鍾愛之，擇配甚嚴，比」官雲南左布政使，而公之考贈右都督僖以媒妁来，曰：是無以易此矣。遂歸焉。」夫人入門，敬養舅姑，禮相賓祭，和惠姻黨，恩逮傔從。盖體貌端嚴，規範整齊，處」富貴若故有，而綜理內政，又若其素閑習者。公甚宜之。天順戊寅，公奉」敕充副總兵，鎮守金齒，威震邊陲，化行徼外，蠻夷革面，吏士奉法。三數年来，」朝廷無南顧之憂者，以有公在鎮；而公無內顧之私者，以有夫人之在室也。賢聲」上聞，贊晝寵嘉，命服有煒，族親交艷。而夫人愈自抑畏，益勤相助。成化壬寅，公殁于」鎮，銜哀治喪，執節自誓，撫育諸子，俾嗣先烈。子長曰誠，以廕襲雲南左衛指揮」僉事，陞都指揮，充參將，鎮金齒，先卒；娶徐氏，興安伯孫女〔一〕。次曰謙，早卒。次曰」詳，襲都指揮，繼鎮金齒。娶吴氏，雲南都司都指揮榮之孫女。次曰諫，亦蚤夭。孫」男一，曰崐，雲南左衛優給指揮。孫女二：長未聘；次許聘南京守備、太子太傅、」成國朱公之孫麟〔二〕。予嘗讀《詩》，《韓奕》曰：汾王之甥，蹶父之子。《碩人》曰：齊侯之子，衛」侯之妻；邢侯之姨，譚公維私。詩人形容其族類之盛，殆無以加。夫人既為都憲」之子，都督之妻，而公之曾祖黔寧昭靖王，伯祖定遠忠敬王，祖定邊武襄伯，叔」祖駙馬都尉，伯黔國榮康公，又累世貴寵。而夫人為之婦，其勳閥世望之輝華」顯赫，亦何讓於古哉！叙而詩之，以媲美前聞，夫豈不宜？其詞曰：」

桓桓上公國于黔，世秉節鉞雄南滇。永昌之鎮功在邊，宜家重賴邦之媛。」鸞書五色金花箋，錫號介賚方便蕃。傷哉中道殞所天，誓保全節歸重泉。韓姞燕」譽莊姜賢，芳猷百世同永傳。

〔簡注〕

〔一〕「興安伯」下原空一字未刻，從時間推算，應為「亨」字，即興安伯徐亨。

〔二〕此處「成國朱公」未記其名，從時間推算，應為朱儀。

一八八　明鄧（忠節）令人（張氏）墓誌銘

〔蓋文〕

鄧令人」張氏之」墓

〔誌文〕

鄧令人墓誌銘　」

有善非婦人也。婦人生無所稱，死惡得有所」述乎？而古人往往為婦人銘墓者，非昧此也。」葬必用誌石，記死者姓名與歲月，以慮陵谷」變遷，而俾見者掩藏之。是雖婦人不可略此。」若銘墓者於妇人而漫有所述焉，則無謂矣。」鄧令人張氏，自少嫁忠節。生子四：

榮、成、安、清。」女一。孫五：瓛、璽、璋、珂、玠。年六十有一，一夕無疾」而卒，為弘治壬子五月四日也。人以為令人貞」静得順命反終之道云。以明年九月廿八日，」葬于余家山。瓛於予為舊識，力疾来，出吴廷」粲所為狀，再拜請之曰：得先生銘，存没有幸」矣。為銘。銘曰：」

生有壽，死有後；埋于斯，利於久。」

吴郡徐霖撰并書篆」

朱蕙刻石

一八九　明故守恒孫先生（惟正）墓誌銘

〔蓋文〕

守恒先」生孫惟」正之墓

〔誌文〕

明故守恒孫先生墓誌銘」

弘治甲寅六月八日，守恒孫先生卒于家。其甥金琮聞訃即馳，哭」之慟痛。惟先生吾母弟也，吾母長先生三年，歿先十又五年，幸昕」夕見舅氏，即見吾母也。今復淪没，失吾舅，即失吾母矣，可勝痛哉！」因思吾母存時，嘗與琮語及先生少日事，輒嗚咽，泣數行下。何者？」先生失厥孝弘道公頗早，先生時弱冠，母丁氏年亦未高，諸弟妹」未立，家政日促，而醫道未充。先生備歷多艱，以守先志，肆力於學。」凡醫儒之書，靡不研究。自是道益明，藥益驗，名益邃隆。負疾而造」先生之廬求治焉者，無虚日。老母既崇甘膬之奉，以終天年；諸弟」妹亦遂所願，而各得其所。不墜先緒而隆孫氏之業者，秋毫皆先」生力也。先生性敦朴，不事表襮。其制行甚方，與人寡合。其言論侃」侃，無少紆委。以中歲勞心，晚得健忘疾，急不耐事，惟用藥奇中，愈」驗於初。於是人咸德之。先生自少至今，端方之行，終而如始；濟利」之心，老而彌篤。去年秋遘泄痢，延及明年，遂不起。方疾革時，召諸」子語之曰：人生七十有二，吾年不為不壽。六子一女，既婚而嫁，吾」願不為不足。尔等無替吾業，以篤手足之好，以善事尔母，以善教」尔子孫，吾死無遺憾矣！語訖而逝。先生生永樂癸卯六月五日。元」配徐，生長子爵。繼盛，生子貴。繼尹，生子顯、榮、華、衷。凡六人。女一，嫁」王畿，早嫠。孫男五人，曰祀、禮、祐、弼、禔。爵卜以是年秋七月十一日，」附葬江寧縣安德鄉魏家山先塋之左。乃泣告於琮曰：吾先君事」實，舍賢弟無與知者，幸為誌而銘之，以納諸幽。母辭〔一〕，遂叙其略，而」為之銘曰：

直而好義，物蒙其濟。朴而不華，爰肇其家。蕃衍」厥後，象賢而秀。天道靡遺，食報在兹。刻銘墓石，永示無斁。」

甥金琮謹撰並書丹篆蓋

〔簡注〕

〔一〕「毋」為「毌」之古字，故此處通用。

一九〇　明故處士王克衡（銓）妻孺人李氏（玉）墓誌銘

〔蓋文〕

大明戚畹」王公克衡」配李氏孺」人墓誌銘

〔誌文〕

明故處士王克衡妻孺人李氏墓誌銘　」

賜進士榮禄大夫太子太保禮部尚書兼武英殿大學士知　」制誥國史總裁同知經筵事洛陽劉健撰文　」

賜進士資德大夫正治上卿　」太子少保吏部尚書侍經筵官山陽葉淇書丹　」

賜進士第資德大夫正治上卿　」太子少保都察院左都御史經筵官四明□□篆蓋　」

孺人諱玉，姓李氏，故武略將軍、南京金吾左衛千户諱旺之女。母劉氏。孺人生」有淑質，不妄言笑。然體素清臞，若不勝衣。父母愛而憐之，擇所歸，以為處士王」君克衡之配。克衡諱銓，金陵望族，乃追封特進光禄大夫、柱國、瑞安侯諱鳳之」子，追封特進光禄大夫、右柱國、阜國公、謚康穆諱鎮之弟，今　」皇太后之叔父也。孺人自歸王氏，事舅姑以孝，相夫子以禮，處娣姒、御羣下以恩義，」即有賢稱。僅數載而克衡遘危疾，孺人畢力以侍湯藥，弗□□不起。親族或有」惜其年少無子，有他言者。孺人曰：夫，婦之天也。天豈有□□，吾之無子亦數也，」豈可以此易所守以□吾夫哉！乃以死自誓。惜之者遂不敢復言。時　」皇太后在室，孺人知非常人，極力視養。」皇太后德之，因隨時来京□居賜第，禮待特優厚。每被　」召入内，一見即求出，曰：此非未亡人所宜久留也。」皇太后由是益重焉。年及五十，例得旌表貞節，或以為言。孺人辭曰：吾舉家皆沐　」國恩，顧吾一孀婦亦欲叨冒，人其謂何？況守節亦婦行之常，無足異者。因力止之，」事竟不行。今年秋，偶感疾，知不起。乃進其姪瑞安侯源謂曰：吾平生無補王氏，」死之日獲歸葬南都，與吾夫同穴，志願畢矣！毋過厚以勞人。遂卒，弘治乙卯七」月廿四日也。距其生宣德丁未十二月初八日，享年六十有九。以聞，」皇太后哀悼甚至，時遣人賻祭于家。源及諸昆仲服喪以禮，且請于　」朝，遣其從兄錦衣衛正千户浩，給官舟扶柩南歸，將以弘治丙辰二月十九日，祔葬處」士君之墓，而徵銘於余。孺人生貴族，自結褵至屬纊，能守一節而無玷，亦女婦」中之特然者也。不可以無銘。乃為之銘曰：　」

始於為女，終於為婦；　皎然一節，無慚無負。南都之原，先塋之次；　」同穴以藏，從其素志。

〔蓋文〕

大明故南」京錦衣衛」指揮使王」君墓誌銘

〔誌文〕

明故昭勇將軍南京錦衣衛指揮使王君墓誌銘　」

賜進士第資善大夫南京禮部尚書前奉　」敕松潘等處提督軍務兼理巡撫都察院右副都御史南京吏部右侍郎番陽童軒撰文　」

奉　」敕協同守備兼管南京右軍都督府事提督大小教場　」神機新江口等營總兵官柱國武靖伯鳳陽趙承慶篆蓋　」

賜進士出身通議大夫南京刑部右侍郎前都察院右副都御史泰和蕭禎書丹　」

君姓王，諱鋭，字克英。其先本順天之密雲人，世以武功累官，徙金陵正陽門東家焉，今已數」葉矣。其光禄大夫、中軍都督府右都督、贈瑞安侯諱鳳者，君之父也。前密雲中衛正千户、贈」光禄大夫、中軍都督府右都督、瑞安侯諱福者，君之大父也。隱居密雲、贈光禄大夫、中軍都」督府右都督、瑞安侯諱玉者，君之曾大父也。追封特進光禄大夫、右柱國、阜國公，謚康穆諱」鎮者，君之兄也。王氏自曾大父以來，襄誠纍善，質行履方，非一世矣。至康穆，乃大發其祥焉。」生　」皇太后，上配　」憲宗純皇帝，正位中宫，母儀天下，光被九族，與國咸休。君生景泰辛未十月七日，鞠於嫡母高夫」人膝下。自少穎敏慧悟，殊異常兒。稍長，操心慮事，既深且遠，明達世故。諸昆相繼即世，君獨」守舊基，寅奉先公園寢，歲時伏臘，必嚴祀事，未嘗少怠。用是，　」憲皇嘉之，乃於成化癸卯夏四月，　」欽授南京錦衣衛正千户之職。弘治庚戌秋七月，今　」上推親親之仁，進君本衛指揮僉事。君益廣基業，經營恢拓，甲第如雲，一時貴富之家，尠與為儷。」壬子，入　」覲，賜賚優厚，復進昭勇將軍、指揮使。言旋之日，交游賓從珥貂横玉者，接武其門，舞袖歌鍾，燕」集終日。古稱陶猗之豪富，梓澤之繁華，殆莫能尚，誠可謂榮盛矣。然君雅有知識，凡所臆度，」物無遁情。時與客商確事後可否成敗，議論英發，□□□□如其言。每見時政之有缺失，」兵民之有利病。輒疏以　」聞，亦頗見采納。諸子雖在幼稚，必延師家塾，令其誦習儒書，不使有膏紈之習，又若老於世故者。」無何，忽疽發於首，羣醫環視莫療。疾革，猶處分後事，井井弗迷。以弘治乙卯十一月庚辰日」卒，得年四十有五。配宜人楊氏，都閫得廣之女，有賢行，先卒。繼梅氏，亦克婦道。諸姬：　陳氏，生」子漢；　薛氏，生子潮、漟；　次潤，黄氏出；　次湧，陳氏出；　次瀧，張氏出也。俱幼，未室。卜以卒之明年丙」辰歲三月十九日祔葬鳳臺岡祖塋之次。先期訃聞于朝，　」欽□□□孤子漢以致海州守事鄧君新之所狀行實，詣予丐銘。矧君素所厚外姻、　」欽差協同守備、掌南京右軍都督府事、武靖伯趙公數為之請〔一〕。誼不可辭。銘曰：　」

於維王氏，累德世厚；　」上帝監觀，篤生　」聖后。嗟嗟王君，寔承其祐；　百福來同，曰貴曰富。于何履盈，竟嗇其壽；　年雖弗將，慶流未究；　謝庭芝」蘭，振振而茂。鳳臺先塋，託體岡阜；　既固且安，尚利其後。

〔簡注〕

〔一〕此處「武靖伯趙公」未記其名，從時間推算，應為趙輔。

一九二　明金陵處士梁啓明（昇）墓誌銘

〔誌文〕

金陵處士梁啓明墓誌銘　」

賜進士出身嘉議大夫南京太常寺卿前翰林侍講　」經筵官兼修國史莆田陳音撰文　」

賜進士文林郎前河南道監察御史舜江胡寬書丹　」

賜進士南京山西道監察御史釜川郭珠篆盖　」

弘治癸丑十二月二十二日，金陵處士梁啓明卒于正寢，距生永樂」庚子二月十一日，享年七十有五。卒之丙辰年十月十一日，其孤瑄與諸」兄弟謀奉葬於神策門外佘家岡祖塋之次。先事因其同鄉太常博」士黃君顯忠奉行狀，請銘於予。予方以疾辭博士，為請益力，乃按狀」為誌而銘之。處士諱昇，字啓明，先世居蜀之盧州，宗族繁盛。洪武初，」厥考貴，字用和，選補錦衣力士，肇家金陵。成化間，啓明復選補，改役」于犧牲所，歲視牲以供太常祀事。為人自少淳樸，奉厥考曁妣吳氏，」慎修子職，而得其歡心。伯兄禎，字應祥；　仲兄敬，字克恭，皆早世。禎有」三子：　玉、琮、瑋。敬子二：　瑾、玹。啓明深愛，與己子等，其女皆為擇歸名門，」鄉人稱其孝友無間言。自宰家政，分遣子姪服賈事，懋遷有無於南」北，歲積益豐。乃構厦屋，美輪奐，四方賓客至，皆盛待以賓禮，聲譽益」大著於時。性尤喜恤乏，鄉有困乏危急，皆厚加周賑。晚年命子姪之」長者，代主家政，日與鄉故舊登臨燕飲，以曲盡其樂。子姪皆命應例」為義官，享有章服之榮。自是年踰古希壽終，疏戚遐邇，皆為之悲盡。」配秦氏，有淑行。子男四：　瑄、瑛、瑀、琦。孫男與姪孫十有一人，皆俊偉。嗚」呼！　啓明慎操善行，惟恐有戾於天，天昭錫祚胤，罔有不極，其盛世觀」天人之感應若兹，豈可不自力於善哉！用銘其葬，以深為世勸。銘曰：　」

賦性自天，禀心孝友；　推廣逮人，聲揚遐宙。賢胤教成，　」家蓄丕就；　天昭厥善，景福眉壽。卜葬于兹，山川環秀；　」玄室勒銘，傳諸不朽。

一九三　明贈太子太保鎮遠侯顧公（玘）合葬墓誌銘

〔誌文〕

贈太子太保鎮遠侯顧公合葬墓誌銘　」

資政大夫太子少保禮部尚書兼▨　」誥經筵國史官會典▨　」

進士出身榮禄大夫太子太保刑部尚書經▨　」

進士資善大夫工部尚書經筵▨　」

公姓顧氏，諱玘，字文度。其先出長沙湘潭。元季遷揚之江都，世有宦籍。曾祖成，▨」太祖、　」太宗、　」仁宗三朝，殊被　寵遇，累功至奉天翊衛推誠宣力武臣、特進榮禄大夫、柱國、後官▨」都督，鎮遠侯，追封夏國公，謚武毅。祖諱統，普定衛指揮使，早卒，贈太子太保▨。父」興祖嗣侯，鎮貴州，入掌右軍都督府事，總神機營府南京留務，勳望甚著，加□太▨；」嫡母王氏，母魯氏，皆封太夫人。公生有異質，涉書史，尤閑武略，每▨」許，期立功萬里外。與兄翰相友愛，翰□嗣而卒，其子嗣侯又卒。公以次▨」四十有二而已。公為人性度謹順，服食儉節，而喜與士大夫游宴，□日▨」有急則周之，貸弗能償者不責也，人謂其習養素善。比仕有□守□能，▨」方而竟弗及用以没，至于念惜之。配太夫人□□齊陽□□□勇□女。太夫▨」□族婉嫕有則。既歸公，賓禮交至，每佐公治□□□□□□□娣娌無▨」世以其少孤，嚴示教戒。晚總家政，外内截截，臧獲數百指□□戴德人而▨」□既嗣侯，始獲以其官贈，而太夫人封焉。北鎮湖廣□夫人□□禄養□一▨　」賜也。汝父弗逮，吾與汝共饗之，汝不可不圖報稱，若是者□□言之□□以▨」子太保，增給歲禄，再貤　」▨武臣，加保、傅追贈，例僅一再見耳。久之▨」□□兼督三千營軍務。踰年，韓夫人年六十有五，杜夫人年□十有九，▨」□夫人代終裕後，克成有家，質諸其夫可以無愧，而公□□於此又可▨」□□□且賜賻米布，遣禮官諭祭，令有司營葬▨」▨　」□□□□□□去左右特慰留之，而遣其弟淵給驛以行▨」□□□□□□□□未有銘，兹□□兵部何員外▨」▨略足稱□□因獲□□□太▨（後缺）

一九四　明戚畹故公子王志遠（洪）妻成氏（妙音）墓誌銘

〔蓋文〕

明故戚」畹王公」子妻成」氏之墓

〔誌文〕

戚畹故公子王志遠妻成氏墓誌銘」

賜進士出身南京刑部山東司副郎蕭山李性明撰」

朝列大夫廣東布政使司左參議檇李羅麟書」

明威將軍豹韜左衛指揮僉事江東金潤篆」

龍江衛侯成君復初，與余為文字交，盖有年矣。一日，持友人業廷芳所」著厥姊行述，謁余乞銘，且曰：良姊不幸蚤失所天，又不幸不為天所恤，」今死矣。遺孤甫十歲，罔知所圖，則圖不朽者，固良之責，不然，殆與草木」而同腐矣，於良心焉忍耶？余聞而哀之，遂不讓而為之誌。按狀：孺人諱」妙音，姓成氏，世為陝之同州人。父名昂，母王姓。孺人自幼有異質，言動」不凡，性聰敏，女紅不待教而能。事父母極孝，厥姊暨弟尤為敬愛焉。盖」其天性然也。天順初，姊妙觀被選，入」內庭，後隨」崇府之國，極近幸，能以正匡佐，自」王妃以下咸敬憚之，孺人時尚幼。語父母曰：姊若是，已不為凡人妻妾矣。」吾豈為庸人婦邪？居無何，」憲廟中家族弟諱洪、字志遠者，有士風，聞其賢而聘之。年十□，嬪於王，克執」婦□。事舅姑如事父母，姑□嚴，孺人曲為奉侍，無怠心亦無愠色。於凡」卑□遇之一以禮，用是內外無怨言。未幾，夫寢疾，孺人躬事湯藥，罔分」於日夜，雖勞疲，不自知。疾□革，籲天祈以身代。踰一念，而夫亡矣。孺人」欲以死殉，既而曰：死固吾之正，奈宗祀無所承，姑已老，幼孤無恃，吾所」以□□者，為此故也。既葬，以哀毀致疾，醫療百至，弗愈，竟以弘治丁巳」三月二日酉時卒，距生之年寔景泰辛未十二月初七日子時也，得年」四十有七。男二：長曰樹，未聘；其次曰梓，高所出，女三：曰淑賢，適龍驤指」揮使劉杲；曰淑良，適興寧伯仲孫李宥〔一〕；曰淑安，□□□□以是年四月」十一日，葬於鳳臺岡祖塋之次，與其夫合窆焉。嗚呼！以婦人而知宗祀」之大計，隱忍而不死，君子以為猶死也。□□□□而□□於死者，大不」侔矣！不賢而能若是乎法□銘。銘曰：」

婦為未亡，為宗祀計。義不可亡，既安於義。」惡用乎亡，終始一節。以底於亡，於千百世。」吁嗟乎！孺人其不亡。

〔簡注〕

〔一〕此處「興寧伯」未記其名，從時間推算，應為李震。

一九五　明義官坦齋華君汝輔(佐)墓誌銘

〔蓋文〕

明故義」官坦齋」華君汝」輔之墓

〔誌文〕

義官華君汝輔墓誌銘　」

賜進士出身資政大夫　」太子少保南京吏部尚書前翰林院學士　」經筵講官同脩國史同郡倪岳撰文　」

賜進士嘉議大夫南京大理寺卿四明□□□篆蓋　」

賜進士亞中大夫南京光祿寺卿泰和張達書丹　」

君諱佐，姓華氏，汝輔其字也，别號坦齋，世為澍之錢唐人。洪武初，□閭右□□」遷，遂有籍於應天之江寧。曾祖文貴。祖元亮。父彦亨，明《春秋》學，自京庠登□□，」謁選銓曹，授官有日，遽以病卒。母徐生子三：伯傑，季佑，君其仲。□生而資性警」敏，好學不倦。蚤喪二親，克自樹立。事兄撫弟，極於友愛。兄勤於幹蠱，□其祖業。」君竭力贊相，積貲饒裕，遂甲鄉里。弟奮於績學，以成父志，君殫心資給，著聲□」雅，遂升胄庠。兄之卒，痛毁如喪其親，撫孤姪亦至。弟嘗疾，醫禱無所不盡，須其」愈乃已。此皆人以為難者。至於濟貧賑給，尤君所急。有貧不能自存者，泣于河」岸，將自溺，君援之歸，厚遺之使去。里□寡而貧，攜幼子来鬻，君謂長□供養，子」以白金，併其子歸之。有傭者泣告曰：吾□公直多矣，第二親尚在淺土，貧不能」葬，奈何？君□捐□□緡助之。其行義如類此。□有幹局京師貿易之事，其大者」率□□之然□□□於漁利，而尤能寬以待物，故人無怨言。至於待宗族得其」懽心，御臧獲□其效力，皆處之□其道然耳。弘治己酉　」□□□□□□□官君□然應　」詔□□□□□□終身。君□苦痰疾，乃於丁巳正月誕辰，召工寫小像，繪行樂圖」□□□□□□□曰：吾疾弗差，或不能久，相見應痛飲為樂，衆為愀然□罷。復」□□□□□迫□促使就□□□宜速往。不數月，我□而歸，吾心必樂，疾且愈」矣。弟不忍□，給之益力，曰：留□無□也□□□□其行，既發舟，猶留真州數日。」是月□前一日，君竟不起。君□□□□□□□而後葬。弟聞訃□還□□宿□人」□□□弟□君遺□，復往就之，□拜官□□□□□□，君將□卒之□□□□」□□□葬君城南夾岡門外□□橋楊□□之原，從先兆□□□□□□□□」□吴、鼐、昺、昇。一女。其生為正統庚申正月四日，得年五十有八而已。予與君弟」有鄉里斯文之雅，重其為人，因以□□□兹奉姻□胡郎中所□□狀請銘□」□，宜不得辭，乃為序而銘之。銘曰：　」

棠棣音微，淳風日薄。〼斯□」〼古人，渺不可作。〼

〔簡注〕

〔一〕本誌漫漶難辨，誌主卒葬時間不詳。誌記最後時間為「丁巳」，即弘治十年（一四九七）。誌主曾於是年「正月誕辰」在家「召工寫小像」。此後尚有「不數月」、「是月」等語，然後誌主才卒。據此，誌主之卒，應在弘治十年年内。誌稱誌主「生為正統庚申正月四日，得年五十有八」。「庚申」為正統五年（一四四〇），順推五十八年，正為弘治十年。可見誌主確係卒於弘治十年年内。故將其葬年繫在弘治十年後。

一九六　明故昭勇將軍上輕車都尉南京錦衣衛都指揮僉事丁公（固宗）墓誌銘

〔誌文〕

明故昭勇將軍上輕車都尉南京錦衣衛都指揮僉事丁公墓誌銘 」

賜進士嘉議大夫南京户部右侍郎前翰林國史檢討直 」文華殿國子祭酒兼經筵講官莆陽鄭□撰文 」

賜進士中憲大夫南京鴻臚寺卿遼陽陳壽書丹 」

中憲大夫南京太常寺少卿雲間沈瑜篆蓋 」

弘治乙卯十二月廿有五日，昭勇將軍、上輕車都尉、南京錦衣衛都指揮僉事丁公，以疾卒于官。訃聞，」上深悼之，遣南京禮部尚書童公軒 」諭祭几筵。其孤福卜以卒之又明年戊午正月初一日，奉柩葬于都城南安德鄉石子岡之原。先期經杖踵門，奉工科給」事中毛君珵所述事狀，請銘其墓。烏乎！予知公稔矣，惡可辭？序曰：按狀：公姓丁，諱固宗，字夢吉。其先揚之江都人。高祖」成，前元至正乙未，自韓元帥軍中亡歸我 」太祖高皇帝，統兵麾下，累從征戰。吴元年至洪武初年，尺籍大興左衛。十三年，改燕山右護衛。卒贈驃騎將軍、右軍都督府」都督僉事。妣許氏，贈夫人。曾祖勝，起燕山，征寧夏、黑松林等處，累功陞本衛指揮同知。尋以平定九門功，陞都指揮同」知。卒贈驃騎將軍、右軍都督僉事。妣劉氏，贈夫人。祖信，金吾衛指揮同知、義勇中衛指揮使，改忠義衛，陞浙江都指揮」僉事，累陞右軍都督府都督僉事，充總兵官，奉 」敕鎮守寧夏等處。妣張氏，封夫人。父瑄，冠帶舍人，随父報效，襲鷹揚衛指揮使。天順初，迎 」駕有功，陞都指揮僉事，錦衣衛支俸，領金牌，侍 」東宫，復鷹揚衛指揮使。尋署都指揮僉事，分守寧夏。妣王氏，封淑人。生公之夕，嘗得奇夢，□有夢吉之字。公自少有異相，」肌體如玉，不類凡兒。稍長，嗜學黄石公《素書》，孫、吴《兵法》，《武經》、《百將傳》諸書，皆能通其大義。父没，成化六年，襲忠義衛指」揮使，掌軍政，綽有祖、父風。九年，大司馬白公〔一〕，太傅、會昌侯孫公〔二〕，交章薦充邊將。奉 」憲宗皇帝聖旨：待邊方有缺用他。十有三年，總兵官豐城侯李公題推神機營將官〔三〕，廷臣議公持重老成，練達兵務，堪充其」任。被 」□管督右哨官兵。公弓馬閑熟，膂力兼人，又謀略深遠，號令嚴明，京營軍聲，為之大振。本年十一月，大司馬余公題以南京」錦衣衛缺官管事〔四〕，廷議又首及公。奉 」憲宗皇帝聖旨：俾来南京錦衣衛管事。公移京營，政令于兹，官校奉法，無敢縱逸，留都兵民，同聲稱便。時同僚有卿公更其」舊政者，公謝之曰：天下事，成於自同，敗於自異。國家政務，宜公以處之，不宜以私〼。」今上登極初，贛寇竊發，巡撫都御史以聞。其地交界閩廣，勢頗滋蔓。」詔：如梧州中制，兩廣事體，於會昌開設衙門，添設參將備之。京營諸衛，多有不敢當其任者。廷議又及公，」上遂擢署都指揮僉事，賚 」敕符驗旗牌，分守其地。公至，又移南都政令以往，而加以師律精嚴，不疾不徐，堅清以待，羣寇聞風奔潰遠去。越三年，贛人」按堵如故。公報 」命凱旋，仍南京錦衣衛支俸，以待邊缺。弘治五年四月，奉 」詔實授都指揮僉事。六年三月，用言者舉閒官以資治道，蒙 」恩俾南京錦衣衛掌印。公於衛政，練達有年，如輕車之就熟途，操縱得體，人尤德之。又三年，以疾終。娶杜氏，都督清之女，」封淑人。先公卒。生女一，適錦衣衛指揮使周鵬。妾梁氏，生子一，即福。今襲南京錦衣衛指揮使，娶今同衛明威將軍指揮」僉事黄公琳妹。孫女一。烏乎！公産將門，享世禄。承祖、父豐功偉績，耀人耳目，公處之歉然若不足。天性孝友，事父母能」共子職，處弟固祖輩怡怡如也。與人交，謙退卑抑，禮度惟謹。遇儒素益恭遜持下，不挾其有位。雖兒童走卒，亦不以威」勢相臨。及至當官涖事，則剛毅嚴明，官校諸人，重足而立。用是」中心簡在，輿論攸歸。居官二十六年，一仕將官，兩居」禁衛，英風凜凜，無媿前人。而春秋僅五十有五，良可惜也。銘曰：」

維丁之先，江都華閥；生逢」□主，義兵爰發。桓桓將種，為時虎臣；文韜武略，麟趾振振。宿衛留都，為王爪牙；翊扈根本，磐石」干家。蠢茲蠻贑，桀驁彊土；捧」□□臨，西江按堵。公之襲名，洋洋」□□；百年長城，一疾弗起。」〼哉祭」〼煌煌異典，賁茲幽堂。勒石刻銘，錦衣有子；吁嗟公兮，雖死不死。

〔簡注〕

〔一〕此處「大司馬白公」未記其名，從時間推算，應為白圭。

〔二〕此處「會昌侯孫公」未記其名，從時間推算，應為孫繼宗。

〔三〕此處「豐城侯李公」未記其名，從時間推算，應為李勇。

〔四〕此處「大司馬余公」未記其名，從時間推算，應為余子俊。

一九七　明誥封丁（固宗）淑人杜氏（淑祥）墓誌銘

〔蓋文〕

大明誥」封丁淑」人杜氏」之墓

〔誌文〕

大明誥封丁淑人杜氏墓誌銘」

賜進士嘉議大夫南京太常寺卿洛中翟瑛撰文」

賜進士奉議大夫南京光禄寺少卿天台邵誠書丹」

賜進士文林郎南京兵科給事中金臺倪天民篆盖」

南京錦衣都指揮丁公夢吉，喪其配封淑人杜氏，將謀葬于都城南安」德鄉石子岡之原。先期，請太卿陳師召先生狀其行實，遣其子福持来」乞銘。予念與公相比久矣，曩予官都下時，公為營將，日與之往来，因通」家焉。凡淑人之儀範，聞之頗悉，未嘗不竊歎公得此良配，所宜伉儷永」年，以裕厥後，而遽意其已乎？謹按狀而序之曰：淑人姓杜氏，諱淑祥，中」軍都督清之女，母嚴氏。淑人生有異質，最鍾父母之愛，每難其歸，聞公」之賢，因歸之。淑人入丁之門，修執婦道，事舅姑如事父母。丁故繁族，事」大小一綜理于淑人，祭祀之奉，賓客之需，而始終略不以煩其舅姑與」公者，斯其力歟？御臧獲先以恩結其心，嘗曰：舍其所向而事我，彼亦人」子也，忍虐之乎？即有小過，則從容策訓之，以俟其改。用是羣下罔不德」之。無幾，公奉　」命出鎮贛州，淑人随往。公每莅事在外，則嚴扃鐍，不縱一家人輕出，「恐為」有司擾。三年事定，公上疏乞歸，復掌衛事，又日以知止之説諭之。此其」超然之識有以佐公之所不及者，非賢而能之乎？生女一，適今錦衣指」揮周鵬。子一，即福，側室梁氏出也。撫愛周至，娶今南京錦衣指揮黄公」國器妹。孫女一。距其生正統辛酉九月三十日，以弘治甲寅六月廿一」日卒，葬卜戊午正月初一日。烏乎！先王盛時，德化流行，凡有位者之□」皆秉德執度，以持君子之行，當時形諸聲歌，傳於將来。則今之世有□」德如丁淑人者，其可以無傳乎？銘曰：　」

詩咏宜家，禮著內則；維分之宜，寔乃之則。」國有君子，焯任崇職；厥有主壺，內周于德。」尊隆早惠，中嚴外飾；井井之政，不有其力。」雖曰無遂，良自作式；名□□基，謀預其□。」千禩石岡，峙拱流湜；□銘墓石，丕□無斁。

一九八　明故南京錦衣衛百户松石秦君（瑛）墓誌銘

〔誌文〕

明故南京錦衣衛百户松石秦君墓誌銘　」

賜進士出身奉政大夫四川按察司僉事前南京刑部員外郎沭陽伊乘撰文」

奉訓大夫南京左軍都督府經歷錢唐姚源書丹」

賜進士第中順大夫貴州思州府知府前太僕寺丞江東熊宗德篆蓋」

國朝武臣遵　」制額，六十者致仕，精力未衰者留於任。南京錦衣户侯秦君廷輝，春秋六十有」二，雖若少壮，即有林下之志，遂上章解組，命孫淮代其官。既而得遂家居之」樂，以保天年。未幾，偶嬰風攣之疾，竟不起矣。淮持厥祖所知姚君懋昭状，詣」余乞銘。按状：君諱瑛，字廷輝，姓秦氏，松石其别號也。上世南畿泰州舊族。曾」大父適，　」國初從　」天兵取海內，累著勳績，荐陞錦衣百户。大父勝，世其官。父毅，未獲蔭官而卒。母」李氏，多懿行。盖君生有源委，異於庸衆人。蚤喪父，襲祖蔭，事祖父母、洎母太」安人李，孝養惟謹。君自莅官以来，天順間，權倖奸宄有冒　」國憲者，君奉　」詔詢察，不敢欺匿其情；鹽徒盜賊有為民患者，君奉檄捜捕，所獲共以千計。間」以督治廨宇，而營繕有方；鞫問刑獄，而竟無虚日。且錦衣之公務多由贊畫，」是以歷官五十餘載，聲譽著於兩京也。嘗被仇家誣陷，歇官七越寒暑，杜門」静處，不易其操。後以當道剡薦，復任莅事，公勤不廢於前。迨成化丙午，請於」朝，贈父如其官，封母太安人、妻安人。君蒙　」推封之恩，極於圖報焉。累辭權倖所舉，果免其連坐之禍；不憚親識所求，因致」其篤義之稱。凡蓄法書名畫，以充識鉴；花石音律，以娛性情。衣冠必務整飾。」但過於崖岸，與人寡合。其為人也，大率類此。生於宣德乙卯五月九日，卒於」弘治己未七月十六日，壽六十有五。配徐氏，即受　」封者，先卒。子男四：鼎、震、觀、復，而蔡、陳、江、朱，四氏其婦也。鼎、震先卒。孫男六人。

長」淮，即襲蔭者，娶郭氏。孫女三人，俱未行。銘曰： 」

猗維秦氏，開 」國效忠。列官近侍，勳階聿崇。蔭及松石，政譽益隆。兹云已矣，著銘於無窮。

一九九　明故宣威將軍南京錦衣衛指揮僉事喬公（儀）墓誌銘

〔蓋文〕

明故宣威」將軍南京」錦衣衛指」揮僉事喬」公合葬墓」誌銘

〔誌文〕

明故宣威將軍南京錦衣衛指揮僉事喬公墓誌銘 」

賜進士及第通議大夫南京禮部右侍郎前翰林院侍講學士 」經筵講讀官同修國史寧都董越撰文 」

賜進士第嘉議大夫南京大理寺卿前都察院左僉都御史奉 」敕提督操江四明楊守随書丹 」

賜進士第中憲大夫南京鴻臚寺卿前户科都給事中金川陳壽篆盖 」

公姓喬，諱儀，字文正，其先山右祁縣尚通鄉人。高祖諱門善，有隱德。曾祖諱思成，贈明威將軍、萬全右」衛指揮僉事。祖諱公拳，以驍勇事 」高皇，充萬全右衛隊長；從 」文皇靖難立戰功，累陞本衛指揮僉事。考諱源，蚤孤，為異姓者冒承前職。既長，累疏自陳，至景泰甲戌，蒙 」欽依改正，襲武功左衛指揮僉事。克紹前烈，綽有英譽。妣恭人萬氏，生公於正統壬戌五月十有九日。幼」穎敏强記，過目成誦。長益魁梧英偉，選侍 」憲皇於東朝，賜以冠帶。少暇即肄業武學。受經於國子監丞閻先生禹錫之門，造詣殊深。嘗以所業試京闈」不偶，遂研窮載籍，凡子史百家之書，靡不披閱，尤留心於韜略及孫、吴諸家。閒習武藝，膂力兼人，精於」騎射。提學林侍御誠集武庠諸生試以策問，公所答每占六齋之首，較騎射亦無出其右者。時舉將材，」大司馬白公〔一〕，會總戎襄城伯李公〔二〕，考其藝，喜其兼資文武，可備録用。尋以父憂，當襲廼蔭，然名實已馳」於中外。既繩祖武，無忝所生。職親軍務，以威信服人，以寬恵御下，以廉慎律己，以勤勵奉公，衆咸畏而」愛之。初管楊村廠，秋毫無犯。舉掌衛事，軍政允修。荐膺 」誥錫，推贈如制。復脩 」上林苑南海子，與士卒戮力同心，不旬月告成，中貴讓其能。余司馬子俊經略邊陲，拔薦為參裨，俾把大」同、宣府總，督陣至鵝鴿峪，猝與虜遇，追斬賊級，獲虜馬弓刀若干，威聲浸著。督工造倉場三十餘所，浚」濠砌崖共萬三百餘丈，培築墪臺懸樓近五百座，什物俱完，既堅且久，關隘至今賴之。師旋，邊人塑公」像奉之。方在邊時，念母恭人年高，而定省曠，乃茹蔬素，禮北辰，以祈增母壽，將臣皆慕其孝。或聞諸 」代府，親洒奎翰，寫圖詠以嘉獎之。成化丁未，令多官議舉將領，而公名居剡首。值今 」上嗣服，與物維新，適南京錦衣衛堂虚右，咸謂惟公堪任，遂拜今官。蒞事之初，嚴禁約，清弊習，睦於長貳，禮」遇所属，治軍訊獄，務協輿情。因其餘暇，修葺頽廢，衛治一新，而無費無擾。會 」詔諭南京諸大臣舉武職可大用者，薦章交上其名，大總兵魏國徐公〔三〕，特稱其文武兼資，曾歷邊疆，堪為」副將。魏國素慎許可，此舉人以為榮。未報，而公以疾，終於正寢。弘治己未七月六日也，距生亨年五十」有八。配恭人任氏，先公十一年卒；繼聚覃氏〔四〕，俱賢淑。子男二：長靄，聚周氏；次震，聚張氏。子女三：毓霙、鑾」霙，歸於欽天監主簿諸昇、本衛應襲官舍李官；季尚幼，未行。孫男二：世昌、世亨。孫女一。俱幼。卜以己未」歲八月初三日，遷柩於江寧縣安德鄉河塘山之原，啓恭人任氏之壙而合葬焉。禮也。靄、震居苫次，介」公壻諸昇，奉厥親家張君伯尋甫所實事狀，丐銘諸幽。嗟夫！公世以忠勇，懋著武功，金紫相承，有隆無」質。今乃振厥勳猷，顯家」寵遇，生而有為，死而不朽矣！且其天性樂易，敦尚儒雅，動循禮度。篤于孝友，友其弟儁無間言。俾援例實」邊，有冠帶之榮；惠乎北鄙，有遺像之祀。自奉甚約，惟嗜奇書，積之甚富。燕翼貽謀，教之以忠，益圖報於」無窮，其為慮遠矣。方期大樹功業，而遽止於斯。惜哉！是宜叙而銘諸以垂示来裔云。銘曰：」

矯矯世臣，赳赳雄武；乘時奮庸，雲龍風虎；公克承家，增光乃祖。早侍」東朝，志存稽古；馘虜飭邊，邊關永固。来僉錦衣，政務脩舉；綽有猷為，薦章旁午。未盡其材，」竟阨於數；忠孝友于，存諸衷愫。實懋聲宏，昭垂來許；劍分終合，歸於泉府。碧樹高原」，新封右釜；勒銘隧道，虹光夜吐。

〔簡注〕

〔一〕此處「大司馬白公」未記其名，從時間推算，應為白圭。

〔二〕此處「襄城伯李公」未記其名，從時間推算，應為李瑾。

〔三〕此處「魏國徐公」未記其名，從時間推算，應為徐俌。

〔四〕「聚」應為「娶」之誤。下同。

二〇〇　明故默菴孫處士（成）墓誌銘

〔蓋文〕

明故默」菴孫處」士之墓

〔誌文〕

明故默菴孫處士墓誌銘　」

赤松山農金琮元玉撰并書丹篆盖　」

金陵有敦朴一翁，曰默菴孫處士，諱成，字孟善，默菴別號也。其先杭之仁和□□」里人，著姓于晉，高、曾皆有賢名於里中。祖文旺，有隱德。父景安，以明經於 」國初被聘，赴應天之上元，無何以疾，竟不録。時處士方髫年，母曹僅三十，處士即能」棄去兒習，卓有老成氣，執父喪哀毁踰禮，又能慰其母，以終從一之心。鄉□見者，」咸有昌大之期。後克樹立，孝養節母，産業之盛，時人之期，由是驗矣。處士乃以年」既進，有鄧伯道之歎。未幾，其族兄孟暘，挟其配自杭如京。處士念同宗遠來，懇留」共處，恩義稔篤。孟暘感焉，即指其配之娠而許之。後果育一兒，即付處士，俾承宗」祀，昭係譜牒，名之曰霖。今復亢宗，以遂初願。處士有後，亦賴于此。天將表處士能」孝於親，友於兄弟，不墜其業，不廢其祀，默相其善，有如是者，豈得謂無知耶？處士」善治生，以致饒裕。自奉恒泊如，而於供祭養，宴賓族，極其豐潔。若夫捐貲以濟乏，」給棺以周死，盛粧以嫁婢，略無吝容。至於釋道家有所請求，輒慨然樂施。此又處」士好善出於天性故耳。一日，其姻家病疫方熾，人迹屏絶。處士聞之，躬為湯藥，而」起之者數十人，其不可起者六七輩，悉具棺斂以殯之。未嘗遜避，終無染著，其量」如此，誠可義哉！晚歲見子姪俱成，乃延賓親于家，召若等于前，而諭之曰：京師間」子弟多賴父兄豢養，一日失倚則仆，一芥不均則爭。吾今老矣，鑒此可懼。即以所」蓄財産，均析若等，幸各僶勉，自立門户，損吾後憂。衆皆泣拜。有不忍者，厥意已堅，」賓親嘆服，勸從其言。弘治庚申九月十三日，處士疾革，呼子霖而謂之曰：吾平生」造家，以廑約持己，以清修脱〔一〕，即不諱，尒可循故轍，食舊德，孝養尒母，吾願足矣。其」喪葬事勿圖觀美，以干物議，死何憾焉？語訖而逝，享年七十又六。生于永樂庚子」十月十八日。配曹氏，有淑行。子一，即霖，娶姚，繼王。孫一，曰蘭。女孫三：長適周鳳，次」者未行。霖卜以是年十二月初十日，將舁處士柩，葬江寧縣安德鄉大樹村先塋」之次。先期，衰絰持吾友楊君文振所述行状，踵余門乞銘，以光幽宅。余嘗聞處士」之名雖久，未若文振尤能悉其行如此。余讀其狀，而益嘉處士，蓋尚德而好義者」也，銘可靳耶？銘曰： 」

孤而有志，堅母節於不衰；長而有立，慰人言之足期。」積而能散，乃濟死以扶危；老而匪獨，彰天道之有知。」猗千百禩，保佳城之累。 」

金陵朱蕙刻石

〔簡注〕

〔一〕「以清修脱」語義不全，其下應脱一「俗」字。

二〇一　明故戴公儼孺人易氏（妙源）合葬墓誌銘

〔蓋文〕

明故戴」公儼孺」人易氏」合葬墓

〔誌文〕

明故戴公儼孺人易氏合葬墓誌銘」

賜進士出身奉訓大夫山東登州府寧海州知州前刑部主事南康鄧存德撰」

賜進士出身奉政大夫南京史部稽勳司郎中金陵陳鎬書」

賜進士出身承德郎前尚書工部主事建業黃謙篆」

東山戴孺人易氏，以弘治庚申正月下旬六日，考終于正寢。卜是歲十有二」月廿二日，奉柩合葬於戴公之墓。孤子景等治襄事，其季晟嘗執經及予門，」泣請銘其隧道之石。予與之通家，知其父母之賢，夫何辭？東山，晉謝太傅遊」憩之所，今居山之麓，惟戴之宗獨盛。而易則太傅之從人留寓於斯者，亦舊」族也。二姓世為婣媾焉。公諱儼，天賦淳朴，力農務本。蚤贅於易之家，因嗣其」業，與孺人躬勤儉以起家，遂成喬木之宗。公生洪武辛巳十有二月下旬四」日，卒於成化癸巳九月下旬九日，壽七十有三，葬大山之原。孺人諱妙源，相」夫以承祀，教子以耕讀。飭諸婦工紡績，嚴克厥愛，無間乎少長，遵其教令無」爽，資産日殷裕，甲於鄉里，里稱其賢。生永樂癸巳六月六日，孀居二十有七」載，距今卒，得年八十有八，隣上壽也。卜吉合葬於大山之窆，以遂死則同穴」之義也。子男四：長景，承家幹蠱，卓然有立，弘恢厥産，其身居多。公殁後，均遺」業與諸弟，推其居室之已成者，俾各有其所，復自創新搆於左方。娶易氏、繼」陳氏，生孫璧，俱早卒。續娶趙氏。次昂，娶潘氏，繼賈氏。次昇，娶孫氏。季晟，幼嘗」治經術，既各爨，遂不暇及。母孺人特鍾愛之，就其孝養者十九年。惟母之志」是從，無少違。凡百所需，極力營辨〔一〕，不以煩諸昆。母謂其孝，人無間言，縉紳亦」嘉賞之。母終壽於其正寢，棺殮殯厝皆自備，而兄景則主之。又嘗與景奉例」實邊，同膺冠帶，榮其終身。娶孫氏，繼馬氏。子女一，適孫養和。孫男十四：璧、瑭、」瑁，景出也；珊、璉、琮、琳、瑶，昂出也；瑚，昇出也；瑶、瑜、瓚、珦、琨，晟出也。瑶、瑜業儒，蘭」茁其芽者。孫女九。曾孫男四，金等〔二〕。曾孫女三，俱幼。公之伉儷以賢配賢，積」之悠久，而蕃衍阜昌，為一方之望。冥冥之中，長久之計存焉爾。是宜序而銘」之，以昭潛懿於不朽。銘曰：」

東山之秀，鍾為婚媾；以弘厥家，以享眉壽。芝蘭競爽，」孫曾亦茂；由其積之者深，故其發之也厚；慶澤之與書香，」謂非為善者必有後歟？大山之原，偕老百年；夜吐虹光，昭厥幽潛。

〔簡注〕

〔一〕「辨」為「辦」之古字，二字通用，「營辨」即「營辦」。

〔二〕「金等」二字下原空一格。按：此處應原擬寫「曾孫男四」之名，但僅寫「金」字便因故而輟，為使不致突兀，又加寫「等」字，再空一格作為提示。因而，此處可將「金等」二字視為衍字。

二〇二　明故龐（景華）孺人徐氏（妙寧）墓誌銘

〔蓋文〕

明故龐」孺人徐」氏之墓

〔誌文〕

明故龐孺人徐氏墓誌銘」

賜進士出身奉訓大夫山東登州府寧海州知州前刑部主事南康鄧存德撰文」

賜進士第中憲大夫南京太常寺少卿掌南京尚寶司事長沙黄鉞書丹」

奉直大夫南京右軍都督府經歷鄉貢進士衡陽黄璽篆蓋」

孺人諱妙寧，姓徐氏。旌門龐孝子景華之正室，壽考令終。孤哀子拱衰絰拜予門，贄」陳尹侯仲仁所述狀，請銘其墓。景華别號松雲，孝行誠篤，著于旌典，詳見大宗伯倪」先生之誌〔一〕，名稱厥情，孺人實左右之，宜稱為孝婦。婦之誠孝，風化所關。可不備書，為」世道勸：按狀：洪武初，龐自松陵，徐自姑蘇，俱以閭右徙京師，占籍應天，為上元人。世」有隱德。松雲之考諱彦恭，生松雲，九齡而孤，與孀母吴碩人更相為命，而天性至孝。」孺人及笄，閑姆教，脩女事。父彦祥，母董氏，特鍾愛之，教以《内則》、《女誡》諸篇，皆知大義。」及擇佳壻，遂禮而嬪于龐。入門事孀姑，恪循婦職，勤於内助，奉甘旨，躬紡績，節妄費，」事無擅為，一順乎夫子，家日豐裕，而孝養益隆，姑甚安之。宣德戊申，姑遘疾，松雲訪」求醫藥，憂惶失措。孺人侍左右，供湯液，夜以繼日，匡助其弗逮。及疾甚，松雲夜禱于」天，封股肉作糜以進，姑服之，頓愈。疾忽再作，復封股如初，乃瘥。孺人悲感交集，思以」身代。有司上其事，」詔旌其門。是雖子職，然行不獨成，孺人咸厥功焉。子婦叶心，吴乃康裕，以臻上壽，至九」旬又三乃終。送終之際，哀痛徹于穹壤，而喪葬無違禮。松雲痛念罔極，廬于墓左。孺」人率諸子綜理家務，俾無内顧憂，而永終譽。歲乙未，松雲翁亦卒。孺人號慟，絶而復」甦者三。飭諸孤，襄事以禮，戚易兩盡。孀居餘二紀，玉節皎如。付諸務於子若婦，終日」焚香誦經，訓育孫曾而已。性樂施與，賙䘏貧匱，寡言慎動，行懿純如也。享高壽臻九」十。以是弘治辛酉閏七月四日，考終于後寢。生永樂壬辰二月六日。卜以是歲八月」十有五日庚申，奉柩於江寧縣安德鄉王家山之原，合葬於松雲翁之宅兆，禮也。子」男四：長拯。次撫，婦張氏、朱氏。俱先卒。拱，娶梅氏，承厥家。季掄，娶王氏。精篆古之學，累」官江西袁州府知事，績滿候除。孫男四：曰祐，曰祖，拱出也。印，京庠生，掄出也。朱氏、包」氏、金氏，孫婦也。拯之子禮，從玄教於神樂觀。孫女四，陳鎧、唐宗、謝綸、盧以成，皆孫壻」也。曾孫男二：曰璽，曰琳。嗟夫！孝者百行之首，萬化之原也。松雲翁以是孝而成其名，」徐孺人以是孝而配其德。宜其仰承」褒典，俯垂慶澤。拱克振於家，掄報勤於國。孫曾鼎盛，又芝蟲蘭茁也。况彛倫名教，關係」非輕，正當刻之貞珉，以垂不朽。銘曰：

赫赫旌門，孝子不匱；有淑斯人，」維德之配。子痛姑疾，籲天封股；周旋左右，中心良苦。姑以壽終，」子廬于墓；經理厥家，俾無内顧。行脩於内，乃興於仁；樂善好施，」坤順之貞。慶澤所鍾，延于世世；詩禮之興，芝蘭之裔。稱婦稱母，」維慈維孝；厚乎倫彛，裨乎風教。百歲之後，歸且同穴；雙璧深藏，」耿光燁燁。巋封若堂，雲樹蒼蒼；揆之前烈，德耀共姜。

〔一〕此處「大宗伯倪先生」未記其名，從時間推算，應為倪岳。

二〇三　明故登仕郎鉛山縣簿華君汝弼（佑）墓誌銘

〔蓋文〕

明故登仕」郎鉛山縣」簿華君汝」弼之墓

〔誌文〕

⍁汝弼墓誌銘　」

⍁大夫湖廣武昌府知府前南京户部郎中邑人胡璟撰文　」

⍁大夫南京禮部精膳清吏司郎中江東錢灝篆盖　」

⍁政大夫脩正庶尹南京　」⍁歷金陵莊溥書丹　」

□□弘治辛酉季冬廿有四日，吾友鉛山簿華君汝弼，招璟出遊，訪僧滿節之於天界，相與□」□□，酌酒弈棋，談笑甚懽，且期以晚年歸老，恒如今日也。抵暮並輿而還，既入城別，厥明訃報，」君不起矣。嗚呼！是何去之速耶！往哭之，果瞑目矣。嗚呼！何去之速也如是？二子泣拜璟曰：先君」故人，惟先生最舊。先生幸相終事。璟曰：諾。乃為治棺，親為殮，如儀。既盖棺，痛哭而退。未幾，仲子」抱僉憲徐用美所撰狀，乞璟為銘。璟於汝弼，不忍銘，又不可以不銘。乃按狀而序之曰：汝弼姓」華氏，諱佑。其先錢唐人。洪武初，移實京師，占應天江寧籍，遂為江寧人。曾祖文貴，祖元亮，皆隱」□弗耀。父彥亨，以《麟經》為上舍生，将仕而卒。母徐氏，生君兄弟者三：伯傑，仲佐，君其季也。君克」□□志，早以《葩經》鳴郡庠，屡戰場屋，以學與時違，而卒不一捷也。既登胄監，大司成以下咸禮」□□。弘治丁巳，入選銓曹，縉紳士夫咸以遠大期，執政者竟以飛語註今職，衆皆惜之。君亦自」□□□意将棄而不仕。冢宰倪公素與君善〔一〕，謝曰：官無崇卑，在盡職耳。乘田委吏何人耶？君遂」□□□□剔民蠹，豪右斂跡。新廟學以崇禮教，葺養濟院以惠鰥寡，均傜平賦，抑奢杜侈。鉛人」□□□□□，而明獄訟者，不之令而之君。郡事之下邑者，刻期而完，吏不敢玩，清介之譽，騰于」□□□□□□司之賢者，以君為首稱。郡守重其為人，一日公出，檄君署府事者踰月，薦君當」□□□□□欲以遠大用也。弘治庚申，君左臂忽不仁，即求去。郡守强留之，不得已，督粮南」□□□□□攝於家事訖，府□□君之任急，君欲往。二子懇挽曰：無疾當以」□□□□□□為重。君乃止。居無何，而竟止於此。可悲也夫！嗚呼！君賦性剛介，人有拂於理」□□□□□□□堪不堪也。及見危難者，則又戚然憫念，苟所當濟，雖百金不少吝。朋友死」□□□□□□□□之一友死既久，遺母老而妻寡，君恒踵門候問。既殁，君理葬事甚悉，儕輩」□□□□□□□□□嗚呼！德者宜壽，君何去之速耶？抑天之不仁耶？抑命數之不可逃耶？卒」□□□□□□□□□□生正統甲子五月三日也。配張氏，有淑德，先期而卒。生三子：長晟，命」□□□□□□□□□□女也；次旻，即乞銘者，娶太僕丞顧文昭女；再次鼎，璟之壻也。旻將以」□□□□□□□□□□野路橋楊家山之先塋，與其配同日而窆，是宜銘。銘曰：」

▨介而方，德音孔彰；筮仕於邦，矮屋弗昌。牛刀之良，」▨其滂；民受其祥，没也奚忘。孰曰廟廊，側陋弗揚；」▨」▨夕焉以已。巍巍梧崗，栖鳳與凰；寶劍以藏，」▨。賢哉諸郎，克繼厥芳；大播書香，□□□□。」

江東朱蕙刻石

〔簡注〕

〔一〕此處「冢宰倪公」未記其名，從時間推算，應為倪岳。

二〇四　明南寧伯（毛良）夫人陳氏墓誌銘

〔蓋文〕

大明誥」封南寧」伯夫人」陳氏墓

〔誌文〕

明南寧伯夫人陳氏墓誌銘」

侯門訓導同邑任悦撰」

冠帶儒士山陰周時勉書并篆」

夫人姓陳氏，南寧伯毛公舜臣之配也。其先廬州合肥人。五世祖聞，當元季，附」太祖高皇帝龍興，累歷戰功，官至成都右衛指揮同知。高祖瑄代之，」太宗文皇帝□功，以都督僉事進封平江伯，追封平江侯，謚恭襄，廟食清江。祖佐嗣伯爵〔一〕，及期年而」薨。傳祖豫，始征閩寇有功，加封平江侯，追封黟國公，謚莊敏，廟食臨清。父鋭嗣伯爵，奉」敕掛征蠻將軍印，總制兩廣，繼董漕運，鎮守淮安。屢蒙」□命，提督神機五軍二營兵馬，掌左軍都督府事，累加太傅，兼太子太傅。夫人性質静嘉，容止端」祥，不妄言笑。生母佘氏，義勇前衛千户珍之女。鞠之凡女紅及助奠之禮，不俟縱臾，而自克□。」嫡母封夫人沐氏，黔寧昭靖王孫女。夫人自幼奉順之彌謹。沐嘗涉書史，通《女誡》，朝夕呼夫人」諭之，輒能領受，為沐最所鍾愛。既長，太傅、平江公為相攸，以冀寧王孫、今南寧伯毛公有才識，」異日必能有所□置，即遣歸之。自入門，舅姑已即世，相南寧公□□□奉祭祀，恪盡婦道，賓客」□具，皆手自營辦。公□奉」命持」節册封永豐等王〔二〕，神機三千二營管操，□」敕提督考閲馬政，管領將軍直宿」禁垣。而家政率皆夫人治之，井然有條，閫門之内肅如也。

公有二弟亨序與二妹時幼□□之甚」篤。遇臧獲皆有禮則。生一子，主器。後雖孕不育。於公之媵妾，皆寬以逮之。嘗曰：古者諸侯一娶」九妻，所以廣儲嗣也。今相繼而生者，又三子矣，曰仲器、邦器、公器。迨既受」封誥，每歲節入賀」三宮，輒被」寵賜。弘治十五年正月，遘疾，太傅公迎於家，請醫療之，朝夕□視製藥，特疾□乏太甚，百方不效。」南寧公屢請於太傅公，欲輿疾以歸。太傅公曰：朋友死尚有□□之禮，況吾骨肉乎？今疾□而」去，吾何忍耶？固不許。至四月初二日申刻，忽昏瞶，良久方甦，乃見太傅暨南寧公在側，呼子主」器，指而屬曰：我今迨弗起，此一崽為毛氏嗣子也。稍長即當□□□，不但使通書史，要在□□」質與其習尚，俾不失大家氣概。言畢，遂瞑目。凡喪具太傅公悉備之。距其生成化丁酉二月二」十三日，年二十六。事聞，」上敕有司給」賜祭葬及棺槨、齋粮、麻布、寶鏹等物。將以是年月日〔三〕，歸葬於應天府江寧縣靜明山之原。」嗚呼！夫人之族類如此之貴，夫人之行如此之懿美，天獨欲其壽□□如此之速，不能大成□」□之功，竟齎志以歿。惜哉！南寧公欲以慰其靈於地下，特述其事請予銘之。辭不獲，乃銘曰：」

玉之潔，瑩如雪，六珈斯□成□屑。檻泉冷，寒且洌，□達巨川□百□。□者□，□□□，弗逮厥躬」昌厥後。山之崇，惟斯宮，」敕賜祭葬，□其□□之□。

〼世□刊

〔簡注〕

〔一〕此處「祖佐」，據《明史·功臣世襲表二》平江伯條，為前文「高祖瑄」之子，後文「祖豫」之父。如此，「祖佐」前應脱「曾」字。

〔二〕此處「永豐」，如為一王，則明無永豐王；如為二王，則明又有永王，無豐王（只有安豐王）。疑有訛誤。

〔三〕「月」上原空一格，「日」上原空二格。

二〇五　明故華汝弼（佑）之妻張氏孺人（惠）墓誌銘

〔誌文〕

此吾友華汝弼之妻張氏孺人之墓也。汝弼拜鉛山主簿之明年，其」妻張孺人以疾卒於官所，而汝弼適有公使之便，舁柩歸，將壬戌年」十二月廿二日，葬于先塋之次。其子旻奉徵士金君元玉之狀，拜泣」請余銘其墓上之石。余與汝弼少同館舍，既親且厚，而元玉之狀，又」鑿鑿可信，因據而銘之。孺人諱惠，錢唐張公友慶之女。端重嚴整，不」妄語笑，孝義藹然。父母念之，慎擇而歸汝弼。汝弼早失怙恃，鞠於二」兄。孺人入其門，執禮尤謹，事無擅為，行無獨成，無敢敵偶。故內外雍」睦，庭無誶語，鄉鄰宗族，咸宗尚之。歲時奉祀，賓客宴饗，與凡羣從婢」僕，衣食所須，品量供備，豐儉適宜。初，汝弼之為京庠生，每永夜習讀，」孺人躬親績紉，與同勤苦。汝弼累試場屋，抱玉不售。孺人溫言慰之，」曰：是固有定命也，當安心以俟之，穮蓘不輟，終必得之，徒尔戚戚，無」益也。及汝弼卒業成均，得授鉛山主薄，慮位卑禄薄，事不易立，而無」以伸志，欲棄去不就。孺人復慰之曰：位卑責輕，其職易稱。且君辛勤」學問三十餘年，豈直為温飽計耶？民人社稷，於焉是寄。君能不負所」學，使鉛山之民得沾一事之惠，不尤愈於已乎！既而赴任，勤志勵事，」務以惠愛存心，不期年而上孚下悦，政聲洋洋。汝弼性甚急，孺人因」事諫止，賴以無失。所生子男三人：晟，早卒；旻，端謹有士家習氣，娶太」僕寺丞顧文昭女；鼎以《周易》攻舉進士，聘武昌太守胡希宋女。孫一，」曰菊孫。孺人生於正統甲子十二月三日，卒於弘治己未七月一日，」享年五十有六。嗚呼！孺人良於內助，克盡婦道，不得永享壽考，竟止」於斯，良可悲也！為之銘曰：」

令儀允貞，胡奪其齡；彼蒼者天，曷其難諶。□尔孫子，郁然蘭芷。據德」考祥，世徵不忘！

前進士工部主事鄉人黄謙撰」

赤松山農金琮書并篆盖」

金陵朱蕙刻石

二〇六　明故義官梁公廷璽（玉）墓誌銘

〔蓋文〕

大明故」義官梁」公之墓

〔誌文〕

明故義官梁公廷璽墓誌銘」

賜進士出身通議大夫南京通政使司通政使薊門毛倫撰」

賜進士文林郎」欽差巡按直隸蘇松并四川成都等府前監察御史姚江胡寛書并篆」

義官廷璽，姓梁氏，諱玉。先世蜀之瀘州，在瀘為右族，至今稱盛。大父」公貴，於洪武初選力士，遂占金陵籍。貴公二子，而考父行一。義官在」金陵，又為梁門冢嗣。為人英毅慷慨，不拘行檢，儀貌磊落，語言削直。」然聞義則動，不計艱險。故鄉人咸推其誠，每有清議，多取裁決焉。少」事諸父唯謹。諸父皆勤儉善治家，懋遷於外，遂大起家於金陵。族人」幾至百口，飲食必同席，少長咸有序，於瀘為不墜。義官承之，亦適先」志，嘗從諸父商販於外。及諸弟秀發，各能厲行，為巨商大賈。義官以」長，遂謝事家居，剸總內政。然性恬淡落魄，不喜事縈；好與林下人往」来，不厭朝暮。喜曠達，於名山峻嶺，及幽林古刹，嘗登覽不輟，或竟日」忘歸。愛佛氏，遇有道者，輒求有悟。能賙人之乏，或有稱貸未償者，亦」不究竟其券。憫人之孤，恤人之苦，故人之被恩惠者□衆。值南□歲」歉，移文許鄉人輸粟。義官白於諸父暨諸弟，咸有章服之錫。春秋七」十有三。臨終屬諸弟以後事，戒諸子以敬約持身，無事紛華，□□□」□。生於宣德己酉，卒於今年九月，時弘治辛酉也。弟七人：瑄、琮、瑞、琦、」瑋、瑾、玹，各能厲志亢蔟〔一〕。妹四人，俱適名家。姪十七人，俱奇偉。□配劉」氏，蚤逝，生子鎮。續祝氏，亦賢。又得側室趙氏，生女，配□千兵□。姪女」四人，□有歸聘。孫男三，孫女四，尚幼。時諸弟卜壬戌年十二月二十八日，」奉葬於佘家岡祖塋之兆。持狀乞予銘以殉。嗚呼！若義官者，可以善」鄉人而範後俗矣。因為之銘曰：」

惟瀘之原，不肇厥家；續緒江寧，無事紛華。源洪流長，」本支不匱；灑□襟懷，剛邁志氣。章服有儀，眉壽惟祺；」窆兹有土，永終是期。

金陵朱蕙勒石

〔簡注〕

〔一〕「蔟」通「族」，「亢蔟」即「亢族」。

二〇七　明故許（達）母太安人李氏（玉清）墓誌銘

〔蓋文〕

大明許」太安人」李氏墓

〔誌文〕

明故許太安人李氏墓誌銘」

賜進士正議大夫資治尹南京兵部右侍郎前都察院右副都御史奉」敕巡撫江西等處地方鄞人金澤撰文」

欽依大教場坐營驃騎將軍南京後軍都督府都督僉事合肥張海書丹」

欽依小教場坐營鎮國將軍輕車都尉南京金吾左衛都指揮僉事滕邑張瑄篆蓋」

弘治癸亥九月初六日，南京錦衣衛百户許君德衢之母安人以壽卒于正寢。將以」是年是月二十有一日歸窆于石灰山之原，從吉兆也。德衢衰絰持鄉先生中兵馬」王宇狀，哀泣丐銘于余。余素知德衢之母安人者，烏可靳？按狀：安人姓李，諱玉清，字」汝澄，其先廣東長樂人，竹菴先生李公之女。世出漢將軍李廣之裔，代有聞人。厥祖、」厥父徙居金陵，遂為金陵望族。安人生有令質，自少婉娩，善容止，寡言笑，飭遵姆訓，」閑習女紅。及笄，竹菴以德衢之父文華聰穎過人，遂擇配歸焉。德衢之先有諱廷慎」者，仕宋至華蓋殿大學士，自閩随高宗南渡，居浙之台城，遂為黄山人。其地素以義」氣相尚，文華之祖諱福安者，少有謀勇，」國初肇戎於兹，以軍功授奉使西洋隊」長，而家日益盛。安人自歸文華，無違德。年方二」十有六，不幸文華早逝。時舅姑俱垂白在堂，德衢甫四齡，傍無叔伯宗黨以給菽水。」安人孀居執節，綜理家政，日夕歲時，潔蘋蘩以供祭祀，脱簪珥以具甘旨，且為德衢」擇明師以就其業。德衢亦知母教之勤，奉教惟謹，故長有才賢，受知於」南京守備重臣，薦之于」朝，授南京錦衣衛百户，而世其官。」命下，安人聞之，悲喜交集，蓋慶許氏之後，而傷夫君之不逮也。自後安人忠以教子，孝」以奉先，苦節以自勵。鄉人頌之，内外無間。有司以安人貞節懿行，足以激勸風俗，具」實」上聞，獲膺旌表之詔，綽楔門閭，可謂光前而裕後矣。自文華卒，迨今六十四年矣，然非」安人積累之厚，志節之堅，曷克以臻此哉！詎其生于永樂前乙未，享年九十。子一，即」德衢，名達，以字行也；娶馬氏，側室劉氏。孫男三：曰奎，曰璧，馬所出也；曰宿，劉所出也。」奎自幼習舉子業，不偶場屋，而代其父職；娶百户謝璽之女。璧善幹蠱，早卒，娶百户」沈福之女。宿讀書日漸有成，娶士人王本義之女。孫女三：孟曰淑賢，歸百户陳泰；仲」曰淑貞，歸指揮楊鸞；季曰淑秀，聘指揮陳君之長孫棠。奎生曾孫男二：長曰繼宗，聘」太常寺梁鑑之女；次繼祖。璧生曾孫女一，曰秀卿，在室。嗚呼！婦道所貴者孝而貞，母」道所貴者慈而教，安人皆有焉，信可銘矣！遂為之銘曰：」

《易》重《家人》，《禮》嚴《内則》；婦道母儀，閨門是式。於維貞烈，如日斯赫；家步多艱，苦志益力。」納賢擇師，教子成立；蕃祉」寵恩，兆于潛德。我為述銘，勒于珉石；永世流芳，千載一日。

二〇八　明許（達）安人馬氏（壽貞）墓誌銘

〔蓋文〕

明故許」安人馬」氏之墓

〔誌文〕

許安人馬氏墓誌銘」

賜進士通議大夫南京户部右侍郎前翰林」國史官國子祭酒兼經筵講官莆陽鄭紀撰文」

賜進士出身通議大夫南京通政使司通政使古薊毛倫書丹」

驃騎將軍鎮南衛署都指揮僉事奉」敕守禦浦子口地方六安黄溥篆盖」

弘治癸亥十一月二日，南京錦衣衛百户許君德衢配安人馬氏以」疾卒于正寢。其子奎殯殮如禮，乃以父命，卜葬于都城門外石灰山」祖塋之側。奉其友人南京户部主事張子容所述事狀，請予銘其墓。」按狀：安人姓馬氏，諱壽貞，字永潔，先世浙之黄巖人。父訥菴，以詩禮」傳家，為台望族。安人生質莊重柔婉，十歲遂精女紅，訥菴愛之，為之」相攸，得德衢君歸之。少入許門，舅殁姑孀，家適艱棘。安人躬自紡織，」治家以勤儉，事姑以孝敬。奉餽祀必致豐潔，處閨内禮法斬斬，待媌」鄰恩意有差。姑自少守孀，年過五十，奉」敕旌表，至九十而後謝世，賴安人之侍養四十餘年，甚得其懽心。人稱其」有婦道。德衢君大隱城市，不求聞達。一旦得售留臺之知，」欽差守備重臣嘉其練達事體，小心謹畏，事無巨細，悉皆咨訪。而德衢愈」以公勤清慎自持，用是留臺政務靡滯，軍民多受其庇。於是特請于」朝，授南京錦衣百户，履事如故。德衢保全名節四十餘年，無少瑕玷。雖」其德性之美，才識之優，而安人内相之力，亦不誣也。人稱其有妻道。」安人生於正統甲子閏七月二十三日，卒之時享年六十。男三：奎、壁、」宿。奎少受慈訓，攻舉子業，有聲場屋，時有未利。守備聞其賢，又請于」朝，授錦衣百户，如父職。奎果以儒術餙吏事〔一〕，綽有父風，人稱其有母道。」奎娶水軍右衛百户謝璽女；壁娶興武衛百户沈福女，先卒；宿娶士」人王本義女。女亦三：淑賢適百户陳泰，淑貞適指揮楊鸞，淑秀字興」武衛指揮陳鑑長孫棠。孫男二：繼宗、繼祖。奎出。孫女一。葬期則卒之」年十二月三日也。銘曰：」

毓深閨兮懿女德，配高門兮諧婦職。相良人兮贊留臺，訓厥子兮嗣」顯秩。宜家室兮三從，閲春秋兮六袠。扶靈輀兮虎臣，依先塋兮馬鬣。」雨露兮豆籩，堪輿兮窀穸。谷可移兮陵可遷，石不磨兮名不滅。

〔簡注〕

〔一〕「餙」通「飭」，「餙吏事」即「飭吏事」。

二〇九　明封刑部郎中怡静沈先生(安)墓誌銘

〔蓋文〕

明封奉政」大夫刑部」郎中怡静」沈公之墓

〔誌文〕

封刑部郎中怡静沈先生墓誌銘」

賜進士出身中憲大夫通政使司左通政江東王敞撰文」

賜進士通議大夫南京兵部右侍郎鄞人金澤書丹」

賜進士出身通議大夫南京通政使司通政使薊門毛倫篆盖」

怡静沈先生以子庠貴，」敕封刑部主事，進封郎中，階奉政大夫，烏帽錦衣，照耀林下幾二十年，鄉邦以為榮。弘治壬戌利」七月十三日，終於正寢。越十一月，庠以憲副考最，歸自貴陽，舟過常德，以聞訃號，慟幾不能」生。兹將卜葬，謂敞最契舊，宜作銘，以内諸壙。公諱安，字以和，世家蘇之吴江。祖樂善，洪武初，」徙實京師，占籍上元。考士澄，母楊氏，士澄淳謹不伐，與弟士源協謀幹蠱，門楣鼎盛，遠近以」富稱。生四子，長即公，端重寡言，與人不苟合。少游江湖，書史自娱。每讀史至忠臣義士，則歎」賞不已。若奸黨賣國之人，恨不唾其面而食其肉。凡當道諫疏，有益生民利病者，必展讀再」四，手録成帙。其好惡之正如此。公事親孝，遇諸弟嚴而有恩。庠甫垂髻，遣入府庠為諸生，從」經師游。嘗戒之曰： 吾初志業儒，顧諸弟皆少，遂改圖營刀錐利，女當力學，以成吾志。庠淬礪」鑽研，領成化辛卯鄉薦，登辛丑進士第，歷官刑曹，綽有令譽。公兩膺 」褒封，安享眉壽，人謂善於教子而食其報。公雅尚儉素，凡妖淫靡麗之習，絶不留意。雖甚惜財，遇」故舊貧乏，又施與不吝。晚年謝絶塵冗，兀坐一室，扁曰怡静。與弟宣啜茗小酌，談笑為樂。」且曰： 吾群從兄弟七人，今皆凋落，惟與女尚存，殊可慨歎。自今朝夕相見，毋厭數數也。庠按」憲貴臬餘六載，念公垂白，欲抗疏終養，今春入 」覲南還，戀戀不欲去。公毅然作色曰： 吾與女母雖年邁八旬，而精神皆强健，大數料不止此，宜」速去勉修職業，毋違親言。庠揮淚而別。公退坐中庭，長歌自得曰： 兒尚不知老懷之不惡也。」舊有腹疾，偶伏枕，彌旬竟不起，壽八十有三。生於永樂庚子九月十二日。配童氏，淑德令儀，」結髮偕老，與公甚相得，内助居多，加封宜人。庠娶韓氏，繼娶羅氏。孫：： 鳴鳳，禮司鑄印局冠帶」儒士，娶姚氏，繼娶王氏。孫女：： 淑華，適指揮張翰；； 淑端，適儒士李夔。曾孫三：： 芝，聘蔣氏：； 次蘭、蕙。」曾孫女二，長許嫁姚氏。庠卜以十二月二十三日，扶柩安葬於安德鄉祖塋之右。川原繚繞，」風氣攸鍾，實足以妥幽靈。嗚呼！ 敞自布衣，為公延致家塾，深加器重。及登進士，復與庠為同」年交。敞少失父，惟母獨存，亦與公同庚，竊喜同年之同有如此者。今年四月吾母已逝，念公」康强，必遐壽遠到，詎意數亦止此，豈造物於同庚者盡加酷害邪？ 無涯之悲，又未始不相同」□是用作銘。銘曰： 」

□□者壽，必昌厥後：； 天厚於公，無出其右。公善處富，儉約自持：； 公善教子，執法憲司。疊 」□□□，□花横帶：； 品服有章，命車垂盖。孫曾祖禰，四世一門：； 靈光媿美，巋然獨存。懿行嘉言，貞珉」□□：； 淺薄無文，不愧直筆。

金陵楊淳鐫

二一〇　明南京府軍後衛指揮僉事趙君伯容（鍾）墓誌銘

〔蓋文〕

戚畹趙」君伯容」墓誌銘

〔誌文〕

南京府軍後衛指揮僉事趙君伯容墓誌銘 」

賜進士南京陜西道試監察御史海虞蔣欽撰文 」

修職郎南京都察院照磨所照磨山陽沈綬書丹 」

賜進士南京户部陜西清吏司郎中淮海邵㦿篆盖 」

創繼之難，有國有家皆然。昔人况成立於升天，有以也。欽於趙君伯容，尤有感焉。趙」本維揚江都之望，自宋及元，代有顯人。 」

國朝永樂間，有諱和者，君之曾大父也，以武功授南京府軍後衛正千户，從征交阯死」焉。大父諱輝，字孟暘，以蔭補官，宿衛」闕庭，受知」文皇，選尚」太祖寶慶公主，拜駙馬都尉，德業勳庸，儔輩莫及，經事」七朝，壽八十一而卒。雲間錢文僖公誌之甚詳。父諱琮，承祖蔭，襲正千户，先駙馬公卒。」母夫人魏氏，生二子：長諱鍾，即君，伯容其字也；次鎧，字伯威。君援」恩例襲陞本衛指揮僉事，伯威亦得充太學生。君性和易，與弟逮事駙馬公，得其歡心。」父没，奉母嫠居，孝謹不少替，以禮義率先其弟，閨門肅然。先是駙馬尚主，皆」賜宅皇城北門外西偏，彌望皆朱門碧瓦，園田邸舍之入又皆不貲。君懼祖業不終，與」弟極力撑拄，使巋然如故。後弟夭亡，撫其子男如己出。家事皆以身任之，婚姻慶吊，」情誼無損，雖未有子，曾無戚戚之懷。暇則攻書咏詩，或焚香鼓琴自適。中門外有二」室，宦遊者多寓焉，君接納恐後。尤能遠嫌避事，無公門之謁。以故名公鉅卿，皆樂與」交，無敢蔑視者。年五十，忽嬰風疾，艱於步履，既獲小瘳，遂杜門自養。時挾知己登鷄」鳴山，望玄武湖，觴咏不置，因自號湖山吏隱，士林多為之題咏。方欲怡情晚景，而舊」疾復作矣。遂以弘治十六年八月十二日，卒於正寢，遡其生為景泰四年十二月十」九日也，享年五十有一。元配宋恭人，先卒；側室余氏，皆無出。陸氏，生一女，名壽奴，年」纔八歲，未聘。君素與余善，將死，不能出一言，余問候之，惟張目視母夫人出淚，又抱」持厥女以手指余，蓋有托也。君卒之年十二月二十七日，其家將舉柩安厝江寧縣」三山原之先塋，與宋恭人合葬。先期，夫人命伯威長子子麟，以刑部副郎鄢陵牛君」之狀来乞銘。牛蓋與余皆寓其家，子麟則將承襲其官而主祀事者。嗟夫！都尉創之，」伯容兄弟繼之，聲光昭焯人耳目，亦惟以孝義保家爾。而親賢樂善之益，自不誣也。」子麟知守此道，豈不亦為趙氏賢子孫哉！余不忍銘吾伯容，而終不能已者，亦有感」於是也。銘曰：」

玉之碎也，不同瓦全；漆之割也，不同中乾。」死而不死，亦係其賢；矧有後人，何患乎無傳。」

金陵楊浩勒石

二一一　明興化府推官羅侯（登）母劉氏（善貞）墓誌銘

〔蓋文〕

明故羅」氏劉孺」人之墓

〔誌文〕

興化府推官羅侯母劉氏墓誌銘」

弘治癸亥歲，吾郡推官羅侯母劉氏，以七月五日卒于官邸。侯徒跣被髮，擗踊哭泣，水」漿不入口。既成服，日瞻奉几筵以號，其形瘠，其容槁，其情悽然，哀以思。又數日，謀返櫬」金陵以葬。且曰：葬有銘，百世之圖也。迺遣使賫書幣，以翰林編修黄君瀾所著行述授」瑛，屬瑛為之銘。瑛於侯辱以文字相知愛，銘何敢辭？ 謹按： 母諱善貞。曾祖德明，祖孟京。」孟京兄曰孟啓，洪武間授禮科給事中，以直諫受奇禍，鄉人念之。父拱所，母金陵周氏。」劉之先，出漢長沙定王發，發孫蒼，封思侯，食邑安成。安成諸劉，皆其後也。自孟京以上，」為安成人。至拱所，始僑居新河之陽，為金陵人。 母年二十嫁羅氏。羅氏先世泰和人素」行翁，以戎事來金陵，於安成為同郡，同為士族。拱所翁為女擇婿，得素行仲子宗弼甫，」今號石崗樵隱者，歸之。人曰婚取從其類〔一〕，禮也。母生淑茂柔明，態度凝遠，不苟為喜愠。」在家待字，習女紅，不事嗷訾游嬉〔二〕，父母愛之。此為女有足稱者。入羅氏門，逮事舅姑，孝」謹篤至。既而舅没姑老，嗣理家政。時伯子宗謐，既領鄉薦而卒，叔子宗敬亦卒，二室孤」幼□□□然宗弼有姊嫁婿，留而家食者，餘二十載。其他宗黨子姓，自故鄉來相依者，」□繼至，母上承姑意，下順夫心，左撫右綏，曲盡禮意。其間凡養生送死，婚男嫁女，皆相」度時宜，黽勉為之。此為婦有足稱者。樵隱為郡庠生，五舉於有司，皆不第。每不第，未免」不懌。母開諭之曰： 此譬如種田，不耘不耔，農之罪也。耘耔以時，而穀不登，則天時耳。君」雖盡力農畝，如天時不順成何？ 樵隱意亦為之釋。此為妻有足稱者。在莆陽官邸，嘗語」侯曰： 刑官宜戒暴怒，臨獄宜詳慎用刑，宜推恕以行之。吾鄉歐陽公父亦嘗為推官，聞」長老言，每燈下□案，務求死者以入於生，而不可得迺止。此可以為訓。童子勉之。此為」母有足稱者。嗚呼！ 母德備矣，可謂賢矣。生於正統戊午正月五日，抵卒之年六十有六。」子二： 長曰登，丙□進士，即為推官興化府者，取朱氏； 次鶴，家居讀書，其進未艾，取金氏。」女一，贅儒士□□□家。孫二： 相、材。孫女三： 蕙卿、蘭卿、葛卿。墓在江寧安德鄉賈家山之」原，首辛亥北辛巳□土以文。明年三月十一日也。初，弘治庚申歲，侯注官吾郡，欲强致」父母與俱來，母可，父不可。侯念父，歲請不置。壬戌歲除，父亦為來。明年六月八日，為父」初度，侯合□以養二親，郡守以下皆稱觴上壽。越半月，母病作，又十日而母逝，時侯將」書滿北上，考課之典未行覈實，推恩之命未下也。銘曰： 」

行修於身宜於家，恩結於邇覃於遐，《關雎》、《麟趾》襲厥華。若夫 」恩命渺賒，泣號太加； 此則天實司之，人不能違之，又何嗟？ 」

賜進士出身 」敕陞資善大夫四川布政使司致事右布政使莆田周瑛撰

〔簡注〕

〔一〕「取」通「娶」，「婚取」即「婚娶」。

〔二〕「訾」通「恣」，「嗷訾」即「嗷恣」。

二一二 明賜冠帶義官曉窗居士梁君（瑄）墓誌銘

〔蓋文〕

明故義」官曉窗」梁公墓

〔誌文〕

賜冠帶義官曉窗居士梁君墓誌銘」

賜進士通議大夫南都户部右侍郎前翰林國史官直」文華殿國子祭酒兼經筵講官莆陽鄭紀撰文」

賜進士奉議大夫南京禮部祠祭司郎中蜀人向旹書丹」

賜進士承德郎南京吏部考功司主事成都劉寅篆蓋」

弘治壬戌六月廿三日，曉窗居士以疾卒于正寢。其孤欽等殯殮如禮，將以」弘治甲子十二月三十日襄大事，乃具行狀，請銘於予。按狀：君姓梁，名瑄，字廷璧，」曉窗其別號也。先世蜀之瀘人。」國初以閆左起選錦衣力士，遂籍之，今為南畿人。大父貴，即起選錦衣者。父昇，」生子四。曉窗居長，賦性純朴，不事浮華，甚為父母所鍾愛。少游鄉校，讀書知」大義。既長，父理家蠱，頗有餘積。曉窗與諸弟服賈于外，貿易有方，而財源遂」大湧。尋以父老代蠱政，又善營幹，家益饒裕。處諸弟友愛相接，庭無間言。馭」童僕嚴而有恩。內外各有職業。重構屋宇于都城之西北，規模宏壯，輪奐一」新。既可聚族屬，以洽恩禮，而居積百物，且恢恢乎有餘地。人謂梁之有子。祖」塋之旁，有負郭之田數十畝。晚年又以家政付諸子，親課僮僕，以事耕種。或」樵于岡，或漁于塘，所得野趣甚多。親友好事知禮者，時相往還，至必傾倒，終」日無倦色。少年不檢者，絕之惟恐不遠，盖其性然也。晚年富饒之名聞于留」都。」詔舉荒政，有司首以禮致，曉窗皤然而起曰：年荒不濟，非仁也；積而不散，非義」也。遂輸粟若干石于官，以助」國課。冠帶榮身之典，非所望也，有司强之乃受。既受之，後遂謝絕世事。遇朔望，」具冠帶以謁祖宗，見大賓客亦然，餘惟以野服從事。每日夙興，啓窗向陽，焚」香凈几，誦老子《道德經》數卷。少倦則休休而息，户外事耳不及聞，因以曉窗」自號。生於正統辛酉閏十一月初十日，卒之時享年六十有二。配周氏，克齊」德。子男三：長欽；次即鍾；次鏊。女二：長適千户杜綱，次適陳淳；皆周出。側室張」氏，男一，尚幼。孫男二。墓在佘家岡祖塋之側。銘曰：」

西蜀發源，南都聚族。起家錦衣，共職犧牧。祀事孔脩，」神降百福。兒孫振振，似之式穀。應」詔賑荒，霑玆」恩渥。鬱彼佳城，佘岡之麓。太史銘章，義問彌篤。

二一三　明故（罗子應）妻金氏墓誌銘

〔蓋文〕

明故罗」子應妻」金氏墓

〔誌文〕

故妻金氏墓誌銘

羅子應撰并書篆　」

嗚呼！　此余妻金氏之誌也，余何忍銘之耶？　□悲□□於□□□克亨其報，使□抹撥」□□余□執□□□□□妻諱□□，世錢唐仕族。

國初以閶右實京師，遂為京兆」上元人。　其諱□、字元亮、號安晚先生，贈通議大夫、南京刑部右侍郎者，妻曾祖也。　潤」□□□，□静□□。　生□□大夫、□□尹、南安府知府，封通議大夫、南京刑部右侍郎」者，妻之祖也。　納□縉卿，稱心□□。　生通議大夫、南京刑部右侍郎者，妻之父也。　母王」氏。　□□□□父□雖未學問，天性□淑，□莊□行，恒□於道。　□諸兄不親授受，相敬」愛異常。　年廿五歸余。　以恭儉□忍自牧，事上處下，□□其度，雖舅姑臧獲，亦婉容禮」接。　或加以橫逆，受而不較。　故六年之間，家人未嘗見其喜慍。　諸同爨族長，不惟覿其」面，未真而聲，尚莫之□。　閨門無事，或讀《小學》數則，或書□一紙，每聞善行，輒自咎恚，」□為徒生。　其助益於余者為尤夥。　余性狷僻，動欲□□。　必曰：　須審時勢，無過求高。　性」□□學，或□舉子之業。　必曰：　家貧親老，當為□□□□不能恣急，先須辦此也。　或□」有所激，不無憫窮恤賤之萌。　必曰：　子平日議論謂何？　而不知有數邪？　但盡其在我者，」餘當聽命也。　或過從淹留及諸無益。　欲諫慮余之初，以白日莫間過，青春不再來二」句，或書於案，或着片楮置余所閱書中，覬見□悟。　或有不平於内外。　必曰：　海之所以」為大，以其有容也。　子必執隘，奚望異衆哉？　或與客辯及人過失。　必曰：　儻彼亦若子，性」争當無已，子未必無過，奚庸折人也。　弘治庚申四月，余兄汝文以丙辰進士補興化」推官，奉先孺人就任，妻時入門甫五月，即語余曰：　舅姑既謝政，於家人事理自異，設」不蚤有所處，傷恩失望，彼此無益。　學者先須治生，服飾長物，悉以畀子。　後卒賴焉。　其」慮患豫圖，隨事晉戒類此。　嗚呼！　詎意敚余賢妻而竟止此邪！　去秋九月，長女蕳卿暴」卒。　六日而聞先孺人之喪。　比歸半歲，而妻産一子，墮地即斃。　又五日，而妻亦卒。　先後」未七月，母、妻、子、女不一憖遺。　彼蒼者天，亦獨何心而虐罰斯酷哉！　士之上失所恃，中」喪所輔，而下亡所育，如余者，其悲哀嬛苦於人世何如也！　嗚呼！　天乎！　嗚呼！　天乎！　其卒」之日為甲子四月十四，距其生成化乙未十一月九日，年僅三十。　將以明年九月壬」寅葬於江寧安德鄉賈山祖塋之左，從先孺人新兆也。　嗟夫！　上古婦人無善可紀，風」氣降而有之者，以其難得也。　苟出於公者，其言未必公；　出於私者，其啻未悉私。　則公」私奚計哉？　第各盡其昭善之心而已矣。　公乎？　私乎？　余妻何預乎？　秖余之所自會也。作」銘曰：　」

靈物靡恒，氣秀斯毓；　惟其清淑，是以化速。　奚憾彼蒼之不篤，賈山之麓，玄室斯築；　遲」載百歲，終爾同宿。

金陵朱蕙鐫

〔誌文〕

明故沈母童宜人墓誌銘　」

賜進士出身中憲大夫通政使司左通政江東王敞撰文　」

賜進士出身資善大夫南京都察院右都御史鄞人金澤書丹　」

賜進士第嘉議大夫都察院右副都御史江東吳文度篆蓋　」

沈母姓童氏，諱妙壽。以子庠貴，　」誥封宜人。弘治乙丑十月二十三日，卒於正寢。庠以予年家契厚，請銘納諸」壙。母詩禮舊族，德性貞静。及笄，配怡静先生。先生歷封刑部郎中，性方嚴。」宜人濟之以和，家累萬金。子姓僕從數百指，皆憚怡静之嚴，而感宜人之」惠。怡静少游江湖，宜人孝奉舅姑，敦睦妯娌，綜理家務，井井有條。隣族之」舊，賴以賑恤者無虛日。頗通釋典，明窗静坐，繙閱誦讀，茹素戒殺者餘四」十年。庠甫垂髫，知為遠大器，屬怡静遣入郡庠為諸生，從明師游，問學充」溢。辛卯，領鄉薦。辛丑，登進士第，歷官刑部郎中、貴臬憲副。兩膺　」封誥，夫婦偕老，人謂積德善教，故食報若此。弘治壬戌七月，怡静捐館，庠守」制家居，念母垂老，欲絶迹仕途，奉養朝夕。服闋末一載，宜人繼逝。嗚呼痛」哉！生於永樂壬寅，得壽八十有四，與怡静同。庠娶韓氏，繼羅氏。孫：嗚鳳，禮」部冠帶儒士，娶姚氏，繼王氏。孫女二：長適旗手衛指揮張翰，次適生員李」夔。曾孫男三：長曰芝，娶蔣氏；次蘭，次蕙。曾孫女一，素萱，許配姚棠。玄孫男」一，長慶。初，母少時與吾母太恭人居相近，共習女紅，深相敬愛。予與尚倫」登第〔一〕，每進謁，必亹亹話疇昔。吾母凋謝，母獨精神矍鑠，竊加羨慕。北上告」別，母謂予曰：庠已服闋，念我不忍離膝下。况孫曾滿前，自有樂地。汝為我」促其行。庠固守初志，不果行。嗚呼！母言猶在耳，詎意止於此邪。庠以十二」月二十八日，扶柩合葬於怡静先生之壙。謹述群行而為之銘曰：　」

乾體健，坤德厚；生同封，死同壽。子克孝，母克慈；侍朝夕，弗暫離。踰八旬，又」三載；閱雲仍，知五代。嗟合璧，入佳城；鑱片石，勒新銘。　」

朱大舉勒石

〔簡注〕

〔一〕此處「尚倫」未言所指。應為沈庠之字。古人以字釋名。「庠」為周代鄉學之名。《孟子·滕文公上》：「夏曰校，殷曰序，周曰庠，學則三代共之，皆所以明人倫也。」「尚倫」正可釋「庠」。

二一五　明故昭信校尉南京錦衣衛百户許侯（達）墓誌銘

〔誌文〕

明故昭信校尉南京錦衣衛百户許侯墓誌銘　」

通議大夫南京太常寺卿前南京通政使司左通政嘉禾吕㦤撰文　」

賜進士資善大夫南京都察院右都御史前都察院右副都御史奉　」敕巡撫江西等處地方南京兵刑二部侍郎鄞人金澤書丹　」

賜進士亞中大夫南京光禄寺卿桃林胡諒篆盖　」

侯諱達，字德衢，姓許氏，其先台州黄巖人。曾祖諱福安，謀勇，　」國初從征有功，後護使者銜　」命海外，為隊長，還没。父諱榮，母李氏。父嘗留李金陵，去服商賈，死吴門。李氏時年」二十有六，生侯纔四齡，華年守節，孤嫠艱苦萬狀。比侯稍長感發，誓必顯親為」報。於坊肆書必多買而讀之，於身家當務必勉而行之，於儒生賢士必折節下」之。以故交朋日多，名聲日流。會南都守備重臣廉得其賢，遂有記室之選，凡任」事四十餘年。遇軍民利病宜興罷者，必直言可否，不持兩端之説。由是根本重」地，城中將士民庶，數百萬衆，帖帖然各不失職，論者以為侯亦有力焉。久之，守」備以為能，　」奏授南京錦衣衛百户。古人云：自我得之。良非偶然者矣。侯母李氏竟享年九十」而終。及其無恙時，嘗以貞節上　」聞，　」詔旌其閭。侯年六十即求解任，於是諸公止之莫得，又薦其子奎為百户，得世襲，」仍任父事。已而侯寢疾，召其子孫戒曰：吾以行間取貴，殊無大過人者，惟存心」於忠，處人以恕云爾。小子識之。苟能服膺終身，則保吾家祚者，不外是矣。言畢」而逝，弘治甲子閏四月七日也。生於正統丁巳，享年六十有八。娶馬氏，先卒。子」男二：長即奎，業儒，有父風，娶謝氏；次璧，娶沈氏，璧早卒。女三，俱妻將官子。側室」劉氏，生一男，宿，娶王氏。孫男二，皆奎子，曰繼宗、繼祖。孫女二。奎以正德丙寅五」月十一，葬侯於神策門外祖塋之側，以宗正何參府狀来請銘。銘曰：　」

金陵舊邦，　」神祖所都；　爰置留後，爰儆不虞。文籌武衛，監使肅如；　曰内守備，大璫握樞。練兵修貢，宮」鑰關符；　億萬生齒，仰處以餔。地重根本，事剖紛挐；　文檄山積，才士可無。卓哉許」侯，四齡而孤；　感母慈訓，力行近儒。守臣賢之，求若璠璵；　更事四紀，不矯不諛。年」勞上　」聞，際遇特殊；　武階表授，母亦旌閭。侯自我得，豈曰非夫；　觀其遺言，忠恕是圖。流澤」之綿，其在兹乎；　用告来者，世守弗渝。　」

金陵朱蕙勒石

〔蓋文〕

明故南京」守備司禮」監太監鄭」公墓誌銘

〔誌文〕

明故南京守備司禮監太監鄭公墓誌銘 」

賜進士出身資善大夫南京兵部尚書奉 」敕參贊機務前刑部左侍郎兼都察院左僉都御史新昌何鑑撰文 」

欽差南京協同守備兼掌右軍都督府事西寧侯濠梁宋愷書丹 」

賜進士及第嘉議大夫南京吏部右侍郎前太常卿國子祭酒 」經筵講官杭郡李旻篆蓋 」

南京守備司禮監太監鄭公卒于官。其嗣子庠生節持副留守梅君純所述行蹟詣予，拜泣請銘其墓。予惟公為留都重臣，勞勩著於」累朝，勤慎聞於 」當宁，已有褒能 」制詞，照耀星日，烏用予言，以為銘邪？固辭不可，乃按狀而序之。公諱强，字文毅，別號芝山，福之同安衣冠舊族也。曾祖倫，祖友諒，考降，皆」抱隱德；曾祖妣王，祖妣陸，妣吳，俱著姓。公生而端重不凡。正統末，甫九齡，選入 內庭，讀中祕書。漸長，遂充學術，成偉器。天順初， 」英宗皇帝復辟，選入 春宮。甲申， 」憲宗皇帝嗣位，陞內官監太監， 賜蟒衣玉帶，極荷 寵眷。庚子， 」上念南都根本重地，欲付公以留鑰，乃先命往察事宜，遂改公掌南京內官監事。在昔東南諸郡，輸納財賦者，苦於多索。公至，一無所取，其」弊遂息。壬寅， 命同隆平侯張公佑修理 」孝陵。時軍士以萬計，工價倍之。公受 命，相度惟謹，綜理周密，一夫一錢，下人無敢私者，不逾年而畢工。甲辰，復 命同平江伯陳公鋭、侍」郎白公昂修理 」皇陵。時鳳陽地方災，民不聊生，人以為疑。公曰：古人有因饑荒而賴以成事者。遂市穀以賑饑民，民因役而得賑，官因賑而得力，下不告勞，」官得省費，而事克濟。先時省費，例皆入統事者。至是，典守以費餘鉅萬，昇而餽公。公不受，歸之於官。事竣， 」上特假公以禮服祭告。尋復 」敕公守備機務。戊申， 」孝宗皇帝登極，又復 命公督修南京 內府諸庫藏。公亦不以事體之異，少忽於 」二陵。於是三告成功，皆有白金、文綺、寶鏹之賜。前守備太監黃公賜沒，公吊祭以禮，厚撫其家，董其喪事、殯葬，無不周至。其家酬以遺物，公」一毫無所受。後於太監陳公祖生之沒，亦復如是。太監蔣公琮同事，或遇事偶相牴牾，公能委曲周旋，務存大體，不露圭角。蔣後落職，」公待之益厚，識者韙之。守備成國莊簡公病革〔一〕，公往視，直入臥內，相與永訣，自謂平日賴公夾助，以得不負 」朝廷重託，公感其言。繼聞魏國徐公俌當代，公即往拜，其家歡甚。蓋魏國正大老成，夙受公知，幸同僚寀，自宜慶慰。禮也！一日，將具服，侍」者碎公玉帶，復有捧羹者，污公蟒衣，羣下莫不悚恐。公神色不異，其雅量如此，非有德者能然乎？初，公於城南天闕之陽，買山一區，搆」屋數楹；又取隙地，植嘉木，鑿廣池，時往遊憩，以容與禽魚之適。山中嘗茁瑞芝，人以為公德之徵，因號芝山居士。乃即其山為塋域，以」屋為祠宇，計終老焉。」上特敕賜祠額，曰：襃能。乙丑，」今上皇帝嗣登大寶。公與總轄守備太監傅公容俱上疏乞骸，」上特進公司禮監，代傅專司留鑰，加賜禄米、蟒衣、玉帶。公居南都最久，人情事體，無不諳熟。一旦當軸，上而禮接同僚公卿士夫，商確政務，」下而統馭諸司官屬軍民，剖析事宜，悉皆允當，人咸敬服。然退休之志，日不少忘。近於祠旁，搆一小寺，」上特賜額，曰：成恩，令僧人居之，為公護守。其」制詞有曰：歷事 累朝，多著勞勩，典司留務，勤慎不渝。人皆以為實録。公感激，涖事愈勤，朝夕不倦。乃是歲秋，忽病瘍竟卒，為正德戊辰」九月十二日，距其生正統辛酉八月一日，享年六十有八。卒之日，諸內外僚友公卿士夫，暨官屬軍民老幼，悉皆奔走吊哭，行道之人」亦為流涕。訃聞，」上悼公歷事 六朝，兩京辦事，公廉勤慎，賜諭祭者三，寶鏹二萬貫，齋糧、麻布各五十石疋，造墳營葬，啓建享堂， 恩至渥也。節將以十」一月十五日，扶柩葬於天闕之麓。公嘗立兄珩之子為嗣，即節，讀書好修，將躋膴仕。孫男三：曰仁，曰義，曰禮。孫女一，尚幼。烏乎！公自被」選，迄今掌機務五十餘年，碩德重望，深沐隆恩。此其所以坐鎮廟堂，而成豐功偉烈，屹為江南屏蔽。比其没也，囊無餘貲，章章在人」耳目，又足以驗其平日之清約。斯當代之偉人與？是宜銘。銘曰：」

繄公之生南閩陲，河嶽秀孕璠璵姿。內廷被選成瓌奇，讀書中祕 侍儲帷。」龍飛從龍上天池，鑾輿彩仗日相隨。留都根本繫安危，聿遣先往相時宜。」陵寢大內命修治，經營相度多猷為。指麾號令風雷馳，惠澤宣布雨露滋。功成不受費餘貲，一念許」國寔在兹。掌司留鑰非公誰，聲色不動如山維。勞勩端受」九重知，南顧無憂伏保釐，」綸音屢降無愧詞。馬鬣高封卹典遺，允矣公名千禩垂。

〔簡注〕

〔一〕此處「成國莊簡公」未記其名，從時間推算，應為朱儀。

二一七　明故中奉大夫四川等處承宣布政使司右布政使倪公（阜）墓誌銘

〔蓋文〕

大明故四」川等處承」宣布政使」司右布政」使倪公墓

〔誌文〕

明故中奉大夫四川等處承宣布政使司右布政使倪公墓誌銘」

賜進士出身中奉大夫湖廣等處承宣布政使司右布政使前山東等處提刑按察司副使奉」敕提督學政江東陳鎬撰文」

賜進士出身中憲大夫山東兖州府知府江東胡璟書丹」

賜進士出身前承德郎工部都水司主事建業黄謙篆盖 」

公諱皋，字舜薰，别號東岡，姓倪氏。倪為江表衣冠望族。公為南京禮部尚書、贈太子少保、謚文僖」公之子，太子少保、吏部尚書、贈榮禄大夫、少保、謚文毅公之弟。知其父兄，即其家世可考也。母夫」人郭氏。公生而穎敏，及長好學。文僖公命文毅自教之，曰：父子兄弟自相師友，古有之矣。文毅時」為翰林編修，退食多暇，指授明切，學乃大進。尋用 」恩廕補國學生。諸生咸謂公貴，公子不可近，及與之接，則巽默無岸谷，乃益親就之。成化甲午，舉順」天鄉試。己亥，奔文僖公喪於南，終制而北。甲辰，春試失利，乃益發憤，曰：豈吾父兄所望也。杜門苦」學者三年。丁未，舉春闈，登進士，入翰林，為庶吉士。學充而氣純，同館之士無弗敬焉。弘治己酉，授」工部都水司主事。時虜使入貢，公奉差大同。明年庚戌，差浙江，督催織造。癸丑，督課蕪湖。所至盡」心厥事，常廩外一無所取。是年，陞本部虞衡司署員外郎，管理街道。都城物繁事夥，公從容處分，」條格井井。居三年，人鮮怨者。己未，陞本司郎中，管盔甲廠事。廠多中貴人，公平心直道，事妥而集。」及兼委修理倉廠，勞績甚著，蒙寶鏹、彩幣之 」賜。辛酉，部議江南額辦物料多愆期，宜委官催督，非公不可，乃奏公以行。二月事竣。聞文毅公訃也，」歸治喪。請於 」朝，乞護送歸葬金陵。凡喪記經畫，皆公率其弟國子生山、中書舍人澤為之。癸亥，還任。乙丑，陞山東」布政司左參政，分守海右。時地方多盜，公計擒其首惡，餘黨撫平。巡撫徐公旌其能，改守東兖。值」朝廷差官勘地，公極力區處，民賴不擾。正德丁卯，陞四川布政司右布政使。東人不舍公去，有垂淚」者。行次岳州，感寒疾，遂不起，蓋戊辰正月九日也。囊橐蕭然，至無以為歛。於此可知公之□矣。公」娶于氏，太傅肅愍公孫、應天府尹冕之女，封安人，贈宜人。繼娶吴氏，欽天監官庸之女，封宜人，亦」先公殁。俱葬江寧縣新亭鄉祖塋東小邵村之原。子男四。長霖，早卒；次霈；次霦，為文毅公嗣，今官」中書舍人；次霳，亦卒。俱于宜人出。女一，尚幼，吴宜人出也。公生於景泰壬申六月二十六日，得壽」五十有七。平生所著《東岡集》若干卷，藏於家。霈既以是年十二月十日，奉柩合葬兩宜人之壙。時」鎬過龍江，來以墓銘請。鎬為文毅公門下士，與公為同年。大同之役，從公在□□。公官山東，又嘗」為僚寀。公之表裏粹白，勤儉孝友，蓋有人不及知，而鎬獨知之者。銘將奚辭？銘曰： 」

學不出門自其家，官不渝宗自其世。要路在前履忽蹶，語造物者德□既。

二一八　明故義官蕭仲潔（澄）墓誌銘

〔蓋文〕

明故義」官蕭君」仲潔甫」之墓

〔誌文〕

明故義官蕭仲潔墓誌銘」

賜進士出身資善大夫南京吏部尚書漢南孫交撰 」

賜進士出身亞中大夫浙江布政使司左參政江東吴彦華書 」

賜進士出身中憲大夫貴州按察司副使奉 」敕提督學校江東沈庠篆 」

仲潔諱澄，其先楚之黄岡人。曾大父信保， 」國初以軍功授留守左衛小旗，因家金陵。大父福慶繼之。父昱，母陳氏，生五子，而」仲潔最季。少失怙恃，賴諸兄撫育。既冠，即能幹蠱，衆謂蕭氏有子矣。其後轉販」南北，家日饒裕。親賢士大夫，有所聞則慎行之。痛親不逮養，葺墳墓，樹松柏，雖」隆寒盛暑，日一往視。歲時祭祀必豐，畢則以會族。諸兄先卒，喪葬皆以禮。姻黨」有親喪不能舉者，為買地葬之。成化間，歲饑，應 」詔輸粟，得名義官。弘治戊午，在祀典神祠缺守者，僉以仲潔純朴可補，又隸太常。」祠宇傾圮，出財力脩治之，其亦無忝於義之名云。予初仕南都，識仲潔；比轉北」部，再會京師。時仲潔年已踰六十。余見其長子鋭死于客，幼子欽又死焉，乃諷」之曰：金陵山川佳麗，自有樂地，家自有舊業，何為浮大江，渡黄河，經吕梁，踰瀛」海，而勞苦不息也？仲潔曰：唯！買舟南還，自是不復出矣。嗚呼！止足，古人所難。今」夫富商大賈，素遊江湖者，方少壯去鄉井，歲冒風濤，窮晝夜，計筭錙銖，積累鉅」萬，逮至筋力日衰，可以歸矣，而猶與後生逐時好，溺於利而不知止，相識無敢」出一語諷勸。雖諷勸而不從，反怒焉者，皆是也。甚有為之深憂遠慮，而其人迷」惑不悟，卒老死於異鄉。視仲潔之一言即悟，安於止足，而考終牖下，其為人賢」不肖何如也？仲潔歸隱十年，病不能言，猶以手指畫家事，子孫承其意為之，猶」有所獲。老慕儒術，愛其孫傑有美質，命業儒，病猶為之擇師課讀誦焉。病革，乃」出素所積者，召一子二孫均與之。嗚呼！仲潔可謂以勤儉成立，而貽謀足法者」與？仲潔以正德五年九月十九日卒，年七十五，以其年十二月廿八日，葬安德」鄉之原。娶劉氏，繼娶何氏。子男四：長曰鋭，劉出；次曰欽、鎡、鏞，何出。鋭、欽、鎡蚤卒，」鏞克守其業。女四：長適錦衣千户田仁；次適陳洪、張靖、汪繼善。孫男二：曰俊，鎡」之子；曰傑，欽之子。女孫二，尚幼。余聞仲潔易簀，强以筆書於簡，云：墓域必遷，銘」必托之予。予亦楚人，為同鄉，且識仲潔於兩京，義不得辭。銘曰： 」

積居時逐，羌士之劣。惟義惟行，亦惟其埒。彼己仲潔，轉逐饒只。尊所聞知，士懿」偕紀。爰克知止，肆遂厥止。式承式遺，曰惟仲潔之世。

朱蕙鐫石

二一九　明南京尚膳監幸公（福）母劉氏墓誌銘

〔誌文〕

大明南京尚膳監幸公母劉氏墓誌銘 」

賜進士出身南京鴻臚寺寺丞蒲田陳受撰文 」

賜進士出身南京光禄寺寺正江右張達書丹 」

南京光禄寺珍羞署署正廣東何宇新篆盖 」

人生穹壤生死，分於晝夜，亘今古莫能易也。生則必有其地，死」則亦必有其地。盖生為陽宅，死為陰宅，無非藏其體也。南京尚」膳監幸公母劉氏，天資豐厚，稟性剛柔，孝奉舅姑，善視夫子，凡」事盡善，不能枚舉。於天順年間所生二子：長曰成，次曰福。福則」於成化壬寅年進入」內府。弘治戊申正月初旬，蒙」御筆點差內府行事。庚戌年，帶牙牌；壬子，撥至南京。及壬戌，本監」保舉帶帽僉押管事。前後感恩，莫能既也。一旦思之，曰：身自親」出，人皆有之。惟我劉母，生則劬勞，養則撫愛。年當中壽，惜乎天」不假年，一旦疾故於錦衣衛上前所。以此朝夕心悦，俯仰無愧。」於人子萬中不能彷彿一二也。亞聖云：養生者不足以當大事，」惟送死可以當大事。幸公得之。公之祖諱三，祖妣顔氏。父諱林，」生於永樂壬辰十月十五日，卒於成化丁酉十一月十五日，葬」於陝西平凉府平凉縣甲子溝。母生於宣德丁未三月初三日，」卒於弘治五年十一月二十八日。今正德六年五月十一日，迁」葬於聚寶門外羽林右左所二郎岡之原。如斯之故，遂有厥銘。」銘曰： 」

生於大造，賦性醇妙；夫子不違，能執婦道。不剛不柔，」厥德有脩；享於中壽，葬於高丘。由今暨古，存殁難補；」所生二男，一進內府。舊地未和，貴子慮多；新遷一穴，」萬古不磨。

江東朱茂鐫

二二〇　明故荊門州儒學學正夏君（聰）墓誌銘

〔蓋文〕

明故荊」門學正」夏公墓

〔誌文〕

明故荊門州儒學學正夏君墓誌銘 」

賜進士出身資政大夫南京吏部尚書前翰林學士國子祭酒 」經筵日講官歷南京户禮二部尚書清潯張瀠撰文 」

賜進士第資政大夫南京都察院右都御史致仕前都察院右副都御史奉 」敕巡撫江西等處兵刑二部侍郎鄞人金澤書丹 」

賜進士出身中憲大夫貴州等處提刑按察司副使奉 」敕提督學校賜一品服江東沈庠篆盖 」

君姓夏氏，諱聰，字汝明，先世浙之嘉興人。」國初徙實京師，遂占上元籍。曾祖德麟，祖子良，父讓，皆敦行，為鄉之善人。君幼不群，稍長，志」儒術，聞江西永新士子多苦學，便負笈往，從師講解。時受室甫四月，而弗違燕戀。積三載，」有所得，始歸。乃游于應天府庠，學業益進。遂教授生徒，户外屨常滿。以《易經》領成化癸卯」鄉薦。上春官試，念親老恐不逮養，乃就乙榜，除濮州學正。踰年，丁外艱歸。起復，授荆門儒」學。近世學官識趣多不高，往往取升斗禄糊口，視弟子課業如官府簿書，然略省條件而」已。君毅然獨以其家塾教規一施之。於是荆門士子自恨得師之晚。三年而有成，九載終」不勌。既考績，其鄉之士夫合辭以白于銓曹，願留夏君淑後學，遂還轍荆門。越四載，以母」老，乞歸養。養三年，而母顧氏考終。及乎免喪，六閱階蓂，而君亦長逝矣。是為正德辛未九」月九日，距其生正統庚申二月九日，享年七十有二。先娶王氏，懿德協相，君無内憂。繼室」□氏。子勛，王氏出，娶都憲金公從女，方為弟子員，簪紱可企。孫男孟仲，亦志學。孫女一。將」以卒之年冬十月初五日，葬于鳳臺門任家山之原。惟君平生心地坦坦，不設城府，人願」與之交游。每朋儕燕會，君或不至，皆曰：今日無汝明，殊使人不樂。其孝愛二親，出于天性，」恒以三金不稱其養為歉。教育英材，多底成立。若進士梅純、陳言、羅璋、梁材，皆其及門高」第。余自成化間，從先公宦游金陵，已與君識。既而往来京國，逆旅湖襄，以及今日備員南」部，復得與故人會晤，倏忽三十餘年矣。始余之来，歲在己巳七月，君已被末疾，右手攣不」伸，扶一童子蹣跚行来過余，相見泣下。自後，余有酒必招致同飲。君或時攜酒相就，必竟」日始去。飲雖稍減于昔，而談笑情款，未便衰颯，心竊計此非蚤晚就木之人，而不意其遽」至此也。每詢問時事，憂喜輒形于色，曰：魯漆室女，吾豈不如？聞余再疏乞休，曰：公勇於一」去，得矣，將如　」三朝之義何？余亦為之聳聽。卒之前二旬，其子自外歸，買鮮鯉食之，次日有河魚疾。適余招」飲，君度不可辭，乃先飲燒酒數杯，止其泄而来。既入席，復强飲，先歸。又明日，變為淋，醫工」誤投以附子，遂不起，是亦數耳。嗚呼！君脩于身者無忝，施于人者有效。夷考平生，實無遺」憾。中間世俗榮願，似若不滿，而君未嘗有戚戚之容。此余所以重君者在是也。誌墓之文，」宜於我乎？屬為之銘曰：」

學于黌宫，禄于黌宫；君以此始，亦以此終。不華其躬，惟德之崇；有菑不豐，而獲亦同。嗚呼，」其無愧乎儒宗！

金陵朱茂勒石

二二二　明故明威將軍南京錦衣衛指揮僉事徐君（伯寬）墓誌銘

〔蓋文〕

明故明威」將軍錦衣」衛指揮僉」事海雪徐」公之墓

〔誌文〕

明故明威將軍南京錦衣衛指揮僉事徐君墓誌銘」

賜進士出身通奉大夫浙江等處承宣布政使司右布政使江東吴彦華撰」

二二二　明故處士盧翁克新（銘）墓誌銘

賜進士出身中憲大夫貴州等處提刑按察司副使奉　」敕提督學校賜二品服江東沈庠書　」

賜進士第朝列大夫浙江等處承宣布政使司右參議致政古吳徐珫篆　」

君諱伯寬，字德裕，別號海雪，鳳陽府鳳陽縣人。　」高祖中山武寧王，從　」太祖高皇帝平定天下，為元功第一，　」召賜第于南都，因家焉。王生膺緒，中軍都督府都督僉事。膺緒生景璜，中都留守司副留守。」景璜生顯綬，即君先考，南京錦衣衛指揮僉事。」大明仁孝皇后，君曾祖姑。今太傅、大總戎、魏國公，君再從兄。君生長勳戚，自幼朴素簡澹，衣冠」器用，不御金玉紈綺。漸長，喜讀書，容儀莊重，一時貴游豪俠，罕與納交。成化壬辰，君年十」九，所司知其賢，選入京衛武庠。自是益銳意文學，從予，授《易》，通三場，日夕忘疲，人有勸之習刑名，為詞章者，君悉不聽。丙申，服除。益究竟經史，每至夜分。」為文章舂容雅健，日與二三同志談道德，論古今，事成敗，人或以橫逆相加，君不與較。庚」子春，臺憲小試，得上第；入秋闈大比，文義殊可觀。時主司頭腦冬烘，竟失利，人皆惜之。壬」寅，族人有奏訴田業者，君入官論理，寸土無所私，官司以是得平，族人亦唯唯而退。乙巳，」君文行益脩，方圖科第，而府君失明，竟以是年襲蔭為今官。然朝經暮史，亦不廢事。弘治」改元，　」召令天下恩官得減級，所司誤以君　」聞，亦在減例。君抗疏，極陳祖宗功勳，因得光復。己酉，京營大都督莊公薦君有文武材，事下」司馬部，方將論列，而南都科道剡薦亦至，當道咸議以一面寄之，忽為權貴所奪，君亦不」之較。壬子，祖母朱恭人卒。君躬自棺斂，居喪盡哀。丁巳，居府君喪，哀毀骨立，飲食不甘味」者三年。今年春秋五十有七，正月廿七日考終，距其生景泰五年正月廿三日也。君天性」友愛，凡族人兄弟，無不周恤。有危難，輒赴救之。平居自奉儉約。至於婚喪燕享，則豐潔無」少吝。朋友有過，從容面論，人亦悅服。自君寢疾，族人賓客相繼問候。其既甚也，則相率宿」於家。及卒也，哭泣相弔。大總戎聞訃，哀痛累日，賻贈有加。斂之日，其弟伯密、伯宇、伯寰，相」率其子，哭告請銘。君嘗從予游，今三十年矣，始終愛敬，情如骨肉。故凡知君之深者，莫予」若也，予何容辭？君娶崔氏，封恭人，有賢行，與君戮力成家。晚歲益勤儉，婢媵循循如也。君」生子男二人：長曰世禎，今襲錦衣衛指揮僉事；次曰世禮，始十歲。女二：長適平江公子陳」祥麟；次尚幼。□以次年十二月廿七日葬於鍾山祖塋之次。銘曰：」

烈烈丈夫，元勳之裔；烝烝孝子，武弁之例。文擅三場，名高多士；」光復故物，貽厥後世。俯仰無慙，死生何繫；勒銘玄堂，千秋永閉。」

江東朱茂刻石

明故處士盧翁克新墓誌銘 」

賜進士第朝列大夫浙東承□□□□□□□□郡人徐□撰文 」

賜進士出身文林郎巡按福建等處□□□□江東王介書丹 」

賜進士出身奉訓大夫南京刑部□□□郡人鄒□篆盖 」

國初徙天下鉅室實京師,□地□□官置其第而分授之。浙之嘉禾□盧氏□」者,偕妻唐氏来,隸應天之江寧□止儀鳳□外。始至未立□事□□為業□」子一人,即翁也。翁諱銘,字克新。少承父訓,父遂□□業,為業□利之入,不必」屑屑與人較,知以仁義為實也。家道日以□。所止□龍□□□□□□帶河,」雖接廛市,而悠然有遠意。翁心日起塵外之想,迺□□□作別業以處□用」舊業,徜徉於其中,且觴且詠,操□世□□□□□□□道,將有□君子之風」焉。盖翁平□□来常親經史□□求□□□其□於天性甚温良和樂,雅敦朴」素,自與理道不相悖。故跡其□行□□□□父□在堂時,乃力於所事,無怨」意。嘗有疾,湯藥必親嘗之以□,否則□□□在左右,不少離。朝夕憂形於色,」甚則呼天以絶,曰:寧死□□以及□□。不幸父母□然□去。翁□来不□□」哀毀幾絶。□出於真誠,不為外□故□其大節也如此。至如□□,處鄉曲,待」昆季,御羣小,務出於厚,不使有怨言。□□者□□之家人曰□□□。翁則曰:」尚義有餘也。人□□往教之□□□□□翁則□不恤也,以□□人益重」禮之。若翁者,庶幾□予□謂仁者□翁□□悉以家□□子□景澄有父風,」又處順境,凡所以承願父志者,咸無缺焉。歲時晏賞景□以設供,其置酒張」筵,率諸子弟拜舞階下,以為壽。翁鶴髮醇顔坐堂上,引滿必沾□忻忻然,不」減壯時筋力。至是年已八十有三矣。于壽而且康,久富而有子,□真鮮哉!頃」年病風,動履始覺艱,而飲食猶如常。正德癸酉七月六日,疾忽作,遽卒。翁娶」唐氏名家女,柔慧有婦道,先翁而殂,□□□尚未窆。子一人,即景澄。女一,」嫁撫寧尹徐君夢麒。孫四:經、綸、綱、紀。綱補京庠弟子員,學而有文。兹從卜人」得地於安德鄉岔山之原。擇是年十月十二日葬,以唐氏祔焉。景澄扶杖奉」大尹陳公仲仁狀,跣及門,請銘掩諸幽,且以遺後。□予與翁為郡人,嘗聞人」道翁之賢,今讀陳公之狀,信足徵也。乃按其狀而銘之。銘曰:」

岔山之陽,有崇其岡;幽宮既成,日月孔良。嗟惟盧翁此其藏,有待者唐;兆合而安,永矣無壞傷。庇爾子若孫,百千萬祥。」

金陵朱蕙鐫

二二三　明耕隱翁貝宗璧(珙)墓誌銘

〔蓋文〕

江邨耕」隱貝翁」之墓

〔誌文〕

耕隱翁貝宗璧墓誌銘 」

賜進士出身資政大夫南京吏部尚書前翰林學士國子祭酒 」經筵日講官歷南京户禮二部尚書清溽張潔撰文 」

賜進士出身亞中大夫南京光禄寺卿前吏科都給事中鎮陽王宸書丹 」

賜進士第通議大夫南京兵部右侍郎前順天府尹禮科都給事中 」賜正一品服新昌吕獻篆蓋 」

翁諱珙，字宗璧，姓貝氏，江村耕隱其别號也。予自成化丁酉識翁于白下，既而筮仕京國，」與翁别者三十二年。正德己巳，予来南京，復與會晤，惘然叙舊，而翁年已逾古希。又三年，」而翁棄人間世矣。時壬申閏五月九日也。其子鵬奉狀来乞銘，予不獲辭，乃為之誌。翁之」始祖立本者，河北人，仕江南李氏，為常州刺史。宋開寶間，吴越王錢俶據常，流之定海。在」顛沛猶服舊賜錦衣，時以錦貝目之。孫孟博，明道中舉直言，累官浙東轉運使。故定海以」貝為著姓。」國朝洪武初，翁祖可恒謫隸戍籍，始来金陵。生二子，長曰永阜，即翁之考也；妣鮑氏。翁少倜」儻自負，涉獵墳典，治舉子業。已而落落弗遇，去游江湖，為居積貿遷之事，不數年，累貲鉅」萬。猶歎曰：棄儒而就商，非本志也。乃遍交縉紳名流，相與傾倒意氣，每在座談辯風生，聽」者忘倦。商侣有以藏鏹寄者，經宿持去，封識宛然，啓視則失其半，侣有愠色，翁笑而償之。」鄰人李氏子兄弟鬩，獄久不能決，自言願得翁質之。官司從其請，翁以情理曉譬曲直，」遂各慚服罷訟。嘗輸粟助邊，授階承德郎。然出入恒自匿，不欲以冠帶為榮。嘗遊淮揚，運使」歐公宗德識之稠人中。厥後，歐僑寓金陵，死無嗣，翁為經紀喪事，歲時上壠，終其身。太宰」文毅倪公與翁有同窗之雅，居第在崇禮街，隘弗能新。翁損橐金千為之改創，而未嘗有」德色。暨文毅北轉持銓衡，有欲介書求進者，輒峻拒之。文毅既没，其夫人南還，翁口不言」創第之費。伯兄琳學究天文，為欽天監副，翁築室迎與同居。兄疾革，目若有所屬者，翁泣」而慰曰：二嫂我奉養之，三子五女我婚嫁之。言已，兄瞑而逝。後皆不食其言。庶弟三人，雖」久析產，念其匱，别置義田于冶山以周之，其他姻黨鄉曲窶而受惠者，不悉記。長孫山讀」書僧寺，翁一日過之，見同舍生劉弼者，獨奇之，即以季姪女許配，既而弼果登弘治壬戌」進士，今為户曹郎。晚年營别墅于龍江之滸，日以耕釣自娱，客至則與之步田塍，依樹蔭，」烹鮮醉醇為樂，家事悉以付諸子孫。素志不尚奢靡，衣食纔取足用而已。屬纊之際，猶諄」諄以厚葬為戒。距其生正統丁巳三月二十三日，享年七十有六。娶毛氏，閑于《内則》，老而」無近。子三：長即鵬，幹蠱，克世其業；次鳳，次京，鳳蚤卒。女一，適譚千户之子祜。孫男四：長即」山，種學有成緒；次嶽，次岱，次嵩，皆治《周易》。孫女四。曾孫女一。鵬卜以正德十年正月初二」日，葬于安德園子村之原。烏乎！翁平生志行磊落，敏於樹立，以承其世澤，而遺其嗣人，可」謂能自拔流俗者矣。為之銘曰：」

貝有美錦，傳數百年；豈彼文繡，惟世其賢。吁嗟乎翁。尚之以絅；休兹弗彰，後當耿耿。

二二二四　明故南京守備內官監太監余公（俊）墓誌銘

〔誌文〕

明故南京守備內官監太監余公墓誌銘」

賜進士資善大夫南京工部尚書蜀人黃珂撰文」

欽命南京協同守備奉」敕掌行祭禮兼管南京右軍都督府掌府事西寧侯鳳陽宋愷書丹」

賜進士第通議大夫都察院右副都御史奉」敕總督南京糧儲晉陵白圻篆蓋」

正德丙子十二月壬申，南京守備內官監太監余公卒于官。越明年丁丑二月丙寅，葬于聚寶」門外安德鄉之兆域，遵治命也。初，公少孤，久違丘原。後入」掖廷，益貴，遍索之，無應者。既領留務，繼母袁氏，弟傭，方自荆至，會於官所，悲喜交集。遂遣人歸，遷」葬考龍、妣何於原立祖塋。數年孝思之心，方始克慰。去年，公擇地於安德鄉，上其事于」朝，請立祠若寺，以詔永久。」上眷方深，可其奏，仍各賜額，祠曰彰勤；寺曰祝禧。今發慎有期，門下士傅澍録所撰狀，詣予乞銘。予」在工部所職，多涉諸貴人，其間機警有器幹者必知之，反是者亦然。予既忝與公為鄉人，又知」公之行，焉敢辭？按狀：公本夔人。成化初，夔大饑。適大父先有別業在郧，由是厥考同季父虎奉」母就養于郧。未幾，考、妣俱以客死郧。時值弗靖，公方齓，當選入」內，即肆力書史。長益明習技藝，嫻弓染翰，嶄嶄出儕輩右。累官至尚衣監太監。」純皇升遐，職司香。弘治癸丑，」今上在春宮，公朝夕侍，蓋」敬皇簡于肘腋云。乙丑五月，用」登極恩，遷御馬監左少監，尋進太監，有蟒衣、玉帶之賜，為非望賞，且令掌」乾清宮，寵以肺腑。正德丙寅，改內官監，職如故。時」宮闈之役起，公實董之，事以集告。是年冬，」天子思得舊人，付之留鑰，遂以」璽書、旌鉞授公。公感知遇，自矢惟儉惟慎，以固」上寵。在南都十年，勤于公事，喜接縉紳士夫。有大政，則諸貴人、勳舊及諸卿之長、貳月再萃留司議」之，咸取必諸貴人色可否，苟當於理，公必首肯。予深敬之。公掌兵仗局，局所攻函甲之事，歲進」其良若干于」朝。惟四方所輸材如泉注壑，廢舊坊者輒洩之，厥孔百出。公莅焉，浚之必盡塞，其源迺清。由是，入」武庫者，經公監製，輒甲他進，所謂機警有器幹者，其斯人哉！卒之日，支屬麾下僮圉若喪父母。」嗚呼！經事」三朝，備極貴富。而又值時承平休然，餘樂施及，弟傭亦籍錦衣，向進可冀，福履天幸，可銘也。公諱」俊，字世偉，號竹居道人，年五十九。銘曰：」

奮翼孤騫，脱其罤樊，致身」天閽。」龍潛在澤，維以毓德，汝嬰汝側。睠焉舊都，有」敕有符，乃應時需。乃心」帝室，善於其職，甲光耀日。鵷鸃峩峩，託體山阿，吁其不磨。

二二五　明故趙（世勳）母劉孺人墓誌銘

〔蓋文〕

明故趙母」劉孺人墓」誌銘

〔誌文〕

趙母劉孺人墓誌銘　」

賜進士出身朝議大夫廣西布政使司右參議安福劉潮撰文」

賜進士奉政大夫廣西等處提刑按察司僉事前監察御史鄱陽俞緇書丹」

賜進士出身奉政大夫廣西等處提刑按察司僉事會稽姚鵬篆盖」

正德十二年十月十有九日，予来分守蒼梧，適總戎、　」太保、武定侯郭公，有外母劉孺人之喪。朝夕謁見，其色戚，其言悲，或若咽啞」不能言。予且駭且慰之。公曰：　吾與孺人，親雖姑壻，恩猶母子。吾昔来兩廣，以內艱，服未滿，迎吾繼室趙夫人歸事祖母，奉孺人與俱，祖母甚宜之，孺人教」也。及吾服滿，迎至廣，孺人又随之。居数月，視吾內政漸有序，留弗獲，强送以」歸。今年春，吾奉　」命西征，未可計時月，又遣人迎孺人；　孺人亦遠念女，遂又来廣。百凡綜理以度，內」外肅然。吾得無內顧之憂，而盡心　」國事，皆吾孺人賜恩罔極。而今奄棄于廣，吾何能為情耶！　予聞而哀之。武定夫」人日上食與奠，亦哭聲徹于外。問之，曰幾絶者屢矣，甦且默然，若不復生者，」今月餘不已也。予又聞而哀之，且嘆曰：　女哭母如此乎？　孝哉孝哉！　一日，公持」狀屬予銘。予既已哀公與夫人之痛切也，不敢辭。謹按狀：　孺人出京都鉅族。」父諱輔，祖諱〔一〕，孺人所自生也。歸趙君時清。父武靖伯諱承慶，祖容國公諱」輔，曾祖武靖侯諱端，高伯祖開國梁國公諱德滕。又時清所自生也。孺人事」翁姑甚得其懽心，遠近以孝謹聞。時清樂交游，喜吟咏，詩人墨客日至門者」不絶。孺人輒供饋無倦，且若預備然者。嘗教其子世勳曰：　女元勳裔也，出就」師以學，明禮義，習勤約，毋徒以家勢〔二〕，恃習公子態，此吾所甚不願也。世勳今」循循雅飭，亦樂其有賢母。孺人素閑女事，與教其女閑女事，皆極其精工。姻」戚相傳，或以為式，□古亦莫能如也。御臧獲頗嚴，曰：　吾伯爵家僕属必如此。」世勳將扶柩歸，以正德　年　月　日〔三〕，葬于聚寶門外祖塋之原。生」男一，即世勳，娶平江伯陳雄妹。女一，即武定夫人。孫男廷璽。孫女尚幼。孺人」生天順癸未四月初四日，没正德丁丑九月十二日，享年五十有五。嗚呼！　孺」人素履，吾未能甚悉也。然觀其成諸女者，知其成諸子者亦如是也。觀其女」之孝於孺人，知孺人之孝於舅姑者亦如是也。況公在兩廣威聲凜凜，予又」辱公愛舊，其言信不誣也。是宜銘。銘曰：　」

孝乎於親，是謂能婦；　教成其子，是謂能母。我銘斯文，昭垂萬古，無忝乎爾祖。

〔簡注〕

〔一〕「祖諱」下原空一格，未填諱。

〔二〕「母」為「毋」之古字，二字可通用。

〔三〕「年」、「月」、「日」上均原空二格。

二二六　明故賓石處士姚君（蘭）墓誌銘

〔蓋文〕

明故賓」石處士」姚君墓

〔誌文〕

明故賓石處士姚君墓誌銘」

賜進士第朝列大夫南京國子祭酒前翰林侍讀學士」太子左中允兼史館修撰」經筵講官潁川賈詠撰文」

賜進士出身中順大夫南京通政使司右通政前吏部文選郎中淮南楊果書丹」

賜同進士出身奉議大夫南京大理寺右寺丞前監察御史崑山周倫篆蓋」

處士諱蘭，字德馨，姓姚氏，别號賓石。其先本浙之仁和人，」國初徙上元，遂占籍。曾大父容菴處士文富，大父野逸處士遜，父秋田處士珉，迨」君凡四世，居金陵之織錦坊，胥隱德弗耀。秋田生君，重厚質直，篤禮好義，性不」喜靡廢，故衣無紈綺，路非甚遠，未嘗服焉。雖家劇市，能以禮自閑，不為聲華所」邇。間游吴越，士多重之。善事秋田暨尹碩人，克先志意，敬愛兼隆。秋田棄養，事」碩人孝謹益至，白首侍側，日夕承歡，不啻嬰兒。每出作客，見珍異之品，必懷歸」遺之。昏定晨省之節，寒暑不倦。秋田有女弟張汝華者，以疾卒，二孤孱弱，并遺」金數百，皆託秋田。未幾，秋田尋卒。君奉其孀姑及孱孤生母，日給服飲，不少闕。」比二孤差長，君取所託金授之，皆汝華手封如故，人由是益高其行。鄰有貨居」於君者，直四百金，券立之夕，回禄一盡。人曰：可償地直耳。君曰：不然。券成即吾」居，何忍負之？竟不爽初約。族黨婚喪，君為舉之。饑寒疾病，君為恤之。外舅乏嗣，」生養送終，君為領之。他若拾金歸主，貸償毁券，往往而是，有古義士之風。矧平」生雅好賓客，凡四時佳節，必邀知己，登臨嘯傲，觴咏竟日，行以為常。教子有義，」不為姑息，朝經暮史，必佐以勤。方期享禄養，而收顯名，顧痰疾偶作，藥弗能療，」遂不起。實正德丁丑十月九日也，享年六十有四。配尤氏，出自德門，有淑行，與」君接禮，相敬如賓。生子丈夫二：長曰奎，補郡庠弟子員，飽酣經術，為時名彦，將」大舉於科；次曰軫，亦修士行。女四：長適羅輗，次王趙，次李蕃，次華金，皆名家子」之為士者。奎等以君卒之年閏十二月十有三日，奉柩安德鄉分山口，從祖兆」之次葬焉。以其友劉君雨所為狀請銘。烏乎！君之孝義，當於古人求之，而可以」無銘乎？銘曰：」

民有懿德，惟孝是先；民有懿行，惟義是賢。君之孝矣，其性則天；君之義矣，其氣」則然。承顔先意，親壽以綿；託金寄子，孱孤以全；貸償毀券，歸遺恤顛。克昌厥後，」嗣光於前；賓石高風，白下攸傳。有墓隆隆，安德之阡；勒銘為誌，詔彼幽泉。

二二七　明故貝（鵬）母毛孺人墓誌銘

〔蓋文〕

明故貝」母毛孺」人之墓

〔誌文〕

明故貝母毛孺人墓誌銘」

賜進士及第國子司業前翰林編修」經筵官白沙景暘撰」

賜進士出身中順大夫都察院右僉都御史奉」敕提督南贛汀漳等處軍務兼巡撫地方姚江王守仁書」

中憲大夫太常寺少卿兼」經筵侍書與修國史玉牒長洲劉棨篆」

貝君萬里來自南都，告予曰：吾母卒且二年，未有墓銘，敢以上請。吾母行」實，實具儀制正郎王君欽佩所為狀中，幸采擇焉！按狀：孺人姓毛氏，世居」應天六合縣之冶山。父均敬，母錢氏，生孺人，珍愛特甚。孺人亦貞惠閑敏，」異於他女。既長，不欲令外適，擇壻頗嚴，乃得耕隱貝翁。翁時治舉子業，以」數奇弗遇，如此者累年，謀諸孺人，將改業焉。孺人曰：吾意也，請以資裝助」君。翁歸以語其父母。父母曰：俾汝有資，以拓汝業，汝婦之謀是也。於是翁」乃商游四方，既積學多術，精於會計，又能逐時貿遷，遂致鉅富。孺人曰：昔」父母念我，不令違遠，而今已矣，舅姑於君獨不爾耶！於是與翁渡江而南，」敬執婦道，夙夜不懈。未幾，舅姑相繼以没，哀慟盡禮，四時之祭，必極誠備。」翁素好客，士大夫每與為友，而孺人勤於内相，酒漿餽遺，必極豐潔。尤善」教育子孫。翁之兄欽天監副蚤卒，遺子女數人，孺人皆視如己出，婚嫁之」費，一切任之，無不滿意。正德丙子正月二日，以疾卒，距其生正統辛酉正」月十日，享年七十有六。子男三：長鵬，即萬里；次鳳，次京。女一，適譚祐。孫男」四：長山，次岳，次岱，次岐。孫女六。曾孫男一。曾孫女一。丁丑十二月十九日，」將啓耕隱翁之窆合葬焉。墓在安德鄉園子村先塋之次。嗚呼！予自家食」時，每接耕隱翁之賢，心竊慕之。今觀之孺人，則於翁不為無助。又嘗見萬」里之好賢樂士，與子山之聰敏能文，乃亟稱貝氏之有後。今觀之孺人，則」於子若孫，不為無教。婦人之德，婦道母儀為大，而孺人盡之。矧其餘可稱」者尤多耶！是宜銘，銘曰：」

於維孺人，無忝厥生；婦道克盡，母儀克成。克閑克敏，克惠克貞；比德君」子，内外偕稱。三泉同藏，不殞其名。

二二八　明故南京守備掌南京中軍都督府事太子太傅加贈光禄大夫右柱國太傅謚莊靖魏國徐公（俌）墓誌銘

上元朱茂鐫

〔蓋文〕

明故南京守備」掌中軍都督府」事太子太傅加」贈光禄大夫右」柱國太傅謚莊」靖魏國徐公墓

〔誌文〕

明故南京守備掌南京中軍都督府事太子太傅加贈光禄大夫右柱國太傅謚莊靖魏國徐公墓誌銘　」
賜進士出身資政大夫奉　」敕參贊機務南京兵部尚書前南京禮部尚書太原喬宇撰　」
賜進士及第資政大夫南京吏部尚書前翰林院學士　」經筵日講官同修國史東川劉春書丹　」
賜進士出身資政大夫南京工部尚書前南京都察院右都御史遂寧黄珂篆蓋　」

正德丁丑七月十有二日，南京守備太子太傅魏國徐公卒。其仲子天賜，以公治命，泣請予銘其墓。宇與公有同官之雅，感公知己，」
義不忍辭。乃按公壻給事中史君後所著狀，為誌及銘。公諱俌，字公輔，世為鳳陽人。　」皇朝開國第一功臣中山武寧王五世孫也。曾
祖諱輝，祖諱欽，父諱承宗，皆世公爵。母王氏，封夫人。公自幼穎朴，器度不凡。厥考守備南」京，與夫人愛而教之，俾治《春秋》，過目即
成誦，且曉解大義。厥考卒。次年為成化乙酉，始襲公爵。公恪遵禮度，凡有所行，必諮詢舊典。」一時士論皆以老成人目之。辛卯，
奉　」命册封　」淮府，有所餽贈，及所過諸司贐送，一無取受。是年，有織金蟒衣之賜。己亥，　」命掌南京左軍都督府事，奉祀　」孝陵。
公素孝謹，每主祭必前期齋戒，以為常。弘治壬子，賀建　」儲恩，　賜寶鏹六千緡。甲寅，因災異，具□□上陳，大意謂應天富以實□以
文詞□□置。」孝廟嘉納。故事：　諸大臣議事，侯伯以守備坐□上。公奏乞正名□□之。丙辰，南京守備缺員，衆議咸薦公。遂　」命
公南京守備，仍掌南京中軍都督府事。公拜　」敕莅事，惟　國家憲章與先公遺矩是守，馳張戎務，寬嚴適宜。祀　」孝陵，由西紅門并
殿　右門入，禮也。執政者以為言。公亦奏辯。　」朝廷迄是公。事有關政體者，多所建白。嘗因北虜犯大同諸路，首陳邊務六事。又
喜汲引□□，薦拔賢才。若起用秦尚書紘，侍郎王繼、」蕭禎，給事中王徽、胡易，御史强珍、胡獻，皆愜輿論。鍾山之東山實　」孝陵龍脉
所起，有權貴建造墳祠。公獨以為不可，力奏停罷。辛酉，值星變，公自劾求避位。　」孝廟乃從公請，仍命掌左軍都督府事。公謝機務
十餘年，益自清□，人以為得大臣體。壬申，守備缺，　」上復命公總留務。報至，軍民胥相慶。公感荷　知遇，守法循軌，老而□□。會
有巨寇自武▨中皆驚。公日夜焦勞，設方」略防禦，至廢寢食，地方賴以無虞。功臣廟歲久漸壞，公念先公元勳，捐己俸若干葺之，焕然改

觀。丙子年五月，諸大臣上章請建 」儲副，以安人心，未報。今年夏五月， 遣祭大江之神，時有疾在告，或勸其宜自愛。公曰：」上命不可辭。遂力疾往，成禮而還。自是病益劇。一日呼諸子語曰：死生有定數，吾何憂。遺命諄諄，神觀如常，端坐而没。訃聞，」上輟視朝一日。加贈光禄大夫、右柱國、太傅，謚莊靖。」命工部治葬事。 遣官諭祭者十有五壇。公蚤失怙，奉母太夫人極孝。每蚤暮必問安於寢門外，事有大小，悉請命而行。嘗有疾，公焚香」籲天，願減己年以益親壽。母下堂傷目，公慟甚，遂不茹葷終身。居母喪，悲號骨立；送終之日，跣足塗潦中以行，哀動左右。公天性剛」峭寡合，不肯少挫於人。取與不苟。能屏遠聲色，自夫人外，未嘗置妾媵。坐無褻言，無嫚容。雖盛暑，不脱中服。自奉儒素，而恒有濟人」利物之心。居常言若不出口，至莅事臨政，義氣之所激，則確然不可奪。尤善記憶，如所讀書出某處，或部下人姓名某，雖數十年前，」猶能歷歷言之。晚歲喜閲《老子》書，深有契於清静無欲之旨。家法嚴肅，內外斬然。訓諸子若孫，弗習紈綺，務篤忠藎，以無忝世德。待」宗族姻黨，雖以恩，而有節制，竟無敢撓法者。在位四十餘年，恤兵愛民，禮賢樂善，終始如一。至於體 」國之忠，奉親之孝，事神之敬，皆天分所獨得而力行之者，可謂賢矣。前後與公同事者，無不重其為人。而宇之知公尤□。先是，公告予」曰：吾為疾所嬰，恐追陪不久矣。奈何？宇訝且慰之。未幾，雷擊神機營旗竿折，有大星墜於西南。公果不起。公之□□所繫，信非偶然」哉！南都官僚百司，奔吊赴哭者，不約而同，至填門塞巷。行道之人，無問識與不識，莫不悼惜嗟□，聞有□□者。嗚呼！勳爵中，耆德重」望若公者，蓋不多見，而天奪之速，可慨也夫！距其生景泰庚午十月廿七日，壽六十有八。元配朱氏，贈太師、□國莊□公女。繼王氏。」並封魏國夫人。子男三：長璧奎，先一年卒；次應宿，錦衣勳衛；次天賜，錦衣指揮□□□□城□□輔鎮遠侯顧溥、南京刑科給事中」史後、南京錦衣衛指揮王漢、南京濟川衛指揮楊武、雲南鎮守金齒都督沐崧。孫男四：鵬舉、承重、鳳翔、鳳岐。孫女四，皆幼。卜以是年」十二月二十日，葬于鍾山旁祖考賜塋之次。銘曰：」

天啓 」皇運， 」聖業肇興；元功佐命，維王武寧。於五世澤，百代纘承；茅土帶礪，來來雲仍。執禮秉虔，在公則有；赤綬桓圭，侍」帝左右。爰司留鑰，政柄是授；公冠切雲，公印如斗。屢建大議，風采桓桓；莫敢予侮，虎豹在山。公退則易，公進寔難；元臣舊老，國體攸關。公」望所歸，都人懷止；公罷則思，公還則喜。茂績英聲，克終于始；將星殞空，公病不起。維 」皇悼功，恤典優崇；賜贈錫謚，聿營兆封。鍾山鬱葱，江水溶溶；我銘公德，千祀其同。

二二九　明故黔國莊襄沐公（崑）墓誌銘

〔蓋文〕

明故黔」國莊襄」沐公墓

〔誌文〕

明故鎮守雲南征南將軍太子太傅黔國公贈特進光祿大夫右柱國▨」

光禄大夫柱國少傅兼太子太傅户部尚書　」謹身殿大學士知制誥同知經筵事國史總裁湘源蔣冕撰文　」

正議大夫資治尹南京工部左侍郎前吏部左侍郎南京兵部右侍郎奉　」敕巡撫雲南等處地方都察院右副都御史郴陽何孟春書

丹　」

賜進士出身資政大夫南京户部尚書前都察院右都御史公安鄒文盛篆蓋　」

自黔寧昭靖王以西平侯奉　」高皇命統兵下雲南，留鎮其地，繼以王之伯子惠襄侯、仲子定遠忠敬王及忠敬之子▨東」樓居士繼之，既
而東樓之弟都督同知與榮康之子武僖又繼之，以至□公□洪武▨」十年，世篤忠貞，敷宣　」德意，綏緝民夷，前後如一日。忠敬在鎮餘四
十年，佐以武襄，雖國封啓肇忠敬，而益固封土，▨」昂，公之高大父也。曾大父諱僖，錦衣衛副千户，贈右都督。大父諱瓚，即都督同知▨」
母李氏，俱封夫人。以成化壬寅十月二十三日生公。生甫九閲月，而參將□□母▨」老成人。明年，授錦衣衛指揮僉事。以年纔十齡，如
例優給。初，武僖無子，以公為▨　」廷議，謂公於武僖為從孫，止宜嗣昭靖，初封侯爵。事下雲南守臣覆議，咸謂□餘▨」人心驚疑，或致
生變。　」孝廟俞其議，　」命公不必赴　」闕，就彼嗣公爵，　」敕佩征南將軍印，鎮守雲南。時弘治丁巳之十月己卯也。踰旬，仍特　」詔
諭公：　親賢取善，脩德進學，以不墜前烈。公既拜稽受　」命，旦夕惴惴，思所以仰副　」聖訓，以光世美者。事無小大，必謀之寮宷，訪
之耆舊，務俾允合人情，不違法制，而後行之。今□而▨」所部文武吏士，蠻夷酋衆，無不服其廉静。政務既修，乃簡閲士卒，繕治城守，汲
汲以攘□□民為▨」等處，蠻賊寇平，而人不擾。辛酉，孟養侵孟密境土，檄三司撫諭之，復其村寨□□處▨」普安賊婦米魯及蠻賊福祐等，
首惡就戮，餘黨悉平。正德丁卯，師宗州賊張長受；　辛未，安南長官司▨」公次第剿平，先後事　」聞，降敕褒諭者三，加歲禄至百石者
再，　」賜白金、文綺者五。丙子，加太子太傅。丁丑，以母夫人李氏柩將祔葬南京祖塋，公乞護送□至□上。　」朝廷以公未可離任，不
允，而　」優詔褒答，特深委重焉。己卯六月十八日，以疾卒于正寢，得年三十有八。訃聞，　」天子嗟悼，輟視朝一日。命有司給棺斂，賻
米五十石，布以疋計者如米之數。贈特進光禄大夫、右柱國、▨」祥禫，遣官諭祭者十有四。　」親王亦再致祭。恤典優渥，近時勳臣家蓋
鮮儷云。公諱崑，字元中，姓沐氏，別號▨」敬風概，而學問之力，尤有過人者。天性明敏，好學不厭。未弱冠，於六經子史▨」休。稠人廣
坐中，分韻賦詩，伸紙立就。酬答書疏，會議政務，皆出手筆。公餘或想棲鳳▨」忘倦。先師大學士瓊臺丘公，嘗記武僖忠愛之堂，公讀而
愛之，手書數過，刻□廳事▨」世。家人子弟中，擇其俊秀者習字學，使之録家乘及古今異書；　强壯有力者，讀▨」至驕惰也。公雖酷嗜文
墨，未嘗玩物喪志。冠帶終日，勤於政理。在鎮二十□年，終▨」于其家者，踵相躡于途。公之所以得於人者概如此。配樊氏，駙馬都尉▨
紹」勛嗣公爵，繼鎮雲南。女二：　長適昌國公嗣子張宗說，次聘會昌侯□子孫▨」五日也。墓在江寧縣長泰鄉祖塋之次。先期，嗣公遣使
奉事狀以墓銘見▨」愛也久書問往來，垂三十年，於公履歷知之為悉，義有不容辭者，故既序□□行▨：　」
　昭靖下滇，遂鎮其地；　歷八九傳，閲五六世。懿哉忠敬，肇啓國封；　益固封土，武襄▨」文武兼優；　安内攘外，紓」南顧憂。孰為不

庭，提兵往討；　馬蹄所經，飈馳電掃。竹箐底定，孟養哉寧；　師宗州南，▨」萬里，隱然長城；　豈謂一旦，遽圮以傾。　」當宁興喟，美謚爰錫；　三師穹階，於公肯惜。嗟嗟後裔，思纘前聞；　惟忠惟孝，以▨　」君。高墳峩峩，貞石有紀；　嗚呼莊襄，其藏在此。

二三〇　明故黔國（沐崑）夫人樊氏墓誌銘

〔蓋文〕

明故黔」國夫人」樊氏墓

〔誌文〕

明故黔國夫人樊氏墓誌銘　」

賜進士出身資德大夫正治上卿奉　」敕參贊機務南京兵部尚書前南京禮部尚書太原喬宇撰文　」

賜進士出身嘉議大夫都察院右副都御史奉　」敕巡撫蘇松等處地方總理糧儲前翰林院庶吉士□□□李充嗣書丹　」

賜進士出身資善大夫南京工部尚書前南京▨　」

正德壬申閏五月七日，黔國夫人樊氏卒。訃聞，　」朝廷遣官諭祭，命有司營治兆域。卜以己卯六月廿三日▨」狀，托吏科給事中毛君玉徵宇文銘諸墓，予不得辭。▨　」英宗睿皇帝廣德長公主所出也。樊公本河南彰德望族，少有俊譽，▨　」憲宗純皇帝選尚公主，生男四人；　女一，即夫人。夫人甫四歲，公▨　」聖慈仁壽太皇太后嘗命毓秀宫中，夫人遵服姆訓，婉娩貞節，□□古今，▨」者久難其人。適黔國沐公崑，以元勳世胄，將入京。　」孝宗敬皇帝軫念西南重地，特賜　」璽書，止公行，命襲爵事，佩征南將軍印，總兵鎮守仍舊。公與夫人同▨」鉅卿，咸為請婚。　」太皇太后亦賜俞允。沐公備聘禮、迓車、嬪從，駢至畢集。樊公因奉　」命冊封湖藩澧州，以道便，乞　」恩并長子錦衣衛指揮琦，不遠萬里，親以送之。　」特旨遣内使，賫黄金二十斤，銀一千兩，綵段〔一〕、綾綺、羅紗、縑纈各百端，用賓▨」月使畢。姻禮聲華，動於朝野，榮耀增于藩方，可謂極□特之□矣。夫人入門▨」相之道，公愛敬有加。爰請於　」朝，封黔國夫人。夫人雖出自戚畹，位處尊崇，益小心慎節，凡所行必資▨」来家法，及高曾祖太夫人之嚴肅恭儉，所以承宗胤而供祭祀者，▨」毋忘，事祖姑夫人王氏、姑夫人徐氏、姑夫人李氏，▨」和而有義。待左右媵侍，肅而有惠。綜理家務，井井不紊。公今▨」參諸《内則》，實伉儷有助焉。甲子，生子一，曰紹勛，方七歲，即遣就外傅。▨」正德丙寅，生女一；　壬申，又生女一。甫七日而夫人不起▨」十有一年，壽不滿德。是宜銘。銘曰：　」

於維黔寧，翊　」聖肇興；　屹鎮滇服，胤祚繩繩。有美孫子，屏翰是倚；　匪獨嗣賢▨　」天潢衍派，姻聯　」帝家。赫赫勳閥，　」王姬所出；　婦道壼儀，靡有遺闕。乘龍産麟，慶澤駢臻；　胡弗▨　」帝念賢淑，卹典敷賁。親諭誄文，賜營葬事；　江寧北鄉，有崇者▨　」國休曷同，徵於世世。

〔簡注〕

〔一〕「叚」與「緞」通，「綵叚」即「綵緞」。

二三一　明故頣菴華翁（偉）偕妻湯孺人（妙福）墓誌銘

〔蓋文〕

明故頣」菴華翁」偕妻湯」孺人墓

〔誌文〕

明故頣菴華翁偕妻湯孺人墓誌銘　」

賜進士弟文林郎南京雲南道監察御史致仕建業李熙撰文　」

鄉進士奉訓大夫蔚州知州定遠宇賓書丹　」

鄉進士受濳江縣知縣上元陸亜篆盖　」

正德庚辰秋八月七日，頣菴華翁妻湯孺人卒，予往弔之。翁哭之哀，始未有疾也；閲」再旬，以訃告。予驚悼惘然，乃知翁亦疾孺人之疾，是月廿又八日，卒於正寢。既殯，翁」姪昂為華氏長，持太學上舍任君仲修、濳江令陸君通之各状翁暨孺人行實，請銘」以掩諸幽。予於華氏為世交，其居為比鄰，予女弟妻翁之姪昶為近親，銘為能辞哉！」迺叙而銘之。翁諱偉，字汝奇，別號頣菴，華姓，先世錢唐人。洪武初，閆右徙實京師，占」應天江寧籍。曾大父諱文貴，大父諱元亮，父諱嶽，皆有隱德。妣黄氏。翁為人賦質忠」信，性尚儉朴。少失怙，事母孝。同居從兄三人：汝英、汝輔、汝弼。翁事之恭慎怡悦，友愛」交篤。汝弼，以儒術發身，為鉛山簿。公與伯仲同心協德，敏於貿易，用是日昌其業，為」金陵著姓。三兄繼逝，翁綜理家政，自昂而下諸姪九人，居貨服賈，明農讀書，各職其」業。諸孫亦如之。日務繁劇，輕重巨細，長短卑高，處之井井不紊，各有條理。食口千指，」式遵厥訓，家庭之間，雍雍穆穆，和氣藹如也。事嫂徐孺人以禮，待物以誠，交人以信，」自奉儉約，不事華藻。疾革之日，召諸姪若子、諸婦諸孫，下逮臧獲媄廝之属，琅琅遺」訓，皆立身齊家保業之言。平生不為私畜，死之日囊無一金、疋帛之積，亦近世人情」所不易得者。汝弼曩在鉛山，為翁入粟冠帶，翁以　」恩例不敢不服，亦不常服。先年間，京師祝融扇灾，延袤甚熾，夜有童子手珠一盒授翁」易數錢，翁固卻之，其不苟得類如此。孺人姓湯氏，諱妙福，同邑人賓之女也，母杜氏。」當嫁之年，于歸頣菴，執婦道，善事姑，得其歡心。莊静閑淑，柔順和婉，事頣菴四十有」六年如一日，相敬若賓，倡随不違，内外以正。佐徐孺人治内勤儉，猶翁之從諸兄然。」歲時先祀，躬親庖滌，克致豐潔。賓戚交往，延款日至，酒饌洗腆，皆自手出。家衆分帛，給食大小，貴賤有差，咸悦服與。常衣布素，金翠珍麗之飾，紈綺文繡之服，一切屏去」不御。訓諸婦無事侈靡，華飾為識者鄙。雖處富盛，言動以禮，若嘗讀書知道者興！子」一，曰冕，充儒學生。孫一，鐩。女孫二：長受袁州太守羅君質甫子棨聘；次幼。翁生于正」統戊辰八月四日，享年七十有三。孺人生于景泰乙亥十月二日，享年六十有六，以」卒之年閏八月廿有一日，冕扶二柩合窆於江寧縣隨車鄉橋岡邨祖塋之次，銘曰：」

木有連理生同敷，鳥有比翼終同殂；頤菴夫婦德不孤，奄然全歸疾同符。倡隨先後」偕歡娛，鹿車共挽歸泉途；生同順兮沒同寧，藏銘告哀德同馨。橋岡宰木鬱且青，九」原幽堂同日扃；百世考德于此徵，餘慶有竢後必興。

金陵朱茂鐫石

二三二　明故漁樂林翁（綱）墓誌銘

〔蓋文〕

明故漁」樂林翁」之墓

〔誌文〕

明故漁樂林翁墓誌銘」

賜進士出身南京吏部文選郎中崑山方鵬撰文」

賜進士第嘉議大夫浙江等處提刑按察司按察使大城梁材書丹」

賜進士及第左春坊」太子左中允管南京國子監司業事前翰林院編修」國史經筵官白沙景暘篆盖」

翁初與大宗伯甯菴吳公善〔一〕，因識今太宰白巖喬公〔二〕。甯菴卒，翁每遇」忌辰，必設祭於家，且拜且泣。白巖聞而義之，乃命其孫材從予授《易》。」嘉靖元年五月二十九日，翁疾革，語材曰：鄉進士里人鄭君濂有文，」宜為狀。方先生知我，宜為我墓銘。遂卒。材卜是年八月十七日，葬鳳」西鄉李家庫祖塋之次。賫狀詣予曰：治命也。按狀：翁姓林氏，諱綱，字」廷振，其先蘇之長洲人。」國初徙京師，占錦衣衛籍。大父顯。父景福，號介菴；母錢氏。少讀書，志進」取。以介菴蚤世，母老弟幼，門祚衰薄，度不能卒業也，乃躬事貿遷，以」給俯仰。東遊吳越，南入閩楚，不憚其勞。而四方大賈，亦輻輳其門，家」日用裕。嘗輸粟助邊，錫之章服，不受，曰：布素吾分也。性尚氣喜俠，善」談論，商確古今人賢否及事成敗，皆以理勝。有權貴利其財，以勢脅」之，翁危言正色與之辨，卒不能奪。然獨禮下士大夫，有過之者，必延」款終日。聞有行誼文學者，必命材執贄往見之，惟恐後也。嘗作遺訓」數條，而惟以蚤夜力學，以成其志為急。茲益可尚已。生正統丁卯二」月四日，享年七十有六。配周，繼張。子二：長鳳儀，娶杜氏；次鳳鳴，俱先」卒；女一，適翁洪。皆周出也。孫男二：長即材，娶潘氏；次楷。孫女一。曾孫」男一。銘曰：」

商其業也〔三〕，而慕乎儒；　市其居也，而樂乎漁。漁其寄也，儒其志也；　孰成」其志，曰有聞孫。翁形斯藏，翁訓寔存。」

江東朱茂刻

〔簡注〕

〔一〕此處「大宗伯甯菴吳公」未記其名，從時間推算，應為吳儼。

〔二〕此處「太宰白巖喬公」未記其名，從時間推算，應為喬宇。

〔三〕「商」原為「適」之古字，但在此處應為「商」之通假，當時「商」、「商」常混用。

二三三　明任信之妻韓氏（淑蘭）墓誌銘

〔蓋文〕

明任信」之妻韓」氏之墓

〔誌文〕

任信之妻韓氏墓誌銘　」

任君信之喪其配孺人韓氏，卜葬有期，圖所以納幽昭潛，非得銘墓中石，」無可慰也。乃持狀來請，因叙而銘之。孺人姓韓氏，諱淑蘭，世為吳人。曾大」父公茂，永樂間，以醫　」徵入，官太醫院使，遂家金陵。四傳至韓璽，娶陸氏，生孺人。性質端淑，為父」母甚愛。擇所許，乃歸信之。任故望族，世有儒稱。禮成，而两家咸以得人賀。」時祖姑李氏尚在，安其舅與姑顧氏之養，甚適。孺人能敬承之，亦得歡心。」恒語諸內外，曰吾家新婦。固由所率，其亦閑於姆訓者，用是尊卑宜之。迨」相繼更舅姑之喪，孺人竭力相治，始終以謹厚從事。至主饋祀，處親黨，理」婚嫁，御傭僕，嚴敬恩禮，舉適攸當。若勤以服事，儉以約己，又性能而然者。」信之得無內顧，以專治生，遂圖再遷益，擴家業者，孺人與有力焉。其為婦」乃如此。恒謂有子非教，將無以副門望，因請擇師就學。每朝習夜誦，必程」督其業，以期有成。其為母乃如此。中歲尤念舅姑，欲養有不待者，以母陸」氏寡而益老，迎至其家，事之者如姑之存，是謂孝矣。其生成化庚寅九月」初五日，卒以嘉靖甲申六月二十八日，享年五十五。子男二：　長蘗，娶高氏；」次芳，娶江氏，即遣以就學者。孫男一，準。孫女一，咸貞，許適崔銑。信之卜以」卒之年十二月二十日，祔葬安德鄉灣塘尹家山原，從先兆也。惟婦之行」□固不得特書。若孺人者，婦道敬于相成，母儀嚴于立教，而事母一念，用」繫孝思，有足書者矣。是宜銘。銘曰：」

畀其賢，靳乎年。教以嗣延，尚賁于阡。」

錢唐吳寓撰　」

江左謝少南書」
太原温伯琪篆

二三四 明故雲南副總兵官都督同知沐公（瓚）夫人劉氏（瑞）墓誌銘

〔蓋文〕

明故副總」兵都督同」知沐公夫」人劉氏墓

〔誌文〕

故雲南副總兵官都督同知沐公夫人劉氏墓誌銘」

賜進士出身中憲大夫雲南等處提刑按察司奉」敕提督學校副使宜興杭淮撰」

賜進士出身中憲大夫雲南等處提刑按察司奉」敕提督屯種副使金陵史良佐篆」

賜進士出身奉議大夫雲南等處提刑按察司僉事江東周愚書」

右軍都督府都督僉事、充右參將、鎮守金騰沐崧，於其庶祖母劉氏卒之四月」卜日將葬，乃自為狀，泣以請銘。按狀：母劉姓，諱瑞，字淑儀，其先陝西鳳翔人。祖」諱中，原以販賈来雲南，因占籍晉寧。父諱政，母晁氏。劉氏生年十四，」賜黔寧王四世孫、副總兵官、北京右軍都督府都督同知諱瓚，娶以為庶室。先是，」瓚已娶嫡賈氏，次室陳氏，復娶劉氏者，聞其賢也。入門即善事其姑，順適嫡長」意，庭無間言。賈氏生二子：長諱誠，次諱謙。陳氏一子，諱詳。劉一子，諱諫。誠官北」京錦衣衛都指揮使，充左參將，鎮守金騰。詳，錦衣衛都指揮僉事，充右參將，分」守金騰。成化庚子，瓚卒。劉氏年三十四，偕子諫扶柩往南京，葬牛首山之先塋。」□穿壙，劉氏哭謂子曰：汝父死，吾為未亡人，能預為吾營壙汝父之側，以待吾」死心安焉。諫因併力營之。畢事，劉與諫即南京守墓以居。越十年，祭掃歲時惟」謹。謙、諫蚤卒不仕，賈氏、陳氏亦相繼以卒，詳迎劉氏還雲南。劉氏遂專家政。內」庭親戚，無分薄厚，篤以恩義。御婢使和而法，治喪葬、婚娶、生業皆有條序。務勤」約，為子孫先，衣不華靡，食無珍味。奉先祀則極專精享，會賓客亦務致豐整，母」敢慢也〔一〕。正德庚辰三月五日，無疾而卒。生於正統丁卯六月十九日，享年七十」有四。誠生子一，諱崑，爵黔國公。崑子曰紹勛，將襲父爵。詳生子二：長即崧，都督」僉事；次諱嶽，都指揮僉事，卒，無嗣。崧子八人：曰紹勣，曰紹勤，曰紹勧，曰紹勉，曰」紹助，餘幼未名。勧為嶽後。劉氏尤善教子孫，居常誡崧等曰：吾自幼歸汝家，見」汝祖若父，雖貴職不驕，親賢下士，競競以不能保」國庇民是懼，若等苟忘焉？豈所以盡忠」朝廷，光承世勳也哉！劉氏即女婦，未嘗學問，而乃能知忠孝大節如此！卒之歲八」月一日，發紖往南京，將啓牛首山舊壙而藏焉。卜以甲申歲十二月念四日〔二〕。崧於」淮有同鄉之雅，而況夫人之賢也？是皆宜銘，銘曰：」

生受盛福，居維艱兮；　有顯今淑，順以還兮；　誌石有文，安玆山兮。

〔簡注〕

〔一〕「母」為「毋」之古字，此處通用。

〔二〕「念」為「廿」之大寫。

二三五　明徐（世禮）母崔太恭人墓誌銘

〔蓋文〕

明故誥封恭」人南京錦衣」衛指揮僉事」海雪徐公妻」崔氏之墓

〔誌文〕

徐母崔太恭人墓誌銘　」

叙曰：　嘉靖戊子春三月三日，崔太恭人卒。太恭人者，錦衣指」揮僉事徐君世禮之母；　故海雪公者，其夫君也。璘交徐氏二」世矣。家本中山武寧王之後。海雪公器廣禮恭，所通經學，退」然儒生也。至如外禮賓客，內建妾御，巍然稱諸公族。與之游」者，見其儀備物，器備用，食備味，男事尚勤，女事尚精，賀之曰：　」家政不已修乎！　海雪公一則曰：　維吾妻之相！　二則曰：　維吾妻」之相！　公歿，而君叙嗣，飭躬厲業，含章啬用，不以其上人者上」諸人。往受學於甘泉子之門，期進于道，游者又賀曰：　子將華」爾國乎？　何志之寥廓也！　君叙一則曰：　唯吾母之教！　二則曰：　唯」吾母之教！　嗚呼！　恭人以婦則承其夫，以母則範其子，非柔貞」聖善，識達大義，其孰能俯仰張弛以達于斯！　後齋易氏狀曰：　」丈夫所難亶其然也，亶其然也。　」系曰：　崔氏本章丘人。其祖俊，為南京應揚衛指揮僉事。父彪，」母王氏，生恭人。年十四，婦于徐，以海雪公嗣官膺今封。為女」為婦，著孝友譽。公有子男女四，皆保于恭人。長子世禎，既嗣」官而卒；　次即世禮；　長女，恭人出，適平江伯孫陳祥麟；　次適信」國公孫湯紹勳。孫一，曰志道。春秋七十有四，嘉靖七年九月」初三日，合葬於鍾山之陰海雪公之墓。姑蘇顧璘銘曰：　」

翟之煒煒，服也維德。馬鬣具隆，我良攸同，維斯人也允恭。　」

山西提刑按察司按察使前進士姑蘇顧璘譔　」

葵丘王逢元書　」

吴郡徐霖篆

〔蓋文〕

明故南京」守備內官」監太監黃」公墓誌銘

〔誌文〕

明故南京守備內官監太監黃公墓誌銘　」

賜進士出身資政大夫南京刑部尚書前都察院右都御史樂清高友機撰文　」

賜進士出身通奉大夫河南右參政進階右布政使江淮胡拱書丹　」

欽差南京協同守備兼掌南京右軍都督府事前奉　」敕鎮守湖貴地方總兵官平蠻將軍南和伯滁陽方壽祥篆盖　」

內官監左少監王公勝持狀踵門再拜而言曰：　先公捐館，得縉紳先生一言，以光泉下，幸莫甚焉。予覽其狀，」而哀其行之有足取者，不欲泯其善，於是姑誌其大略以遺之曰：　黃公諱準，字均平，無言子其號也。裔出廣」西之桂林。生而聰穎，材質不凡。自幼選入　」內庭，司禮監太監陳公寬見而器愛之，以為他日可大用，遂留教育焉。迨弱冠，　」憲廟知其賢，乃簡侍　」孝廟春宮。公以政輔導，未嘗諛悅以取容。弘治改元，録其舊勞，擢御馬監太監，　」賜蟒衣玉帶，□寵異之。尋命轄騰驤諸衛勇士，暨典禁兵，督神機營戎務，而威武為之丕振。既而　」上以留都乃　」祖宗創業之地，而腹心之寄，非公不可。弘治戊午，加禄米，奉　」敕守備，而別有　」特旨圖書之賜。八年之間，一惟鎮静，而中外咸攝其威，而感其德，故城池之險固，　」宮闕之壯麗，　」陵寢之奠安，而晏然無虞者，公與有力焉。弘治乙丑，乃以疾辭，　」允改　」秦陵、　」茂陵供職。未幾，　」上念　」皇陵之在中都，奉事不可無人，正德丁卯，乃　」敕公往，而仍兼守備之任。時值歲荒，盧、鳳、淮、揚之境人多餓莩〔一〕。　」上念之，命户部侍郎王瓊同公暨巡按官賑濟焉。是時，群議欲先令有司造報丁口之数，然後給發之。公正色厲」聲曰：　今日之急，如解倒懸，誠如諸君議，則死者過半，而非所以體　」上恤民之意也。不若先給發而後造報，擇官吏之賢能者，而委任之，仍嚴禁戒，以防侵漁之弊，不亦可乎？　衆服其」見，皆然之。卒活民命何啻數十萬。計公之功，豈小補哉！　正德庚午，以疾懇辭，獲　」允。仍以南京內官監太監私第閑居，而多給人役以優之焉。公惟守静，不干塵事，日周旋泉石竹卉之間，或忘情」於琴書，或寄興於毫素。有詢公以時政者，公默不言，曰：　言之是出位也。有假貸於公者，云輒予之，無所吝，亦」不責其償，盖以義重於利也。與夫平生未嘗言人過，而每以是戒諸後進，其為人又何厚也。公以始衰乞閑」於兹幾二十年，而得令終，可謂明哲保身者矣。公其賢乎哉！　前守備太監董公文，事公猶子之事父也，罔不」用其敬。公寢疾，乃進董公而語之曰：　吾家素無蓄，為吾治喪當從儉，能體之乎？　董公泣曰：　敢不如命。而同家」暨諸左右亦能承順公之遺意，而一以董公為指南也。嘉靖己丑之正旦遂卒，壽七十。既殯，爰卜地於南郊，」去城郭十餘里，名大店房，是為佳城。是年二月六日乃葬焉。既誌其大略，而又為之銘曰：」

產彼遐荒，登茲」帝鄉；歷事」列聖，允懷忠良。崇褒厚予，眷遇非常；絲綸繼出，煒煒煌煌。達人知上，戒滿則蔵〔二〕；既榮且壽，」夙願斯償；安然而逝，何憾蒼蒼！

〔簡注〕

〔一〕「莩」通「殍」，「餓莩」即「餓殍」。

〔二〕「蔵」為丑善切，此處押七陽韻，出韻，應為「藏」之誤。

二三七　明故徐（世禮）恭人周氏墓誌銘

〔蓋文〕

南京錦衣衛」指揮僉事徐」君叙妻恭人」周氏之墓

〔誌文〕

明故徐恭□□□□誌銘」

嘉靖己丑夏，妹□□脾疾，余朝夕往視，覺其日就尪悴，心切憂惻。」至十月念有三日，降割昧爽，訃聞，五內摧痛奔哭。踰旬，其良人徐」侯君叙過泣曰：君之妹婦道隱幽，而知者惟子，茲托銘以垂不朽，」舍子其誰？予時悲愴，辭以不堪。侯曰：審是，則吾子豈惟於吾乎？薄」妹之懿德，不遂泯乎？因哽咽俞命。我周氏，世家晉陽，大父太子太」保、莊懿公諱瑄，父方伯公諱紘，妹出自先母安人倪氏，與皋同胞。」弘治甲子九月十二日，產於湖藩官邸。先君以伯考太保、文端公」諸女第之，因行以九。幼而婉娩若素，敦于姆教。生六歲，先君卒，侯」嫡母海雪翁之夫人崔以翁在，與先大夫友善，因納妹為婦。侯中」山王裔，世官錦衣衛，族大且貴。妹入門，承祠孔時，事姑惟孝，服飾弗」華，由是上下咸悅。侯喪兄，赴都承職，儘出奩資，為吉兇費，而吝容」德色無少外。見侯以英年，雅好儒術，操礪清苦，妹怡然順承其志。」故侯德業日新，而內助居多。侯每謂余曰：令妹殊不愧阿兄也。太」夫人崔先一歲卒，當其病，與侯躬侍湯藥，衣不解帶者經月。及卒，」哀毀猶甚。其事侯生母李與諸庶母，罔有驕怠。御下嚴而有恩。生」子一，名志道，穎異不類。病垂革，告其姑李曰：婦惟此兒，姑善撫之，」婦不死也。仍囑侯以檢身治家，亹亹有緒。嗚呼！若妹之婦德，宜大」獲於天，而竟至於此，莫非命耶？卜以是年十二月二十日，祔葬先」塋鍾山之陰。余也酸楚憑塞，言無溢美，為之銘曰：」

毓秀儒族，于歸王門；克偕中壼，柔道以敦；壽嗇子雋，亡也猶存。鍾」山之陰，峨峨茂墦；千萬斯年，矚此剋言。」

兄周皋撰」

南徐李鱗書　」
吳郡徐霖篆

二三八　明故前御馬監太監游公(孜)墓誌銘

〔誌文〕

明故前御馬監太監游公墓誌銘　」

南京司禮監少監田智撰文　」

嘉靖壬辰春正月七日辰時，前御馬監太監游公之歿也。其孝子游」强同游守貴、游福等，衰絰請文以銘諸石。公名孜，祖貫福建汀州府」永定縣人。自幼入　」內府乾清宮答應。至成化二十三年　」憲廟賓天，選入司禮監讀書辦事。弘治間，復選進　」乾清宮。小心謹慎，未嘗違禮，　」孝廟甚重愛之。累陞御馬監太監，復命掌宮。凡大小事務，皆公綜理，無一」不備。至　」武宗朝，仍復掌事，任益甚切，而朝綱皆稱贊曰：宮事非游公不可。後以正」德七年十一月內來南都，以御馬監太監新房閒住。八年五月內謫」官長随。　」今上登寶位，　」詔諭天下內外官員守政被害者，仍起復原職，任內官監右監丞僉押管」事。公平生自少至老，處政清慎，事上勤敏，待下寬宏，內外咸悅。壽止」六旬有七，而終於正寢，可勝惜哉！公生於成化丙戌十一月初五日」午時。孝男三人，即：强，娶張氏；守貴，娶劉氏；福，娶汪氏。卜以嘉靖壬辰正月十八日，葬于德恩寺殿後右塋。銘曰：　」

維公之敏，蚤入　」禁宮；繼學司禮，才氣益充。　」乾清掌握，事體縱横；公一理之，無所不從。謝政南来，　」閒散從容；復奉　」明詔，起任益隆。平生志節，有始有終；我銘於斯，」千古無窮。

二三九　明故南京御馬監太監王公(潤)墓誌銘

〔蓋文〕

□故南京」□馬監太」□王公墓」□銘

〔誌文〕

明故南京御馬監太監王公墓誌銘　」

賜進士及第奉政大夫南京尚寶司卿前翰林院修撰　」經筵講官兼修國史高陵吕柟撰文　」

賜進士出身奉直大夫南京兵部武選清吏司署郎中事員外郎蜀江陳謨書丹」

特進榮祿大夫南京後軍都督府掌府事」前鎮守薊州永平山海密雲等處地方總兵官右都督遷安馬永篆蓋」

南京內官監左少監夏公至鷲峯寺過東所拜曰：綬之叔輩王公諱潤，字天澤，别號怡菴者，南」京御馬監太監，直隸保定府易州韓村人也。今嘉靖十一年十一月四日卒矣。其猶子通、謙、善」輩，卜十二年正月二十四日，安厝於聚寶門外之鳳嶺山。墓中之石未銘也，敢請一言。予方病」辭時，通、謙、善輩衰絰徒跣，跪伏門庭者數十人，稽顙不肯起。夏公曰：先生如以綬辭，顧不憐此」孝子乎？予固辭之而去。明日，又以其衰絰人來曰：昔者夫子删詩，猶存孟子《巷伯》之篇，先生為」文於人者多矣，乃今尚有擇言乎？予驚歎曰：是過我也，去贄金則為之。夏公曰：諾。乃問曰：御馬」公之為人也，如之何？夏公曰：王公父海，母張氏，生子四人：秀、真、紹儀，公則其四也。幼即穎敏持」重。成化十一年，選為內使及長隨。」憲廟見其舉止安詳，眷注特異。至」孝廟時，歷陞奉御及監職。弘治九年，以公端謹，簡侍」春宮。比」武宗登極，陞御馬監太監，賜蟒衣玉帶，歲賞祿米至十二石。」命公提督四衛營，兼督五千營操練。正德三年，着宮內掌事。既而護送」親王之國，凡經由地方，撙節財力，撫按諸公交相論薦，遂領」敕鎮守湖廣等處地方。時流賊猖獗，公設法勦捕，追獲賊首趙風子及諸為從者。」武宗聞之，嘉其勞績，璽書獎勵，賜以金帛，歲加祿米十二石。然公衝冒嵐瘴，遂成濕疾。十一年，具奏」准南京御馬監僉押私宅調理。十四年，疾瘳。復」命鎮守四川等處地方，藩臬協和，軍民亦賴以安。十六年，又調鎮守貴州地方。嘉靖改元，前疾復作，」具疏懇辭。荷蒙」聖上俞允，既累奏前疾，仍准在南京御馬監外廠調理。於是巾車行樂，往來梵宇琳宮，偕綬及釋老」結香火社。越十一年，乃卒。此則其公之大概也。予嘆曰：天之生材，不限內外，如公之明敏通達，」使其初藝《詩》、《書》而躋科第，當其所建立，蓋又不啻如今日者矣。惜哉！公卒之日距生天順甲申」正月初八日，享年六十有九歲。秀之長子謙，以武功授錦衣衛正千户；次即善，亦秀之□。蓋皆」公之猶子，而以事公終者也。銘曰：」

御馬之官，古之僕侍；不忝攸司，亦鮮其士。惟公孔揚，奮迹內使；既獲武功，亦多」寵賜。生有所名，歿無所累；聚寶之南，鳳嶺峨峙。松檜鬱蒼，公是玄閟；宴宴永藏，足諧厥志！

二四〇　明前南京守備司禮監太監卜公（春）墓誌銘

〔蓋文〕

明故南京」守備司禮」監太監卜」公墓誌銘

〔誌文〕

前南京守備司禮監太監卜公墓誌銘」

賜進士出身朝列大夫南京國子監祭酒前右春坊右庶子兼翰林侍講掌南京」翰林院事同修　」國史經筵講官鐘石費寀撰文　」

欽差南京協同守備掌左軍都督府事永康侯合肥徐源書丹并篆盖　」

嘉靖甲午夏四月四日，前南京守備司禮監太監卜公卒。越六月一日，卜葬於」京城聚寶門外普德寺後山之西麓。前期，南京司禮監右監丞屠君良、內官監」左少監王君勝執狀，詣寀請銘其墓。曰：卜公諱春，字純仁，號芝軒，河間任丘人」也。幼入　」內廷，侍　」憲廟，得為長隨，為奉御。　」孝廟弘治初元，例謫內使，讀書內書館。五年，選司禮監六科廊辦文書。九年，選侍　」皇太子。十三年，轉典璽局辦文書。十四年，陞長隨。十六年，除奉御。十八年，　」武廟正德改元，陞內官監太監僉書，任事，」賜蟒衣玉帶，為　」宮中管事牌子，　」宮城外，騎馬出入，隨朝請劍。二年，　」命宮中教書。五年，奉　」旨視篆酒醋麪局。其年秋七月，調南京司禮監太監僉書，任事。嘉靖乙酉，奉　」今上皇帝命，守備南京，有蟒衣玉帶之賜。己丑春，高公卒，　」命掌守備關防。夏六月，辭任去。越壬辰，病風，竟不起。距生成化庚寅，享年六十五。某」二人為公舊名下，經紀喪事，思得先生銘公之墓，而後可托永久。予念昔在翰」林，公曾請為文紀修蔣廟，延飲其家，意款甚。出三子長跪，送酒為壽。起告予曰：」春考諱海。妣姓齊。是三子名玉、鏜、金，吾同産兄景芳子也。又指三少者，曰：永昌、」永泰、良弼，為兄之孫。吾皆育之成人。似欲相托，而不竟其説。卒之二日，予往吊」之，見前所謂子孫者，斬衰苴杖，泣拜階下，纍如也。兹聞二君語，益惻於心，而為」之銘。銘曰：」

蟒袍玉束，既華且禄；乃歷　」四朝，以終有淑；惟　」君上之賜，亦公之福。大都維藩，既貴且嚴；胡闃不有聞，以若無權；雖　」天子之聖，亦公之賢。歸于兹土，以得其所；門徒護之，亦有孫子；托名不磨，粤惟太」史。

二四一　明亡弟洛瞻（司马嵩）墓誌銘

〔蓋文〕

亡弟洛」瞻墓誌」銘

〔誌文〕

亡弟洛瞻墓誌銘　」

嘉靖乙未春，余以嘉興守述職還，便道省吾母張太孺人于家，與」弟恒、嵩、華時時侍側承歡，煦煦如也。見嵩顏悴力疲，若不能運其」體，心甚憂之。未幾，余再調濟南，奉母携華弟東来，恒、嵩俱送之，經」上谷舍淚別去，時夏六月庚子也。自是屢有書，報嵩無恙，余竊喜。」今年丙申秋八月三日，日將晏，忽傳恒来。余驚訝見之，叩其從来，」則曰：嵩病篤，念母不置，故来迎耳。余恐老母驚也，約恒託他事白」焉。是月十九日，恒侍母還，余遣吏護之。十月初，吏回，而嵩訃至矣。」嗚呼慟哉！嵩幼從余學，則知嵩者莫余若也，乃割痛拭淚以誌之。」嵩，弟諱也，其字洛瞻，其號韋山，為贈南京雲南道監察御史芝居」府君第三子。生八歲而府君見背，即哀毀如成人，幾成疾，賴吾母」鞠育以全。其撫之、教之，則余實勞焉。九歲知句讀，凡經書不煩重」授。岐嶷聰哲，彊記不懈。十歲能屬文，不作稚子語。十二，從余宦京」師，是年客通州。十三，從余南還，居南臺，余始遣就外傅，時課其業，」月異而歲不同。其書法遒勁可愛，咄咄逼鍾、王。屢試不利，竟齎志」以歿云。性淵懿耿介，含和履仁，不苟取與。自少不好戲弄，故博奕」觴政之類，皆所鮮知。治《周易》，兼覽群藝，靡不尋暢。又篤孝友。處朋」從久而能敬。待僕婢皆有恩義。以故卒之日，自老母而下，以及內」外姻戚友朋，無不哭之盡哀，可以見其為人矣。生于正德庚午十」一月十一日，卒于嘉靖丙申九月十二日。稟命不融，年僅二十有」七。娶歐陽氏。生男一，□，甫三歲，先夭。女一，茂芷，幼在室。恒卜以是」年閏十二月初九日，葬于鳳西鄉祖塋之次，從先兆也。銘曰：」

幽蘭□□□□缺□□□不□同□大化□茫□將焉訐」□□□□□□□□□□□。

濟南府知府前監察御史兄西虹司」馬泰撰

二四二　明故處士劉仁甫（浩）暨配張氏合葬墓誌銘

〔誌文〕

明故處士劉仁甫暨配張氏合葬墓誌銘」

賜進士出身中順大夫河南等處提刑按察司副使致仕吴郡顧璘撰」

姑蘇張志書」

上元管景篆」

劉君持理喪其母張碩人，既卒哭，乃縗絰詣予，拜且泣曰：紀不肖。先處士府君棄諸孤，時」紀方試南宮下第，誠冀他日竊一第以慰地下，故葬未有銘。迨今二十餘年，志竟未酬，而」吾母又不幸已矣。終天之痛，深於屠割。惟先生賜之銘，以識紀罪，以塞其悲。璘於持理，髫」齔友也，今俱白首矣。相知誠深，銘其奚辭！按温君楚原狀：處士諱浩，字仁甫，别號朴菴，世」為登州萊陽人。曾祖買，洪武初以民兵徙南京，隸旗手衛。」太宗文皇帝靖難時有功，陞總旗。祖秩。父通，母賈氏。處士質直好義，言行無違。少以勤苦治生，」身致饒裕。而慷慨有大度，不屑屑計較錐刀。親知間有婚喪弗能舉者，常推所有助之，不」責其報。鄰有貸貲于處士而弗能償，久遂負之者，處士遇之如平日，未嘗以聲色加之，後」竟以此替其家，弗為怨悔。持理生有異質，處士器之，曰：是兒當大吾門。故宮允景先生時」為貢士，方聚徒授《易》，遣從學焉。再朞而學有成。正德庚午，初應鄉試，即與解名。辛未會試，」不第。處士慰勉之曰：毋以此自沮，益勤學問，有志者事竟成也。甲戌，持理會試，將北上，值」處士有微疾，不忍遠離。處士怒曰：汝不以顯揚為事，顧戀戀效兒女態邪？持理勉奉命行。」而處士病日劇。比持理下第歸，未及抵家而處士卒，是歲五月二十日也。距生景泰癸酉」六月二十七日，享年六十有二。張碩人亦金陵右族，父諱廣，母李氏。年二十，歸處士，婦道」母儀，罔一不備。持理初仕為河南光州學正，遷温縣知縣，江西南康府通判，湖廣黄州府」同知。凡四任皆奉碩人以行，榮享禄養者二十餘年。持理罷歸，安居故鄉者又三年。嘉靖」己亥八月十有三日，無疾而卒。其生為景泰乙亥九月二日，享年八十有五。處士先葬江」寧縣安德鄉戴墅村余家山。碩人以卒之年十二月九日啓竁合窆焉。子男四：長經，早卒；」次紀，仕終黄州府同知；次綱，次綸。女一，適興武衛百户于鳳。孫男六：昇、昂、安節，應天府學」生；鴻漸、謙亨、謙益。昇、鴻漸亦卒。女六：長適應天府學生蔣紹科；次聘蔡坦車；瓚金、同功，俱」未行；二尚幼。曾孫男三：長應鹿，次應旂，次應麟。安節娶于温，即楚原女，故狀為詳。而為瑑」之銘曰：」

金陵之劉自齊分，始基以武發以文；承而傳之朴菴君，張允德配厥績均。村曰戴墅峨者」墳，松茂栢悦山出雲，體魄同藏宜後人！

二四三　明故南京守備司禮監太監潘公（真）墓誌銘

〔蓋文〕

明故南京」守備司禮」監太監潘」公墓誌銘

〔誌文〕

明故南京守備司禮監太監潘公墓誌銘　」

賜進士第資善大夫太子賓客南京兵部尚書奉　」敕參贊機務前禮部尚書兼翰林院學士掌詹事府事　」經筵日講官修國史玉牒

四明張邦奇撰　」

賜進士第資德大夫南京工部尚書前南京都察院右都御史奉　」敕巡撫雲南等處地方都察院右副都御史南昌胡訓書　」

賜進士出身通議大夫南京户部右侍郎前奉　」敕總理糧儲兼巡撫應天等處地方都察院右副都御史涪陵夏邦謨篆　」

今天子嗣大歷服，建極自躬，端則自宫掖，一時監卿寺伯，任職授禄，率惟其人。予昔仕南京，見吕公憲、晏」公宏實為守備，以清德雅操得軍民心。越十餘歲，予承乏參贊，再入南京，則潘公、蕭公克循前軌，民」士感頌，不異疇昔。予方自慶，謂得相寅協，共翊　」隆平之治。曾未數月，而二公乃相繼捐館。嗚呼惜哉！潘公諱真，字克誠，别號實菴，湖廣會同人。父諱全輔，」母宋氏。公自髫齡選入掖庭，以專慤稱。成童，侍　」憲廟，給事　」乾清宫。弘治間，歷陞至太監，管御馬監事。正德丙寅，署丙字庫事。戊辰，承　」敕監督臨清倉儲。戊寅，承　」敕提督太嶽太和山，兼分守荆湖、陜洛三邊地方。嘉靖甲申，被　」簡命，鎮守湖南。至則易直以交諸司，寬慈以御庶姓，弭盗賑饑，荆邦賴之。督修　」顯陵，大工告成，民不知擾。辛卯，召還京，中途以疾告，得　」旨就南京調治。甲午，　」命守備南京，改掌內官監；尋改掌司禮監，守備如故。公益感　」恩遇，篤意綏懷。質任恬泊，不喜華縟。事存大體，不屑為苛細，性坦蕩無畛域。然不取一毫於分之外，悃愊」無外飾。而於故典時宜，能言其肯綮。平居若無所事事，而　」陵廟垣墉，汛除修繕，與凡　」內府工作，京畿水陸備禦之具，罔不飭治。九載之間，都鄙靖謐，關河晏清，歸公德焉。嘉靖癸卯八月初」十日，卒於位，距生成化丙戌三月初三日戌時，享年七十有八。從子四人，皆兄阿保、嫂□氏出也。長」永福，早卒。次永壽，家居奉祠。次永康，亦先公卒。娶張氏，生子一，曰子隆，女一，俱幼。繼娶王氏，生子興，」亦幼。次永寧，隨任，娶李氏。生子四：子卿娶秦氏，子相聘陳氏，俱國子生；子臣、子俊，俱幼。女三：淑德配」襲指揮袁衡；淑賢、淑英，俱幼。是年九月二十五日，永寧等葬公于京城南安德鄉許家山之陽。先期，」奉司禮太監何公所為狀，以墓銘請予。以冗未克成。後數月，工部尚書南山胡公復為速銘。銘曰：」

皇德之隆，謹在贄御；箴儆自中，封培必豫。泄邇啓寵，有處非據；恣厥劻勷，民乃凋瘵。公生魁碩，枵豁」慈恕；出守荆湖，柔綏簡御。」天子曰嘉，爰陟留寄；以輯以懷，以嫗以煦。以奠南邦，人慕且孺；相昔冥昏，作威倚勢；翕赩幾何，倏爾顛躓。」公起髫髾，大耋在位；蟒玉輝華，」四朝恩遇；胡福考終，榮名靡既。天道神明，式彰厥類；太史勒辭，昭示来世。

二四四　明故前鎮守山西御用監太監吴公（經）墓誌

〔**蓋文**〕

明故前鎮」守山西御」用監太監」吴公之墓

〔**誌文**〕

明故前鎮守山西御用監太監吴公之墓　」

公姓吴氏，諱經，字太常，別號静菴，江西餘干人。」幼而敏悟，選入　」禁庭。　」憲廟召見，嘉其進對有法，歷官至〔一〕。」武宗聖上益愛其勤，第陞御用監太監，鎮守山西。老」歸南都，備員司禮。父諱俞玄，母戴氏，繼母鄒氏。」弟紳，鄒出。嘉靖甲辰正月十又九日，卒於私弟」之正寢〔二〕。公生之年成化辛卯閏九月七日。擇葬」之日則卒之年二月十三日也。公閑居二十年」餘，懸罄一室，可見守官守職矣。謹勒其梗概云。

南京司禮監右少監竹泉屠良書并題

〔**簡注**〕

〔一〕「歷官至」下有缺文。

〔二〕「弟」通「第」，「私弟」即「私第」。

二四五　明故貢士顧君石洲懋涵（嶼）墓誌銘

〔蓋文〕

明貢士」石州顧」君之墓

〔誌文〕

明故貢士顧君石洲懋涵墓誌銘　」

賜進士出身文林郎廣西道監察御史建業張鐸撰　」

葵丘王逢元書　」

賜進士及第翰林院編修文林郎經筵國史官浚儀邢一鳳篆　」

嘉靖甲辰夏五月，貢士顧君石洲懋涵即捐館矣。越明年乙巳，余奉役抵留都，謁司」寇東橋顧公。公憮然曰，傷哉余子之逝也。蓋嘗不敏，顧諸士大夫所不遺矣，曷誌之？」又越月，顧公亦卒。孫履祥持五泉沈君狀，請余銘。承先命，衍後傳也。奚容辭哉！按狀：」君諱嶼，字懋涵，號石洲，其先吴縣人。始祖諱通者，以藝隸南工部局，因家焉。大父愚」逸公崛，生東橋公；東橋公生君。君生有異質，鳳目洪聲，英偉不群。倜儻有志，善屬文，」五經、諸史旁通，議論亹亹，超脱凡近。自少從宦齊梁，崆峒、華泉諸公特優愛之〔一〕。及全」州還〔二〕，有涯孟公奇其才，賦《湘水歌》贈之，稱為小顧云。嘗從南原半窗公秋日聚燕浄」香亭〔三〕，時東橋公在貶所，召君賦詩，懷之分韻，得春字，須臾成章，有猶懷桂領春句，氣」象温婉，識者占其忠愛焉。踰年，補京庠弟子員。每督學小試，奇葩麗藻，膾炙人口，與」蘇門王雅宜、黄五嶽諸君蜚聲南服，莫之後先。歲庚寅，益勵初業，白下名流，如金方」山、謝與槐、陳玉泉、許石城輩，咸與之游，且脩文青溪息園，罔不鈎奇茹精，底厥閫奥。」後諸君繼捷，君獨坎壈弗耀，毁言旁午，旅失旅復，人共憐之。因是自放于聲樂詩酒」間，以寄其傲，弗拘拘騷屑為也。及整厘家政，巨細罔遺。事父母，待諸弟，咸獲其歡心。」分財貸人之急，却王世子餽三千金，並賻亡友于吴門，芳躅令矩，往往而是。嗟乎。古」稱曠達之士，卑視軒紱，期以適志。矯跡者殊軌，會心者寡儔，由来久矣。人知懋涵君」之才，罔究其行；知君之逢，弗識其高。舉遠視之遐。況知其綜理營幹之詳，而泯其貞」素孝友之實。故訛俗棼棼，遺珠毁璧，至于終身，而行實始白，豈不可惜也哉！君配羅」氏，生五子：長履祥，蔭太學生；次賓祥，才秀競發；次元祥、應祥，皆羅出。楚祥側出。女一，」娉白昌齡君。生于弘治戊午十一月十一日，卒于嘉靖甲辰五月初八日，享年四十」有七。將卜彭城山之陽以永藏焉。為之銘曰：」

嗟嗟君賢，胡嗇其年；噏噏人言，胡蔽其天。維彼有言，其賢□全；嗚呼令聞，垂之壟阡。

〔簡注〕

〔一〕此處「崆峒、華泉諸公」未記其名。按：「崆峒」應指李夢陽，夢陽有《空同集》傳世；「華泉」應指邊貢，貢有《華泉集》傳世。誌主之父顧璘（見下注）與李夢陽、邊貢等並稱「弘治十才子」。

〔二〕「及全州還」四字，前後文均無交代，突兀費解。按：誌主之父「東橋公」名璘，《明史》有傳，記璘「正德四年出為開封知縣，數與鎮守太監廖堂、王宏忤，逮下錦衣獄，謫全州知州」。故璘嘗以「全州」為號。陳沂有《寄顧全州》詩，黃省曾有《懷顧全州》詩，可以為證。據此，「及全州還」應指顧璘從貶所返回。也正因「老顧」返回，有了比較一方，下文才稱誌主為「小顧」。

〔三〕「南原半窗公」未記其名。按：應指王韋。韋號「半窗」，有《南原集》傳世。《明史》顧璘傳後附有王韋傳。

二四六　明誥封明威將軍南京錦衣衛指揮僉事桂亭徐公（世禮）墓誌銘

〔蓋文〕

誥封明威」將軍南京」錦衣衛指」揮僉事桂」亭徐公之」墓

〔誌文〕

誥封明威將軍南京錦衣衛指揮僉事桂亭徐君墓誌銘　」

賜同進士出身資善大夫南京刑部尚書姑蘇顧璘撰　」

賜進士出身太子少保正治上卿資德大夫南京户部尚書周金書篆　」

君諱世禮，字君叙，中山武寧王之裔孫。王第四子應緒，以姊」仁孝皇后恩澤，授都督僉事，即君高祖也。曾祖景璜，祖顯綬，考伯寬，世襲錦衣衛指揮僉」事，掌仗前御象，軍民稱為象府。伯寬公讀書好賓友，號海雪道人，有聲鄉國，傳襲於」長子世禎，夭絶，君遂承廕。初，海雪公在日，君方童年，嬉戲膝前，眉目如天人，動容有」禮，長老咸愛異之。比父兄殁，遂持門户，應接上下，酬酢機宜，雖老成弗逮。既服官，益」遜志力學，與諸儒生結社為文，屏去紈綺，修雅素之操。聞甘泉湛公在南雍講學，折」節請就弟子列，久之，乃謂人曰：習浮説無益，不如躬行為實。湛公亦稱其事親孝謹，」門無雜交，一時海内名士多所傾盖。甫三旬，喪正配周氏，不再繼。嘗至京，權貴欲妻」以寡女，力辭不就，彼人後以驕敗，衆服其明義。旅人會飲失騾，誣君之僕，君以金償」之，弗辯；後其人得騾，持金還謝，君慰而遣之。君家無餘財，務厚於倫理。事嫡母崔恭」人、母李恭人，甘旨必備。崔病牀褥久，躬侍湯藥，衣不解帶。處寡嫂必敬必厚，叔老子」幼，即為預董棺事。姊女貧不能嫁，竭力助為資裝。凡親友急難，輒思捐濟，忘其身之」屢空也。所涖象房有地租錢若干，或謂可納，君悉輸官庫，毫髪無所取。平生負志，欲」一試，幾四十，不偶，乃笑而嘆曰：徒懷朴忠爾。野服郊居，以課農教子為樂。客至，傾壺」共醉，陶然雅歌，絶口不及當世之務矣。所作詩文不存稿，曰：我武人，聊破俗爾。園有」三桂，海雪翁手植，因自號桂亭。嘉靖辛丑，病鬱，放情自顧，竟不可起。至壬寅十月十」有九日，卒於正寢，距生弘治壬戌四月三十日，得年四十有一而已。君長身修髯，謙」恭儉約，以振於宗，宜顯而壽，僅止於此，命果不可强耶！配周乃山東布政使周公紘」之女，生有婦道。冢嗣曰志道，其所出也，刻意自樹；次子曰志仁，孺而敏。女三：長聘岳」川通判童君時之子謩；二尚幼，并庶出。孫男曰國彥。將以嘉靖甲辰十一月初九日，」附葬鍾山之陰。志道持其舅氏文學周君臯狀來請銘。予於君家三世交也，其何辭？」遂銘曰：」

貴而能學，匱而能藝，孰云匪賢？不顯者人，不壽者天；謂天蓋公，然乎不然。鍾阜峨峨，」秩哉斯阡；子孫保之，億萬其年。

二四七　明故福建福州府儒學教授淩君（雲）墓誌銘

〔蓋文〕

明故福建」福州府儒」學教授淩」君之墓

〔誌文〕

明故福建福州府儒學教授淩君墓誌銘」

賜同進士出身資政大夫南京都察院右都御史前兵部右侍郎兼都察院左僉都御史奉」敕督治漕河建業王以旂撰」

賜進士出身中憲大夫四川等處提刑按察司奉」敕整飭松潘等處兵備副使姑孰邵鏞書」

賜進士出身中順大夫湖廣德安府知府前南京户部郎中三山鄭淮篆」

君諱雲，字望之，姓淩氏，世為蘇州崑山人。曾大父文達。大父顯，洪武中以閭右，徙實京師，占籍應」天之江寧。父祐，生丈夫子四人，君其季也。君生而俊朗，嶷然異群童。稍長，父遣從師，授《尚書》，輒能」研精意義。年十六，充京庠生，下筆不為奇澀語，文采燁然可觀。獨以命拘，累科弗售。嘉靖甲午，由」貢入京。相知者多勸入監，以需巍科。君曰：明經將以致用，吾年已壯，而不及仕，萬一身先溝壑，奈」何？毅然乞就教職。覆試」大廷，擢居第一。時貢考上等者，得授名郡掌教。君遂領山東東平州學正，日與諸生問道，考業不懈。」學舊有田一頃，歲久為僚屬私物，君具申監司，出為公費。然喜樹立，每論政事，鑿鑿可行。諸上官」廉其賢，數委署州縣事，及查盤諸倉庫，事無廢□，姦蠹亦能搜剔罔遺。署嘉祥，值歲大饑，君請撫」臺，得以泰山香錢發賑。吏白可償逋稅。君曰：是活吾民命者，豈遑他耶？百姓至今懷之。歲辛丑，漕」河沮涸，余奉」命督治，君為監司，部使者所薦，余因檄同諸有司修復安山湖，君奉檄惟謹，分築堤岸若干丈甚固。」事竣，例當旌獎，君亦與薦剡，不可專以言語文字視君也。明年冬，君以勞績，陞福州府學教授，律」己教人，一如東平時。癸卯秋，適閩縣缺令，且當鄉試，纖鉅悉辦於縣，巡按侍御高君選於衆，特俾」攝令事。君益殫心力，罔晝夜勞苦，求副所知，因感疾嘔血，再四乞歸。未幾，述職邸報至，君以前任」落職，家人不敢以聞。君喜曰：吾得歸，幸矣。雖喪，奚憾焉？飄然南歸，疾亦漸愈。日課二子，俾繼書香。」暇則召故舊良朋，優游詩酒，若能脱然無累者。居無何，舊疾復作，奄然長逝。嘉靖二十四年二月」十日也。卒之前日，冠服端坐，命二子拜辭，訓以義方，殊無戀戀可怜之色。非能知命而安之者歟？」距生春秋五十有四。君性孝友，未冠而孤，事毋甚謹〔一〕，將貢而毋吳先卒，哀毀如禮，居常以養不逮」為恨。敬□其兄尤篤。園內值紫荆樹一本〔二〕，因號荆園，以見志也。配孟氏，子男二：孚先、從先。女一，適」俞岐。孚先卜以歿之年十二月十七日，葬君於鳳東鄉陳家原祖塋之次。前期，孚先侍外舅祖郡」傅念齋夏公來，奉父執觀山李君狀乞銘，再拜泣曰：先人辱公與進，請賜一言，以垂不朽。觀山丈」視疾時，面嘗托之，謹以治命告。余素知君善學負才，而未究厥用，遽歸以歿，良可悼惜。且重夏、李」之請，遂按其狀而次第之。法宜銘〔三〕。銘曰：」

嗚呼淩君，蚤精典墳；發為文章，鳳苞綺紋。拔貢」大廷，益展所蘊；首被褒選，榮耀斯文。兩典邦教，桃李繽紛；經義治事，肯岐而分。歷試繁劇，賢譽馳聞；」事集民懷，志獨辛勤。憫瘵切己，宦司浮雲；歸受正命，既安且欣。維彼高丘，芃芃者薰；子孫永瞻，尚」有餘芬。

〔簡注〕

〔一〕「毋」為「母」之今字。下同。

〔二〕「值」通「植」，「值紫荆樹」即「植紫荆樹」。

〔三〕「法宜銘」三字，與前後文均不銜接，疑為衍文。

二四八　明故資政大夫南京刑部尚書顧公（璘）墓誌銘

〔蓋文〕

明故資政」大夫南京」刑部尚書」顧公之墓

〔誌文〕

明故資政大夫南京刑部尚書顧公墓誌銘　」

前翰林院待詔將仕佐郎兼修國史長洲文徵明著并書　」

嘉靖二十四年乙巳閏正月十有八日辛巳，南京刑部尚書顧公以疾卒於金陵里弟〔一〕。先是公以考績還自京師，道聞長子嶼卒，驚惋得疾。抵家疾甚，久之竟不起。」於呼惜哉！公諱璘，字華玉，別號東橋居士，世為蘇之吳縣人。」國朝洪武中，高祖通，以匠作徵隸工部，因占數為上元人。曾祖海，不仕。祖誠，以公貴，贈資政大夫、南京刑部尚書。考紋，號愚逸，初封承德郎、南京吏部主事，加贈資政」大夫、南京刑部尚書。祖母陸氏、母楊氏，俱贈夫人。公以應天府學生領弘治乙卯鄉薦。明年丙辰，舉進士。庚申，授廣平縣知縣。甲子，徵入為南京吏部驗封司主事，」進稽勳郎中。正德庚午，陞河南開封府知府。癸酉，謫授廣西全州知州。丙子，起知浙江台州府，陞浙江布政使司左參政。嘉靖改元，册立　」中宮，禮成，奉表入賀，道陞山西按察使。以親老辭，不允。尋以病免。庚寅，起為江西按察使，未行，陞浙江右布政使，轉左布政使。壬辰，召為都察院右副都御史，巡撫山」西。上疏乞終養，忤　旨，落都御史，以布政使致仕。丁酉，再起，為都察院右副都御史，巡撫湖廣，兼贊理軍務。己亥，陞刑部右侍郎，尋改吏部。會　」顯陵肇工，改工部左侍郎，領山陵事，進工部尚書。事竣，還朝，改南京刑部尚書。公於是歷仕三朝，閲五十年，歷十有九任，積階自文林郎〔二〕，歷十有一資。為資政大夫、正」治上卿。公融朗闊達，精於吏理，能激卬任事。初蒞廣平，年甫弱冠，或易視之。而公闢決敏利，擿伏若神，拊循道利，靖而不煩，而飾以文學，有古循良之風。及為開封，」益更練堅決。會盜起燕、薊，流刼中原，攻圍城邑，所在繹騷。兵部尚書彭公澤奉　」詔疏捕，領兵壓境，上簡公自輔。公亦悉心展錯〔三〕，練兵飾甲，轉餉傳殯，取具呼噏間，而厭難折衝，謀畫居多。在郡期年，隨事經理，多所緒正，而彊執不撓。鎮守中官廖堂，　」恃逆瑾黨援，圉奪自恣。公摧抑捍蔽，每折其萌牙〔四〕，不令得肆。瑾誅廖罷去，而錢寧用事，群閹方熾，王宏者尤誖謾慓疾，繼廖出鎮，乘權席寵，氣焰讋人，一時有司或」屈節自容。公故不為禮，有所徵需，一不答，歲時展謁，長揖而已。用是積忤宏。宏方恃寧為援，矯　」詔逮赴錦衣獄。獄吏問狀，公據理執誼，抗言條對，一無所承。寧無已，遣邏卒陰探郡中，無所得，乃文致他比，以竟其獄。獄成，鐫三階，徙全。全即古零陵郡，越在領嶠〔五〕，僻」遠荒陋。公不鄙夷其民，而翊以文教，道化更革，誠心拊綏。久之，民用乂安，而士興於學。甫三年，而有台州之命。台為東南劇郡，武衛錯居，俗獷而喜訐，胥史並緣其」間，縱横饕詖，更數政不治。公至，爬疏剔抉，求得其敝端與利源所在，次弟興除之。故事：　武衛諸城，郡為修築，更費浩穰，率為主守者乾没。恒歲一築，築輒壞。公鉤考」得所侵漁，悉没入為城費。檄義士經理，而程督之。故他城易隋〔六〕，而台所隸三城特完。郡瀕海，有鹽莢之利，貧民業鹽自食，苦辜榷煩苛，每迂道轉輸，而邏卒乘是為」奸利，至相賊殺，不可止。公為弛禁，俾得負販出郡下，而薄其税入，民用便利，而國課亦登。故時軍餉，不時給運。軍往往稱貸以需，而駔儈得肆侵牟。公支放有期，而」勾稽維審，軍皆給足，而姦民無所牟利矣。郡南瀕江，卑下多水患。地有中津橋且壞，公修復之，因築石堤，而樓其上，凡數十楹。人初莫喻其旨，已而夏潦水猝至，居」民得依樓以避，所活以千計，乃服公先見云。公既久於台，悉澍中事宜，繼起參藩，遂得舉而行之。雖不及久，而宏規石畫，功緒為多。及以左轄重臨，益諳練宏達，而」意復周審，展采錯事，惟志所為。而釐革積敝，若賦發科謫，調補吏胥，皆利蠹蟠結，前政所不敢問者，公排根絶蔓，振剔不少縱，而畫一以守要束，章程咸正而核，吏」不得緣以為奸。事緒雜襲，文牒糾紛，随事剸裁，司無留政。御史按澍者，往往斂手，無所事事，然積不能平，乘其解任，而躡尋過誤。一時雖横被口語，而素履明潔，望」實在人，卒亦不能有所污蔑也。起撫湖南，益事振植。湖湘遐曠，提封數千里，撫臣尊重，受計坐理而已。公不躡故迹，軺車省循，遍歷州郡。雖偏疆下鄙，莫不臨蒞。跋」涉險阻，蒙犯霜露，不少厭却。故事：　巡歷所在，必以藩臬守臣自随。公悉謝遣，軒車簡易，傔從斂約，供頓次舍，才足周用，民按堵不知為勞。念荆湖沃衍，而流庸惰弛，」地利有所未盡，科輸煩擾，期會迫促，民日益貧，公私交病。故所至劭農振業，平繇復税，而擿伏省微，軌迹夷易，民用安集，而歲亦比登。在鎮逾年，多所建白。首言：地」瘠民貧，兵食不足，而藩府賦禄無隄，後繼為難。又以湖湘控扼邊徼，地大事緐〔七〕，御史按部，歲一更代，勢不得周，欲乞添差御史，分蒞湖南北，以廣詢謀。又言：外屬臣」僚，多有宏才碩望，足充任使者。比歲限以藩府戚屬，不得內徙，此非」祖宗舊制。乞越例推選，以收滯才。所言凡數十事，皆當時利病，深切治理。雖不盡施行，而論者莫不韙其言云。」顯陵之作，役大事緐，經費不貲。公既長於料簡，而程省弗懈，調發有制，視他所營，率損費十五，而功實倍之。規制宏偉，翬飛赫奕，而民不告病，有司不以為煩，其經理」施置有足多者。然此特出其緒餘耳，非公所用以為才也。及是雖典邦刑，而留司務簡，亦不足以盡其用。且鄉里所在，父老姻戚，不能無望於公。而公執志堅定，不」肯骫骳以徇，苟罹於辜，必以法繩之。豪植强禦，咸不得肆，而怨讟興矣。言者因得假以為辭，肆言醜詆，而素所忌嫉之人，從而醞釀之。公雖內省不愧，而不勝浸淫」之辱，竟鬱鬱以歿。於呼！公論不明，是非失實，使瓌奇卓越之才，不獲究於明盛之世，必有執其咎者，君子固有竢於百世之下也。然則公亦奚憾哉！公素長者，不虞」人詆欺，而直諒自信，不肯脂韋干譽出入中外，垂五十年，一時新進，多非曹耦。公既前輩自處，論議之間，陵轢奮迅，侃侃自將，每下視諸人，人多不能堪，往往傍睨」切齒，而公不知也。其得謗受禍，殆亦以此。平居事親孝，愚逸公病疽，公時已五十餘，與同臥起，吮濯扶掖，舉身親之，肉血淋漓，十指皆潰，曾不肯自佚，以委勞於人。」初，公以親故，一再解官。其後出入靡恒，而二親之亡，公適皆在告，皆得受終焉，殆有不偶然者。處羣從兄弟，尤極友愛。從弟英玉，繼公起進士，官按察副使，仕歸而」貧，而介潔自將。公雅知其志，雖日與親接，而不輒餽遺。然而中心相孚，不殊同胞也。少學於李璠先生〔八〕。李死，一子不立，妻萬不免饑寒。公在官，每分俸資給之。既又」為其子植產，旋植旋廢，而其子卒困以死。乃迎養萬氏於家，死為殮葬，而給其孫如子，終其身不衰。友人胡欽死，妻方氏食貧養姑，公俾里中上其事，請表於朝，凡」推核探究，文牒往来，咸具於公，而一切更費，咸自公出。至於里黨族屬，婚喪緩急，亦多倚成於公。其於倫誼至重也。為文不事險刻，而鑄詞發藻，必古人為師。見諸」論著，雄深爾雅，足自名家。詩尤雋永，雖矩矱唐人，而劖芟陳爛，時出奇峭。樂府歌詞，不失漢魏風格。問學深博，既有資地，而才敏氣充，足以發之。自其少時，已有名」世之志。既舉進士，即自免歸，大肆力於學。時陳侍講魯南、王太僕欽佩，皆未仕家居，皆名能文，與相麗澤，聲望奕然，時稱金陵三俊。及官南曹，曹事甚簡，益淬礪精」進。居六年，而學益有聞。自是出入中外，所雅遊若李崆峒獻吉，若何大復仲默，若朱升之、徐昌穀，皆海內名流，一時詩名震疊，不啻李、杜復出。而公頡頏其間，不知」其孰為高、孰為下也。然諸公仕皆不達，又皆盛年物故。公仕最久，官亦最顯。所歷若沅湘，若天台、雁宕，若衡岳，皆山水勝處，雖簿書鞅掌，而不忘觚翰，所至領客讌」遊，感時懷古，臨觀賦詩，風流文雅，照暎林壑，委蛇張迤，有古高賢特達之風。及是將解留務，往來吴門，尋鄉里舊遊，期余盡遊諸山，以畢其平生。而事左心違，竟成」乖越。於呼！而今已矣，尚忍言哉！公所著書曰《國寶新編》，曰《近言》，曰《顧氏七記》；詩文曰《浮湘稿》，曰《山中集》，曰《息園集》，曰《憑几集》，曰《登衡小紀》，總若干卷。其生成化丙申」七月二日，享年七十。娶沈氏，封夫人。子男三人：履祥，廕為國子生；次賓祥、元祥、耆祥、應祥、楚嶼，歲貢生，娶羅氏；峙，娶陳氏；峻，尚幼。女二人，適俞璉、趙念。孫男八人：履祥、楚祥，」餘幼。孫女二人。曾孫男三人。履祥等以卒之明年丙午二月廿七日，葬公上元縣彭城山之原。前事奉公門生太常少卿許穀所為狀来乞銘。銘曰：」

於穆」孝皇，立國用明；孰言翊之，允維邦楨。烈烈顧公，維時之彥；爰外而中，式勠用踐。起家民牧，弗奪弗違；言飲之德，既去而思。豈德則周，亦堅厥志；志植靡移，乃言有濟。扶」微興壞，樹之風聲；載蹶載奮，卒偕以升。維靖而共，乃剛弗折；式遄其歸，峻躋華列。出将使指，入典邦刑；以翼以貞，以莫不經。爰飾用文，富兹述作；迺古有訓，仕優而」學。其學如何，亶言華國；敷彰」帝猷，詠歌明德。在」孝皇日，羣獻英英；發藻摅詞，式章用明。翱翔後先，公寔曹耦；德音洋洋，維學之懋。烈烈顧公，既瓌既奇；學為文宗，政為吏師。維學維政，鮮兹兼德；緊名之高，斯毁之積。」烈烈顧公，連蹇在是；豈不顯融，迄屯厥施。彭城之原，公兆於斯；尚後有考，視此刻詞。」

吴門吴□刻

〔簡注〕

〔一〕「弟」通「第」。下同。

〔二〕「偕」應為「階」之誤。

〔三〕「錯」通「措」。下同。

〔四〕「牙」通「芽」。

〔五〕「領」為「嶺」之古字，此處通用。

〔六〕「隋」通「隳」。

〔七〕「緐」通「繁」。下同。

〔八〕「李璠」，文徵明《甫田集》卷三二《故資善大夫南京刑部尚書顧公墓誌銘》作「李璞」。黄宗羲《明文海》卷四三五引同。疑是。

二四九　明故封文林郎順天府懷柔縣知縣東憑汪公（泰）墓誌銘

〔誌文〕

明故封文林郎順天府懷柔縣知縣東憑汪公墓誌銘」

賜進士出身中憲大夫河南等處提刑按察司副使横涇顧璁撰文」

賜進士出身中憲大夫四川等處提刑按察司奉」敕整飭松潘等處兵備副使姑孰邵鏞書丹」

賜進士出身中憲大夫貴州提刑按察司副使前監察御史咸寧司馬泰篆盖」

國朝録臣工之勞勩，而推封其父母，所以廣孝勸忠，固不以内外殊也。然在外州縣之官，所」職者繁，所轄者衆，則給由每見沮，而恩封特不易遇，非若京朝列署，可以計日月待也。間」有遇者，非其世德深厚，疇克爾哉！若東憑汪公是已。公諱泰，字孟極，其先徽州休寧人，唐」越國公之裔也。」國初，曾祖添壽，以富户實京師，隸户部，迨公四世，居南京。祖文德，儉勤有幹局，家業益拓。」考子良，妣丘氏。生公五歲而孤，丘勵志貞守，專心撫育，以遺貲悉付叔子貴經營，而佐以」勤儉，年逾八十，始終一節。公既成立，業賈養母，孝敬無違，事子貴如父，大小必禀命焉。然」性慷慨好施與，不喜齷齪較計錐刀，以是人皆愛而重之。嘗曰：吾家本簪纓，祖父以来寂」寂數世，與編氓伍矣。吾又早孤，不克學，幸有子，忍復令隳廢先業哉！于是教子鑾治儒業，」延師取友，務擇名勝，隆禮侈費，無所靳惜。鑾果以嘉靖壬午試京兆，取高第。人咸曰：有志」者，事竟成。汪公之謂矣！壬辰，鑾選四川成都府資縣知縣，迎公就養。公暫一赴，不久即歸。」乙未，鑾調懷柔，復迎公。公曰：人貴適意，安能鬱鬱僋處公宇，棄故鄉山游水泛之樂哉？汝」善居官，即養吾志矣。遂不果赴。己亥，滿考上最，遂得」封公如其官，贈公配王氏、繼配董氏，俱為孺人。鄉人稱羨曰：子作縣而親得封秩，天之報德」如此。辛丑，鑾遷廣西全州知州，公年已逾七十，鑾以年高道遠不敢迎公，獨念定省久曠，」居常忽忽。甲辰，調知四川忠州，乃禀命于公，將乞休終養。公艴然曰：我教汝成名，重在忠」與孝也。未老乞休，是負明時不得為忠，期我以死又焉得孝？汝第往。必念我不置者，留婦」與孫侍我足矣！我志樂則壽延，胡乃違拂相守耶？鑾乃不敢乞休，單舸之任。丙午冬，公以」疾考終于家。訃至忠，鑾即匍匐奔號歸。公生于成化己丑十月十九日，卒于嘉靖丙午十」二月七日，享年七十有八。子一，即鑾。女二：長適孫習，次適方升。孫男三：嫡出曰涵，公卒之」次年八月初五日卒；庶出曰濊，曰澍。曾孫一，曰世思。孫女四，府庠生江維淵、金大尹子同」芳、黄太守子必端，其壻也。黄始納聘。其一尚幼。將以戊申十二月十三日，啓王、董二孺人之窆于新亭鄉之山而合葬焉。先期，託黄太守西嶼狀公平生，而丐予銘其墓中之石。西」嶼辱交最深且久，其言可信不誣，不容辭避，乃叙而銘之。銘曰：」

豫章孤萌拔千尋，蛟龍雲騰蟄重陰。前枯後榮豔士林，章服炳耀逾□金，」我銘墓門徵来今。

江東朱宗鐫

二五〇　明故處士南臺歸君（鳳）墓誌銘

〔蓋文〕

明故處」士南臺」歸君之」墓

〔誌文〕

明故處士南臺歸君墓誌銘」

賜進士出身中憲大夫湖廣荆州府知府前禮部郎中練川姚隆撰」

□□□奉訓大夫湖廣荆門州知州上元陸亜篆」

河南懷慶府河內縣教諭江寧華冕書

嘉靖歲庚戌十二月二十有五日，處士南臺歸君卒。越明年辛亥夏四月既望，「君冢子」仁奉庠彥夢槐謝子承恩所為狀，衰絰詣予，拜且泣曰：先君病革時，召仁立榻前而囑之曰：吾疾莫能興矣。惟是墓道之石，汝必求鄉先生姚東津一言，以慰吾泉下。「望尊丈」勿嚴拒。隆竊自揆蕪陋，素不能為古文詞，何能發君潛德！然重以幽冥之託，「忍終辭謝」以負君意耶？勉强以副。按狀：君諱鳳，字鳴岐，別號南臺，先世太平當塗人。洪武初，高祖」諱榮一者，以閭右徙京師，注籍江寧。曾祖文禮，祖道寧，父銓，俱隱耀不仕。君生而慧敏，」少有大志。欲業儒，期進取以大門閥。會早失恃，仔肩攸重，有戾本懷，乃竭力幹蠱，家是」益豐。性和緩勤慎，与物無競。事嫡妣許、生妣劉，克盡孝道。許嘗構危疾，籲天願以身代。」季父鏞坐鄧攸之戚，君事之如父，出入必稟命。鏞歿，喪葬如禮。有姑氏以處子勵志操，」終身不託媒伉儷，君事之如母。姑年愈八十，里宦學諭南村龍公雨、宮保大司馬石岡」王公以旂，皆有文以昭其徽懿。祖居在安德門側，君以貿易居聚寶門，因家焉，舊廬圮」壞，君曰：先人遺業，可使終廢？益加修葺，歲時蒸嘗不絕。當塗疏遠，族屬湮替，六代祖塋」乏祀。君念水木本源，歲必一展拜，不以道阻服窮少替。延師教子，規以義方，隆師之禮」有加，故其子若孫皆隨材質有所成就。城南多佳山水，課子之暇，間攜二三知己眺飲」為樂。君嘗東遊吳越，南歷太和，以覽諸勝。居常好禮樂施，親友有婚嫁愆期者，賙之使」偶；喪貧弗克襄事者，賻之使葬。故鄉里姻識，咸多君德。疾也相率禱祠，卒也相率弔哭。」非其素履誠愨，惠愛博施，推赤心以置人於腹，烏能感人至是耶！卒之前一日，語諸子」曰：吾年愈六十，吾事粗足，吾無歉矣。若輩慎守吾業，吾目瞑矣！次日巳刻告終，距其生」弘治庚戌六月一日子時，春秋六十有一。配周氏，有賢行，於君有相之道焉。生子三：長」即仁，太學生，士林器重，娶溫氏、華氏、鄭氏，俱先卒，繼華氏，前華其姊也，俱河內學諭次」堂華君冕之女；仲化，娶劉氏；季儒，應天府醫學正術，娶荊門知州半橋陸公亜之孫、庠」士龍溪君棐之女。女三：長適王沂，卒；次適魏朝士；次適沈朝賓。男孫四：本同、本立、本初、」本一；曁二女孫，俱幼。仁以今年十二月十九日，奉葬君柩於石子岡祖塋之次。於戲！若」君者真可謂吾鄉之善人也矣！是其可以不銘耶！銘曰：」

猗維歸氏，肇系當塗；以遷閭右，占籍留都。延至南臺，益大門户；敬移尊行，孝隆二姥。慶」鍾子孫，蘭玉濟濟；訓以義方，隆師有禮。遥遥先塋，歲一展拜；曾以湮窮，此心攸懈。麥舟」助喪，終離嫁女〔一〕；仗義疏財，君其儔侶。晚年朋儕，優遊山水；考終正命，既多福祉。石岡峨」峩，勒君玄室；勒我銘章，萬年考實。

上元朱宏刻

〔簡注〕

〔一〕「終」應為「鍾」之誤。「鍾離嫁女」為北宋鍾離瑾故事。

二五一　明故敕封承德郎南京吏部驗封司主事先君柳塘翁（黃鍾）墓誌

〔誌文〕

明故敕封承德郎南京吏部驗封司主事先君柳塘翁墓誌 」

嘉靖三十三年五月朔之翌日，不肖孤甲〔一〕，以竊食南司封，計叨三年滿，當奏狀 」闕廷，於時，我先君柳塘翁中燥疾，鮮能食飲，家人惶促，遂不擬行。於是始槀豫凶事。先期，問諸醫，醫曰：脉無恙。翁老更喜休囚，當是」壽徵。問諸祝卜，祝卜曰：及生辰幾可無恐。乃六月十又七日，寔先君懸弧辰。及期，果少瘥，日進酒果蔬膾，無慮數四，較前不食」飲大異。家人喜甚，遂以祝卜可信。乃先君日强起，數事盥櫛，若示矍鑠狀。子孫以羸弱慰籍者，輒不喜。日促孤就道，冀竣事，干」時 」封賞，為門户光。比孤得拜封還，翁弗待也。嗚呼慟哉！是封降於九月十又四日，越二日，先君卒。何造物酷罰，若恰恰限人以是？嗚呼」慟哉！維我黃之先，系出江西南安之上猶。 」國初，曾大父誠以繁族應邑令，僉戍南中，籍興武。誠生先大父潤，潤生我先君。先君少奇穎，先大父與先大妣周氏得先君晚，愈」益憐之，每令就學。初，先大父、先大妣與其伯兄源、丘嫂鄒合食荆守，以券貸為業，往來燕楚間，其拮据視猶之先。會源卒，先大」妣卒，先大父卒，丘嫂鄒以伯妣之尊，在堂，稱未亡人，無嗣而三女，獨不子先君。先君遂落魄，日與我母氏僻處一室，雖虀餉弗」敢私。輒如是者數稔。伯妣卒。先君稍不蹙蹙，而業已澌蕩，非復其先。於是因屋舊址，廣葺茅宇，易人僦錢，又濬池畜魚，沿堤樹」柳，歲取自給。我母氏併纑助之，僅可鮮凍餒。中歲稍嬴，搆樹一隙，扁曰草軒，甃石於池之前，時市常卉數本，間與里中好事者」徜徉其間。喜飲酒，每飲輒醉。性至孝，先大父病革時，嘗思魚羹，命先君舉罟於池，得魴亟烹之，剖而為二，以其一進先大父，時」夜分，先君亦□□，乃自食其一。先大父食魚羹而美，亟問所餘。曰：無矣。更進，不食也。居數日，先大父捐養，迄于今，以魚羹不盡」進為痛悔焉。先大父□飲，先君凡舉飲，必告必酹，雖一觥酌不廢也，以至于今。又至儉，如朽草觸目，必擇而藏之，曰：治貫索可。」廢楮必截其尚可書者，積而成帙。其他類是。凡食飲，雖薄如一簋一缶，不欲遽自屬。厭愛而踰宿，稍腆或浹旬日，當暑溽，雖敗」餒惡，人啐其陋，亦不悔于言。自少垂老，逮不肖孤竊鍾釜以養，未之有改。當其少孤窶，顧嘗所豐殖，尤人甚不易堪，乃先君獨」勵。向往里中有年少者，好先君，嘗授以偽金術，并其鑿具。或日，雪風冱寒，先君如其術得偽金，約可銖計，市老人柬一筐，食頃」出户闞其人，忽思曰：乃能以罔人物博取老人食耶？吾寧枵腹死，弗忍也。旋以鑿具付年少者，年少者詰其故，先君笑而不言。」比年六十餘，僦屋數間，為江濤所逼徙，長二子又凋落，衰顏不贍，視蚤歲益甚，每出户數欷歔而返。性嚴憚，雖我母氏不敢前」致問。得不肖孤又晚，嘗撫孤頂曰：屋下人乃爾耶！吾幸得見兒能自食無憂也。家貧，弗能專師問，趨便塾得其句讀，解必令反」復不已。孤亦解先君意，蚤夜能辛苦，强為辭説，以是悦先君。年二十餘，尚矇然鮮樹。乃嘉靖辛丑春，京兆丞今中丞太廓王公」得孤卷，以孤可教，親為授指。凡再閲歲，孤領癸卯薦書，先君七十矣。雖薪水有藉，其去昔無幾。計孤三上春官，始獲登庚戌第，」又幸竊食南曹，稍怡禄養。冀先君食其報，當未艾也，乃溘然不可保耶！嗚呼慟哉！距生成化甲午閏六月十又七日，卒於嘉靖」三十三年前書月日，得年八十有一。年最高，其間得信眉睫者，能幾何歲？方孤羈貫成童，既不能養；出贅六年，又無可養。比領」薦書得養矣，而數上春官，朞年視政，奔走曠疏，積可二三歲計，又不及養。竊食南曹，養且未腆，乃先君一食飲不肯遽亨，一綺」襲不肯遽服，若視其身，殆百千歲不朽，恒恐無可繼者，是亦可謂養乎？嗚呼慟哉！年最高，徒自苦耳。孤不得為孝也。卜以是年」閏十一月十又一日，扶柩出安德門廻龍山新塋安厝。不忍先君之行遽没，又懼或為文以失其故，姑述其生所衆洵者一二，」匪必其傳，將俾後葉孫子知先君之隱懿，其培植我後之人若此。如曰銘，尚有竢焉。先君諱鍾，字仲律，別號柳塘，因其宅所有」云。生平好作字，不事模倣。間為詩，多所諧聲。嘗志感有曰：堪嗟兩鬢白如絲，邁怯西風睡起遲；仗子登科萬事足，可憐光景不」多時。率此類云。配我母氏陳安人，自結髮偕老，今年八十有三。生子四：曰宣，曰完，曰宇，最次即不肖孤甲。宣、宇早世，完娶賀氏，」孤娶徐氏。孫男七，孫女二。曰仁儒、義儒、禮儒、智儒，完出；曰祖儒、戌儒、方儒。孫女曰志淑、志潔，孤出。仁儒聘孫氏，祖儒聘許氏，戌」儒聘李氏，方儒聘林氏。志淑字王氏子管，志潔字謝氏子懋堦。是聘與字，唯翁是綱紀之；迨夫婚嫁，翁弗及見也。慟哉！」

嘉靖三十四年

不肖孤甲泣血稽顙謹誌　」

金陵朱宏鐫

〔簡注〕

〔一〕「不肖孤甲」之「甲」應為指代詞。下文記誌主四子，前三子分別名為「宣」、「完」、「宇」，字均從「宀」，此「不肖孤」之名亦應從「宀」。蓋此「不肖孤」不欲明言自己之名，而以「甲」指代也。下同，不再出注。

二五二　明黔國（沐朝輔）太夫人孫氏墓誌銘

〔蓋文〕

皇明黔」國太夫」人孫氏」墓誌銘

〔誌文〕

欽差南▨」

▨

欽差　」孝陵奉祀前⧄」
制敕鎮守湖廣提⧄」

太夫人孫氏者⧄　」賜第，迄今未葬。頃雲樓⧄　」旨，許扶柩還葬南京，乃得奉⧄雲樓公」為至孝云。先期，雲樓公⧄辭，及讀其來狀，」則太夫人懿行炳卓，又皆⧄定遠王始進公爵，」遂世守其地。數傳至武僖公。武僖　⧄駙馬都尉公之女，封黔國」夫人，賢而早卒。生太師敏靖公，幼，莊襄⧄姓孫氏，南京興武衛指揮孫」公女也。孫在南京稱世家，有聲。或云孫⧄儀。既歸，克修婦道，待敏靖公無異」己出，人稱其賢。往莊襄公成立，寔生母李⧄莊襄公追念劬勞，懇疏歸葬。　」孝皇以勳臣見守重鎮，不可遠離，特嘉其孝誠，進⧄移贈所生，於是參將公得贈為榮祿大夫、都」督同知；　母為太夫人。前請雖未徑遂，然孝誠達⧄　」九重，封號及於先世，僉謂莊襄公能盡子道，寔太夫人□□□之焉。太夫人賦性儉朴，持身勤敏。服疏茹淡，絕無紈綺之」風；　慎動寡言，允有幽貞之範。乃若敬以奉所尊，和以處同輩，仁以待族黨，惠以馭臧獲，尊卑內外，莫不宜之。莊襄公」在鎮凡二十餘年，內順外嚴，地方倚重，能使　」朝廷無南顧之憂。門閥衍多祥之慶，則皆太夫人刑于之化以醞釀之也。正德己卯，莊襄公故，疏奏，　」天子賜恤典，許歸葬南京。於是太夫人扶柩遄還，不畏勞苦。既襄大事，遂就南京　」賜第居焉。嗣是敏靖公繼鎮，太夫人為之擇配成禮。恭僖公繼鎮，太夫人猶能寄示不忘。古稱節婦賢母，太夫人實無」愧焉。往恭僖公恐淑行不傳，具實請封，荷　」世宗俞旨，賜以封誥葬祭，其禮與樊夫人同。今讀其誥詞曰：　賦性柔嘉，持□淑慎。相夫有道，循順正以無違；　治內克賢，勵」勤儉而罔替。篤仁慈而裕後，致子孫之承休。特封為黔國夫人。名稱其實，豈不宜哉！太夫人孀居留南，時年甫二十」餘，歷三十六年乃卒。距生弘治乙卯十月七日，享年六十有一。訃聞，滇中老幼泣下，望祭而吞聲者，累日不絕。非節」孝所感，何以有此？余謂太夫人兩扶靈柩，先後送終，失志獨居[一]，冰操久著，或丈夫所不能及者。然久全節孝，至恭僖」公而始封；　停露多年，至雲樓公而始葬。且生於南京，卒於南京。豈不生死有地，榮葬亦有所待歟？或謂太夫人賢而」無嗣，疑亦有概於中，不知生能盡道，没而流芳，又雲樓公安厝遵禮，孝思無間，太夫人豈以是為憾耶！莊襄公及樊」夫人別有志，茲不著。銘曰：　」

赫赫黔寧，佑我　」皇祖；　既定滇中，遂鎮南土。傳至莊襄，載繩祖武；　柔遠安邦，展也良輔。維此良輔，淑媛是憑；　孝恭天賦，勤儉性成。以訓敏靖，」恩踰所生；　以佐莊襄，懋著勳名。姑襯扶還[二]，再還夫襯；　即掩二靈，遂留故郡。抱節歲深，聿有芳聞；　」帝錫徽稱，名正言順。蘭焚玉毀，反本正丘；　」敕葬賜祭，　」皇寵渥優。穹碑並建，玄漠同游；　榮生哀死，奕世延休。

〔簡注〕

〔一〕「失」為「矢」之誤。

〔二〕「襯」為「櫬」之誤。下同。

二五三　明故沙洲李翁（儀）墓誌銘

〔蓋文〕

明故沙」洲李翁」墓誌銘

〔誌文〕

明故沙洲李翁墓誌銘　」

奉議大夫同知陝西西安府事句曲朱光霽撰　」

浙江寧波府奉化縣儒學訓導句曲丁鶴書并篆　」

朱光霽曰：余讀太史公著《貨殖傳》，知貿遷之道，古人不廢也。是故子貢上賢，富□諸」侯；猗頓畜牧，卓氏冶鑄，皆能擁貲敵國，垂聲無窮，亦可尚已。而其道蓋有□焉。以生」貲，則尚勤；以裕貲，則尚儉；以守貲，則尚禮。兹三者，吾觀李翁能備有之。翁少機□，有」權數。未冠，即服賈，趨會赴機，罔遺絲粒，晝分而食，夜分而寢，渠渠僕僕，旬無暇日。是」以貲日丘積焉。謂非勤耶？凡賈貲既裕，必驕溢罔節。翁則無泰崇損，味謝珍鮮，衣屏」綺麗，不耳宫徵，不目靡曼，抱淳履素，恒若寒流。樂奢縱者，或以戔戔疵之，而翁守之」確如也。謂非儉耶？又豐貲者必府怨，恃盈者必横人。翁則深自檢飭，瞿瞿曲謙，時乎」□接，煦煦温温，未嘗少忤人意。苟或誘以非義，則退避不敢為。是以族庇其富，衆樂」其有，郡邑資其助，而未有嫉之者。謂非能弗悖於禮耶？於戲！翁萃是三者，致□□曷」□擬之猗頓、卓氏諸先民，不少讓。其盛矣哉！翁諱儀，字子威，號沙洲，世為應天上元」人。祖端，父逵，皆有隱德。嘗寓居句容之彭橋。翁因治業於本邑之竹篠，遂家焉。翁配」□氏，生男：詔，温惠篤誠，益充大翁業。生女二：長適孫芝發，卒；次適□應龍。繼配□氏，」生男：謹、讓、試。女一，尚未笄。孫：欽、鉞，俱幼。其胤繁矣。翁壽六十有五，生於弘治癸丑正」月廿一日，卒於嘉靖丁巳九月初七日。詔等筮是年十一月廿三日，窆翁柩於彭橋」□地之祖塋，而請銘於余。銘曰：」

□蕩人心，其守易潰；卓哉李翁，端樸無□。□□□□，□□□□；」□水湯湯，玄堂會會。□□□□，千

二五四　明濟南府知府前監察御史西虹司馬公（泰）墓誌銘

〔誌文〕

⧄誌銘

賜〼卿改江西按察司僉事奉　」敕提〼　」
賜進〼南京户部郎中福建漳州湖廣漢陽知府里姻盧璧書　」
賜進士及第〼前翰林院侍講　」經筵國史官同修　」大明會典浚儀邢一鳳篆　」

吾鄉稱端人曰西虹司馬公。公年踰七秩，體履矯健不衰；　俄枕疾，一月而逝，数也。令子份選今年九月二十一日吉，将昇柩厝鳳
西」鄉祖墓之側。先月，奉公治命，持狀謁余請銘。余念舉進士後公一紀，仕宦盖不同□□其剛方有執，徑特不回，心竊慕之，恨未與之」
偕游。及先後謝政，數往来林壑間，見其言簡而行確，絶無依違，令人生嚴憚心。因謂金陵大都，士習頽詭日甚，得公屹立其間，使後」生
知所改嚮。其移風之功，當與在位者等，乃今不可作矣，老成凋喪，識者盖深嘅焉。顧□遠有日，法宜有銘，乃委之不肖，公若以余」為知
己者，此何能辭？　志曰：　公名泰，字魯瞻，姓司馬氏，以居臨西虹橋，自稱西虹主人。其先夏人，系出宋温國文正公之裔。後徙咸寧。」
洪武初，再徙金陵，因占籍南京錦衣衛，遂家焉。曾祖勳。祖震。父隆，稱芝居翁，以公貴，贈南京雲南道監察御史；　母張氏，封太孺人。
公」家代以醫名，至芝居翁其道盛行，全活殊衆，人曰：　司馬氏其興乎！　及生公，敦龐聰穎，舉止異常。自少一志讀書，不復知里巷中
事。祖」父嘗奇之曰：　興吾家者此兒。比長，令習舉業，藻思焕發，文日有名，遂登應天己卯鄉試。癸未，登二甲進士。時風憲急缺，銓
司知其才，」選補南京雲南道監察御史。初，巡視京邑，聽断無所假借，鄉閭豪猾莫不歛手避之。尋按湖廣，磨刷文卷，嚴而不苛，諸司服
焉。嘗上」疏論議禮諸臣得失，有」旨奪俸者十月〔一〕。論給事中陳洸、太監崔文，　」詔各置於理。署河南道，據實書考，不以美語媚人，
查盤内庫錢糧，鈎稽乾没，首罪中官之主藏者。憲度貞肅，風稜凜然，即古稱霜鶻鐵」面，方之蔑如也。居嘗曰：　官以監察為名，豈獨糾
正官邪？　即閭閻利病，何者不可疏除？　矧仕宦在父母之邦，聞見更諗，若避忌不言，但」取炫赫，吾不能也。乃上疏條陳七事，大抵軍民
利害，在留都最稱切要者，詳在疏中，卒之多見施行，都人至今蒙惠焉。庚寅，重修　」太廟，公任監督，省費以萬計。工完，　」上嘉之，賜
金豸衣二襲，盖殊数也。是歲，陞河南懷慶知府。約己裕民，百廢悉舉。監司謂公才長，宜調劇郡，改除浙江嘉興府。懷人哭而送」之
曰：　不應奪我慈母。甫涖嘉興，憫其財竭民困，即為減會計，省夫役，節用度，拒請託，獎善良，繩横慝。一時小民歡舞，有若更生，而巨」
室在旁，固側目思擠之矣。第媒孽無從適。郡人有秉銓者，謂公才長，宜再調，復改山東濟南府，其實排去之也。公在濟南，勤政恤民，」
不改往昔，東人宜之。時大同兵變，本兵推方面才望者往勘其事，公首預焉。未幾，魯府各王訐奏不法諸事，監司謂勘此非其不可。」公
往，十日而決，一省震服。監司上其狀，有　」詔特奬之。盖公廉明果断，物無遁情，宜乎上下倚重如此。丁酉入　」覲，在途聞陞貴州按
察司副使。適郡人有私怨於公者，誣以他事，遂從考察解官。朝臣知公者多，率扼腕不平，曰：　司馬□去官，使名郡」失一良吏，如公論
何？　使明例許辨，吾徒當為白之。東人聞之泣下，咸願立碑頌德，會豪宦沮之，不果。然公道著在人心，亦昭然可覩」矣。公歸，閉門距
躍，絶迹公府。即所居築園種樹，名曰懷洛，不忘始也。園有臺榭亭池，可以行樂，時與二三同志，咏歌其間。酒止数行，」肴不過腆，意在
取適而已。家世藏書甚富，日坐齋中，繙閱靡倦。動有述作，多勒實紀，信可備國史之選。老而好學如是。其直躬守道，」淡交寡合，始終

不變，蓋其性然也。頃歲京兆高其行誼，延為鄉飲大賓。公起拜如儀，觀者如堵，衆嘆公□方遠□謂止此。往□六十，」預治壽藏，即今葬地，凡含殮衣具，靡一不備，且各賦小詩記之。疾革時，整冠起坐，神采不亂，惟呼令子語曰：勉旃小子！務力學，以光」前人，吾目瞑矣。頃之，翛然而逝。嗚呼！若公者，豈非通晝夜之道，順受而全歸者乎？狀稱其奉二親始終克孝，待三族上下有恩，婚嫁」遺孤子女內外凡十一人，割産以贍弟姪，久而彌厚，皆今人所希行者。由斯而談，乃知公從政本乎篤倫，正直發於忠厚，夫豈强善」沽名任情傲物者哉！公生於弘治壬子十二月十七日，卒今年嘉靖癸亥七月六日，享壽七十有二。娶沈氏，贈河南道監察御史琪」女，封孺人；繼陳氏，南京羽林衛千户洪女。子三：長即份，府庠生，娶姚氏，繼馮氏；次仁、次併，皆早卒。女一：適戚畹竹墟王君子杞。孫男」一，羽。孫女二：長聘曹州守篠亭吴君子濟芳；次聘鄉進士西川潘君孫有孚。所著書多不可紀。如《□明文獻類編》，如《□□百録》，如《古」今類説》，如《續百川學海》，并《再續》、《三續》，凡若干卷〔二〕，尤其大者，今皆藏於家。銘曰：」

古有遺直，今也希聞；乃覯中憲，□持不群。道隆一本，政切同胞；忱恂不貳，□悌□昭。不媚於世，無怍於心；」乃躬早退，厥志恒伸。匪石伊松，彌久彌勁；識奇知歸，胡戚胡慶。有美乎塢，于焉永藏；以詔百世，令聞無疆。」

上元朱學鐫

〔簡注〕

〔一〕「有旨奪俸者十月」一語不辭，疑「者」與「十月」誤倒，即原文應作「有旨奪俸十月者」。

〔二〕《明史・藝文志三》記司馬泰著作有：《文獻彙編》一百卷、《史流十品》一百卷、《廣説郛》八十卷、《古今匯説》六十卷、《再續百川學海》八十卷、《三續》三十卷。與誌載不盡相同。

二五五　明故宇（滐）母厲夫人墓誌銘

〔蓋文〕

明故宇」母厲夫」人之墓

〔誌文〕

明故宇母厲夫人墓誌銘　」

賜進士出身中憲大夫陝西苑馬寺少卿致仕前南京户部尚書郎歷漳州漢陽守金陵盧璧譔文　」

唐府長史司右長史奉議大夫建業徐設書丹　」

迪功佐郎湖廣施南宣撫司經歷司經歷弟安篆盖　」

宇母厲夫人者，」魯府左長史南野公之繼配也。夫人稱未亡人者，十有八年矣。□嘉靖乙丑八月⧄府學」生潔持所為狀，因吾友貢士繆君仁甫請銘焉。予久灌園，辭弗受⧄會」稽人。高祖良四，　」國初，以戎隸南京龍江左衛六合屯，遂為六合□□□德以⧄女二，夫」人其長也。五六歲，能背誦《孝經》、《小學》；稍長，讀《列女傳》□□諸□□□大意。年十⧄」妹，俱賴以安全。父命料理家務，悉得其當。□□□士年二□□□□□南□□□□□□然未⧄」卿北川吴公為舉子□□於厲之家□道南□公□□□□□焉。夫人⧄翁□□□□謝」政，姑柳恭人⧄夫人⧄」出。婚嫁尤極周至。南野公⧄謁□□□□□夫夫人□贊」成之。公判□□□□□□□□□□□□夫人□之□□□□既達喜□□□□□□内閫見其德□功容可」觀可法，莫不起敬焉。久之，□姑思歸。夫人□欲□□□□□□□□□南野公⧄　」武宗至宣府□獨不往謁，亦無所愧，且□其□□者□日使至稱　」聖上召而用之，士民皆□。夫人曰：此詐耳。已而□□公于獄，人皆服其先見。欲□□□□為公□□夫人使人却之曰：夫」君□□□□□□□肯以此□百姓耶？順受其□焉耳矣。難解□柳恭人□至夫人晝夜哭□以在大名不克送」為□公□□□□□。然夫人出□□若干置莊以為羽林公□□貳□太□方履任，而羽林公卒于家。夫人□□然」□□為己任，略不以煩□□居喪盡禮，人皆賢之。公□□□公出經歲夫人□□□絶賓□□。潔誦讀□□夜」⧄」□□得大行□□□□歸，夫人復□□之□□□□□□□□□□□□□□□十年如一日。公卒，夫人□□」如不欲□出□□以□家子□營葬殫□□□三年之喪□從諸子之願，□所有均給之女家，及族人姻黨之貧」者、寡者、病者，□罔不逮。子媳□□□過，則以怒過則釋。酷愛諸女，而教之未嘗不嚴。性喜花卉，潔廣園地以娱其」意。夫人□□僮僕□□□□其□□□□□溉水□□以消永日，□出入之數，皆親筆之。其綜理周密如此。客歲」□以選卒于□師。夫人□□□□□悼而感□既□愈乃今年復大作，醫數月轉□，屢問後事。潔出其所治具，」無弗簡者，夫人環顧曰：足矣。□日竟不起□□。生為成化丙午十一月十有七日，享年八十。夫人生于富室，歸于」儒門，一錢寸帛不忍妄費，□□其勞儉□其□孝□姑，撫孤弱，和妯娌，睦宗姻，仁臧獲。積而能散，張馳得宜，輕重」有等。雖其天性，亦讀書□□所□也。男二：一即□，國子生，娶處士周彦昭女；一即潔，娶州守黄西嶼女。女五：長適」□憲副濂；次適府學生王之□；次適柳舉人□□，早卒；次適府學生甘第；次適儒士鄭世典，亦早卒。孫男二：長子」□，府學生，娶陳宇庵侍御孫女；次□□，俱□出。孫女二，次潔出。曾孫男一，念祖。曾孫女一，適陳詡。潔率子□□將」以是年十二月初九日，奉夫人柩于安德鄉華巖村，啓南野公之□而合葬焉。是宜有銘，以垂不朽。銘曰：」

□哉夫人，達義明倫；克相夫子，薦□令人。象服委佗，壽豈八旬；穰穰多祐，萃于一身。華巖之陽，右崇者墳；千秋萬」祚，後禄無垠。

二五六　明奉直大夫南京工部營繕清吏司員外郎佩庭劉公（安節）墓誌銘

〔蓋文〕

明奉直大夫」南京工部營」繕司員外郎」佩庭劉公墓」誌銘

〔誌文〕

明奉直大夫南京工部營繕清吏司員外郎佩庭劉公墓誌銘　」

賜進士出身南京尚寶司卿致仕前中順大夫南京太常寺少卿改江西按察司僉事奉　」敕提督學校石城許穀譔　」

賜進士第中憲大夫陝西提刑按察司副使奉　」敕整飭洮岷等處邊備致仕前苑馬寺少卿里姻張祥書　」

賜進士及第亞中大夫雲南參政致仕前南京太常寺少卿翰林侍講　」國史編修官里姻邢一鳳篆　」

吾鄉有佩庭劉公承道者，謹愿之士也。以鄉進士官至南工部郎。解組未久，俄寢疾，十日而卒。鄉人」驚悼者久之。令子應鹿等卜今年十月初三日，將奉柩於安德門祖塋，啓元配温孺人之窆合厝焉。」先期，持姻家寧鄉令橫崖陳公狀，謁余請銘。余覽狀□□實録，遂不能讓而誌之。按狀：公諱安節，字」承道，姓劉氏，先世萊陽人也。洪武初，以民兵籍南京旗手衛，原籍乃太醫院人。大父誥，誥父通，通父」秩，秩父買，剛直慈仁，世有隱德。父復橋翁紀，以儒士領應天庚午鄉薦，仕至黄州府同知。母袁太孺」人，以正德辛未二月二十四日，□佩庭。佩庭生而端重，不類常兒。少學於外舅司訓温玉溪先生。先」生見其質淳而性敏，異之。入補弟子員。尋奉例入太學，遂領應天丙午鄉薦。屢試禮部不第。復橋翁」曰：吾今老矣，曷乘時策名，庶得覿爾光儀，母徒濡滯為也〔一〕。佩庭重違其志。癸丑春，乃拜官常山令，歸」省甚歡。入任甫五月，翁忽以疾不起，人謂翁能先識，佩庭亦善養志云。既而聞訃奔歸，執喪踰禮。服」闋候選，適湖廣鍾祥缺令。鍾祥近附承天，乃　」龍興舊邑。昔號衝繁，鮮得良吏。于時，太傅錦衣陸公〔二〕，其邑人也，密訪乃得佩庭，因致書銓司，遂擢以往。先」是太傅嘗夢邑得賢令，豐體美髯。及見佩庭，果符所夢，人以為異。甫蒞任，卓有聲譽。久之，一邑愛戀」不舍。都御史李公稱其處豪强不激不隨〔三〕，遇拂逆能容能領。御史黄公稱其政先仁恕，里甲不擾，刑」尚寬平，吏民不冤。其獲上如此。迨奏績內徵，遂補錦衣衛經歷，經衛舊選甲科，佩庭以循良高等竟」得兹秩，可謂榮遇。于時太傅陸公、□菴朱公同掌衛事〔四〕，觀其蒞政，各嘉奬之，其考語云：克勤克慎，蒞」政著平，明吏績實言實行，待身勵冰蘖之操，僉謂其稱。尋以任滿，當遷京曹，佩庭志在養母，遂陞南」京工部營繕司員外郎。隨奉部檄，榷税蕪湖，通商裕國，遠近宜之。踰年，銓部慎選藩相，遂陞秦府左」長史，以母老不就，乃解官居家。旋治別圃，日夕游衍其中，每與同志親串，宴飲為歡。衆方謂其行樂」伊始，延年未艾，乃遘疾，遂殂，豈不令人驚悼哉！時隆慶元年七月二十三日也，距生得年五十有七。」配温氏，即玉溪先生女，先卒。側室黄氏。子男五：長即應鹿，太學生，娶陳氏，即橫崖公女，繼文學秦應」峰女；次應鱗，禮部儒士，娶薛貞菴貢士女，繼陸月溪女；　次應魁，太學生，娶長山王令女；　次應璧，太醫」院吏目，娶俞可亭女，俱温出。次應秦，黄出，幼。孫男五：　惟新、惟賢，鹿出；　惟和、惟寅，鱗出；　惟懷，魁出。孫女」五，並幼。銘曰：」

宅心孔恪，持己罔愆；　養志曰孝，作牧稱賢。近侍内庭，奉公不忒；　榷税江關，行商胥悦〔五〕。恐違慈養，俄謝」宦游；　爰闢亭榭，長嘯林丘。玄理難知，乘雲倐逝；　濟濟後賢，昌在來裔。

〔簡注〕

〔一〕「母」為「毋」之古字，二者通用。

〔二〕此處「太傅錦衣陸公」未記其名，從時間及下文所言籍貫推算，應為陸炳。

〔三〕此處「都御史李公」未記其名，從時間推算，應為李遂。

〔四〕此處「□菴朱公」未記其名，從時間及職掌推算，應為朱希孝。

〔五〕「商」為「商」之誤。此二字古書常混用。

二五七　明誥封大總兵南寧伯兩山毛公（良）配夫人鄭氏合葬墓誌銘

〔誌文〕

明誥封大總兵南寧伯兩山毛公配夫人鄭氏合葬墓誌銘」

賜進士出身徵仕郎禮科給事中前翰林院庶吉士四明管大勳撰文」

欽差鎮守湖廣總兵官征蠻將軍隆平侯臨淮張桐書丹」

南京右軍都督府掌府事永康侯合淝徐喬松篆盖」

公諱良，字舜臣，姓毛氏，别號兩山，河南祥符人。襲封南寧伯，葬南京静明山之狀元峯，凡二十餘祼矣。公子國器以次承襲。嘉」靖丙寅，受」命掌南京前軍都督府事。瀕行，迺持先禮部尚書雲間朱旅溪先生題公壽藏十景卷示余，且告之曰：　先君之薨也，國器方幼，越」今尚無詞以銘其墓，兹行將奉生母夫人鄭氏合葬之，乞一言以鑱諸石。余媿謝不文辭，再三不獲。序曰：　兩山毛公，先左都督」南寧伯莊毅公之曾孫也。莊毅初名福壽，」景皇帝賜名勝，有征金齒、平貴州功，封爵世襲，卒，加贈南寧侯。莊毅生征蠻將軍榮，榮生實菴公文，皆襲封南寧伯，奉」敕鎮貴州、兩廣及留守南京，各有戰守功，」賜蟒衣、玉帶、斗牛、金鎧、寶刀，世受」恩寵甚厚。兩山即實菴子也。弘治甲寅，承襲南寧伯。少雅好讀書，悉心紀律，譽望宿起。」孝宗敬皇帝勵精中興，振飭戎政，博求將領之賢者。丙辰，簡公督神機三千二營，兼典禁兵直宿衛。」上嘉其忠勤，出蟒衣、斗牛、盔甲、寶刀以賜。公明習韜略，一切戎務邊計多建明。庚申，獻《兵車陣圖》，」上款納，召見諭勞，敕兵部儲待主將。」武宗毅皇帝登大寶，首命總南都後府軍事。辛未秋七月，流賊掠中原，南京各衙門會本推公提督京東六合等處□兵□殺，江□」保寧。壬申，移鎮兩廣。丙子，召還，領五軍營，仍管紅盔將軍上直。丁丑，出總三邊節制。庚辰，北虜犯邊，敕公統團營軍征伐。累□ 」璽書，敕操練兵務，賜賚日渥。 」今上即位元年，命公掌前府事，随令精選團營官軍十二萬衆。戊子，改命坐振威營。庚寅，僉書後府。壬辰，該部題請奉 」敕領奮武等營官軍二千八百員名，演放進造佛朗機銃炮，以備征調。時 」國家承平，將卒懈弛，戎器不備。公歷任三朝，出入中外，握兵符垂四十餘年。嚴教閲，飭號令，精器械，其最有功于戎政者，則識熟 」戰車，督造一千二百輛，迄今用之。古所謂運有足之城，驅不伺之馬，真足以壯衛」都城，為一伐良法〔一〕。且天性忠敏，善識事權，御卒推誠，盡得其死力。故所在輒有功，平生無過舉，每塵寵眷。我 」皇上倚畀方殷，公遽疾逝，時嘉靖庚子十一月十一日也，距生成化丙申十月初四日，享年六十有七。訃聞， 」上甚憫焉，頒錫卹典，次年辛丑， 諭葬于莊毅公南京 」欽賜塋地。配陳氏，平江侯女，封夫人。子五：長主器，陳出，蚤卒。次重器，王出，襲封伯，卒，無嗣。次邦器，襲封伯，卒，無嗣。次國器，鄭出，襲封」南寧伯，承 命僉書右府，奉 」敕防守東直門，以功給封誥，追贈鄭氏為夫人，隆慶元年十月十六日，附葬公墓。次珍器。孫男一，曰祖德。孫女一，適國戚栢仲子」栢承祖。皆國器夫人王氏出。公承祖父累積之業，丁 」聖明隆洽之餘，抱文武全才，為當世儒將。雖臨戎治兵，而嗜學不倦，讀《春秋》，註《左氏傳》，窮研諸子百氏之書，善聲歌樂府，凡書畫醫」卜術數，了然旁通。所居構萬書堂、兩山書畫樓。年未五十，即營治壽藏，前後列十景。公餘暇日，謝貂蟬，儒冠野服，徜徉其间，或」口占以自適。賓朋過縱觴酌〔二〕，盡歡而罷。蓋自忘其為勳貴也。有《兩山文集》、《心夔稿》、《奏議》行于世〔三〕。竊嘗觀之： 」聖朝勳舊之臣，爵賞恩煦，玉成其子孫，而共其富貴者，蓋無不至。然能體德意，光祖烈，崛然振起，輔翼屢朝，保全盛際功名□□□」于不替，若兩山公者，豈多得哉！矧公子國器又克紹芳躅，赳赳然將種，彬彬然儒風，方且懋德樹勛，不負 」聖天子眷任。公蓋有子而為忠勇文武之報，其在斯乎？銘曰： 」

桓桓虎臣兮南寧，世濟忠貞帶礪盟。有美兩山盖世英，孔武且文天之星。貂蟬闒閬不足矜，畫親書史夕談兵。 」三朝天子迭中興，握符秉鉞□昇平。首提親軍宿承明，指麾貔貅團神京。北門鎖鑰蕩膻腥，南都留守息鯢鯨。心随日月□精氣，□」射乾坤吞滄溟。動猶篤棐赫赫聲，能令祖烈增光榮。 」皇圖隱隱倚長城，斗牛蟒衣天寵并。功成羽化忽遐征，獨留社稷兹芳名。 」九重聞訃哀且驚，爰頒卹典歸南塋。天闕天印兩山横，狀元峯屹勢若擎。地鍾千秀叠嶂仍，天開十景和氣蒸。擁翠□□□□□」，看山白雲流盃亭。艷春園兮天香築，紅藥欄兮淡煙清。此山此石還此銘，後百千祀寧言徵。

〔簡注〕

〔一〕「伐」應為「代」之誤。

〔二〕「縱」應為「從」之通假。

〔三〕按：毛良著作，黃虞稷《千頃堂書目》卷二一著録《心夔稿》十卷。韓昂《圖繪寶鑑續編》：「毛良字舜臣，號兩山居士，爵襲南寧伯，北平人。寫山水，師米元章，雲霞出没，有天然之妙，真賞鑒家。尤工詩，著無聲詩，曲盡畫法之奥。與詩集並行于世。」似還另有詩集傳世。

二五八　明亡兒（黃）戊儒墓誌銘

〔蓋文〕

黃亞」子戊」孺墓」志銘

〔誌文〕

亡兒戊儒墓誌銘　」

兒行三子，生嘉靖庚戌歲二月二十九日。是日屬予舉禮部尋得家信，遂」以戊錫名。比予官南封曹，兒甫晬盤加三月云。兒凝重自解，色笑則然，匪」事藻飾。五歲，就家塾，與群禿處，獨不聽兒喧。九歲，兒母氏徐安人卒，兒故」不煩多指。隆慶庚午，當應試，兒得首郡縣鄉，宿碩獨器兒文。日攻苦競辰」齋中，即群僕罕覯兒面。予督責差過，兒每趨侍，若罔辨者。萬曆乙亥春，覺」兒瘠甚，少選移榻萬松菴。吾揣當勿藥，不謂抱瘵久，日延醫輒復罔功。九」月二十日，兒竟不禄，僅二十六歲。所生平未嘗犯吾怒。與之坐淹日，故無」言。絶口不拾人過。即□僕罕覯□色。比檢書簏，得歷歲詩文藁，凡十一卷。」價絶璵璠，群空騕褭，世誰□之。鄉使兒奚囊稍助，倍吾歡趣〔一〕，乃兒竟不我」句。昔王昶命子深沉渾默，兒殆固有之云。兒孝性過人，瀕死不言病，惟恐」愴吾情。壬申歲，母繼吴病且死，今載兒集中：　母氏屬久恙，爰此寫憂云。緬」予坐荒飽，今兹念年垂。遽令遠幽謫，重以煩□慈。又云：　願祈兒身代，百歲」終當期。兒不亡，藁不出矣。初聘咸田李氏女，七歲殤。繼娶參議陳氏女，以」產乳死，遺一女，福一，今八歲。再繼河北李氏女，出抱一男歸，丑五，今三歲。」又繼土橋戎氏女。卜嗣年十二月二十六日，葬兒先大人塚右方塋南。父」曰黃之世〔二〕，乃爾有子超群，弗待吾老，自□□之，而故褫之。銘曰：　」

哀汝文，繹汝行，髣髴猶汝之生。汝竟焉往，□□連城。尚保汝穉，庶佐予萎」晚孤情。孰為千刼，有惻斯銘。　」

萬曆丙子蜡月八日

伯子祖儒拜手謹書并篆

〔簡注〕

〔一〕「倍」為「陪」之古字，此處通用。

〔二〕此「黃之世」，應即前二五一號墓誌之撰者黃甲。

二五九　明鴻臚序班秋澗姚君（瀨）繼室王孺人墓誌銘

〔蓋文〕

明鴻臚姚」秋澗繼室」王孺人之」墓

〔誌文〕

明鴻臚序班秋澗姚君繼室王孺人墓志銘　」

王孺人者，今致仕鴻臚序班秋澗先生姚君之」繼配也。君今年六十有九，孺人少君四齡。今年」三月十九日，孺人以疾卒，君哭之甚哀，吊者謂」非老人所宜。君曰：失我良佐，老將疇依？余亦不」知其涕之無從也。既而卜葬有期，君手述其懿」行，遣令子之裔、之祚謁余請銘。余與君締交，盖」五十餘載，聞孺人之賢諗矣！兹覽狀甚悉，信女」中淑媛也，是宜有銘。按狀：孺人姓王氏，先世河」南人。洪武初，徙實京師，遂占籍南京錦衣衛。曾」祖□宗，以給事中徽貴，封如其官。祖敔。父韞，號」南溪；母陳氏。孺人生三歲，喪母，育於繼母瑣。孺」人生而端懿純潔，南溪公愛之，不輕許人。會秋」澗君喪元配陳，聞孺人賢，迺委禽焉。是時秋澗」君甫弱冠，慧而有文，南溪公意固在君，重以嚴」江張僉憲為給事中，孫倩又從臾成之，謂兩家」門閥相宜，且各稱良配云。孺人歸秋澗君，年甫」十六，時舅氏東亭公已即世，獨姑氏顧孺人在」堂。姑性嚴整，治家井井有法度。孺人奉侍惟謹，」巨細各當其意，姑甚宜之。姑年六十，遘火疾，每」舉則終夜不寐；孺人左右扶侍，亦終夜不寐也。」如是者二十年。既踰大耋迺告終，人謂孺人調」護之功寔多。秋澗君自少緝文游藝，即以詞翰」得名，交游皆海內英賢，户屨常滿。闢園在青溪，」止日與詞人倡和，其飲食供具，皆孺人料理，久」而不厭。有時出游山寺，則命僕辦蠟屐裹糧從」之，以故君得如意行樂，盖無日不暢如也。君性」樸慤，不欲俯仰人，孺人恐其獲罪，每婉言戒之，」曰：君家世既隆，名譽且美，盍從貶損，庶遠釁尤。」及君拜官鴻臚，尋改南寺，考績稱優，遷喬在近。（以上為第一石）孺人則又止之曰：君久居近侍，復得盡□□□」之，荣仰亦足矣。畏途難處，人情叵測，莫若早□，」庶全令名。夫處在閭閻，能達於世故，如此可不」謂賢乎？君歸既久，俄遘疾，艱於步履，孺人左右」維持，日夕靡懈。飲食藥餌，先時調治。衣被床褥，」□□□□，悉躬親為之，不委童僕。以故抱疾三」年，起居順適，君亦忘其在病患中也。君方倚之」偕老，迺溘然先逝，能無慟乎？孺人嗇儉素勤，操」作雖處膏□中，不喜靡費。又性孝慈，于歸□□」□念其父母不置，每談及輒涙下。撫前女無異」己出。教二子以禮義為防，意在恢張先業。至姻」□□遺歲時不缺，待童僕煦育有恩，內外尤□」□。嘗治静室，每晨起□香，持念珠誦佛千聲，如」御朝會。卒時顔色瑩澤如生，殆奉佛之報也。孺」人生正德乙亥六月二十八日，距卒得年六十」有五。甫病之夕，嘗寓□□若訣別然，人聞而」□之。子男二：長之裔，太學生，從余游，娶陳氏，□」□令女；次之祚，府庠生，娶顧氏，太學生女。兄弟」□有文譽，能世其家。女二：一適趙文徽，卒，前室」出；一適□□□□□，孺人出。孫男四：

履設，聘邢」太史女；履素，聘鄭考功女；履和、履信，未聘。孫女」三：長適庠生張□□□□□僉憲孫，餘幼。墓在」□山祖塋之□□阡□。銘曰：」

敬則有德，□□□名。安不忘危，少君有聲。迺□」□久，允矣□稱。生既克順，没亦永寧。尚論聞□，」宜考斯銘。」

賜進士出身南京尚寶司卿致仕進階朝列大夫」前中順大夫南京太常寺少卿改江西按察司」僉事奉」敕督學校里姻許穀譔」

賜進士及第亞中大夫雲南布政使司右參政改」□前南京太常寺少卿翰林院侍講」經筵」國史官同修」大明會典里姻邢一鳳篆」

賜進士第布政大夫南京吏部考功司郎中前奉」議大夫南京兵部車駕司郎中里姻鄭宣玘書」

朱灝□刻

二六〇　明故鎮守雲南總兵官征南將軍黔國公沐公（朝弼）墓誌銘

〔蓋文〕

明故鎮守雲」南總兵官征」南將軍黔國」公雲樓沐公」墓誌銘

〔誌文〕

明故鎮守雲南總兵官征南將軍黔國公雲樓沐公墓誌銘」

賜進士資政大夫南京吏部尚書前南京禮刑二部尚書都察院右都御史大〼」經筵官會稽趙錦撰文」

賜進士出身通奉大夫巡撫湖廣鄖陽等處地方奉」敕提督軍務都察院右副都御史貴陽劉秉儀書丹」

賜進士出身通議大夫應天府府尹前雲南布政使司左布政使新安方良曙篆蓋」

公姓沐氏，諱朝弼，字崇道，别號雲樓，其先鳳陽之定遠人。黔寧昭靖王英六世孫，贈〼」太保、太子太保恭僖公朝輔之弟，而今黔國公昌祚之父也。初昭靖王從」高皇帝有功，既平定雲南，遂留世鎮其地。事權重於萬里，威德宣於一方。蓋」國家二百餘年以来，勳臣世澤之盛，莫之與比。而公之生也，幼孤，育於其兄恭僖公。恭僖公既〼」朝廷以事權不可無所寄，嘉靖戊申，」詔特授公都督僉事，代鎮其地。庚戌，以將問罪元江，載晉公都督同知。其後融、鞏相繼夭殤，中〼」牛之」賜。戊午，錫之」誥命，制詞有忠勤謹厚，鎮安南土之褒。甲子，會兵討易門賊李向陽，平之。丁卯，會兵討武〼」朝廷嘉其功，並有寶鏹、文綺之賜。公為人豐頤廣額，厚重寡言，內質直而無偽。前後在〼」外，若罷東川之師，息土酋之釁，整理城垣，濬治海口，凡所以惠利軍民，安邊〼」諳於人。任人而或不虞其詐，故羣小之過遂以起，地方之煩言，詞色之閒問，〼」摘，若疑公有他志然者。嗚呼！公豈其然哉？公亦胡為乎其然哉！公之始被言也，則已〼」

以自白矣。而後至者，附聲疑影，累疏繼至，」天子不得已，則為逮公錦衣衛獄，而　廉公之冤，特從末減，安置公於南京之世第，蓋□以全勳▨，」恩至渥矣。居南都六年，一疾遽逝，則萬曆丁丑四月十有二日也，距生嘉靖辛卯，享年四十有六。▨」贈黔國夫人；繼配張氏，惠安伯讕女，封黔國太夫人。俱無出。子男六人：長即昌祚，▨」妾陸氏、康氏等出。孫男四，孫女一，俱出昌祚。錦昔以御史出按滇南也，蓋當▨」倫叙有定，而異言朋興，蓋久之而始息。逮公之既承襲也，以為自此得安其▨　」國家之待沐氏，與沐氏之所以為重於滇南者，雖無異於其初，而公之所處，則□可謂▨」之都門之外。其後錦承乏南曹，又與公偕處於舊都者四三年，見其惘惘有▨」改過不吝之君子，而概其生平雖不幸、不察，以陷於過，乃其心則温温　」國恩，繩祖武而貽萬里之安者。不病於無所託，公得就養故里，而優游泉石之▨」身。嗚呼！若公者，其亦可哀也已！昌祚不忍其父之志，思所以昭雪之者，□請於　」朝而未遂。庚辰，復疏，情益迫切。」皇上憐其哀懇，」准復原爵，」特恩至渥，」恤典荐加。」上之優異沐氏，非他勳臣可比。於是公之素履可以昭白，昌祚孝思亦為伸之矣。乃　」賜塋之次，以状来乞銘。銘曰：　」

謂非得天，公本支庶；上公崇爵，肇開令緒。謂為得天，公清自薄；一蹶不起，天▨」安在。俄頃所遭，公夢既覺；逍遥太虚，亦何悲怍。而以嗣以續，世為▨〔一〕。

〔簡注〕

〔一〕本誌下部漫漶難辨。誌僅記誌主卒於「萬曆丁丑（五年，一五七七）四月十有二日」，似未記葬於何年。但稱其子昌祚「思所以昭雪」，於「庚辰（八年，一五八〇）復疏」，終蒙「准復原爵」，而後安葬。故暫繫誌主之葬於萬曆八年。

二六一　明鴻臚姚元白先生（淛）墓誌銘

〔蓋文〕

明登仕左」郎鴻臚姚」元白先生」墓志銘

〔誌文〕

明鴻臚姚元白先生墓志銘　」

賜進士出身南京尚寶司卿致仕進階朝列大夫前中順」大夫南京太常寺少卿改江西按察司僉事奉　」敕提督學校忝眷石城許穀撰　」

賜進士第中憲大夫直隸大名府知府前南京刑部福建」司郎中宗生姚汝循篆　」

賜進士第中憲大夫浙江衢州府知府前南京刑部貴州」司郎中里姻廖希元書　」

吾鄉稱元白先生者，蓋金陵下□人也。自少□□文藝，」以詞翰著名，喜交四方文士，而四方文士愛其□□，咸」樂與之為交。乃余與先生□□□在弱冠上下，遂今幾」六十年，歷歲良深，情好無間。詩詞往来，月不下四五。近」先生抱病謝客，接晤稍稀，而唱和故自不廢。今年正月，」先生病增劇，度不能起，乃呼令子二人語曰：我亡，須石」城子銘我墓。石城子知我，庶其言核而可傳。既而先生」歿，令子如其言以狀請。嗚呼！良友既亡，交期盡矣，忍使」其美行無傳耶？矧遺言專託，而□子且從余游，其何能」辭？按狀：先生諱澍，字元白，姓姚氏，別號秋澗，先世浙之」仁和人。」國朝以閶右徙實京師，遂占籍上元，今為上元人。高祖遜，」曾祖瑄，祖茂，世有隱德。父鎮，號東亭公；母顧孺人。東亭」公富而好禮，負有時名，詳在崔尚書所撰志中。先生生」而卓犖不群，美容儀，性穎異，書覽過即默記不忘。十歲，」學博士業，氣已英英逼人。十四，東亭公卒，居喪執禮，儼」如成人。弱冠，入太學，刻意探討。雅好古人文詞，文非兩」漢，詩非盛唐，不欲泛覽。弄筆為文，每有奇思。先達在吾」鄉如太史陳公、司寇顧公，在姑蘇如待詔文公，一見輒」羡賞不已，遂引為忘年交。時濟南邊公為南太常，與東」亭公夙善，間持所業求正，邊公覽而嘉之曰：博而有章，」殆後來之雋乎？自是聞見日廣，撰次合作，藝林中遂稱」佳士。家在秦淮東，乃闢地為園，名曰市隱。中有燠館涼」臺，繚以迴塘曲檻，日夕嘯歌其中。四方文士聞風而來」者，皆駢集焉。相與考訂風雅，揚榷古今，彬彬然成翰墨」之藪，而元白之名遂遍播於大江之東南矣。天性至孝，」念東亭公不及養，奉母顧孺人曲盡承敬，特建寧壽堂」以居之。朝夕率子姓承侍其樂，有時□板輿出游園中，」烹鮮折□，以佐壽觴。人以為有安仁之風。孺人嘗有火」疾，發則逾月不瘥。翁日侍湯藥，不離左右。既瘥，而後即」安。尋又病脾，食竟即止，醫人来手不能療。翁彷徨無措，」乃刲股作羹以進。孺人曰：何物馨香如是？起而飲之，遂」(以上為第一石)不吐，自是病亦漸安。尋孺人覺之，每指翁傷痕以示子」孫，翁輒淫淫不止。乃後，孺人康彊無恙，馴登大耋，人以」為純孝所致云。翁素有遠志，以孺人年高不果出。及茲」見背，乃奮袂而起，曰：士貴逢時。今」聖天子在上，苟不沾一命，豈不虛生？乃謁選天曹，授鴻臚」序班。時」三殿新成，華奕畢集，」世宗皇帝臨朝受賀。翁以禮官道」駕，從容中度。時以翁諳于禮儀，□□神標映，凡」郊廟陵寢大典，皆得與焉。斯亦榮幸華矣。公暇端居旅邸，」猶繙閱不置。縉紳有文者，多□翁名，每叩門尋訪。嘗□」為金臺以□，若山東李伯承、吴興徐子與、南海黎維敬、」歐楨伯，則其密友也。居□□□□南歸，疏改留寺。居南」一載，復當□請北上。于時□稱上上，受有」敕命，中多美詞，人謂翁將有異擢，而翁固倦游矣。或曰：故」士晝游，何哉遽止？翁曰：吾以最為郎，叨列清班，且宦游」南北，志願畢矣。于此不止，且將出領州邑，簿書奔走，吾」誠不能。遂乞致仕，」朝廷許之。於是海內交知，嘉其高尚，莫不賦詩馳賀，何亦」善處功名者哉！解官後，益肆力編摩，不交當世，時□□」車往来青蒼間，翛然自得。文人墨客尋訪者□□結社，」賦詩不殊曩昔，今所傳《青溪社稿》是也。翁以祠堂湫隘，」嘗別創淨宇三楹，以奉祭祀，人謂知本。事伯兄參軍以」禮，迨白首卒無間言。待宗族姻舊恩義浹洽，時有給濟。」母黨中落，出厚□以助生理，家業復振。下逮臧獲，煦育」有恩，往往有竊生財而逃者，亦不之較也。嘗與人共貿」易，取息時，其人忘書五十金，司計者喜而告翁，翁曰：吾」豈匿人財者？亟令還之。嘗夜歸，道拾遺金一囊，候失者」三日不至，乃盡出以修神祠。及交游中貧乏者。其重義」輕財，率多類此。年踰六十，偶患痰症，左足不能舉，遂謝」絕賓客，惟與鄉中三五者舊，結同□會，雖步履□□，而」興致不減也。性好山水，往嘗歷燕趙齊魯之□，訪□名」勝，無處不到，所在各有題詠。平生無酒腸，唯詞人□□，」分韵賦詩，則觥籌交錯，即夜分不倦也。好蓄古玩□□」弄以消日。又長于博古，凡古今彝器書畫，入手即□□」贋，人有得奇物者，每質于翁，翁即與辨之，不□□□□」如此。詩宗大曆，書法黄太史、趙雪松，可以□真□□□」寫梅花亦稱逸品。所著有《文會五紀》、《北游新録》、《歸□□》」和《養疴漫稿》，此其最著者，自餘編纂尤多〔一〕。翁生于正德」辛未十一月九日，卒于今年萬曆乙酉九月十六日，高」壽七十有五。嘗謂翁以童年失怙，克自樹立，能以文翰」起家，盡交海内名士，又進退皎然，曾無玷缺，謂金陵□」□人非耶！翁配陳氏，錦衣公女，卒；繼王氏，南溪公□女，」卒。男二：長之裔，太學生，娶陳淄川女；次之祚，府學生，娶」顧太學女。女二：長適趙文徽；次適陳參軍子棋。孫男四：」履設，娶邢太史女；履素，娶鄭邵武女；俱府學生。履和，聘」□文學女；履信，幼。孫女五：長適張文學子啓芝，府學生；」次許聘顧太學子夢樫；餘幼。曾孫男一、女一。葬以次年」丙戌十一月二十三日，墓在□山祖塋之次，與王孺人」合新兆也。銘曰：」

秦淮寧秀生才賢，文翰雙美聲燁焉。孝友□德内□□，」□□典□□□　」天。移官□錦游故園，□□□□□節完。年臨□耋俄上」僊，山環水處開新阡。□配合厝永不□，子□□□擁後」先。□騰□□□□□，□□□□□□年。

▨刻

〔簡注〕

〔一〕誌記誌主著述，今多不传。《欽定四庫全書總目》卷一九二著录《市隱園詩文》（原注：無卷數，浙江巡撫採進本）一書，云：「明姚潮及其子之裔所編。」此書誌文不載，應屬「自餘編纂尤多」者之一。

二六二　明魏國公徐公（邦瑞）墓誌銘

〔誌文〕

▨三子其▨」▨平陽▨」▨」▨」▨」▨」▨上疏請歸，養其母童太夫人。太夫人者，公生母也，嘗夢月入懷而公生。公既已得請，則改治宫舍▨」▨」▨」▨」▨題屬公，尋僉書南京中軍都督府事。公貴甚，法不當□佐府，而意安▨熏浴更衣，坐齋室，却御▨」▨領其府事，奉　」▨而忽忽若靡所依。公拜命之日，争加額相賀。公□自砥礪，欲有所為。居二載而病脾，且□矣，具疏□謝，得▨」▨以奇石異花，日尚羊其間，飲酩擊□，甚適也。▨　」▨公遜辭有」▨」▨」▨供職，公始奮曰：邦瑞一介武夫耳。▨」▨」▨以至戊子，遂大侵，米斛將殫▨神語為□，以賈衆亂。公與大司馬陰公謀請預給六軍，而▨」▨衆心稍稍定。時殣莩道相藉，而▨蒸鬱為厲。公□□□□□隙地瘞之□□竅尚▨」▨胔矣。公念太保公留守之日長，數更▨」▨復發，而會七月朔，强自力▨」▨弗御。既革，召三子訓之，曰：▨」▨鏡焉。今而後，可以見先□地下矣。⧄大司馬陰公為□，而□司馬王公志銘⧄」⧄其生戊子之四月，得年六十先□□□□子五：長維志，⧄」⧄娶戚里張守矩女，早卒；⧄維學，娶錦衣指揮使⧄，娶□□參將梁高女。女一，適武定侯⧄」⧄次弘謨。俱維志出。弘業，聘新書⧄維學出。孫女三，尚幼。⧄已逾下壽，再領□□□無⧄」⧄且永□公敬承乏，其道可⧄云抑抑威儀，維⧄保家之主也。《麟之趾》振振公子，則諸孫⧄」⧄」⧄」⧄而實當公有國時□□□□九京，不亦大快哉！公為人寡言⧄敕惟即下寮寒累□其講敬禮□□無所⧄」⧄也□□□□而已。□□□□積□□不□人過有犯者，寬然容之。然□□□其下則精明，族衆數千指，不聞有魚肉□□□□氏者京⧄」⧄大功□公之⧄而稱無天者傾異矣。□□等奉□公狀來請誌銘，余辭不佞，謂大□□□之□何⧄」⧄司馬陰公，然兩月之日而哭，陰公與公又皆為之誌銘⧄此□葬在武寧王賜墓之陰⧄」⧄：」

⧄」⧄」⧄之首□臣綱保世⧄右繩如⧄敬恭大祀⧄」⧄黃屋加□界第家昌公族⧄將家聚萬⧄笙鼓⧄」⧄歸魄何所，鍾山之□少□□□東園黃□□□□君永⧄〔一〕。

〔簡注〕

〔一〕本誌漫漶難辨，誌主卒、葬時間不詳。明王世貞《弇山堂別集》卷三七《高帝功臣公侯伯表》魏國公條云：「（徐）邦瑞嗣（爵，萬曆）十六年薨。」《明史·功臣世表一》魏國公條云：「（徐邦瑞）隆慶六年四月丙寅襲，萬曆二年南京中府僉書，十七年卒。」茲從前暫繫於萬曆十六年（一五八八）。

二六三　明黔國（沐朝輔）夫人陳氏墓誌銘

〔誌文〕

⧄
」

⧄元配，今太子太保世階上公沐昌祚」⧄克協圖箴，不失侯門矩度。為繼齋公」⧄繼齋公及趙夫人許之。及期，自留京」⧄婦道，得其歡心，與文樓上公相敬如賓。順」⧄遠公以冲年掛征南将軍印，鎮守雲南地方。奉」⧄　」⧄朝輔□陳氏，出自侯門之裔，嬪於世爵之賢。女史明箴，有」⧄夫人。於戲！家傳簪蘿，益增閨閫之光；禮重蘋」⧄　」⧄秋，僅二十有一。夫人痛哭幾絶，滇人聞者靡不悲」⧄　」⧄僅三十三耳。憫夫早逝，哀苦痛心，幾不願生。乃收淚護育」⧄　」⧄二□疾其□成領鎮。詎意己酉之歲，融以痘疹不禄；鞏雖蒙」⧄世子之早殤。依二姑以自立。衹緣念子懷夫，過於傷感，遂」⧄間□□罔有怠心竟莫能救。詎期於今萬曆戊子」⧄年六十有四，□非耄耋，将逼古稀，不可謂非壽也。乃世」⧄　」⧄　」⧄十二月十有九日，開壙與文樓上公合窆。嗚呼！以夫人天」⧄疾與顛連，而無告者，務使各得其所。聞寺宇廟」⧄宜良之法明等寺咸加修飾莊嚴，為之一新。每遇賓興，畀」⧄歲帛錙銖之□，澹如也。老年尤極敬天禮佛，修齋施藥，繪聖像」⧄而不忍，心念每每存於中，而形於外，雖閽人婢子，有觸者止以」⧄宜復知忠愛大義，觀其於萬里外，以三千金助　」⧄　」⧄

諭，亦人所能事不易得之」☐種種，未能殫述，真女中丈夫也。夫夫人以如是之德，宜其」☐於哀慟。且其儀文隆縟，靡靡不盡，其心在上公，可謂情至」☐年之全，福天人應感之報，非有德者莫能致是也，尚何遺恨！」☐而銘其墓，盖不識余之不文也而悞屬之。矧斗以七十一」☐援筆，勉而為之銘。銘曰：」

☐秉其全。年三十三，遽失所天；栢舟自誓，涕淚涓涓。」☐周旋。喪葬禮備，帝命錫焉；滇人咸頌，其事可傳。」☐〔一〕。

〔簡注〕

〔一〕本誌上部漫漶難辨，誌主為誰及卒、葬時間均不詳，故曾定名為《明沐昌祚夫人墓誌銘》。誌文提到誌主與「文樓上公相敬如賓」，有「融」、「鞏」二子，均先亡。據清修《雲南通志》卷一七黔國公沐朝輔條：「贈太傅，謚恭僖，能文。有《文樓漫稿》。」黔國公沐朝輔弟朝弼條：「因朝輔二子融、鞏皆甫襲而殤，遂襲封。」知誌主為沐朝輔夫人。據誌文「詎期於今萬曆戊子」及「年六十有四」云云，推測沐朝輔夫人應卒於萬曆十六年（戊子，一五八八）。則其葬應在是年之後。

二六四　明故南京協同守備掌南京後軍都督府事魏國公沖宇徐公（維志）墓誌銘

〔蓋文〕

明故南京協」同守備掌南」京後軍都督」府事魏國公」沖宇徐公墓」誌銘

〔誌文〕

明故南京協同守備掌南京後軍都督府事魏國公沖宇徐公墓誌銘」

賜進士第資善大夫南京兵部尚書奉」敕參贊機務豫章衷貞吉撰」

特進榮禄大夫柱國少保兼太子太保臨淮侯奉」敕總督京營戎政督理大工侍」經筵官前奉」敕南京守備掌兩京中左都督府事盱眙李言恭書」

特進榮禄大夫柱國泰寧侯奉」敕南京守備掌南京中軍都督府事兼奉」敕奉祀」孝陵前提督操江兼管巡江兩京掌管左右前都督府事維楊陳良弼篆」

按太史公譜《十二諸侯年表》，異姓者以齊為首。而我」朝開國元勳，如中山武寧王，其諸所戡定功，庶幾與師尚父埒。然尚父藉周家，累世成業，且所與敵者，惟商辛耳〔一〕，辛剪而天下遂以大定。」高皇帝崛起臨濠，迅掃羶穢，力戰十六載，武寧之功居多，較尚父似為過之。此其傳世，固宜與」國無窮，而曜靈飫醇之偉標，亦代不乏人也。今年，王裔孫沖宇公薨。越數月，其嗣弘基等持大司成余公狀詣余，掩涕鞠跽，請文墓門之石。時余濫竽參贊」留京機務，得與公同事，又多其先世勛，復何能辭？據狀：公徐姓，諱維志，字希尹，冲宇其別號也。大父篤軒公鵬舉。父少軒公邦瑞； 母夫人沐氏，生母俞氏。」自中山王至公，凡九世矣，代有魏國。篤軒公嚴毅凜凜，守陪京五十餘年，薦紳中頗著聲譽。而少軒公亦訥口少言，色笑不詭于度。公自稺媚習其間，以」是不琢削而程于家憲。幼就塾師，即能翻閱訓典，略解其大義，非夫旁魄而論者。氣度娟静，不為少年之戲，業已稱佳公子矣。往時，凡勛舊世子，俱入大」學肄業。比丁丑歲，」上可廷臣奏，移就習于京營。公當行時，督戎政者，為彰武伯楊忠襄公，即公之外舅也，公不以親暱自逸，凡古兵法及時務所宜，無不具悉。嘗云： 我輩將種，當」環鎧仗鉞，率百萬梟，得所向無前，豈徒一劍之任者哉！ 督府大奇之，省臺薦剡，有青年偉度，卓識雄才，與折節從戎，悉心講武之語。會奉 」詔授勳衛，特加紀録，以俟舉用。辛巳， 」聖駕大閲，公扈從， 」賜大紅羅衣一襲，大閲故事：自 」主上馭極後，率一舉行。而公得寓目焉。壬午， 」皇嗣生， 」賜大紅紵一疋。皆異數也。時少軒公掌中軍都督府事，守備南京，偶占脾疾，甚劇，遂辭免家居。公聞之，食不下咽，亦疏 」告南歸，侍膳進藥，朝夕不懈。無何，少軒公疾愈，復起前任，或謂孝感所致云。時有 」旨，博訪將才，而南省臺雅廉公才志，亦交章薦之。如云爽朗丰姿，恢弘氣度，又云詩禮不媿，矩矱尤閑。皆武胄中不易得者。居數載，少軒公捐賓客，公哀毁中」度，乃請于 」上，得 」賜祭十六壇，其殯葬儀一遵先世成憲。襄事畢，嗣服命于京師。久之，奉 」旨南還，領 」孝陵祀事。 」孝陵非肺腑戚臣不與，而公家以 」仁孝文皇后故，得世主之。公凡遇祀典，輒先期齋沐，至日晨興詣 」陵寢，拜立奠獻，無敢不恪。凡在駿奔者，僉以能世其官稱之。辛卯，僉書南京中軍都督府事已，遷南京後軍都督府掌府事。奉 」敕協同守備，寔與余相左右。與之籌畫機宜，譚善敗如指掌，所議興革，悉中款竅，余亦不敢以世禄之子少之。方謂留後重鑰，幸協贊有人，庶不至辱 」命。未幾，公舉足疾，願乞骸骨退矣。時有 」旨慰留，余亦謂足疾且易恙，奈何遽置 」國家事安坐耶？ 頃之，倭虜為難，公奮然曰： 此不穀報效日也。强起視事，而疾益甚，終不能起。嗚呼！ 以公英茂忠憤，假令此時尚無恙，麾戈而東西，必且勒金」石功，令先武寧王之烈，炳炳烺烺不殞越，于奕世以附威，公攘夷之義，豈不大快哉！ 而天竟困公以疾，令長戈無所茹頸血也。惜矣！ 諸侯王世家，大都侈」輿馬，炫服御，趙歌鄭舞，嫚相競勝，以為常； 不則驕恣凌礫，肆行侵牟。而公泊若窶人子，自內子外不置一姬媵。家指以千數，絶無與民問搏者，盖門可設」雀羅云。王司馬弇州先生嘗許為保世之主，而余司成亦謂其姿儀端潤，偘偘自將，可稱國器。信然哉！ 信然哉！ 距生嘉靖癸丑正月十七日，薨于萬曆癸」巳四月十五日，壽四十有一，享國六年，配楊忠襄公女。子男二： 長弘基，甫及舞象，已端偉不群，必能世其國也者，聘少保、臨淮侯秀岩李公女。次弘謨。女」一。俱幼。弘基卜萬曆甲午八月二十日，葬於 」賜塋鍾山之陰。訃聞， 」天子賜祭葬如少軒公。嗚呼！ 公今薨矣。余不文，不能叙列公與齊世家並傳，而僅僅為之銘。銘曰： 」

於爍武寧，惟天篤生； 翼我 」皇祖，帶礪有盟。鴻功駿烈，疇出其右； 異姓侯王，光前裕後。奕葉雲仍，繼繼繩繩； 代有聞人，鳳舉龍騰。公生慶門，九世其昌； 英姿慧質，標範垂芳。 」天子大閲，扈軍于邁； 我武維揚，忠貞罔懈。皇皇 」陵寢，禴祠蒸嘗； 虔恭齊祓， 」清廟珪璋。天假以年，允矣媲先； 動德炳彪，美盛而傳。何不慭遺，大星忽墜； 壽不滿德，聞者心悸。幸有二難，蔚然芝蘭； 祖武聿昭，祖靈用安。鍾山鬱鬱，淮水悠悠； 」百神呵護，百世洪休。

〔簡注〕

〔一〕「啇」應為「商」之誤。但古書二字常通用。

二六五　明故蒲園武君（煦）暨配徐孺人合葬墓誌銘

〔蓋文〕

明武君」蒲園暨」元配徐」氏之墓

〔誌文〕

明故蒲園武君暨配徐孺人合葬墓誌銘 」

賜進士第奉政大夫福建按察司僉事前南京禮部精膳清吏司郎中秣陵眷生宋存德譔 」

賜進士前廣西布政司參議江西河南按察司僉事奉 」敕整飭睢陳等處兵備句曲眷生許彦忠篆 」

賜進士第承直郎南京工部都水清吏司主事姑蘇侍生黄門書 」

蒲園武□□□□生未仕，頃萬曆戊寅七月九日，以疾卒，距生嘉靖戊子閏十月念有五日，得年五十」有一。越三載，庚辰十一月十有九日，配徐孺人卒，距生戊子四月一日，得年五十有三。令子尚敏卜以」萬曆乙未年十一月十六日，扶柩于良山之原合葬焉。尚敏，余子壻也，不忍先德泯泯無聞，持鄉進士祝」君狀，謁余請銘。余與君夙稱兒女姻好，知君莫余諗，敢以不文辭？按狀：君姓武氏，諱煦，字元龢，其先河」南陝州人。在宋有正六公者，南遷溧水之蒲村，遂為溧水人。正六公六世孫安，即君之曾大父也。安生」鍾，鍾生濡。濡以子貴，贈上林署丞，稱友湖翁者，君之父也。翁元配王氏，生二子，曰早及曛，俱蚤卒。繼劉」氏，生三子：曰曙，即上林署丞；曰易，為光禄監事；而季則君也。君生而性質温粹，自幼即如成人，家庭克」敦孝友，與人謙恭有禮，言吶吶不出口。初補邑諸生，文藻蔚然，人方以遠到期之。尋以多病孱弱，遄輸」粟入為太學生。時同館多紈袴子，喜為蒸逐之游〔一〕。君則務寡交以自全，人亦以此重君。且君先世業縉」都下，家振振起，季父濬公者，倜儻結客，千里誦義。君又清標玉立，都人士莫不緣君世好，爭交歡焉。君」嘆曰：嗟乎！溷俗逃世，匪獨趣殊，亦其才力爾也。孱然病子，安能奉游閒公子習俠少事耶？吾將為韜光」之舉矣。於是杜門卻掃，收視返聽，戒閽者謝客，率以為常。又不樂家處，即所居蒲村之東，鑿池種竹為」園，日手內典家言，偃卧其中，因自號蒲園居士云。一意静修，足不履户閾之外，名不通縉紳之門者廿」餘年。雖若清曠絶俗，然而内行純備。友湖翁早世，君哀慕無已，事母劉依依如赤子，色養兼至。比歿，執」喪盡禮。事二兄一敦弟道，問則言，動則禀命，終身毋敢違。二兄亦友愛之，不强聒以家務。君得優游林」藪，為性命之學。自奉備極清約，而稍有餘貲，即出以周人之急。凡耳目所及，親族中有貧不能婚者，喪」不克葬者，寒無衣者，一一酌量以周之，咸令得所。至于建天醫祠,施蘗以濟夭札;　置義塚一區,掩道殣」之無歸者。其輕財嗜義類如此。斯其為獨行君子歟!　孺人姓徐氏,同邑右族徐翁堂之女。生而端雅貞」静,異于常女。友湖翁為君擇配,遂許聘焉。及笄歸君,克盡婦道。君素抱羸疾,孺人為禮斗十餘年,以祈」其壽考。比聞君病劇,則憂皇無措,中夜露禱,願持素終其身。君卒,哭之,哀毁特至。尤以孤子尚敏年可」授室,而君不及畢尚平之願為憾〔二〕。竟以此殷憂成疾,危若不及禫者。比禫,尚敏受上林公命,迎余女以」歸。時孺人在床褥間,强起加衣,受新婦贄,悲喜交集,曰:　吾可藉手見君子于地下矣。越八日,迺卒。嗚呼!」孺人于君,其可稱良配也哉!　有子二:　長尚遠,蚤卒;　次即尚敏。女二:　一適太學生王元燭;　一尚幼。孫男一,」曰光鼎,尚敏出也。是宜有銘。」銘曰:　」

猗吉人兮宜純嘏,德胡豐兮壽胡阻。抱淵懿兮類良賈,嗟君子兮斯是取。爰有佳配婉淑女,為」婦若母動循矩。良山之陽原膴膴,美玉偕封映千古。

上元朱宏鐫

〔簡注〕

〔一〕「蒸」應為「徵」之誤。「徵逐」為常用詞,謂交往過從或不務正業之往來。

〔二〕「尚」應為「向」之誤。「向平之願」,指男婚女嫁,出《後漢書·向長傳》。

二六六　明重建前元故玉泉宫處士(濟□)墓誌銘

〔額文〕

元故玉」泉宫處」士墓銘

〔誌文〕

元故玉泉宫處士墓誌銘　」

前翰林待制承務郎兼國史院編脩官楊剛中撰　」

翰林國史院編脩官能鼎臣書丹　」

朝請大夫前工部尚書張士弘篆額　」

處士諱濟□,字□□,上元人也。生而養冲適邃,不以仕榮。卒於至元元年乙亥十有一月二十有」三日。明年十有二月二十有五日,葬其邑鳳城鄉西城原玉泉之側。宫之為族,世居句容之下塘。」處士以世祖因娶於上元孫氏,遂為上元人。曾祖彦才,能與横暴,處而不校,長德恢然。祖桂,亦尚」義,而與物無忤。考信,尤有立。處士自童年即穎異,選師業學,輒克自厲。事父母以敬順聞。或夜歸,」而慮驚親寢，則繞□□過其門。殁而屏酒肉不御。友諸弟有加。復能服勤不懈，充先業而倍十之。」里有官争，及横為□□者，聞其理能一言化。從人有貸，雖愆期，不迫督，或置其贏不求。其有以田」業来售者，恒□直以□□□□與凡為衆與力役費，雖甚不計。居有暴流出，其山霖必溢而旱」枯，人被其□，遂□□□□以厚貲築為大堰，□成而歲適旱，田其下者倍收，人名之為慶源」堰。又□長渠以益之，□復登□城澗當官道，每□□輒為行者病，則又為之營材僦工，架脩梁以」上，度覆隆厚以中通，費緡錢十鉅萬。而□他如是者甚衆。兼其容物有度，才識不出人下，而不求」聞於時。舊有泉出其居側，清澈泠冽，瑩如也。既以玉泉名之，復構亭於泉上，自為銘而鑱諸石。乃」以玉泉自號，日與其人逍遥其地以終焉。卒時年五十三。妻孫氏，繼馬氏。子男四人：奐、英、奎、葵。葵」出繼李氏。女三人，皆壻李。孫男三人，棟、餘、禾名。女二人：長亦壻李氏，次未行。銘曰：」

吾每病世人豐殖，以贏其家；而不知以濟物為能，有亦不遐。復有忍進不勝，而賕名鬻貴；」豈不或得，終亦自弊。未嘗不為之長喟也。則夫才足以昌其勤，施足以久其聞，行不外義，」止復俟澤，以諧其志者。真發□之能子、守身之全士也。豈不亦可尚美矣哉！玉泉是已。」

竣至元三年歲次丁丑十有一月甲子

男宫奐同姪男奕立石

番陽朱漢模刻

（誌側文）

大明萬曆叁拾年冬月吉日

玄」玄孫宫仲宗同男繼業繼振重建

二六七　明故處士斗山李公（仟）墓誌銘

〔蓋文〕

明斗山李公墓誌

〔誌文〕

明故處士斗山李公墓誌銘」

公諱仟，字子會，斗山其別號也。先世為徽州歙縣，在城」東關和豐祖社人。」嘉靖甲子，徙居金陵秦淮之東。曾祖添，朝奉生。祖閔良。閔」良生先公志春，配鄭氏。生兄，諱伯，字子元，號龍石。亡何，」而志春公蚤逝矣。鄭氏有七月遺腹，遂生斗山。公事母」

至孝，方冠而母氏告終，躃踊哀悼，毁自殞滅。伯兄賈於」淮揚，而未與公貨，家所遺有而厚葬焉，獨力不能以自」持。思一見其兄，如見其親，乃游賈人亦之淮揚間，與兄」相左右，克敦友于。雅善煉術，能活人。與縉紳先生交游，」聲價籍重。自立門户，家就饒裕。長子綜理家政，謝一切」塵緣。朔望則齋心誦經。暇則與二三契合，尋盟陶樂。幾」二十年，公今往矣，夫復何憾！距公之生為嘉靖癸巳十」二月十一日，卒為萬曆癸卯六月初十日，享年七十有」一。元配王氏。女一，適葉良諫。子三：長應光，配黄氏，生嫡」孫光祖，孫女一；次應蘭，配王氏；又次應葵，未配。今卜以」是歲癸卯二十日，屆公百日之期，葬公于安德門外花」園村山之原。爰系之以銘曰：

遺爾腹孫，誕爾新都；弱」冠游俠，毅然丈夫。碩德令望，鄉閭允孚；俄歸窀穸，神志」孔娱。杉楸鬱茂，奕世奚枯；永載斯詞，宵壤與俱。」

塋立庚山甲向：東至墳前田埂，南至趙家墳埂為界；」西至史家山地，北至葛家墳腦為界。

二六八　明宗室齊王（朱榑）六世孫（朱慶寨）母陳孺人墓誌銘蓋

〔蓋文〕

皇明宗室」齊王六世」孫母陳孺」人墓志銘〔一〕

〔簡注〕

〔一〕本誌僅存誌蓋，年代不詳。據本書後收《明宗室齊王（朱榑）七世孫虹津公（朱睿焞）墓誌銘》，知明齊王六世孫為朱慶寨，萬曆三十二年（一六〇四）前已卒，其母陳孺人之卒、葬當更在此前。此處從後暫繫於萬曆三十二年前。

二六九　明宗室齊王（朱榑）七世孫虹津公（朱睿焞）墓誌銘

〔蓋文〕

皇明宗室」齊王七世」孫虹津公」墓誌銘

〔誌文〕

皇明宗室齊王七世孫虹津公墓誌銘」

賜進士出身通議大夫南京吏部右侍郎前左庶子諭德兼翰林院侍講侍讀掌春坊經局事纂脩」正史管理誥敕」東宮侍班官侍

生葉向高頓首拜撰」

賜進士出身資政大夫南京户部尚書兼都察院右副都御史奉」敕總督南京糧儲前兵刑工部左右侍郎都察院右副都御史奉」

敕巡撫大同等處地方贊理軍務」賜大紅飛魚服食正一品俸北海對滄鄉侍生王基頓首拜書丹」

賜進士第通議大夫奉」敕總督倉場户部右侍郎前南京大理寺卿眷生游應乾頓首拜篆盖」

余官留都，從諸縉紳稱説齊王孫之多賢也，其最著者曰虹津公。公與余僅一再過從，然望其容貌，」恂恂悃悃，知其為長者也。公先有足病，遞起遞臥，余方冀公無恙，而未幾聞公没矣。公弟睿熺，率公」子知埱、知垟，持吾友廷評陳公所為狀，乞銘于余。廷評復為之從臾甚力，余無以辭。按狀：公」賜名睿焞，字孟弢，以居虹橋，故號虹津。其先為」高皇帝第七子，藩于青齊，革除間失國。」文皇帝育其幼子賢爀于西内，至景泰中遷處留都。賢爀生能增。能增生長鋑。長鋑生可浡。可浡生慶寨，」號乾塢，以行誼有聲士大夫間。娶于陳，生四子，公其長也。公廣顙豐頤，頂骨隆起，在童穉時已儼然」偉丈夫矣。比就塾師，誦説通敏，尤多領悟，乾塢公奇愛之。家故貧薄，乾塢公又好客，無所取費，公於」是拮据。治生業，雖善操奇贏，而不為纖細機巧以取利，人共信之。無何，累千金，波潤諸弟，皆能自立。」齊宗之聚族于虹橋，華屋而高門者，自公倡也。公事乾塢公至孝，既没，猶孺慕不衰。其養陳太夫人」尤篤。至肥甘脩髓以日進，珍鮮以時進，諸娱心適口之奉以朝夕進。每昏旦必問寢興，或假宿諸弟」所，未晨而候太夫人之榻前矣。太夫人體中稍不佳，必率諸弟躬奉湯藥，戒户外無得以履聲徹寢」所。太夫人安公之養者若干年。南中卿大夫艷而稱之。當設帨之辰，自大司馬郝公而下〔一〕，為詩若文」以壽者幾滿百。大較羡太夫人之壽祉，而嘆虹津公之有至行也。公又養寡姑寡妹于家，白外弟喬」光祖之冤；棺殮其友人之貧病以死者，而收恤其孥；力圖宗人子之請名，以補七十年来之曠典，至」著之」令甲。其慕義無厭如此。所居有花竹水石之勝，日延四方賢士大夫觴詠其中。而躬折節為恭儉，絶無」鮮衣怒馬游閒公子之態。諸宗化之，無以汰敗者。没之日，宗人咸哭之哀，諸弟至絶而蘇。盖萬曆癸」卯年十一月十三日也。距生嘉靖戊申年十月十九日，得年五十有六。配湯氏，東甌王裔孫允孝女。」子二：長知埱，娶邢氏，太史一鳳孫女；次知垟，娶蔣氏，太學生一漳女。女四，婿董天胤、王抑之、徐袠。天」胤，孝廉。其一未字。孫女一，尚幼。于萬曆三十二年十一月二十六日，奉柩于」欽賜地許家山祖塋安厝。史氏曰：甚哉！」高皇帝之功德厚也！磐石之宗，佈滿天下，即三代盛時，方兹詘矣！乃青齊之裔，及今七世，猶有魁人，允稱」龍種，如虹津公者！其孝友篤行，不知于河間、東平何如？不亦庶幾乎有辟疆、中壘之風哉！余故志之，」以俟後之表天潢者考焉。因為之銘。銘曰：」

以孝于親，以有譽于縉紳，以表儀于宗人，是為虹津。生居」帝京，没望」帝陵，鬱鬱乎佳城，而史為之銘。

豐城地理門下晚學生余廷璉頓首拜擇

上元朱時修鐫〔二〕

〔簡注〕

〔一〕此處「大司馬郝公」未記其名，從時間推算，應為郝傑。

〔二〕末行左側還有二行銘文，似為後來補刻，但筆畫甚淺，兼以漫漶，難以完全辨識，僅知有「北朝」朝代名，「鐵心橋灣塘」等地名，「癸未」、「二十七乙巳」等干支，意義待考。

二七〇　明昭武將軍上輕車都尉指揮使徐公（鏜）墓誌銘

〔蓋文〕

明誥封昭武」將軍上輕車」都尉留守中」衛指揮使筠」谷徐公之墓

〔誌文〕

明昭武將軍上輕車都尉指揮使徐公墓誌銘 」

賜進士及第奉議大夫右春坊右諭德掌南京翰林院事前翰林院修撰記注 」起居編纂章奏管理 」誥敕 」欽差正使朝鮮賜一品服眷生朱之蕃頓首拜撰」

賜進士出身奉直大夫刑部湖廣清吏司署郎中事員外郎奉 」敕審録湖廣里姻姚履素書丹篆盖 」

此筠谷徐公墓也。公以壽終，葬有期矣。子應高謀所以銘公墓者，乃持所乞於」藩參張公所狀公行實，来謁余而請曰：願邀惠一言，以為先人泉壤光。余於姻」戚中素習公，且藩參公之言信而徵，其能以它辭？按狀：公諱鏜，字鉉之，別號筠」谷。上世為漢文定公徐福後裔，代多以忠孝顯者。世居汴，為汴人。我 」聖祖開天，有諱義者，從徐大將軍幕下，積征進有功，得授世襲留守中衛指揮使，因」徙籍金陵，金陵之有徐氏自義始，凡七傳至公，俱襲世蔭為指揮使。公少奇警，」志向不凡，謂家世以武胄受 」國恩，尋當以武起家，遍取《六韜》、《三略》諸書，探求練習，游於武庠，卓然為一時冠。既」嗣指揮使職，才能穎出，賢聲鵲起，諸當路無不識拔而推引之。先後遴督龍虎、」天策、廣洋等衛兵屯者五，視□江右、天策、廣洋等衛印篆者三。公廉以律身，慎」以毖事，寬以撫衆，嚴以釐奸。以故所至有稱，俱列上考。諸當路又無不賞器而」薦揚之，屢疏公姓名於 」朝，議將大用，未果。乃公既而翩然曰：吾將以未竟之業付後人，唯是從松筠澗谷間」徜徉，以怡吾好焉。遂謝政，畀之子，而一意於林泉之樂矣。公故坦夷閑適，喜談」今古，不倦春風，座上能使人人意消。解組後，無職守羈，更得從容為逍遥遊，□」二十年，登山玩水之杖屨，花辰月夕之嘯歌，盖泠泠然善也。至於義方、式穀之」訓，則凜凜繩尺。即嗣君之克自建樹，濟美騰騫，公之庭教固可知也。生嘉靖己」丑九月初六日，卒萬曆丁未四月初六日，享年七十九歲。曾大父欽。大父溥。父」果，嫡母周氏，生母鄭氏。配鄭氏生子二、女二：子長即應高，指揮使，今奉 」簡命上江□粮把總，娶紀氏，繼李氏、沈氏；次應登，武舉生，娶張氏；女長適指揮湯執」中；次適指揮王蔭德。孫三：高出而珩；登出而敏、而捷。敏先公卒。孫女四，俱高出：」長適指揮應襲董元生，餘未字。應高等將以今十二月初二日，扶公柩葬於觀」音門四顆柳山之原。余從其哀請，而為之銘。銘曰：」

□緒繩武，七傳而昌兮。治兵握篆，屢試而光兮。形舒神□，□□而康兮。詒謀燕」翼，繼世而芳兮。名山幽窟，吁嗟乎，千秋而藏兮！

二七一　明黔國公（沐昌祚）太夫人程氏墓誌銘

〔蓋文〕

明黔國」公太夫」人程氏」墓志銘

〔誌文〕

明黔國公太夫人程氏墓志銘　」

賜進士第正議大夫資治尹兵部右侍郎兼都察院右僉都御史奉　」敕巡撫廣西等處地方督理軍務前刑科左給事中侍　」經筵官巴郡楊芳撰　」

賜進士第資政大夫太子少保南京兵部尚書前都察院右都御史奉　」敕提督湖川等處地方總理軍務糧餉侍　」經筵官餘姚孫鑛書　」

特進榮祿大夫柱國泰寧侯總督京營戎政奉　敕提督　」乾清等宮工程侍經筵前三承敕命提督操江兼管巡江奉祀　」孝陵南京守備兩京掌中左右前都督府事維揚陳良弼篆　」

今上三十五年春正月己丑，黔國太夫人程氏卒于里。太夫人子昌祚奉例以　」聞，　」上頒祭葬如令甲，復　」特恩加祭二壇，給驛差官，護柩歸葬南京，祔　」高皇帝所賜黔寧祖塋。越二年己酉，黔國公自狀其實，以書來徵銘。豈以疇曩之年，余行省滇藩，習聞□訓，□□□之念，久而彌篤歟？顧」余不嫺于文，而惟是勿伐之懷可想也，乃諾而銘。按狀：夫人程姓，滇之昆陽人也。世有隱德，脩潔內行。暨父銓，益稱長者，里中有識」者嘗曰：程公必有後亢宗，不則當有淑女顯云。夫人生而慈慧貞莊，一軌保傅，居恒慕古姙姒，芳華懿恭，徽柔慈孝。年□□，若公父」文伯等母，猶視不最上一乘。先是黔國先公所娶勳戚女物故，其李、賀二太母深以宗祊為憂，廉知太夫人賢，因而□□卜鳳，遂歸」黔國先公。正中闈事，孝事二太母，侍食問寢，和接娌姑，閨閫雅愬，嚴而有禮。其佐先國公，克諧柔順，勤瘁備嘗，□如□□役，無不」蚤夜齋心，冀以釐福。且也衣不重帛，食不重味，日勤浣績，為諸姬昌。或謂：以公家而主猶績？則曰：令後人師吾儉，□□□□□。豈惟」先國公之得太夫人也？天作之合！雖古明德知鑑，遠可匹休；即二太母每相色喜曰：向所不再圖勳貴，偶而必□之□□□□，意其」備知艱苦，可塞驕奢。已復惴惴恐位，不期驕祿，不期侈假，令驟富貴而不克自畏。抑又不然，委不自振，如吾□□聲□□□□事，如」是，天其篤佑吾家未艾哉！ 無何，生今黔國，愛而能勞，篤誨忠孝。 已而遇 」皇上上 」兩宮徽號，晉封黔國太夫人。 」天語寵褒，所載 」制詞，有篤生令子，克紹家聲，嗣膺圭爵之榮，丕著慈闈之訓。 乃太夫人愈皇皇業業，提黔國而訓曰： 吾家世受 」天恩，二百餘年，擁纛南方，遞傳帶礪，秋毫皆 」列聖庥露。 比我 」昭靖、忠敬列祖以下，寔式馮之。 其在今日，若母不欲為嚴挺之兒母，若寧不欲若母為田稷子母，□若無□母□則□□□□□」是黔國甫十齡，領鎮四十餘年，擅南服長城，東蕩西平，揮戈所向，克捷如響， 」天朝懋賞随之，皆太夫人穀訓之詒，中外屈指世胄，謂非此母不有此子。 太夫人固侃毅多大節，而天性仁素，晚年益□□□□□」玉佩，非大慶不出之笥。 終日百紛俱浄，布盂自適，淡如也。 惟向西方大士作禮生受。 暇則含飴弄孫，奴婢所養亦□□□□□□」身在倨膴，而一念好生，逮之飛走。 至于橋梁道路，諸可濟危援苦，不憚裝槖為之。 蓋舉黔人無不戴德，祝太夫人之□□□□□□」哉！ 當太夫人之卧疾也，國公衣不解帶，藥必親嘗。 及其易簀也，躃踊攀號，絶而復酥。 若此者，可以風世矣。 太夫人生□□□□□」月二十五日，卒萬曆丁未正月二十五日，享年八旬少一。 以己酉年四月廿八日，祔葬金陵牛首山之陽，與先黔國公□□□□□」負懿德矣。 生子一，即昌祚，娶宋氏，西寧侯天訓女。 庶子五人： 昌禖、昌禎、昌祥、昌禞、昌祖。 孫四： 長叡，任都督，娶孫，應天□□□□□」錦衣衛正千户，娶徐，定國勳衛文玘女； 敹，任指揮，娶宋氏，西寧侯勳衛公義女； 叔，任衛鎮撫，娶徐氏，興安伯夢陽女。 孫女□□□□」侯梁世勳。 曾孫五： 長啓元，次培元、調元、體元、敦元。 銘曰： 」

峨峨點蒼，坤韞厥良，女德符姜。 偕配上公，於赫管彤，先後崇窿。 既壽而臧，既樂且康，奚復北邙？ ⧄」重綸殊錫，寵光侔昔，永固玄室。 若堂若防，斧屋誰將，貂組遐昌。 噫夫人兮，萬年於斯，我銘在兹。

二七二　明隱君次山劉公（瑜）墓銘

〔銘文〕

明隱君次山劉公墓銘 」

按状： 隱君諱瑜，别號次山，其先系出洪都大樹里，代」有聞人。 迨王大父遷金陵。 大父諱印，仕陪京 」御醫，遂齒方幅； 大母山氏。 生芳，配王氏，即公之考妣也。 」公生而穎異，就外傅未幾，改經生業，輸粟奏籍，為陪」京承使。 歷多賢劳， 總憲大夫授冠服，正 」疏天官部，而公高尚丘園矣。 避世隱居，譚禪繕性，修出」世法。 時祠部葛公過廬諮諏，凡天界、靈谷、報恩諸大」寺，因革鼎新，皆藉勛勷。 復錫高年爵一級，辭不受。 且」也以仁率親，以義率族。 戊申，大水圩屯，甲士其魚乎！ 」公操舟裹糧拯之，全活不勝屈指。 捐資獨建約所，請」當道申明 」高皇六論， 京兆大夫嘉其誼，翕然從風，僉推之為正，」被三老服，蓋尊於常職之外也。 南都金鐸相聞，黜六」代之浮華，而還淳龐之善俗，非公其首倡哉！ 時年古」稀，勿藥，殁于正寢。 公生嘉靖戊申十月十六日亥時，」殁今萬曆丁巳五月初五日酉時。

配錢氏。生子弘道，」媳倪氏。女一，適陳應登。孫男二：汝魁、汝甲。孫女四：長」聘陳，餘俱幼。弘道窀穸卜吉，今九月二十三日，扶公」柩葬於江寧安德鄉四面園子村。介紹甯𡨴請予銘」其墓石。予雅重隱公，因為之銘。其銘曰：

厥丘皇皇，」牛首之陽；三山錯繡，犖帶龍江。公為善士，望侈鄉邦；」倡義敦化，德音莫忘。生曰偉人，殁歸吉土；孕秀發祥，」松楸不朽；億萬斯年，鳳麟楚楚。」

萬曆己未歲暮秋之朔

大泌山人李維楨撰銘」

不孝男弘道仝孫男汝魁汝甲百拜立石

二七三　明故葉（兆登）母劉氏孺人墓誌銘

〔誌文〕

明故葉母劉氏孺人墓誌銘」

氏順天府都城劉家女也。寧國府涇」縣，由縣治東行三十五里，石門鄉太」平都烏溪三坦村，近晋忠臣桓簡公」死難舊祠半里許，村前一字案合旂」大，高山河水遶之，村後亦兩溪山環」如洞府，葉姓世居其地。有庠生葉天」睿，娶為側室。生於萬曆甲午年五月」二十六日辰時，卒於萬曆庚申年六」月初八日申時，享年二十有七。葬於」應天府都城神策門外紅山山西之」麓。平地土星右掛角，子癸龍入首，乘」癸氣裡，子山午向，庚子庚午分金，外」癸山丁向。朝後湖，鷄鳴山遶湖而環」其前，穴與龍虎大類蟹形，取象曰玉」（以上為第一石）蟹遊湖。生子二：長兆登，幼，未聘。次兆」興，幼，未聘。女一，書香，幼，未字。葉天睿」系萬曆己丑科進士，官太僕寺少卿。」號玉城，諱永盛，公之次子也。隨父任」至順天，擇氏娶之。氏卒，睿有事於闈」中，至應天卜宅葬之。嗚呼！生燕城，適」宛水，而歸骨于金陵湖上之墟。三更」其地，幾斷雁鴻，豈非緣哉！悉其巔末而誌之。」銘曰：

如帶兮江之流，如鏡兮湖」之秋。鬱鬱兮氏之丘，裕後昆」兮爾公爾侯。」

時」大明天啓三年正月初六日」

庠生葉天睿自題

二七四　明黔國公沐啓元墓誌銘

〔誌文〕

⧄督府掌」⧄服，太子⧄」⧄」⧄」⧄太子⧄」⧄成□世鎮⧄」⧄悼惜⧄」⧄鎮，天波公請⧄」⧄有加禮也。卜以⧄山侍　」⧄盖⧄」⧄國□□□□□嗣鎮□□□波⧄獻□梗概。公者何敢讓焉。」⧄諱啓元，字乾鑑，□□之⧄　」⧄累進爵西平侯，遂留鎮焉。⧄　」⧄孝慈皇后、懿文太子極哀，感疾薨，贈黔寧⧄封黔國公，食禄叁千石，與世券。以」⧄徂□□，□□□□楚雄，薨，贈定遠王，謚忠敬⧄　」⧄社煌煒，人寰□□昭然，澤叟街童⧄南□□王室，藉甚也。九傳而太」⧄武靖公，沉毅簡重，料敵有神⧄　」⧄異之。再□而太保公諱叡，⧄旋以命奇即世。太師公復仗鉞」⧄欲⧄著南□□草居，然子建且性篤純孝。時」⧄清⧄水藺交□累犯滇甚，而空壁間道馬隆，以」⧄□之捷聞　」⧄急犯永昌，而旋撲滅者，公之」⧄先是公以震鄰未」⧄時□□何□□如是！公叱」⧄見□新徙曲□過舊額功倍」⧄□□陵夷今而始大」⧄公□斷以有謀，疏通而多」⧄□十七。元配陳氏，封黔」⧄伯□公女。女三：長早」⧄□□赫□，銘以象之」⧄：　」

⧄無窮□　」⧄〔一〕。

〔簡注〕

〔一〕本誌漫漶特甚，誌主姓名及卒、葬時間均不詳，故曾定名為《明故黔國公沐叡墓誌銘》。據誌中提到「黔國」，知為雲南沐府墓誌；提到「黔寧〔王〕」應為沐府第一代英，「西平侯」應為英子春，「定遠王」及「謚忠敬」應為春弟晟，「太師公」應為沐府第五代崑，「武靖公」應為沐府第八代昌祚，「太保公諱叡」應為昌祚子叡，「諱啓元，字乾鑑」應為叡子啓元，「天波公」應為啓元子天波。誌中還提到誌主「元配陳氏」云云，知誌主卒時陳氏應尚健在。據《大清一統志》卷三六九《雲南・列女》沐啓元妻陳氏條：「啓元為黔國公，早卒，子天波襲爵，沙賊之變，氏走朝陽庵，自焚死。」知啓元妻姓陳氏。雲南「沙賊之變」發生在清初，陳氏去世較啓元為晚。綜上記叙，可以斷定，本誌誌主應為沐啓元。沐啓元據載係「崇禎三年暴卒」。此處暫將本誌繫在崇禎三年（一六三〇）。

二七五　明佚名墓誌

〔誌文〕

⧄政事⧄」⧄和鄉之⧄普祥等」⧄母江氏□□俱先卒。公」⧄先國公駐兵于□□」⧄授江西等處□□□」⧄」⧄太師檜之□□□」⧄討湖州，九月⧄」⧄」⧄日，疾⧄」⧄正⧄」⧄女尚安⧄」⧄言⧄〔一〕。

〔簡注〕

〔一〕本誌漫漶特甚，誌主姓名及卒、葬時間均不詳，據形制、書法，定為明代，暫繫於崇禎十七年（一六四四）前。

二七六　明故蔭坡陳先生之墓誌蓋

〔蓋文〕

明故蔭」坡陳先」生之墓〔一〕

〔簡注〕

〔一〕本誌僅存誌蓋，誌主卒、葬時間無考，暫繫於崇禎十七年（一六四四）前。

二七七　明龍虎將軍福建都司都指揮使□□之墓誌蓋

〔蓋文〕

龍虎將軍」福建都司」都指揮使」□□之墓〔一〕

〔簡注〕

〔一〕本誌僅存誌蓋，誌主姓名及卒、葬時間均不詳，據蓋文所記「龍虎將軍」、「福建都司」主要均為明官，知屬明代，暫繫於崇禎十七年（一六四四）前。

二七八　明□徐母□氏孺人墓誌銘蓋

〔蓋文〕

大明□」徐母□」氏孺人」墓誌銘

〔簡注〕

〔一〕本誌僅存誌蓋，誌主姓名及卒、葬時間均不詳，暫繫於崇禎十七年（一六四四）前。

二七九　明故南京守備掌南京中軍都督府事魏國公少康徐公墓誌銘蓋

〔蓋文〕

明故南京守」備掌南京中」軍都督府事」魏國公少康」徐公墓誌銘〔一〕

〔簡注〕

〔一〕本誌僅存誌蓋，誌主名字及卒、葬時間均不詳，惟據蓋文所記官爵、姓氏，知誌主為魏國公徐達南京一支後裔，惜難以準確比對，故仍暫繫於崇禎十七年（一六四四）前。

二八〇　明故夫人□尹妙静墓誌蓋

〔蓋文〕

故夫人」□尹妙」静墓誌〔一〕

〔簡注〕

〔一〕本誌僅存誌蓋，誌主卒、葬時間無考，據形制、書法，應屬明代，暫繫於崇禎十七年（一六四四）前。

二八一　明驃騎將軍都督僉事劉公墓誌銘蓋

〔蓋文〕

大明驃騎將」軍都督僉事」劉公墓誌銘〔一〕

〔簡注〕

〔一〕本誌僅存誌蓋，誌主卒、葬時間無考，暫繫於崇禎十七年（一六四四）前。

二八二　明故馬孺人方氏墓誌銘蓋

〔蓋文〕

故馬孺」人方氏」墓誌銘〔一〕

〔簡注〕

〔一〕本誌僅存誌蓋，誌主卒、葬時間無考，據形制、書法及紋飾，應屬明代，暫繫於崇禎十七年（一六四四）前。

二八三　明于處士墓誌銘蓋

〔蓋文〕

于處士」墓誌銘〔一〕

〔簡注〕

〔一〕本誌僅存誌蓋，誌主卒、葬時間無考，據形制、書法，應屬明代，暫繫於崇禎十七年（一六四四）前。

二八四　明故姚君德勉合葬墓誌蓋

〔蓋文〕

明故姚」君德勉」合葬墓〔一〕

〔簡注〕

〔一〕本誌僅存誌蓋，誌主卒、葬時間無考，暫繫於崇禎十七年（一六四四）前。

二八五　明賜昭勇將軍驍騎左衛親軍指揮使周公之墓誌蓋

〔蓋文〕

賜昭勇將軍驍」騎左衛親軍指」揮使周公之墓〔一〕

〔簡注〕

〔一〕本誌僅存誌蓋，誌主名字及卒、葬時間無考，據蓋文所記「驍騎左衛」、「親軍指揮使」主要均為明官，知屬明代，暫繫於崇禎十七年（一六四四）前。

二八六　明故處士吴公彦彬墓誌銘蓋

〔蓋文〕

明故處士」吴公彦彬」墓誌銘〔一〕

〔簡注〕

〔一〕本誌僅存誌蓋，誌主卒、葬時間無考，暫繫於崇禎十七年（一六四四）前。

二八七　明贈太恭人李氏墓誌銘蓋

〔蓋文〕

贈太恭」人李氏」墓誌銘〔一〕

〔簡注〕

〔一〕本誌僅存誌蓋，誌主卒、葬時間無考，據形制、書法及紋飾，應屬明代，暫繫於崇禎十七年（一六四四）前。

二八八　明故松爰張仲威之墓誌蓋

〔蓋文〕

大明故」松爰張」仲威之」墓〔一〕

〔簡注〕

〔一〕本誌僅存誌蓋，誌主卒、葬時間無考，暫繫於崇禎十七年（一六四四）前。

二八九　明敕封黔國夫人□氏墓誌銘蓋

〔蓋文〕

敕封黔」國夫人」□氏墓」誌銘〔一〕

〔簡注〕

〔一〕本誌僅存誌蓋，誌主姓名及卒、葬時間均不詳，惟據蓋文所記「黔國夫人」，知誌主為雲南沐府姻眷，惜難以準確比對，故仍暫繫於崇禎十七年（一六四四）前。

二九〇　明故金弌父之墓誌蓋

〔蓋文〕

大明故金弌父之墓〔一〕

〔簡注〕

〔一〕本誌僅存誌蓋，誌主卒、葬時間無考，暫繫於崇禎十七年（一六四四）前。

二九一　明楊廷振妻周氏之墓誌蓋

〔蓋文〕

楊廷振」妻周氏」之墓〔一〕

〔簡注〕

〔一〕本誌僅存誌蓋，誌主卒、葬時間無考，據形制、書法，應屬明代，暫繫於崇禎十七年（一六四四）前。

二九二　明故周公玉涵墓誌蓋

〔蓋文〕

明」故周公」玉涵墓〔一〕

〔簡注〕

〔一〕本誌僅存誌蓋，誌主卒、葬時間無考，暫繫於崇禎十七年（一六四四）前。

二九三　明隱士杜公廷美墓誌銘蓋

〔蓋文〕

隱士杜」公廷美」墓誌銘〔一〕

〔簡注〕

〔一〕本誌僅存誌蓋，誌主卒、葬時間無考，據形制、書法及紋飾，應屬明代，暫繫於崇禎十七年（一六四四）前。

二九四　明故龍虎將軍陝西都指揮使林公之墓誌蓋

〔蓋文〕

故龍虎」將軍陝」西都指」揮使林」公之墓〔一〕

〔簡注〕

〔一〕本誌僅存誌蓋，誌主名字及卒、葬時間均不詳，據蓋文所記「龍虎將軍」、「陝西都〔司〕」主要均為明官，知屬明代，暫繫於崇禎十七年（一六四四）前。

二九五　明故贈錦衣明威將軍喬公合葬墓誌銘蓋

〔蓋文〕

明故贈錦」衣明威將」軍喬公合」葬墓誌銘〔一〕

〔簡注〕

〔一〕本誌僅存誌蓋，誌主卒、葬時間無考，暫繫於崇禎十七年（一六四四）前。

二九六　明宗室齊貞菴公墓誌蓋

〔蓋文〕

皇明宗」室齊貞」菴公墓〔一〕

〔簡注〕

〔一〕本誌僅存誌蓋，誌主名字及卒、葬時間無考，暫繫於崇禎十七年（一六四四）前。

二九七　明静誼處士沈公墓誌銘蓋

〔蓋文〕

静誼處」士沈公」墓誌銘〔一〕

〔簡注〕

〔一〕本誌僅存誌蓋，誌主名字及卒、葬時間無考，據形制、書法及紋飾，應屬明代，暫繫於崇禎十七年（一六四四）前。

二九八　明明威將軍羽林左衛指揮墓誌蓋

〔蓋文〕

明威將軍羽」林左衛指揮〔一〕

〔簡注〕

〔一〕本誌僅存誌蓋，誌主姓名及卒、葬時間無考，據形制、書法，應屬明代，暫繫於崇禎十七年（一六四四）前。

二九九　明誥贈黔國夫人謝氏墓誌銘蓋

〔蓋文〕

明誥贈」黔國夫」人謝氏」墓誌銘〔一〕

〔簡注〕

〔一〕本誌僅存誌蓋，誌主名字及卒、葬時間均不詳，暫繫於崇禎十七年（一六四四）前。

三〇〇　清誥贈中大夫前賜進士敕封文林郎觀瀾佟公（卜年）元配誥贈淑人前封孺人陳氏墓誌銘

〔蓋文〕

誥贈中大夫前」賜進士出身敕」封文林郎觀瀾」佟公元配誥」贈淑人前封孺」人陳氏墓誌銘

〔誌文〕

誥贈中大夫前賜進士敕封文林郎觀瀾佟公元配誥贈淑人前封孺人陳氏墓誌銘　」

虞山通家蒙叟錢謙益頓首拜譔　」

賜進士出身奉政大夫山西提刑按察司僉事奉　」敕提督通省學政前督造清江船廠工部清吏司員外提督江南蘆政▨」

賜進士出身翰林院檢討辛卯奉　」命典試江西正主考年家眷姻姪鄧旭頓首拜書丹　」

淑人姓陳氏，父諱其志，母湯氏。故山東按察司僉事、登萊監軍，佟府君諱卜年之妻，▨」之母。先用府君河間令最封孺人，今用中丞覃恩贈淑人。佟與陳皆遼陽上族，▨」以岐嶷求耦，圭判璋合，二姓克諧。生柔笄禮，既饋交賀。淑人承上字下，婦德用光。▨」夙夜，相府君于讀；甘虀鹽，警鈴索，盥漱鷄鳴，相府君于官。府君擢上第，宰京邑，▨」闓榮焉。天啓初，府君受命東略，監軍登萊，鈎黨牽連，蜚語逮繫。淑人奉二尊人▨」徙家於鄂。乙丑九月，府君奉矯詔自裁，太公哀慟死客舍，淑人泣血襄事，奉太夫人▨」年，仍遷江夏。秦寇躪楚，太夫人殁而渴葬，中丞補弟子員，奉淑人卜居金陵。▨」避兵甬東。」豫王蒞南，中丞受新命，以兵憲治嘉興，淑人版輿就養，萬曆己丑四月二十三日▨」九日巳時，卒於官舍，年五十有八。嗚呼！孰不為婦？孰不為母？如淑人之為▨」顛覆，以三十年閱《公年》之三世則難〔一〕；自鄂之吴，室家播蕩。以弱女子定《盤庚》之五遷▨」夷呼吸，上慰掩袂之尊章，下挈豖釘之童稚，毁室取子，覆巢完卵，無天可呼，有地▨」撑佟氏之一門百口則難。當府君檻車急徵，淑人牽衣訣别，以忠臣殉國、孝婦▨」門歸然，窀穸相望，款款下泉，執手慰勞，淑人之報稱府君，亦已足矣。生前之荼苦，▨」淚，藏而猶碧。菀枯陵谷，世人所嗟咨歎息者，豈足為淑人道哉！▨」月十九日，卜葬於儀鳳街象鼻山之陽。子一人，即中丞公國器。女适▨」中丞妻贈淑人蕭氏，繼室封淑人錢氏。孫四人：世韓、世南、世章、世傑。▨」嘗不撫卷流涕。方其卧牛衣涕泣，謂朝廷尊貴，無愈仲卿，責其不自激昂，▨」呼囚數號哭，知我君先死，何其傷也！由淑人觀之，忠臣妻子，遭逢患難，▨」天已威，劫運促數，章妻得還合浦，而夫人重御雕軒，平陂往復，約略相似。▨」既狥中丞請銘府君之墓，以府君墓在鄂，淑人未之從也，法當別有銘。　」銘曰：

生遼陽，死檇李；　鄂之吴，五遷徙。　金陵山，兆靈趾；　靈之車，返於此。　魂迢迢，▨」人兮，有美子；　讚銘辭，告天咫〔二〕。

〔簡注〕

〔一〕「公年」之「年」，據下文以「盤庚」对仗，應為「羊」之誤。傳世錢謙益撰《佟母封孺人贈淑人陳氏墓誌銘》（見下文）亦作「羊」。

〔二〕本誌下部漫漶難辨，誌主卒、葬時間殘缺。本誌收入撰者錢謙益《牧齋有學集》卷三三，名稱：目録作《佟母陳淑人墓誌銘》，正文作《佟母封孺人贈淑人陳氏墓誌銘》。内容雖較出土墓誌簡略，但明記誌主卒於「丙戌（順治三年，一六四六）九月十九日」。此處據此繫年。為便於比較，茲將傳世錢謙益撰《佟母封孺人贈淑人陳氏墓誌銘》全文附録於後。

〔附録〕

佟母封孺人贈淑人陳氏墓誌銘

淑人姓陳氏，父諱其志，母湯氏，故山東按察司僉事、登萊監軍佟府君諱卜年之妻，今御史中丞國器之母也。先用府君河間令最封孺人，今用中丞覃恩贈淑人。佟與陳皆遼陽上族，淑人以明惠擇壻，府君以岐嶷求耦，圭判璋合，二姓克諧，生柔笄禮，既饋交賀。淑人承上字下，婦德用光。親井舂，具膏火，機絲夙夜，相府君於讀；甘齏鹽，警鈴索，盥漱雞鳴，相府君於官。府君擢上第，宰京邑，册府錫命，天書煌煌，閭閻榮焉。天啓初，府君受命東略，鹽軍登萊，鉤黨牽連，蜚語逮繫。淑人奉二尊人暨諸姑子侄，扶攜顛頓，徙家于鄂。乙丑九月，府君奉矯詔自裁，太公哀慟死客舍，淑人泣血襄事，奉太夫人渡漢遷黃陂。又三年，仍遷江夏。秦寇躪楚，太夫人歿而渴葬。中丞補弟子員，奉淑人卜居金陵。崇禎甲申，避兵遷甬東。中丞受新命，以兵憲治嘉興，淑人版輿就養。丙戌九月十九日，卒於官舍，年五十有八。嗚呼！孰不為婦？孰不為母？如淑人之為婦、母，極難耳。自丑迄戌，天地翻覆，以二十年閱《公羊》之三世則難；自鄂之吴，室家播蕩，以弱女子定《盤庚》之五遷則難；雷風交加，參夷呼吸，上慰掩袂之尊章，下挈瑑釘之童稚，毁室取子，覆巢完卵，無天可呼，有地必蹐，以隻身獨手，枝撑佟氏之一門百口則難。當府君檻車急徵，淑人牽衣訣别，以忠臣殉國、孝婦殉家相勸勉，迄於今家門巋然，窀穸相望，款款下泉，執手慰勞，淑人之報稱府君，亦已足矣。生前之荼苦，甘之若飴；身後之血淚，藏而猶碧。菀枯陵谷，世人所咨嗟歎息者，豈足為淑人道哉！淑人既歿，中丞扶柩歸金陵，卜葬于□山之陽。子一人，即中丞公國器。女適李寧遠曾孫延祖，以死事贈冏卿。中丞妻贈淑人蕭氏，繼室封淑人錢氏。孫三人：世韓、世南、世傑。舊史氏曰：予讀史至王章妻事，未嘗不撫卷流涕。方其臥牛衣涕泣，謂朝廷尊貴，無愈仲卿，責其不自激昂，何其壯也！及被收繫，小女聞呼囚聲號哭，知我君先死，何其傷也！由淑人觀之，忠臣妻女，遭逢患難，其情事俯仰，有足悲者。既而昊天已威，劫運促數，章妻得還合浦，夫人重御雕軒，平陂往復，約略相似。觀世者於是乎有深懼焉。余既徇中丞之請銘，府君之墓在鄂渚，淑人未之從，法當别有銘。銘曰：

生遼陽，死檇李；　鄂之越，五遷徙。　金陵山，兆靈趾；　靈之車，反於此。　魂迢迢，渡漢水；　泣丹書，訊青史。　夫人兮，有美子；　讚銘辭，詔天咫。

三〇一　清誥授驃騎將軍鎮守福建漳州浦詔雲霄等處地方總兵官都督僉事致仕李公（友臣）墓誌銘

〔蓋文〕

皇清誥授驃騎將」軍鎮守福建漳」州等處地方總」兵官都督僉事」致仕　」欽賜祭葬李公墓」誌銘　」

康熙陸拾年拾貳月初肆日移葬下花林（此行為移葬補刻）

〔誌文〕

皇清誥授驃騎將軍鎮守福建漳州浦詔雲霄等處地方總兵官都督僉事致仕李公墓誌銘　」

賜進士出身朝議大夫　日講官起居注左春坊左中允國子監祭酒兼翰林院侍講學士年家眷姻弟余正健頓首拜撰文　」

賜進士出身奉直大夫左春坊左諭德兼翰林院修撰提督浙江通省學政年家眷姻弟鄭開極頓首拜篆蓋　」

賜同進士出身文林郎候補内閣誥敕撰文中書舍人年家眷晚生王霖頓首拜書丹　」

公諱友臣，字帝賓，為隴西巨族。少以武略，謁定西大將軍墨公，從平定蜀、滇，　特授遊擊，功加參將，陞授副將管參將事，陞署」都督僉事管副將事。」欽召陛見者再，特授福寧總兵官，特調鎮臺灣。秩滿，調鎮清漳，為今官。」予告，賜籍江寧。正健以姻親，且久荷公庇，得見公之豐功偉烈，有古大將風，於其家世功績德行，受」天子寵眷之隆者，又知之也深。公之子得禄等於訃告公卒之明年，涕泣來請曰，願有銘。正健其何敢以不文辭！其先世曰：贈驃騎」將軍祖顯謨，贈夫人祖妣盛氏；贈驃騎將軍父進王，贈夫人母朝氏。公早孤，五歲随母自固原訪姑廣陵。公伯兄因兵亂失去，」夫人即抱公俱投江，若有掖之升岸者，適與姑遇，遂攜持而歸。依中表於河南，公時九歲也。少長，氣敵萬人，喜部勒營陣事，騎」射絕出。乃見知於墨公時也。其功績曰：初定西川、遵義諸路，再擊滇南，俱以力戰首功。蒙」世祖皇帝授尋霑遊擊。今」天子御極之二年，迤東諸甸抗順，公請於制府卞公〔一〕，願先往破賊。疾戰深入盤怒、馬腰十數矢，赴敵如就嗜欲，經大小數十戰，至與」軍士飲牛跡水，卒擒其渠魁以獻。康熙九年，功加參將，陞授副將，管山東德州營參將，調任福建泉州參將。閱二年，陞授湖州」協鎮。吴興襟帶巨浸，萑苻出没，公設輕舸巡緝，民由是安。二十七年，署都督僉事，移鎮嚴州。而湖之人卧車轍、阻覊靮以留公」者多。蓋武臣之罕覯者焉。嚴之七里龍者，盜藪也，公畫策搜捕，治艨艟，謹斥侯，剷賊根株，商旅遂通。三十三年，」特旨陞授福建福寧總兵官。簡士卒以扼羅連要衝，疏魚鹽以贍濱海窮簷，拓嶺路除虎患，平糴活閩人。」特旨調鎮臺灣。其地綿亘數千里，漢番雜處，初入版圖。聞 命時，將軍金公〔二〕、制府郭公〔三〕、撫軍梅公〔四〕，問公以經理所宜，公具言拊循狀。」三公為設祖帳，自起三行酒，顧語僚佐：澎臺今大得人矣。公引起，即航海去。受事後，行其所言，而復故事。鎮道文武官，悉市米」售内地漁利，累民鬻子女輸之。公審知，咨兩臺，勒石以禁。後值舊轄福寧大饑，公又由海道轉粟賑之，存活數萬，至今歌祝，有」萬民被德，衮衣思之句。其被 寵任，曰康熙六年初，頒誥命三軸，授公懷遠將軍，贈祖若父如其官，祖母若母贈淑人。再」頒誥命於二十三年也，晉公驃騎將軍，祖父母、父母如驃騎典。二十七年，又 頒誥命三軸，封公及其三代如 例。二十九年，」特遣官召公」陛見，顧問至再。後二年，調取乘傳，」陛見於 景山，試其射矢，三發三中焉。」睿音垂問嘉勞，敕部記名。又二年，即有福寧總兵官之 命。三十六年，又 頒誥命三軸，封公及其三代如前歲。壬午，調鎮臺灣，」賜《古文淵鑑》，拜受畢，仰而言曰：臣敢不以古人為法。乙酉，調今官。丙戌，年七十有三矣。請老，荷」温旨原品致仕。己丑，壽終於 賜籍江寧之大中里第，遺疏 奏，」上悼焉，」詔賜祭葬如彝典。其德行曰：直難惑以非，廉難啗以利者，性也。動有禮法，不畜聲妓，有風其為子孫計者，公曰：詩書、韜略，兩途耳，聽」其擇一以置身，他非所聞也。顧時時稱道兩大司農，遂寧張公〔五〕、山左王公〔六〕，得以人事君之道。故拔擢偏裨，如福建城守副將張」國以下數十輩有勞績者，雖違離久，公輒見諸夢寐，呼幼子執筆記焉。歷官五十餘年，更互百戰，體無微創。古稱秦隴多名將，」乃身無過舉，而勳業又爛然於鐘鼎旂常之上，且遭逢 異數之知，既殁而光輝不可掩抑者幾人也？公其人哉！公生於前崇」禎甲戌年八月廿七日酉時，卒於今康熙己丑年十一月廿四日酉時，年七十有六。夫人劉，故驃騎將軍董才公女也。經紀家」政，内外秩如。十四于歸，齊眉白首，屢沐」恩綸，誥封夫人，人咸稱脩福云。子五：長得禄，以攻克澎臺功，加左都督，娶原雲南随征副將唐公韞奇女；次楨，娶原漢中副將鄭公」啓明女；次植，娶原徐州副將許公青女；　次枚，候補通判，娶原陝西提督何公傳女；　次權，娶原海壇鎮楊公元弼女。孫五：　長廷玠，」桐山營千總，娶原黄巖鎮韓公祖蘄女；　次廷璋，聘候補通判趙公松女；　俱得禄出。次廷琮，楨出。次廷瑄，權出。次廷琛，枚出。俱幼。」孫女八：　長適原春江副將楊公明錦子天霖；　次適原湖北撫標遊擊葛公嶽子永謙；　俱得禄出。三未字，楨出。四許字候補同知」汪公之泳子桓，枚出。五、六，植出；　七，枚出；　八，權出；　俱幼，未字。曾孫二：　長繼賢，次繼學，俱幼，廷玠出。卜今庚寅十一月己酉，葬公於」上元縣清風鄉蓮花塘大山之原。銘曰：　」

三秦雄固，偉人崛起；　以汗馬功，而取青紫。馘獞刷苗，戰功伊始；　弭盜甦商，閩越可紀。綏靖巖疆，軍政肅理；　航海拯饑，粟輸萬里。」臺廈風清，碑禁市米；　視錢如仇，見義則徙。矢心勿欺，為　國柱砥；　夫非德懋，曷克臻此？　所以　」恩榮，稠疊靡已；　猗嗟偉人，業光前史。　」予告賜籍，廣受斯比；　知止者稀，忠誠没齒。子賢孫秀，門胄屹峙；　刻之幽石，茂蔭仙李；　永宅斯原，獲盛大祉。

〔簡注〕

〔一〕此處「制府卞公」未記其名，從時間推算，應為卞三元。

〔二〕此處「將軍金公」未記其名，從時間推算，應為金世榮。

〔三〕此處「制府郭公」未記其名，從時間推算，應為郭世隆。

〔四〕此處「撫軍梅公」未記其名，從時間推算，應為梅鋗。

〔五〕此處大司農「遂寧張公」未記其名，從時間推算，應為張鵬翮。

〔六〕此處大司農「山左王公」未記其名，從時間推算，應為王士禛。

三〇二　清誥授榮禄大夫振威將軍兵部尚書督察院右都御史閩浙總督董文恪公（教增）墓誌銘

〔蓋文〕

皇清誥授」榮禄大夫」振威將軍」兵部尚書」閩浙總督」董文恪公」之墓誌銘

〔誌文〕

皇清誥授榮禄大夫振威將軍兵部尚書督察院右都御史閩浙總督董文恪公墓誌銘并序　」

賜進士出身中憲大夫江安督糧道年愚弟湯藩譔并篆蓋　」

賜進士出身通奉大夫前江西承宣布政使司布政使姻愚姪鄧廷楨書　」

董公諱教增，字益其，又字觀橋，江蘇上元人也。曾祖諱志道，祖諱法泰，本生祖諱法建，考諱以學。三世以公貴，並　」誥贈榮禄大夫、振威將軍，如公官。公考用績學，為名諸生，晚使得貢，司訓贛榆，位不稱德，遺慶於公。生七歲，能全誦《五經》。十九，補諸」生，為少詹事錢公大昕所器重，解釋《漢書》數十事，錢公擷入《史攷異》中。乾隆四十五年，　」純皇帝南巡，公獻詩賦，」欽賜內閣中書。五十二年，成進士，殿試一甲弟三名〔一〕，授職翰林院編脩。公自為諸生，嚴正自守，貴顯恭奕，終歲不一履其門。散館，改」主事，補吏部考功司主事，升文選司員外郎，充順天鄉試同考官，再擢郎中，掌文選司印。吏部則例繁擾，人不能記憶，公引某事宜」用某條，某條在某册，嫺熟愜當，猾吏莫得舞其文。嘉慶四年，　」睿皇帝初親大政，用九卿薦，發四川以道員用。公至四川甫七日，檄署監茶道事，旋署提刑按察使。川匪餘孽竄渡嘉陵江，民逃難」至成都。議者謂流民入城，慮雜奸宄，將閉城令無入。公曰：成都民吾赤子也，川西民獨非吾赤子乎？急内之〔二〕。而日與諸僚分城訓緝，」逃者數萬皆獲生，卒無他患。補授提刑按察使。峩眉猓夷滋事，貪功者請進剿。公曰：兵凶戰危，不可妄用。密遣幹吏，偵伺動静，僅擒」夷民滋事者六人，漢民挑釁激變者十一人，論奏如法，餘無所誅。調貴州提刑按察使，旋擢四川承宣布政使，再擢安徽巡撫。公在」安徽，熟悉其民多無情之訟，又徽州伴儅、寧國世僕頻年相告訐，屈鬱者衆，公奏請嚴杜妄訟，凡世僕出户已及百年者，雖有據，亦」與開釋。　」上嘉之，命纂入則例。由是被訐之户得還為良民者數以千百，而争訟之習為之頓清。調陝西巡撫。陝自嘉慶紀元以來，數經寇亂，」民氣殘毁。公既至，脩棧道，汰蠹胥，馳榆林邊外采墩之禁，併鳳翔監課於地丁，壹意撫民，四五年閒，民以蘇息。初，公在安徽，馭下頗」嚴，及至陝，迺務行寬大，人乃知公因地制宜，寬猛相濟如此也。再署陝甘總督，旋調廣東巡撫。當是時，河南有滑縣之亂，陝西提督」楊公遇春帥師往剿，公自蘭州啓行，密念滑賊在圍，勢已窮蹙，而南山老林安定未久，恐因勢轉相煽動，請飭回遇春于陝西。奏甫」入，而楊公已奉　」命赴陝。　」聖算忠謀，若合符契，聞者以為奇。撫廣數年，擢授閩浙總督，會匪洋盜，所至肅清。而福清林爾高抗糧數十年，羽翼環布，吏莫敢誰」何，公立擒誅之，姦黨遂散。是事也。為消患於未萌，　」上尤善焉。督閩數年，當署浙江、福建巡撫，兩浙鹽政及織造、關防，一時兼綰五印，人以為榮。然公勞劇病矣。病稍愈，奏請　」陛見。會　」睿皇帝上賓，公入都，哭臨哀毁，復病。　」今上皇帝特命歸鄉調治。道光二年七月二十六日，薨于上元里第，年七十三。事聞，　」上軫悼，　」賜祭葬及碑文，謚曰文恪。公自為諸生，不恥疏敝。當官守職，蠲潔敬慎。事　」上以誠，接下以恕。吏黜浮薄，政務安静。不邀奇功，亦不貽後悔。　」三聖相繼，倚為重臣。夫人蔡氏，　」誥封一品夫人，先公卒。子三人：長斯壽，一品廕生；次斯福，湖南辰州府知府，護理辰沅、永靖兵備道；次斯廣，尚幼。以道光三年三月」二十八日，與蔡夫人合葬於聚寶門外之姚家山。銘曰：　」

公在齠齔，遭家弗恤；母氏之喪，泣求窀穸。風嘯雲蒸，為鯤與鵬；居多士上，至乎大臣。初官京師，棘棘不阿；貴勢所厭，　」皇心所嘉。畀之監司，授以封圻；公跡所屆，　」皇無憂思。公去蟊賊，怒如霆疾；及蘇槁禾，湛湛雨澤。匪公異施，惟民異宜；攻救殊藥，公誠民醫。西赴汶水，東漸閩海；公無他功，民畏」民戴。公旂央央，来過故鄉；楚人有言，衣繡晝行。衣繡晝行，於公何榮；公貴卅年，公猶諸生。度今　」廊廟，揆席方召；重歸幾時，白馬牽旐。姚山之阿，穹碑峩峩；　」鳳藻龍章，鬼神護呵。烝烝孝嗣，斲石更誌；揭此銘辭，永昭後世。

〔簡注〕

〔一〕「弟」為「第」之通假，「弟三名」即「第三名」。

〔二〕「内」為「納」之古字，二字古代通用。

三〇三　清誥授中憲大夫江南分巡淮揚河漕鹽驛兵備道春濤江公（瀚）暨原配丁恭人繼配郭恭人合葬墓誌銘

〔蓋文〕

皇清誥授中憲」大夫江南分巡」淮揚河漕鹽驛」兵備道春濤江」公暨原配丁恭」人繼配郭恭人」合葬墓誌銘

〔誌文〕

皇清誥授中憲大夫江南分巡淮揚河漕鹽驛兵備道春濤江公暨原配丁恭人繼配郭恭人合葬墓誌銘」

淮揚兵備道朱襄譔文」

翰林院編脩曹聯桂書丹」

前都察院左都御史候補內閣學士姚元之篆蓋」

公諱瀚，字聲甫，春濤其別字也。世為旌德江氏。自公祖諱翩羽以上，數世皆有名德。公考諱步青，後居大興，」又為大興人。祖、考皆贈中憲大夫，妣皆恭人。贈公入都，未以家往。公年十二，遭母畢太恭人喪，哀毁如成人。」部署家事，咸中矩度，長老嗟異之。服除入都，適贈公作尉河南，留公京邸，從師力學。繼屢試不售，贈公貽書」曰：家貧宜亟求禄仕，科名有命，度境遇未可久待也。是時方脩《純皇帝實録》，公乃入館寫書。議叙得」府經歷，分發南河。公年少才高，屈於下位，而振拔之氣，軒然鶴立雞羣。故浙江巡撫楊公護分巡淮海時，負」人倫之鑒，嘗謂公曰：好自愛，異時名位必通顯，此座當旦夕待君也。蓋公之器局宏遠，為時賢引重若此。頃」之，贈公卒於官。公奔喪寧陵，事繼母葉太恭人，務盡誠孝。　太恭人哀其瘠也，恒苦喻之。服除，補寶應縣丞，」署清河、桃源、銅山、阜寧、山陽諸縣知縣，皆有善政。擢清河縣，治迹愈彰。民有姦人妻而與之共殺其夫者，公」廉得之，亟發其獄，盛暑，尸腐不可視，公乃嘿有所祝，屍赫然若僵，盡得傷狀，民乃伏法。公於吏事，凡可以智」慮鈎距得者，無弗得也。此其無可措手者，遂能以誠而得神助，洵非常吏所能矣。擢揚河通判，調中河通判，」旋升海阜同知。甫抵任，即值河水漲，齧劉家集堤，欲潰，勢不可支，賴公薪摟廣儲，晝夜趨事，經月始定。劉工」居黄河尾閭，潰則沖蕩，漂鄰邑。且慮上游河勢因之變遷，所在生險，關係全局尤鉅。河督張公井謂：非公」幾先之矚，後此勞費，將不可勝言。於是益重公才，有意大用之矣。俄張公以疾去官，代者麟公慶，知公尤深，」調裏河同知。裏河首廳繁劇，河督三道，朝夕接見，總督歲嘗再臨，請事受成，殆無虚日。脩防漕運，動膺盤錯。」公慮周力勤，纖芥靡失，紛囂之中，意態閒暇。兩署淮海道，率屬有方。

奉　旨以沿河知府升用，旋以署淮」揚道即真。是時，麟公與總督陶文毅公咸謂公才宜大用，疏請越次擢授，格於部議，再疏乃得請。公自念受」朝廷破格恩，並各大府知遇，奮勵怵惕，遂致勞悴。先是湖水秋漲，西風大作，堰工阽危。公往来督護，啓壩洩」水，久乃告平。因而遘疾，又值葉太恭人疾篤，公憂形於色，輟寢食久之。太恭人漸起，而公疾遂不可為矣。公」在同官中，務為謙退，不以才能先人；有以語侵之者，一笑置之，弗校也。自奉儉約，燕居一羊裘且二十年，而」戚友之急難，鄉里之善舉，貧士之干貸，無不勉應。平生最嚴義理之辨，又嘗舉漢疏傅之言以自況，不務為」後人封殖。彌留之際，惟恨未報　國恩，未能終養，語不及他。嗚呼！此可以觀公矣。公以枝官来河上三十年，」位至監司，不可謂非遭遇，使天假之年，何遽止於是？故知公者咸惜公才之未盡也。余以翰林侍講，奉　」命南来，學習河務，始與公知□。久之益深且篤。既服公所設施，其設施未竟者，方於公有厚望焉。豈知今者」余来代公，而向之所望於公者，竟弗獲諸後也。嗚呼！可悲矣！公年五十九，以道光十九年十二月二十九日」卒。娶金華丁氏，繼娶菏澤郭氏。丁恭人生女二：長適江蘇候補理問署鎮江府通判沈西，次適廣西候補巡」倹繆華柱。郭恭人先公七年卒，生子二：祥麟、綬麟。祥麟殤。綬麟將奉公柩卜葬於上元，以狀来請。謹次其事，」而為之銘曰：」

豫章楩楠，兆於莖芽；已蔭數畝，蒼穹斯摩；猗歟偉人，脩程欻𨺚。治民之才，羣生衽席；治河之才，恬波膏澤；河」尤殫精，熟蘊三策。瑚璉重器，疇窮挾持；所可見者，載不盡辭；所未盡者，繫人餘思。維生有涯，薤露涓涓；吾誰」與歸，九原隨武；勒銘無怍，用質千古。」

吴門王應春勒石

三〇四　清誥授中憲大夫陝安兵備道上元何公（桂芬）暨德配胡恭人墓誌銘

〔蓋文〕

皇清誥授中憲」大夫陝安兵備」道上元何公暨」德配胡恭人墓」誌銘

〔誌文〕

皇清誥授中憲大夫陝安兵備道上元何公暨德配胡恭人墓誌銘」

江寧汪士鐸撰文」　　勒石既成，改葬於牛首山麓，時」

江寧方培容書丹」　　同治十二年十二月吉日，男忠」

上元童志鉉篆蓋」　　萬恭記」（此三行為改葬補刻）

君氏何，諱桂芬，字新甫，江蘇上元人也。先世於明永樂中，自安徽遷」江寧。本生昆弟五人，而君其季。性闊落浩浩，有濟世志，不屑計家人」豐嗇。以副貢生中式道光十五年順天舉人。甲辰大挑一等，籤分四」川知縣，不赴。踰年，成進士，改庶吉士。散館，授編修。三十年，充會試同」考官。咸豐六年，授湖廣道監察御史，洊升刑科掌印給事中。同治五」年，簡放陝安兵備道。七年九月，卒於官，春秋六十有八。明年，柩始歸」里。十年十月，卜葬君于龍山支麓，韓林之原，與胡恭人同穴，禮也。始」君之在翰林也，工為文，小楷韶秀至絶，而不以驕人。及為言官，時事」孔棘，同列争伊優亞，言萬不能行之策，或齗齗一二細瑣以自見。君」所陳言，退輒削其稿，雖子弟不得聞，曰：吾豈以此沽名與？以故人不」能知。既官漢中，人以君為書生也，頗易之。君則築堡寨，召流亡；靖游」勇，慎刑章；麻麥甚殖，雅片以荒；用是擾兆民，而保巖疆。其勤職若是。」惜未竟其施而遂卒。然卒之後，大吏惋悼，婦孺垂泣，追送者若喪其」私親。此豈强市之人而獲之與？將直道之在人心，愚夫婦固怦然動」於不能已也，君所後從。曾祖庠生諱膺，若祖諱恩，考諱友蘭，皆國學」生，皆贈如君官，妣皆贈恭人。胡恭人蓋國子監學正本淵之女孫，庠」生大璋之女。井臼縫紉，一如寒素，佐君之廉者也。不幸先君卒於京」邸，春秋五十有九。子四人，惟存其次，曰忠萬，咸豐九年順天舉人，辛」未大挑一等，不就職。今之奉君及胡恭人之柩以歸而葬之者也。忠」萬以予習知君，而請銘於予，遂銘之曰：」

昌于文，敏于政。卒不哭，民不病。有天道，有餘慶。

歙陳鑑泐

三〇五 民國陝西省政府高等顧問前榆林道尹江寧吴公敬之（廷錫）墓誌銘

〔誌文〕

陝西省政府高等顧問前榆林道尹江寧吴公敬之墓誌銘并序」

長安宋聯奎撰文

長安張鳳翽書丹并篆盖」

民國三十四年乙酉九月十五日，敬之吴公卒於長安寓次，春秋八十有二。越」二載丁亥，其孤光澧守遺命，扶柩歸江寧，將以是年四月廿四日，葬縣南之焦」村先塋，癸首丁趾。先期持狀来請銘。余與公同年友也，胡可辭？乃序而銘之曰：」公諱廷錫，字敬之，世居江蘇吴江。明有諱珵者，為刑部郎中，徙江寧家焉。曾祖」自求，廣東欽州知州；妣氏周、氏鄭。祖國俊，福建南平知縣；妣氏袁，簡齋公孫女。」考師祁，道光甲辰舉人，大挑知縣，歷任山西臨汾、榆次、猗氏、靈石等縣知縣；妣」氏潘，雲貴總督忠毅公鐸女；氏陳，生丈夫子二：長即公；次廷燮，光緒甲午舉人，」民政部右參議。公幼承家學，與其弟研究經史，互勵交摩。名宿如沁水賈書農、」神池谷芙塘、盂縣李義銘諸君皆與游處，業大進。中光緒己丑恩科舉人，國史」館謄録，議叙知縣，分陝西，歷署華陰、略陽。充壬寅鄉試同考官。

舉經濟特科，廷」試一等，補乾州、直隸知州。丁母憂，再起，升延安知府，調署漢中。任事數月，而大」鼎革矣。其在華陰，以不擾為治，捐書勸士，著循聲。在略陽，治如華陰。洎在漢中，」鎮守軍與革命軍相持，郡城岌岌。公與江鎮軍雨宸調和，軍民悉以鎮静處之，」保全甚大。事既定，張公鳳翽知公賢，聘為高等顧問。會余長陝，亦疏薦。公尋奉」榆林道尹之命。公夙知邊事待理，每按部，於教育、倉儲、禁煙諸要政，諄諄策勵，」瘏口嘸音，寢就理矣。而袁氏議變國體，急電陳其害，不報，遂引退。嗣後，督陝者」胥延致之，公已無心問世矣。僅勉應文字之勞。無何，聘修《通志》。邵公力子主陝，」復以輯《關中叢書》請，公曰：吾志也。繇是譔述幾十餘年，鉅製宏篇，多出其手，然」精力實耗於此。公之學，務為廣博，而抉擇有識，能見其大。未弱冠，即輯《春秋年」表》一卷，長老驚歎。益奮發，聚書泛覽，得宋李燾《長編》，慕之，獨病浙局新篇太簡，」搜輯補訂，以迄於老，續為《通鑑長編輯補》六十卷，卒成網羅放佚之功。又著《鄂」邊述略》一卷、《後漢郡國志拾補》二卷，一示蒙邊地利之可興，一補原書郡縣所」未備。茹古深思，耄而弗倦。蓋畢生自讀書著書外，更不知有其他可嗜者。斯亦」足以知公之志已！配氏銀，繼配氏陳。子二：光澧、光涇。女二。孫女二。銘曰：」

公性和易，而不曲徇；公學浩博，而不振矜。持節臨邊，希蹤韓范；懸軍著書，編摩」文獻。所去人思，召憩甘棠；所在人愛，朱祀桐鄉。云胡遺命，漫歸故土；義取首坵，」謂不忘祖。迺卜斯地，大江之東；千秋百世，永奠幽宮。

長安郭希安刻

附録一　東漢龍桃杖買地券

〔券文〕

建安廿四年十月六日，」龍桃杖從余根買剛上冢地〔一〕，直錢萬石。越」時知要，不得争容〔二〕。桃杖要自當得所居地，事」相然可，恃無相違。龍桃杖。唯如律令〔三〕。

〔簡注〕

〔一〕「剛」應為「岡」之通假，「剛上」即「岡上」。下件同。

〔二〕「容」應為「訟」之通假，「争容」即「争訟」。下件同。

〔三〕「唯」應為「准」之誤。下件同。

附録二　三國吴大男九江黄甫買地券

〔券文一〕

五鳳元年十月十八日，大男九江黄甫年八十，今於莫府山後南邊起冢宅。」從天買地，從地買宅，雇錢三百。東至甲庚，西至乙辛，南至丙丁〔一〕，北至壬癸。若有争」地，當詣天帝；若有争宅，當詣土伯。如天帝律令。

〔券文二〕

五鳳元年十月十八日，大男九江黄甫年八十，今於莫府山後南邊起冢宅。」從天買地，從地買宅，雇錢三百。東至甲庚，西至乙辛〔二〕，北至壬癸，若有」争地，當詣天帝；若有争宅〔三〕，當詣土伯。如天帝律令。

〔簡注〕

〔一〕「南至丙丁」為小字，補刻在「辛」字右下角。

〔二〕此處漏刻「南至丙丁」四字。

〔三〕「争」為小字，補刻在「有」字右下角。

附録三　三國吴立武都尉吴郡陳重買地券

〔券文〕

立武都尉吴郡陳重，今於莫府山」下立起冢宅。從天買地，從地買宅，雇錢」五百。東至甲乙，南至丙丁，北至壬癸，西至」庚辛。若有争地，當詣天帝〔一〕；若有争」宅，當詣土伯。如天帝律令。

永安二年十一月五日券。

〔簡注〕

〔一〕「帝」為小字，補刻在「天」字右下角。

附録四　三國吴大女李湯買地券

〔券文〕

永安四年太歲在辛巳乙卯上朔十一月十二日乙卯，大女□」□李湯〔一〕，今於建業东北白石莫府山前茆立冢」宅。從天買地，從地買宅，雇錢三百。東至甲乙，」南至丙丁，西至庚辛，北至壬癸。若有争地，當」詣天帝；若有争宅，當詣土伯。如律令。

〔簡注〕

〔一〕此處「□□」，漫漶難辨，應為大女李湯籍貫。

附録五　三國吴佚名買地券

〔券文〕

天册元年十月三日，利□吴□九江阜陵□」〼得〼」十〼别〼」三〼上元〼」〼有□八佰〼」〼」〼」〼律令。

附録六　明陳寧為故考懷遠將軍陳衡買地券

〔券文一〕

大明國南京興武衛住城居住土地界分」清信奉　」神祭主陳寧，　伏為　」故考懷遠將軍陳衡，原命丙辰八月十三日子」時受生，大限於永樂二十年二月二十二日亥時。」傾越謹奉靈柩，安厝於山原，將價錢九」万九千九伯九十九貫，買得吉地一穴，坎山未」龍，坐子向午。其地丹鳳前迎，玄武後從，」青龍左護，白虎右擁，子孫繁昌，春秋祭」奉。急急准　」青鳥真人律令。謹券。

〔券文二〕

地券給付」戊己幽堂。　」（內刻八卦名稱及陰陽二爻符號）

永樂二十年三月初三日，　」

□考懷遠將軍陳衡收执地券」□照〔一〕

〔簡注〕

〔一〕前「□」應為「故」字，後「□」應為「存」字。

附録七　明水軍右衛指揮王衡為亡母贈淑人馮氏（淑清）買地券

〔額文〕

地券之銘

〔券文〕

維　」大明宣德肆年拾貳月朔越貳拾伍日丁酉，」水軍右衛指揮王衡亡歿母贈淑人馮氏，原」命乙酉相玖月貳拾伍日寅時生，祖貫係河」南布政司彰德府湯陰縣生長人氏。今於宣」德肆年拾壹月貳拾玖日卯時在家病故，停」柩在堂。虔備冥錢玖萬玖阡玖百玖拾玖貫」玖百文伍綵信〔二〕，弊於皇天后土處買到此間」應天府江寧縣安德鄉住人余二山壹片〔三〕，東」止青龍，南止朱雀，西止白虎，北止玄武。內方」勾陳，分掌四域；　丘丞墓伯，謹肅封界；　道路將」軍，阡陌若轍。干犯訶禁，將軍亭長收付河伯。」書契人：　今日直符。契付亡過馮氏收執，永為」身寶。若違此約，地府主吏自當其禍，內外存」亡悉皆安吉。急急如　」五帝主者女青律令。故券。

（此處內刻「敕」字，外刻八卦陰陽二爻符號）

〔簡注〕

〔一〕「阡」應為「仟」之誤。

〔二〕「弊」應為「俾」之誤。

附録八　明孝男楊仁等為故考太監楊慶買地券

〔券文〕

⧄二十八日丙申，見於應天府□□」⧄人孝男楊仁等，伏為□□」⧄夙夜憂思，不遑所厝，遂令日者□」⧄江寧縣安得鄉上保石馬村張家山地一」⧄已出備錢綵，買到墓地一方。左有青龍，」⧄方□內方勾陳，管分擘四域；　丘承墓伯，封步界」⧄死，千年百載，永無殃咎。若有干犯，並令將軍」⧄付河伯。今備牲宰酒脯，百味香新，共為信契，財地交相，各」宜分付，令工止修塋安厝，已後永保休吉。　」

知見人：　歲月主。代保人：　今日直符。故氣邪精，不得□□。先」有居者，永避萬里。若違此約，地府主吏，自當其禍。助葬」主裏外存亡悉皆安吉。　」急急如　」五帝使者女青律令。券立二本，一本奉付　」后土，一本乞付墓中，令故考太監楊公收把，準備付身，永遠照用。今」分券背上又書合同二字，令故氣杖尸，永不侵争〔一〕。

合同〔二〕

〔簡注〕

〔一〕本券漫漶，時間僅存「二十八日丙申」，具體年月不詳。據前一一五號《明故都知監太監楊公（慶）墓誌銘》，楊慶葬於宣德五年（一四三〇）八月二十八日，是日正為「丙申」，遂知本券時間與楊慶墓誌銘完全相同。

〔二〕此「合同」二字，均為右半，左半在另一券右邊。另一券圖版參閲本書上册，因過於漫漶，此處不做釋文。

附録九　明陳暹為亡考陳仲禮暨亡妣買地券

〔券文〕

維大明宣德十年歲次乙卯八月庚子朔越二十一」日庚申之吉，祭主陳暹，今寓應天府江寧縣兀屑壩」一廂居，見住上元縣貧民坊大市街北廊下居住。祖」貫蘇州府吴縣人。伏為亡考陳仲禮，原命係戊申年」十二月初五日子時受生，大限於宣德七年十二月」十五日壽終。亡妣不幸於宣德元年四月二十八日終逝。禮以歸祖，未卜安厝，擇此高原，於安德鄉陶家」山枝。來去朝迎，地占襲吉，堪為宅兆。捎己出備錢綵〔一〕，買其一方。東至青龍，西至白虎，南至朱雀，北至玄武。」內方勾陳，分掌四域；　丘丞墓伯，封步界畔；　道路將軍，」齊整阡陌。當使千秋萬歲，永無殃咎。若有干犯，並令」將軍、亭長縛付河伯施行。今備牲醴時菓，百味香饈，」共為信契，財地相交，各已分付，命工修營，安葬之後，」永保吉祥。知見人：歲月主。代保人：今日直符。故氣邪」精，不得干恡。先有居者，永避萬里。若違此約，地府主」吏自當其禍，助葬主裏外存亡悉皆安吉。急急如」□　使者女青律令。」

給付后土地祇主吏將軍執證　」

合同〔二〕

〔簡注〕

〔一〕「捸」應為「悌」之通假，「悌己」即「體己」。

〔二〕此「合同」二字，均為右半，左半應在另一券右邊。

附録一〇　明孝男季瓛為故妣陳氏（妙真）買地券

〔券文〕

維正統十四年歲在己巳正月壬午朔越二十五日丙午　」京都應天府南京錦衣衛錦衣後千户所旌節司校尉籍，見」寓通濟門外河南面北居住孝男季瓛，伏緣故妣陳氏妙真」之喪，未卜塋墳，夙夜憂思，不遑所厝。遂今日者擇此高原，来」去朝迎，地占襲吉，地屬應天府江寧縣安德鄉張公山都村」衙之原，堪為宅兆。梯己出備錢綵〔一〕，買到墓地一方。東至青龍，」西至白虎，南至朱雀，北至玄武。內方勾陳，管分擘四域；丘承」墓伯，封步界畔；道路將軍，齊整阡陌。致使千年百載，永無殃」咎。若有干犯，並令將軍、亭長縛付河伯。今備牲牢酒脯，百味」香新，共為信契，財地交相，各已分付。今工匠修塋，安厝已後，」永保清吉。　」

知見人：歲月主。代保人：今日直符。故氣邪精，不得干恡。」先有居者，永避萬里。若違此約，地府主吏自當其禍，助」葬主裏外存亡悉皆安吉。急急如　」五帝使者女青律令。券立二本：一本奉上　」后土，一本乞付墓中，令亡妣　收把，准備付身，永遠照用。」今分券背上又書合同二字，令故氣袄屍，永不侵争。　」

右　已　付　」

故妣陳氏收照

〔簡注〕

〔一〕「梯」應為「悌」之通假，「悌己」即「體己」。

〔券文一〕

維成化二十一年歲次乙巳三月壬午朔越初三日」甲申，孝男　」內官監太監鄭山，伏緣　」先妣季氏，祖貫係蘇州府常熟縣十二都人氏，大限」迺於成化甲辰八月二十三日申時奄然長逝，遺茲」體魄，未卜塋墳，有事安厝。特今日者，擇到南京都城」之南羽林右衛後所官山之原，回互朝迎，水深土厚，」龜筮協從，寔為吉壤，堪為宅兆。乃出備錢財，憑：　知見」人：　歲月主。代保人：　今日直符。買到墓地一方，東至青」龍，西至白虎，南至朱雀，北至玄武，方向分明，界域限」隔，各無干犯。即今命工修塋，以為幽宅。謹以牲牢酒」脯，庶羞之儀，敢告　」后土明神，乞賜鑒證。殯葬之後，務使生者福利，没者安寧，」千秋百歲，永無殃咎，獲大吉昌。先有居者，宜令遠避。」故氣邪精，若有侵爭，地府主吏即降譴罰，衛護亡靈。」急急如　」五帝使者女青律令。」券立二本，一本奉　」后土明神，永為照用者。

合同文券〔一〕

〔簡注〕

〔一〕此「合同文券」四字，均為右半，左半在後件券文二右邊。

〔券文二〕

維成化二十一年歲次乙巳三月壬午朔越初三日」甲申，孝男　」內官監太監鄭山，伏緣　」先妣季氏，祖貫係蘇州府常熟縣十二都人氏，大限」迺於成化甲辰八月二十三日申時奄然長逝，遺茲」體魄，未卜塋墳，有事安厝。特今日者，擇到南京都城」之南羽林右衛後所官山之原，回互朝迎，水深土厚，」龜筮協從，寔為吉壤，堪為宅兆。乃出備錢財，憑：　知見」人：　歲月主。代保人：　今日直符。買到墓地一方，東至青」龍，西至白虎，南至朱雀，北至玄武，方向分明，界域限」隔，各無干犯。即今命工修塋，以為幽宅。謹以牲牢酒」脯，庶羞之儀，敢告　」后土明神，乞賜鑒證。殯葬之後，務使生者福利，没者安寧，」千秋百歲，永無殃咎，獲大吉昌。先有居者，宜令遠避。」故氣邪精，若有侵爭，地府主吏即降譴罰，衛護亡靈。」急急如　」五帝使者女青律令。」券立二本，一本乞付　」墓中亡者季氏收執，准備付身，永為照用者。

合同文券〔一〕

〔簡注〕

〔一〕此「合同文券」四字，均為左半，右半在前件券文一左邊。

附録一二　明孝義男張銘等為南京司禮監右少監韋公（牧）買地券

〔券文〕

維成化二十一年歲次乙巳十一月戊申朔越初」七日甲寅，孝義男張銘等，伏緣先考　」南京司禮監右少監韋公，祖貫係廣西柳州府融」縣人氏，大限於成化二十一年十月二十一日亥」時奄然長逝，遺兹體魄，未卜塋墳，有事安厝。時令」日者，擇到都城之北佛國寺之原，回互朝迎，水深」土厚，龜筮協從，寔為吉壤，堪為宅兆。乃出備錢財，」憑：　知見人：　歲月主。代保人：　今日直符。買到墓地一」方，東至青龍，西至白虎，南至朱雀，北至玄武，方向」分明，界域限隔，各無干犯。即今命工修塋，以為幽」宅。謹以牲牢酒脯，庶羞之儀，敢告　」后土明神，乞賜鑒證。殯葬之後，務使生者福利，没者安」寧，千秋百歲，永無殃咎，獲大吉昌。先有居者，宜令」遠避。故氣邪精，若有侵爭，地府主吏即降譴罰，衛」護亡靈。急急如　」五帝使者女青律令。」券立二本，一本奉付　」后土，一本乞付墓中亡者韋公收執，准備付身，永為照」用者。

附録一三　明孝嗣男孟祥等為亡恩考南京內官監太監孟公（霖）買地券

〔券文一〕

應天府江寧縣安德鄉四啚興福寺地方業主父老為因無錢使用，」情愿托保人李定度説合，將自己風水吉山一段，出賣與南京府軍」衛營地方住人孝嗣男孟祥等，安葬伊亡恩考南京內官監太監孟」公諱霖，祖貫貴州程番府在鄉擺蠟村人氏。原命景泰庚午年六月」十一日寅時受生，大限卒于正德己巳年九月十一日寅時，停柩在」堂，未曾安厝。卜本年閏九月初七日辰時安葬。請到白鶴仙人立塋」定穴，龍山廠發龍過脉，遷作丑山未向，巨門向文曲，辰水倒辛方，獨」卜己丑己未龍，堪為宅兆。當日三面言定，時值價錢九萬九千九百」九十九貫。立券二道，各執一道為照。東至甲乙青龍，西至庚辛白虎，」南至丙丁朱雀，北至壬癸玄武，上至青天，下至黃泉，地中金銀寶物，」盡係亡者所管。不許僯近魅魈魍魎〔一〕，枯木精怪，妄行攙剋，侵占亡者。」如有此等，合□□冒　」當坊土府神祇捕獲，押赴」天曹治罪施行，須至契券為照用者。　」

冥府地契一道，付亡過南京內官監太監孟霖收執為照。　」

大明正德四年九月十九日

情愿立賣山契人業主父老」

引進人　白鶴仙師」
評議人　張堅固」
代保人　李定度」
中見人　徐知義」
左鄰人　東王公」

合同〔二〕　右鄰人　西王母

〔簡注〕

〔一〕「僯」應為「鄰」之誤，「僯近」即「鄰近」。

〔二〕此「合同」二字為疊壓拼字，均為右半，左半在後件券文二右邊。

〔券文二〕

南京府軍衛營地方居住孝嗣男孟祥等為亡恩考南京內官監太」監孟公諱霖，祖貫貴州程番府在鄉擺蠟村人氏，原命景泰庚午年」六月十一日寅時受生，大限卒于正德己巳年九月十一日寅時天」數壽終，謹備衣棺殮殯，停柩于堂，未遑安厝。祥等夙夜憂思，撫育之」恩難報，不忍暴露。卜本年閏九月初七日辰時安葬。憑中用價九萬」九千九百九十九貫，買到應天府江寧縣安德鄉四畐興福寺地方」業主父老墓山一段，堪作吉穴。東西南北四至明白，請到白鶴仙人」立塋定穴。龍山廠發龍過脉，遷作丑山未向，巨門向文曲，辰水倒辛」方，獨卜己丑己未龍，四水朝迎，富貴之地。坵丞墓伯封界，道路將軍」齊整阡陌，務使千秋百載，死者永無殃咎，生者常霑吉慶。所立契券」二道，各執一道為照，若有侵犯擾剋亡者，悉冐　」山川神祇，申赴　」□符地府主吏區處其罪。須至契券永遠為照用者。　」

敕

五帝使者女青律令　」敕　　馘煞〔一〕

敕

大明正德四年九月十九日

買山孝嗣男孟祥等　」

引進人　白鶴仙師」
評議人　張堅固」
代保人　李定度」
中見人　徐知義」

左鄰人　東王公　」

合同〔二〕　右鄰人　西王母

〔簡注〕

〔一〕三「敕」與「鹹煞」間原有「一弓」形符文

〔二〕此「合同」二字為疊壓拼字，均為左半，右半在前件券文一左邊。

附録一四　明前鎮守山西等處地方兼提督雁門等關御用監太監吴公（經）買地券

〔券文一〕

維　」大明嘉靖十二年歲次癸巳七月壬寅朔越十一日壬子，前　」欽差鎮守山西等處地方兼提督雁門等關御用監太監吴經，伏以經係應天」府江寧縣斗門橋南廊地方居住。見在安德鄉三嵓烏石王家庫地方新」造生宮一處，坐丁山癸向山壠，來去朝迎，係牛首回龍合獅子形勢，堪為」久遠陰宅之兆。已出備錢財九萬九千九百貫文，買到壽地一方。其地屬」於東南巽宮，出體轉落為宮，三百步到頭。左耳乘氣，沙水合子父財官俱」全，以乘净陰净陽。丁山癸向，以納三吉六秀之水。左按護位之沙，右伏拱」位之沙，前伏朝位之沙，後有丘陵之祖。內方勾陳，管分掌四域；　丘承墓伯〔一〕，」風步界半〔二〕；　道路將軍，齊整阡陌。致使千秋萬載，永無殃咎。若有干犯，並令」將軍、亭長轉付河泊水官〔三〕。今備牲牢脯酒，百味香信〔四〕，菲供之儀，供為信契〔五〕。」財地交相各以。令工匠脩治以後，永保吉祥。自此造作之後，邪魔遠遁萬」里，不得干犯地脉為禍。造完之後，本主福禄綿延，子孫繁衍吉昌。　」女清真君急急如律令〔六〕。　」地契一本給付，　永遠存照。」章光東方，　」玉堂西方，　」紫微中宮，　」鳳凰南方，　」麒麟北方。　」尋龍捉脉仙師郭璞之神，　代保之神守牛墳直符使者，　」掌教祖師楊筠松之神，　牙保神東王公西王母之神，　」點穴上界白鶴大仙之神，　交錢神李定度前傳後教之神，」知見神歲月主天官之神。　」秀色乾坤，幾萬秋分，明天為吉。人留朝元，水静歸源去。順勢龍從，逆勢」求穴。似金星開半口，形如獅子戲團毬。從今卜後，生英傑任看，　」君恩賜狀頭。

〔簡注〕

〔一〕「丞」應為「丞」之通假，「丘承」即「丘丞」。下件同。

〔二〕「半」應為「畔」之通假，「界半」即「界畔」。下件同。

〔三〕「泊」應為「伯」之通假，「河泊」即「河伯」。下件同。

〔四〕「信」應為「新」之通假，「香信」即「香新」。下件同。

〔五〕「供」應為「共」之通假，「供為」即「共為」。下件同。

〔六〕「清」應為「青」之通假，「女清」即「女青」。

〔券文二〕

維　」大明嘉靖十二年歲在癸巳七月壬寅朔越十一日壬子，前　」欽差鎮守山西等處地方兼提督雁門等關御用監太監吴經，謹以牲醴祭告」承天□法□土皇地祇，　」幽堂亭長土墓之神，　」阡陌五道□□之烝，　伏以經係應天府江寧縣斗門橋南廊地方居住，在」於地名安德鄉三嵓烏石王家庫地方新造生宮一處，坐丁山癸向山壠，」來去朝迎，係牛首回龍合獅子形勢，堪為壽宮。己出備錢財九萬九千九」百貫文，買到壽地一方。其地屬於東南巽宮，出體轉落為宮，三百步到頭。」左耳乘氣，沙水合子父財官俱全，以乘净陰净陽。丁山癸向，以納三吉六」秀之水。左按護位之沙，右伏拱位之沙，前伏朝位之沙，後有丘陵之祖。內」方勾陳，管分掌四域；　丘承墓伯，風步界半；　道路將軍，齊整阡陌。致使千秋」萬載，永無殃咎。若有干犯，並令將軍、亭長轉付河泊水官。今備牲牢脯酒，」百味香信，菲供之儀，供為信契。財地交相各以。令工匠脩治以後，永保吉」祥。自此造作之後，邪魔遠遁萬里，不得干犯地脉為禍。造完之後，本主福」祿綿延，子孫繁衍吉昌。　」司太歲急急如律令。　」地契一本，給付后土陰官收執。□此山鎮□　」□山二十□□□□之神，□□□□□之神，尋山羅睺之神，　」□□□□之神，□□□□□□之神，青龍白虎之神，　」〼之神，〼之神。　」章光東方，　」玉堂西方，　」紫薇中宮，　」鳳凰南方，　」麒麟北方。

附録一五　明信士陳和買地券

〔券文〕

立券。維　」大明萬曆歲次己酉仲春丁卯月朔癸丑越二十五日丁丑巳時，　」直隸淮安府山陽縣辛店南鄉左家堡居住，奉　」開子山午向，兼癸丁分金，天福龍掌局信士陳和，伏為自身年邁，夙夜憂」思，不遑寢處。遂令日主擇取高遠道，來去朝迎，秀水地占襲，堪為宅兆。係」己出办銀彩，已憑宜日功曹，買到本坊故民胡現陰地一坊。長寬在契，東至青龍，」西至白虎，南至朱雀，北至玄武。內坊築陳，管分四域；　丘承墓陌〔一〕，封步界畔；　道路」將軍，齊整〔二〕。致使千秋万代，永無殃咎。若有干犯，並令將卒縛付　」河泊土神會下〔三〕。今備牲酒輔〔四〕，百味香薪〔五〕，兩交付地，付割各宜。分付工匠修造」塋宅。自告開山之後，壽山福海，永保清吉。再祈吉星共照塋宅，工匠各」保安康。知見年月日時四住功曹。左僯東王公〔六〕，右僯西王母。□契白□□。」書契人青衣童子。故氣伏屍邪精，不得干恡。先有居者，遠去萬里。若違」此約，地府主者自當其禍，助葬者裹外存亡悉皆安吉。五帝女青　」急急如律令。券立二本，一本奉上　」后土皇帝神君，一本給其塋鎮墓。百年之後壽殁，执此查驗」付照。為此備用，須至券者。　」

大明萬曆三十七年二月二十五日立

〔簡注〕

〔一〕「承」應為「丞」之通假，「陌」應為「伯」之誤，「丘承墓陌」即「丘丞墓伯」。

〔二〕「齊整」下應脱「阡陌」二字。

〔三〕「泊」應為「伯」之通假，「河泊」即「河伯」。

〔四〕「牲」下應脱「牢」字，「輔」應為「脯」之誤。

〔五〕「薪」應為「新」之通假，「香薪」即「香新」。

〔六〕「僯」應為「鄰」之誤。下同。

附録一六　明祭主吴孔式等為故先考吴淇竹先妣張孺人買地券

〔額文一〕

券文

〔券文一〕

維　」萬曆肆拾柒年歲次己未春三月甲申朔越祭日戊申、葬」日己酉，直隸徽州府歙縣十六都一啚八甲忠鵠鄉礼教里」人氏〔一〕，今寓如皋縣居住。祭主吴孔式等，伏緣明故先考吴」公淇竹、先妣張氏孺人之墓，奄逝未卜塋墳，夙夜憂思，不」遑所厝。遂令日者擇此崗源〔二〕。来去朝迎，地占襲吉，其地名」圖慕村之山，堪為宅兆。悌己出備錢綵，價鈔九萬九千九」百九十九貫文，買到墓地一方，東西二百步，南北二百步。」其地左止青龍，右止白虎，前止朱雀，後止玄武。內方勾陳，」管分擘四域；坵承墓伯〔三〕，封步界畔；道路將軍，齊整阡陌。致」使千秋百載，永無殃咎。若有干犯，并令將軍、亭長縛扶河」伯〔四〕。今備牲牢酒脯，百味新香，供為信契〔五〕。財地交相，各以分」付。令工匠修塋，安厝已後，永保清吉。　」

知見人：　歲月主。代保人：　今日直符。令故氣邪精，不得」干悋。先有居者，永避萬里。若違此約，地府主使自當」其祸，助葬者主內外存亡悉皆安吉。急急如准　」五帝使者女青真人律令。」右地□□□□□年己巳月己酉日己巳時〔六〕。天元一氣，地支合生。

右給付與明故先考吴公淇竹、先妣張氏孺人執照

〔簡注〕

〔一〕「十」為補刻小字。下件同。

〔二〕「源」應為「原」之誤。下件同。

〔三〕「承」應為「丞」之通假，「坵承」即「坵丞」。下件同。

〔四〕「扶」應為「付」之誤。下件同。

〔五〕「供」應為「共」之通假，「供為」即「共為」。下件同。

〔六〕「□□□□□年己巳月己酉日己巳時」等字似被鑿去。下件同。

〔額文二〕

券文

〔券文二〕

維」萬曆肆拾柒年歲次己未春三月甲申朔越祭日戊申、葬」日己酉，直隸徽州府歙縣十六都一啚八甲忠鵠鄉礼教里」人氏，今寓如皋縣居住。祭主吴孔式等，伏緣明故先考吴」公淇竹、先妣張氏孺人之墓，奄逝未卜塋墳，夙夜憂思，不」遑所厝。遂令日者擇此崗源。来去朝迎，地占襲吉，其地名」圖慕村之山，堪為宅兆。悌已出備錢綵，價鈔九萬九千九」百九十九貫文，買到墓地一方，東西二百步，南北二百步。」其地左止青龍，右止白虎，前止朱雀，後止玄武。內方勾陳，」管分劈四域；坵承墓伯，封步界畔；道路將軍，齊整阡陌。致」使千秋百載，永無殃咎。若有干犯，并令將軍、亭長縛扶河」伯。今備牲牢酒脯，百味新香，供為信契。財地交相，各以分」付。令工匠修塋，安厝已後，永保清吉。」

知見人：歲月主。代保人：今日直符。令故氣邪精，不得」干恡。先有居者，永避萬里。若違此約，地府主使自當」其祸，助葬者主內外存亡悉皆安吉。急急如准」五帝使者女青真人律令。」右地□□□□□年己巳月己酉日己巳時。天元一氣，地支合生。后土地祇五方五帝十二元神准也

後記

《新中國出土墓誌》第二期工程《江蘇》［貳］是二〇一二年度國家社會科學基金重大項目「新中國出土墓誌整理與研究」階段性成果的首發，南京市博物館作為「新中國出土墓誌整理與研究」項目的子課題承擔者之一，從二〇一二年十二月項目開題以來，在子課題負責人白寧先生的領導、組織下，課題組成員付出了超常的努力，歷經二年，終於完成了館藏墓誌的搜集、拓片、攝影、釋讀、編撰等工作。

自一九四九年迄今，南京市博物館在六十餘年裏，收藏有三百餘合歷代墓誌，大多出於墓葬發掘。其中六朝時期的士家大族墓誌與明代的功臣、宦官墓誌，有着極高的研究價值。多年來，南京市博物館對這些墓誌也做過一些整理與研究，但系統的匯總與發表尚屬首次。本書輯録時間為二〇一二年底，一些剛剛發掘出土的墓誌得以及時加入進來，保證了墓誌資料的完整性，更好地考證歷史、詮釋歷史，為南京及中國歷史、典籍、文化研究提供了新的資料。

本書由魏正瑾、白寧主編。《前言》由魏正瑾、白寧執筆；參加編著人員（按姓氏筆劃排序）有：王璞、白寧、朱敏、邱曉勇、徐佩佩、魏正瑾、魏楊菁、邊昕、顧蘇寧；人名索引的前期摘録工作由王璞、邊昕、朱敏、邱曉勇、顧蘇寧、徐佩佩、魏楊菁承擔；前期校稿由王璞、邊昕、朱敏、邱曉勇、徐佩佩、魏楊菁承擔。孫雨璠、陳宇滔負責編務工作，黄秝人負責攝影，張建國、沈利華、邱曉勇、李克負責拓片，徐心智負責提供資料查閱，張金喜、黄貴成負責組織墓誌搬動及後勤保障。為保證拓片的拍照效果，南京市博物館還專程派人赴北京學習拓片修補等技術。二〇一四年八月，在全館公務繁忙的情況下，專門安排課題組成員參加本書圖版説明校樣的校對及信息審覈工作。

此外，本書後期工作由故宫博物院具體負責。故宫博物院的同仁也為本書做了大量工作。本叢書主編王素先生和執行主編任昉先生，二〇一二年就曾專程前往南京市博物館指導工作。二〇一四年八月，任昉先生又率故宫博物院博士後科研工作站項目博士後王玉來，赴南京市博物館主持本書圖版説明校樣的校對及信息審覈工作。王素先生和任昉先生對本書《前言》、目録、釋文、標點和圖版説明、《後記》以及格式、體例進行了審訂和修改，并在原有簡注的基礎上增補了一些簡注和附録。故宫博物院博士後科研工作站項目博士後王玉來、中國藝術研究院在讀碩士研究生米婷婷、北京師範大學博士後科研流动站博士後徐暢分别承擔了本書後期部分校樣的校對及人名索引的覈對工作；全部人名索引的覈對、編輯工作，由任昉先生完成。故宫博物院館員馬玥佳承擔了本書目録、圖版、圖版説明、釋文的電腦編輯，以及人名索引的電腦編輯和後期校對工作。本書最終校訂、編改工作由王素先生、任昉先生統一完成。

南京市文廣新局、南京市文物局對本課題的研究給予了全力支持。南京市博物館將本課題作為本館二〇一二、二〇一三年度中心工作。本書在整理过程中，還得到很多同行的關心與幫助。在此一并謹致深深的謝意！

本書因工作疏忽造成的遺漏，不免遺憾，祈請讀者諒解。因釋讀不當造成的錯誤，祈請給予指正。

編　者

二〇一四年十二月

故宫博物院
南京市博物館　編

新中國出土墓誌

第二期工程　江蘇〔貳〕南京　上册

文物出版社

本書人名索引

簡　例

一．本索引根據本書墓誌編製，採用四角號碼檢字法排列，後附筆畫檢字表。

二．本索引收録書中出現的東晉至民國的人名，凡用典舉事所引古人名，均不予收録。

三．本索引收録書中人名，以正式姓名為主目，其後括注字號等，但字號等並不列為參見條目。

四．凡墓誌中僅列姓氏職官，盡量據史料還原其姓名並列為主目，其姓氏職官為參見條目。如墓誌三一之南朝宋“撫軍武陵王”佚名，據《宋書・孝武帝紀》，應指劉駿，今索引以劉駿為主目，南朝宋撫軍武陵王為參見條目；又墓誌一九九之明“大司馬白公”未記其名，據《明史》，應為白圭，今索引以白圭為主目，明大司馬白公為參見條目。

五．婦女以姓氏為主目，其從屬關係為參見條目。

六．歷代帝王在常見廟號前冠以朝代名，如唐太宗、明太祖。

七．凡同姓名人物，各自立目，其後括注時代、身份等，以示區別。

八．姓名後所列數碼，為本書墓誌序號，凡誌主或首題中所見人名，均標以＊號。

0023$_0$ 卞

0024$_2$ 底

0026$_5$ 唐

0028$_7$ 庾

0029$_9$ 康

0040$_0$ 文

0040$_6$ 章

0073$_2$ 衷

0121$_1$ 龍

0128$_6$ 顏

0164$_6$ 譚

0180_1 龔

0460_0 謝

0466_0 諸

0742_7 郭

0761_7 記

0821_2 施

0823_3 於

0864_0 許

0925_9 麟

1010_0 二

1010_1 正

1010_4 王

1020_0 丁

1021_2 兀

1022_7 万

兩

1173₂ 裴

1211₀ 北

1249₃ 孫

1311_2 琬

1314_0 武

1623_6 强

1710_2 孟

1712_7 鄧

1721_5 翟

1722_0 刀

1740_7 子

1742_7 邢

1750_6 鞏

1750_7 尹

1752_7 那

1760_2 習

1762_0 司

1762_7 邵

1918_6 瑣

1948_0 耿

2022_7 喬

2040_7 季

2071_4 毛

2121_2 盧

2122_0 何

2122_1 行

衛

2128_4 虞

2221_0 亂

2221_2 能

2221_4 任

2221_5 崔

2233_1 熊

2277_0 山

2290_3 樂

2290_4 柴

2291_3 繼

2300_0 卜

2324_2 傅

2325_0 臧

2371_2 崆

2421_7 仇

2422_7 偽

2428_1 徒

2500_0 牛

09 牛麟　七二＊　八三
牛麟德人 見楊氏
22 牛能　八三
35 牛禮　八三
44 牛某（明刑部副郎）　二一〇

2529_4 傑

27 傑峰禪師　一〇五

2590_0 朱

00 朱高燧（明趙簡王）　一一九　一二一　一三二
朱慶寨（乾塢）　二六八　二六九
朱慶寨母 見陳孺人
朱慶寨妻 見陳太夫人
朱襄　三〇三
08 朱旅溪　二五七
09 朱麟　一八七
朱麟妻 見沐氏
10 朱玉華（明南康大長公主，胡觀妻）　一三〇＊
朱玉華母 見林氏
朱可涍（朱慶寨父）　二六九
朱可涍妻 見陳孺人
17 朱勇　一一九　一三八
朱勇妻 見沐氏
20 朱秀明　六二
朱秀明妻 見王氏
朱信　一四五
21 朱睿焞（虹津、孟弢）　二六九＊
朱睿焞妻 見湯氏
朱睿熺　二六九
朱貞　一八七
朱貞菴　二九六
22 朱能　一八一
朱能增　二六九
24 朱升之　二四八
25 朱仲輝　一五〇
朱仲輝妻 見郭氏
朱仲實　一六五
28 朱儀（明成國公、明成國莊簡公）　一六八　一七〇　一七一　一七二　一七八　一八一　一八七　二一六
朱儀夫人 見胡氏
30 朱之蕃　二七〇
朱安（楊茂母、楊清淑人）　一五九＊
朱富　一六二
朱宏　二五〇　二五一　二六五
朱宗　一六二
朱宗妻 見沈氏
朱宗（明刻工）　二四九
31 朱灝□（明刻工）　二五九
34 朱浩　一二九
朱漢　二六六
35 朱冲烒（明韓王世子）　九二
朱冲炑（明襄陵王）　九二
朱冲焵（明臨汾王）　九二
朱清　一二九
朱清妻 見王氏
36 朱暹　一五〇
朱暹妻 見陳氏
38 朱海　一二九
朱海妻 見沈氏
40 朱士廉　一五九
朱存　三七
朱大用　一七一　一七二　一七五　一七七　一七八　一八〇
朱大舉（明刻工）　二一四
朱枋　一五〇　一六三
朱枋妻 見徐氏
41 朱桓　一五〇
朱標（明懿文太子）　二七四
42 朱楷　一五〇
43 朱榑（明宗室齊王）　二六八　二六九
44 朱模（明瀋王）　九一
朱某（朱松子）　九二
朱茂（明刻工）　二一九　二二一　二二七　二三一　二三二
朱蕙（明刻工）　一八八　二〇〇　二〇三　二〇五　二〇六　二一三　二一五　二一八　二二二
朱恭人（徐景璜妻）　二二一
朱華（文輝）　一六二＊
朱華安人 見支氏
朱華側室 見劉氏
45 朱棟（明郢靖王）　一四〇
46 朱楫　一五〇
朱楫妻 見許氏
48 朱松（明韓憲王）　九二
50 朱貴（明遼王）　一七二
60 朱昺（景昕）　一五〇＊
朱昺妻 見高氏
朱昇　一五〇
朱杲　一一四
朱景昭　一五〇
61 朱顯　一五〇
64 朱時脩　二六九
67 朱暉　一〇五
朱瞻埈（明梁王）　一一〇
70 朱璧（朱昺曾祖）　一五〇
朱璧（朱華姪）　一六二
71 朱長鏃　二六九
72 朱氏（智實夫人）　四九
朱氏（楊元母）　六三
朱氏（馮廷之妻）　一一六
朱氏（吴子正妻）　一一七
朱氏（吴謙繼妻）　一一七
朱氏（倪益妻）　一二六
朱氏（孫謙妻）　一四三
朱氏（范禮夫人）　一六〇
朱氏（周椿妻）　一六二
朱氏（龐撫繼妻）　一六七　二〇二
朱氏（張仁繼室）　一七四
朱氏（張夔妻）　一七四
朱氏（徐俌夫人）　一八一＊　二二八
朱氏（秦復妻）　一九八
朱氏（龐祐妻）　二〇二
朱氏（羅登妻）　二一一
朱氏（董天胤妻）　二六九
朱氏（王抑之妻）　二六九
朱氏（徐袠妻）　二六九

2600_0 白

2610_4 皇

2641_3 魏

2690_0 細

2691_4 程

2712_7 歸

2720_0 多

2720_7 伊

2721_2 倪

2722_0 向

2722_7 脩

2723_3 佟

2724_7 殷

2725_2 解

2728_4 俟

2731_2 鮑

2742_7 鄒

2760_3 魯

2771_2 包

2790_9 黎

2791_7 紀

2792_2 繆

2829_4 徐

3111_2 江

3111_4 汪

3112_7 馮

3126_6 福

3128_6 顧

3216_9 潘

3290_5 業

3312_7 浦

3315_0 涐

3390_4 梁

3411_2 沈

3411_8 湛

3412_7 滿

3413_2 法

3414_7 淩

3418_1 洪

3418_5 漢

3419_0 沐

3512_7 清

3516_0 油

3520_6 神

3611_2 温

3612_7 湯

3621_2 祝

3630_2 邊

3715_7 浄

3740_1 罕

3772_7 郎

3814_7 游

3830_4 逆

4000_0 十

4003_0 太

4010_0 士

土

4022_7 南

4040_1 幸

4040_7 支

李

4050_6 韋

4060_1 吉

4073_2 袁

4080_0 大

4090_0 木

4091_7 杭

4111_6 垣

4191_6 桓

4196_2 栢

4212_2 彭

4241_3 姚

4252_1 靳

4301_2 尤

4385$_0$ 戴

4410$_0$ 封

4410$_5$ 董

4411$_2$ 范

4421$_2$ 蘆

4421$_4$ 莊

4422$_7$ 萬

蕭

4424_0 苻

4424_2 蔣

4439_4 蘇

4440_0 艾

4445_6 韓

4450_4 華

4460_0 苗

4460_1 菩

4472_7 葛

4474_1 薛

4477_0 甘

4480_4 莫

4480_4 樊

4480_6 黄

4490_1 蔡

4490_4 某

4490_4 葉

4491_0 杜

4499_0 林

4594_4 樓

4640_0 如

4680_6 賀

4692_7 楊

4722_7 郝

郗

4742_0 朝

4762_0 胡

4762_7 都

4772_7 郄

4780_6 超

4792_0 柳

4895_7 梅

4980_2 趙

5000_6 史

5033_3 惠

5044_7 冉

5080_2 夷

5090_0 来

5090_4 秦

5090_6 東

5310_2 盛

5320_0 成

戚

5340_0 戎

5560_6 曹

6090_6 景

6091_5 羅

6404_1 時

6624_8 嚴

6702_0 明

7121$_2$ 阮

7122$_0$ 阿

7122$_7$ 厲

7129$_6$ 原

7132$_7$ 馬

7210$_0$ 劉

7210_2 丘

7421_4 陸

7529_6 陳

7622_7 陽

7722_0 周

陶

8040$_4$ 姜

8050$_1$ 羊

8055$_3$ 義

8060$_8$ 谷

8090$_4$ 余

8211$_5$ 鍾

8315$_3$ 錢

8614$_0$ 鐸

8660$_0$ 智

8711$_2$ 鈕

8713$_2$ 銀

人名筆畫檢字表

十　畫

十一　畫

十二　畫

十三　畫

十四　畫

十五　畫

十六　畫

十七　畫

十八　畫

十九　畫

二十　畫

二十一　畫

二十二　畫

二十三　畫

書名題字 啓功
封面設計 程星濤
責任編輯 蔡敏
責任印製 陳傑

圖書在版編目（CIP）數據

新中國出土墓誌．江蘇．2，南京/故宫博物院，南京市博物館編著．—北京：文物出版社，2014．12
ISBN 978－7－5010－4181－7
Ⅰ．新…　Ⅱ．①故…②南…　Ⅲ．墓誌－匯編－中國②墓誌－匯編－南京市　Ⅳ．K877．45
中國版本圖書館 CIP 數據核字（2014）第 284410 號

新中國出土墓誌・江蘇〔貳〕南京

編　者　故宫博物院　南京市博物館
出版發行　文物出版社
北京市東直門内北小街二號樓
http://www.wenwu.com
E-mail:web@wenwu.com
印　刷　北京聯華宏凱印刷有限責任公司
經　銷　新華書店
二〇一四年十二月第一版
二〇一四年十二月第一次印刷
定　價　一〇八〇圓（上、下册）

787×1092　1/8　印張：89
ISBN 978－7－5010－4181－7

本叢書編輯委員會

顧　問　鄭欣淼
主　任　單霽翔
副主任　宋紀蓉
委　員（按姓氏筆劃順序）
王　素　毛陽光　白　寧　任　昉　吴敏霞　余　輝　宋玲平
馬金花　張宏明　張建林　葉　渡　趙跟喜　韓立森　羅　豐

本叢書主編　王　素
執行主編　任　昉
編　輯　王玉來　馬玥佳　米婷婷

本書主編　魏正瑾　白　寧
編　著（按姓氏筆劃排序）
王　璞　白　寧　朱　敏　邱曉勇　徐佩佩　魏正瑾　魏楊菁
邊　昕　顧蘇寧
編　務　孫雨璠　陳宇滔
攝　影　黄秝人
拓　片　張建國　沈利華　邱曉勇　李　克
編　輯　馬玥佳
審　訂　王　素　任　昉

本書

列入國家社會科學基金重大項目（12&ZD137）

得到國家社會科學基金專項資助

總敘

故宮博物院《新中國出土墓誌》第二期工程整理組

墓誌是我國古代埋藏在墓中用以記叙死者姓名、籍貫、履歷、仕宦以及親屬世系等的銘刻（或書寫）文獻。其形制起源於秦漢，變化於魏晉，定型於南北朝，興盛於隋唐，經宋元明清發展，至民國甚至直到現在，也仍在一些地區行用。墓誌作為銘刻文物，藝術價值頗大。北魏的墓誌，隸楷合一，隸法雄勁，楷法新穎，在我國書法史上號稱「魏碑體」。定型後的墓誌，蓋石盝頂、四殺等處雕飾人物、四象、花草、雲氣等圖案，成為更加精美的藝術品。而墓誌作為銘刻文獻，學術價值更大。在傳世文獻不足的情況下，利用墓誌這種銘刻文獻研究歷史，曾經取得豐碩的成果。因此，墓誌的收集整理工作，一直深受學術界的重視。

《新中國出土墓誌》全三十卷、六十册，原是國家文物局領導並主持的大型叢書項目。該項目緣起一九八一年開始的第二次全國文物普查。此次文物普查，國家文物局和局屬古文獻研究室經常收到各地文博考古單位的來信，介紹他們所在地方新出墓誌的情況。其中，有的來信特别提到，很多新出墓誌被人拿去砌豬圈，壘井臺，修橋鋪路，築壩填河，如果再不及時搶救，就將面臨徹底毀壞的危險。這些來信，引起了國家文物局和古文獻研究室領導的重視。為了搶救保存這些墓誌材料，一九八三年底，國家文物局正式發文（參閱：國家文物局一九八三文物字第六四三號文件），責成古文獻研究室與相關單位合作，整理出版《新中國出土墓誌》。

然而，《新中國出土墓誌》項目啓動雖不容易，進行更不容易。原因之一是因為工程過於浩大，經費和人力都很難一次性到位。一九九二年，重新制定計劃，決定分三期滚動進行，每期平均整理出版墓誌類圖書十卷、二十册。第一期工程仍由原古文獻研究室（當時已并入中國文物研究所，該所現改名為中國文化遺産研究院）主持，河南、陝西、河北、江蘇、北京、上海、重慶、天津等省、市文博考古及古籍整理單位參與合作，二〇〇九年六月完成，凡整理出版墓誌類圖書十卷、十九册。二〇一〇年，第一期工程的圖書榮獲第二十五届（二〇〇九年度）全國優秀古籍圖書獎一等奬、第二届（二〇一〇年）中國出版政府奬圖書奬。二〇一三年八月，又獲得『首届向全國推薦優秀古籍整理圖書』殊榮。

《新中國出土墓誌》第二期工程的工作從二〇〇五年就開始醖釀，但頗費周折。主要原因是二〇〇六年初，本叢書的主編和執行主編都由中國文物研究所調到故宮博物院研究室，工作如何協調開展成為一個問題。直到二〇一一年，經國家文物局、故宮博物院、中國文化遺産研究院三方協商，一致同意將本叢書移交並委託故宮博物院主持（參閲：中國文化遺産研究院［文研函］二〇一一・四號公函、國家文物局辦公室［辦博函］二〇一一・六六〇號公函）。至此，工作才理順了關係。二〇一二年，國家社會科學基金設立建議滾動資助重大項目，本叢書第二期工程在國家社會科學基金的支持下，以「新中國出土墓誌整理與研究」為名，順利申報了該項目。至此，工作也走上了正軌。

《新中國出土墓誌》第二期工程由故宮博物院主持，故宮研究院古文獻研究所具體執行，陝西、江蘇、河南、河北、山西、安徽、寧夏、北京等省、市、自治區文博考古及古籍整理單位參與合作，預計在二〇二二年前，整理出版墓誌類圖書十卷、二十册。故宮研究院古文獻研究所雖然只是一個新成立的研究單位，但其科研人員在古文獻领域已有多年的整理研究經驗。目前正在主持和推進的有《長沙走馬樓三國吴簡》最後四卷（《竹簡》［柒］、［捌］、［玖］三卷及《竹木牘》一卷）和《故宮博物院藏殷墟甲骨文》等多卷本出土文獻整理出版工作。因此，相信《新中國出土墓誌》第二期工程，在陝西、江蘇、河南、河北、山西、安徽、寧夏、北京等省、市、自治區文博考古及古籍整理單位的支持下，會比第一期工程做得更好。

在此，謹向所有關心、支持本項目工作的同行，表示衷心感謝！

二〇一四年元月三十日

編輯凡例

一、本書是在國家文物局、故宫博物院統一領導下，由全國各省、市、自治區文博考古及古籍整理單位合作編集的大型墓誌叢書。擬收録自公元一九四九年以來國内出土的歷代墓誌。凡一九四九年以前已有拓本流傳，或已在金石、考古文獻中著録者，本書一般都不再收録。

二、本書收録墓誌的年代，上自秦漢，下迄民國初年，即包括墓誌産生、流行的整個歷史時期。

三、本書資料來源包括以下三種情況：

（一）經各級文物考古單位科學發掘出土者。

（二）非經科學發掘，但出土時間、地點明確的徵集品。

（三）原流散於民間，出土時間、地點不明，但未曾著録發表者。

四、本書著録以省、市、自治區為單位，每省、市、自治區墓誌根據現存數量輯録為一卷至若干卷。一般以四〇〇件左右為一卷。墓誌數量較少的省、市、自治區，可以數省、市、自治區合為一册。

五、本書收録墓誌的編排，分為兩種形式：

（一）按年代排列。即在一省、市、自治區範圍内，按全部墓誌年代先後進行排列。為便於檢索，另按地域編製檢索表，附於書後。

（二）按地域排列。即依照墓誌現存地點，分地、市、縣著録。在各地、市、縣内再依年代先後排列。為便於檢索，另按年代編製檢索表，附於書後。

六、本書圖版册著録墓誌，包括説明、圖版二部分。説明包括：名稱（首題）、年代、尺寸、形制、紋飾、書體、行數、字數及殘損情況和出土時間、地點、收藏單位等項。圖版包括刻石的拓本圖版和寫磚的照相圖版。

七、本書釋文册著録墓誌，包括釋文、簡注、附録三部分。釋文採用通行繁體字，並加標點。其中俗别字徑改為通行字，假借字及現在仍通行的簡體字照録原文。缺字用□表示，不詳字數的缺文用▨表示。原表敬空格，不管原空多少格，釋文均僅空一格。為保存原蓋、誌文的行款，釋文每行後用」號加以提示。簡注主要針對釋文本身，也包括對誌主佚名和卒葬時間不詳等問題的考訂。附録主要針對殘缺漫漶的墓誌，提供傳世墓誌和相關資料，以資比較和理解。

八、本書附録分為三種：一種是殘損嚴重的墓誌，一種是根據情況酌收的買地券，一種是各釋文册後的人名索引。

前言

魏正瑾 白寧

南京是中國四大古都之一，歷史上曾經有十個朝代在這裏建都。兩漢之後，東吴、東晉、宋、齊、梁、陳相繼建都南京，名建業、建康。三百多年的經營，不僅南方經濟迅速發展，更重要的是華夏文化得以傳承、延續、發展，為大唐盛世奠定了基礎。五代十國時期，中國再次分裂，南京作為南唐的都城，一朝三世，以繼承唐祚為己任，在亂世中造就了江淮地區和平安定的社會環境。文化之盛，在中國歷史上所有的割據政權中都是絶無僅有的。公元十四世紀，明王朝的立都，南京一度成為全中國的政治、經濟、文化中心，成為唐宋之後又一個强盛的封建王朝，它的輝煌成就把中國封建社會晚期的發展再次推向高峰。正因為龍盤虎踞的地理優勢和得天獨厚的金陵王氣，南京在中國古代文明史的發展中具有極為重要而特殊的地位。南京地下埋藏文物十分豐富，南京市博物館[一]在六十多年的考古工作中收穫豐富，獲取了大量的地下遺存的資料和文物。墓誌是考古收穫的重要部分，這些特殊的文物具有龐大的歷史信息量，涉及政治、經濟、軍事、文化、宗教、民俗等方方面面，與歷史文獻相互印證，又是史料的補正，是研究南京乃至中國歷史發展珍貴的資料。

本書為《新中國出土墓誌》江蘇省第二分卷，共收録了一九四九年至二〇一二年十二月入藏南京市博物館的墓誌三百零五方，其中東晉、南朝三六方，唐宋元二七方，明二三六方，清五方，民國一方。另附録買地券一六方。六朝墓誌集中於東晉、宋、梁、陳四個朝代，内容豐富，基本形成系列。誌主身份高，其中不乏社會名流，誌文的内容為六朝史的研究提供了豐富的資料。六朝墓誌體例的形成，為中國墓誌體例的發展奠定了基礎。六朝墓誌的書法，完成了中國漢字由隸書向楷書轉變的過程，是研究中國書法史極為珍貴的資料。館藏明代墓誌是大宗，開國元勳、達官顯貴，乃至當政太監墓誌特色明顯，墓誌中飽含金戈鐵馬之聲，充滿建國保國之艱辛，朝廷七下西洋的壯舉，雲滇邊區的安定歷歷在目。墓誌在史料學、考古學、文化學等方面具有重要的價值和意義，集中表現在：基於這些墓誌都是南京地區考古發掘或在南京地區徵集獲得，均與南京歷史有關，墓誌的來源單純。世家大族、重要官員的墓誌占了很大的比重，對考證當時的政治、軍事、經濟、文化的發展十分重要；出土墓誌的墓葬都是考古的重要單元，與這一時期考古整體關係極為密切；墓誌延續的時間與南京發展的歷史階段相吻合。因此，墓誌反映出諸多的歷史信息，具有補史證史的重要價值；是對南京古都歷史與地理的考證、詮釋；墓誌體例的完整闡釋，為研究作為中國古代文體之一的墓誌銘提供了大量的實物資料。

一　關於家族墓的葬地

自有墓誌以來，誌主的生卒年和葬期葬地是墓誌記載的主要內容之一，這些信息不僅成為墓葬形制、器物考古斷代的重要依據，同時為考證家族葬地提供了依據。

以墓誌為標識的六朝墓葬考古單元，目前已經確定的皇族與世家大族葬地有蕭梁皇族葬地、東晉臨沂琅耶王氏家族葬地、東晉陳郡陽夏謝鯤、謝奕兩個家族葬地、東晉琅耶顏氏家族葬地、東晉太原祁縣温氏家族葬地、東晉廣陵高崧家族葬地、東晉廣平李氏家族葬地。這些家族葬地區域集中，專用的區域內未發現同時代其他墓葬，家族墓地的排列有序，南京象山王氏家族墓地可作例證。六朝世家大族葬地聚族而葬的特點，高規格的墓葬形制、精致的文物與墓主地位、財富之間的關係，墓誌反映出大族之間聯姻問題等，是大族政治的考古學證據。王氏家族墓誌中的葬地「白石」和温氏家族墓誌中的葬地「白石崗」，為六朝時期「白石壘」的相對地區提供了考證依據。大族葬地與建康城的位置、格局之間的關聯，對建康城的範圍考證提供了依據。

南京地區六朝世家大族為顯示門第的高貴，生前聚族而居，婚嫁講究門第，死後聚族而葬的風氣流行。名門豪族墓葬分佈在建康都城以外的崗埠之地，大量的六朝墓誌出土，為家族墓地地點的確定提供了直接依據。根據《東晉征西大將軍行參軍贛令王興之墓誌》、《東晉故散騎常侍特進衛將軍尚書左僕射都亭肅侯王彬長女王丹虎墓誌》、《東晉故前丹楊令騎都尉王企之墓誌》、《東晉故衛將軍左僕射肅侯王彬繼室夫人夏金虎墓誌》、《東晉故振威將軍鄱陽太守都亭侯王建之墓誌》等的記載和南京市博物館在南京北郊象山發掘的王興之（M1）、王閩之（M5）、王丹虎（M3）、夏金虎（M6）、王廙（M7）、王康之（M11）、王企之（M8）、王建之（M9）等十一座大、中型墓葬〔二〕，可以確定東晉臨沂琅耶王氏家族墓地在南京北郊的白石，即今象山的範圍。根據《東晉故豫章內史謝鯤墓誌》的記載和謝鯤墓發掘地點南京南郊的戚家山〔三〕，可以確定石子罡是陳郡陽夏謝鯤家族的葬地。根據《東晉琅耶顏謙婦劉氏墓誌》的出土地點和一九五八年老虎山發掘的四座墓葬〔四〕及墓葬出土的「顏綝」六面銅印、「零陵太守章」石印、「顏鎮之」六面銅印，確定南京北郊老虎山是琅耶顔氏家族的葬地。根據《東晉使持節侍中大將軍始安忠武公温嶠墓誌》和二〇〇一年南京北郊郭家山出土的《東晉散騎常侍新建開國侯温適之墓誌》〔五〕及在郭家山範圍內發掘的其他同期墓葬〔六〕，可以確定誌文中的白石崗即是今郭家山，這裏曾經是東晉時期太原祁縣温氏家族的葬地。根據《東晉故侍中騎都尉建昌伯高崧墓誌》和一九九八年在南京東郊仙鶴觀發掘的東晉時期六座墓葬〔七〕，雖誌文没有記載葬地，但可以確定仙鶴觀一帶是廣陵高崧家族的葬地。根據《東晉故平南參軍湘南鄉侯李府君（緝）墓誌》等墓誌和一九九九年在東郊吕家山發掘的三座墓葬〔八〕，墓葬均有墓誌，卻没有葬地的記載，依據墓葬的規模、排列方式，可以確定吕家山是廣平李氏家族墓地。根據《東晉故謝温墓誌》、《東晉故輔國參軍謝球墓誌》、《南朝宋故海陵太守散騎常侍謝府君（珫）之墓誌》等墓誌和二十世紀八十年代在司家山相繼發掘的七座東晉至南朝時期的墓葬〔九〕，誌文中的牛頭山、石泉里，即今南郊大定坊司家山一帶，這裏是陳郡陽夏謝奕家族墓地。根據《南朝梁故散騎常侍撫軍大將軍桂陽王蕭融墓誌銘》中的「弋辟山」和《南朝梁桂陽國太妃（王慕韶）墓誌銘》中的「式辟山」，以及在南京市東北郊甘家巷一帶發掘的蕭偉、蕭象、蕭秀墓，至今存有神道石刻的蕭憺、蕭宏、蕭景、蕭恢、蕭暎等墓〔一〇〕，可以確定這裏是蕭梁皇族的葬地。

隋煬帝佔領建康城，宫殿被平蕩耕墾，世家大族墓葬遭到毁滅性的破壞，建康城的面貌和高等級墓葬狀況難以復原。這些墓誌中的葬地為考證南京地區的六朝大族葬地提供了重要的信息，結合考古墓葬發掘結果，為研究這一時期墓葬的等級規模、葬式、隨葬品組合以及文物年代的確定等都是重要的資料，南京南郊的戚家山、司家山，北郊的象山、郭家山、老虎山，東郊的仙鶴觀、吕家山，東北郊甘家巷一帶皇族和世家大族的葬地的確定，為當時城市佈局、範圍提供了間接的資料。

在隋唐宋元七百八十多年間，全國政治中心北移，南京的地位下降。這一時期發掘的高級別墓葬不多，從墓誌確定的家族墓地看，有曾任南宋宰相秦檜的秦氏家族墓地和宋代詞人張孝祥的張氏家族墓地，它反映了八百年南京的沉淪與文脈的延續。《宋故燕國太夫人曹氏墓誌》稱「葬于江寧縣惠化鄉牧龍亭武章山之原，祔先君福國公之側」。根據誌文中的葬地地名，結合南京市博物館二〇〇六年在清修村發掘的一、二、三號墓葬，一九八八年在牧龍鎮和二〇〇四年在建中村發掘的秦氏家族墓葬〔一一〕，可以確定江寧牧龍鎮清修村、建中村是南宋秦氏家族墓地。《南宋故運判直閣寺丞張公（同之）埋銘》、《南宋故（張同之）夫人章氏祔葬埋銘》稱「祖域之旁，黄葉嶺之陽」，夫人「葬和州烏江縣黄葉嶺之陽，祔直閣之兆」，根據誌文中的葬地，結合一九七一年在黄悦嶺對張同之夫婦墓的發掘〔一二〕以及一九八三年列為南京市文物保護單位的位於老山黄山嶺的張孝祥墓，可以確定江浦老山黄山嶺（舊稱黄悦嶺）是宋代顯謨閣直學士、朝奉郎、詞人、書法家張孝祥的家族墓地。

公元十四世紀中葉，明朝在南京建都，從明太祖朱元璋稱帝至成祖朱棣遷都北京，南京是當時全國的政治、經濟、文化的中心。都城北遷後，政治中心轉移，但南京仍具有「留都」的地位，繼續保持着對全國的影響。作為都城的規劃佈局與建設，打破了中國封建都城的格局，按照城市功能劃分區域建設，興建紫禁城，營造城牆，將規制嚴格的宫城與開放繁華的商住區並存發展，再次將中國古代城市的規劃、營造推向了高峰。陵墓區域的確定是都城規劃的一部分，自明太祖確定鍾山玩珠峰為百年後的陵寢，開國元勳、官僚顯貴的葬地基本分佈於兩大區域，即城北的鍾山之陰和城南的雨花臺、聚寶山地區。聚寶山至天闕山一帶，集中埋葬着明代各時期的太監墓，考古單元資料反映出這些太監的地位及賜葬等諸多問題。明代功臣墓地的考古學意義在於研究明代功臣賜葬制度與家族墓地的形成，研究功臣舊勳家族的政治、經濟地位，研究明代南京城的規劃佈局，研究南京城在有明一代中國封建社會晚期的地位，都是極為重要的資料。

考古發掘與調查結果可以和文獻記載相互印證。朝廷賜葬鍾山之陰的有魏國公中山王徐達、鄂國公常遇春、蕲國公康茂才、曹國公李文忠、東勝侯汪興祖、海國公吴禎、江國公吴良、皖國公仇成、永國公薛顯等。賜葬於雨花臺、聚寶山地區的有郢國公馮國用、西寧侯宋晟、衛國公鄧愈、蔡國公徐忠、虢國公俞通海、南安侯俞通源、恩國公張赫等。江寧觀音山是黔寧王沐英的墓園，江寧東善橋祖堂村是武定侯郭英的葬地，江寧天闕山周圍及雨花安德鄉附近一度成為太監宦官的葬區，都知監太監楊慶、洪保，內官監太監羅智、楊雲、余俊、黄准，司禮監太監潘真，御馬監太監游孜，御用監太監吴經等，都立塚於此。此外，王子貴妃、公主駙馬墓葬分佈於城南的郊區，如太祖第二十子韓憲王朱松「權厝于向山之原」，第二十一子瀋王朱模妃張氏「賜葬于石子崗」，第八女福清「敕葬于安德山之原」，第十一女南康大長公主賜「葬三山之原」，第十六女寶慶大長公主及駙馬趙輝「敕葬光澤鄉之山原」，太祖之孫女穀城郡主賜葬「于應天府江寧縣鍾家岡之原」，太祖第七子齊王朱榑六世孫朱慶寨、七世孫朱睿焞「欽賜地許家山祖塋安厝」。這些開國元勳、皇族子弟、官僚貴族的葬地大都是朝廷賜地，工部按照一定的規格安葬，有的逐漸發展為家族墓地。

以中山王徐達、黔寧王沐英、西寧侯宋晟家族墓地最為典型，這些墓葬級別高，出土的文物如青花蕭何月下追韓信梅瓶、嵌寶石金頭面、琥珀髮冠、鳳凰形金插飾、漁翁戲荷琥珀杯、「黔寧王遺記」金牌等在國內外罕見，有極高的價值。太平門外的板倉有中山王徐達的墓及神道，從館藏墓誌看，徐膺緒、徐欽、徐伯寬、徐俌、徐世禮、徐邦瑞、徐沖宇、徐少康都葬於這一帶，時間從永樂到崇禎，可以確定南京北郊板倉就是徐達的家族墓地。西寧侯宋晟墓地位於「城南雷家山之原」，考古中宋晟墓（M5）雖没有墓誌出土，但是在墓葬左側八十餘米處有《明故特進榮禄大夫柱國西寧侯宋公神道碑》和《追封西寧侯宋公墓碑》。一九六〇年南京市博物館在郎宅山發掘了六座墓葬，出土了宋晟夫人許妙德（M1）、丁氏（M2）、葉氏（M6）墓誌和一方僅見「宋朝用於」數字的墓誌殘件〔一三〕，誌文反映出雷家山（今郎宅山）已經成為宋朝用、宋晟兩代家族墓地，其家人墓葬均「祔葬于先侯兆次」。沐英是明太祖朱元璋的義子，早年隨高皇帝征戰天下，功勳卓著。建國之後，平定雲貴，鎮守邊陲，確保西南一方平安。沐英死後歸葬京師，賜葬觀音山（今江寧將軍山），建陵園，享太廟。此後觀音山成為沐氏家族墓地。館藏沐氏墓誌有沐英夫人耿氏、沐晟及夫人邢氏、程氏、沐昂及夫人文氏、沐儼、沐斌夫人徐氏、沐琮太夫人梅氏、沐瓚及夫人賈氏、劉氏、沐崑及夫人樊氏、沐朝輔太夫人孫氏、夫人陳氏、沐朝弼、沐昌祚太夫人程氏、沐啓元等近二十方，上迄永樂，下至崇禎，可見「獨黔寧威震遐荒，剖符弈世，勳名與明相始終」。

二　關於墓誌與史料的互為印證

館藏墓誌的史料價值是毋庸置疑的，它在記録墓主人生平的同時，為後人提供了當時的歷史信息，十分珍貴。因篇幅有限，僅舉三例作為引玉之磚，期待更多的學者對墓誌進行研究。

（一）關於六朝士族聯姻

士族是魏晉南北朝時期地主階級中享有政治、經濟特權的家族所構成的一個特殊階層，是東晉政權的主要建立者，他們對南方的政治、軍事、經濟、文化均起過重大的作用和影響。它以譜系門第為標準，以豪强家族、九品中正制度以及封建莊園經濟為基礎，維繫家族政治地位，擴張高門大姓的權勢，在政治、經濟、文化及社會生活各個方面享有特權。士族聯姻便是由此派生出的產物，豪門望族不僅世代為官，還與衆多有地位的世家大族聯姻，以婚姻為紐帶，力求形成官僚與士族特殊的政治網路。這一狀況在六朝墓誌中得到充分印證。

東晉宰相王導歷仕元帝、明帝和成帝三朝，是東晉政權的奠基人之一，有「王與馬，共天下」之譽。其琅耶王氏家族地位顯赫，列四大盛門「王謝袁蕭」之首。這一家族自漢代登上歷史舞臺，至兩晉之際達於興盛，歷東晉南朝，經十數代人，不僅子弟衆多，而且才俊輩出，三百餘年冠冕不絶，其流風餘韻還延續到隋唐時期。從王氏家族墓誌得知王興之娶西河宋氏為妻，王企之之女嫁廬江何氏，王康之妻為廬江灊縣何氏，其女王夙旻嫁廬江何元度。這些信息顯示琅耶王氏與廬江何氏多次聯姻，通過婚媾相互擴大勢力，穩定政治地位。從《宋故海陵太守散騎常侍謝府君（琓）之墓誌》中可見，謝琓伯謝淵娶琅耶王氏為妻，長姑謝道韞嫁王羲之次子、江州刺史王凝之，其妹謝令愛嫁琅耶王氏，弟球娶王羲之孫、王煥之女王德光為妻，其次子謝簡娶琅耶王氏簡太尉咨議參軍王纘之之女為妻。這是王謝大家幾代聯姻，關係密切的例證。《東晉使持節侍中大將軍始安忠武公温嶠墓誌》記温嶠的三位夫人中有琅耶王氏。《南朝梁桂陽國太妃（王慕韶）墓誌銘》記王導七世孫女王慕韶嫁梁武帝蕭衍之弟蕭融。王氏家族世代與梁皇室及太原温氏、廬江何氏、陳郡謝氏等大族婚媾，結為通家至親，共進榮辱，同享盛衰。

《南朝宋故員外散騎侍郎明府君（曇憘）墓誌銘》列舉了七代家族世系，其中透露出大量的士族婚媾的信息。祖明儼娶清河崔氏，父歆之娶平原劉氏、杜氏，伯恬之娶清河崔氏、渤海封氏，叔善蓋娶清河崔氏，叔休之娶清河崔氏。長兄寧民娶平原劉氏，兄敬民娶清河崔氏，兄曇登娶清河崔氏，兄曇欣娶清河崔氏，墓主人明曇憘娶平原劉氏、略陽垣氏。可以看出，明氏家族與清河崔氏、平原劉氏、平原杜氏、渤海封氏、略陽垣氏都結姻緣，其中祖、伯、叔、兄多人納娶崔氏家族成員，與崔氏家族有着密切的關係。明氏家族隨東晉南渡，勢力逐漸壯大，誌文涉及的明氏中，明褒為徐州刺史，明儼為州別駕、東海太守，明恬之為齊郡太守，明歆之為州別駕、蒼梧太守，明善蓋為州秀才、奉朝請，明休之為員外郎、東安東莞太守，明敬民為給事中、寧朔將軍、齊郡太守，明曇登為員外常侍，明曇欣為積射將軍。這些人雖史書無傳，但多在朝廷為官。清河崔氏是漢唐時期北方著名的大族，東晉時期崔氏大族部分舉家南遷，立足建康，任職朝廷。從誌文看，崔逞為度支尚書，崔丕為州治中，崔模為員外郎，崔諲為右將軍、冀州刺史，崔凝之為州治中，崔景真為員外郎，崔勳之為直通郎。誌文中除崔逞、崔諲史傳有載，其餘都無傳，他們也為朝廷官員。明、崔婚媾的事實再次説明門當户對的士族聯姻是擴大家族勢力的紐帶，他們享受很多特權，政治上憑藉父祖資蔭，甚至南北兼仕，數代重親，顯示了政治地位的顯赫，家族勢力的强大，士族的身份地位在婚姻所起作用之大。

（二）關於洪武京城人口遷徙

誌文記録誌主籍貫是常規，從館藏明代墓誌看誌主籍貫，祖籍非金陵人士居多。在誌文中可見中山王徐達因「從太祖高皇帝平定天下，為元功第一，召賜第于南都，因家焉」。世居姑蘇長洲倪姓家族，「洪武間，以殷産實京師，占籍應天之上元焉」。姑蘇人鄒旻「洪武初，徵吴浙富民實京師，（其父）彦中與焉，遂著籍上元」。浙之金華義烏人樓潤，其祖父仲明「永樂初，以高能占籍錦衣衛，遂為金陵人」。這些誌主改籍的原因一是「積征進有功」，就職於應天府，因徙籍金陵。二是補充朝廷吏員，建立官僚機構。如「入隸京衛，預選錦衣力士，後改豹韜左衛」，遂家於金陵；

「國初以閭左起選錦衣力士，遂籍之，今為南畿人」。三是遷富人到京師發展經濟，「徵吴浙富民實京師」、「以閭右徙京師，隸籍上元，遂為上元人」。四是遷匠人、藝人到京師發展手工業和商貿業，如「以匠作徵隸工部，因占數為上元人」；「以藝隸南工部局，因家焉」；「以醫徵入，官太醫院使，遂家金陵」。也有「謫隸戎籍，始來金陵」。這些非金陵籍人士從各地遷來南京，是南京歷史上又一次南北人口的遷徙，為京師的發展增添了活力，再次促進了南京成為南北交彙之地，對於南京成為當時的政治、經濟、文化中心起到了至關重要的作用，也為南京人的性格特點打下了基礎。明初江浙富豪充實京師、鳳陽，由官方組織的全國人口遷徙，從蘇南地區的「洪武趕散」到「江西填湖廣」、「湖廣填四川」、「戍邊充軍雲南」，乃至永樂初年規模最大的十萬户山西居民遷徙，形成了中國古代歷史上範圍最廣、涉及人口最多的移民浪潮，重新調整了人口佈局，對於穩定朱明天下，促進全國的發展影響深遠。

（三）關於鄭和下西洋

公元十五世紀明朝政府派遣欽差總兵太監鄭和率領二百多艘海船，二・七萬人次七下西洋，是中國歷史上規模最大、時間最長的海上航行，龐大的船隊「欲耀兵異域，示中國富强」，途經西太平洋和印度洋的國家和地區，加深了大明帝國與東南亞、南亞、西亞等的聯繫，成為世界航海史上偉大的壯舉。但是文獻史料缺乏，研究這段輝煌的歷程成為難題。本書所録相關墓誌是對這一段歷史十分重要的補證。

《明都知監太監洪公（保）壽藏銘》云：「永樂紀元，授內承運庫副使，蒙賜前名。充副使，統領軍士，乘大福等號五千料巨舶，齎捧詔敕使西洋各番國，撫諭遠人。……至宣德庚戌，陞本監太監，充正使，使海外。航海七度西洋，由占城至爪哇，過滿剌加、蘇門答剌、錫蘭山及柯枝、古里，直抵西域之忽魯謨斯、阿丹等國。」這段記録十分珍貴，説明：一是洪保在永宣年間作為朝廷派出的下西洋團隊的副使和正使之職，隨鄭和先後統領軍士多次出海，是鄭和出使西洋團隊的重要成員。二是永樂年間航海的大福號船為五千料巨型船舶。南京静海寺鄭和所立殘碑云：「永樂三年（一四〇五），將領官軍乘駕二千料海船並八櫓船，……永樂七年（一四〇九），將領官軍乘駕一千五百料海船並八櫓船。」出海船有「兩千料」和「一千五百料」的記載〔一四〕。該墓誌明確記録了洪保出海所乘的是五千料大福船。結合一九五七年、二〇〇三年南京中保村明代寶船遺址六作塘出土長達十米、十一米的船舵的舵杆、頭作塘出土大型船材，南京市博物館考古發掘的第六作塘長度有四百米以上，上口寬達四十四米，作塘底部有三十四處打下了木樁，有足夠的能力和强度用於造大船〔一五〕，為學術界多年對是否有「五千料」船爭議提供了證言。三是先後七渡西洋，誌文所記録的各國地區的名稱與史料相互印證。在《明故陳（暹）母淑人俞氏墓誌銘》中記録了誌主俞淑人丈夫陳榮的父親陳慶「永樂元年（一四〇三），孝文皇帝臨御，蒙恩欽陞指揮僉事。既而奉使西洋公幹，番有不享，征之，斯殺有□□□□感疾，卒於海隅」。陳慶以指揮僉事的身份為鄭和出使西洋團隊的一員。

三　關於補史糾錯

墓誌內容具有重要的補史證史價值，對誌文的正確判讀及與文獻的多層次互證是研究這一價值的前提，依本書墓誌，略舉數例以說明之。

東晉大臣王彬是宰相王導的從兄弟、荊州刺史王廙的弟弟。《晉書·王廙附弟彬傳》：「蘇峻平後，改築新宮，彬為大匠。以營創勳勞，賜爵關內侯，遷尚書右僕射。卒官，年五十九。贈特進、衛將軍，加散騎常侍，謚曰肅。」〔一六〕史書記載其官「右僕射」。《東晉征西大將軍行參軍贛令王興之墓誌》中記録王興之父王彬職官是「散騎常侍、尚書左僕射、特進、衛將軍、都亭肅侯」。誌文與文獻就王彬官僕射一職是「左」還是「右」，一字之差，相去甚遠。南京市博物館已發掘的王氏家族墓葬尚未有王彬墓，但王興之家族同時期他人墓誌對王彬官職寫法完全一致。如王興之子《東晉故琅耶臨沂王閩之墓誌》、王興之姊《東晉故散騎常侍特進衛將軍尚書左僕射都亭肅侯王彬長女王丹虎墓誌》、王興之繼母《東晉故衛將軍左僕射肅侯王彬繼室夫人夏金虎墓誌》均寫「左僕射」官職。由此看來，當時的記録是有根據的，這批王氏家族的墓誌可以糾正文獻之誤。

謝安長兄東晉大臣謝奕之孫謝琉，曾承襲叔父謝玄的東興侯爵位。《晉書·謝玄傳》載有：「玄請以先封東興侯賜兄子玩，詔聽之，更封玩豫寧伯。」〔一七〕其姓名記録為「謝玩」。而《南朝宋故海陵太守散騎常侍謝府君（琉）之墓誌》中有謝玄官職、謚號的記録，也有謝琉「本襲次叔玄東興侯，改封豫寧縣開國伯。大宋革命，諸國並皆削除」的記載，可以確認承襲東興侯的名為謝琉，文獻所載「玩」應為「琉」之誤。

《宋故燕國太夫人曹氏墓誌》二〇〇六年出土於江寧牧龍清修村（M1），從誌文看，曹氏是「國初樞密使、濟陽武惠王彬之六世孫女」，曾祖父、祖父和父親都是朝廷官員，曹氏十三歲為「太師、忠獻申王（秦檜）之冢婦」，嫁給秦檜之子秦熺，秦檜本無嗣，秦熺本為秦檜之妻兄王喚孽子，在秦檜留金期間其妻養為後。秦熺有三子，長為秦堪、次為秦塤和秦埭，在史書中大都没有記載。該墓誌用近一半的篇幅記録一家三代子、孫、曾孫的名和官職，以及女子婚嫁夫婿的姓名、職官，涉及七十四人之多，其中有姓名或姓氏的四十九人，這在館藏墓誌中少見。墓誌詳實的家譜式記録，對於秦檜家族史研究、宋史研究提供了史料。

《南朝梁桂陽國太妃（王纂韶）墓誌銘》的誌主王纂韶，自墓誌出土後一直誤作「王慕韶」[一八]，並以「王慕韶」之名發表於各刊物，本次認定為判識有誤，在今後的研究中應給予糾正。

館藏明代嘉靖年間的紫砂提梁壺，因為是目前發現有參考紀年最早的紫砂壺，被譽為「中國最早的紫砂壺」。其墓主人吴經為太監，葬於南京馬家山。因為當時對墓誌和買地券判識有誤，將買地券的時間嘉靖十二年（一五三三）誤認為誌主吴經卒葬年，並以此作為這把紫砂壺的相對紀年，用於各種出版物。《明故前鎮守山西御用監太監吴公（經）墓誌》記録誌主「嘉靖甲辰正月十又九日，卒於私弟（第）之正寢」，「擇葬之日則卒之年二月十三日也」。吴經的卒葬年即嘉靖二十三年（一五四四）。依考古例，紫砂壺的年代下限應為吴經的卒葬之年，即嘉靖二十三年（一五四四）。在紫砂壺使用中，常把吴經的官職定為司禮監太監，墓誌載，吴經因「武宗聖上益愛其勤，第陞御用監太監，鎮守山西。老歸南都，備員司禮」。他的官職為御用監太監，還南都後只是司禮監備員，並無充職。在買地券上吴經官職為「欽差鎮守山西等處地方兼提督雁門等關御用監太監」，没有提及司禮監備員一事，可見吴經的官職應該定在御用監太監。

《明黔國公沐啓元墓誌銘》因本誌漫漶特甚，誌主姓名及卒、葬時間均不詳，故曾定名為《明故黔國公沐叡墓誌銘》，根據《明史》確定沐睿卒年為萬曆三十七年（一六〇九），歸葬祖塋於「十二年後的天啓年間」[一九]。經本次王素、任昉先生的考訂，這方雲南沐府墓誌中提到「黔寧（王）」應為沐府第一代英，「西平侯」應為英子春，「定遠王」及「謚忠敬」應為春弟晟，「太師公」應為沐府第五代崑，「武靖公」應為沐府第八代昌祚，「太保公諱叡」應為昌祚子叡，「諱啓元，字乾鑑」應為叡子啓元，「天波公」應為啓元子天波。誌中還提到誌主「元配陳氏」云云，知誌主卒時陳氏應尚健在。據《大清一統志》卷三六九《雲南・列女》沐啓元妻陳氏條：「啓元為黔國公，早卒，子天波襲爵，沙賊之變，氏走朝陽庵，自焚死。」可知啓元妻姓陳氏。雲南「沙賊之變」發生在清初，陳氏去世較啓元為晚。綜上記叙，可以斷定，本誌誌主應為沐啓元。此前南京市博物館的出版物、展覽將該墓出土文物定於萬曆三十七年（一六〇九）沐睿墓，應更正為崇禎元年（一六二八）沐啓元墓的文物。

四　關於墓誌的形制與誌文的體例

（一）關於六朝墓誌的形制與誌文的體例

墓誌的形制及誌文的體例的歷史演變是一個漫長的過程，大致可分為五個階段：第一期的兩漢時期為濫觴階段，第二期的魏晉南北朝時期為形成階段，第三期的唐宋時期為發展階段，明代為成熟階段，清代以後為衰落階段。本書墓誌可以認為完整的表現了第二階段，典型的表現了第四階段，本文就集中分析解剖這二個階段墓誌的形制與誌文的體例。

館藏六朝時期墓誌是我國東晉、南朝墓誌最集中的代表。從南京地區六朝時期墓誌的情況分析，形成階段又可以分為東晉與南朝兩段。東晉墓誌的特點多為磚質，身份極高的墓誌為石質。磚誌多為竪長方形，僅温適之墓誌為圭形。石誌或為長條形，如謝鯤墓誌；或為横長方形，如王興之夫婦墓誌、王建之墓誌和劉媚子墓誌。單面撰寫誌文的居多，亦有雙面刻誌文，甚至磚誌的側面有的也有銘。級別高、很精致的墓誌刻銘工整，表面曾塗大漆，如王興之夫婦墓誌。有的出土時字迹中尚存朱砂，如李纂墓誌。誌文除《東晉故豫章内史謝鯤墓誌》用隸書書寫外，都用隸楷兼有的書體寫成，這種書體逐步擺脱隸書的構架，形成了楷書字體的間架結構，是漢字從隸書向楷書轉變時期特有的字體。東晉墓誌的書體曾經在二十世紀六十年代中期引起了關於《蘭亭序》書迹真偽的討論，觀點激烈，波及全國。這一時期誌文均竪寫右讀，製作規範的墓誌使用界格或界欄，字迹工整。有些墓誌字迹潦草，甚至添補漏字。

值得注意的是李摹墓誌，出土時為一合，據發掘簡報：上下兩塊相扣合，有刻文一面朝内。誌蓋在上，磚表未經打磨，正面中央刻二「晉」字，上下相對。誌文在下，正面及一側刻有誌文〔二〇〕。這種形制的墓誌首次發現，或許是唐宋以後上下一合墓誌的濫觴。

王興之夫婦墓誌是東晉夫婦合葬墓中唯一的夫婦合刊的墓誌，王興之與其妻宋和之的誌文分别撰寫並各刻於墓誌一面。王建之和妻子劉媚之合葬墓出土三方墓誌，二方石質，一方磚質，石質墓誌均出土於墓室内死者頭部，磚質的出土於高出封門牆頂部約三米的墓坑填土中〔二一〕。王建之墓誌有卒於泰和六年（三七一）閏月的本人傳略，而先於半年薨去的其妻劉氏記録簡單，然而，劉氏墓誌「咸安二年（三七二）三月遷神」和「四月安厝建康白石」的文字表明，這也是一方合葬時用的墓誌。夫人劉氏媚子的二方墓誌内容基本相同，石誌較磚誌增加了媚子之祖修武令劉乂及還都、陪葬的内容。這種情況在東晉墓誌首次出現，目前尚無解釋的根據，應當引起關注。

南京地區迄今没有發現東吴和西晉時期的墓誌，三十六方墓誌中最早的是《東晉故豫章内史謝鯤墓誌》，為東晉泰寧元年（三二四），最晚的是《南朝陳故司空義陽郡公黄君（法氍）墓誌銘》，為太建八年（五七六）之後。縱觀二百五十多年間墓誌的發展，内容有一個由簡單到複雜的過程，文字有由少及多的變化，文章結構不斷完善，為墓誌銘體例的最終確定打下了基礎。

東晉的誌文表述一般是墓主的名諱、郡望、職官、生卒年月、葬期葬地和家庭成員的狀況，即説清楚墓主人的傳略和家族譜系狀況，「刻磚（石）為識，臧之於墓」，告知陰間。《東晉故中軍參軍李摹墓誌》僅有墓主名諱、籍貫、官職、卒葬年月，簡短的誌文句句都是關鍵字，文章結構單純，卻能明顯起到標識的作用。《東晉故征西大將軍行參軍贛令王興之墓誌》前半部分由名諱、籍貫、官職、年齡、卒亡年月、葬期葬地組成個人傳略，並從埋葬地引出簡單的家族譜系狀況，即先考的官職及葬地，後半部分為子女的姓名。這種在個人傳略中引出宗世的狀況，琅耶王氏家族墓誌中較為多見。《東晉使持節侍中大將軍始安忠武公温嶠墓誌》則開頭述宗世，接着是個人傳略，最後是夫人及子女姓名。兩方墓誌内容要素相同，但結構不同，是東晉早期誌文的特點。

《東晉振威將軍鄱陽太守都亭侯王建之故夫人劉媚子墓（磚）誌》是一方女性墓誌，墓主人的傳略中既有名諱、年齡、籍貫、卒年葬地和墓主人出嫁時間，還有丈夫的姓名、籍貫、官職，較為詳細。在她的家族譜系中包括了父親的官職及子女狀況，甚至女婿的姓名也在其中，由此形成了誌文不僅有子女姓名，也有媳、婿的姓名和官職的狀況。《東晉故輔國參軍謝球墓》墓主人的家族譜系更為詳盡，祖、父、伯、叔、外祖及妻祖父、父的信息都在其中。為研究家族間的婚媾關係提供了重要資料，補充了史料不足。《東晉故振威將軍鄱陽太守都亭侯王建之墓誌》在誌主傳略中出現了記述墓主人官職遷陟和履職的情況，這在之前的東晉墓誌中尚未見到。由此可見，東晉墓誌無論文字多少，只記述墓主人傳略和家族譜系情況。儘管東晉後期誌文内容有所增加，但結構變化不大。

館藏南朝墓誌十一方，涵蓋宋、梁、陳，南齊墓誌尚未發現。南朝墓誌形制特點之一是，一般都由一方近似方形的青石製成，目前館藏六朝墓誌中尚未見到由誌蓋和誌石兩部分組成的形制。南朝晚期出現了龜趺狀的墓誌形制，惜風化嚴重，文字不可考〔一二〕。劉宋時期仍有磚質墓誌存在，梁、陳時期尚未發現。磚誌形制與東晉相同，「一誌多塊」的磚誌時有發現，如《南朝宋故海陵太守散騎常侍謝府君（琉）之墓誌》，它將誌文分别撰寫在六塊磚上，文字之多，内容連貫，家族譜系之全，在東晉南朝墓誌中罕見。《南朝宋修故東晉宋乞墓誌》也是「一誌多塊」的實例，每誌均同記一事，而文卻有一一二字、一〇九字和一二七字之分，根據誌文，一方為亡於太元（三七六—三九六）中的宋乞的墓誌，一方為葬於元嘉二年（四二五）的宋乞妻丁氏的墓誌，還有一方為葬於元嘉二年（四二五）的宋乞暨妻丁氏合葬的墓誌，雖各誌文内容稍有差異，但均有「元嘉二年（四二五）太歲乙丑八月十三日于江寧石泉里」的文字，可見元嘉二年（四二五）宋乞夫人下葬時，將宋乞墓遷此合葬，合葬時分别刻宋乞、丁氏及宋、丁合用的墓誌，這在南朝墓誌中極為少見。安徽馬鞍山東晉孟府君墓誌〔一三〕、鎮江諫壁劉庚之墓誌〔一四〕均為一誌多磚的形式，但内容完全相同，與謝琉墓誌相似，並不涉及二次合葬的問題。「一誌多塊」的磚誌之間的淵源值得探討。

南朝磚誌書體與東晉相同，石質墓誌銘，書體呈現出的楷書基本定型，隸楷相兼的字體已經不復存在。如果説《南朝宋故員外散騎侍郎明府君（曇憘）墓誌銘》的楷書尚殘存隸書遺意，那麽《南朝梁桂陽國太妃（王纂韶）墓誌銘》、《南朝陳故司空義陽郡公黄君（法氍）墓誌銘》的楷書與當今的楷書體已無差異，楷書作為銘刻的文書字體已經暢行。就墓誌銘刻書體而言，東晉至南朝二百年間，完成了隸書到楷書的轉變，從一個側面為中國文字隸楷的過渡提供了重要的參考資料。

南朝墓誌內容相當完善，誌文出現了「前誌後銘」的格式，為隋唐以後墓誌銘文體奠定了基礎。

館藏南朝墓誌中最早的一方為《南朝宋故海陵太守散騎常侍謝府君（琉）之墓誌》，誌文六一八字，通篇都是誌主的世家譜系，祖父母、父母、夫人祖父、父，墓主人外祖父、叔伯姑、姊妹、兄弟、岳丈、子女的信息都入其中。誌主個人「出任海陵太守、散騎常侍」之職僅出現在墓誌銘的首題，在誌文結尾提及墓主人「大宋革命，諸國並皆削除」，原封「開國伯」降為「柴桑侯」的仕歷。地位顯赫的其祖謝奕、叔謝玄、姑謝道韞等等一一記録，可見陳郡陽夏謝氏家族的名望在誌文中是何等的重要。這組墓誌尚未出現「前誌後銘」的情況，但誌文的首題「宋故海陵太守散騎常侍謝府君之墓誌」另列起行，與誌文分開，這在同時期墓誌中首開先例。這方劉宋永初二年（四二一）的墓誌較現在公認最早出現「墓誌銘」的《宋故建威將軍齊北海二郡太守笠鄉侯東陽城主劉府君墓誌銘》〔二五〕墓誌要早四十三年，應當是墓誌體例過渡時期重要的實物例證。

南朝墓誌的體例要素為：（一）首題：包括墓誌的標題，制銘者、撰寫者、書寫者。（二）誌傳，即墓主生平：有墓主人的姓名、籍貫、生卒年、官職、主要事迹等。（三）家族譜系：包括家族成員的譜系、婚媾。（四）銘辭：述先頌祖，表達褒贊哀挽之意。《南朝宋故員外散騎侍郎明府君（曇憘）墓誌銘》誌文篇幅較長，六〇〇多字的墓誌銘分為四個部分，一是首題，二是名氏譜系與婚媾，三是誌主傳略，四是銘辭，其中四言銘辭，頌揚墓主政績德行，哀挽辭世，文字對仗工整，行文講究韻律。還出現了「其辭曰」的文中轉接的規範語言，完全是一種新的文體風格。它較之《宋故建威將軍齊北海二郡太守笠鄉侯東陽城主劉府君墓誌銘》，雖時隔十年，但誌文體例發生了根本的變化，當為早期的「前誌後銘」墓誌銘的典範。

然而，「前誌後銘」墓誌銘的體例在南朝基本統一，但在前後順序上尚未規範。《南朝梁故散騎常侍撫軍大將軍桂陽王蕭融墓誌銘》與《南朝梁桂陽國太妃（王纂韶）墓誌銘》誌文書寫內容範圍與明曇憘墓誌接近，但是結構要素順序明顯不同。《南朝梁故散騎常侍撫軍大將軍桂陽王蕭融墓誌銘》前面是墓主人傳略，中間是「首題」和制銘撰寫者，後面是銘辭。《南朝梁桂陽國太妃（王慕韶）墓誌銘》前面是「首題」和制銘撰寫者，接着是墓主人傳略，然後是銘辭，最後是兄子襲封及家庭成員的情況。再看《南朝陳故司空義陽郡公黃君（法𣰰）墓誌銘》，前面是「首題」，後面是墓主人傳略。可以看出，這三方誌文結構要素基本相同，但前後順序不一，文字量多少不一。說明南朝墓誌的「前誌後銘」形式已經固定，至於結構上的孰前孰後、孰長孰短，尚處在發展之中，不强求統一。

《南朝梁故散騎常侍撫軍大將軍桂陽王蕭融墓誌銘》的首題「□□□墓誌銘序」，雖文字有缺損，但首題後有一「序」字，這在迄今六朝墓誌中是孤例。它與隋唐墓誌首題中的「墓誌銘并序」之間應當有內在關係，為唐宋墓誌體例的規範提供了借鑒。《南朝梁故散騎常侍撫軍大將軍桂陽王蕭融墓誌銘》是館藏南朝墓誌中最早有撰寫人姓名的墓誌。《南朝陳故司空義陽郡公黃君（法）墓誌銘》不僅有撰寫人，還有制銘人和書寫人。這種墓誌銘的首題應當是隋唐後墓誌的體例的最早形態。

一些高等級誌主的誌文，文筆精美，書迹流暢，成為墓誌銘的經典之作。如蕭融墓誌撰寫者任昉，齊梁為官，是梁代著名文學家，「竟陵八友」之一，有「沈（約）詩任筆」之譽。王導七世孫王慕韶墓誌撰寫者王暕，為南齊文學家王儉之子，王慕韶從兄，齊梁間任職朝廷，著有文集二十卷。黃法𣰰墓誌撰寫者顧野王，是南朝文字訓詁學家、史學家，博通經史，工詩文，擅丹青，梁陳間任職朝廷。著名文人撰寫墓誌為墓誌的藝術性增添了色彩。

南朝墓誌的銘辭多為四言讚語和挽詞，他們讚美死者，標榜門第，頌德祈福，庇佑後代。銘辭中使用韻文，文句工整，辭藻華麗，句式兩兩相對，聲律嚴格約束，雖未出現四六文的駢句，但是已經深受駢體文的影響。胡適先生《白話文學史》：「六朝的文學，可說是一切文體都受了辭賦的籠罩，都駢儷化了。議論文也成了辭賦體，記叙文（除了少數史家）也用了駢儷文，抒情詩也用駢偶，紀事與發議論的詩也用駢偶，甚至描寫風景的也用駢偶，故這個時代可以說是一切韻文與散文的駢偶化的時代。」〔二六〕墓誌銘的文體也不例外。

六朝誌文中男子一般先寫官職，再寫姓名，女子為「某氏」。《東晉故平南參軍湘南鄉侯李府君（緝）墓誌》對誌主的稱謂為「李府君」，《南朝宋故海陵太守散騎常侍謝府君（珫）之墓誌》的首題對誌主的稱謂即為「謝府君」，《南朝宋故員外散騎侍郎明府君（曇憘）墓誌銘》的首題稱呼也為「明府君」。這種對逝者表示尊敬的稱呼六朝墓誌中並不多見，但在唐代墓誌中十分普遍。

東晉至南朝二百五十年間，南方貴族墓葬的墓誌體例從簡單至基本完整，格式從無到有，文字從一般叙說到辭藻華麗，講求聲律，內容從「刻磚為識」到寄託悼念、頌揚美德，誌文逐步成熟，體例基本定型，它為唐宋墓誌銘的發展奠定了基礎，也為墓誌銘作為一種特有文體的形成奠定了基礎。

（二）關於明代墓誌的形制與誌文的體例

墓誌的形制與誌文體例在明代的格式化也有一個規範的過程。大體以永樂末期為一個節點，洪武至永樂年間墓誌的一些明顯特徵可以視為一個過渡階段或一個發展過程，自宣德年基本定型。

明代墓誌絕大部分由誌蓋與誌文兩塊合成，埋葬時用鐵箍將兩方墓誌箍好，大多放置於封門牆外的墓道和墓前室。誌蓋用篆書寫就，誌文皆為楷書，由首題、前誌、後銘三部分組成，首題為題簽，誌為記，銘為贊，繼承了唐宋誌文的體例。

墓誌四邊有些裝飾花邊歷代都有，有明一代墓誌的邊飾具有特點，雲龍紋、雲鳳紋、卷雲紋、卷草紋、纏枝花葉紋都是常見的邊飾紋樣。館藏洪武、永樂年間所有墓誌均未出現邊飾，僅見蘄國公康茂才、東勝侯汪興祖、海國公吳禎、承信校尉神策衛于禮、明太祖第八女福清公主之子張傑等墓誌周邊為單綫或雙綫框，占洪武、永樂時期墓誌的百分之十二，推測這一時期大部分墓誌周邊不做裝飾，從上述使用綫框的墓誌看，不是所有開國勳臣給的墓誌都要使用綫框，也不是所有人都能享用綫框。洪熙、宣德後墓誌周邊劃單綫或雙綫框的漸多，使用單綫框的既有王公貴族，也有一般處士，不再是具有一定身份的人才能使用，尚未顯示出綫框與誌主身份的聯繫，這種現象延續到成化年間，此後綫框大幅度減少。宣德以後開國元勳後裔及追封家屬、公主、戚畹的墓誌蓋周邊出現了雲紋。宣德八年（一四三三）太祖第十六女寶慶公主墓誌和正統四年（一四三九）的沐晟墓誌，誌蓋、誌文周邊均以雲紋裝飾。正統十二年（一四四七）太祖之孫女穀城郡主墓誌的邊飾除了雲紋還有雙鳳紋。這種高等級身份人如黔國公後裔墓誌使用雲紋邊飾的現象直到崇禎為止。而中山王徐達後裔凡受封魏國公的墓誌使用雲紋邊飾，其他一般身份的後裔不使用。這一時期的太監墓誌邊飾多為卷草紋，這種紋樣也在三品夫人墓誌上使用。正統十三年（一四四八）內官監太監羅智墓誌有朵雲文和卷草紋雙重邊飾，這種華麗的裝飾墓誌中並不多見。

誌蓋篆文內容多為誌主的官階、官職、封號、姓氏和自定名幾個要素組成，相對規範。洪武初年開國功臣誌蓋文字較長，如洪武四年（一三七一）汪興祖的蓋文「故榮禄大夫同知大都督府事贈開國輔運推誠宣力武臣榮禄大夫柱國東勝侯食禄一千五百石汪公墓」，長達四二字，內容要素有官階、官職、封號、追封、謚號，連追封食禄一千五百石亦在其中。一般將軍、校尉之屬的蓋文則以官階、官職和姓氏為主，文字較簡潔。如「昭勇將軍指揮使王彪之墓」內容主要要素為官職、姓名，「明故南京錦衣衛百户松石秦君（瑛）墓誌銘」內容主要要素有官職、誌主的名號、姓氏。官僚家屬的蓋文以誌主封號、姓氏為主，如「明延安侯（唐勝宗）太夫人施氏壙誌」、「明驍騎右衛親軍指揮僉事牛麟德人楊氏墓誌」內容主要要素均為封號、姓氏，「明故蔡國徐公（忠）夫人武氏（妙順）墓誌銘」內容主要要素為封號、夫姓、誌主姓氏。開國勳臣與一般官僚間的區別是很明顯的。這種朝廷對開國元勳的特殊恩遇僅見於洪武年間（一三六八—一三九八），至洪武後長篇幅的蓋文情況逐漸減少，朝廷任命的重要官員蓋文仍保留了這種特殊的體例，如正統十年（一五一五）沐昂蓋文為「明故特進榮禄大夫右軍都督府左都督追封定邊伯謚武襄沐公墓誌銘」，仍有二九字，與洪武年間的蓋文內容基本一致。

蓋文的末尾名稱多為「墓誌銘」，或為「之墓」、「墓」、「壙誌」字樣。洪武年間（一三六八—一三九八）蓋文未見「墓誌銘」的名稱，多是「壙誌」、「墓」、「之墓」。館藏墓誌中「墓誌銘」最早出現在蓋文中的是永樂十四年（一四一六）的「明故昭勇將軍孝陵衛指揮使蕭公墓誌銘」。這一時期「壙誌」仍在使用，「墓」、「之墓」已少見。「墓誌銘」在蓋文中普遍使用是在宣德（一四二六—一四三五）以後，此時「壙誌」二字已鮮見。在明代墓誌中，起首書寫「明」、「大明」，或「明故」、「故」，並不統一。

誌文都是「前誌後銘」。「前誌」是記述誌主生平，後銘是褒贊逝者功德。從墓誌的行文方式看，既有以記録誌主簡歷為主的履歷體，也有以記録誌主事迹為主的叙事體，還有將履歷體與叙事體綜合在一篇誌文的。洪武十八年（一三八五）《明指揮僉事王公（彪）壙誌》、隆慶元年（一五六七）《明誥封大總兵南寧伯兩山毛公（良）配夫人鄭氏合葬墓誌銘》為典型的履歷體，南寧侯毛勝之曾孫毛良，自弘治甲寅至嘉靖壬辰「歷任三朝，出入中外，握兵符垂四十餘年」，簡歷清楚，反映出大總兵毛良一生的經歷。作為叙事體墓誌的內容，多在叙述社會崇尚的「仁義禮智信」、「孝誠廉勤讓」的事迹。嘉靖四十二年（一五六三）《明濟南府知府前監察御史西虹司馬公（泰）墓誌銘》前誌列舉大量事例叙述司馬泰從政「廉明果斷，物無遁情，宜乎上下倚重」的品格，稱之為學識淵博的藏書家和文獻學家。後銘則用韻文概括誌主一生，讚揚他的功業成就。嘉靖二十五年（一五四七）《明故資政大夫南京刑部尚書顧公（璘）墓誌銘》誌文多達三五〇〇字，是館藏明代墓誌中誌文最長的一方，也是一篇履歷體與叙事體結合的墓誌。誌文的個人傳略分為三部分，前面為履歷體的一生職官經歷，中間叙説為官的品質，最後叙説晚年在文學上的成就。誌文結構清晰流暢，結構輕緩有節，文字簡練優美，字句工整對仗，閱讀朗朗上口，表現了顧璘「歷仕三朝，閱五十年」的精彩的一生。誌文由文徵明寫就，是一篇精彩的墓誌銘。

誌文開頭是首題，完整的首題包括題簽、撰文、書丹、篆蓋者的官職姓名。洪武二十年（一三八七）前誌文均未見首題，開門見山，直接寫誌主的名諱、籍貫及生平，言簡意賅，文字精練。洪武十八年（一三八五）《明指揮僉事王公（彪）壙誌》有了首題，至永樂年間，誌文使用首題逐漸流行開來，但無首題的誌文依舊並存，洪熙、宣德後首題基本成為誌文中的必備項目。洪武時期有首題墓誌的誌蓋的文字較為詳盡，誌文首題則多為關鍵字，文字數量差異較大。如洪武二十年（一三八七）薛顯墓誌，志蓋文為「開國輔運推誠宣力武臣榮祿大夫柱國永國桓襄公薛公之墓」，誌文首題則為「明永城侯壙誌」。但有的首題與誌蓋的字數無大區別，如洪武二〇年（一三八七）于禮墓誌蓋「大明封承信校尉神策衛百户於公壙誌」，首題為「大明封承信校尉神策衛百户於公壙誌」，除末尾的「壙誌」與蓋文末尾「之墓」的區別外，文字完全相同。也有首題與誌蓋文字完全相同，如洪武三十五年（一四〇二）〔二七〕《明長興侯（耿炳文）夫人陳氏（善願）墓誌》。這種蓋文與首題文字數量差異狀況自宣德之後不再出現。

名、字、號的稱謂問題是個十分有趣的現象，它是否與時代日常稱謂習慣的演變有關還待考證。墓誌中對誌主的稱謂早中晚期都有變化，早期以名為主，出現以字代名；中期以字代名為主，出現以號代名，並仍使用人名；明代晚期流行以號代名，較少使用名、字。洪武至永樂前期未見使用誌主字或號。如洪武二二年（一三八九）《明開國輔運推誠宣力武臣榮禄大夫柱國南安侯俞通源墓誌》誌文稱其姓名。永樂十七年（一四一九）《故駙馬舍人張克俊壙誌》誌主名傑，克俊是其字，至少在這個時段蓋文與首題上以字代名的情況開始出現，其風氣永樂後期流行，直至晚期墓誌中時有出現。天順五年（一四六一）《明義庵鄒君（旻）墓誌銘》出現了以號代名的現象，誌主「諱旻，字孟仁，姓鄒氏」，別號「義庵」。此風流行開來的時間是嘉靖中期至明末，以號代名幾乎完全取代了以字代名。一些重要官員的墓誌也以號代名，如《明故鎮守雲南總兵官征南將軍黔國公沐公（朝弼）墓誌銘》的蓋文與誌文首題均為「明故鎮守雲南總兵官征南將軍黔國公雲樓沐公墓誌銘」，雲樓即沐朝弼的別號。明代中晚期墓誌中還有以字、號同行的現象，成化八年（一四七二）《明櫟庵徐君從吉（迪）壽藏誌銘》，蓋文為「櫟庵徐君從吉壽藏誌銘」，誌主徐迪，字從吉，號櫟庵，蓋文字型大小同用。明代墓誌對男子稱呼多為「某公」，也有稱「翁」、「君」、「侯」、「先生」等，早期以「公」為主，中晚期範圍擴大，多種稱謂並用。對非官員男子墓誌以處士、逸士稱呼，如永樂十九年（一四二一）周璡墓誌蓋文為「故處士周宗器之墓」。女子隨丈夫以「某夫人」相稱，也有的用「某氏」，如洪武二十八年（一三九五）《明虢國（俞通海）夫人于氏墓誌》、成化二十年（一四八四）《明李翰英妻徐氏墓誌銘》。

首題中除題簽外，還包括撰文、書丹、篆蓋人的官職和姓名，形制與唐宋墓誌相似。洪武年間的墓誌尚未見撰文、書丹、篆蓋人官職和姓名，這些制銘者均没有留下個人信息。館藏明代墓誌中永樂十四年（一四一六）《明故昭勇將軍孝陵衛指揮使蕭公墓誌銘》的首題後即有撰文、篆蓋人官職和姓名，但不書寫的也不在少數，宣德起首題後書寫撰文、書丹、篆蓋人官職和姓名已經成為明代墓誌銘中固定的格式。雖洪武二十年（一三八七）《明封承信校尉神策衛百户于公（禮）壙誌》的末尾出現了「府軍前衛管軍百户程欽填諱」的類似首題的文字，但是個孤例。到明代中晚期後墓誌中也有的將撰文、書丹、篆蓋人官職和姓名集中寫在了誌文的末尾，與前述位置不同，但出現的幾率較少，不是墓誌銘中的普遍現象。墓誌中撰文、書丹、篆蓋人官職和姓名文字冗長，從科舉考試及第、官階、官職到製作者的籍貫姓名，這些制銘者多為朝廷翰林文官、都市文吏、鄉貢進士，也不乏誌主生前好友、著名文人。以詩著稱於時，被譽為「金陵三俊」之一的顧璘為徐達後裔徐世禮撰寫墓誌，萬曆科舉狀元、書畫家朱之蕃為徐鏜寫誌。之所以名人撰寫誌文，因為墓主人身份特殊，或為朝廷興盛建功立業，或為人儒雅，道德高尚，或才華卓越，或在動蕩歲月遭受不公，他們的經歷與事迹值得記録和頌揚，用名人手中之筆為誌主生平留下濃墨重彩。

值得注意的是，洪武墓誌的誌文多用「千萬年後，非理者開，知理者完」十二字做為銘辭，格式完全統一。在館藏二十六方洪武墓誌中，二十方均是十二字的銘辭，占百分之七十六點九，這種現象出現於洪武十一年（一三七八），終於洪武二十四年（一三九一）。這種現象若是洪武墓誌銘辭的特徵，則可以作為判斷年代的依據。

明代墓誌的體例基本沿用宋代墓誌，雖有發展但變化不大。洪武年間墓誌的體例與宣德以後有一定的差異，説明朝廷剛剛建立，很多制度都在完善之中，墓誌銘的形制與體例存在一個過渡和完善的過程，而這一過程在六十年後的宣德年間基本完成。因而，洪武墓誌與其後墓誌的差異，可以成為斷代的依據，應當引起關注。

〔注釋〕

〔一〕南京市博物館前身為南京市文物保管委員會、南京市文物管理委員會，一九七八年因體制變動，南京市博物館從南京市文物管理委員會分出，成為獨立事業單位，先前的考古資料及文物均由南京市博物館繼續收藏。為方便叙述二十世紀七十年代前《考古》、《文物》等雜誌發表的以南京市文物保管委員會、南京市文物管理委員會署名的考古簡報，本文統一寫南京市博物館。

〔二〕《南京人臺山東晉王興之夫婦墓發掘報告》，《文物》一九六五年第六期；《南京象山東晉王丹虎墓和二、四號墓發掘簡報》，《文物》一九六五年第十期；《南京象山五號、六號、七號墓清理簡報》，《文物》一九七二年第十一期；《南京象山八號、九號、十號墓發掘簡報》，《文物》二〇〇〇年第七期；《南京象山十一號墓清理簡報》，《文物》二〇〇二年第七期。

〔三〕《南京戚家山東晉謝鯤墓簡報》，《文物》一九六五年第六期。

〔四〕《南京老虎山晉墓》，《考古》一九五九年第六期。

〔五〕温適之墓誌文有：「泰和六年四月廿九日晉故散騎常侍新建開國侯太原郡祁縣都鄉仁義里温適之葬琅耶郡華縣白石崗。」南京市博物館《南京市郭家山東晉温氏家族墓》，《考古》二〇〇八年第六期。

〔六〕《南京北郊東晉温嶠墓》，《文物》二〇〇二年第七期。

〔七〕《江蘇南京仙鶴觀東晉墓》，《文物》二〇〇一年第三期。

〔八〕《南京吕家山東晉李氏家族墓》，《文物》二〇〇〇年第七期。

〔九〕《南京南郊六朝謝温墓》，《文物》一九九八年第五期；《南京司家山東晉、南朝謝氏家族墓》，《文物》二〇〇〇年第七期。

〔一〇〕《南京梁桂陽王蕭融夫婦合葬墓》，《文物》一九八一年第十二期；《南京梁南平王蕭偉墓闕發掘簡報》，《文物》二〇〇二年第七期；《梁朝桂陽王蕭象墓》，《文物》一九九〇年第八期。

〔一一〕《南京江寧縣牧龍鎮宋秦檜家族墓清理報告》，《東南文化》一九八八年第二期。

〔一二〕《江浦黄悦嶺南宋張同之夫婦墓》，《文物》一九七三年第四期。南京老山黄悦嶺現稱黄山嶺。

〔一三〕《南京中華門外明墓清理簡報》，《考古》一九六二年第九期。

〔一四〕轉引自祁海寧《論洪保壽藏銘的出土與大號寶船研究的幾個基本問題》，《鄭和研究》二〇一二年 第一期。

〔一五〕南京市博物館《寶船廠遺址——南京明寶船廠六作塘考古報告》，文物出版社，二〇〇六年。

〔一六〕《晉書·王廙附弟彬傳》，中華書局，一九七四年。

〔一七〕《晉書·謝玄傳》，中華書局，一九七四年。

〔一八〕《南京梁桂陽王蕭融夫婦合葬墓》，《文物》一九八一年第十二期。

〔一九〕《江蘇南京市明黔國公沐昌祚、沐睿墓》《考古》一九九九年第一〇期。

〔二〇〕《南京吕家山東晉李氏家族墓》，《文物》二〇〇〇年第七期。

〔二一〕南京市博物館《南京象山八號、九號、一〇號墓發掘簡報》，《文物》二〇〇〇年第七期。

〔二二〕南京市博物館《南京發現一座陳墓》，《文物資料叢刊》第八期，一九八四年。

〔二三〕《馬鞍山孟府君墓》，《考古》一九八〇年第六期。

〔二四〕《鎮江諫壁劉庚之墓》，《考古》一九八八年第七期。

〔二五〕榮寶齋編輯部《墓誌書法精選·劉懷民王僧男墓誌》，榮寶齋，一九九二年。

〔二六〕胡適《白話文學史》，上海古籍出版社，一九九九年。

〔二七〕洪武共三十一年，明代有將建文四年的紀年納入洪武中，故此處稱洪武三十五年，實際是建文四年。根據王素、任昉先生考訂，誌主葬年為永樂元年。

目録

一　東晉故豫章內史謝鯤墓誌

泰寧元年（三二三）十一月二十八日花崗石質。誌長六〇、寬一七、厚一〇厘米。誌文四行，滿行一七字。隸書。誌中部殘損，誌文略有殘缺。

一九六四年九月十日，南京市雨花臺區戚家山M3謝鯤墓出土。現藏南京市博物館。

二　東晉使持節侍中大將軍始安忠武公温嶠墓誌

咸和四年（三二九）四月二十三日（卒）　磚質。誌長四四、寬四三、厚六厘米。誌文一〇行，滿行一三字。隸正之間。背面單刻一「平」字。正書。

二〇〇一年二月，南京市下關區郭家山西端南坡M9温嶠墓出土。現藏南京市博物館。

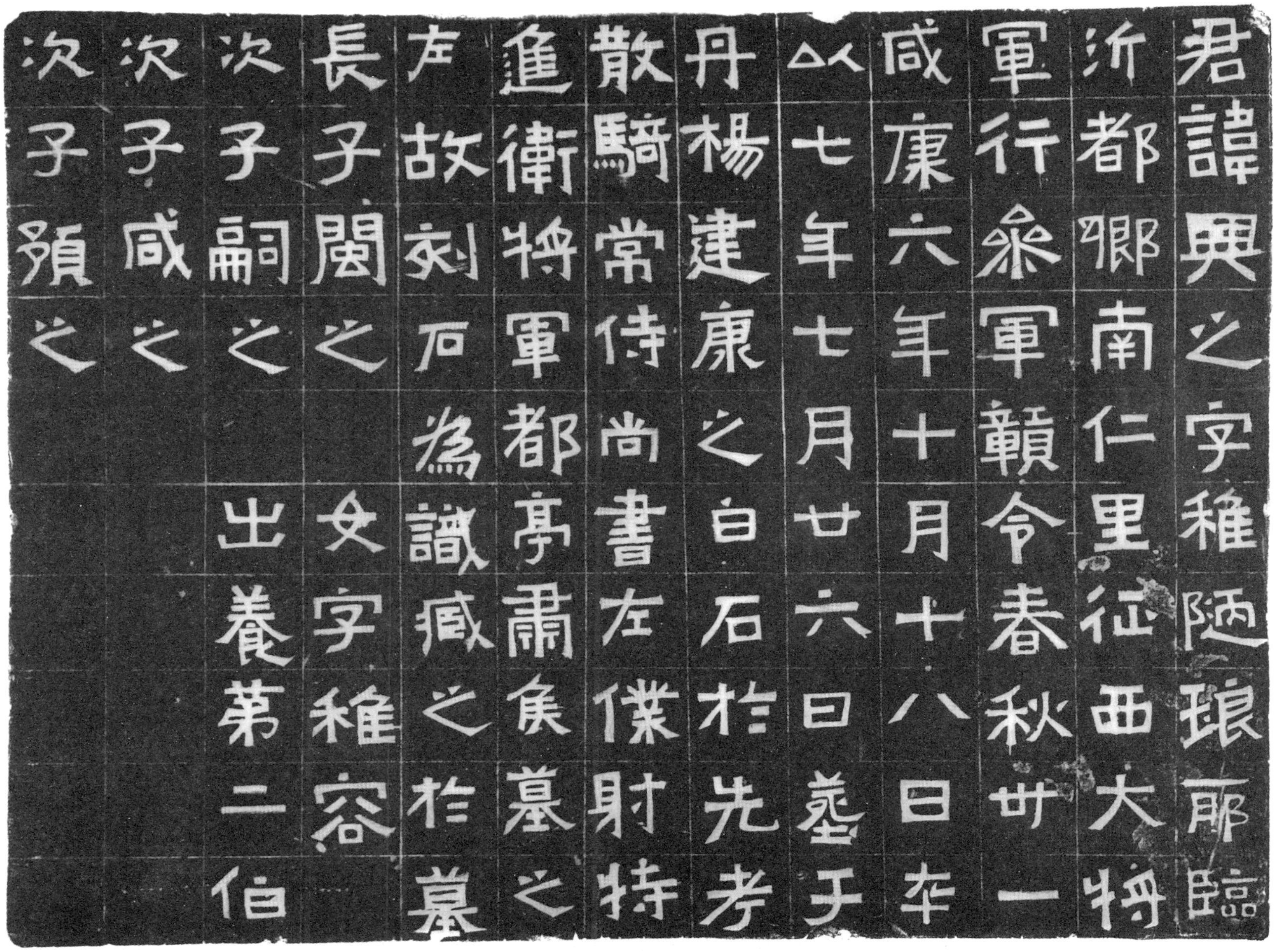
君諱興之字稚陋琅耶臨
沂都鄉南仁里征西大將
軍行參軍贛令春秋卅一
咸康六年十月十八日卒
以七年七月廿六日葬于
丹楊建康之白石於先考
散騎常侍尚書左僕射特
進衛將軍都亭肅侯墓之
左故刻石為識藏之於墓
長子閩之 女字稚容
次子嗣之 出養第二伯
次子咸之
次子預之

三 東晉征西大將軍行參軍贛令王興之墓誌

咸康七年（三四一）七月二十六日

石質。誌長二八・五、寬三七・三、厚一・一厘米。兩面刻文。正面為本誌，誌文一三行，滿行一〇字。隸書。有界格。背面為誌主妻宋和之墓誌，見本書第五號墓誌。誌面原塗薄漆狀物。

一九六五年一月，南京市下關區象山M1王興之、宋和之夫婦合葬墓出土。現藏南京市博物館。

四　東晉琅耶顏謙婦劉氏墓誌

永和元年（三四五）九月

磚質。誌長三二、寬一四・五、厚四・五厘米。誌文三行，行七至九字不等。隸正之間。

一九五八年南京市下關區老虎山M1顏謙婦劉氏墓出土。現藏南京市博物館。

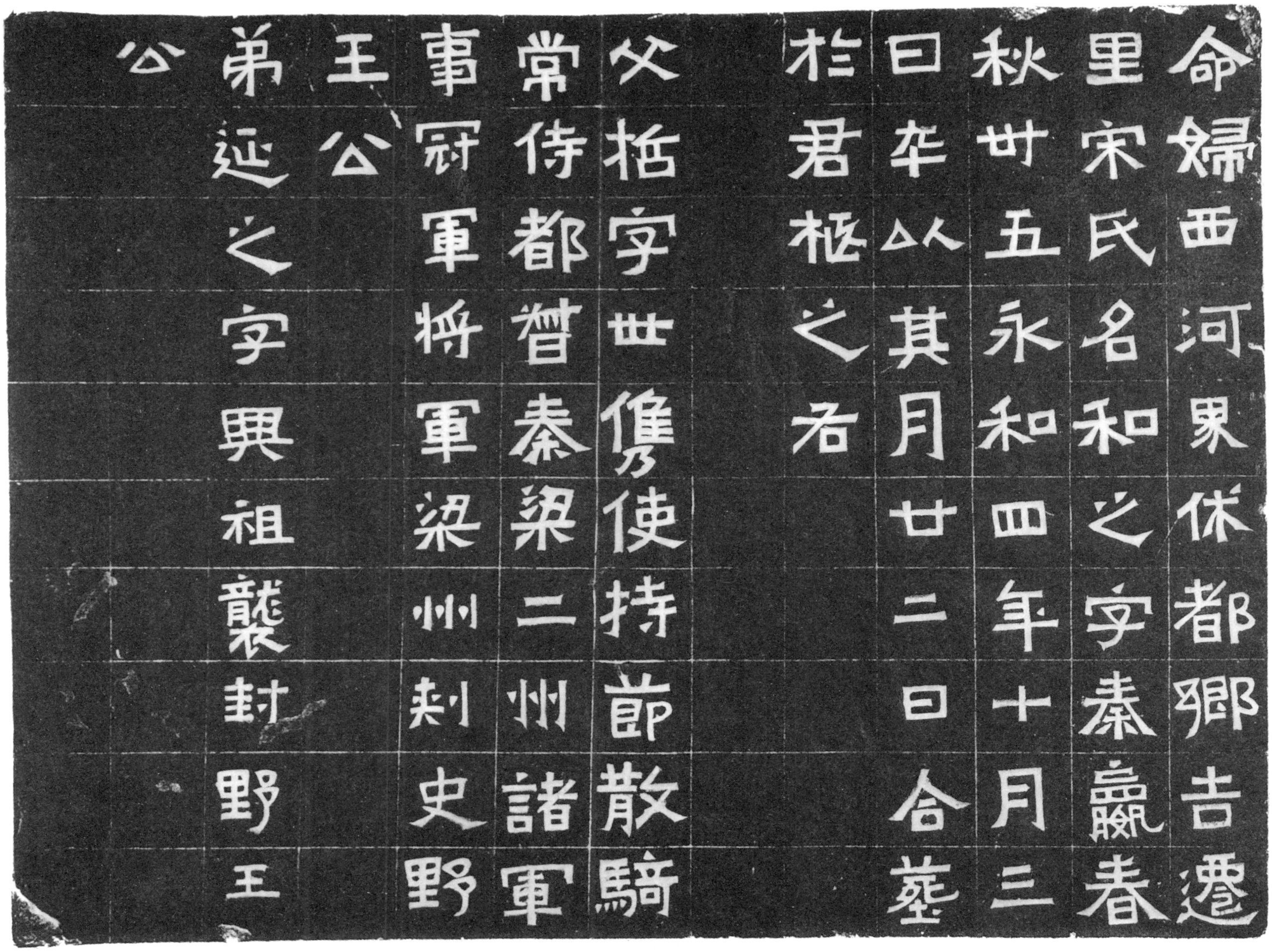

五　東晉征西大將軍行參軍贛令王興之妻宋和之墓誌

永和四年（三四八）十月二十二日

石質。誌長二八・五、寬三七・三、厚一・一厘米。兩面刻文。背面為本誌，誌文一一行，滿行一〇字。隸書。有界格。正面為誌主夫王興之墓誌，見本書第三號墓誌。誌面原塗薄漆狀物。

一九六五年一月，南京市下關區象山M1王興之、宋和之夫婦合葬墓出土。現藏南京市博物館。

六　東晉鎮西長史騎都尉建昌伯高崧夫人謝氏墓誌

永和十二年（三五六）三月二十四日

磚質。誌長五〇、寬二五、厚六厘米。誌文四行，滿行一〇字。隸正之間。字口塗朱。

一九九八年南京市棲霞區仙鶴觀南京師範大學仙林新校區工地M2高崧、謝氏夫婦合葬墓出土。現藏南京市博物館。

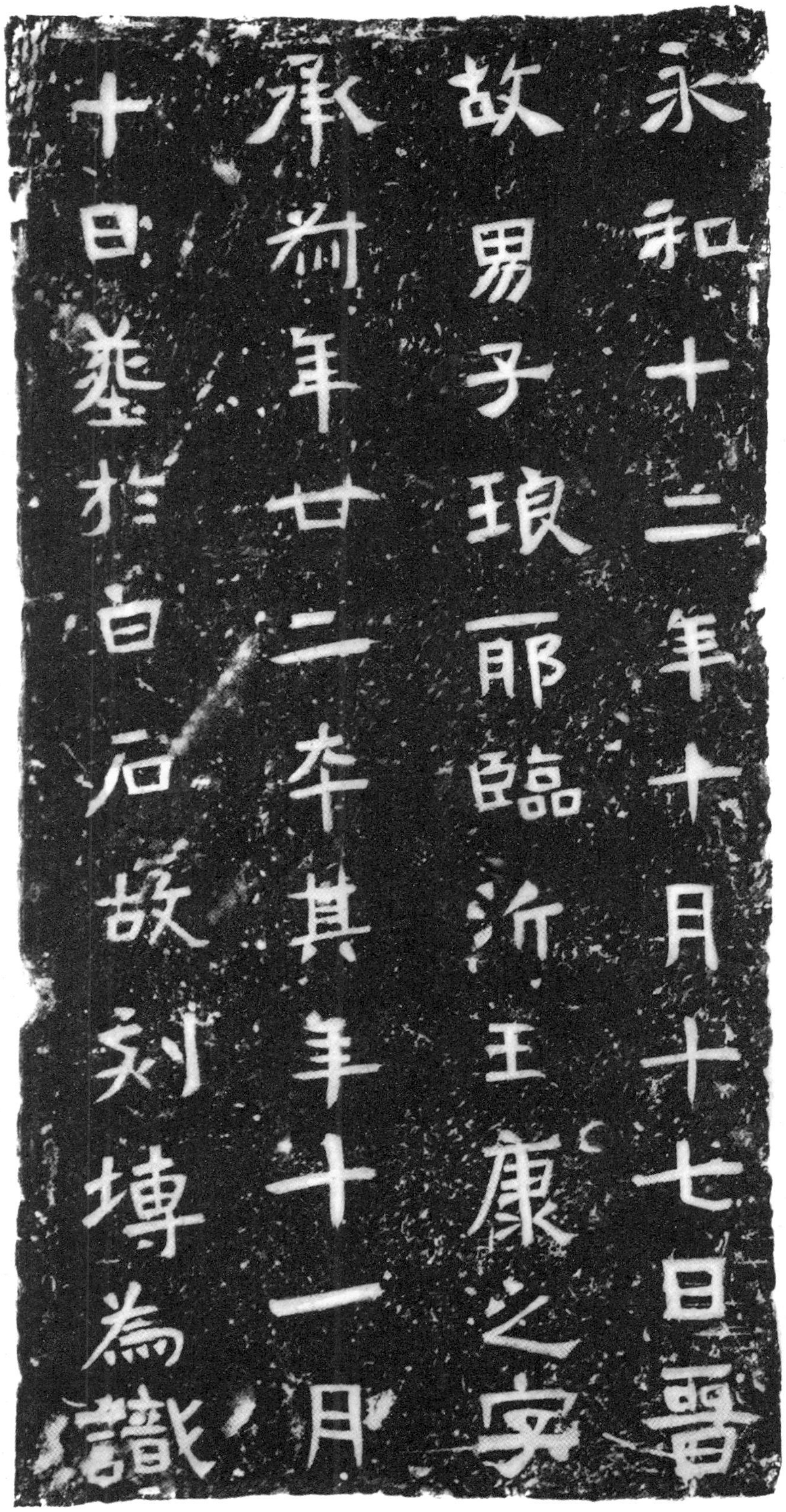

七　東晉故琅耶臨沂王康之墓誌

永和十二年（三五六）十一月十日

磚質。誌長五〇、寬二五、厚七厘米。誌文四行，滿行一一字。隸正之間。

二〇〇三年南京市棲霞區象山 M11 王康之、何法登夫婦合葬墓出土。現藏南京市博物館。

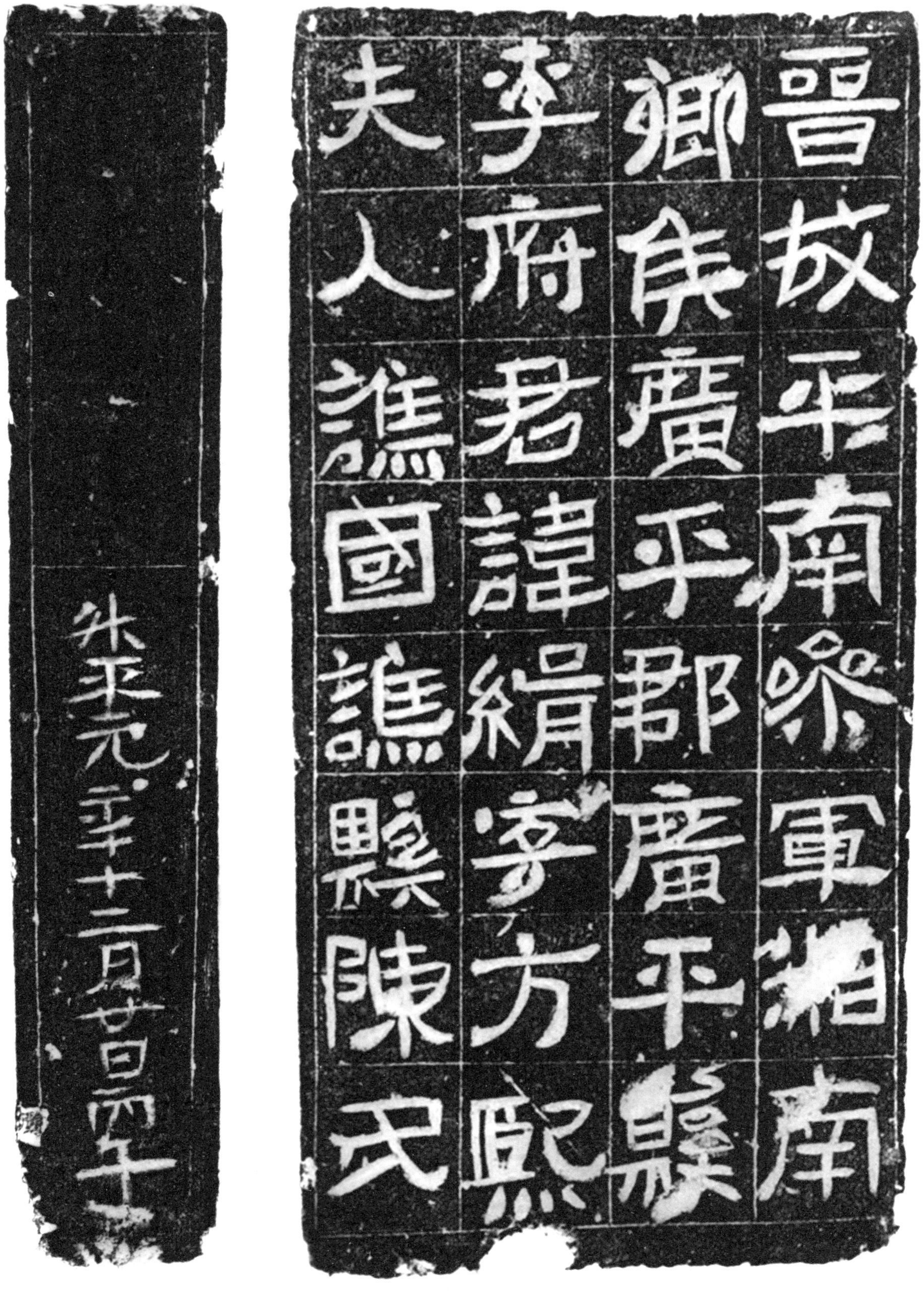

八　東晋故平南參軍湘南鄉侯李府君（緝）墓誌

升平元年（三五七）十二月二十日

磚質。誌長三一、寬一五、厚五厘米。正面誌文四行，滿行八字。隸書。有界格。字口塗朱。左側另有誌文一行，滿行一一字。隸書。有界欄。

一九九九年南京市棲霞區呂家山 M1 李緝墓出土。現藏南京市博物館。

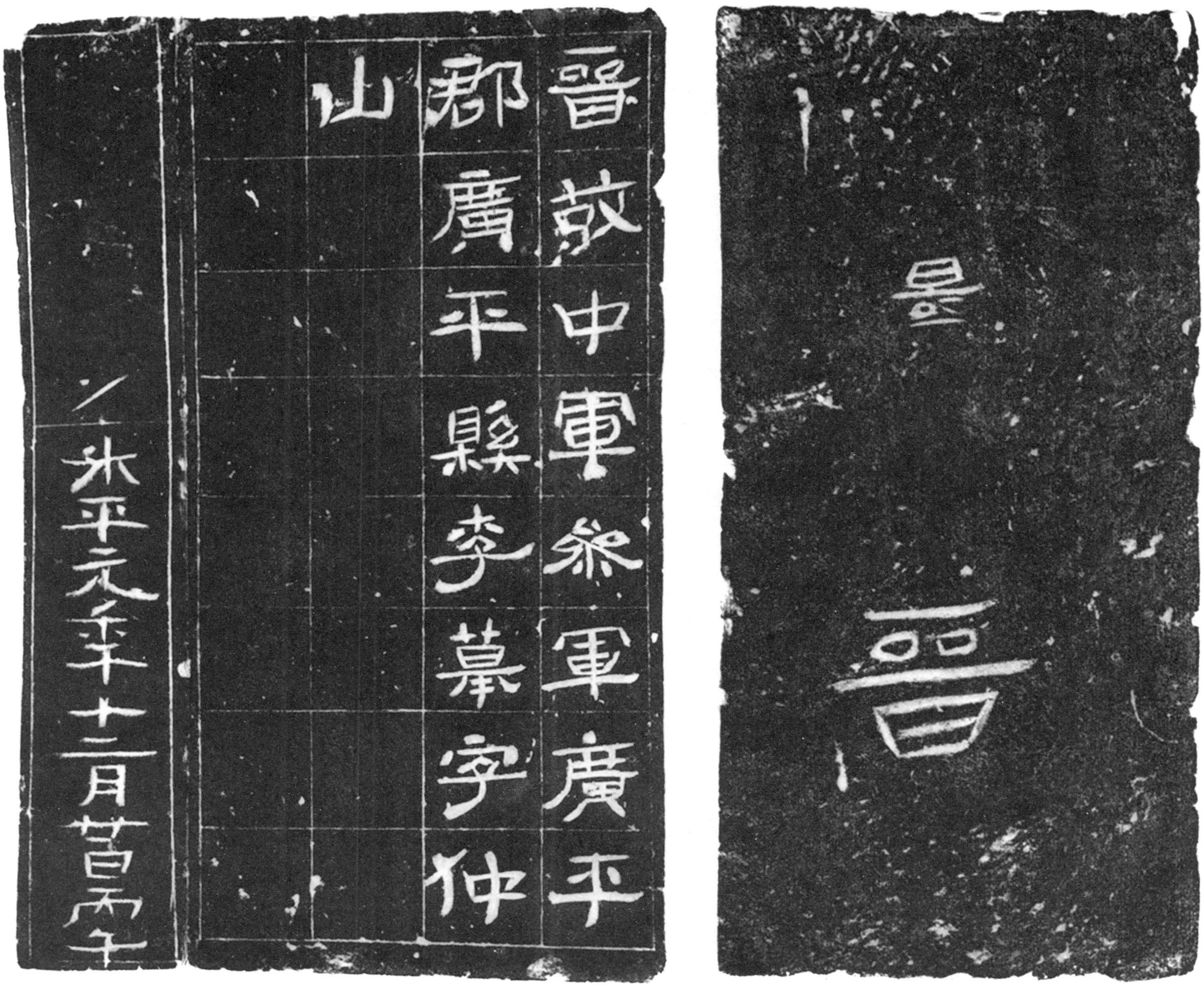

九　東晉故中軍參軍李摹墓誌

升平元年（三五七）十二月二十日

磚質。誌、蓋均長三一、寬一五、厚六厘米。蓋文一行，二字。隸書。正反書寫。誌文三行，滿行八字。隸書。有界格。誌文口塗朱。左側另有誌文一行，滿行一一字。隸書。有界欄。

一九九九年南京市棲霞區呂家山M3李摹墓出土。現藏南京市博物館。

一〇 東晉撫軍參軍李摹故妻武氏墓誌

升平元年（三五七）十二月二十日

磚質。誌長三〇、寬一五、厚五厘米。誌文三行，滿行八字，隸書。字口塗朱。有界格。左側另有誌文一行，滿行一一字。隸書。有界欄。

一九九九年南京市棲霞區呂家山 M2 李摹、武氏、何氏夫婦墓出土。現藏南京市博物館。

晉故男子琅耶臨沂都鄉南仁
里王閩之字洽民故尚書左僕
射特進衛將軍彬之孫贛令興
之之元子年廿八升平二年三
月九日卒葬于舊墓在贛令墓

之後故刻塼於墓為識
妻吳興施氏字女式
弟嗣之咸之預之

一一 東晉故琅耶臨沂王閩之墓誌

升平二年（三五八）三月九日（卒）

磚質。誌長四一、寬二〇、厚七厘米。兩面刻文：正面誌文五行，滿行一二字；背面誌文三行，滿行九字。均為隸書。均有界格。

一九六五年南京市下關區象山M5王閩之墓出土。現藏南京市博物館。

一二　東晉故散騎常侍特進衛將軍尚書左僕射都亭肅侯王彬長女王丹虎墓誌

升平三年（三五九）九月三十日

磚質。誌面長四八、寬二四・八；背長四九・五、寬二五，厚六厘米。誌文五行，滿行一四字。隸書。有界格。

一九六五年五月，南京市下關區象山M3王丹虎墓出土。現藏南京市博物館。

一三　東晉故會稽鄮令袁慶墓誌

興寧三年（三六五）五月十二日（卒）

磚質。誌長三二、寬一六、厚五厘米。兩面刻文：正面誌文三行，行五至八字不等。隸正之間。有界框。背面誌文二行，行六至八字不等。隸正之間。

一九四九年後出土，具體時、地不詳。南京市文物研究所徵集。二〇〇三年移交南京市博物館。現藏南京市博物館。

一四　東晉故侍中騎都尉建昌伯高崧墓誌

泰和元年（三六六）十一月十二日

磚質。誌長四八、寬二八、厚六厘米。誌文四行，滿行八字。隸正之間。

一九九八年南京市棲霞區仙鶴觀南京師範大學仙林新校區工地M2高崧、謝氏夫婦合葬墓出土。現藏南京市博物館。

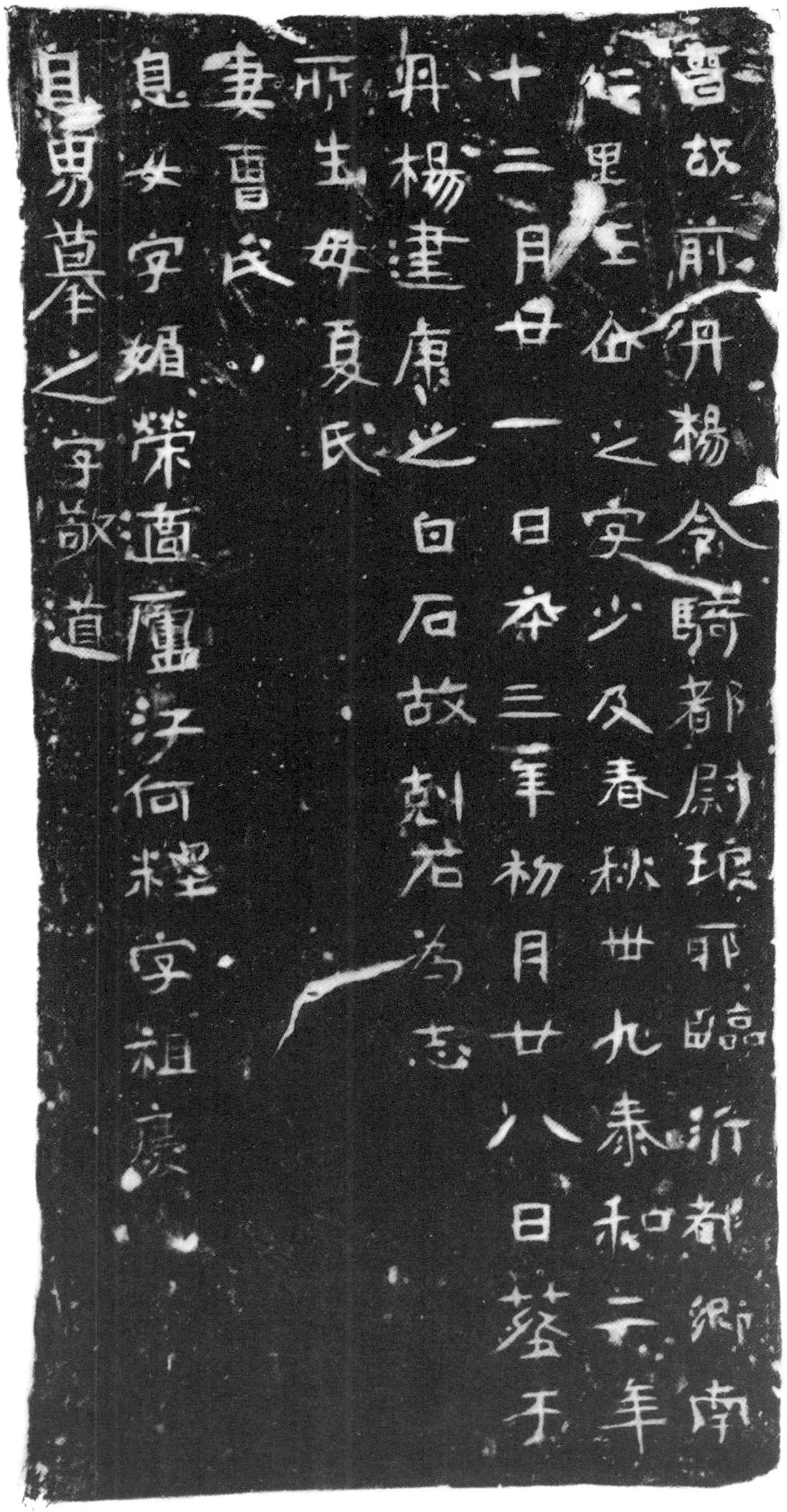

一五　東晉故前丹楊令騎都尉王企之墓誌

泰和三年（三六八）正月二十八日

磚質。誌長四九、寬二四、厚六厘米。誌文八行，滿行一六字。隸正之間。

一九九八年南京市下關區象山 M8 王企之墓出土。現藏南京市博物館。

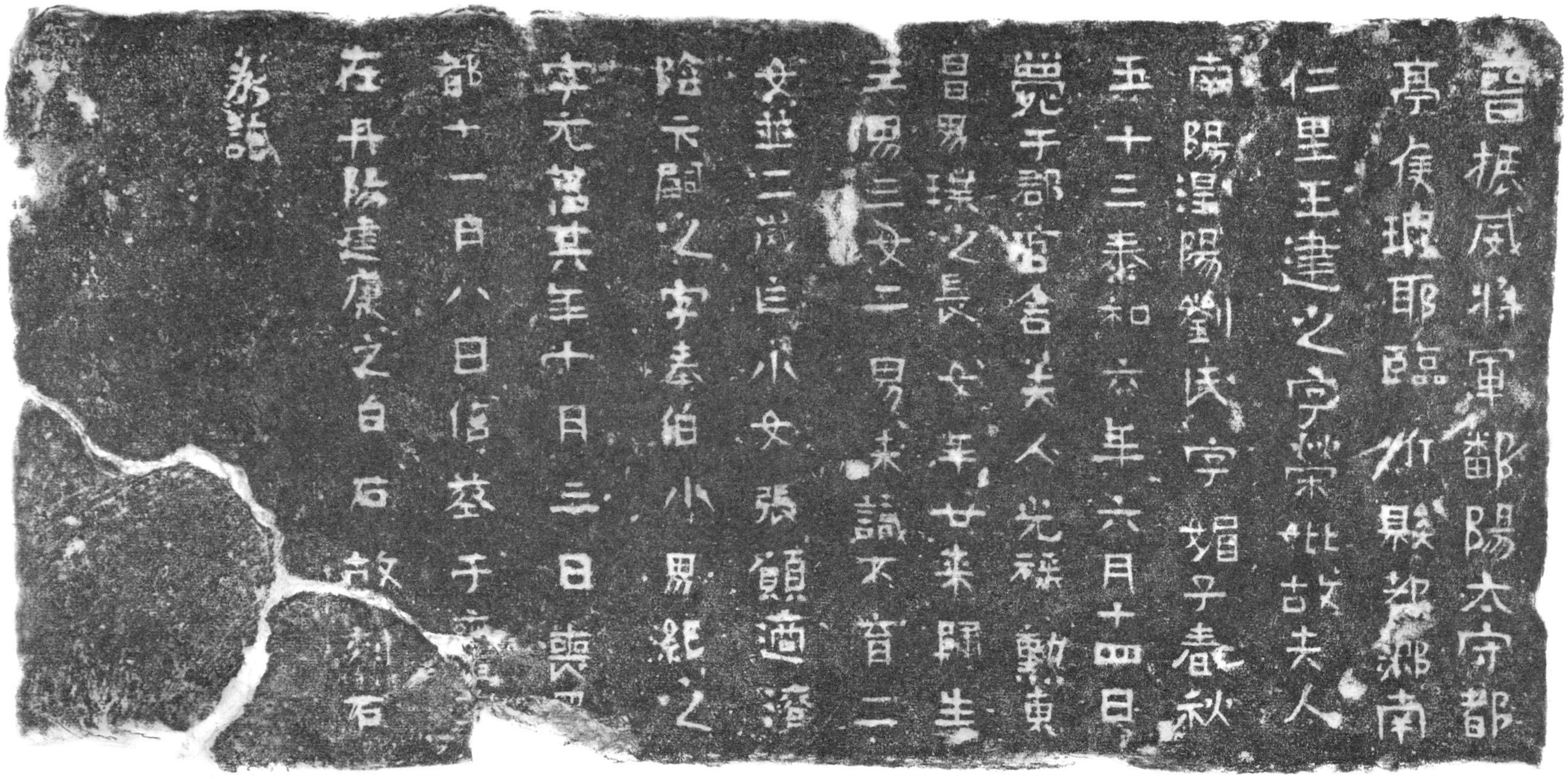

一六　東晉振威將軍鄱陽太守都亭侯王建之故夫人劉媚子墓（磚）誌

泰和六年（三七一）十一月八日

磚質。誌長二五、寬四九、厚六厘米。誌文一四行，行二至一二字不等。隸正之間。

一九九八年南京市下關區象山M9王建之、劉媚子夫婦合葬墓出土。現藏南京市博物館。

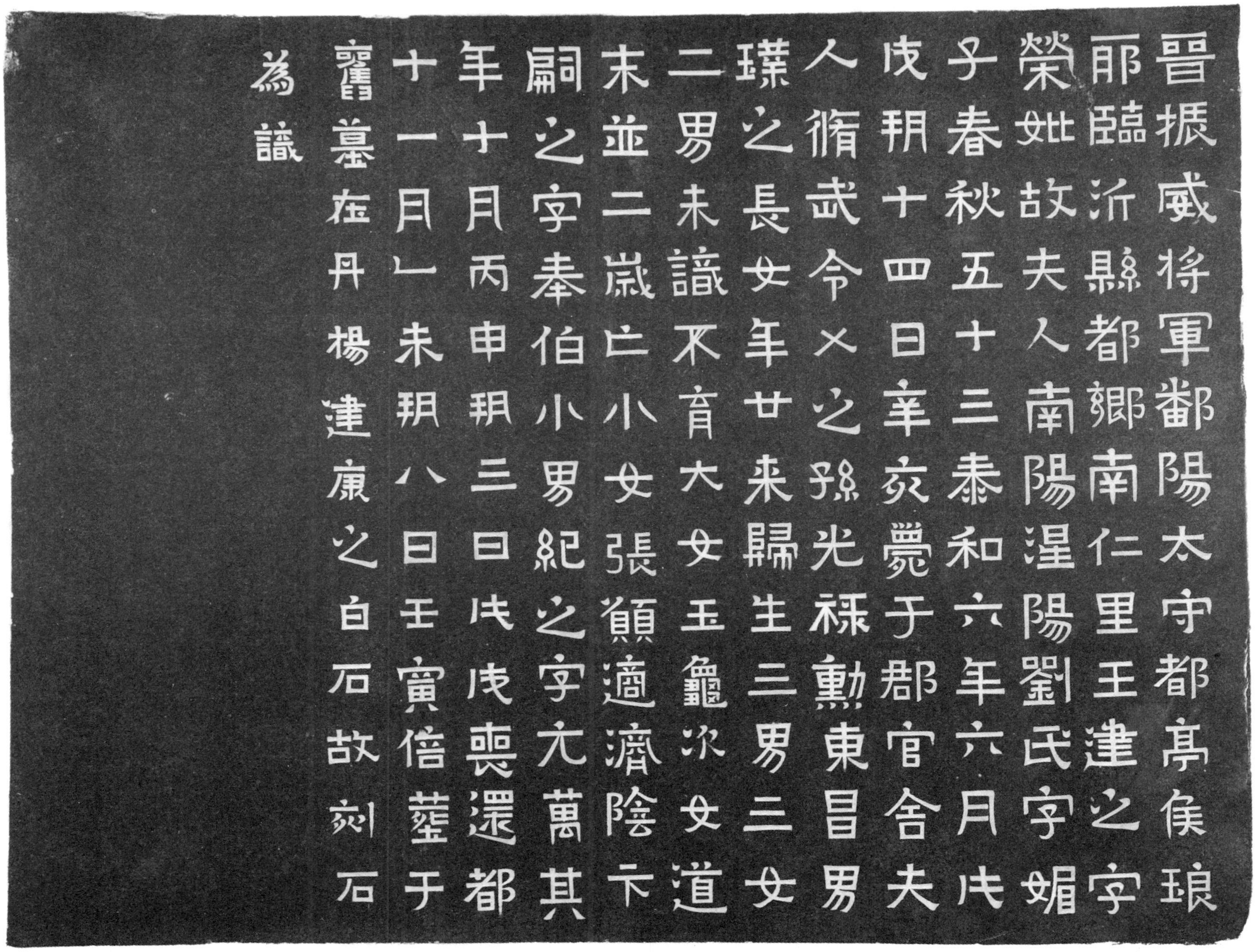
晉振威將軍鄱陽太守都亭侯琅
邪臨沂縣都鄉南仁里王建之字
榮妣故夫人南陽涅陽劉氏字媚
子春秋五十三泰和六年六月戊
戌朔十四日辛亥薨于郡官舍夫
人脩武令乂之孫光祿勳東昌男
璞之長女年廿來歸生三男三女
二男未識不育大女玉龜次女道
末並二歲亡小女張顏適濟陰卞
嗣之字奉伯小男紀之字元萬其
年十月丙申朔三日戊戌喪還都
十一月乙未朔八日壬寅倍葬于
舊墓在丹楊建康之白石故刻石
為識

一七　東晉振威將軍鄱陽太守都亭侯王建之故夫人劉媚子墓（石）誌

泰和六年（三七一）十一月八日

石質。誌長三四、寬四四、厚二厘米。誌文一四行，滿行一三字。隸書。

一九九八年南京市下關區象山M9王建之、劉媚子夫婦合葬墓出土。現藏南京市博物館。

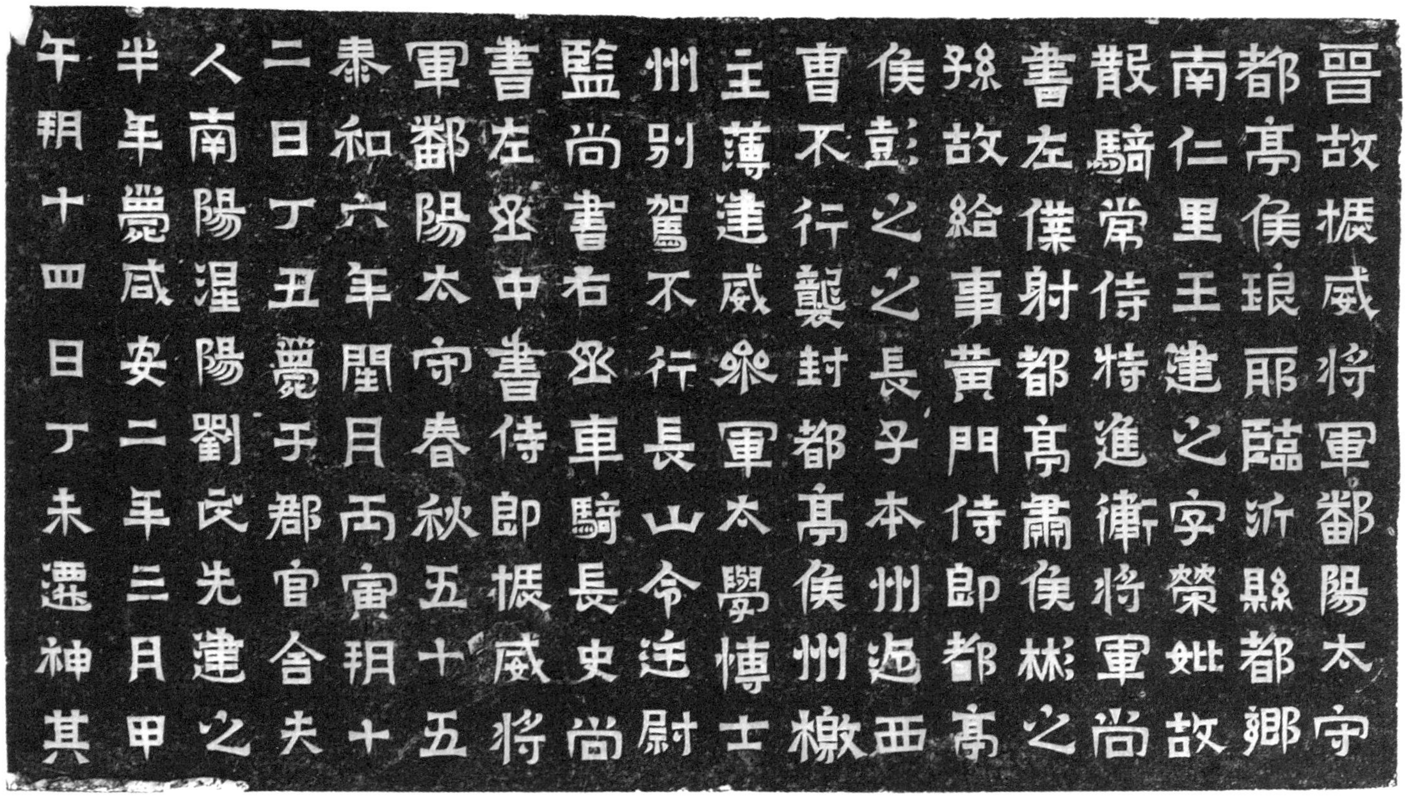

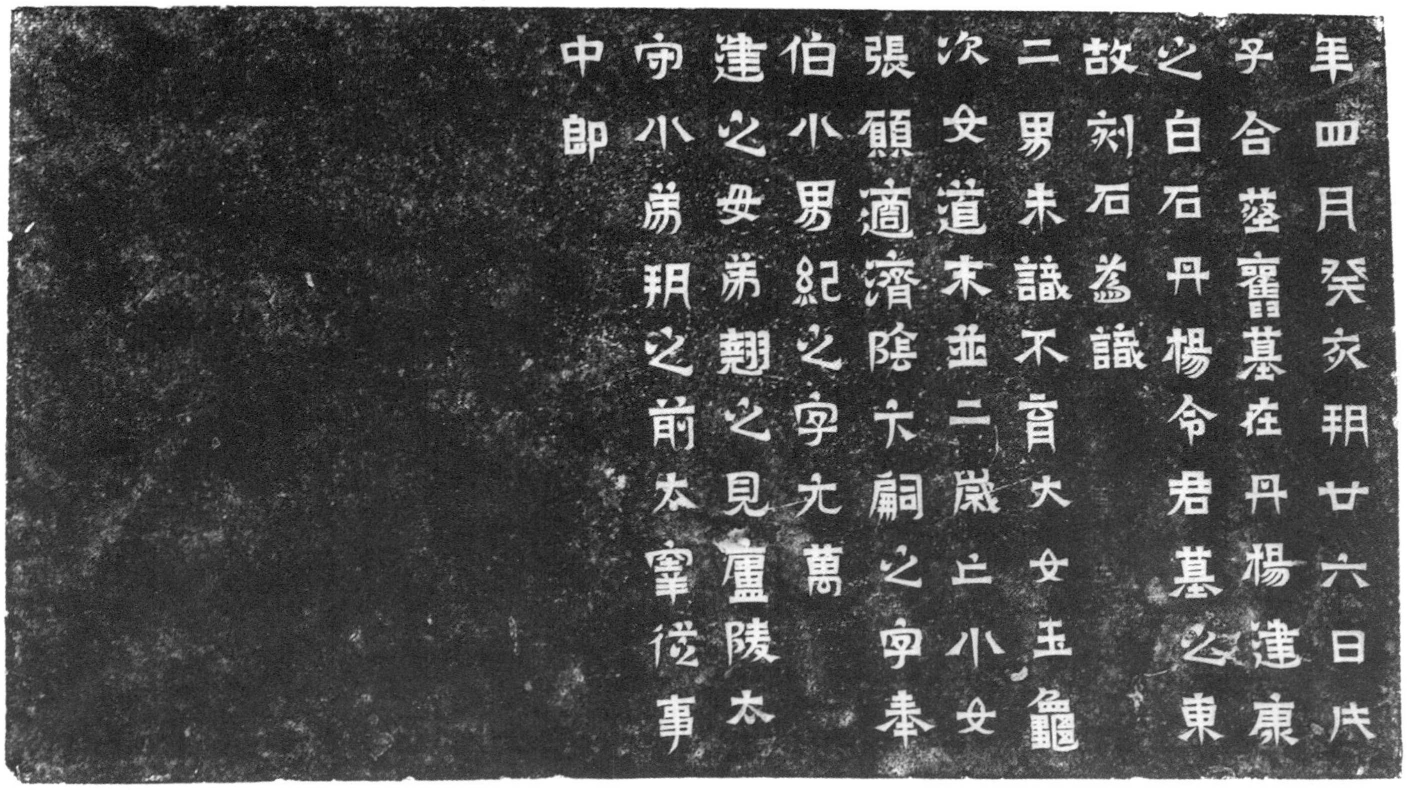

一八　東晉故振威將軍鄱陽太守都亭侯王建之墓誌

咸安二年（三七二）四月二十六日

石質。誌長二六、寬四六、厚五厘米。兩面刻文：正面誌文一八行，滿行一〇字；背面誌文一一行，滿行一〇字。均隸書。

一九九八年南京市下關區象山M9王建之、劉媚子夫婦合葬墓出土。現藏南京市博物館。

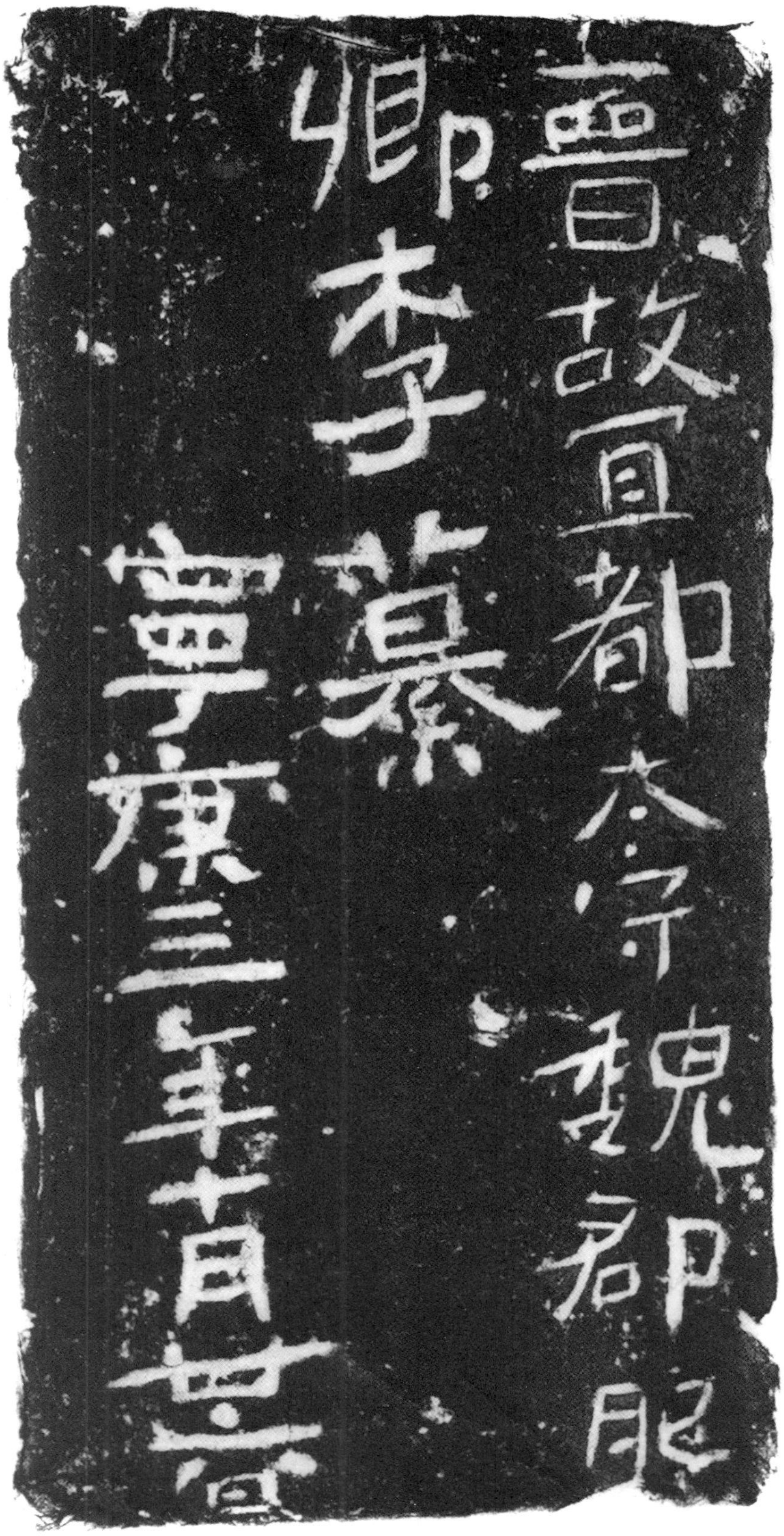

一九　東晉故宜都太守李纂墓誌

寧康三年（三七五）十月二十六日

磚質。誌長二九、寬一四、厚五厘米。

誌文三行，行三至九字不等。隸正之間。

字口塗朱。

一九九九年南京市栖霞區吕家山M2

李纂、武氏、何氏夫婦合葬墓出土。現藏

南京市博物館。

二〇　東晉故宜都太守李纂夫人何氏墓誌

寧康三年（三七五）十月二十六日前後

磚質。誌長二九、寬一四、厚五厘米。誌文一行，行八字。隸正之間。

一九九九年南京市栖霞區呂家山 M2 李纂、武氏、何氏夫婦合葬墓出土。現藏南京市博物館。

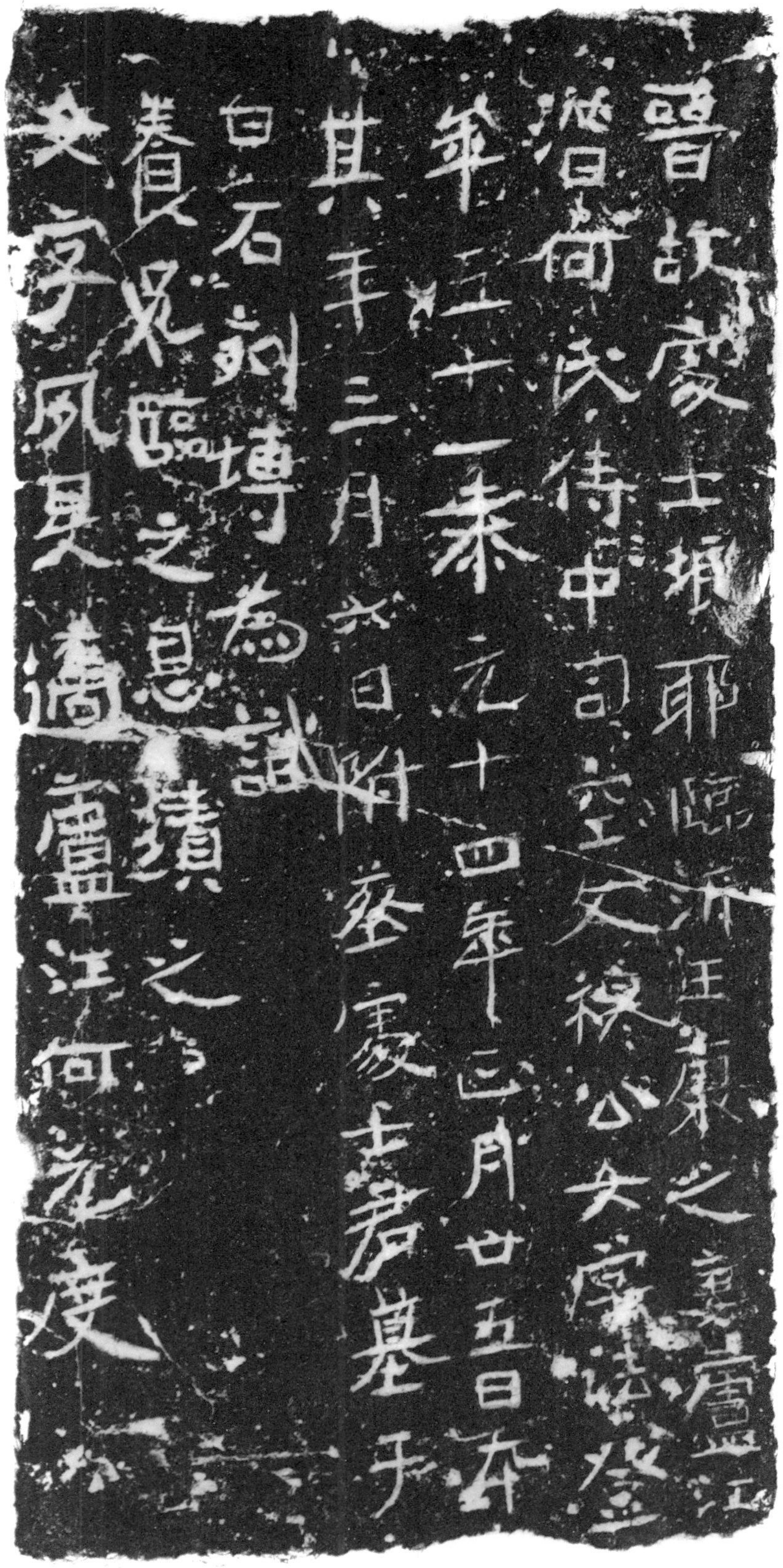

二一　東晉故處士王康之妻何氏（法登）墓誌

太元十四年（三八九）三月六日

磚質。誌長四八、寬二三、厚五・四厘米。誌文七行，行六至一五字不等。正書。

二〇〇二年南京市下關區象山M11王康之、何法登夫婦合葬墓出土。現藏南京市博物館。

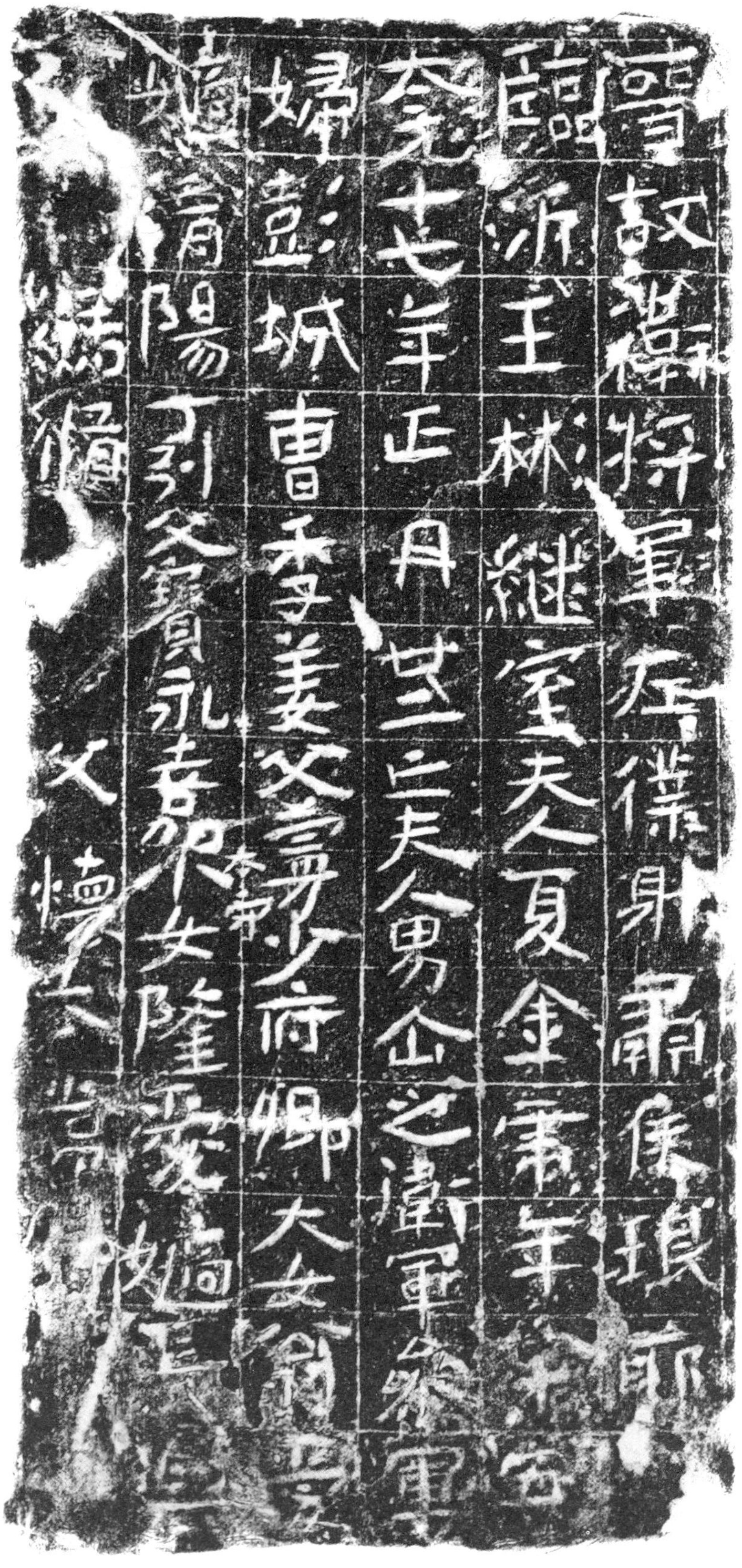

二二 東晉故衛將軍左僕射肅侯王彬繼室夫人夏金虎墓誌

太元十七年（三九二）正月二十二日（卒）

磚質。誌長五一、寬二四、厚六厘米。誌文六行，行八至一九字不等。正書。有界格。誌文略有殘損。

一九六六年南京市下關區象山M6夏金虎墓出土。現藏南京市博物館。

二三　東晉故謝温墓誌

義熙二年（四〇六）十一月二十八日

磚質。誌長四六·四、寬二三、厚六·五厘米。誌文八行，行一一至二二字不等。正書。誌斷為二塊，右下邊殘缺。誌文略有殘損。

一九八六年六月，南京市雨花臺區鐵心橋鄉司家山M5謝温墓出土。現藏南京市博物館。

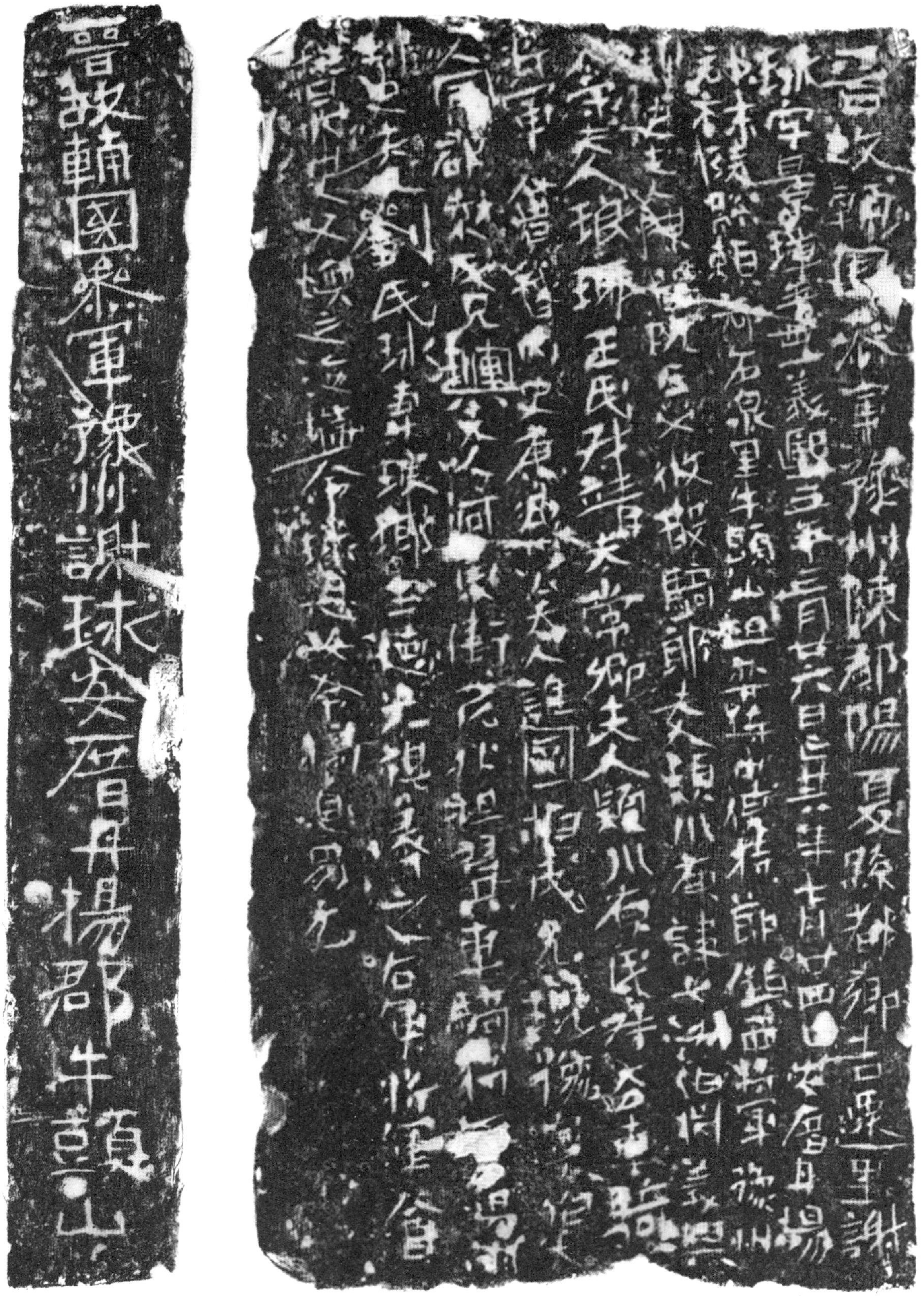

二四　東晉故輔國參軍謝球墓誌

義熙三年（四〇七）七月二十四日

磚質。誌長四〇・五、寬二三、厚六厘米。誌文九行，行一七至二八字。正書。左側另有誌文一行，滿行一八字。正書。

一九八六年三月，南京市雨花臺區鐵心橋鄉司家山M4謝球、王德光夫婦合葬墓出土。現藏南京市博物館。

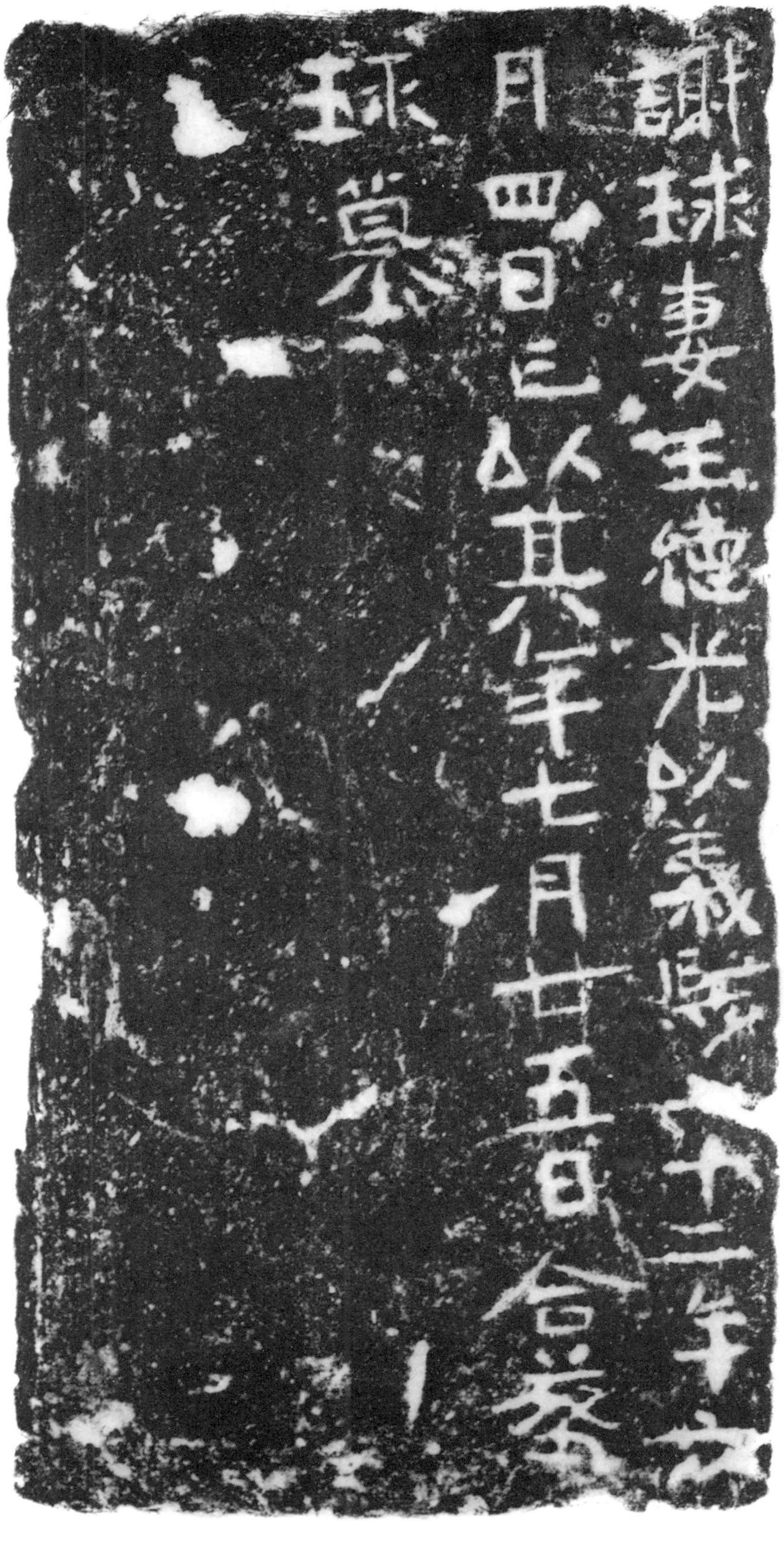

二五　東晉謝球妻王德光墓誌

義熙十二年（四一六）七月二十五日

磚質。誌長三〇、寬一五、厚四厘米。誌文三行，滿行一四字。正書。

一九八六年三月，南京市雨花臺區鐵心橋鄉司家山M4謝球、王德光夫婦合葬墓出土。現藏南京市博物館。

二六　南朝宋故海陵太守散騎常侍謝府君（琉）之墓誌

永初二年（四二一）七月十七日

磚質。誌六方，均長三三・三、寬一七、厚四・五厘米。誌文均八行，滿行一五字。正書。第一至第五方均有界格。誌文略有殘損。

一九八七年五月，南京市雨花臺區鐵心橋鄉司家山M6謝琉墓出土。現藏南京市博物館。

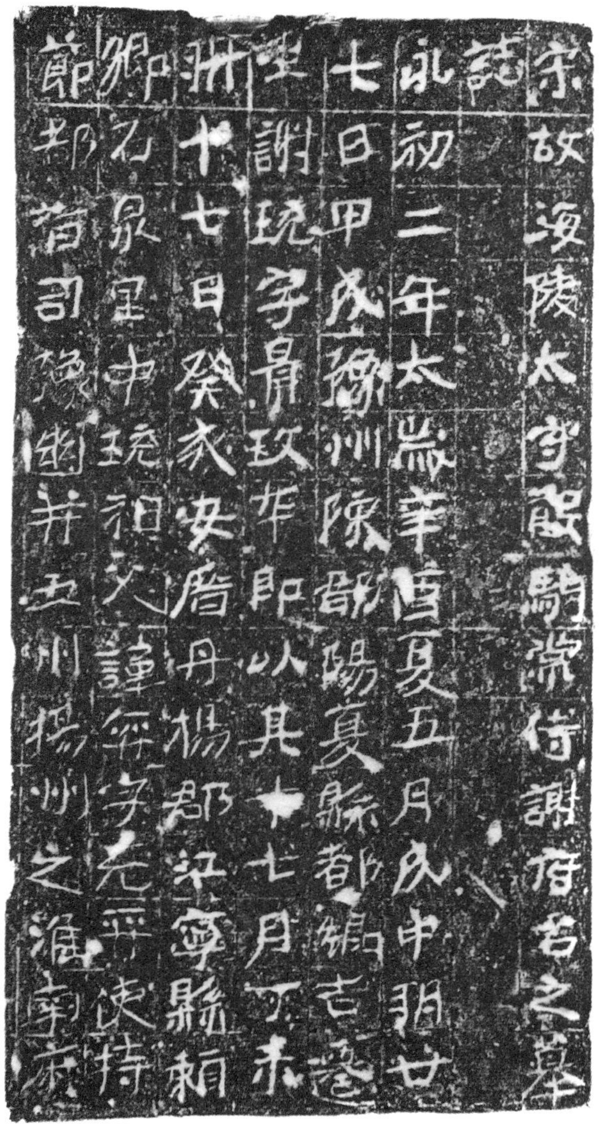

之一

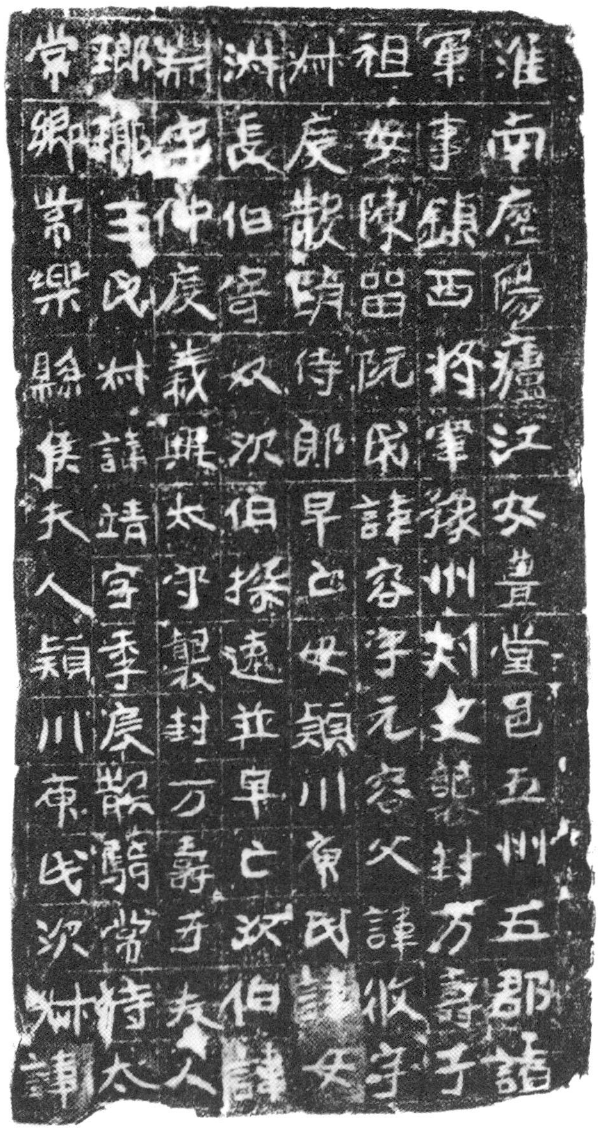

之二

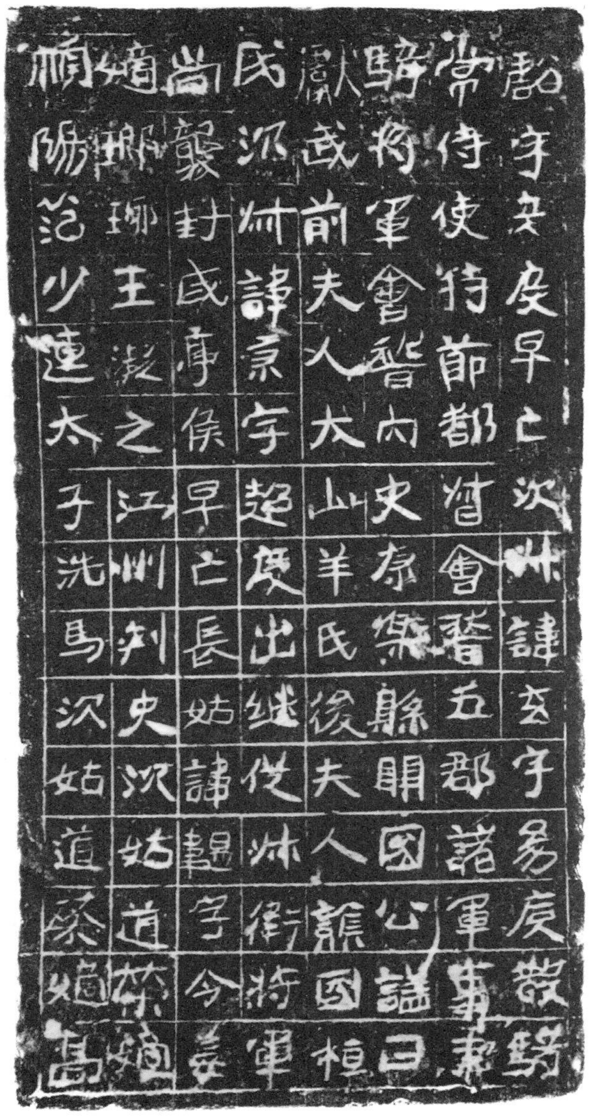
之三

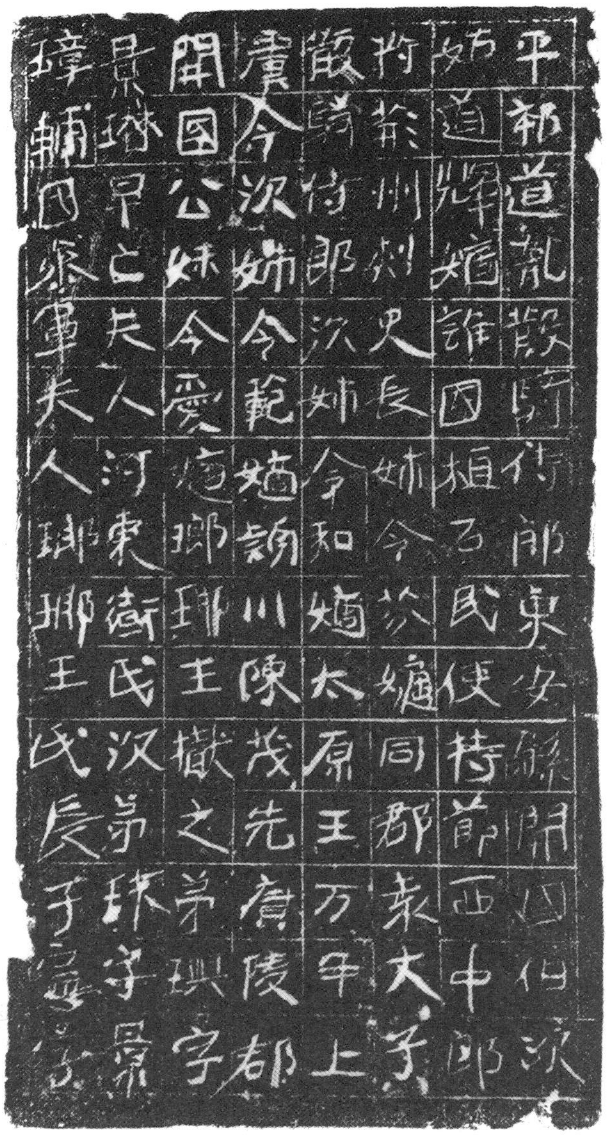
之四

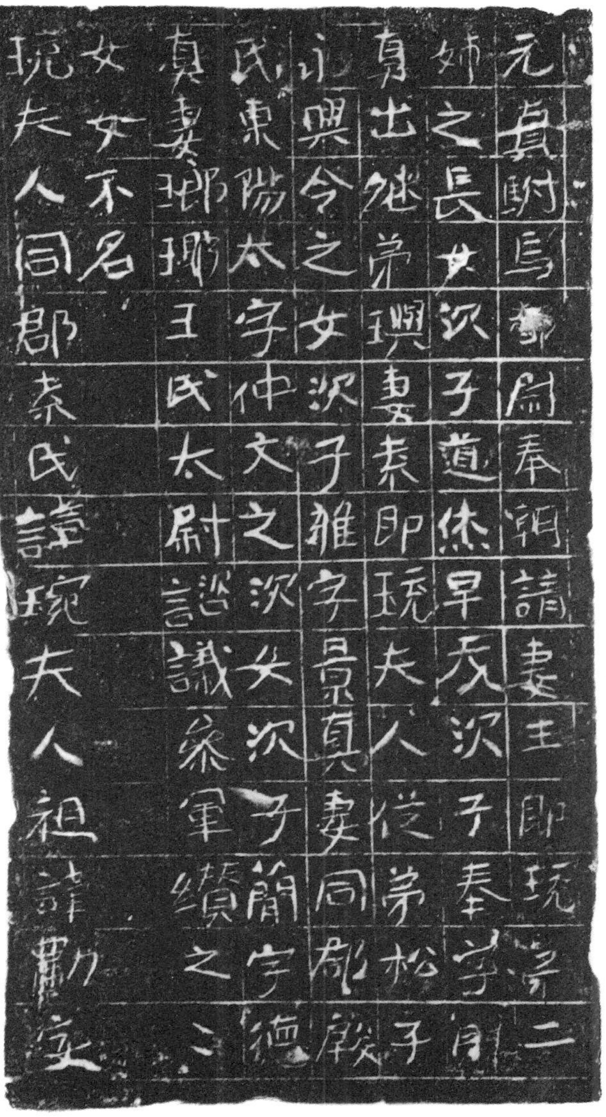
之五

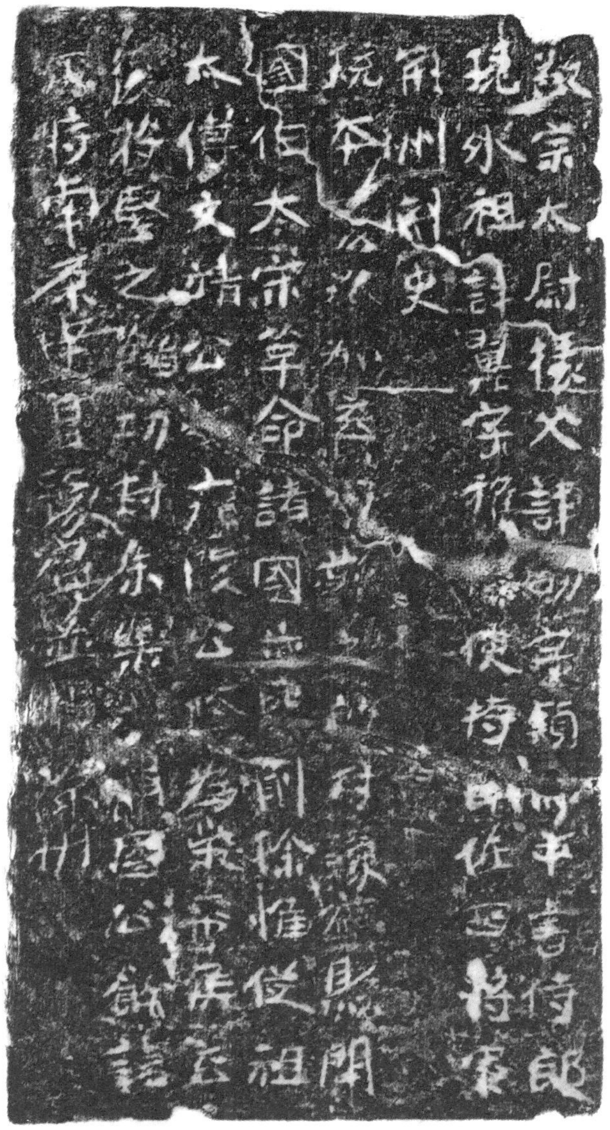
之六

二七　南朝宋修故東晉恭皇帝（司馬德文）墓碣

永初二年（四二一）十一月七日

石質。碣長一二五厘米、寬三〇厘米、厚三〇厘米。碣文三行，滿行九字。隸書。一九六〇年十一月十八日，南京市玄武區富貴山出土。現藏南京市博物館。

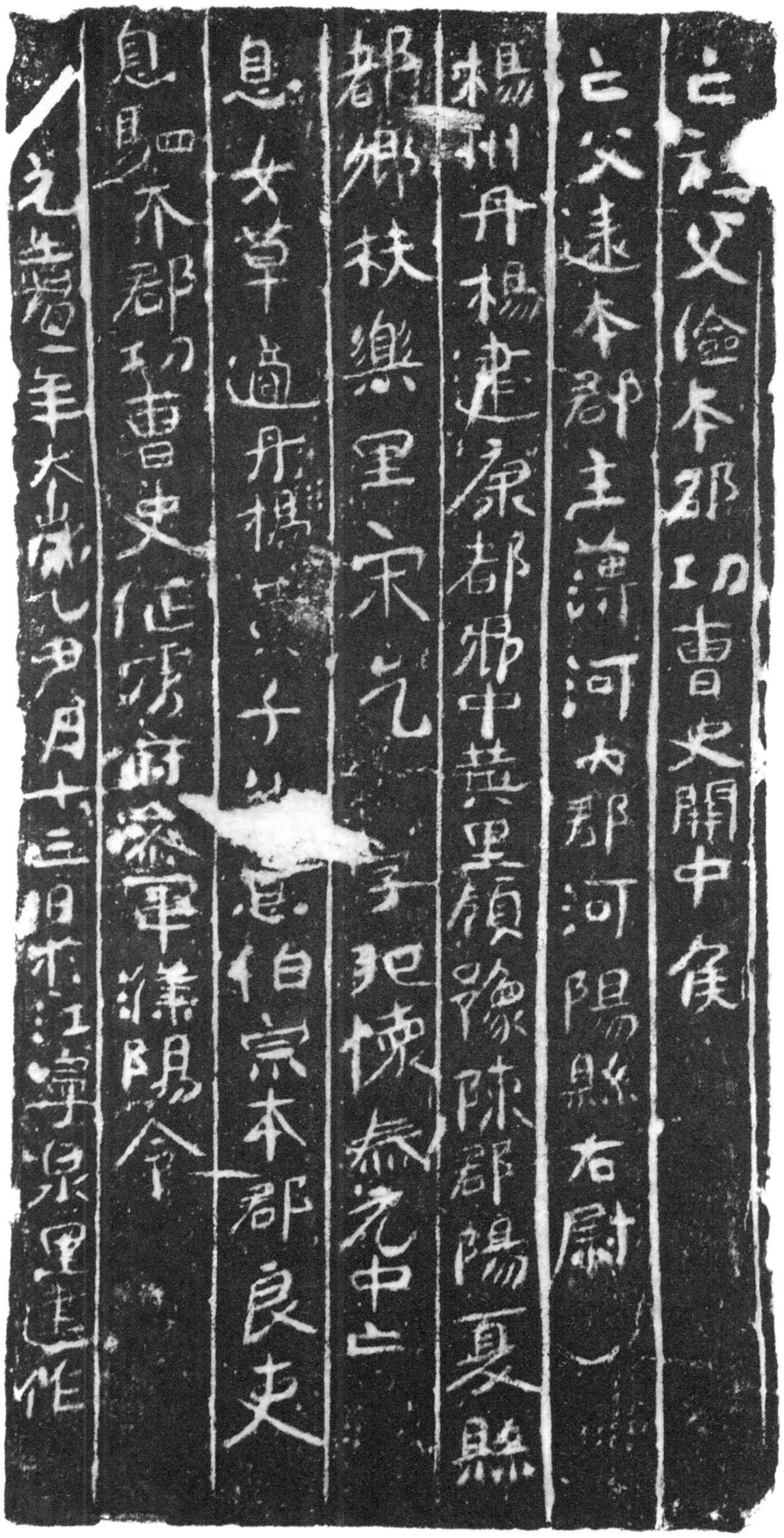

二八　南朝宋修故東晉宋乞墓誌

元嘉二年（四二五）八月十三日

磚質。誌長三三・七、寬一六・四、厚四厘米。誌文七行，行一二至一九字不等。隸正之間。有界欄。

一九九六年南京市雨花臺區鐵心橋鎮一基建工地施工時出土。一九九六年十月十六日，南京漢唐藝術品拍賣公司捐獻。現藏南京市博物館。

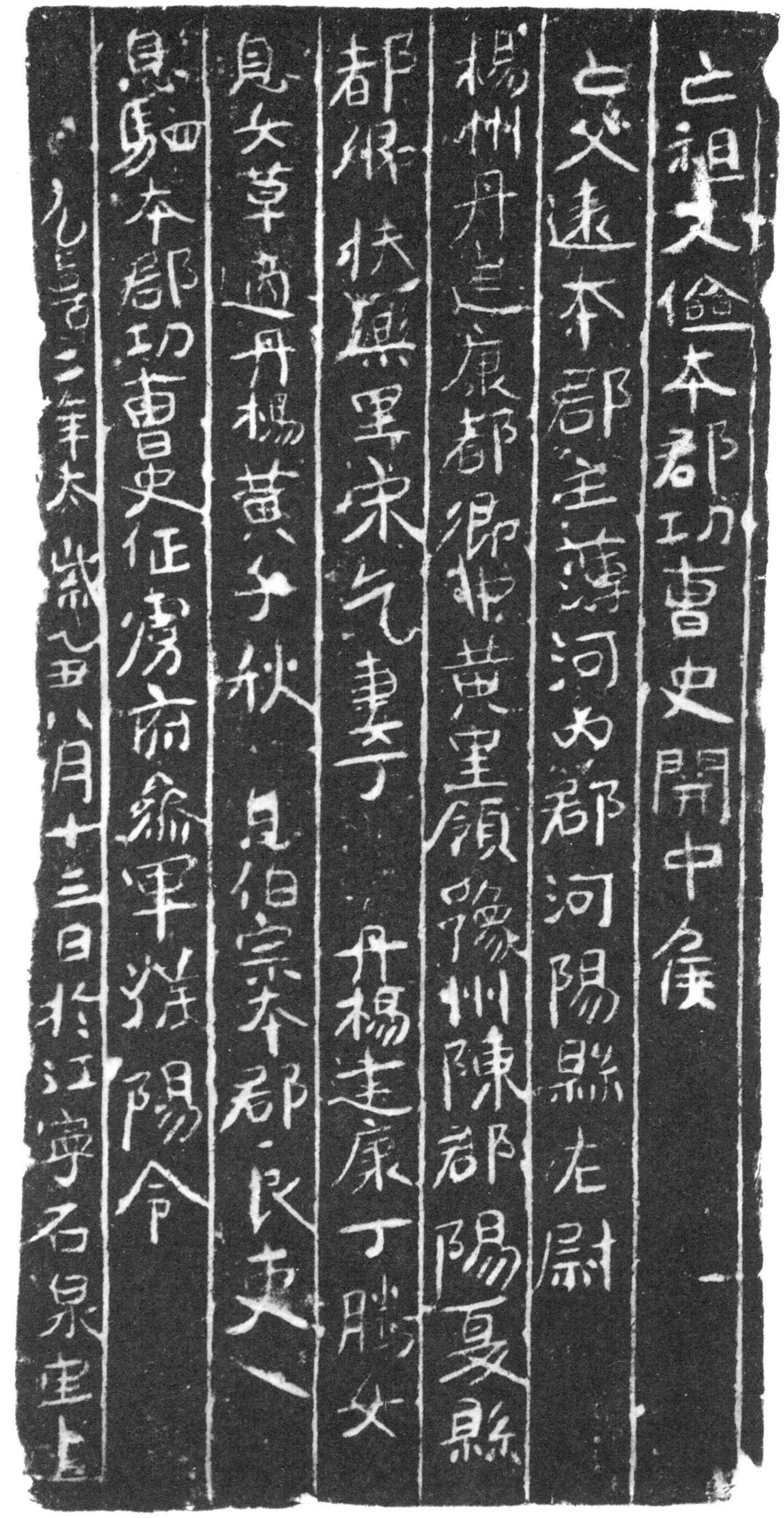

二九　南朝宋修故東晉宋乞妻丁氏墓誌

元嘉二年（四二五）八月十三日

磚質。誌長三三、寬一六・六、厚四厘米。誌文七行，行一二至二〇字不等。隸正之間。有界欄。

一九九六年南京市雨花臺區鐵心橋鎮一基建工地施工時出土。一九九六年十月十六日，南京漢唐藝術品拍賣公司捐獻。現藏南京市博物館。

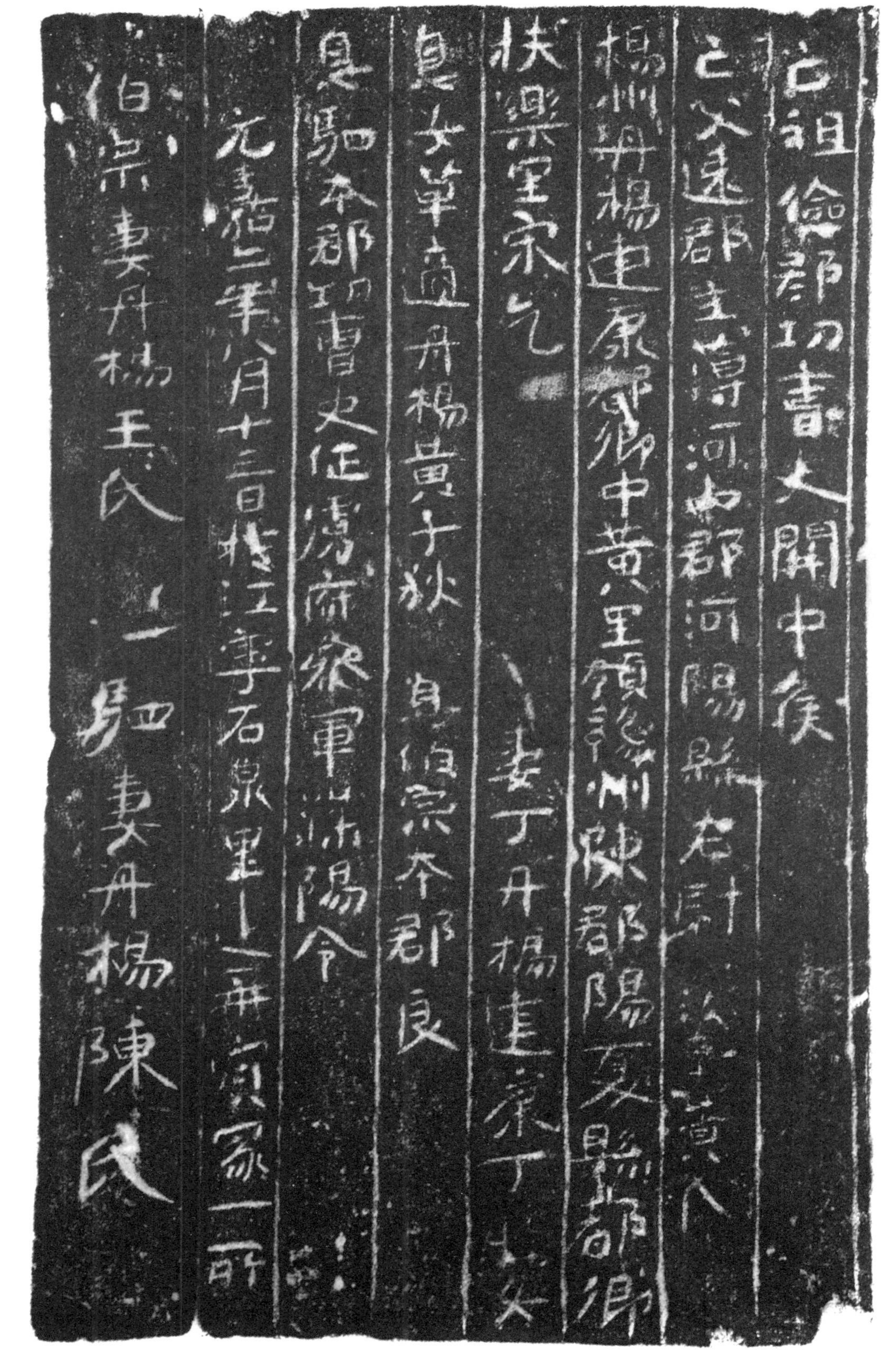

三〇 南朝宋修故東晋宋乞暨妻丁氏合葬墓誌

元嘉二年（四二五）八月十三日

磚質。誌長三三、寬一六・四、厚四厘米。誌文七行，行一〇至二一字不等。隸正之間。有界欄。左側另有誌文一行，滿行一三字。隸正之間。

一九九六年南京市雨花臺區鐵心橋鎮一基建工地施工時出土。一九九六年十月十六日，南京漢唐藝術品拍賣公司捐獻。現藏南京市博物館。

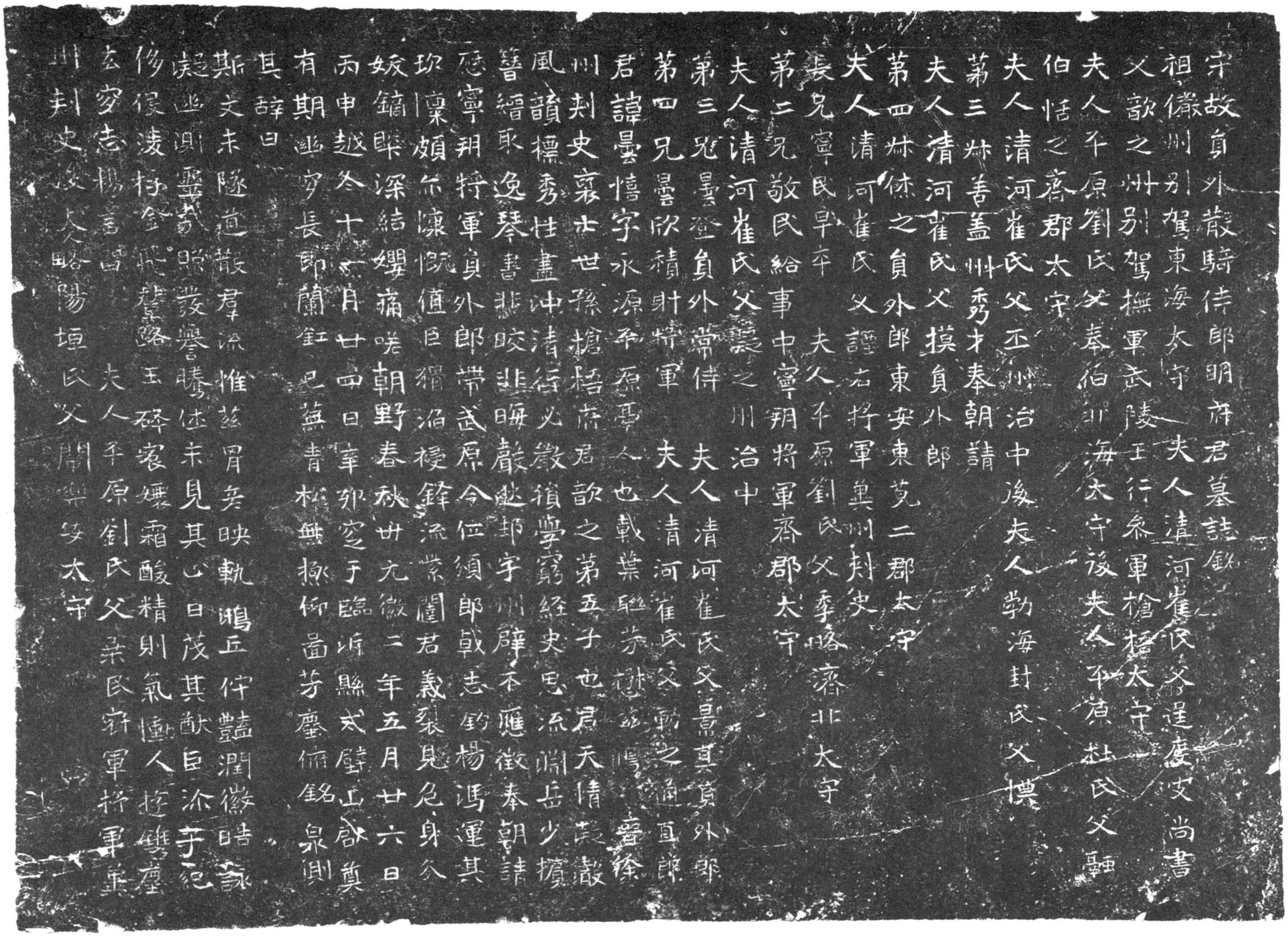

三一　南朝宋故員外散騎侍郎明府君（曇憘）墓誌銘

元徽二年（四七四）十一月二十四日

石質。誌長四八、寬六五、厚七厘米。誌文三〇行，滿行二二字。正書。

一九七二年元月，南京市棲霞區堯化門外甘家巷北小山上明曇憘墓出土。現藏南京市博物館。

三二 南朝梁故散騎常侍撫軍大將軍桂陽王蕭融墓誌銘

天監元年（五〇二）十一月一日

石質。誌長五九、寬五九，厚九厘米。誌文二〇行，滿行二八字。正書。誌右上角斷佚，右邊缺損。誌文略有殘缺。

一九八〇年九月，南京市棲霞區堯化門外甘家巷南京煉油廠基建工地蕭融、王纂韶夫婦合葬墓出土。現藏南京市博物館。

三三　南朝梁桂陽國太妃（王纂韶）墓誌銘

天監十三年（五一四）十一月十日

石質。誌長四九、寬六四、厚八厘米。誌文三一行，滿行二三字。正書。誌文略有殘損。

一九八〇年九月，南京市栖霞區堯化門外甘家巷南京煉油廠基建工地蕭融、王纂韶夫婦合葬墓出土。現藏南京市博物館。

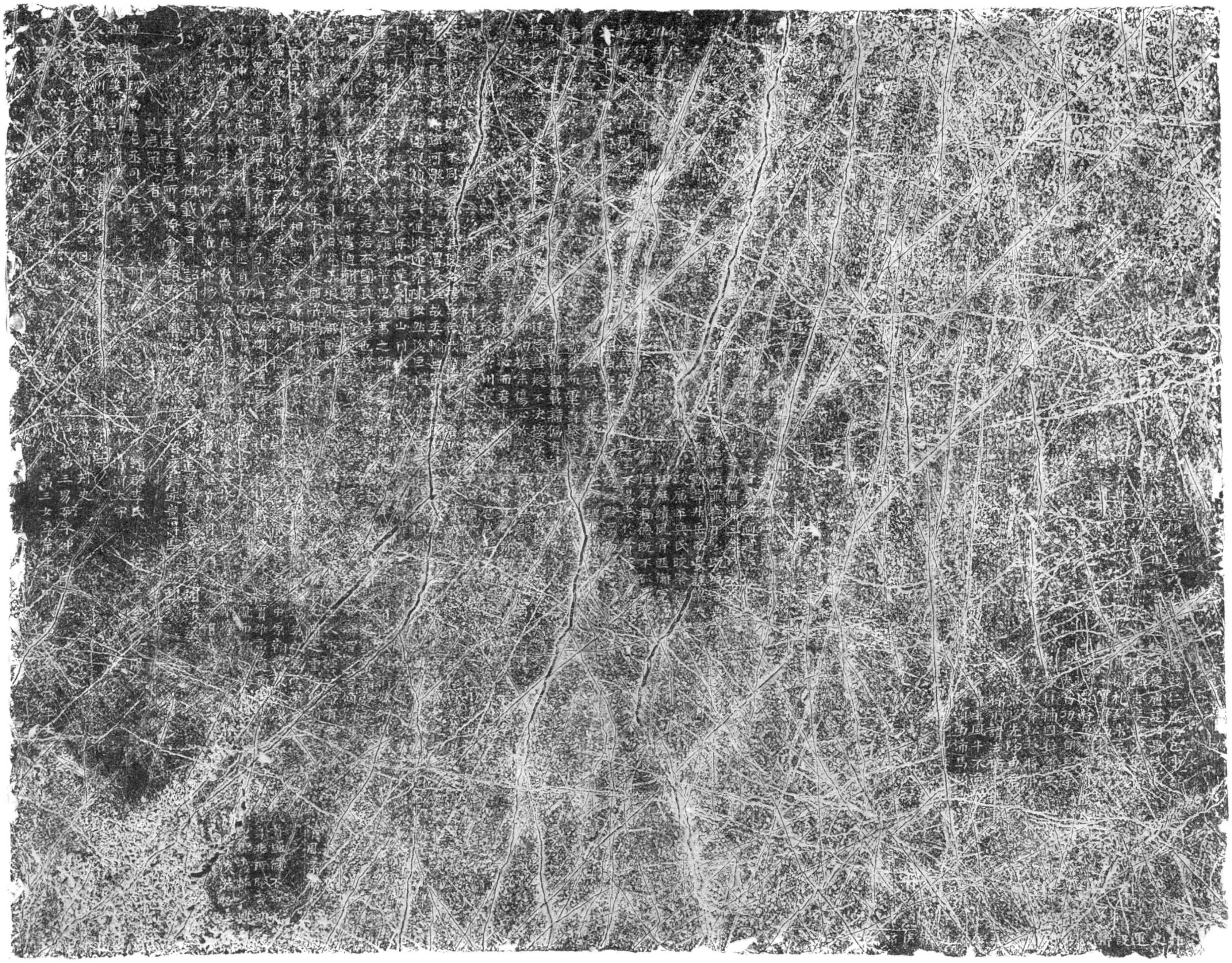

三四　南朝梁盧某墓誌

普通二年（五二一）八月七日

石質。誌長七九、寬九九、厚七厘米。誌文約五六行，滿行字數不清。正書。誌泐蝕嚴重，誌文漫漶不清。

一九四九年後出土，具體時、地不詳。二十世紀八九十年代徵集。現藏南京市博物館。

三五　南朝梁故侍中中書令寧遠將軍吴郡太守蕭子恪（景沖）墓誌

大通三年（五二九）八月

石質。誌長七〇・五、寬九〇・三、厚九厘米。誌文行數不詳，滿行約三八字。正書。誌泐蝕嚴重，誌文漫漶不清。

二〇〇八年三月，南京市棲霞區靈山M2蕭子恪墓出土。現藏南京市博物館。

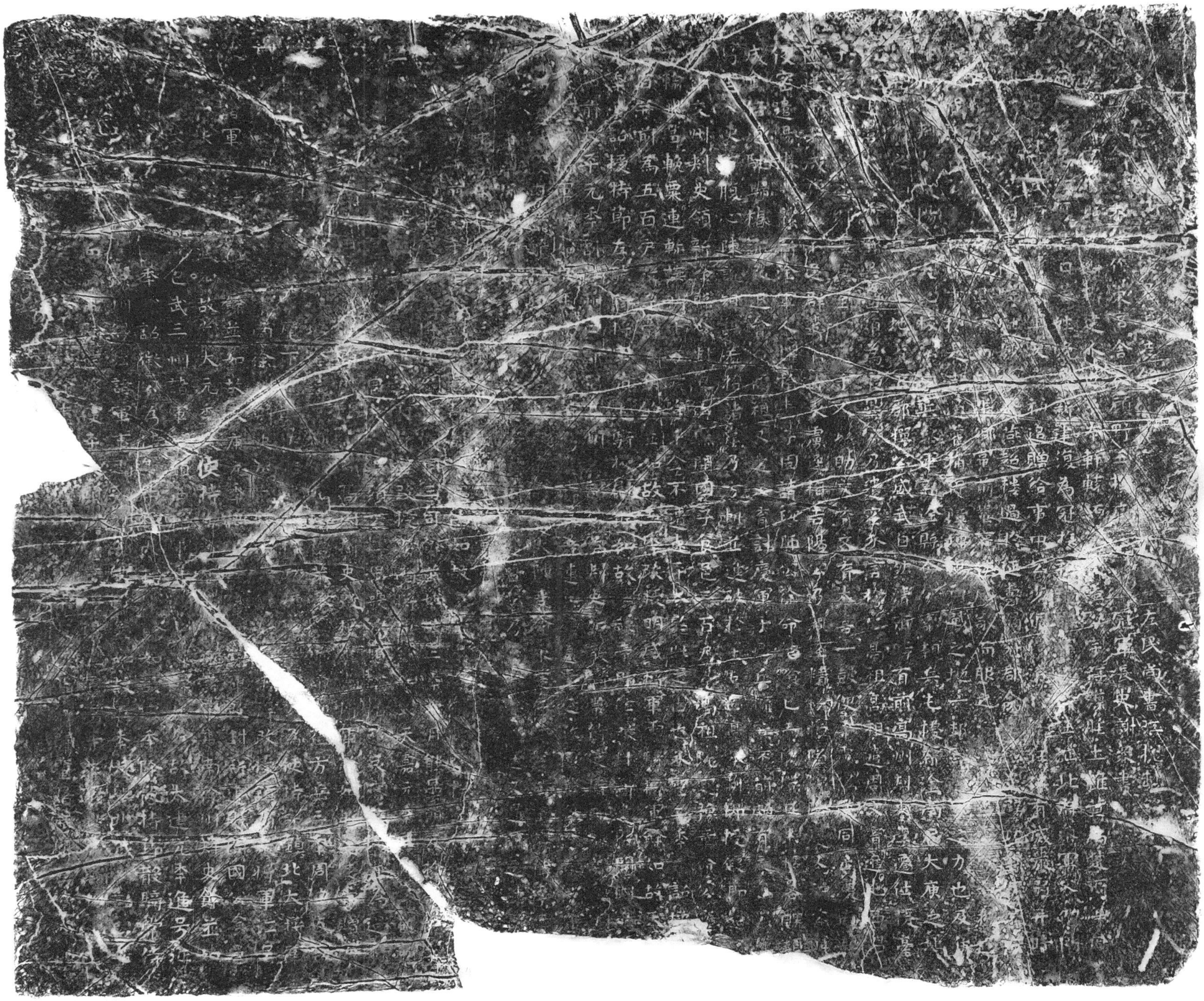

三六　南朝陳故司空義陽郡公黄君（法㲛）墓誌銘

太建八年（五七六）十月後

石質。誌長六五、寬七七、厚九厘米。誌左下角斷裂，左中部與下部殘缺。誌文存四〇行，滿行三四字。正書。誌文漫漶不清。

一九八九年五月，南京市雨花臺區西善橋鎮磚瓦廠内黄法㲛墓出土。現藏南京市博物館。

三七　唐王公並公夫人南康郡君樂安某氏合葬墓誌銘

貞元九年（七九三）十二月二十一日後

石質。誌長五〇、寬七七、厚一二厘米。誌文僅存二七行，滿行字數不詳。正書。誌上部泐蝕嚴重，誌文漫漶不清。

一九四九年後出土，具體時、地不詳。二十世紀八九十年代徵集。現藏南京市博物館。

三八　唐故右金吾衛兼上騎都尉李君（胡）墓誌銘

元和四年（八〇九）八月十七日

石質。誌長五〇、寬五〇、厚八厘米。誌文二二行，滿行字數不詳。正行相間。有界欄。誌下部泐蝕嚴重，誌文漫漶不清。一九四九年後出土，具體時、地不詳。二十世紀八九十年代徵集。現藏南京市博物館。

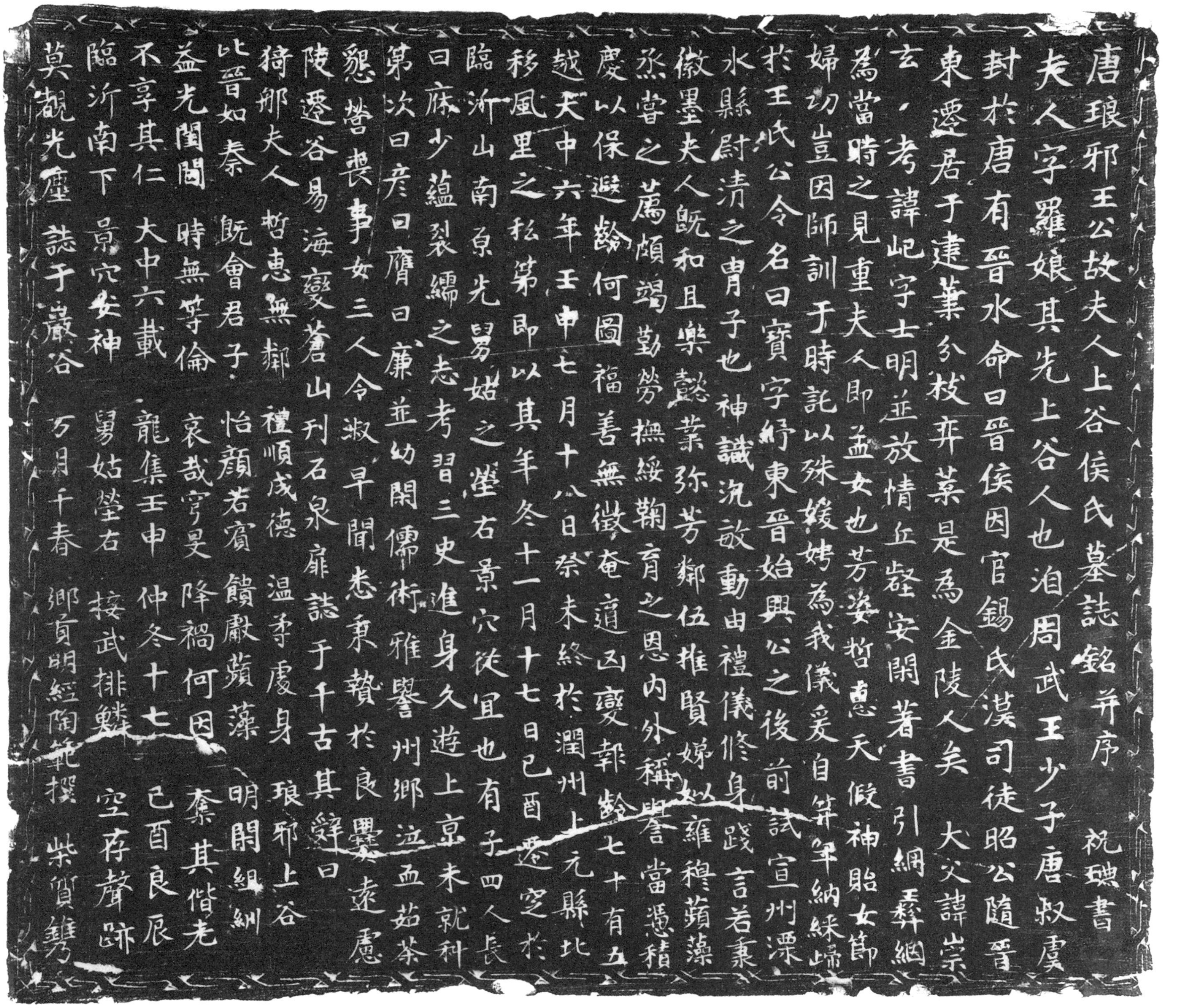

三九　唐琅邪王公（寶）故夫人上谷侯氏（羅娘）墓誌銘

大中六年（八五二）十一月十七日

石質。誌長四八、寬五四、厚九厘米。誌文二五行，行一九至二三字不等。正書。周邊為幾何紋。

一九四九年後出土，具體時、地不詳。二〇〇八年徵集。現藏南京市博物館。

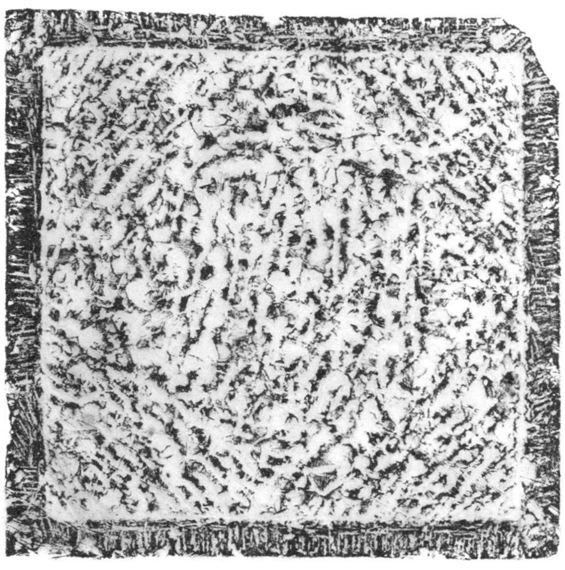

四〇　唐故渤海歐陽府君（珨）墓誌銘

大中八年（八五四）九月二十四日

石質。誌、蓋均長四九、寬四九、厚八厘米。蓋文漫漶，字不可識。誌文二〇行，行一八至二六字不等。正書。有界欄。

一九四九年後出土，具體時、地不詳。二〇〇四年南京市鼓樓區徵集。現藏南京市博物館。

四一 唐胡氏令室北海紀夫人墓誌銘

大中九年（八五五）六月十一日（卒）石質。誌長四一、寬四五、厚八厘米。誌文一九行，滿行字數不詳。正書。有界欄。誌下部泐蝕嚴重，誌文漫漶不清。左上角斷佚。

一九四九年後出土，具體時、地不詳。一九六三年南京市棲霞區徵集。現藏南京市博物館。

四二　唐某府君墓誌銘

大中九年（八五五）八月二十日

石質。誌長五一、寬四五、厚一一厘米。誌文一〇行，滿行字數不詳。正書。誌下部泐蝕嚴重，誌文漫漶不清。右下角斷佚。

一九四九年後出土，具體時、地不詳。二十世紀八九十年代徵集。現藏南京市博物館。

四三　南唐青陽制置使司徒江府君(延穗)墓誌銘

昇元二年(九三八)二月二十五日(卒)石質。誌長七一、寬六八、厚一〇厘米。誌文三五行，滿行三五字。正書。有界欄。誌中部泐蝕較重，誌文漫漶不清。

一九四九年後出土，具體時、地不詳。二十世紀八九十年代徵集。現藏南京市博物館。

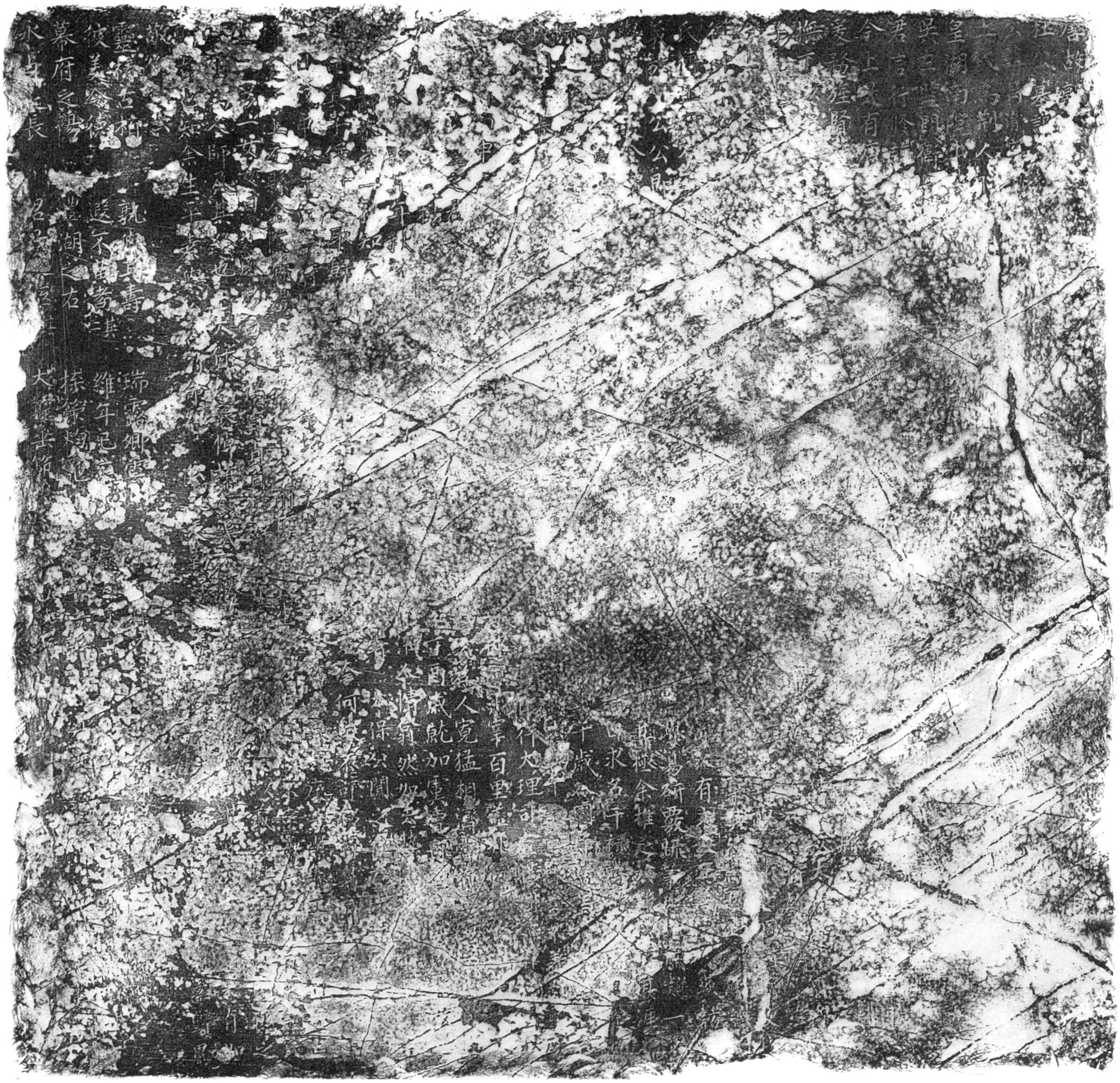

四四　南唐故京兆杜公（昌胤）墓誌銘

昇元四年（九四〇）

石質。盝頂蓋。誌、蓋均長六六、寬六六、厚一五厘米。蓋頂由内至外分層：中為蓋文，三行，滿行三字。篆書。有界格。周邊為曲折紋；第二層為八卦、星象、水波、金烏、蟾蜍等紋，亦有界格；第三層為十二生肖及花紋；第四層為星象。四殺為四神及雲紋。誌文三六行，滿行字數不詳。正書。誌泐蝕嚴重，誌文漫漶不清。

一九四九年後出土，具體時、地不詳。二十世紀八九十年代徵集。現藏南京市博物館。

四五　南唐宣威軍都虞候檢校太保右領軍衛大將軍某府君墓誌銘

昇元二年（九三八）後

石質。誌長七四、寬七六、厚一四厘米。誌文四〇行，滿行字數不清。正書。誌上部泐蝕嚴重，誌文漫漶不清。

一九四九年後出土，具體時、地不詳。二十世紀八九十年代徵集。現藏南京市博物館。

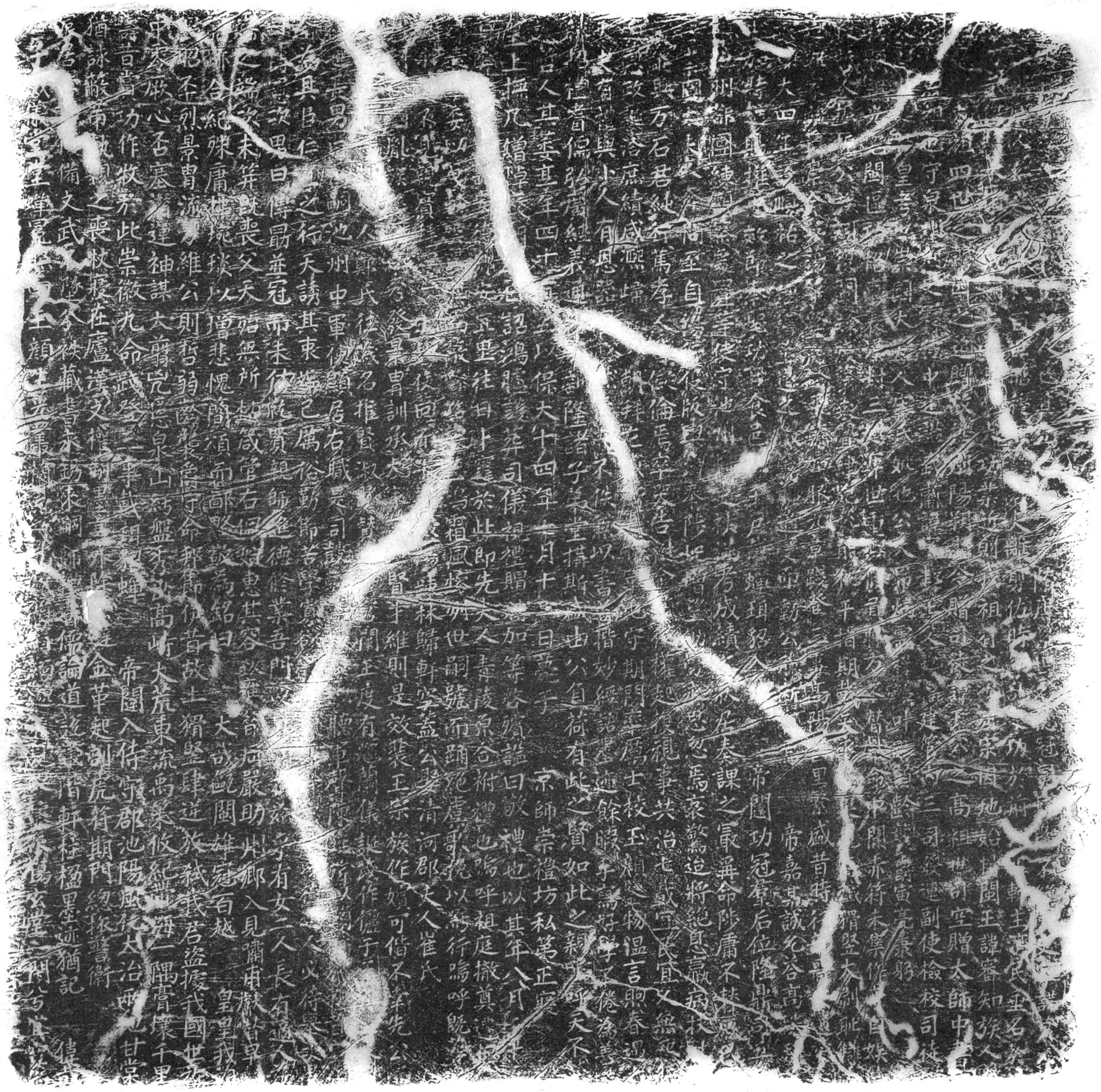

四六　南唐左威衛大將軍琅琊太尉侍中王府君（繼勳）墓誌銘

保大十四年（九五六）八月二十五日石質。誌長八五、寬八三、厚九厘米。誌文三五行，滿行三八字。正書。誌輕度泐蝕，誌文略有殘損。

一九八七年二月，南京市雨花臺區西善橋鄉梅山七一村（西善橋磚瓦一廠内）王繼勳墓出土。現藏南京市博物館。

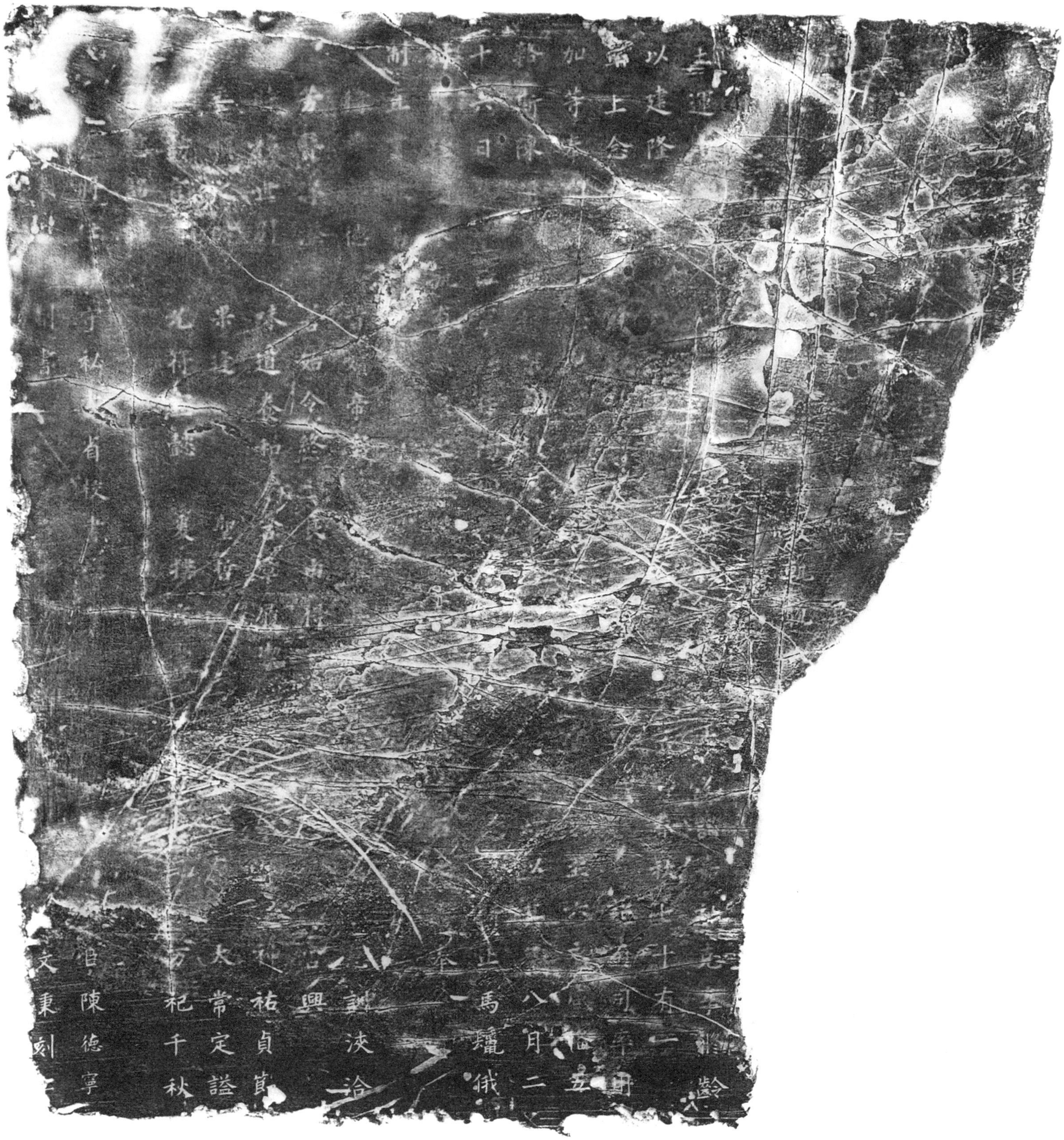

四七　南唐修故吳宣懿皇后墓銘

建隆二年（九六一）八月二十六日

石質。誌長六二、寬六二、殘寬五六、厚七厘米；蓋長六二、寬六二、厚一四厘米。蓋頂由內至外分層：中為蓋文，二行，滿行四字。篆書。第二層為八卦、星象等紋；第三層為十二生肖；第四層為星象。四殺為四神及雲紋。誌文殘存約一九行，滿行字數不詳。正書。誌泐蝕嚴重，誌文漫漶不清。蓋右下邊斷佚，誌右下邊亦斷佚。誌文缺失。

一九九八年十二月，南京市文物研究所對市民間收藏石刻文物進行摸底調查時發現誌蓋，當即徵集入藏。後知誌蓋於南京市雨花臺區鐵心橋磚瓦二廠一座古墓中出土。一九九九年三月，墓誌經搶救性發掘，亦於此墓（編號為98NTZM1，簡稱M1）出土。現藏南京市博物館。

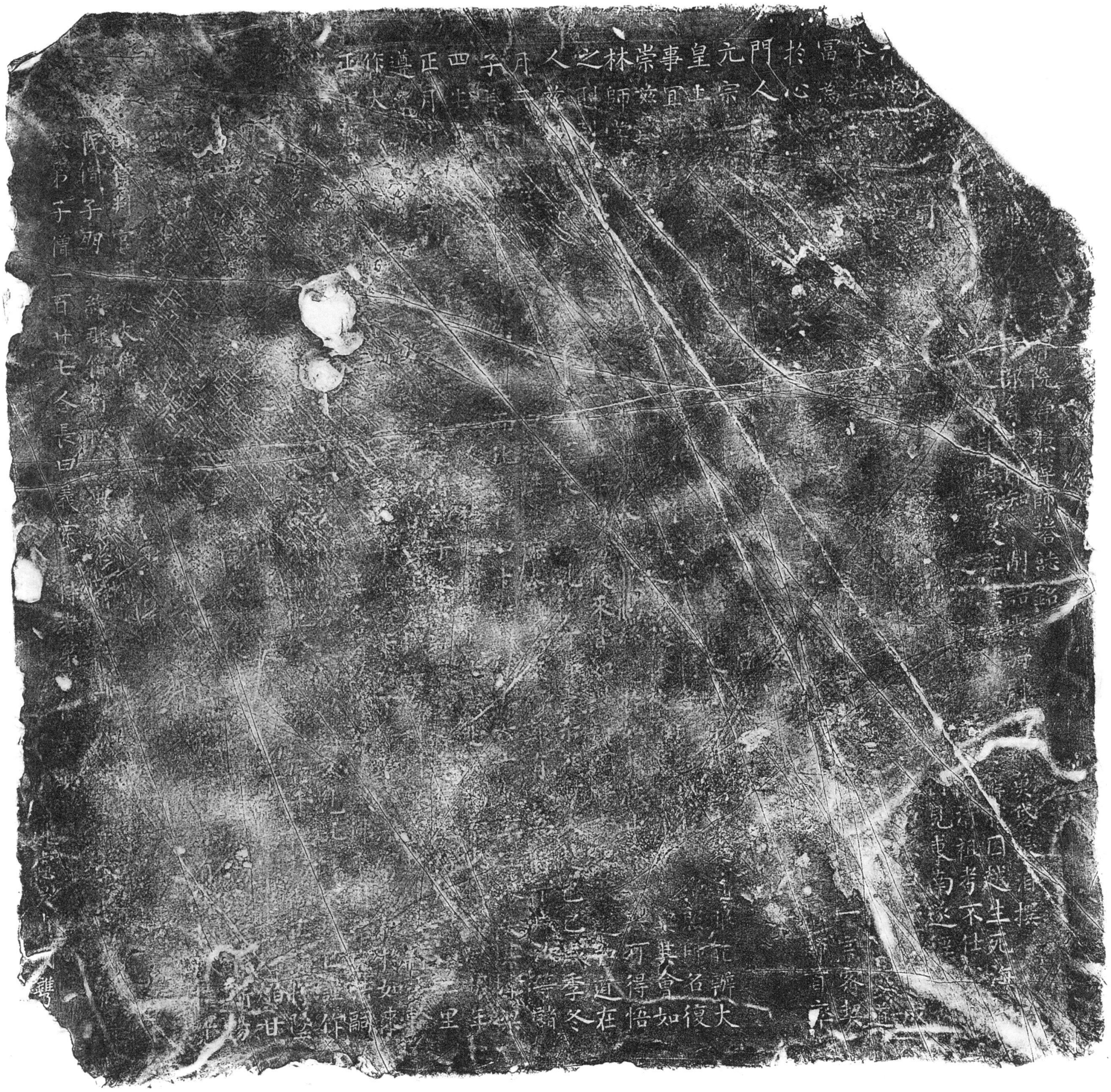

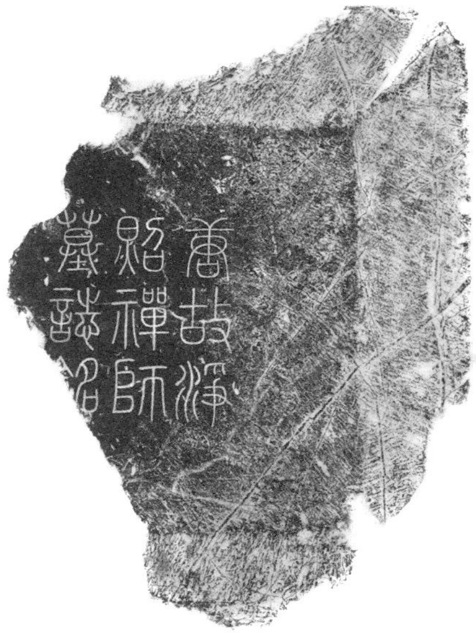

四八　南唐故奉先禪院浄照禪師塔誌銘

開寶二年（九六九）十二月二十日後石質。誌長七五、寬七四、厚一二厘米；蓋長七二、殘寬五四、厚一一厘米。蓋文三行，滿行三字。篆書。誌文三四行，滿行字數不詳。正書。周邊為單綫框。誌泐蝕嚴重，誌文漫漶不清。蓋左邊斷佚，誌右上角斷佚。

一九四九年後出土，具體時、地不詳。二十世紀八九十年代徵集。現藏南京市博物館。

四九　南唐行饒州別駕武騎尉故智府君（實）誌銘

開寶六年（九七三）六月二十四日

石質。誌長五六、寬五六、厚九厘米。誌文二四行，滿行二五字。正書。誌上部泐蝕嚴重，誌文漫漶不清。

一九四九年後出土，具體時、地不詳。南京市文物研究所徵集。二〇〇三年移交南京市博物館。現藏南京市博物館。

五〇　南唐故右街石城清涼大道場法燈禪師（周泰欽）墓誌銘

開寶七年（九七四）七月十五日

石質。誌長四九、寬四九、厚六厘米。誌文二四行，滿行二四字。正書。

一九四九年後出土，具體時、地不詳。南京市文物研究所徵集。二〇〇三年移交南京市博物館。

五一　南唐故北海戚府君（恭）夫人湖州郡倪氏墓誌

開寶七年（九七四）十月十日

石質。誌長五三、寬五三、厚七厘米。誌文二四行，滿行二三字。正書。誌輕度泐蝕，誌文略漫漶。

一九四九年後出土，具體時、地不詳。南京市文物研究所徵集。二〇〇三年移交南京市博物館。現藏南京市博物館。

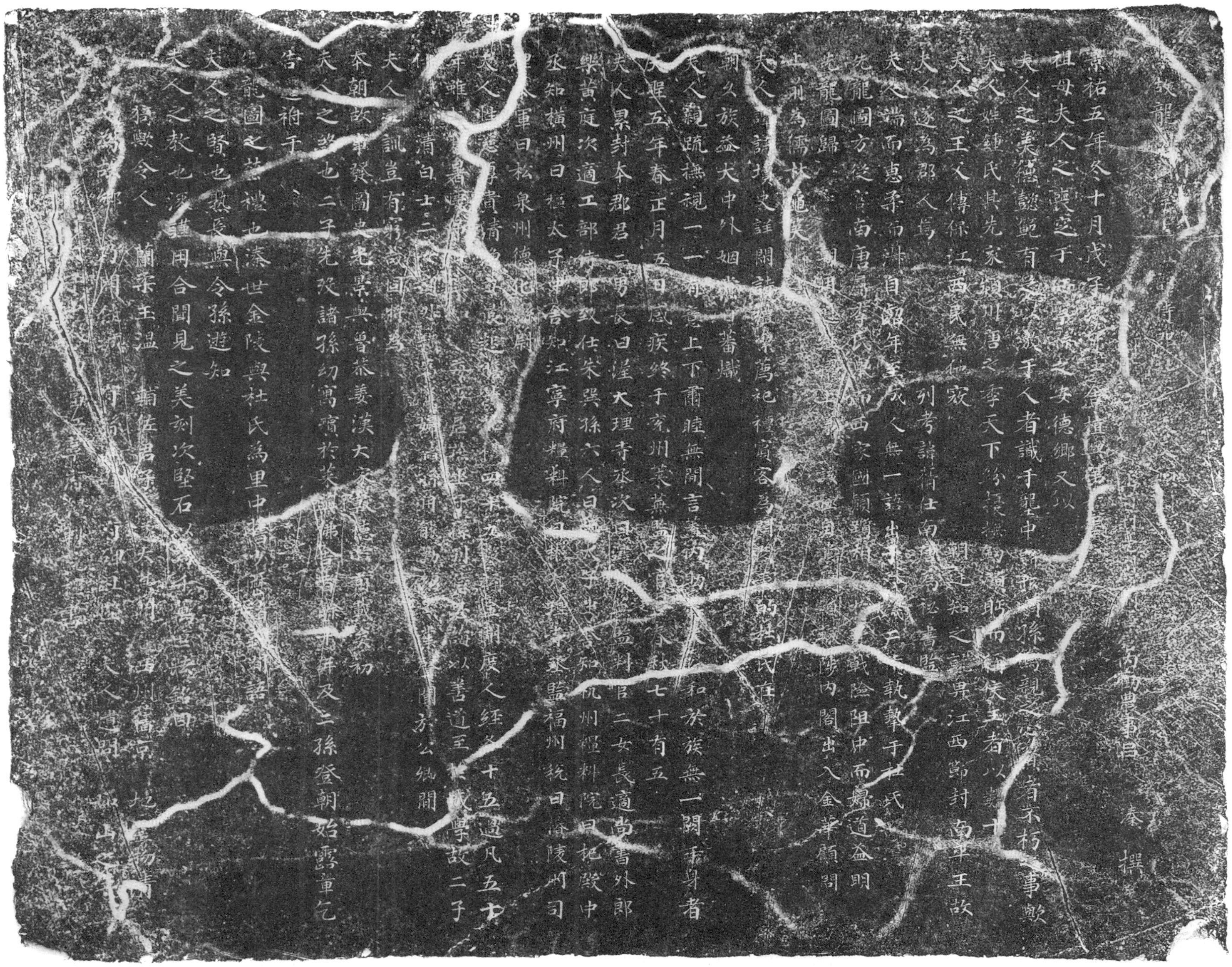

五二　北宋故龍圖閣學士禮部侍郎杜公（鎬）夫人鍾氏墓誌銘

景祐五年（一〇三八）十月二十五日石質。長七二、寬五八、厚一二厘米。誌文三三行，滿行三二字。正書。誌輕度泐蝕，誌文略有缺損。

一九五七年南京市雨花臺區丁家山杜公夫人鍾氏墓出土。現藏南京市博物館。

五三　北宋故朝奉大夫京西路計度轉運副使兼勸農使護軍賜緋魚袋借紫徐君（君平）墓誌銘

元符二年（一〇九九）十一月十六日石質。誌長一二五、寬一二四、厚一六厘米。誌文三九行，滿行四〇字。正行相間。誌輕度泐蝕，誌文略有殘損。

一九四九年後出土，具體時、地不詳。二十世紀八九十年代徵集。現藏南京市博物館。

五四　北宋故（錢規妻）范氏夫人墓誌銘

崇寧三年（一一〇四）九月三日

石質。誌長八三、寬七六、厚一三厘米。誌文三一行，滿行三三字。正書。誌左邊略有殘缺。蓋佚。

一九四九年後出土，具體時、地不詳。南京市文物研究所徵集。二〇〇三年移交南京市博物館。現藏南京市博物館。

五五　北宋故何府君（宗）墓誌銘

崇寧四年（一一〇五）九月十二日

石質。誌長六六、寬六六、厚一二厘米。上為額文，一行，八字。篆書。下為誌文，二五行，滿行二五字。正行相間。

一九四九年後出土，具體時、地不詳。一九六三年南京市秦淮區徵集。現藏南京市博物館。

五六　南宋故贈寧武軍節度使劉公（寶）墓誌銘

紹興十一年（一一四一）十一月二十六日

石質。碑形。圓首。誌長一四六、寬九五、厚一五厘米。上為額文，三行，滿行五字。正書。下為誌文，五五行，滿行五五字。正書。周邊為單綫框。誌輕度泐蝕，誌文略有殘損。

一九四九年後出土，具體時、地不詳。一九六六年徵集。現藏南京市博物館。

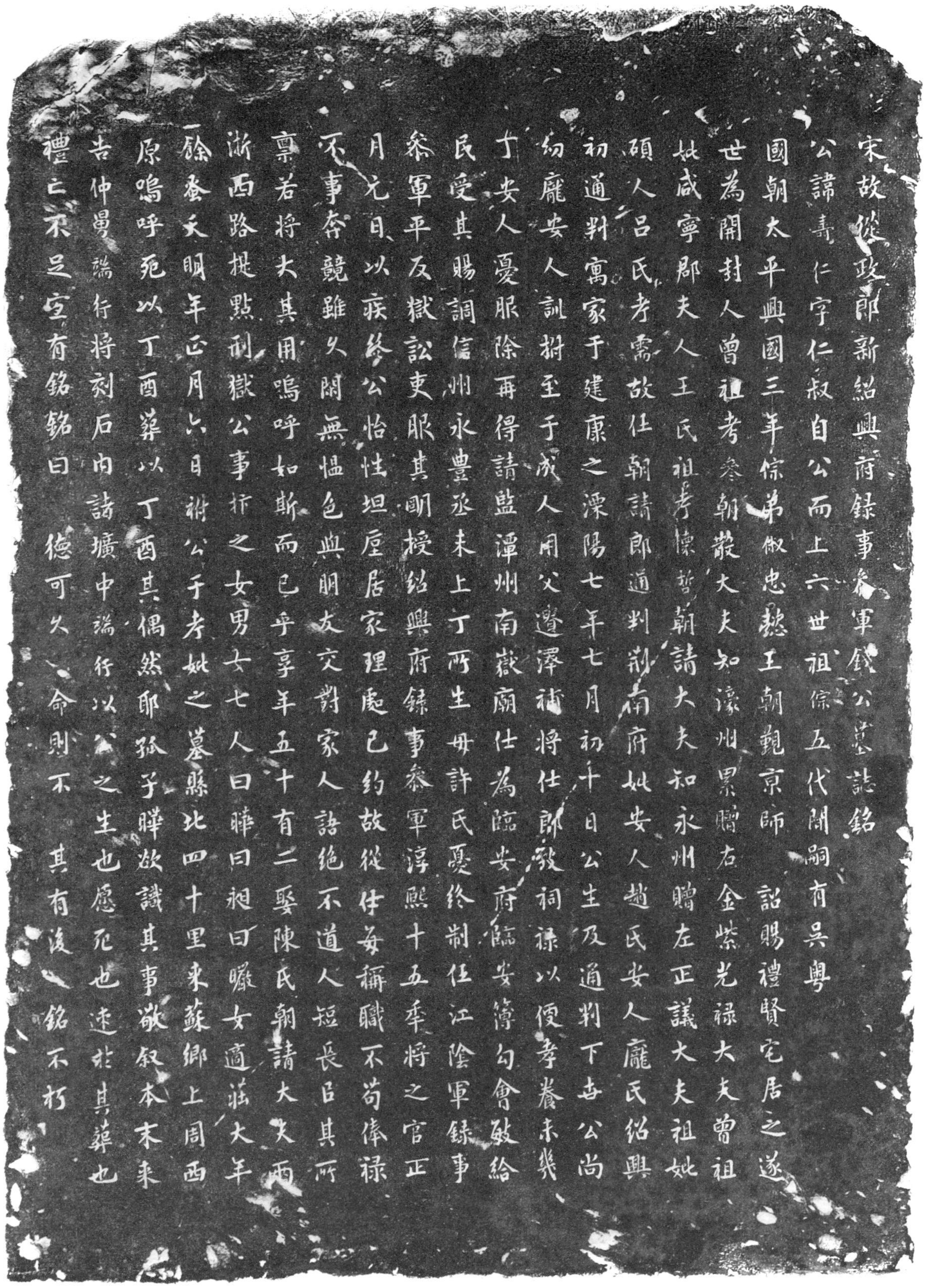

五七　南宋故從政郎新紹興府録事參軍錢公（壽仁）墓誌銘

淳熙十六年（一一八九）正月六日

石質。誌長七〇、寬四八、厚九厘米。誌文一九行，滿行二七字。正行相間。

一九四九年後出土，具體時、地不詳。南京市文物研究所徵集。二〇〇三年移交南京市博物館。現藏南京市博物館。

五八　南宋故燕國太夫人曹氏墓誌

紹熙三年（一一九二）十一月三日

石質。誌長一三八、寬八九、厚一四厘米。誌文三一行，滿行五三字。正書。

二〇〇六年南京市江寧區清修村M1秦熺夫人曹氏墓出土。現藏南京市博物館。

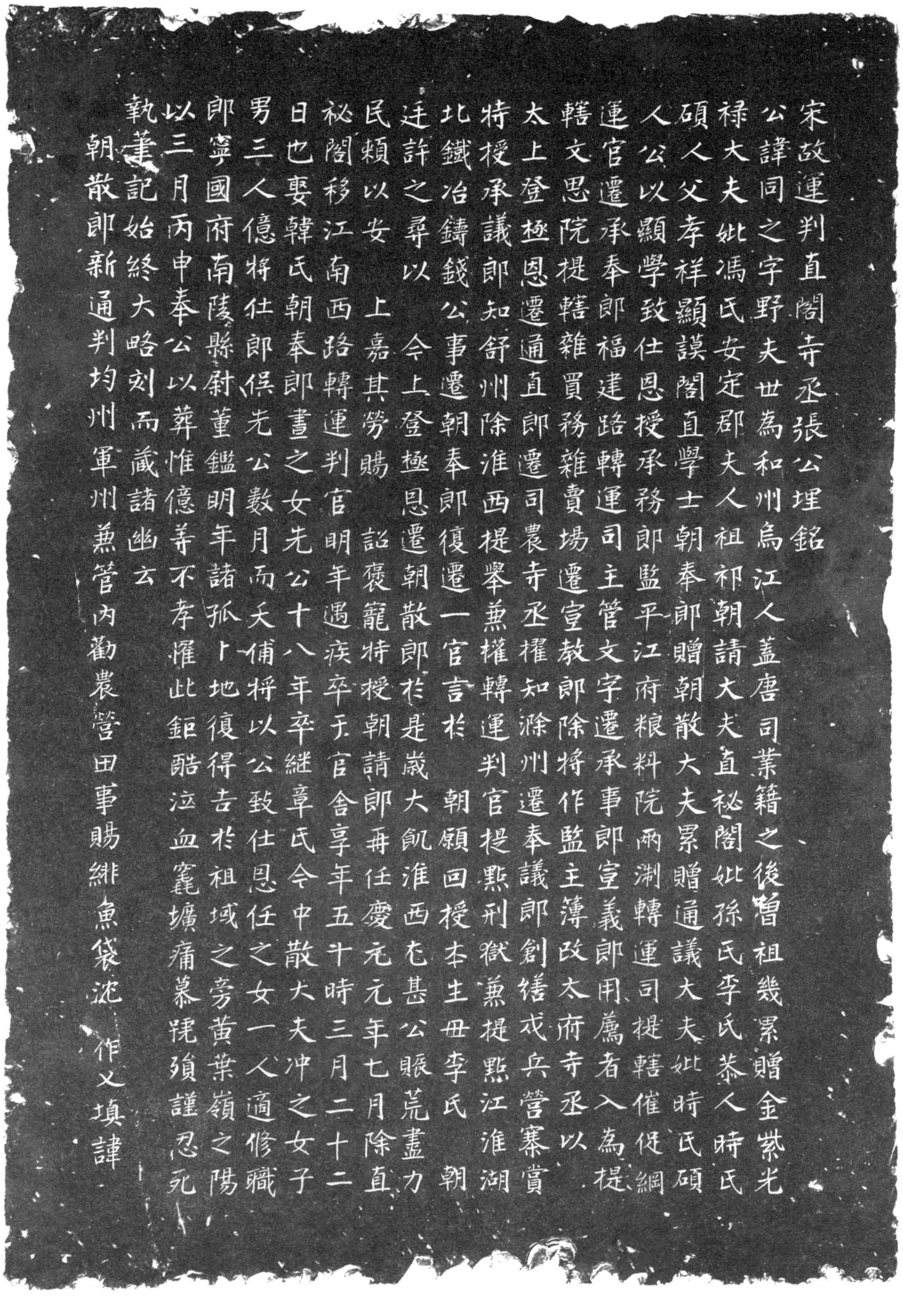

五九　南宋故運判直閣寺丞張公（同之）埋銘

慶元二年（一一九六）三月十六日

石質。銘長一一七、寬七九、厚一四厘米。銘文一九行，滿行二九字。正書。

一九七一年南京市浦口區黄葉嶺張同之、章氏夫婦合葬墓出土。現藏南京市博物館。

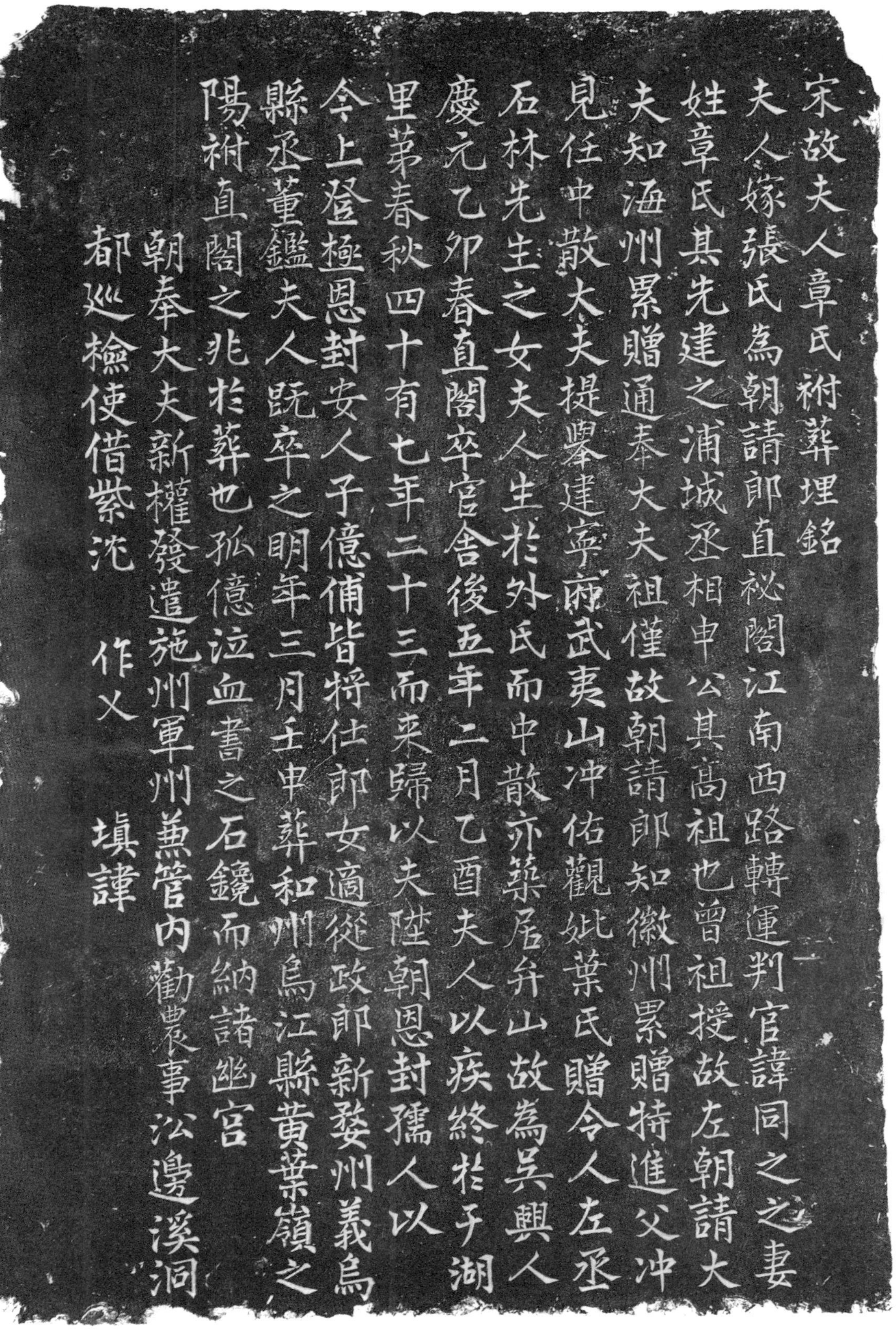

六〇　南宋故（張同之）夫人章氏祔葬埋銘

慶元六年（一二〇〇）三月十七日

石質。銘長一〇五、寬六九、厚一四厘米。銘文一三行，滿行二五字。正書。

一九七一年南京市浦口區黄葉嶺張同之、章氏夫婦合葬墓出土。現藏南京市博物館。

六一 南宋從政錢公（壽仁）夫人陳氏墓誌銘

開禧三年（一二〇七）四月十六日

石質。誌長七八、寬五九、厚九厘米。誌文二三行，滿行三八字。正書。誌輕度泐蝕，右上、下角均斷裂。誌文略有殘損。

一九四九年後出土，具體時、地不詳。南京市文物研究所徵集。二〇〇三年移交南京市博物館。現藏南京市博物館。

六二　南宋周國太夫人楊氏（善慶）壙誌

咸淳七年（一二七一）八月十四日

石質。碑形。圓首。誌長一五六、寬八一、厚一二厘米。上為額文，五行，滿行二字。篆書。周邊為雙龍雲紋及單綫框。下為誌文，二四行，滿行三五字。正書。周邊為纏枝蓮紋及雙綫框。誌中部横向斷裂，中、下部泐蝕嚴重，誌文漫漶不清。

一九四九年後出土，具體時、地不詳。二十世紀八九十年代徵集。現藏南京市博物館。

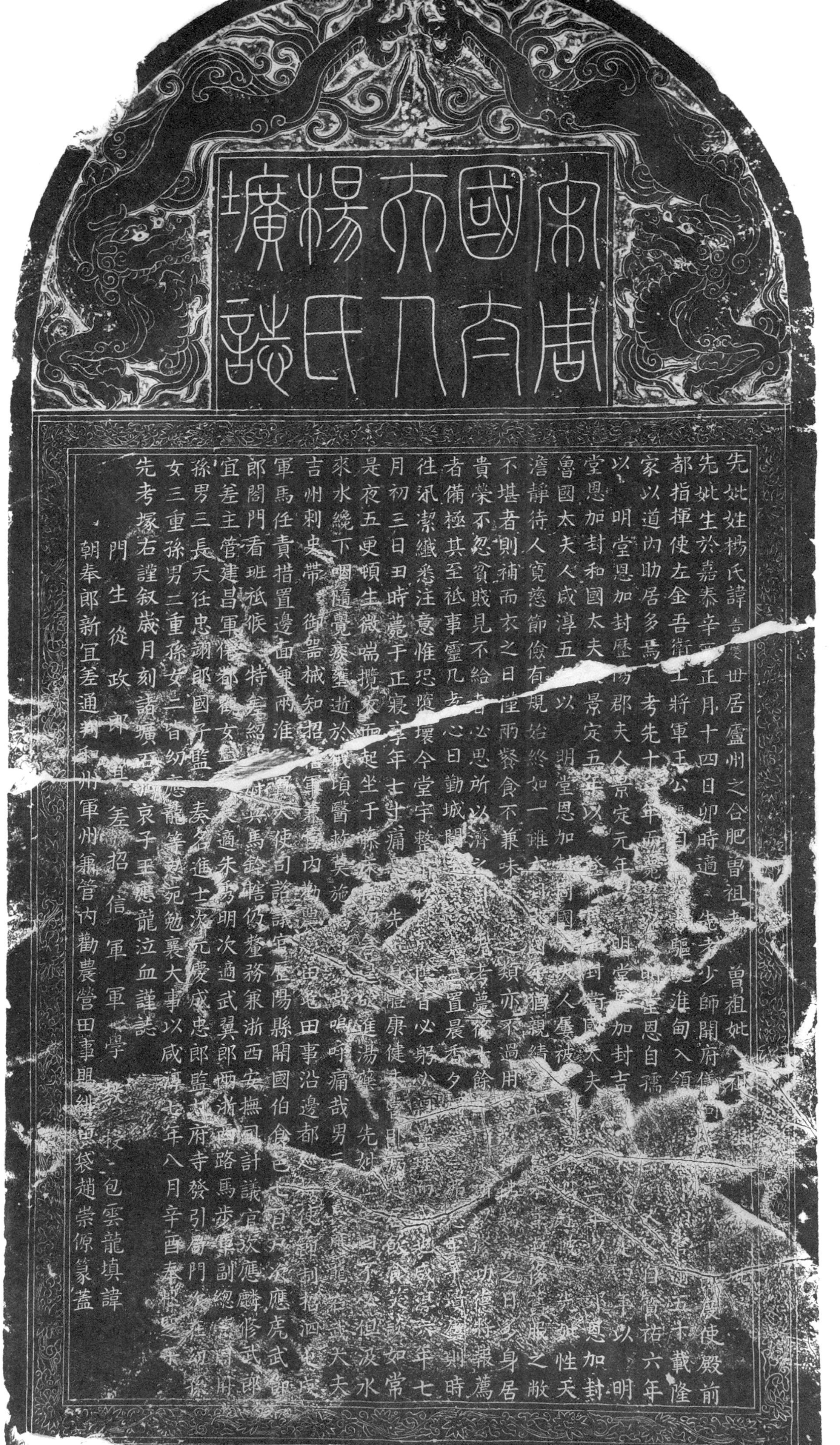

六三　元承事郎吉安路總管府經歷楊公（元）墓誌

至順二年（一三三一）九月二十四日

石質。碑形。圓首。誌殘長六六、寬六〇、厚四厘米；蓋殘長九五、寬六二、厚四厘米。蓋文一行，殘存一五字。正書。誌文一八行，滿行字數不詳。正書。誌、蓋均下半部斷佚。蓋文、誌文均殘缺不全。

一九八八年南京市溧水區城郭鄉城郭村楊元墓出土。現藏南京市博物館。

六四　明故榮禄大夫同知大都督府事贈推忠翊運宣力懷遠功臣光禄大夫湖廣等處行中書省平章政事柱國追封蘄國公謚武義康公（茂才）墓誌

洪武三年（一三七〇）九月二十一日石質。誌長六七、寬六五、厚二〇厘米；蓋長六七、寬六五、厚一八厘米。蓋文八行，滿行七字。篆書。周邊為雙綫框。誌文二二行，滿行二二字。正書。有界格。

一九七四年四月，南京市下關區中央門外安懷村康茂才墓出土。現藏南京市博物館。

六五　明故榮祿大夫同知大都督府事贈開國輔運推誠宣力武臣榮祿大夫柱國東勝侯食祿一千五百石汪公（興祖）墓誌

洪武四年（一三七一）六月十六日

石質。誌長六七・二、寬七〇、厚一九厘米；蓋長六七・二、寬七〇、厚一五・五厘米。蓋文七行，滿行六字。篆書。誌文二三行，滿行二三字。正書。周邊為雙綫框。

一九七〇年十月，南京市下關區張家窪汪興祖墓出土。現藏南京市博物館。

六六　明故周公（顯）墓誌

洪武五年（一三七二）六月二十九日（卒）

石質。誌長六六、寬五六、厚九厘米。誌文三一行，滿行二四字。正書。誌泐蝕較重，誌文漫漶不清。

一九四九年後出土，具體時、地不詳。二十世紀八九十年代徵集。現藏南京市博物館。

六七　明□□將軍指揮僉事佚名墓誌

洪武十一年（一三七八）後

石質。誌殘長六二、殘寬六二、厚八厘米；蓋殘長五四、殘寬七八、厚八厘米。蓋文三行，行僅存三字。篆書。誌文僅存一五行，滿行字數不詳。正書。誌、蓋泐蝕嚴重，上半部均斷佚。蓋文、誌文均漫漶殘缺。

一九四九年後出土，具體時、地不詳。二十世紀八九十年代徵集。現藏南京市博物館。

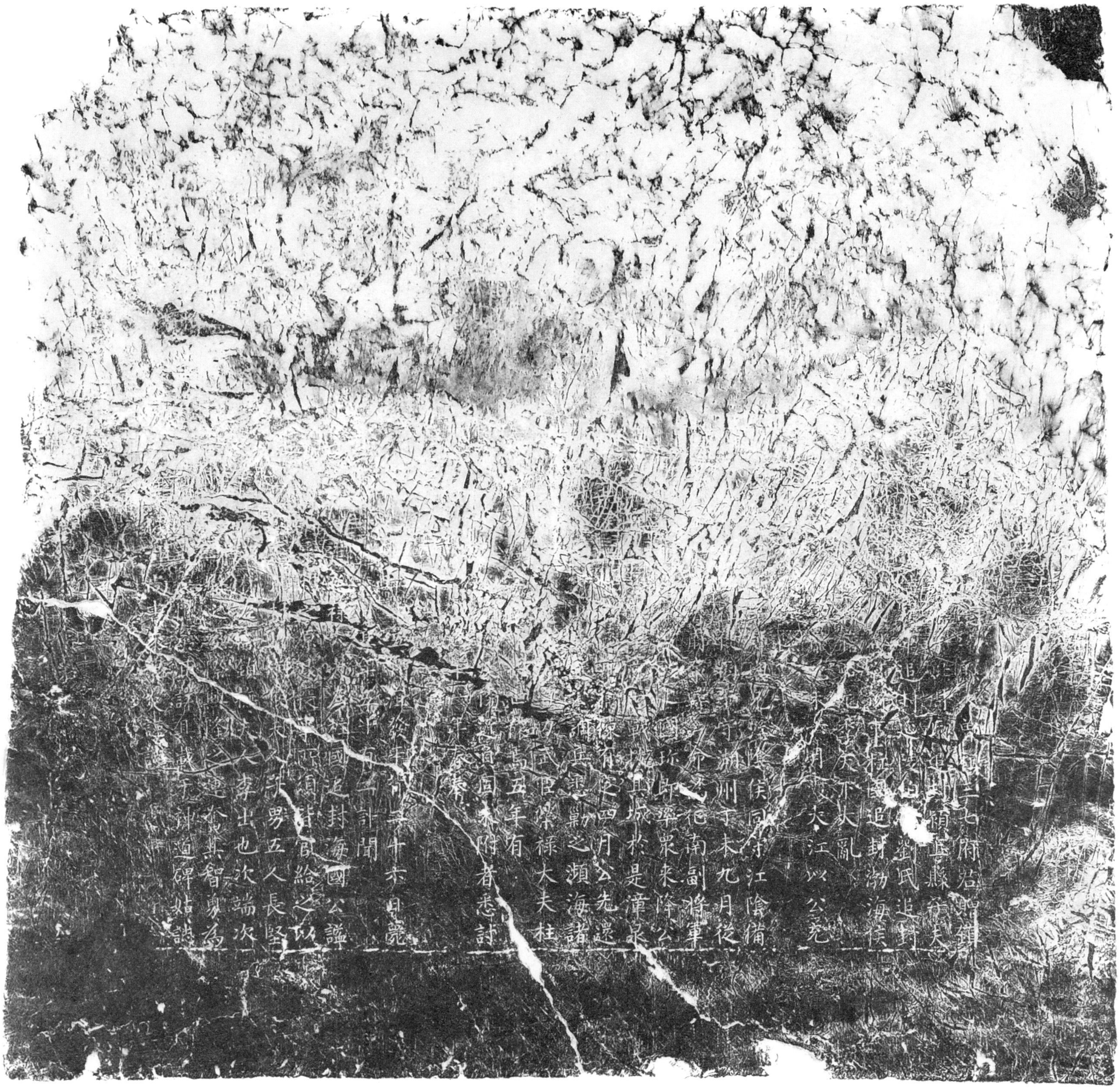

六八　明開國輔運推誠宣力武臣特進光禄大夫左柱國海國公謚襄毅吴公（禎）墓誌

洪武十二年（一三七九）五月二十六日（卒）

石質。誌、蓋均長八〇、寬八〇、厚一〇厘米。蓋文六行，滿行五字。篆書。周邊為雙綫框。誌文僅存二八行，滿行字數不詳。正書。周邊為單綫框。誌、蓋均上部泐蝕嚴重，蓋文、誌文均漫漶殘缺。

一九八三年九月，南京市玄武區崗子村南京電影機械廠内吴禎墓出土。現藏南京市博物館。

六九　明開國輔運推誠宣力武臣榮禄大夫柱國江陰侯加贈特進光禄大夫上柱國中軍都督府事都督追封江國公謚襄烈吴良墓誌

洪武十五年（一三八二）二月二十□日

石質。誌長八〇、寬八〇、厚八厘米；蓋長八〇、寬八〇、厚一二厘米。蓋文七行，滿行七字。篆書。誌文一八行，滿行一九字。正書。誌、蓋均上部泐蝕嚴重，蓋文、誌文均漫漶殘缺。

一九六五年南京市玄武區崗子村南京電影機械廠内 M2 吴良墓出土。現藏南京市博物館。

七〇 明安遠將軍同知袁州衛指揮使司事徒健墓誌

洪武十六年（一三八三）六月二十四日

石質。誌、蓋均長七九、寬七九、厚一〇厘米。蓋文三行，滿行六字。篆書。誌文一四行，滿行一四字。正書。誌、蓋均上部泐蝕。

一九四九年後出土，具體時、地不詳。二十世紀八九十年代徵集。現藏南京市博物館。

七一　明指揮使趙圭墓誌

洪武十七年（一三八四）九月七日

石質。誌殘長五九、寬八〇、厚八厘米。誌文僅存一二行，滿行約一三字。正書。誌上部斷佚，誌文殘缺漫漶。

一九八九年南京市雨花台臺區油坊橋趙圭墓出土。現藏南京市博物館。

七二　明曲靖衛指揮同知牛麟墓誌

洪武十九年（一三八六）十二月二十日

石質。誌長七八、寬八〇、厚八厘米。誌文一五行，滿行一五字。正書。

一九八三年南京市江寧區長崗村M5牛麟墓出土。現藏南京市博物館。

七三　明指揮僉事王公（彪）壙誌

洪武二十年（一三八七）九月五日

石質。誌、蓋均長八三、寬八二、厚一一厘米。蓋文三行，滿行四字。篆書。誌文一六行，滿行一六字。正書。

一九八一年南京市玄武區太平門外板倉村王彪墓出土。現藏南京市博物館。

七四　明永城侯薛公（顯）壙誌

洪武二十年（一三八七）十月二十五日

石質。誌、蓋均長八〇、寬八〇、厚一〇厘米。蓋文五行，滿行五字。篆書。誌文一九行，滿行二〇字。正書。誌斷裂，右上角斷佚。誌文略有殘缺。

一九七四年南京市玄武區太平門外板倉村薛顯墓出土。現藏南京市博物館。

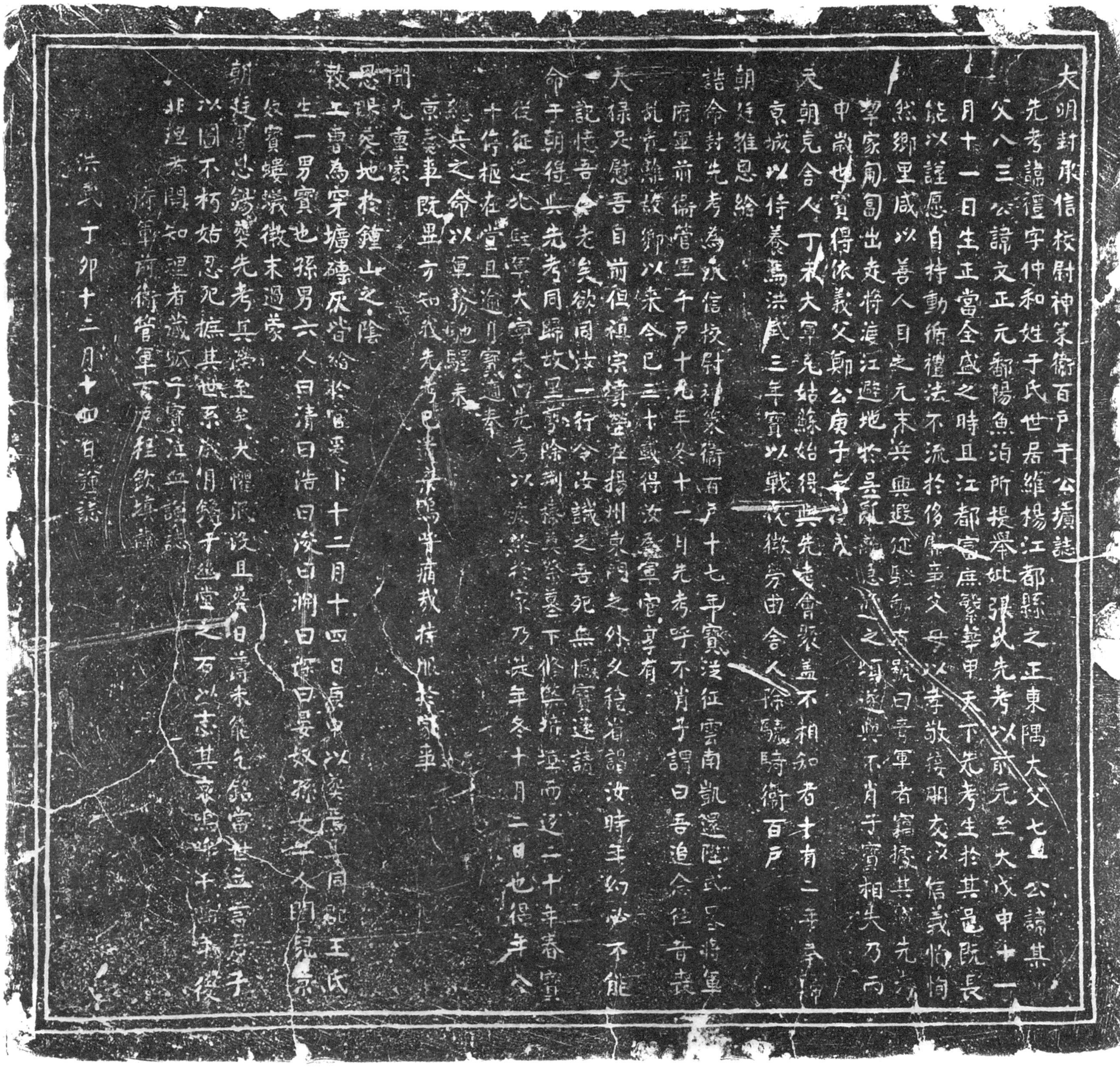

七五　明封承信校尉神策衛百戶于公（禮）壙誌

洪武二十年（一三八七）十二月十四日

石質。誌、蓋均長六一、寬五九、厚一〇厘米。蓋文四行，滿行四字。正書。周邊為雙綫框。誌文三一行，滿行三〇字。正書。周邊亦為雙綫框。

一九四九年後出土，具體時、地不詳。二十世紀八九十年代徵集。現藏南京市博物館。

七六　明延安侯（唐勝宗）太夫人施氏壙誌

洪武二十年（一三八七）

石質。誌、蓋均長六五、寬六八、厚七厘米。蓋文四行，滿行三字。篆書。誌文一八行，滿行一七字。正書。誌、蓋均上部泐蝕嚴重。蓋文、誌文均漫漶殘缺。

二〇〇四年南京市雨花臺區鐵心橋施氏墓出土。現藏南京市博物館。

七七　明開國輔運推誠宣力武臣榮祿大夫柱國安慶侯追封皖國公謚莊襄仇公（成）壙誌

洪武二十一年（一三八八）八月二十九日

石質。誌、蓋均長七九、寬七九、厚八厘米。蓋文六行，滿行五字。篆書。誌文二〇行，滿行二一字。正書。

一九六五年南京市玄武區白馬村仇成墓出土。現藏南京市博物館。

七八　明虢國（俞通海）夫人於氏墓誌

洪武二十一年（一三八八）九月二十六日

石質。誌、蓋均長七九、寬七七、厚一〇厘米。蓋文二行，滿行四字。篆書。誌文一六行，滿行一八字。正書。蓋右邊斷佚，蓋文殘缺。誌輕度泐蝕。

一九七九年南京市雨花臺區戚家山M2俞通海夫人於氏墓出土。現藏南京市博物館。

七九　明浙江都指揮使司都指揮使陸公（齡）墓誌

洪武二十二年（一三八九）二月二十一日

石質。誌、蓋均長八〇、寬六八、厚一四厘米。蓋文三行，滿行五字。篆書。誌文一七行，滿行一九字。正書。誌右上角與左下角均斷裂，誌文略有殘缺。

一九四九年後出土，具體時、地不詳。二十世紀八九十年代徵集。現藏南京市博物館。

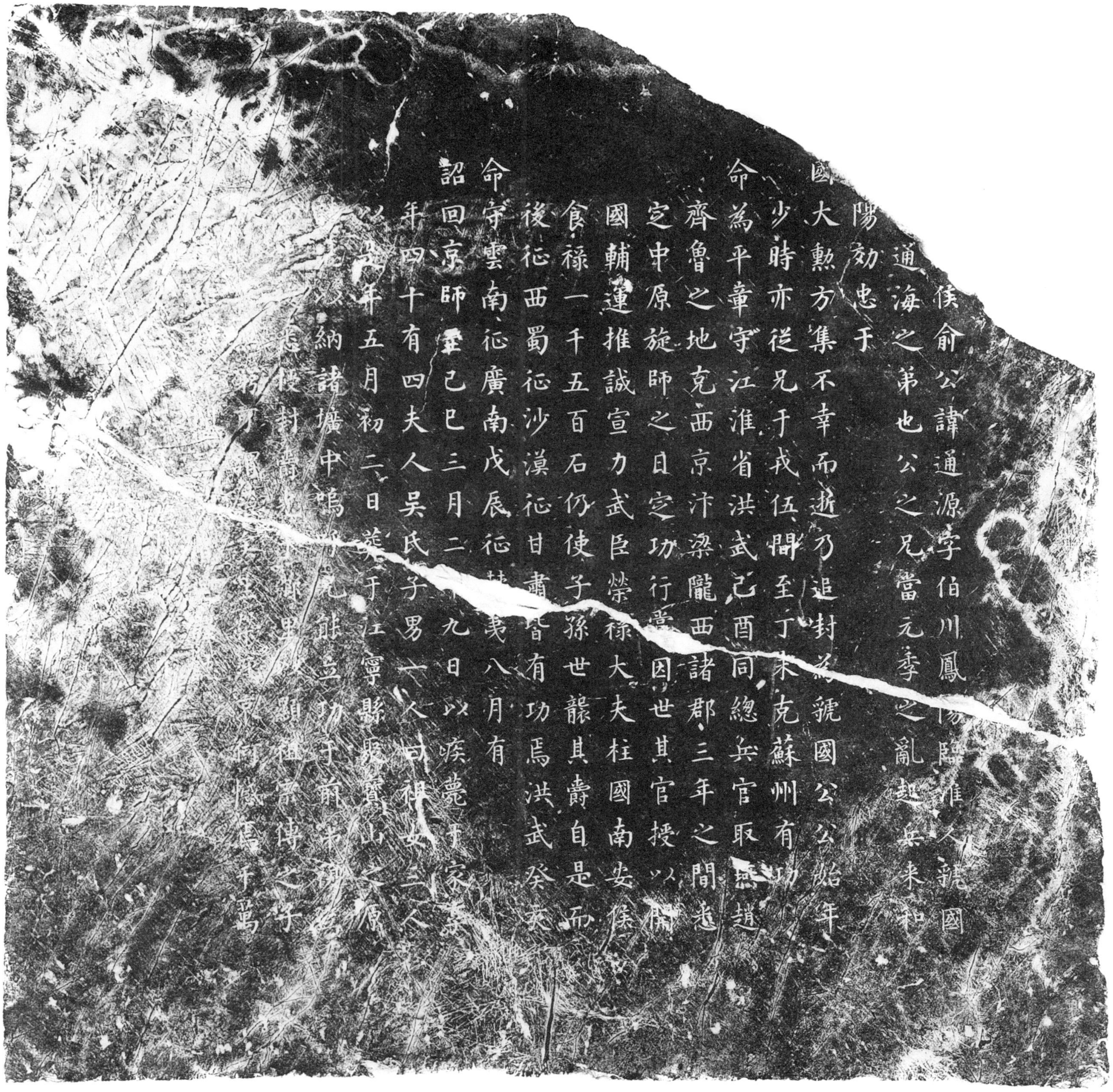

八〇 明開國輔運推誠宣力武臣榮禄大夫柱國南安侯俞通源墓誌

洪武二十二年（一三八九）五月二日

石質。誌長七八、寬七八、厚八厘米；蓋長七八、寬七八、厚七厘米。蓋文四行，滿行六字。篆書。誌文二〇行，滿行一九字。正書。誌、蓋均泐蝕嚴重，蓋文、誌文均漫漶殘缺。誌中部斷裂，右上角斷佚。

一九七八年南京市雨花臺區戚家山M1俞通源墓出土。現藏南京市博物館。

八一 明明威將軍僉興武衛指揮事王公墓誌

洪武二十二年（一三八九）五月二日石質。誌、蓋均長八〇、寬八〇、厚八厘米。蓋文三行，滿行五字。篆書。誌文一五行，滿行字數不詳。正書。誌、蓋均泐蝕嚴重，蓋文、誌文均漫漶殘損。

一九六五年南京市玄武區後曹村明墓出土。現藏南京市博物館。

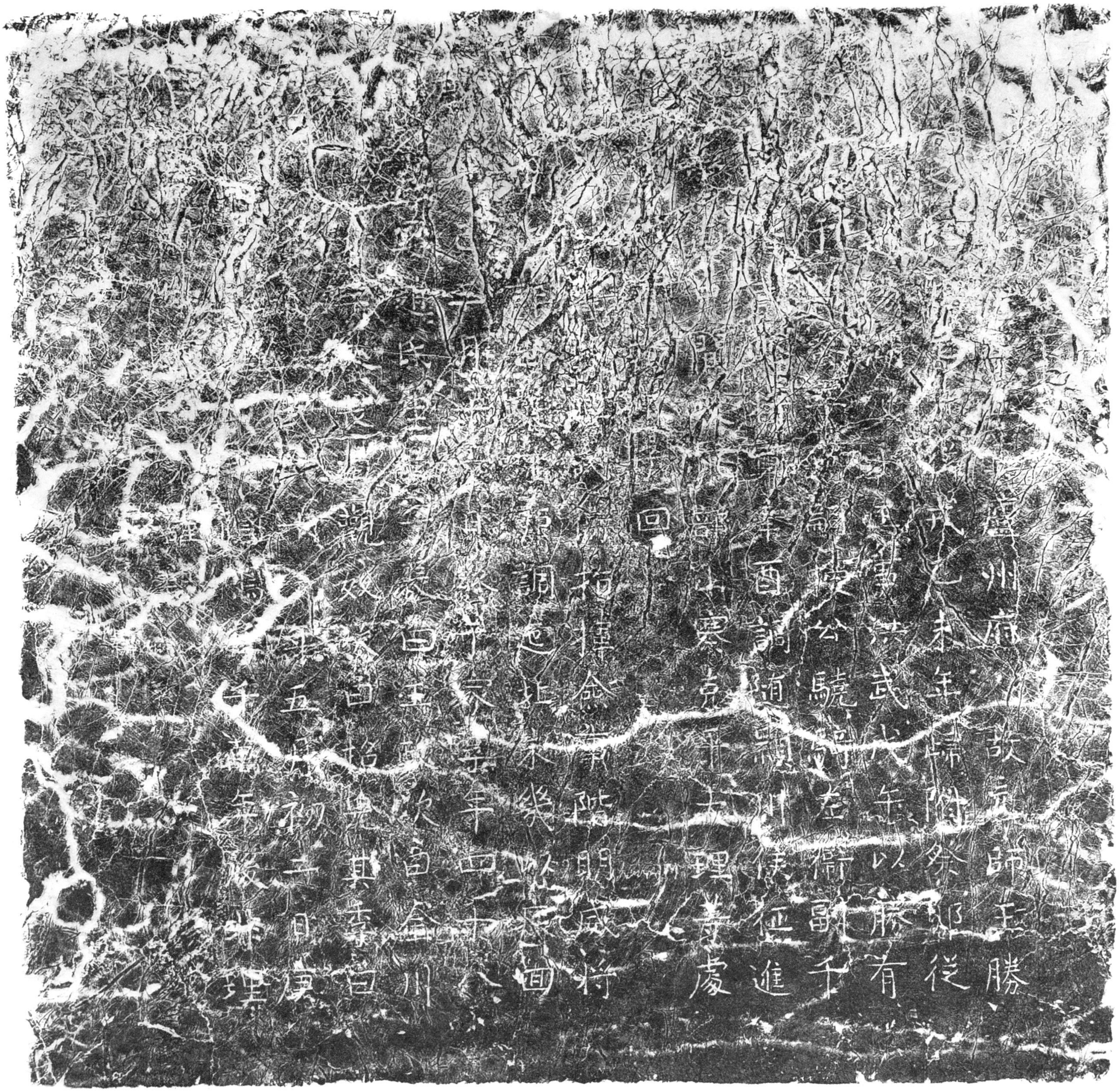

八二　明明威將軍指揮僉事王公（鑑）墓誌

洪武二十二年（一三八九）五月四日

石質。誌長七八、寬七八、厚一一厘米。誌文一六行，滿行一五字。正書。周邊略有殘缺。

一九四九年後出土，具體時、地不詳。一九六六年徵集。現藏南京市博物館。

八三　明驍騎右衛親軍指揮僉事牛麟德人楊氏墓誌

洪武二十二年（一三八九）八月二十五日

石質。誌、蓋均長八〇、寬七九、厚八厘米。蓋文三行，滿行二字。篆書。誌文一七行，滿行一七字。正書。誌、蓋均輕度泐蝕，誌文略有殘損。誌右上角斷佚。

一九八三年南京市江寧區長崗村 M41 牛麟夫人楊氏墓出土。現藏南京市博物館。

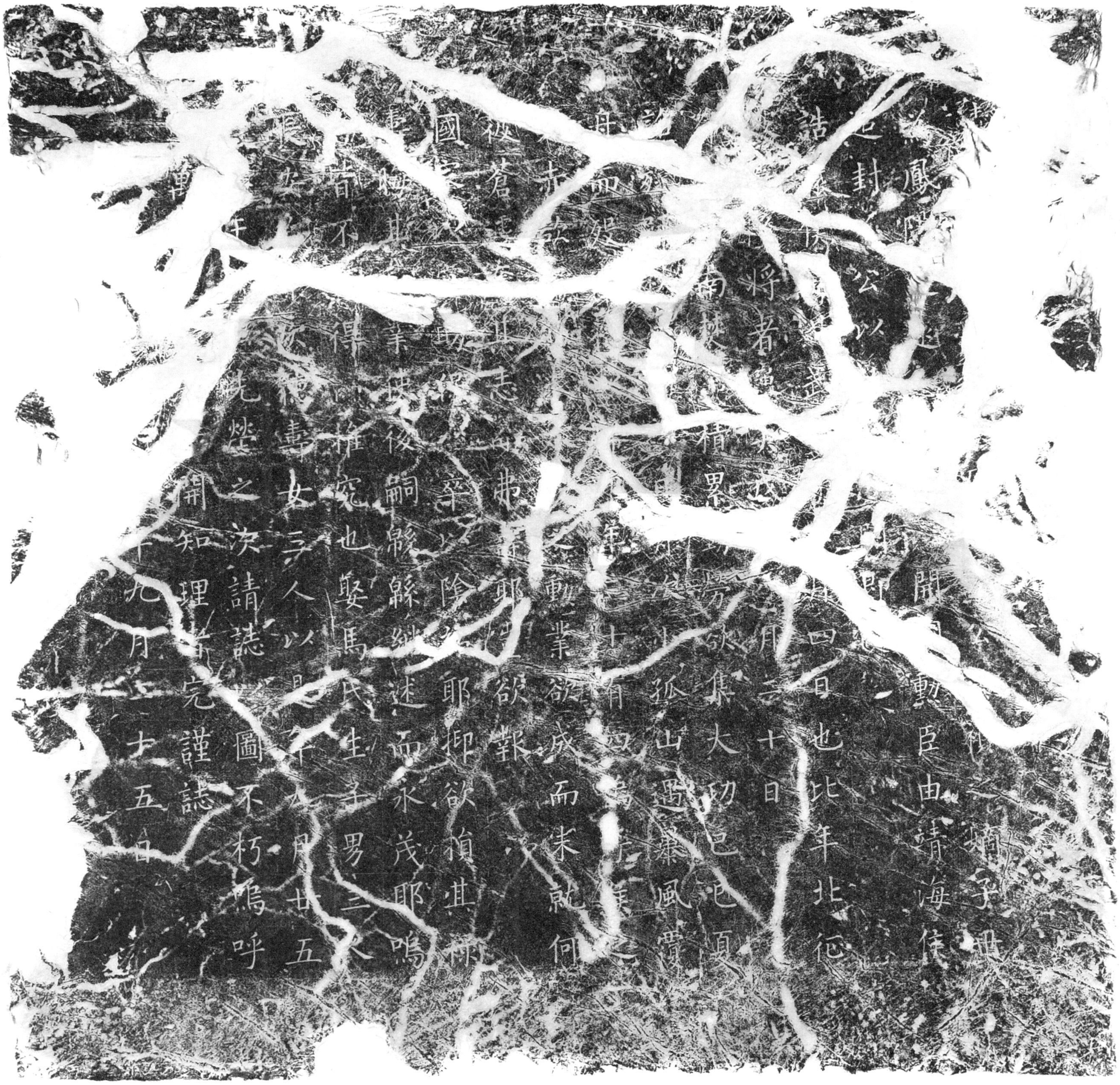

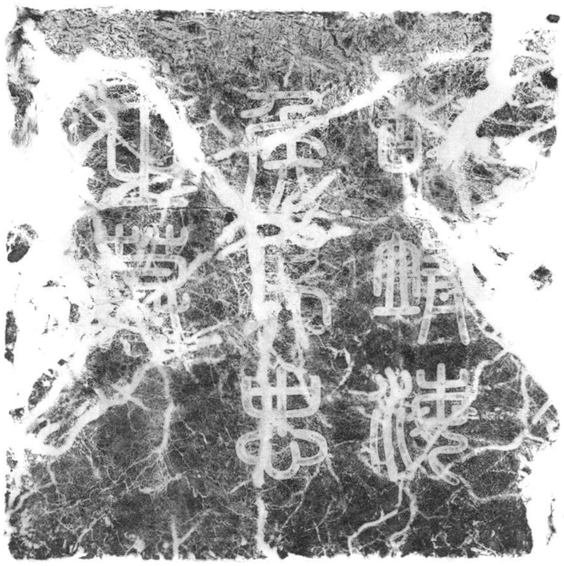

八四　明故靖海侯吴忠墓誌

洪武二十二年（一三八九）九月二十五日

石質。誌、蓋均長七七、寬七七、厚一一厘米。蓋文三行，滿行三字。篆書。誌文一七行，滿行一七字。正書。誌、蓋均泐蝕嚴重，蓋文、誌文均漫漶殘損。

一九五七年南京市玄武區崗子村東南M1吴忠墓出土。現藏南京市博物館。

八五　明故中軍都督府僉都督事陳公（旺）墓誌

洪武二十三年（一三九〇）二月九日（誌）

石質。誌、蓋均長七九、寬八一、厚一一厘米。蓋文四行，滿行四字。篆書。誌文一九行，滿行二一字。正書。

一九九九年南京市雨花臺區共青團路陳旺墓出土。現藏南京市博物館。

八六　明明威將軍張公（亨）墓誌

洪武二十三年（一三九〇）二月二十日

石質。誌、蓋均長八〇、寬八〇、厚一二厘米。蓋文四行，滿行二字。篆書。誌文一三行，滿行一四字。正書。

一九四九年後出土，具體時、地不詳。二十世紀八九十年代徵集。現藏南京市博物館。

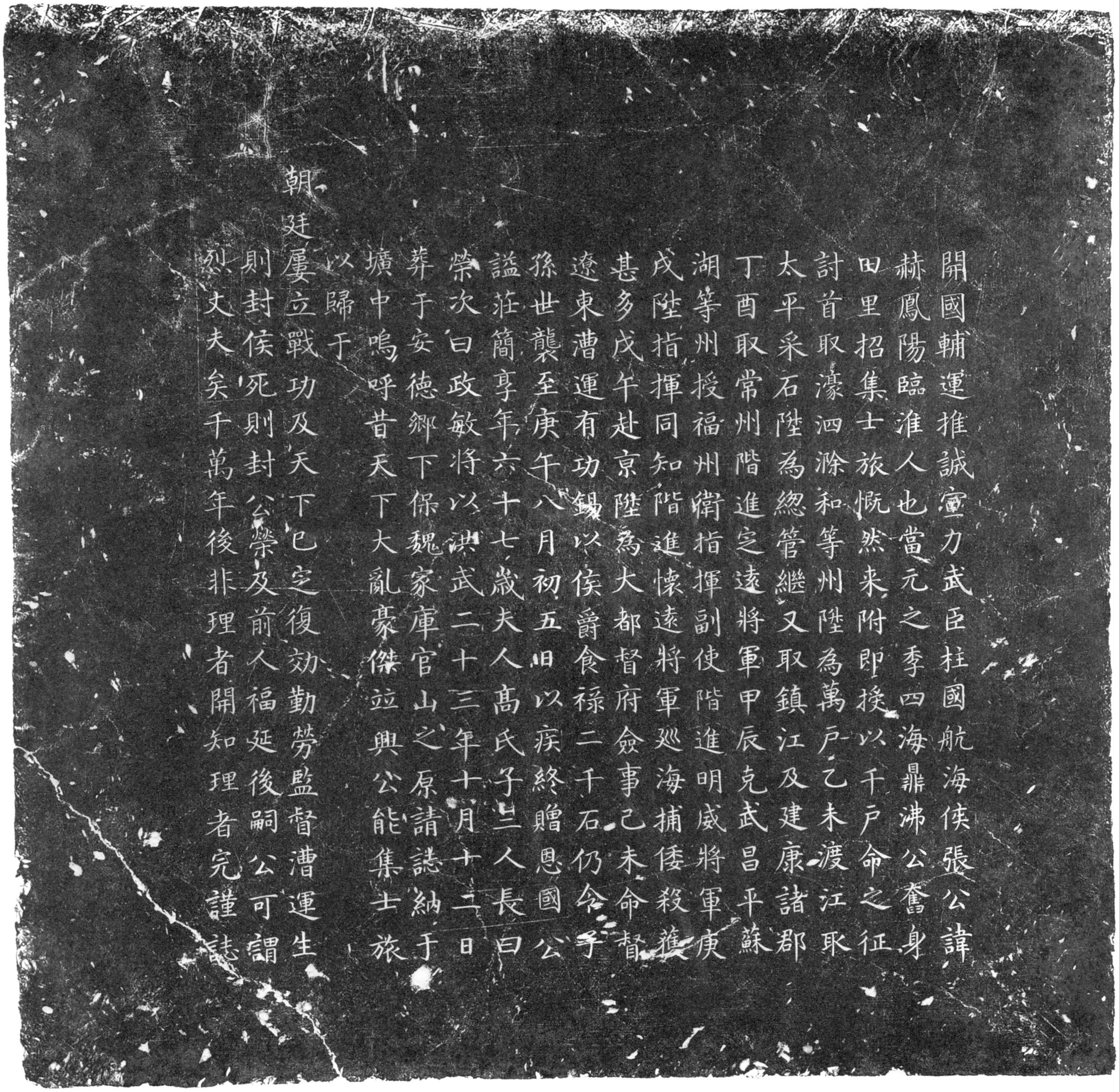
開國輔運推誠宣力武臣柱國航海侯張公諱
赫鳳陽臨淮人也當元之季四海鼎沸公奮身
田里招集士旅慨然来附即授以千戶命之征
討首取濠泗滁和等州陞為萬戶乙未渡江取
太平采石陞為總管繼又取鎮江及建康諸郡
丁酉取常州階進定遠將軍甲辰克武昌平蘇
湖等州授福州衛指揮副使階進明威將軍庚
戌陞指揮同知階進懷遠將軍巡海捕倭殺獲
甚多戊午赴京陞為大都督府僉事己未命督
遼東漕運有功錫以侯爵食祿二千石仍令子
孫世襲至庚午八月初五日以疾終贈恩國公
謚莊簡享年六十七歲夫人高氏子三人長曰
榮次曰政敏將以洪武二十三年十月十二日
葬于安德鄉下保魏家庫官山之原請誌納于
壙中嗚呼昔天下大亂豪傑並興公能集士旅
以歸于
朝廷屢立戰功及天下已定復効勤勞監督漕運生
則封侯死則封公榮及前人福延後嗣公可謂
烈丈夫矣千萬年後非理者開知理者完謹誌

明故開國輔運
推誠宣力武
臣柱國航海
侯追封恩國
公謚莊簡張
公之墓

八七　明故開國輔運推誠宣力武臣柱國航海侯追封恩國公謚莊簡張公（赫）墓誌

洪武二十三年（一三九〇）十月十二日

石質。誌、蓋均長七八、寬七八、厚一一厘米。蓋文六行，滿行五字。篆書。誌文一九行，滿行二〇字。正書。

二〇〇七南京市雨花臺區西善桥鄉劉家村張赫墓出土。現藏南京市博物館。

八八　明寧海衛指揮魯公（忠）壙誌

洪武二十四年（一三九一）九月二十二日

石質。誌、蓋均長七七、寬七八、厚一四厘米。蓋文四行，滿行四字。篆書。誌文一八行，滿行一七字。正書。誌、蓋均泐蝕，誌文略有殘損。蓋右下角斷佚。

一九四九年後出土，具體時、地不詳。二十世紀八九十年代徵集。現藏南京市博物館。

八九　明僉浙江都指揮事张公壙誌

洪武二十八年（一三九五）閏九月二十六日（卒）

石質。誌殘長九〇、寬九五、厚一〇厘米。誌文二六行，滿行二四字。正書。誌斷裂，右上角、左上角均斷佚。誌文殘缺不全。

一九四九年後出土，具體時、地不詳。二十世紀八九十年代徵集。現藏南京市博物館。

九〇　明長興侯（耿炳文）夫人陳氏（善願）墓誌

永樂元年（一四〇三）六月二十三日（卒）

石質。誌長七五、殘寬六五、厚八厘米；蓋長七五、寬七四、厚八厘米。蓋文三行，滿行三字。篆書。誌文僅存二二行，滿行二三字。正書。誌、蓋均斷裂，誌左半部斷佚，蓋左下角斷佚。誌文殘缺不全。

一九四九年後出土，具體時、地不詳。二十世紀八九十年代徵集。現藏南京市博物館。

九一　明瀋王（朱模）妃張氏壙誌

永樂四年（一四〇六）八月十六日

石質。誌、蓋約長七五、寬七五、厚一一厘米。蓋文二行，滿行三字。篆書。誌文一二行，滿行一二字。正書。誌、蓋均泐蝕較重。蓋文、誌文均漫漶殘損。

一九四九年後出土，具體時、地不詳。二十世紀八九十年代徵集。現藏南京市博物館。

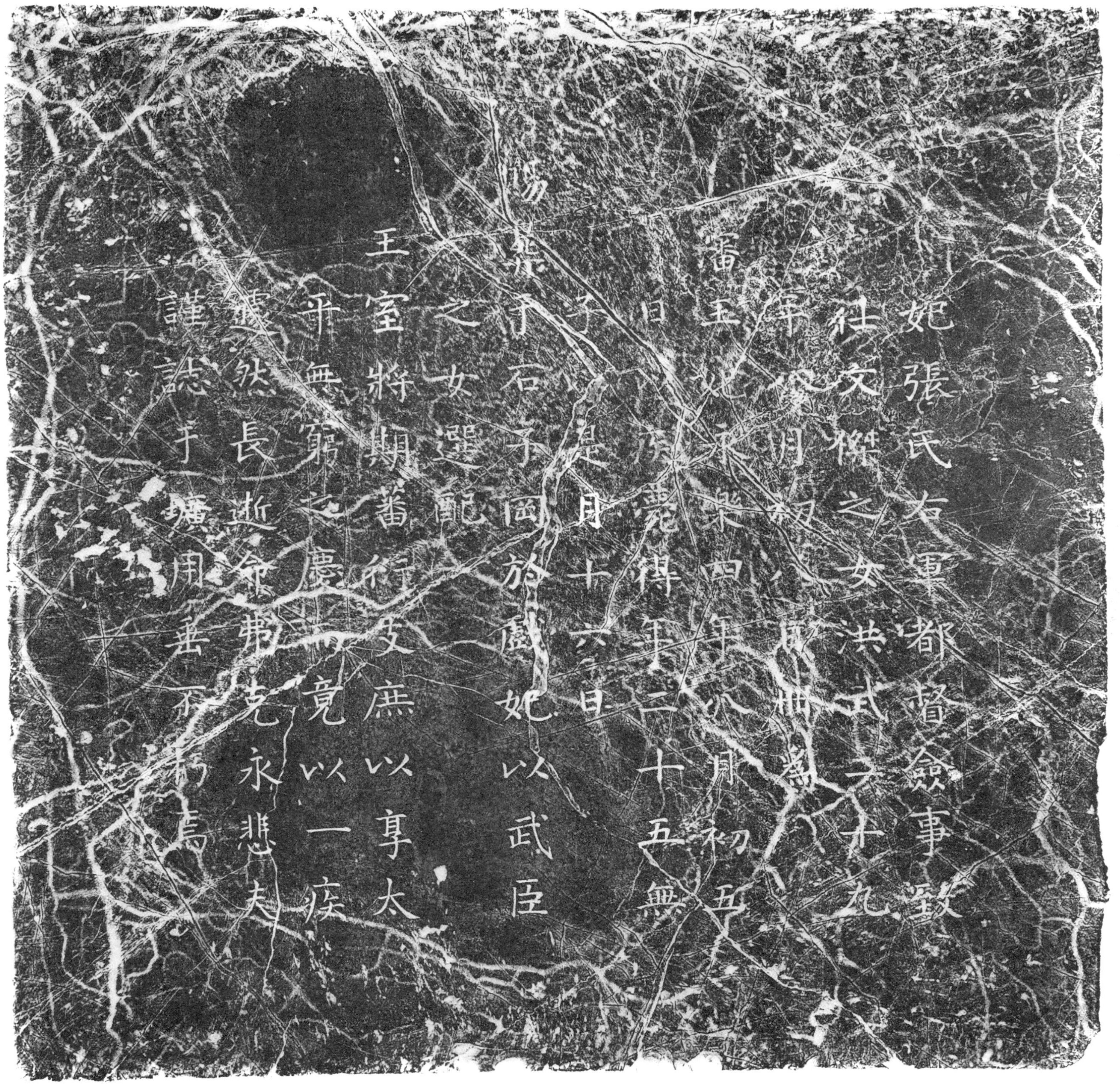

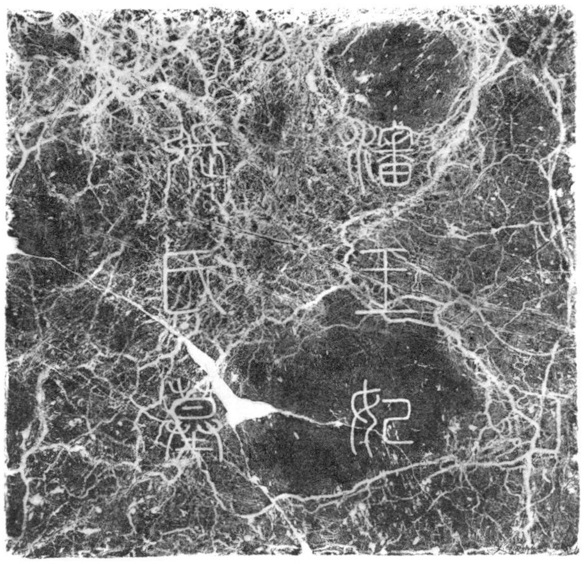

九二　明韓憲王朱松墓誌

永樂五年（一四〇七）十二月二十四日

石質。誌長七八、寬七八、厚九厘米。誌文僅存一七行，滿行二三字。正書。誌斷裂，左下角、右上角均斷佚。誌文殘缺不全。

一九四九年後出土，具體時、地不詳。二十世紀八九十年代徵集。現藏南京市博物館。

祖妣鄖國夫人樊氏壙誌
祖妣樊氏諱妙廣父諱陸母錢氏鳳陽定遠人生于元 辛酉二月 卒于
大明永樂戊子十月丙申享年八十有八卜十二月乙酉葬江寧縣鳳西鄉先塋次自笄歸我
祖考鄖國公諱國用先卒生我先府公特進榮祿大夫右軍右都督諱誠及我姑諱 適
黔寧昭靖王沐英孫男三人長任大理衛指揮同知次義尚寶司丞次禮孫女妙親為
韓憲王妃先府公亦先卒我有從姑蚤鞠育于祖妣教訓不啻己出令為
周府親王妃祖妣訃聞于
朝十一月庚戌禮部奉
勑賜祭焉祖妣康寧日嘗語義等曰吾幼聞諸先人吾初生時有相者過吾言曰是女生有異
貌後當為上公命婦言已不知所之吾既歸汝祖父汝祖父屬方剛之年際
龍飛之運率義旅從
鑾輿渡江定鼎金陵汝祖父在行陳間善撫士卒遇飢寒甚者輒食之衣之吾躬執爨紉綴焉
及萬方底平汝祖父即世蒙膺爵封吾遂預被寵榮實洪武戊申三月也義祖考洎先府
公蚤棄諸孫惟祖妣治家政平居誨義等諄諄以報
國恩奉憲度為先務其臨祭祀必誠恪待親姻必雍睦教子女慈以莊御童奴嚴而恕馮氏之
緒不墜者皆祖妣之力也今不幸大故兄任仕滇南萬里外未及奔訃義與弟禮罷勉襄
事喪具葬儀不敢違乎禮制日薄事嚴未遑乞銘於名公卿惟祖妣之淑德貞行非義等
所能備述姑摭聞見之槩納諸玄堂以志哀痛云孝孫義泣血謹誌

故鄖國夫人
樊氏之墓

九三　明（馮義）祖妣鄖國夫人樊氏（妙廣）壙誌

永樂六年（一四〇八）十二月十二日石質。誌、蓋均長五八、寬三七、厚六厘米。蓋文二行，滿行五字。篆書。誌文一八行，滿行三六字。正書。誌左上角略有殘缺。

二〇〇四年南京市雨花臺區丁墻村樊妙廣墓出土。現藏南京市博物館。

九四　明指揮僉事某公墓誌銘

永樂十二年（一四一四）冬（卒）

石質。誌殘長三三、寬五九、厚一〇厘米。誌文約二三行，滿行字數不詳。正書。誌斷裂，上半部斷佚。誌文殘缺不全。

一九四九年後出土，具體時、地不詳。二十世紀八九十年代徵集。現藏南京市博物館。

九五　明傅氏妙壽壙誌

永樂十三年（一四一五）十二月二十一日

石質。誌、蓋均長六四、寬六四、厚六厘米。蓋文三行，滿行二字。篆書。誌文一七行，滿行二一字。正書。誌、蓋均泐蝕較重，誌文漫漶殘損。誌右下角斷佚。

一九四九年後出土，具體時、地不詳。二十世紀八九十年代徵集。現藏南京市博物館。

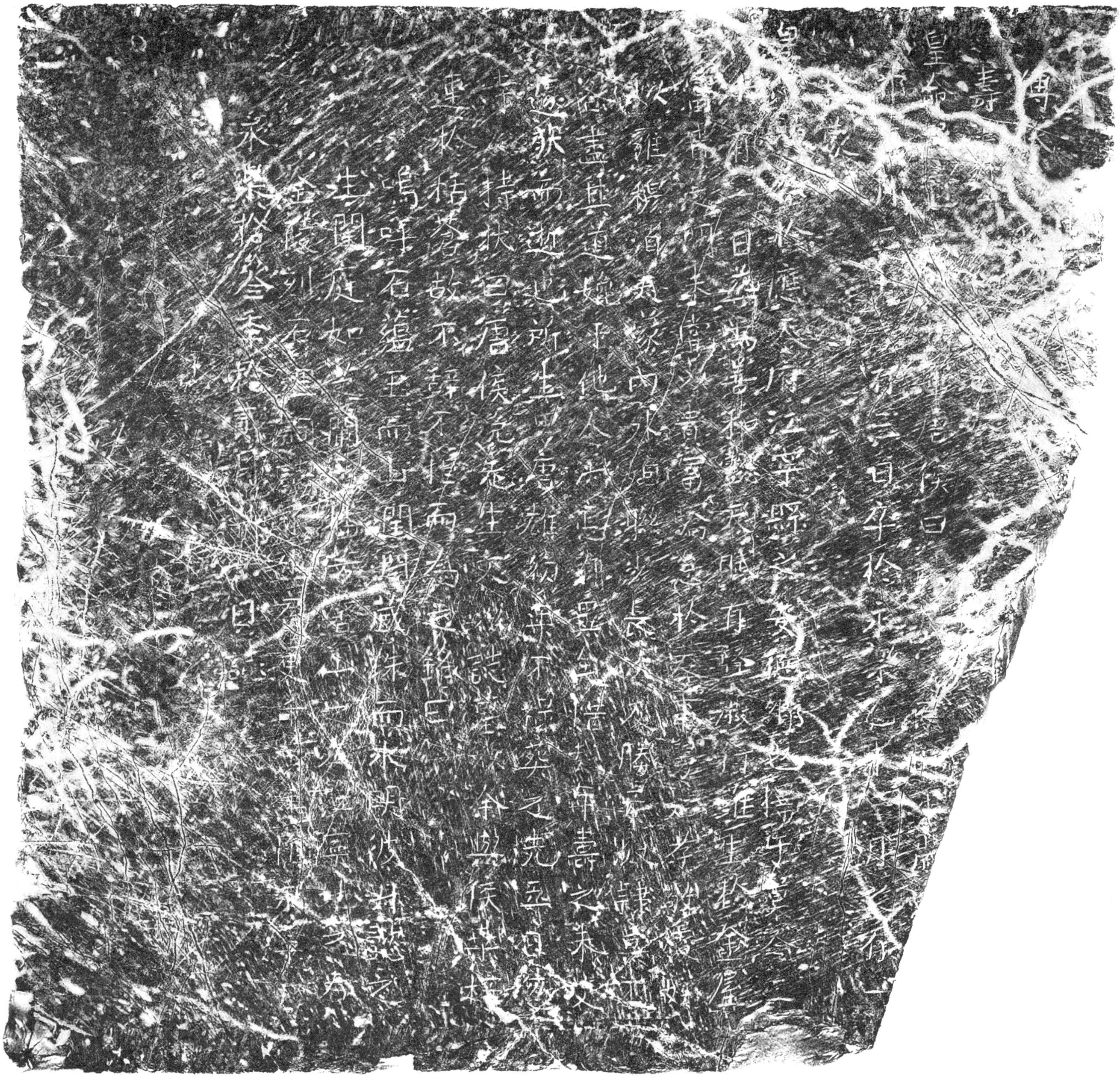

大明驃騎將軍中軍都督府都督僉事徐公壙誌
公姓徐氏
太祖高皇帝賜名膺緒
中山武寧王諱達之季子
仁孝皇后之弟也高祖五四曾祖四七祖六四以武寧王貴皆追封中山
王高祖妣何氏曾祖妣周氏祖妣蔡氏妣謝氏皆封中山王夫人生
母孫氏公以洪武二十三年擢任尚寶司卿二十五年陞明威將軍
大同中護衛世襲指揮僉事三十一年調金吾前衛三十五年陞驃
騎將軍中軍都督府都督僉事惟武寧王淳德懿行配古賢臣豐功
盛烈為
國元勳公為之子又
聖后之親弟累荷
國恩榮爵厚祿職任之重優禮之隆為至盛矣而公資稟質懿表裏一
致和厚謙遜不肆不矜謹法循理未嘗踰越蓋卓然於武寧為令子於
國家為良臣於戚里為老成賢德者也永樂十四年二月三日以疾卒
享年四十有五訃聞
皇上
儲君
親王皆隆親親之恩遣使祭之
儲君又命有司備給其[illegible]榮之典又加盛矣嗚呼人之生世如公
復何憾哉公娶[illegible]夫人子男六人景珩景璜景璿景瑜景瑛景
瑄女二人[illegible]至凡公之世次行事歷官於葵也宜有誌是用誌其槩
藏諸幽堂以貽永久云
永樂十四年五月壬寅日
奉直大夫左春坊左諭德兼翰林侍講楊士奇譔
承直郎右春坊右中允吳均書并篆

大明驃騎將軍中軍都督府都督僉事徐公壙誌

九六　明驃騎將軍中軍都督府都督僉事徐公（膺緒）壙誌

永樂十四年（一四一六）五月十一日石質。誌、蓋均長八一、寬八一、厚六厘米。蓋文四行，滿行五字。篆書。誌文二六行，滿行二八字。正書。誌左半部斷裂，誌文略有殘損。

一九八二年南京市玄武區太平門外板倉村M9徐膺緒夫婦墓出土。現藏南京市博物館。

九七　明故昭勇將軍孝陵衛指揮使蕭公墓誌銘

永樂十四年（一四一六）十二月三日石質。誌殘長四五、寬五九、厚九厘米；蓋長六八、寬五九、厚一〇厘米。蓋文三行，滿行六字。篆書。誌文二七行，滿行字數不詳。正書。蓋斷裂，蓋文略有殘損。誌下部斷佚，誌文殘缺不全。

一九九〇年南京市雨花臺區鐵心橋蕭公夫婦墓出土。現藏南京市博物館。

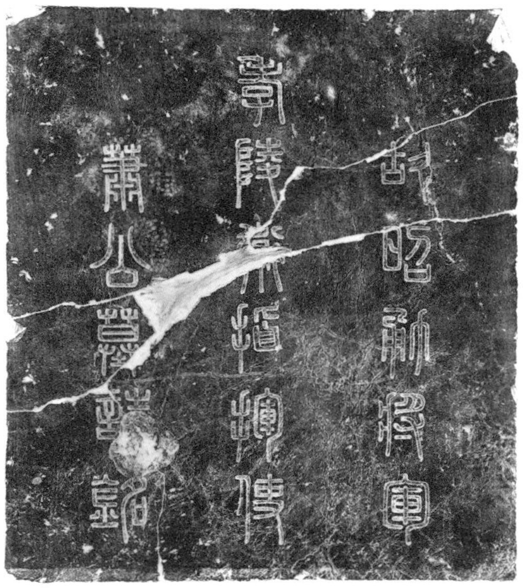

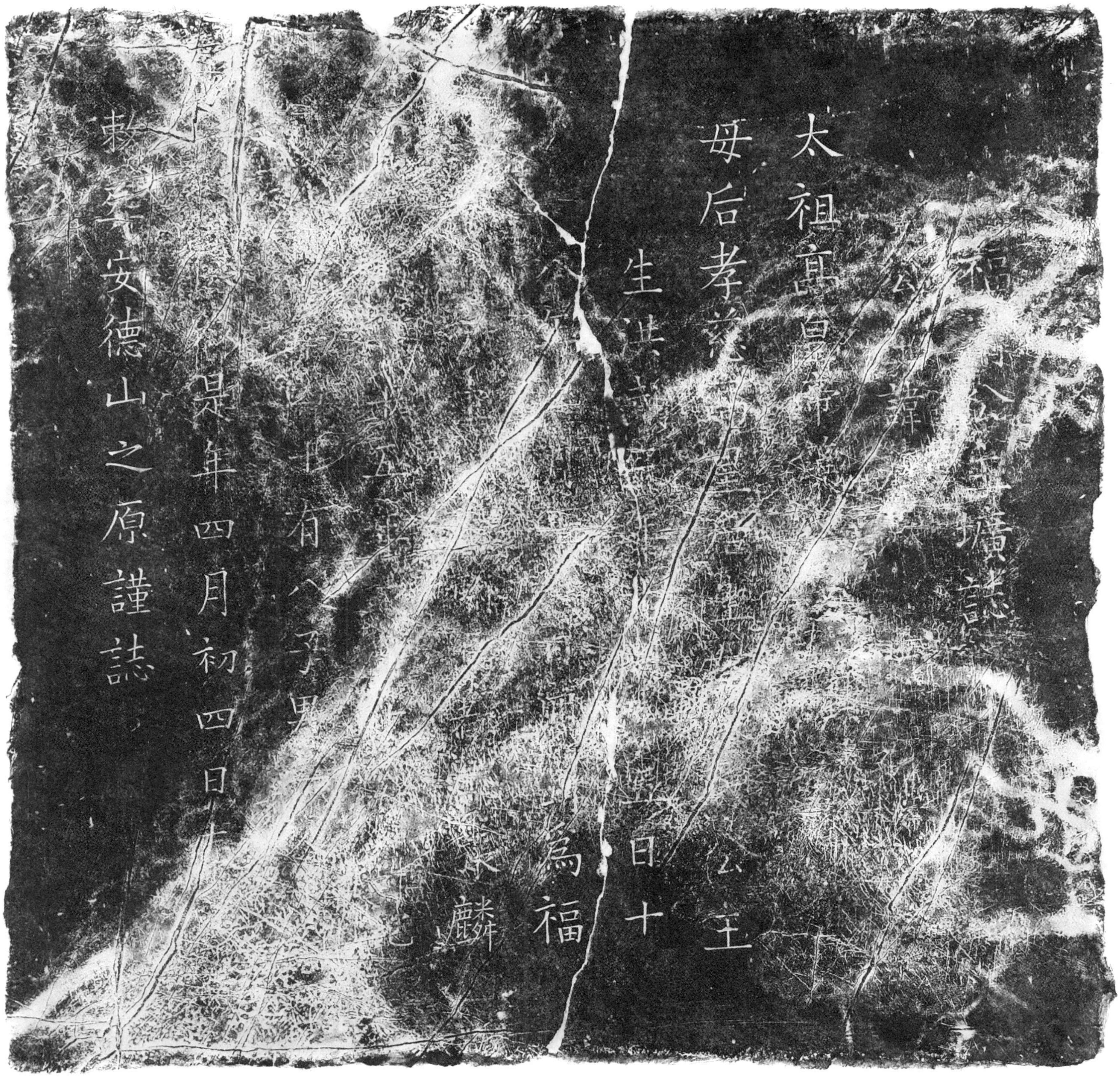

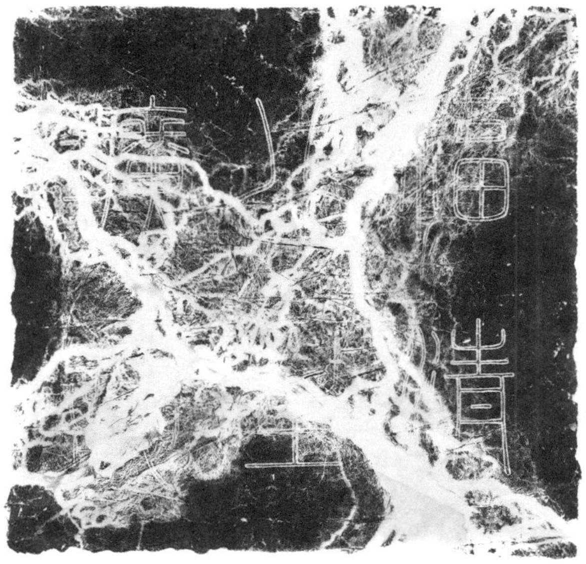

九八　明福清公主壙誌

永樂十五年（一四一七）四月四日

石質。誌、蓋均長六九、寬六九、厚七厘米。蓋文三行，滿行二字。篆書。誌文一一行，滿行一三字。正書。誌、蓋均泐蝕較重。蓋文、誌文均漫漶殘損。

一九九八年六月，南京市雨花臺區鄧府山北福清公主墓出土。現藏南京市博物館。

九九　明故西寧侯（宋晟）夫人葉氏壙誌

永樂十六年（一四一八）八月二十五日

石質。誌、蓋均長七五、寬七四、厚九厘米。蓋文三行，滿行三字。篆書。誌文二三行，滿行二四字。正書。誌斷裂，誌文略有殘損。

一九六〇年南京市雨花臺區郎家山M6宋晟夫人葉氏墓出土。現藏南京市博物館。

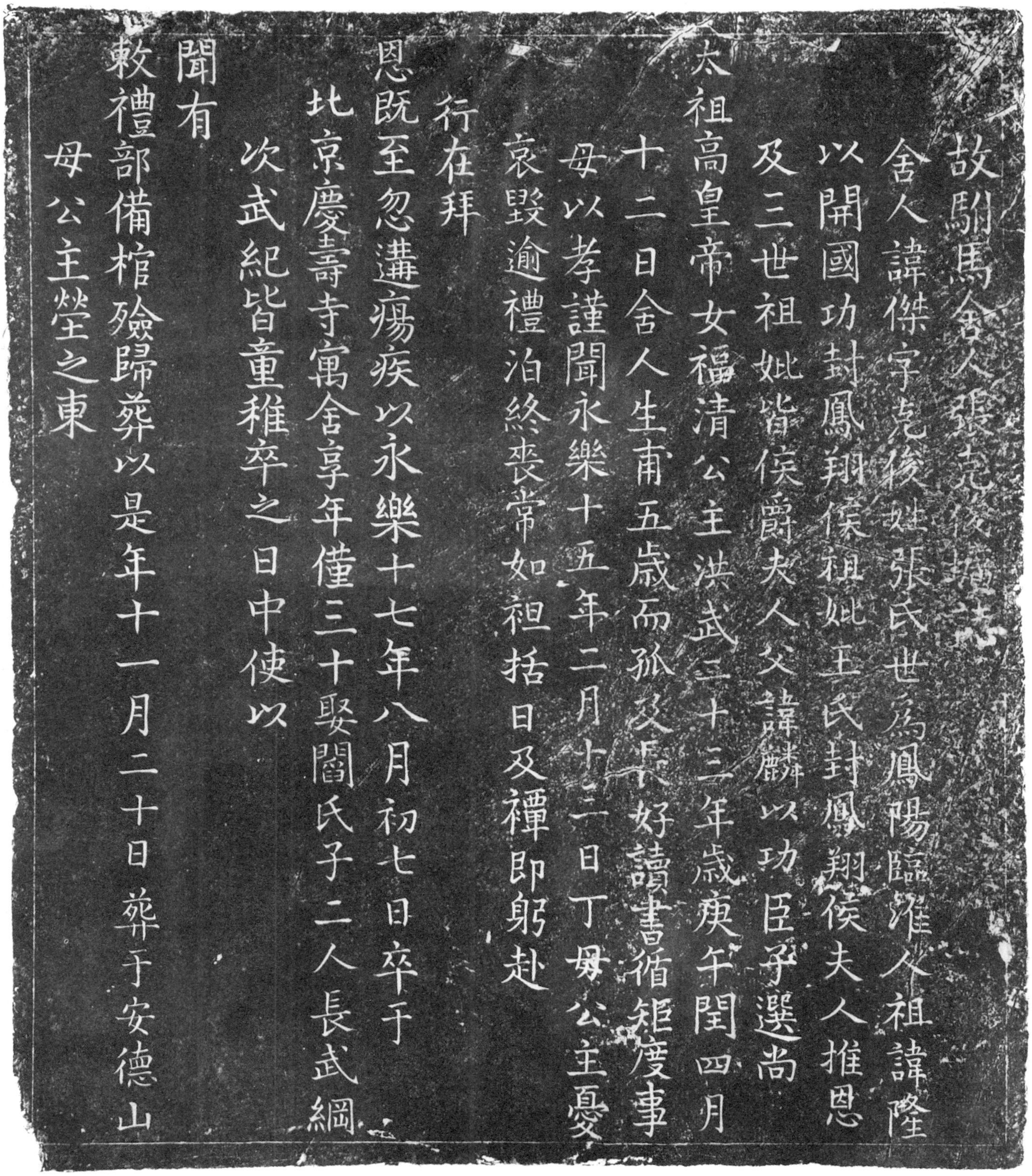

一〇〇 明故駙馬舍人張克俊（傑）壙誌

永樂十七年（一四一九）十一月二十日

石質。誌長五八、寬五〇、厚八厘米。誌文一五行，滿行二二字。正書。周邊為單綫框。

一九九八年六月，南京市雨花臺區鄧府山北張克俊墓出土。現藏南京市博物館。

一〇一 明故處士周公宗器（璉）墓誌銘

永樂十九年（一四二一）三月十日

陶質。誌、蓋均長一五、寬一五、厚四厘米。蓋文二行，滿行四字。正書。誌文二一行，滿行一八字。正書。誌文下部略有殘損。

一九四九年後出土，具體時、地不詳。二十世紀八九十年代徵集。現藏南京市博物館。

一〇二　明故西寧侯（宋晟）夫人許氏（妙德）墓誌銘

永樂十九年（一四二一）八月三十日石質。誌、蓋均長七五、寬七六、厚八厘米。蓋文三行，滿行三字。篆書。誌文二一行，滿行二七字。正書。誌泐蝕較重，誌文略漫漶。誌左上角斷裂。

一九六〇年南京市雨花臺區郎家山M1宋晟夫人許妙德墓出土。現藏南京市博物館。

一〇三　明故西寧侯（宋晟）夫人丁氏壙誌

永樂二十二年（一四二四）三月二十一日

石質。誌、蓋均長七一、寬七一、厚一〇厘米。蓋文三行，滿行三字。篆書。誌文二三行，滿行二四字。正書。

一九六〇年南京市雨花臺區郎家山M2宋晟夫人丁氏墓出土。現藏南京市博物館。

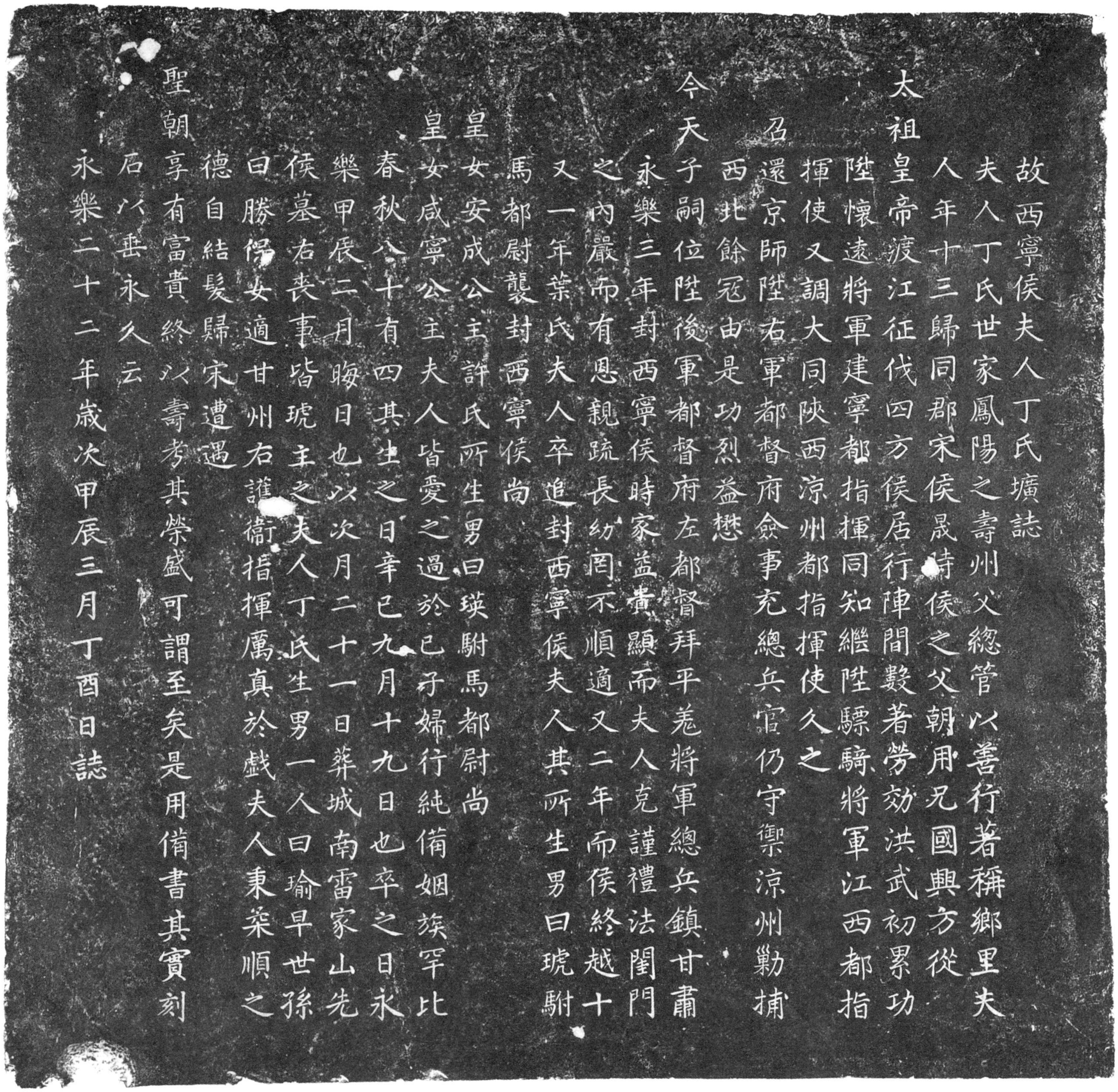

故西寧侯夫人丁氏壙誌
夫人丁氏世家鳳陽之壽州父總管以善行著稱鄉里夫
人年十三歸同郡宋侯晟時侯之父朝用以國興方從
太祖皇帝渡江征伐四方侯居行陣間數著勞効洪武初累功
陞懷遠將軍建寧都指揮同知繼陞驃騎將軍江西都指
揮使又調大同陝西涼州都指揮使久之
召還京師陞右軍都督府僉事充總兵官仍守禦涼州勦捕
西北餘寇由是功烈益懋
今天子嗣位陞後軍都督府左都督拜平羌將軍總兵鎮甘肅
永樂三年封西寧侯時家益貴顯而夫人克謹禮法閨門
之內嚴而有恩親疏長幼罔不順適又二年而侯終越十
又一年葉氏夫人卒追封西寧侯夫人其所生男曰琥駙
馬都尉襲封西寧侯尚
皇女安成公主許氏所生男曰瑛駙馬都尉尚
皇女咸寧公主夫人皆愛之過於己子婦行純備姻族罕比
春秋八十有四其生之日辛巳九月十九日也卒之日永
樂甲辰二月晦日也以次月二十一日葬城南雷家山先
侯墓右喪事皆琥主之夫人丁氏生男一人曰瑜早世孫
曰勝保女適甘州右護衛指揮厲真於戲夫人柔順之
德自結髮歸宋遭遇
聖朝享有富貴終以壽考其榮盛可謂至矣是用備書其實刻
石以垂永久云
永樂二十二年歲次甲辰三月丁酉日誌

西寧侯
夫人丁
氏壙誌

一〇四　明雲南都司同知沐公（晟）夫人邢氏（妙仙）壙誌

永樂二十二年（一四二四）十月二十九日

石質。誌、蓋均長四六、寬四六、厚六厘米。蓋文二行，滿行三字。篆書。周邊為單綫框。誌文一二行，滿行一八字。正書。周邊亦為單綫框。誌輕度泐蝕，誌文略有殘損。

二〇〇九年南京市江寧區將軍山M22沐晟夫人邢妙仙墓出土。現藏南京市博物館。

一〇五　明故僧録司右闡教非幻大禪師（道永）塔銘

洪熙元年（一四二五）二月十六日（立石）

石質。碑形。銘長一八五、寬七九、厚二〇厘米。上為額文，四行，滿行四字。篆書。下為銘文，二八行，滿行四八字。正書。其中末行「中貴」署名一一字。篆書。周邊為卷雲紋。銘文略有殘損。

一九四九年後出土，具體時、地不詳。二十世紀八九十年代徵集。現藏南京市博物館。

一〇六　明故驃騎將軍後軍都督府都督僉事汪公（浩）墓誌銘

洪熙元年（一四二五）四月三日

石質。誌、蓋均長四八、寬四八、厚八厘米。蓋文三行，滿行五字。篆書。周邊為單綫框。誌文二三行，滿行二二字。正書。周邊亦為單綫框。誌右上角略有殘損，右下部斜向斷裂。誌文略有殘損。

二〇〇四年南京市江寧區汪家墳村汪浩墓出土。現藏南京市博物館。

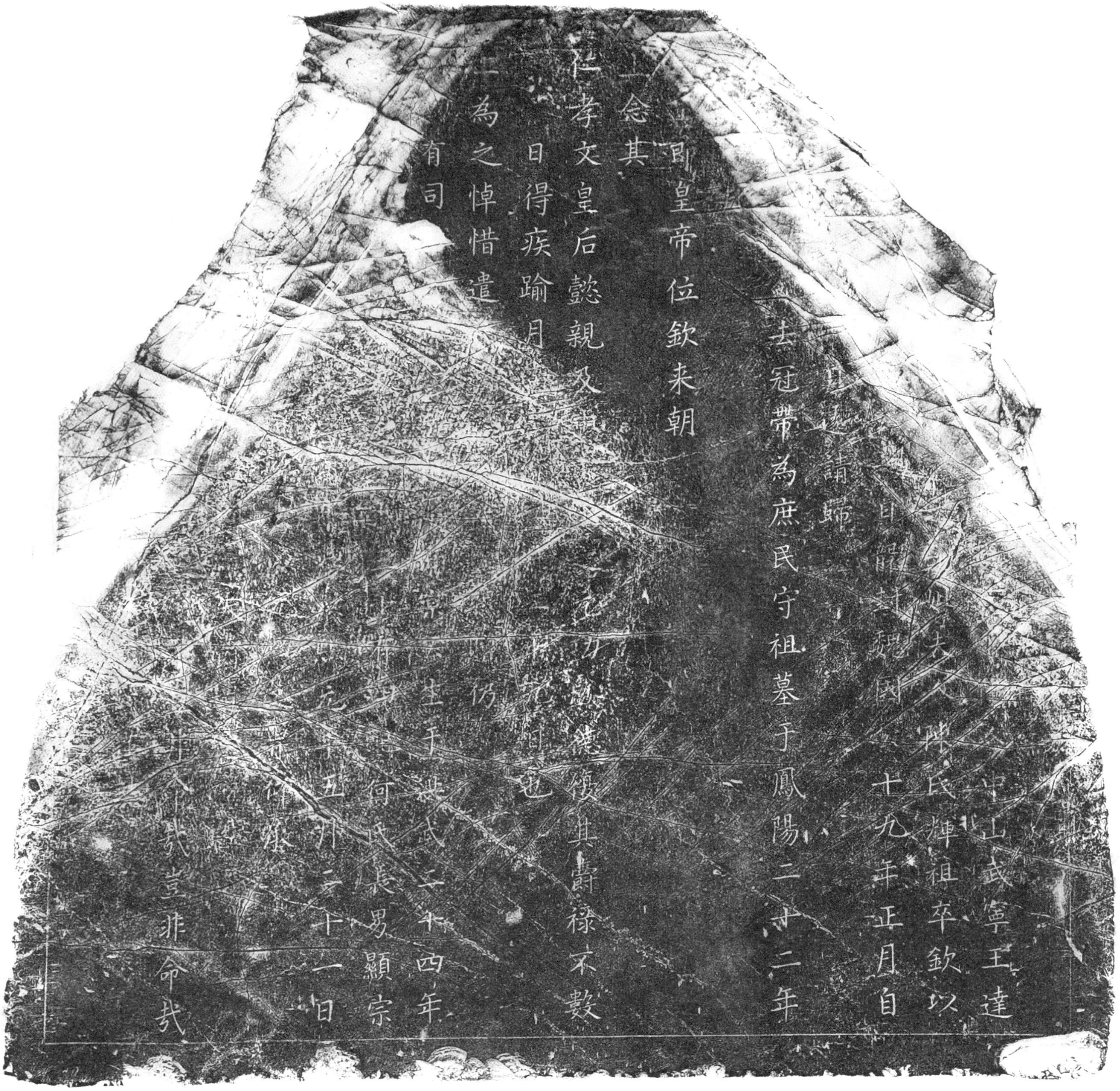

一〇七　明故魏國公徐欽墓誌

洪熙元年（一四二五）五月二十一日

石質。誌殘長七三、殘寬七三、厚一〇厘米。誌文可辨一八行，滿行二二字。正書。周邊為單綫框。誌左邊及上角、右邊及上角均斷佚。殘誌泐蝕嚴重，誌文漫漶不清。

一九七〇年南京市玄武區太平門外板倉村M2徐欽墓出土。現藏南京市博物館。

一〇八　明故前軍都督劉公（鑑）墓誌銘

宣德二年（一四二七）十月十九日

石質。誌長四八、寬四八、厚七厘米。誌文三五行，滿行三五字。正書。周邊為單綫框。蓋佚。

一九四九年後出土，具體時、地不詳。二〇〇八年徵集。現藏南京市博物館。

一〇九　明史仲銘室張氏（壽貞）墓誌銘

宣德四年（一四二九）五月二十八日

石質。誌、蓋均長五一、寬五一、厚九厘米。蓋文三行，滿行三字。篆書。誌文二八行，滿行二八字。正書。蓋右上角斷裂。

一九四九年後出土，具體時、地不詳。一九六六年徵集。現藏南京市博物館。

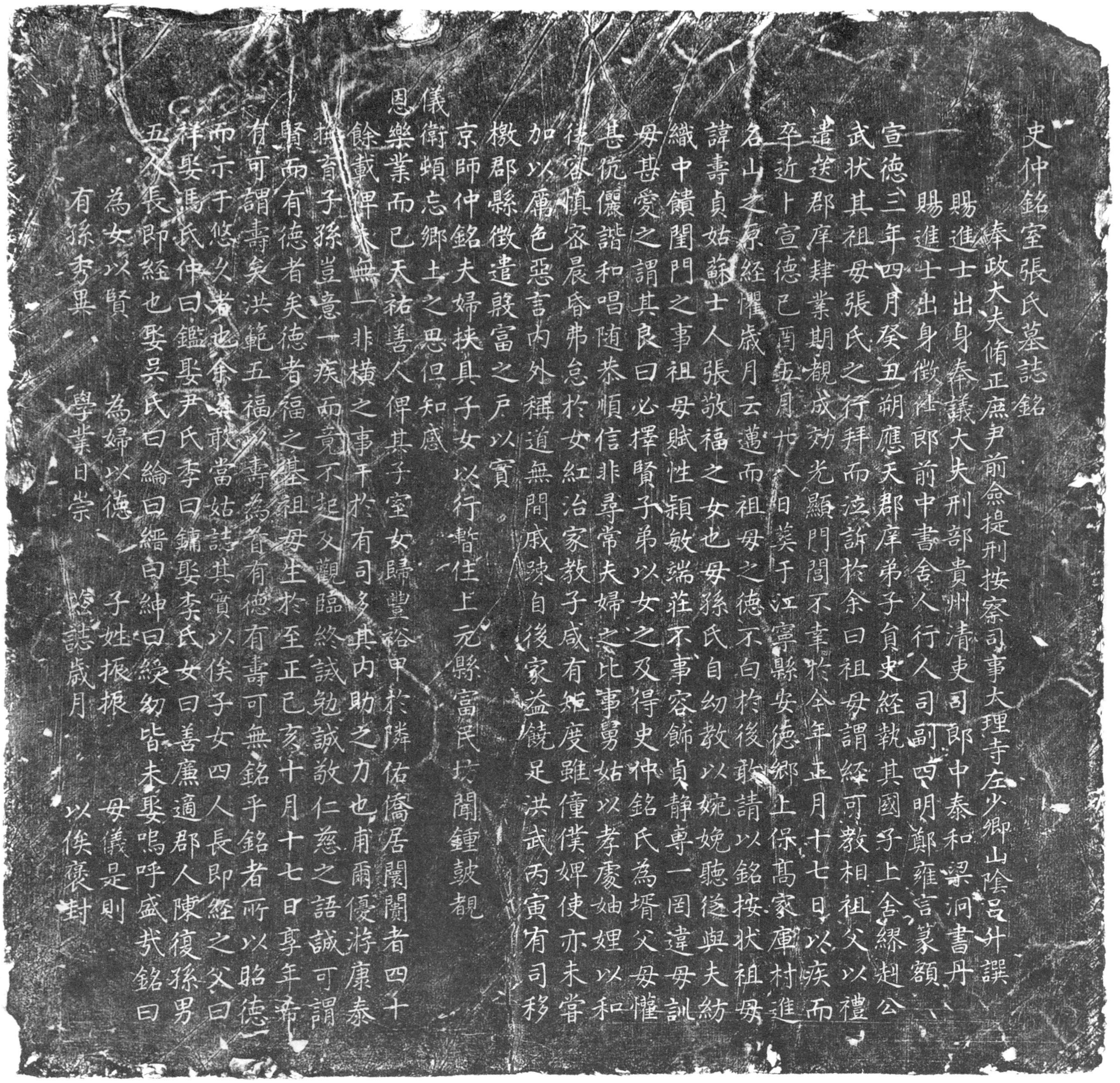
史仲銘室張氏墓誌銘
賜進士出身奉政大夫脩正庶尹前僉提刑按察司事大理寺左少卿山陰呂升譔
賜進士出身奉議大夫刑部貴州清吏司郎中泰和梁洞書丹
賜進士出身徵仕郎前中書舍人行人司副四明鄭雍言篆額
宣德三年四月癸丑朔應天郡庠弟子員史經執其國子上舍繆翀公
武狀其祖母張氏之行拜而泣訴於余曰祖母謂經可教相祖父以禮
遣從郡庠肄業期觀成效光顯門閭不幸於今年正月十七日以疾而
卒近卜宣德己酉五月廿八日葬于江寧縣安德鄉上保髙家庫村進
名山之原經懼歲月云邁而祖母之德不白於後敢請以銘按狀祖母
諱壽貞姑蘇士人張敬福之女也母孫氏自幼敎以婉娩聽從與夫紡
織中饋閨門之事祖母賦性穎敏端莊不事容飾貞靜專一罔違母訓
母甚愛之謂其良曰必擇賢子弟以女之及得史仲銘氏為壻父母懽
甚伉儷諧和唱随恭順信非尋常夫婦之比事舅姑以孝處妯娌以和
加以厲色惡言内外稱道無間戚疎自後家益饒足洪武丙寅有司移
檄郡縣徵遺殷富之户以實
京師仲銘夫婦挾其子女以行暫住上元縣富民坊閘鍾鼓觀
儀衛頗忘鄉土之思但知感
恩樂業而已天祐善人俾其子室女歸豐裕甲於隣佑僑居闤闠者四十
餘載俾夫無一非横之事干於有司多其内助之力也甫爾優游康泰
撫育子孫豈意一疾而竟不起又觀臨終誡勉誠敬仁慈之語誠可謂
賢而有德者矣德者福之基祖母生於至正己亥十月十七日享年希
有可謂壽矣洪範五福以壽為首有德有壽可無銘乎銘者所以昭德
而示于悠久者也余敢當姑誌其實以俟子女四人長即經之父曰
祥娶馬氏仲曰鑑娶尹氏季曰鏞娶李氏女曰善廉適郡人陳復孫男
五人長即經也娶吳氏曰綸曰縉曰紳曰綬幼皆未娶嗚呼盛哉銘曰
為女以賢　為婦以德　子姓振振　母儀是則
有孫秀異　學業日崇　啓誌歲月　以俟褒封

營國夫人嚴氏墓誌銘
嘉議大夫太常寺卿兼翰林院學士國史總裁南郡楊溥撰
奉議大夫翰林院學士雲間沈度篆蓋
奉訓大夫尚寶司少卿吳郡俞敬書丹
營國夫人嚴氏卒嫡孫柱國武定侯玹泣述夫人之德拜而言曰
某與先生奮願得一言誌其墓則比他人不誣矣辭不獲已遂誌
之謹按夫人姓嚴氏其先太原人家世名族歸營國威襄郭公有
年夫人資性聰爽明敏事上盡恭無驕怠之容待諸媵以寬慈為
本絕妬忌之念治家嚴而不煩為教寬而有禮尤善女工躬製之
事克承祭祀蘋藻之勤閨儀整肅婦德用光威襄公嘗謂曰吾之
家之良助也洪熙乙巳
仁宗昭皇帝登大寶冊厥孫女為貴妃遣中使迎至行在所禮敬孔加
夫人生至元庚寅卒宣德己酉五月朔享年八十以壽終子男二
長銘贈武定侯次鏞仕榮祿大夫中軍都督府右都督俱先夫人
卒孫男七長曰琮仕明威將軍府軍衛親軍指揮早卒嫡即玹次
琮瑄璜琬瑛瑀仕
梁王府典寶餘未仕孫女四長即貴妃餘未醮曾孫男二長曰聰散
騎舍人次曰[illegible]此皆出自夫人餘歷仕顯官及不仕者子孫甚衆
不具書訃聞
皇帝遣禮部以牲牢祭夏六月
敕遣玹次孫行在尚寶司丞瑊護喪南歸秋八月甲申
賜葬于南京太山之原嗚呼夫人其賢而獲大國之封享有壽祿宜
矣又為之銘曰
賢矣榮矣哉賢而榮宜矣哉五福備佳城峙蔭及後嗣福祿蕃
世
掌宗人府事欽承祖業推誠效義武臣柱國武定侯孝孫玹立石
荊南李翔鐫

營國夫人嚴氏墓誌銘

一一〇　明營國（郭英）夫人嚴氏墓誌銘

宣德四年（一四二九）八月十日

石質。誌、蓋均長五一、寬五一、厚七厘米。蓋文三行，滿行三字。篆書。誌文二七行，滿行二七字。正書。

一九九六年南京市江寧區東善橋祖堂村嚴氏墓出土。現藏南京市博物館。

故處士高公墓誌銘
賜進士前武陵縣儒學教諭會昌鍾 述夫撰
賜進士前監察御史金國子助教宋 琮書
徵仕郎中書舍人劉 素篆蓋
宣德四年歲在己酉十月二十四日丁酉姑蘇高叔平合葬其考妣以及
其妻之柩于應天江寧之安德鄉灣塘上傑王家山之原乃以其行泣請銘
其墓以紀其德行以識其歲月按狀公諱彥英世為崑山之玉峯人以積善裕
家營治產業克致殷富其值歉歲鄉民有不給者輒賙恤而不責其報及徙居
京師善譽益著民多德之公生於辛巳卒於
大明洪武癸酉享年五十有四娶同郡楊氏有淑德善克相之後公三十六年卒
享年八十有三生於元丙戌十月廿七日卒於宣德戊申六月八日也子男五
曰叔明曰叔遠曰叔平曰叔晟曰叔暉女二曰妙清適吳伯昭曰妙真適潘德
賢孫男十三曰安曰玘曰進曰傑曰倫曰寧曰佐曰佑曰瑞曰賓曰禎曰端曰
祥孫女三曰妙安適盧信曰妙福適吳琳曰妙壽入侍
宮幃曾孫五曰永曰定曰泰曰芳曰壽孫女二在室其冢嗣叔明亦克紹先業事
修禮讓在家庭教子訓孫必以矩度務使之讀書學問以底于成其遇鄉黨接
朋友恂恂如也是年七月二十九日以疾卒生於丁未十二月七日得年六十
有三娶宋氏亦恭循婦道孝于舅姑友于娣姒閨門之內無少間言叔明既歿
哀毀之餘克勤克儉躬率諸子諸婦早作夜息以紉繩之迄今壽考在堂未越
旬而叔平之妻張氏亦卒張氏出自名家歸于望族其內外之謹上下之和躬
蠶桑以御衣服為酒饌以待賓客撫育諸子姪二十餘人慈愛之篤教訓之嚴
長幹蠱幼讀書家法嚴肅儉約罔敢違怠內治之美張氏寔與焉享年六十有
一生於洪武己酉十一月七日卒於宣德己酉八月二日也宅兆既卜襄事已
畢不可以無銘遂為之銘曰
猗歟彥英 家于玉峯 既遷金陵 善道是崇 楊氏貞淑 亦克孝理
壽考且寧 八旬而止 冢嗣叔明 繼述先蹤 待人接物 和氣雍雍
維婦張氏 內行聿修 慈愛勤儉 貽厥孫謀 安德之鄉 灣塘之原
宅兆既卜 千載永安

故處士高公墓誌銘

一一一 明故處士高公（彥英）墓誌銘

宣德四年（一四二九）十月二十四日

石質。誌、蓋均長五〇、寬五〇、厚七厘米。蓋文二行，滿行四字。篆書。周邊為單綫框。誌文二八行，滿行三一字。正書。周邊亦為單綫框。

一九四九年後出土，具體時、地不詳。南京市文物研究所徵集。二〇〇三年移交南京市博物館。現藏南京市博物館。

一一二　明馮淑人（淑清）墓誌銘

宣德四年（一四二九）十二月二十五日

石質。誌、蓋均長四二、寬四三、厚七厘米。蓋文二行，滿行三字。篆書。誌文二〇行，滿行二二字。正書。

一九九三年南京市雨花臺區鐵心橋鄉鐵心村馮淑清墓出土。現藏南京市博物館。

一一三　明故（鄧濟）夫人宋氏墓誌

宣德五年（一四三〇）二月二十七日

石質。誌殘長五〇、寬五一、厚八厘米。誌文二二行，滿行二四字。正書。誌縱向斷裂，上邊殘斷。誌文略有殘損。

一九四九年後出土，具體時、地不詳。二十世紀八九十年代徵集。現藏南京市博物館。

一一四　明嚴（文聰）母孺人顧氏（妙貞）墓誌銘

宣德五年（一四三〇）四月二十七日石質。誌、蓋均長四五、寬四四、厚七厘米。蓋文三行，滿行三字。篆書。周邊為單綫框。誌文二〇行，滿行二三字。正書。周邊亦為單綫框。誌輕度泐蝕，誌文略有殘損。

一九四九年後出土，具體時、地不詳。二十世紀八九十年代徵集。現藏南京市博物館。

一一五　明故都知監太監楊公（慶）墓誌銘

宣德五年（一四三〇）八月二十八日石質。誌、蓋均長五四・四、寬五四・八，厚七・八厘米。蓋文四行，滿行四字。篆書。誌文二五行，滿行二六字。正書。

二〇〇五年十月，南京市江寧區韓府山東麓楊慶墓出土。現藏南京市博物館。

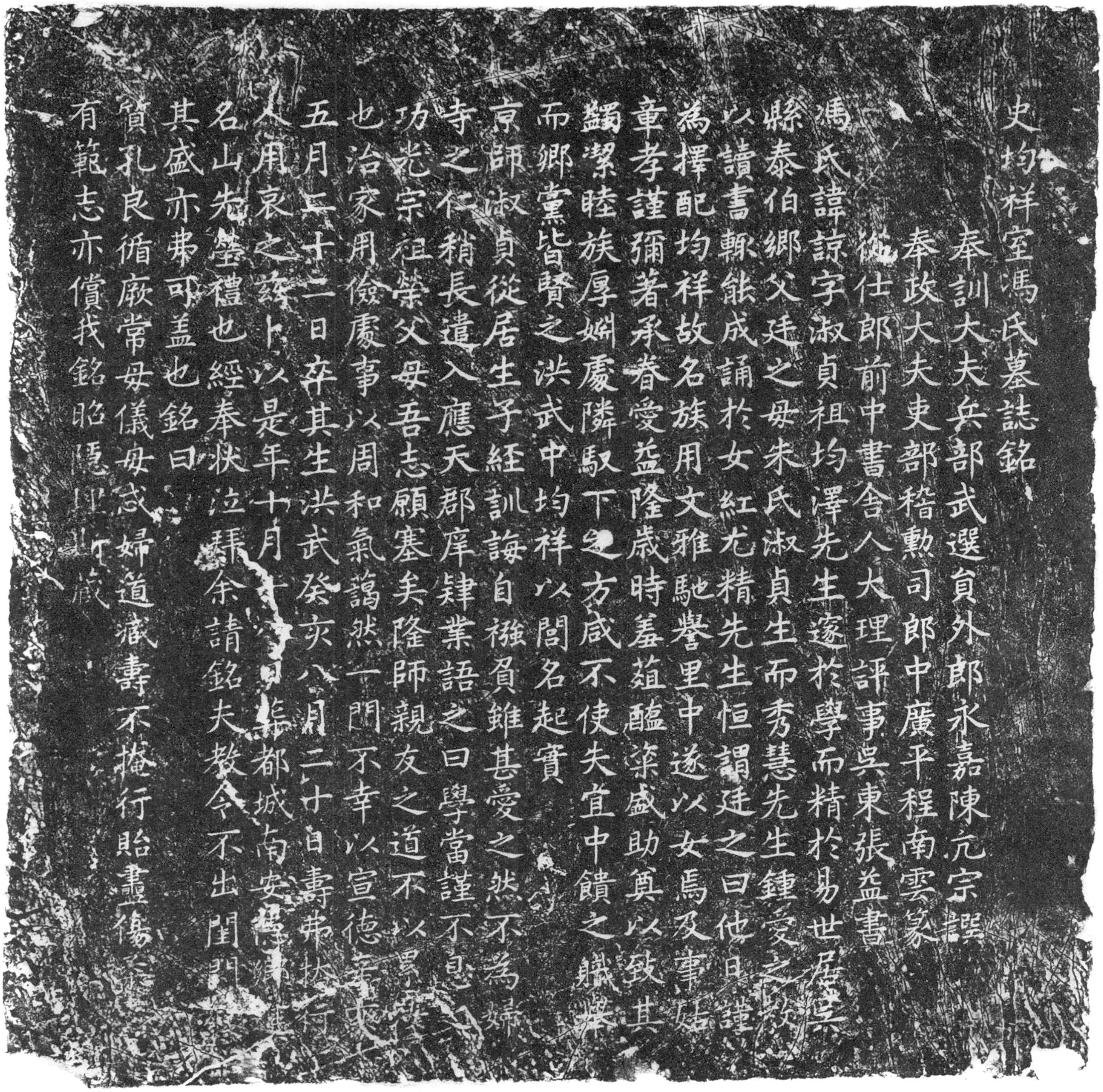

史均祥室馮氏墓誌銘
奉訓大夫兵部武選貟外郎永嘉陳元宗撰
奉政大夫吏部稽勳司郎中廣平程南雲篆
從仕郎前中書舍人大理評事吳東張益書
馮氏諱諒字淑貞祖均澤先生遂於學而精於易世居崇
縣泰伯鄉父廷之母朱氏淑貞生而秀慧先生鍾愛之教
以讀書輙能成誦於女紅尤精先生恒謂廷之曰他日謹
為擇配均祥故名族用文雅馳譽里中遂以女焉及事姑
章孝謹彌著承眷愛益隆歲時羞蘋醯粢盛助奠以致其
蠲潔睦族厚姻處隣馭下之方咸不使失宜中饋之職舉
而鄉黨皆賢之洪武中均祥以聞名起賓
京師淑貞從居生子經訓誨自幼負雖甚愛之然不為婦
寺之仁稍長遣入應天郡庠肄業語之曰學當謹不息
功光宗祖榮父母吾志願塞矣隆師親友之道不以累
也治家用儉處事以周和氣藹然一門不幸以宣德
五月二十二日卒其生洪武癸亥八月二十日壽
人用哀之兹卜以是年十月十八日葬都城南安德
名山先塋禮也經奉狀泣拜余請銘夫教令不出閨門
其盛亦弗可盖也銘曰
賢孔良循厥常毋儀毋忒婦道識壽不掩行貽盡傷
有範志亦償我銘昭隱[illegible]千歲

一一六　明史均祥室馮氏（諒）墓誌銘

宣德六年（一四三一）十月十八日

石質。誌長四三、寬四二、厚七厘米。誌文二一行，滿行二二字。正書。誌文略有殘損。蓋佚。

一九五七年南京市棲霞區龍潭黄龍山M1馮諒墓出土。現藏南京市博物館。

一一七　明處士吴彦真（真）墓誌銘

宣德七年（一四三二）三月六日（卒）

石質。誌長四八、寬四八、厚八厘米。誌文二八行，滿行二七字。正書。誌文略有殘損。蓋佚。

一九四九年後出土，具體時、地不詳。二〇〇三年徵集。現藏南京市博物館。

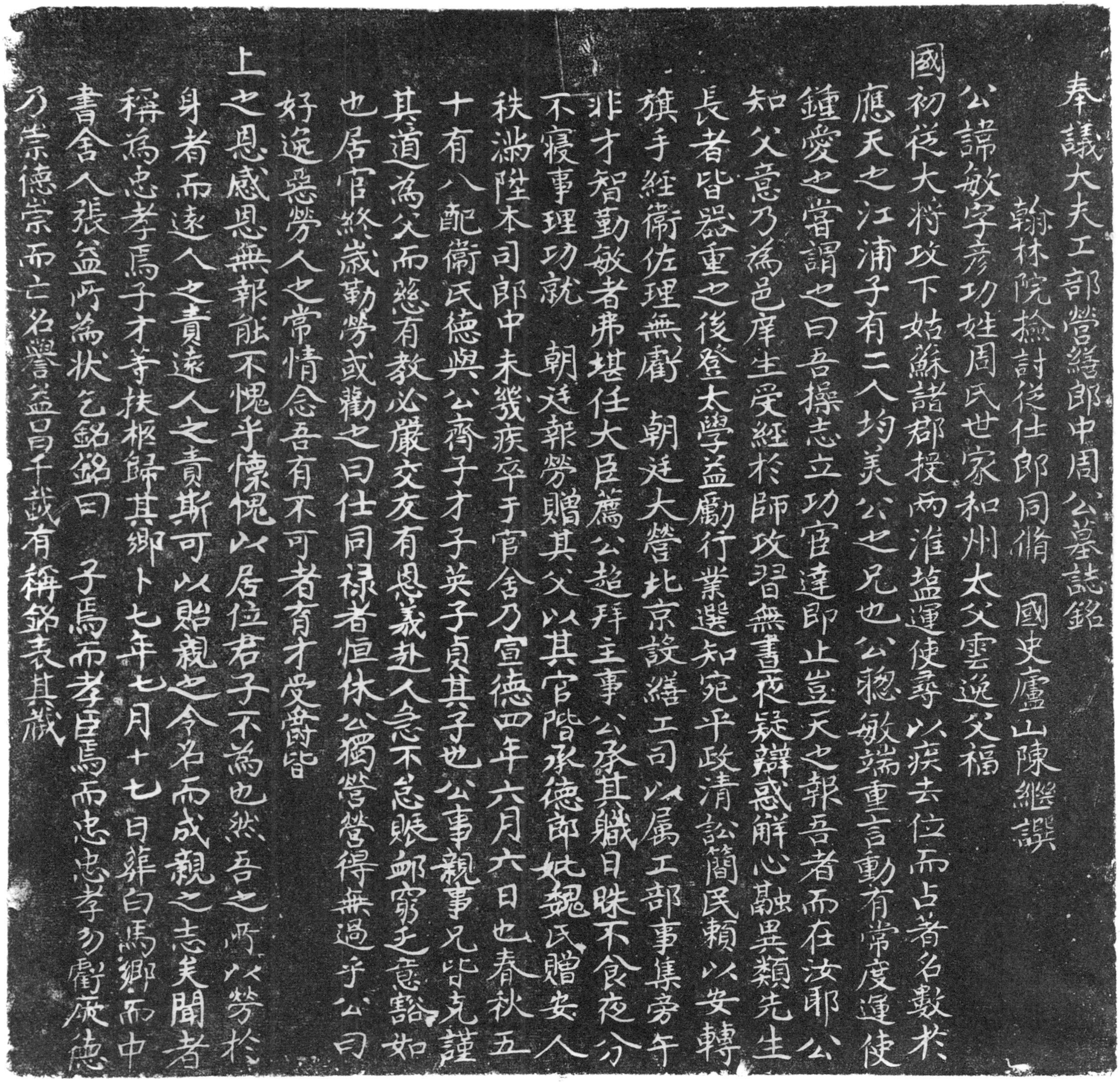

一一八 明奉議大夫工部營繕司郎中周公（敏）墓誌銘

宣德七年（一四三二）七月十七日

石質。誌、蓋均長三五、寬三五、厚七厘米。蓋文四行，滿行四字。篆書。誌文二一行，滿行二八字。正書。

一九六三年南京市浦口區石佛寺徵集。現藏南京市博物館。

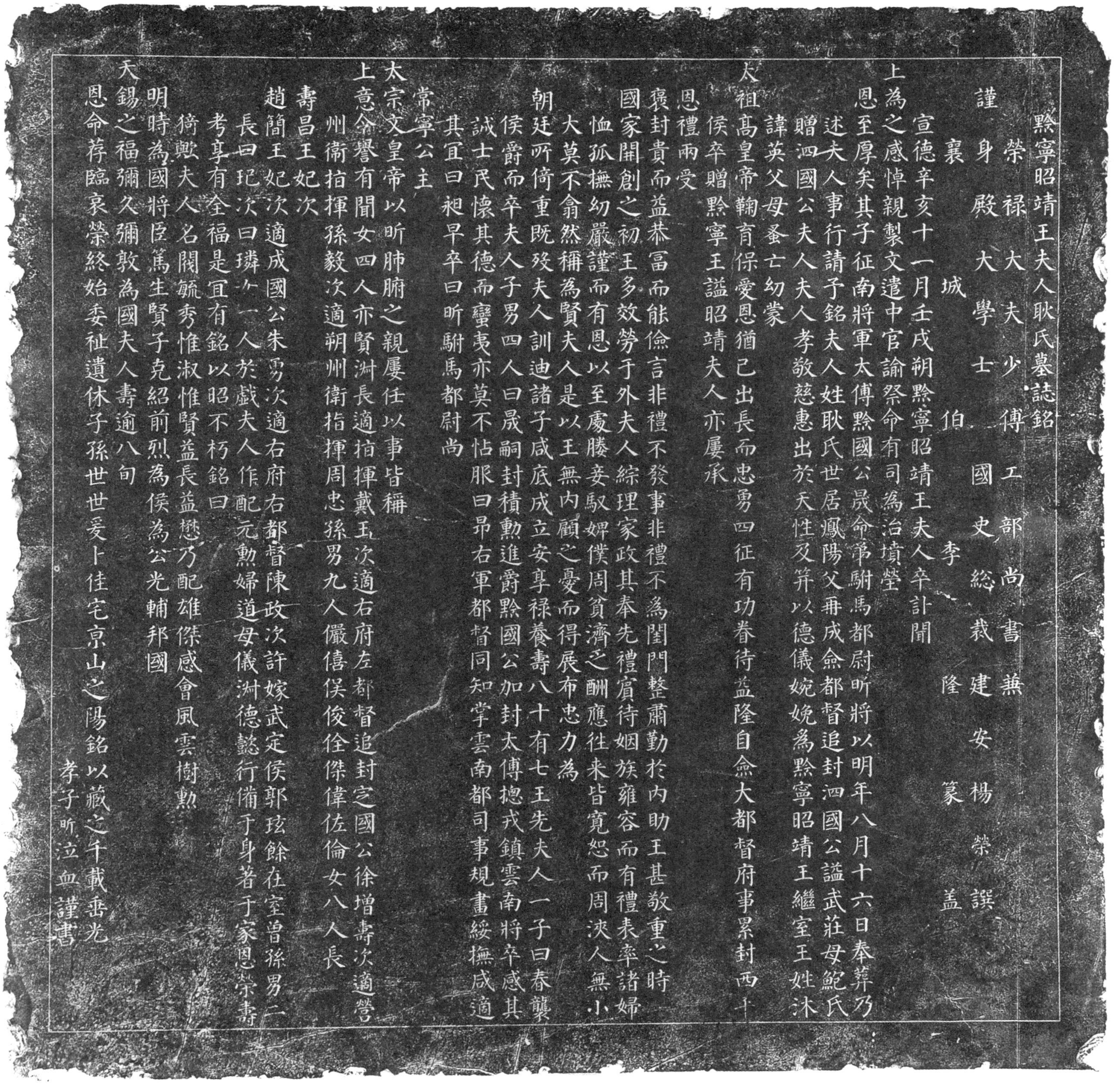

一一九　明黔寧昭靖王（沐英）夫人耿氏墓誌銘

宣德七年（一四三二）八月十六日

石質。誌、蓋均長一〇一、寬一〇一、厚一一厘米。蓋文三行，滿行四字。篆書。周邊為雲紋。誌文三四行，滿行三六字。正書。周邊為單綫框。蓋橫向斷裂。

一九五九年江寧區將軍山沐英墓門外土中發現。現藏南京市博物館。

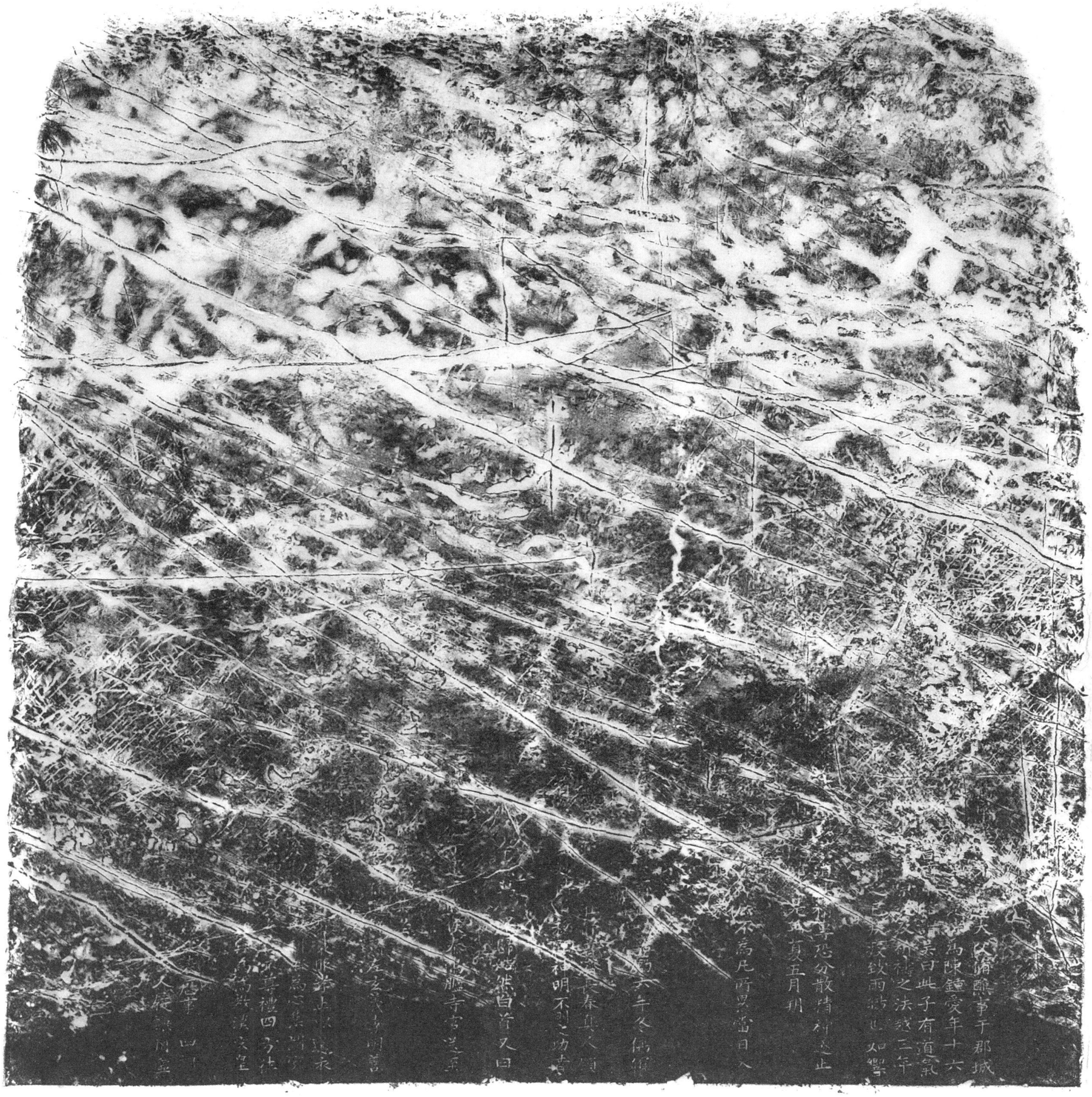

一二〇 明故沖虛至道玄妙無象光範演教莊静普濟長春真人淵然劉公墓誌銘

宣德七年（一四三二）八月（卒）

石質。誌、蓋均長六四、寬六四、厚一三厘米。蓋文五行，滿行六字。篆書。周邊為雙綫框。誌文約三三行，行殘存五至一三字。正書。誌、蓋上部均泐蝕嚴重，蓋文、誌文均漫漶不清。

二〇一〇年十二月，南京市雨花臺區西善橋梅山村出土。現藏南京市博物館。

一二二　明太傅黔國公（沐晟）夫人程氏墓誌銘

宣德七年（一四三二）九月一日

石質。誌、蓋均長九五、寬九五、厚一一厘米。蓋文三行，滿行四字。篆書。周邊為雲紋。誌文二九行，滿行三二字。正書。周邊為單綫框。蓋橫向斷裂。

一九五九年南京市江寧區將軍山沐晟夫婦墓出土。現藏南京市博物館。

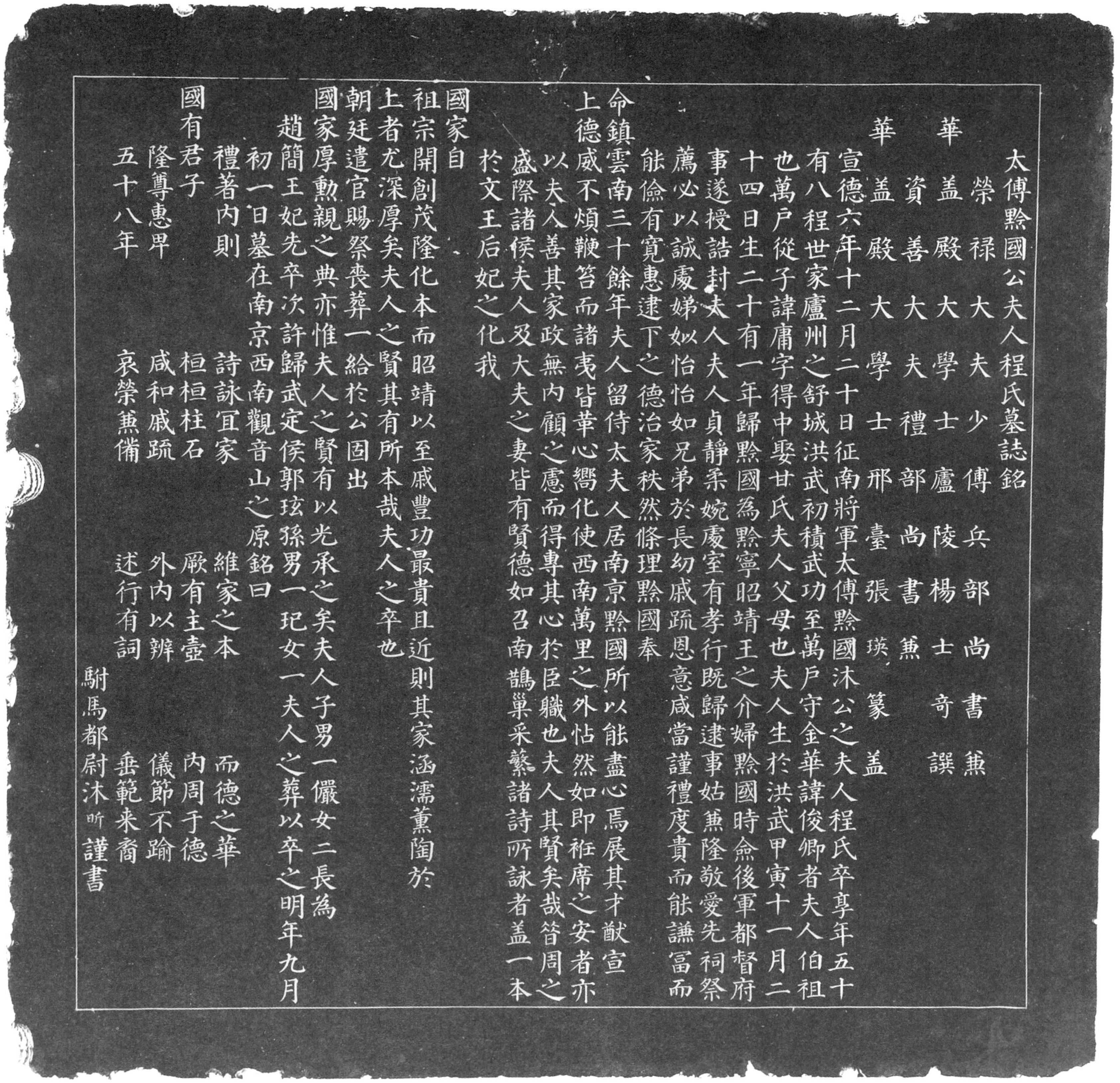

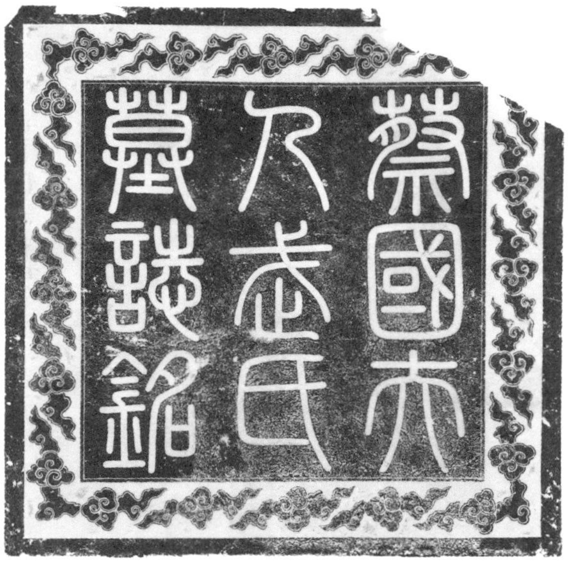

一三三

一三二　明故蔡國徐公（忠）夫人武氏（妙順）墓誌銘

宣德八年（一四三三）四月一日

石質。誌、蓋均長八九、寬八九、厚一一厘米。蓋文三行，滿行三字。篆書。周邊為雲紋。誌文三一行，滿行二五字。正書。周邊為雙綫框。蓋右上角斷佚。誌左上角略有殘缺。誌文略有殘損。

二〇〇〇年南京市雨花臺區小行M1武妙順墓出土。現藏南京市博物館。

一二三　明寶慶大長公主壙誌

宣德八年（一四三三）六月三日

石質。誌、蓋均長八五、寬八二、厚一一厘米。蓋文四行，滿行二字。篆書。周邊為雲紋。誌文一三行，滿行一三字。正書。周邊亦為雲紋。誌左上角斷裂。

二〇〇八年九月，南京市雨花臺區板橋趙墳村寶慶大長公主墓出土。現藏南京市博物館。

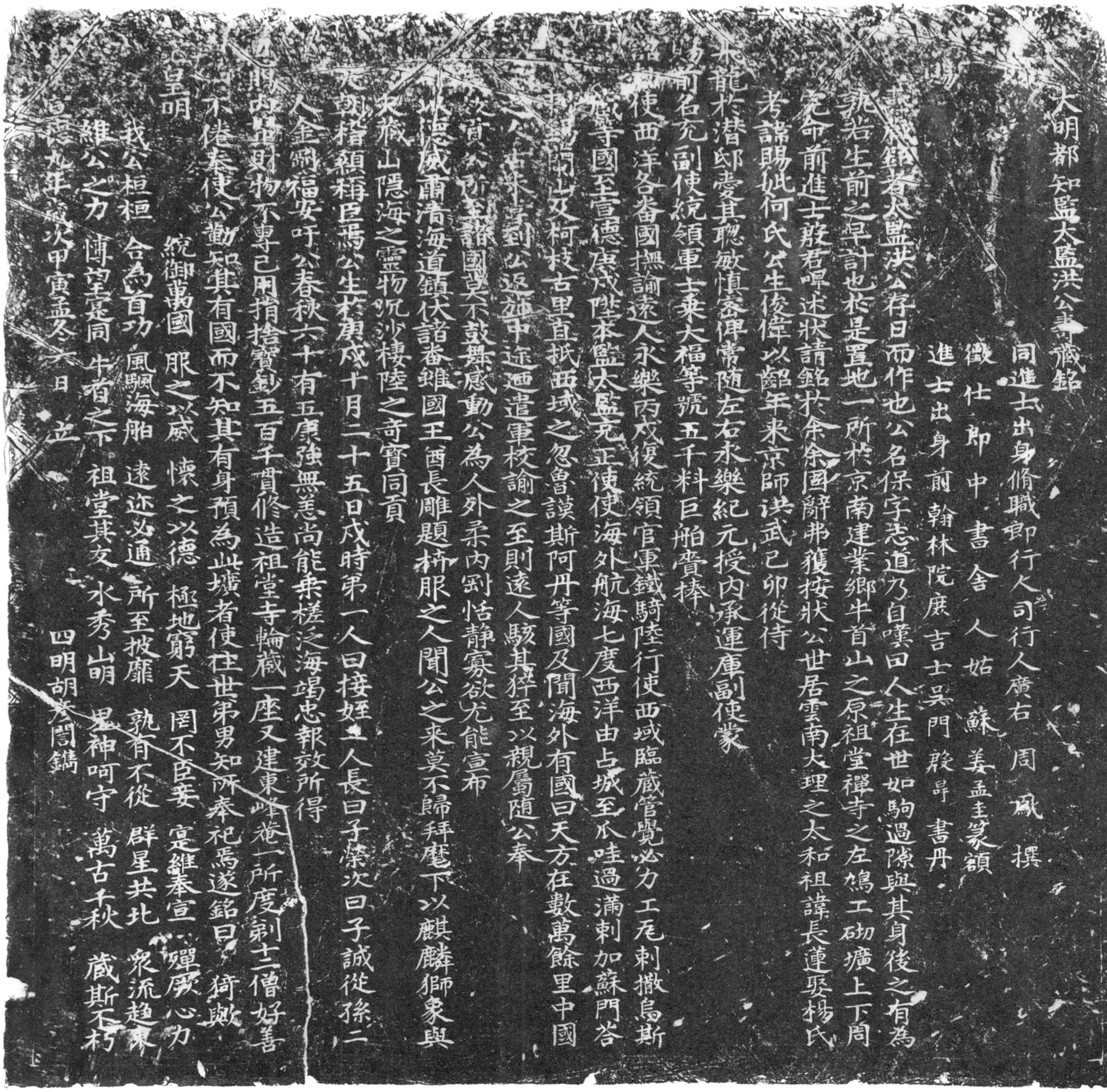

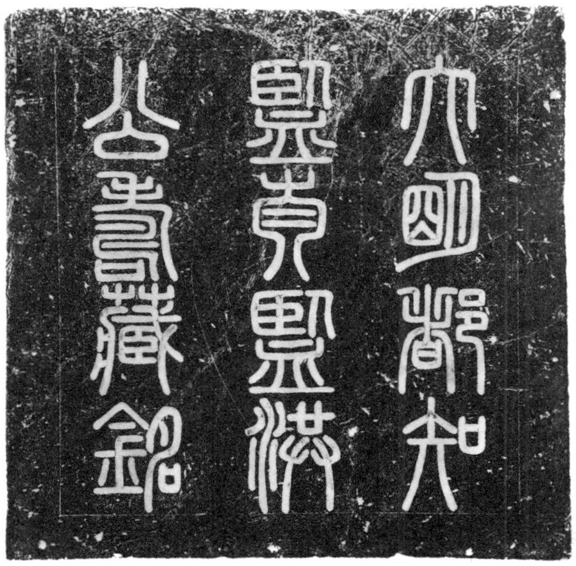

一二四　明都知監太監洪公（保）壽藏銘

宣德九年（一四三四）十月六日

石質。誌、蓋均長五七、寬五七、厚七厘米。蓋文三行，滿行四字。篆書。周邊為單綫框。誌文二五行，滿行四〇字。正書。周邊亦為單綫框。誌左下角斷裂。

二〇一〇年南京市江寧區祖堂山M1洪保墓出土。現藏南京市博物館。

一二五　明故處士周公（益嘉）墓誌銘

宣德九年（一四三四）十二月十七日石質。誌、蓋均長四六、寬四六、厚八厘米。蓋文三行，滿行三字。篆書。誌文二三行，滿行二三字。正書。誌縱向斷裂為二塊。誌文略有殘損。

一九四九年後出土，具體時、地不詳。二十世紀八九十年代徵集。現藏南京市博物馆。

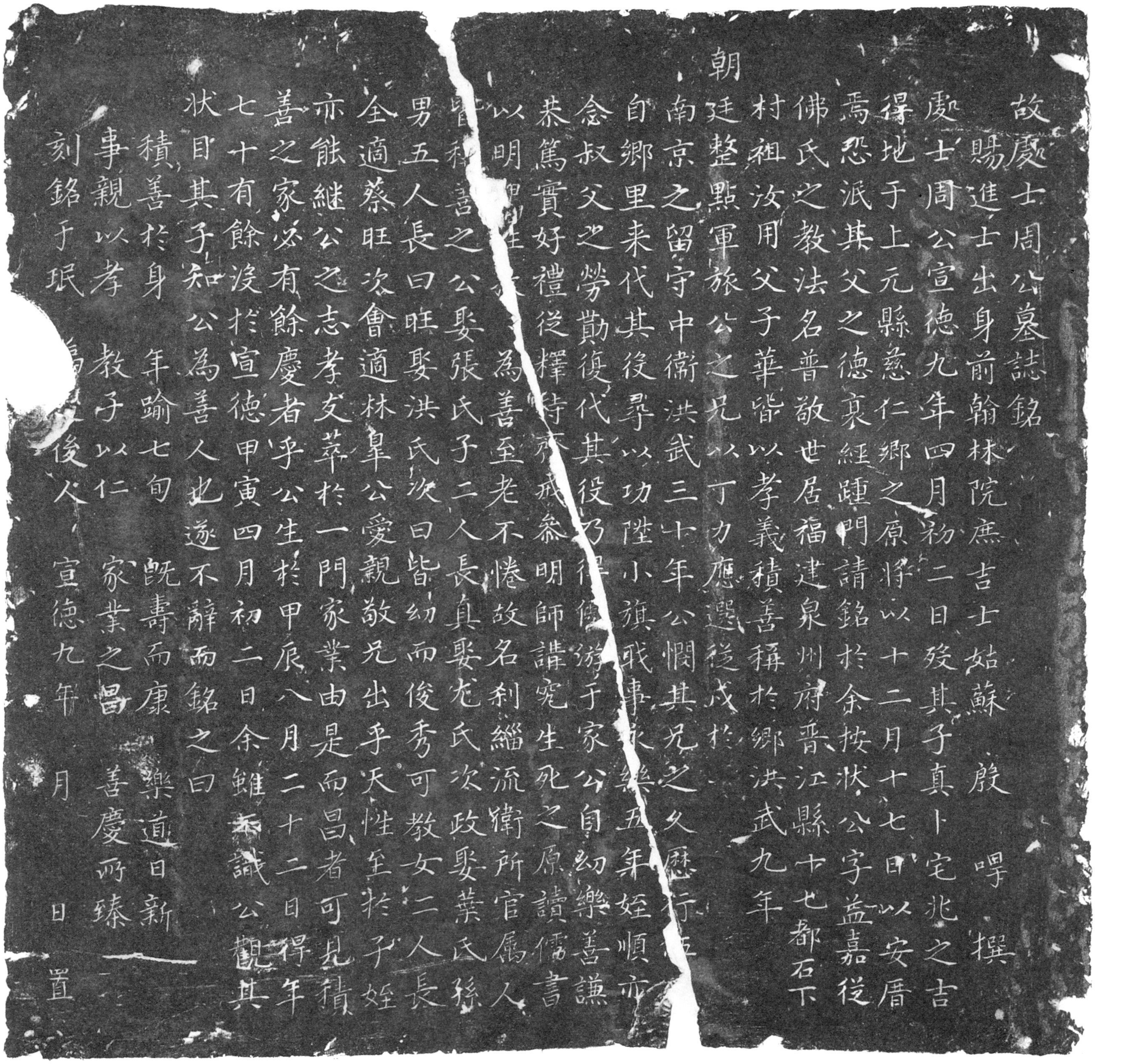

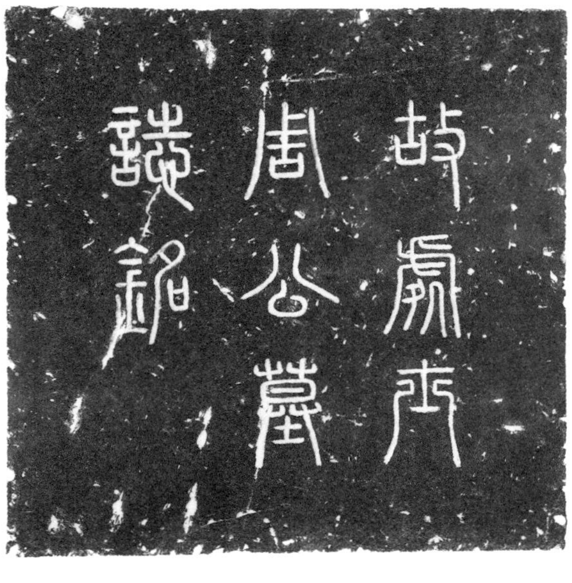

一二六　明故貞節安人倪氏（守堅）墓誌銘

宣德十年（一四三五）十一月六日

石質。誌、蓋均長五二、寬五二、厚七厘米。蓋文三行，滿行三字。篆書。誌文二九行，滿行三一字。正書。誌輕度泐蝕，誌文略有殘損。蓋右上角斷佚。

一九四九年後出土，具體時、地不詳。南京市文物研究所徵集。二〇〇三年移交南京市博物館。現藏南京市博物館。

一二七　明承德郎南京欽天監監副李公（宗善）墓誌銘

宣德十年（一四三五）後

石質。誌殘長二三、殘寬四一、厚七厘米；蓋長四九、寬五〇、厚八厘米。蓋文四行，滿行四字。篆書。周邊為纏枝卷草紋。誌文殘存二七行，行殘存一至一五字不等。正書。誌左邊及下部斷佚，誌文殘缺不全。

一九四九年後出土，具體時、地不詳。南京市文物研究所徵集。二〇〇三年移交南京市博物館。現藏南京市博物館。

一二八　明李處士（和甫）墓誌銘

正統元年（一四三六）八月二十二日
石質。誌長四八、寬四八、厚七厘米。
誌文二五行，滿行三一字。正書。周邊為
單綫框。蓋佚。
　一九四九年後出土，具體時、地不詳。
南京市文物研究所徵集。二〇〇三年移交
南京市博物館。現藏南京市博物館。

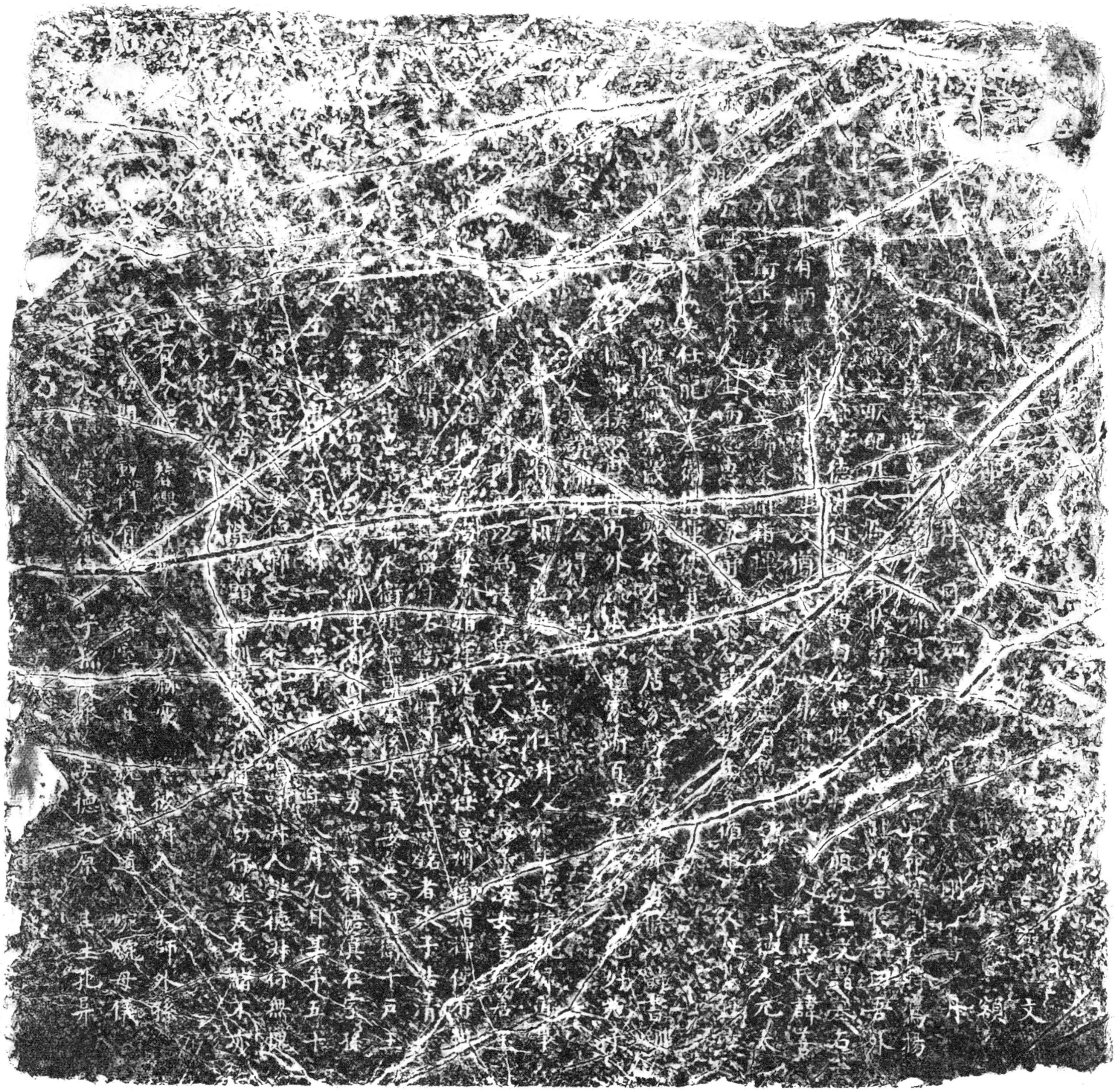

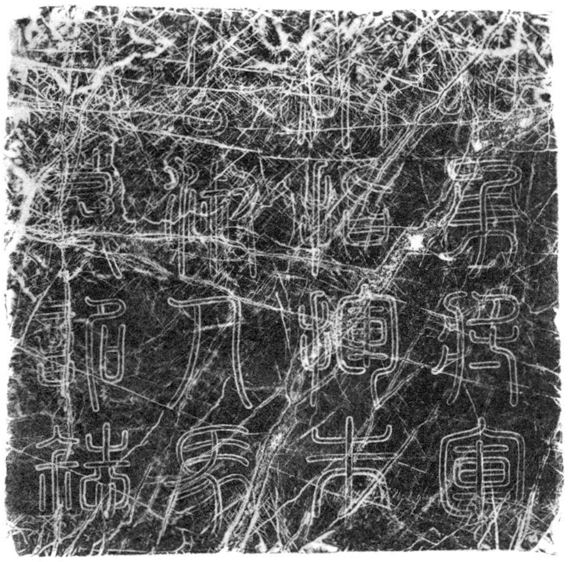

一二九　明昭勇將軍都指揮朱公淑人馬氏（善□）墓誌銘

正統二年（一四三七）八月九日（卒）石質。誌、蓋均長四二、寬四二、厚六厘米。蓋文四行，滿行四字。篆書。誌文二八行，滿行字數不詳。正書。誌、蓋均泐蝕嚴重，蓋文略有殘損，誌文漫漶不清。

一九四九年後出土，具體時、地不詳。二十世紀八九十年代徵集。現藏南京市博物館。

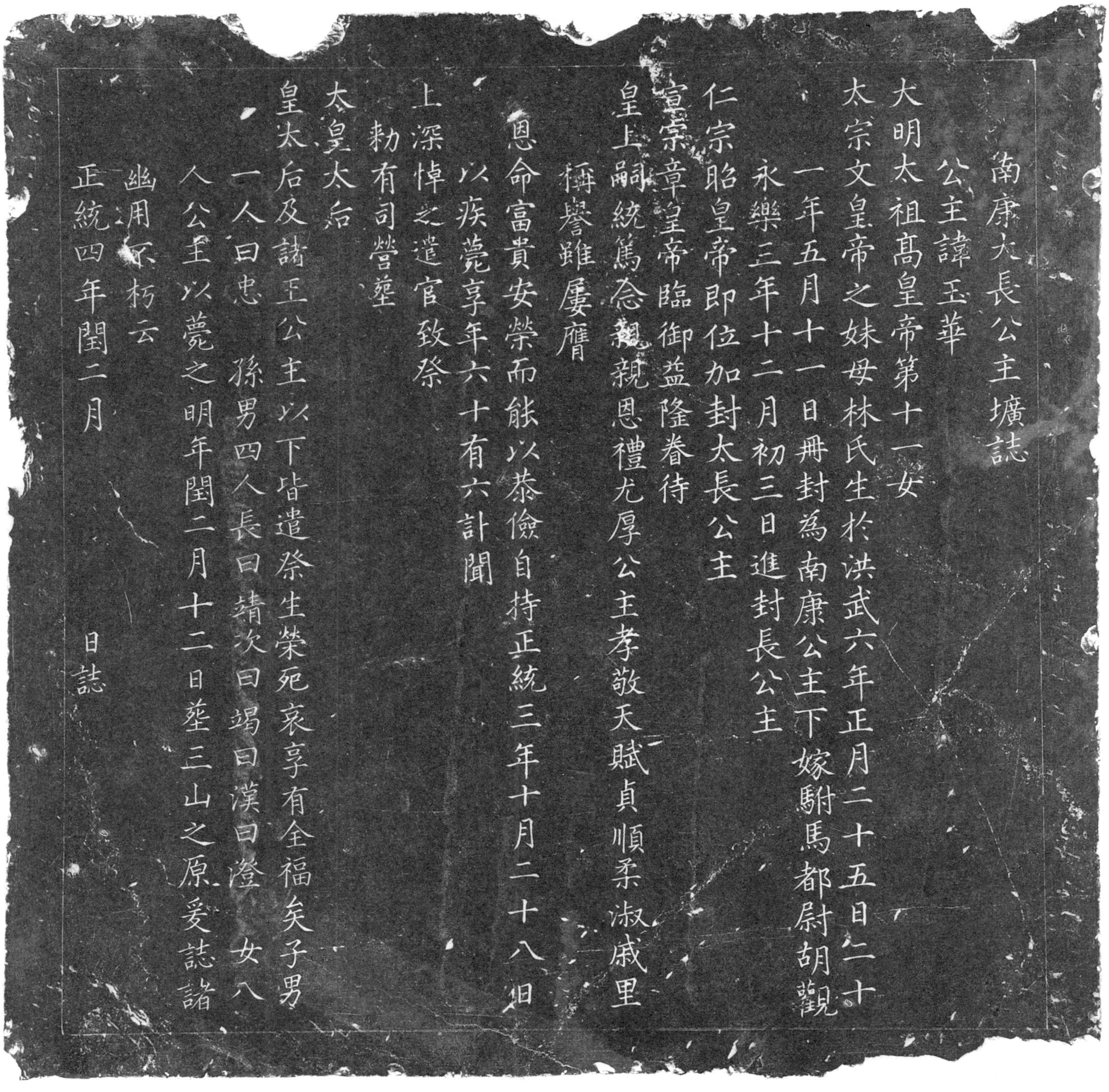

南康大長公主壙誌
公主諱玉華
大明太祖高皇帝第十一女
太宗文皇帝之妹母林氏生於洪武六年正月二十五日二十
一年五月十一日冊封為南康公主下嫁駙馬都尉胡觀
永樂三年十二月初三日進封長公主
仁宗昭皇帝即位加封太長公主
宣宗章皇帝臨御益隆眷待
皇上嗣統篤念親親恩禮尤厚公主孝敬天賦貞順柔淑戚里
稱譽雖屢膺
恩命富貴安榮而能以恭儉自持正統三年十月二十八日
以疾薨享年六十有六訃聞
上深悼之遣官致祭
勑有司營塋
太皇太后
皇太后及諸王公主以下皆遣祭生榮死哀享有全福矣子男
一人曰忠　孫男四人長曰靖次曰竭曰漢曰澄　女八
人公主以薨之明年閏二月十二日塟三山之原爰誌諸
幽用不朽云
正統四年閏二月　日誌

一三〇　明南康大長公主（朱玉華）壙誌

正統四年（一四三九）閏二月十二日石質。誌、蓋均長六三、寬六三、厚一一厘米。蓋文三行，滿行三字。篆書。周邊為雲紋。誌文二〇行，滿行二四字。正書。周邊為單綫框。

一九四九年後出土，具體時、地不詳。二〇〇八年徵集。現藏南京市博物館。

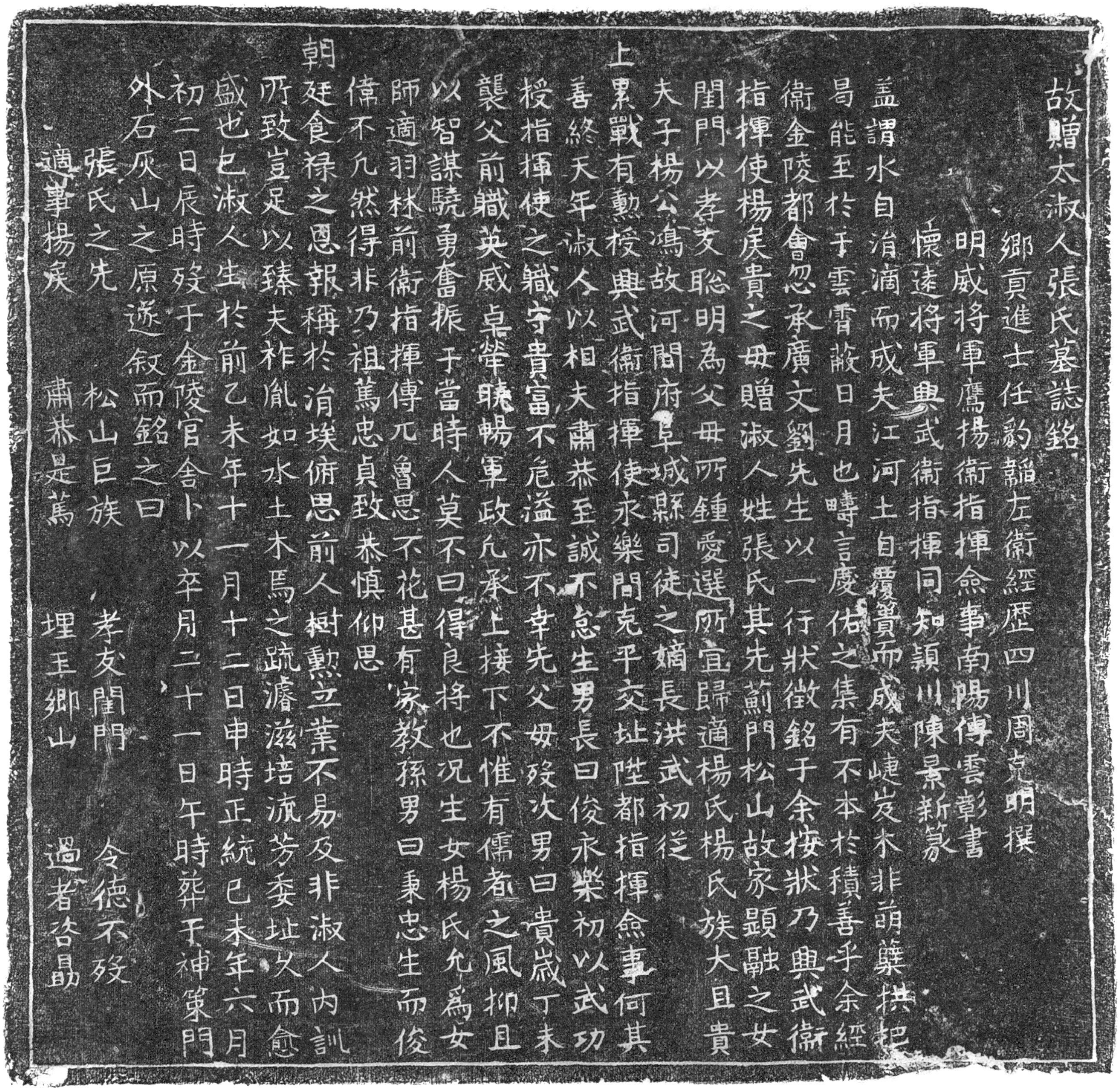

故贈太淑人張氏墓誌銘

鄉貢進士任豹韶左衛經歷四川周克明撰

明威將軍鷹揚衛指揮僉事南陽傅雲彰書

懷遠將軍興武衛指揮同知潁川陳景新篆

蓋謂水自涓滴而成夫江河土自覆簣而成夫崝崇木非萌蘖拱把曷能至於干雲霄蔽日月也疇言慶佑之集有不本於積善乎余經衛金陵都會忽承廣文劉先生以一行狀徵銘于余按狀乃興武衛指揮使楊侯貴之母贈淑人姓張氏其先薊門松山故家顯融之女閨門以孝友聰明為父母所鍾愛選所宜歸適楊氏楊氏族大且貴夫子楊公鴻故河間府阜城縣司徒之嫡長洪武初從上累戰有勳授興武衛指揮使永樂間克平交址陞都指揮僉事何其善終天年淑人以相夫肅恭至誠不怠生男長曰俊永樂初以武功授指揮使之職守貴富不危溢亦不幸先父母歿次男曰貴歲丁未襲父前職英威卓犖驍暢軍政凡承上接下不惟有儒者之風抑且以智謀驍勇奮振于當時人莫不曰得良將也况生女楊氏允爲女師適羽林前衛指揮傳允曾思不花甚有家教孫男曰秉忠生而俊偉不凡然得非乃祖篤忠貞致恭慎仰思朝廷食祿之恩報稱於涓埃俯思前人樹勳立業不易及非淑人內訓所致豈足以臻夫祚胤如水土木馬之疏濬滋培流芳委址久而愈盛也已淑人生於前乙未年十一月十二日申時正統己未年六月初二日辰時歿于金陵官舍卜以卒月二十一日午時葬于神策門外石灰山之原遂敘而銘之曰

張氏之先　松山巨族　孝友閨門　令德不歿

適事楊侯　肅恭是篤　埋玉鄉山　過者咨勗

故贈淑人張氏墓誌銘

一三二　明故贈太淑人張氏（楊貴母）墓誌銘

正統四年（一四三九）六月二十一日石質。誌、蓋均長四五、寬四五、厚七厘米。蓋文三行，滿行三字。篆書。周邊為纏枝卷草紋。誌文二四行，滿行二七字。正書。周邊為單綫框。

一九四九年後出土，具體時、地不詳。一九六六年徵集。現藏南京市博物館。

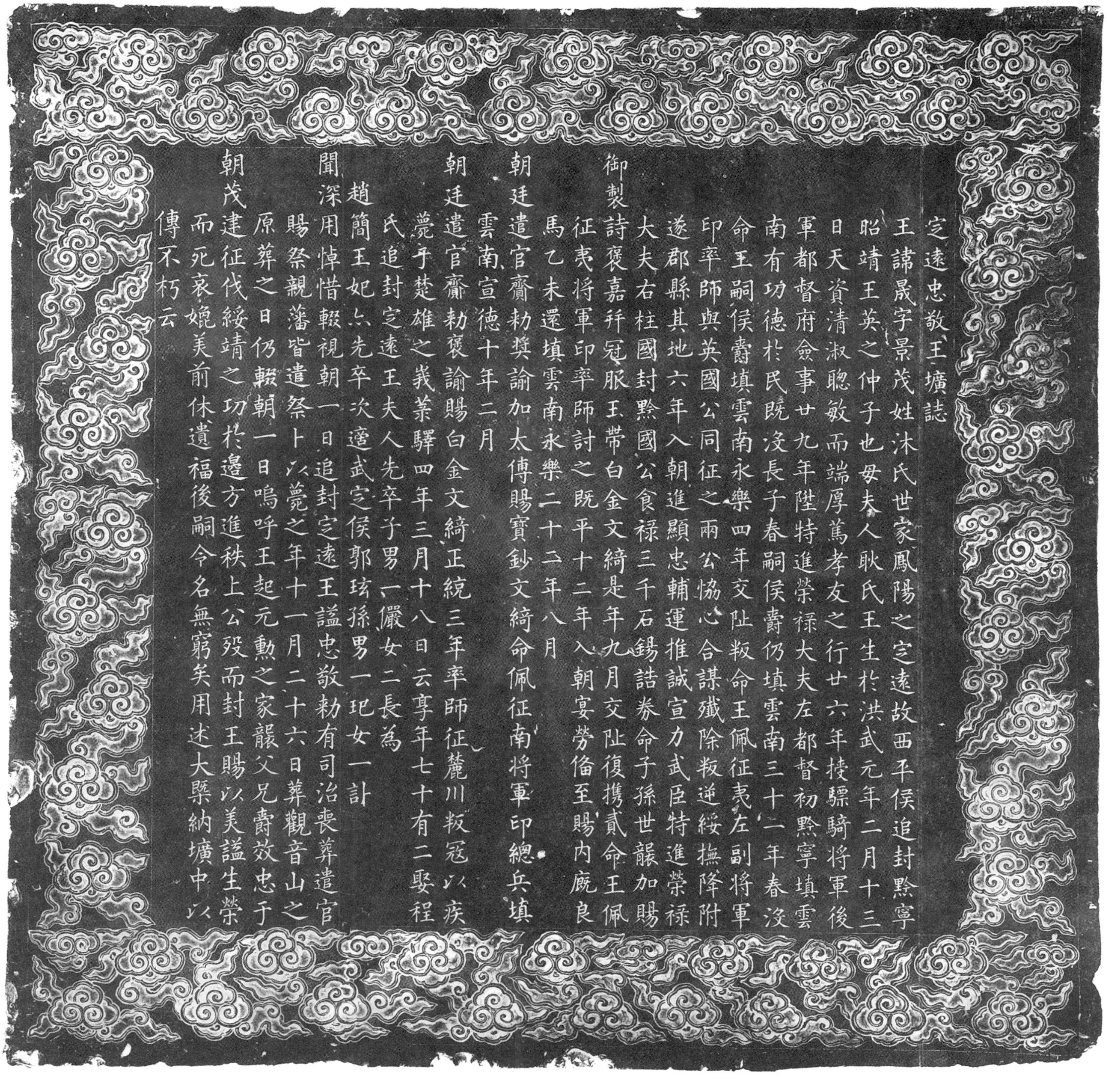

一三二　明定遠忠敬王（沐晟）壙誌

正統四年（一四三九）十一月二十六日

石質。誌、蓋均長一〇六、寬一〇六、厚一一厘米。蓋文三行，滿行三字。篆書。周邊為雲紋。誌文二五行，滿行二六字。正書。周邊亦為雲紋。

一九五九年南京市江寧區將軍山沐晟夫婦墓出土。現藏南京市博物館。

一三三　明故馮（伯仁）孺人王氏（妙清）墓誌銘

正統八年（一四四三）二月四日

石質。誌、蓋均長五二、寬五二、厚七厘米。蓋文三行，滿行三字。篆書。誌文二五行，滿行二四字。正書。誌、蓋均泐蝕較重，誌文漫漶不清。

一九四九年後出土，具體時、地不詳。一九六六年徵集。現藏南京市博物館。

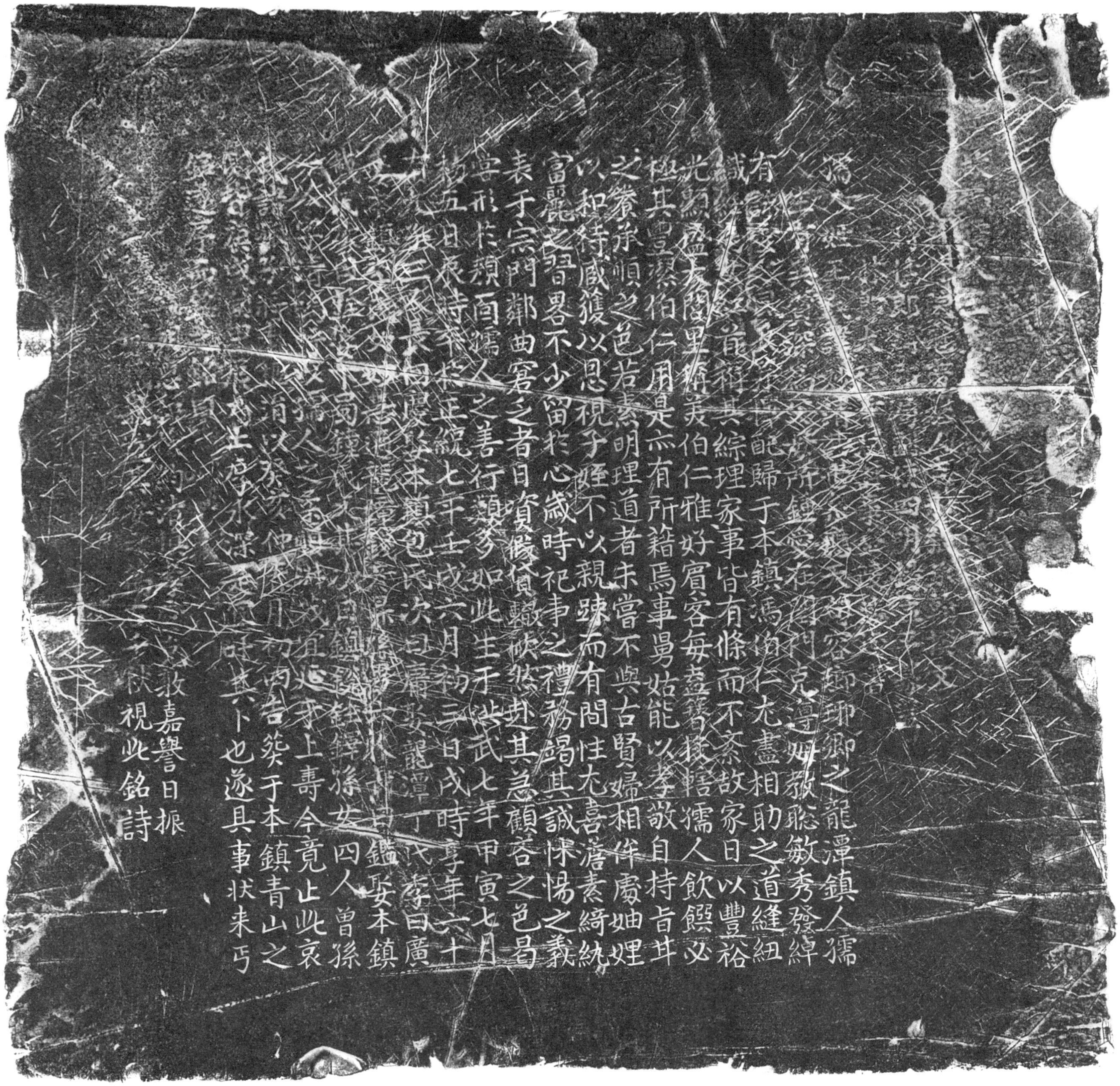

一三四　明左軍都督府左都督劉（聚）夫人梁氏（慧清）墓誌銘

正統八年（一四四三）五月十八日

石質。誌、蓋均長七七、寬七六、厚一三厘米。蓋文四行，滿行四字。篆書。周邊為卷雲紋。誌文三三行，滿行三四字。正書。誌泐蝕較重，誌文漫漶不清。

一九四九年後出土，具體時、地不詳。二〇一〇年徵集。現藏南京市博物館。

一三五　明故徐（昇）母淑人范氏墓誌銘

正統八年（一四四三）十月二十八日

石質。誌、蓋均長六四、寬六四、厚九厘米。蓋文三行，滿行三字。篆書。周邊為卷雲紋。誌文二六行，滿行二六字。正書。周邊亦為卷雲紋。誌下部斷裂，蓋右下角亦斷裂。誌文略有殘損。

一九四九年後出土，具體時、地不詳。南京市文物研究所徵集。二〇〇三年移交南京市博物館。現藏南京市博物館。

一三六　明故陳（暹）母淑人俞氏墓誌銘

正統八年（一四四三）十一月三日

石質。誌、蓋均長四八・五、寬四八・五、厚八厘米。蓋文三行，滿行三字。篆書。周邊為纏枝卷草紋。誌文二八行，滿行二六字。正書。周邊亦為纏枝卷草紋。誌泐蝕較重，誌文略有殘損。

一九四九年後出土，具體時、地不詳。一九六六年徵集。現藏南京市博物館。

一三七　明故醫士汪君（瑄）墓誌銘

正统九年（一四四四）十二月二十九日

石質。誌、蓋均長七七、寬七七、厚一二厘米。蓋文三行，滿行三字。篆書。周邊為單綫框。誌文二五行，滿行二六字。正書。周邊亦為單綫框。蓋右上角斷佚。

一九四九年後出土，具體時、地不詳。二十世紀八九十年代徵集。現藏南京市博物館。

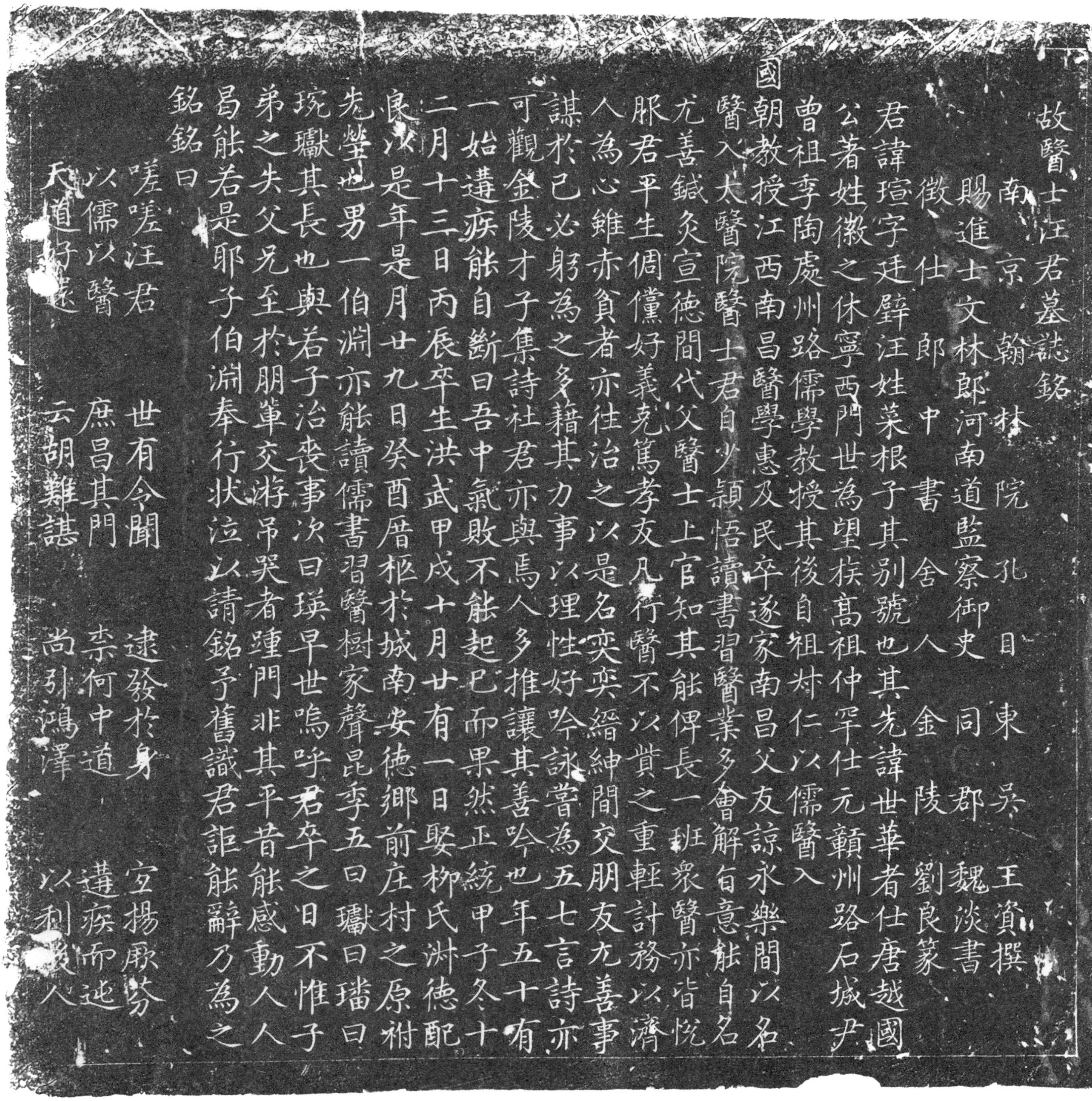

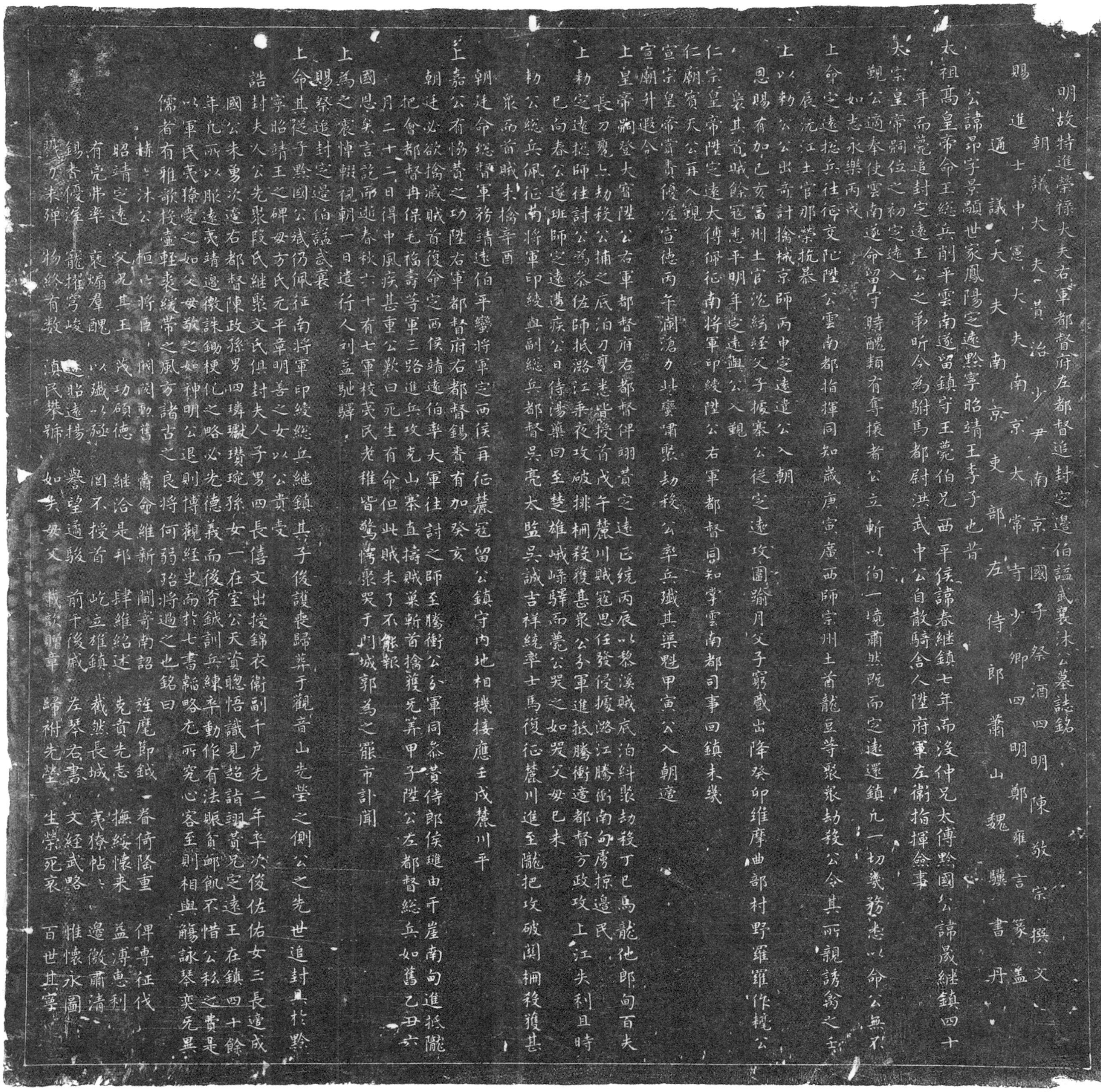

一三八　明故特進榮祿大夫右軍都督府左都督追封定邊伯謚武襄沐公（昂）墓誌銘

正统十年（一四四五）六月二十二日（卒）

石質。誌、蓋均長七六、寬七五、厚一一厘米。蓋文六行，滿行五字。篆書。周邊為卷雲紋。誌文四五行，滿行四五字。正書。周邊為單綫框。

二〇〇六年六月，南京市江寧區將軍山M13沐昂夫婦墓出土。現藏南京市博物館。

一三九　明魏國公（徐欽）夫人何氏（妙蓮）壙誌

正統十年（一四四五）八月二十日（卒）

石質。誌、蓋均長六五、寬六五、厚八厘米。蓋文三行，滿行三字。篆書。周邊為卷雲紋。誌文二四行，滿行二八字。正書。周邊為單綫框。誌、蓋均泐蝕嚴重，誌文漫漶不清。

一九七四年南京市玄武區太平門外板倉村M3何妙蓮墓出土。現藏南京市博物館。

一四〇　明穀城郡主壙誌

正統十一年（一四四六）二月四日

石質。誌、蓋均長七五、寬七五、厚一二厘米。蓋文三行，滿行二字。篆書。周邊為雙鳳及卷雲紋。誌文二二行，滿行二二字。正書。周邊亦為雙鳳及卷雲紋。

一九六九年南京市雨花臺區板橋鍾家穀城郡主墓出土。現藏南京市博物館。

一四一　明故定邊伯沐公（昂）夫人文氏（妙義）墓誌銘

正統十一年（一四四六）九月十七日石質。誌、蓋均長六三、寬六三、厚八厘米。蓋文四行，滿行三字。篆書。周邊為卷雲紋。誌文二六行，滿行二六字。正書。周邊為單綫框。

二〇〇六年六月，南京市江寧區將軍山M13沐昂夫婦墓出土。現藏南京市博物館。

一四二　明（宋鋐）恭人唐氏（妙真）壙誌

正統十三年（一四四八）二月四日

石質。誌、蓋均長四六、寬四六、厚八厘米。蓋文二行，滿行三字。篆書。周邊為單綫框。誌文一八行，滿行一八字。正書。周邊亦為單綫框。蓋左上角斷裂。

一九四九年後出土，具體時、地不詳。二十世紀八九十年代徵集。現藏南京市博物館。

一四三　明故逸士孫公（旺）墓誌

正統十三年（一四四八）二月二十八日

石質。誌、蓋均長五〇、寬五〇、厚七厘米。蓋文三行，滿行三字。篆書。誌文三〇行，滿行三〇字。正書。周邊為單綫框。誌、蓋均泐蝕，誌左邊略有殘缺。誌文漫漶不清。

一九四九年後出土，具體時、地不詳。二〇〇三年徵集。現藏南京市博物館。

一四四　明南京守備內官監太監羅公（智）墓誌銘

正統十三年（一四四八）十一月八日

石質。誌、蓋均長六三、寬六三、厚一五厘米。蓋文三行，滿行五字。篆書。周邊刻紋二層：第一層為纏枝卷草紋，第二層為朵雲紋。誌文三二行，滿行三二字。正書。周邊為纏枝卷草紋。蓋上邊略有殘缺，右下角斷佚。

一九六五年南京市雨花臺區大定坊静明寺內徵集。現藏南京市博物館。

一四五　明李景原妻劉氏（明）墓誌銘

正統十四年（一四四九）九月三日（卒）

石質。誌、蓋均長四六、寬四六，厚七厘米。蓋文三行，滿行三字。篆書。周邊為單綫框。誌文二三行，滿行二三字。正書。周邊亦為單綫框。誌上邊左部、左邊上部均斷佚。誌文略有殘缺。

一九四九年後出土，具體時、地不詳。南京市文物研究所徵集。二〇〇三年移交南京市博物館。現藏南京市博物館。

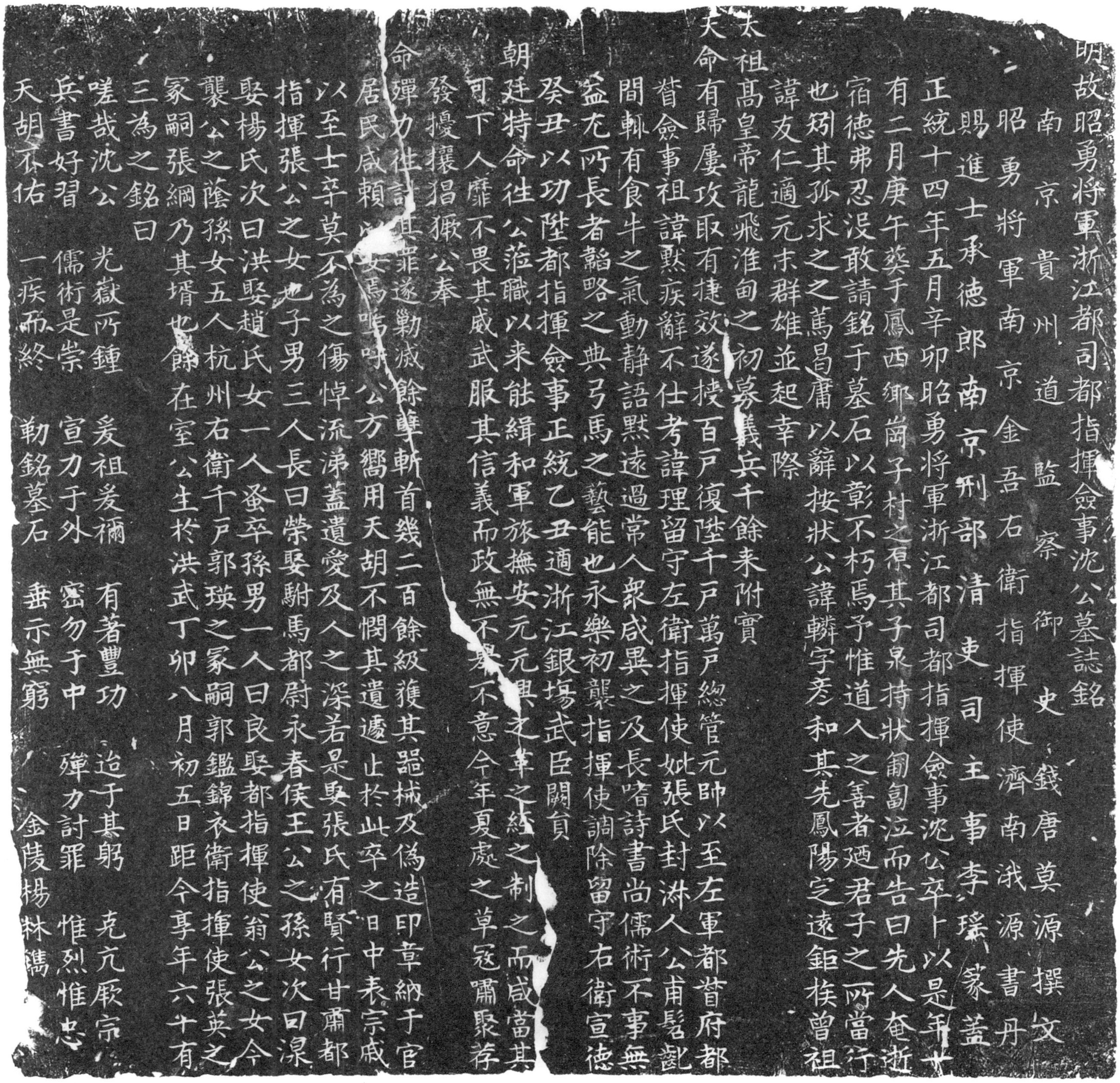

明故昭勇將軍浙江都司都指揮僉事沈公墓誌銘
南京貴州道監察御史錢唐莫源撰文
昭勇將軍南京金吾右衛指揮使濟南淺源書丹
賜進士承德郎南京刑部清吏司主事李瑤篆蓋
正統十四年五月辛卯昭勇將軍浙江都司都指揮僉事沈公卒卜以是年十
有二月庚午葬于鳳西鄉崗子村之原其子泉持狀匍匐泣而告曰先人奄逝
宿德弗忍泯敢請銘于墓石以彰不朽焉予惟道人之善者廼君子之所當行
也矧其孫求之之篤昌庸以辭按狀公諱轔字彥和其先鳳陽定遠鉅族曾祖
諱友仁適元末群雄並起幸際
太祖高皇帝龍飛淮甸之初募義兵千餘来附實
天命有歸屢攻取有捷效遂授百戶復陞千戶萬戶總管元帥以至左軍都督府都
督僉事祖諱默疾辭不仕考諱理留守左衛指揮使妣張氏封淑人公甫髫齔
間輒有食牛之氣動靜語默遠過常人衆咸異之及長嗜詩書尚儒術不事無
益尤所長者韜略之典弓馬之藝能也永樂初襲指揮使調除留守右衛宣德
癸丑以功陞都指揮僉事正統乙丑適浙江銀場武臣闕員
朝廷特命往公涖職以来能緝和軍旅撫安元元興革之經之制之而咸當其
可下人靡不畏其威武服其信義而政無不舉不意今年夏處之草寇嘯聚荐
發擾攘猖獗公奉
命殫力往討其罪遂勦滅餘孽斬首幾二百餘級獲其器械及僞造印章納于官
居民咸賴以安焉嗚呼公方嚮用天胡不憫其遺遽止於此卒之日中表宗戚
以至士卒莫不為之傷悼流涕蓋遺愛及人之深若是娶張氏有賢行甘肅都
指揮張公之女也子男三人長曰榮娶駙馬都尉永春侯王公之孫女次曰湶
娶楊氏次曰洪娶趙氏女一人蚤卒孫男一人曰良娶都指揮使翁公之女今
襲公之蔭孫女五人杭州右衛千戶郭瑛之冢嗣郭鑑錦衣衛指揮使張英之
冢嗣張綱乃其壻也餘在室公生於洪武丁卯八月初五日距今享年六十有
三為之銘曰
嗟哉沈公　光嶽所鍾　爰祖爰禰　有著豐功　迨于其躬　克亢厥宗
兵書好習　儒術是崇　宣力于外　寍勿于中　殫力討罪　惟烈惟忠
天胡不佑　一疾而終　勒銘墓石　垂示無窮　金陵楊林鐫

一四六　明故昭勇將軍浙江都司都指揮僉事沈公（轔）墓誌銘

正統十四年（一四四九）十二月二十四日

石質。誌長五六、寬五六、厚八厘米。誌文二九行，滿行三三字。正書。誌縱向斷裂，右上角略有殘缺。蓋佚。

一九四九年後出土，具體時、地不詳。南京市文物研究所徵集。二〇〇三年移交南京市博物館。現藏南京市博物館。

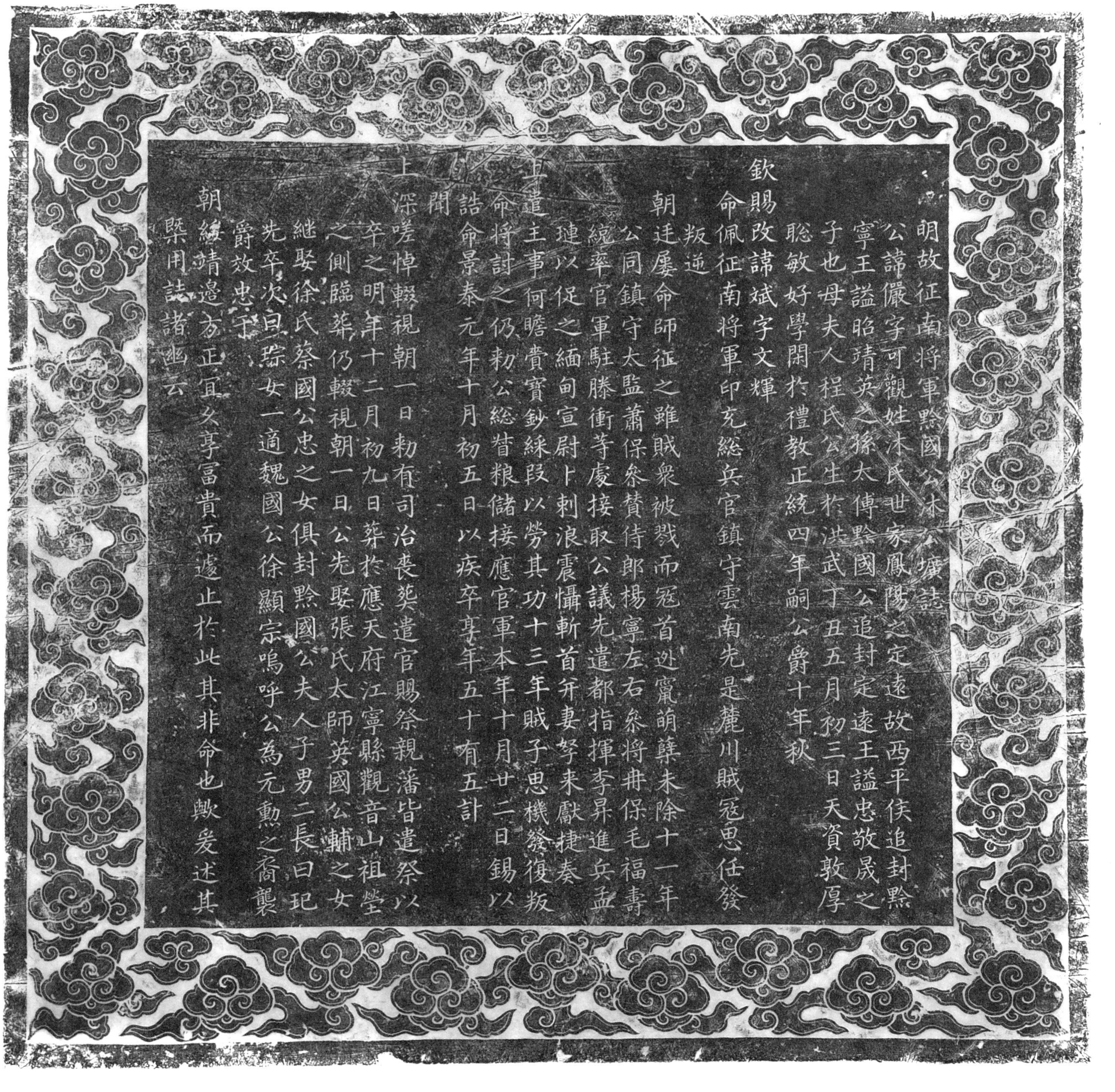

一四七　明故征南將軍黔國公沐公（儼）壙誌

景泰二年（一四五一）十二月九日

石質。誌、蓋均長七八、寬七八、厚一一厘米。蓋文四行，滿行四字。篆書。周邊為卷雲紋。誌文二四行，滿行二五字。正書。周邊亦為卷雲紋。

二〇〇八年南京市江寧區將軍山沐儼夫婦墓出土。現藏南京市博物館。

一四八　明故處士嚴公克昭墓誌銘

景泰四年（一四五三）二月六日（卒）

石質。誌、蓋均長六三、寬六三、厚一〇厘米。蓋文三行，滿行三字。篆書。誌文二九行，滿行三〇字。正書。周邊為單綫框。

一九四九年後出土，具體時、地不詳。二十世紀八九十年代徵集。現藏南京市博物館。

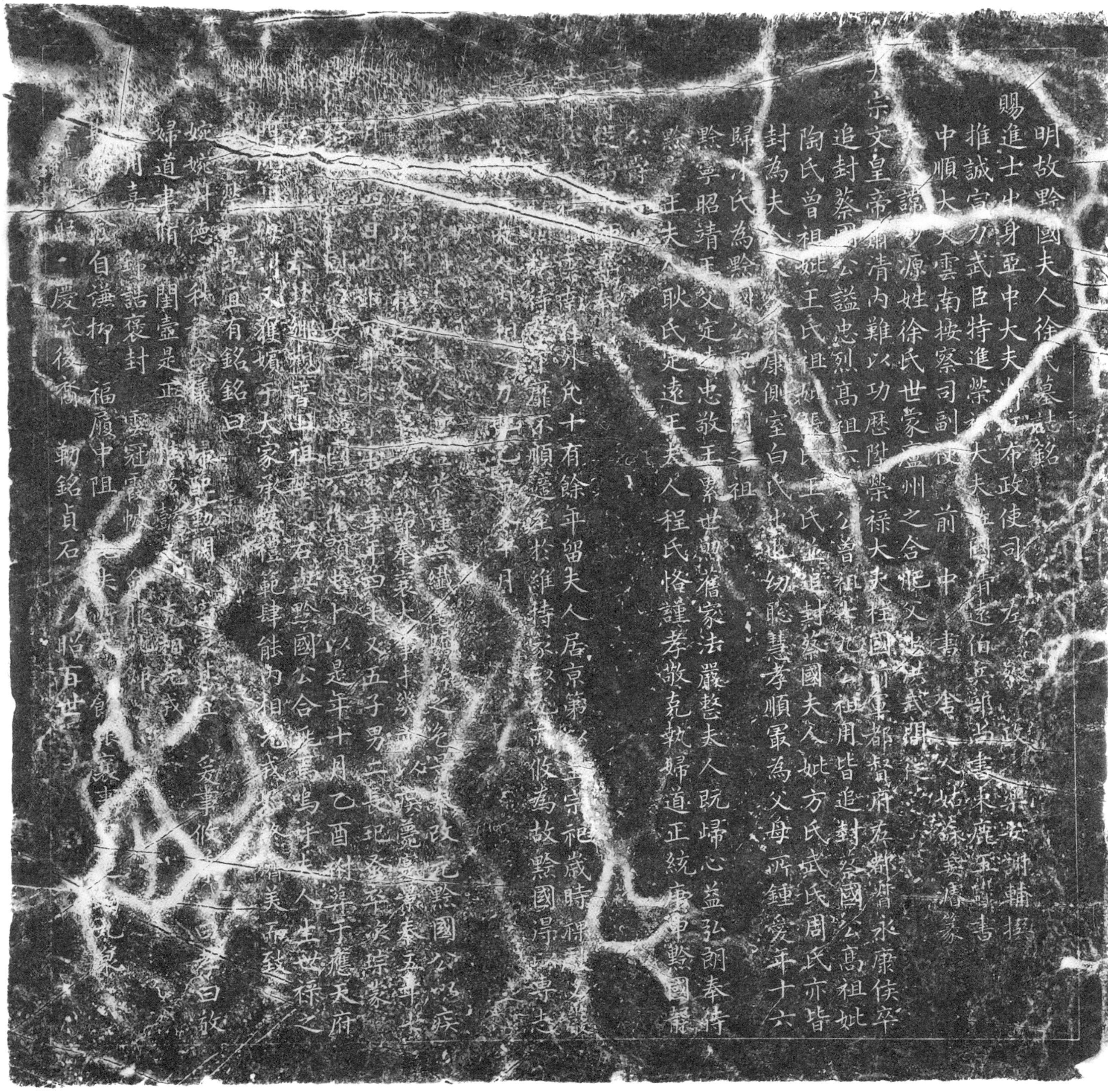

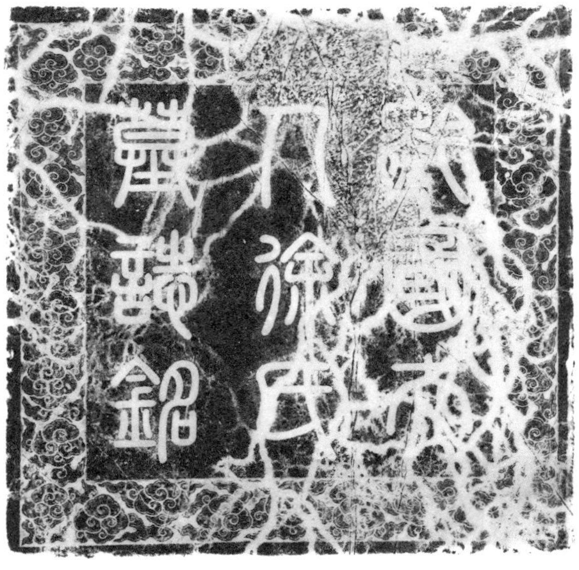

一四九　明故黔國(沐斌)夫人徐氏(妙源)墓誌銘

景泰五年（一四五四）十月七日

石質。誌、蓋均長六九、寬六九、厚九厘米。蓋文三行，滿行三字。篆書。周邊為卷雲紋。誌文三〇行，滿行三一字。正書。周邊為單綫框。誌、蓋均泐蝕嚴重，誌文、蓋文均漫漶不清。

二〇〇八年南京市江寧區將軍山M16沐斌夫婦墓出土。現藏南京市博物館。

一五〇　明故朱公景昕（昺）墓誌銘

景泰六年（一四五五）正月六日

石質。誌、蓋均長四八、寬四八、厚八厘米。蓋文三行，滿行三字。篆書。誌文二四行，滿行二五字。正書。誌左上角斷裂，誌文略有殘損。

一九四九年後出土，具體時、地不詳。南京市文物研究所徵集。二〇〇三年移交南京市博物館。現藏南京市博物館。

一五一　明故時中柳公（中）墓誌銘

景泰六年（一四五五）八月十一日

石質。誌、蓋均長五一、寬五一、厚七厘米。蓋文三行，滿行三字。篆書。誌文二四行，滿行二四字。正書。

一九四九年後出土，具體時、地不詳。南京市文物研究所徵集。二〇〇三年移交南京市博物館。現藏南京市博物館。

一五二 明故處士何德誠（孝）墓誌銘

天順四年（一四六〇）正月二十八日

石質。誌、蓋均長四七，寬四六，厚七厘米。蓋文三行，滿行三字。篆書。周邊為單綫框。誌文二二行，滿行二〇字。正書。周邊亦為單綫框。誌左下邊略有殘損。

一九四九年後出土，具體時、地不詳。南京市文物研究所徵集。二〇〇三年移交南京市博物館。現藏南京市博物館。

一五三　明封承德郎南京刑部主事吳公（瑄）墓誌銘

天順四年（一四六〇）四月十二日

石質。誌、蓋均長六二、寬六二、厚九厘米。蓋文四行，滿行四字。篆書。周邊為卷雲紋。誌文二八行，滿行二九字。正書。周邊為單綫框。

一九四九年後出土，具體時、地不詳。南京市文物研究所徵集。二〇〇三年移交南京市博物館。現藏南京市博物館。

一五四　明義菴鄒君（旻）墓誌銘

天順五年（一四六一）四月二十日

石質。誌、蓋均長六〇、寬六〇、厚八厘米。蓋文三行，滿行三字。篆書。周邊為卷雲紋。誌文二六行，滿行二八字。正書。周邊為單綫框。蓋左下角斷佚。

一九四九年後出土，具體時、地不詳。南京市文物研究所徵集。二〇〇三年移交南京市博物館。現藏南京市博物館。

一五五　明鄒允賢（愷）墓誌銘

天順五年（一四六一）十二月十八日

石質。誌、蓋均長五七、寬五七、厚七厘米。蓋文三行，滿行三字。篆書。周邊為朵雲紋。誌文二八行，滿行二九字。正書。蓋橫向斷裂。

一九四九年後出土，具體時、地不詳。南京市文物研究所徵集。二〇〇三年移交南京市博物館。現藏南京市博物館。

一五六　明欽差南京守備司禮監太監懷公（忠）墓誌銘

天順七年（一四六三）五月九日

石質。誌、蓋均長六一、寬六一、厚一二厘米。蓋文四行，滿行四字。篆書。周邊為纏枝花紋。誌文三〇行，滿行三三字。正書。

一九八七年八月，南京市雨花臺區天堡橋懷忠墓出土。現藏南京市博物館。

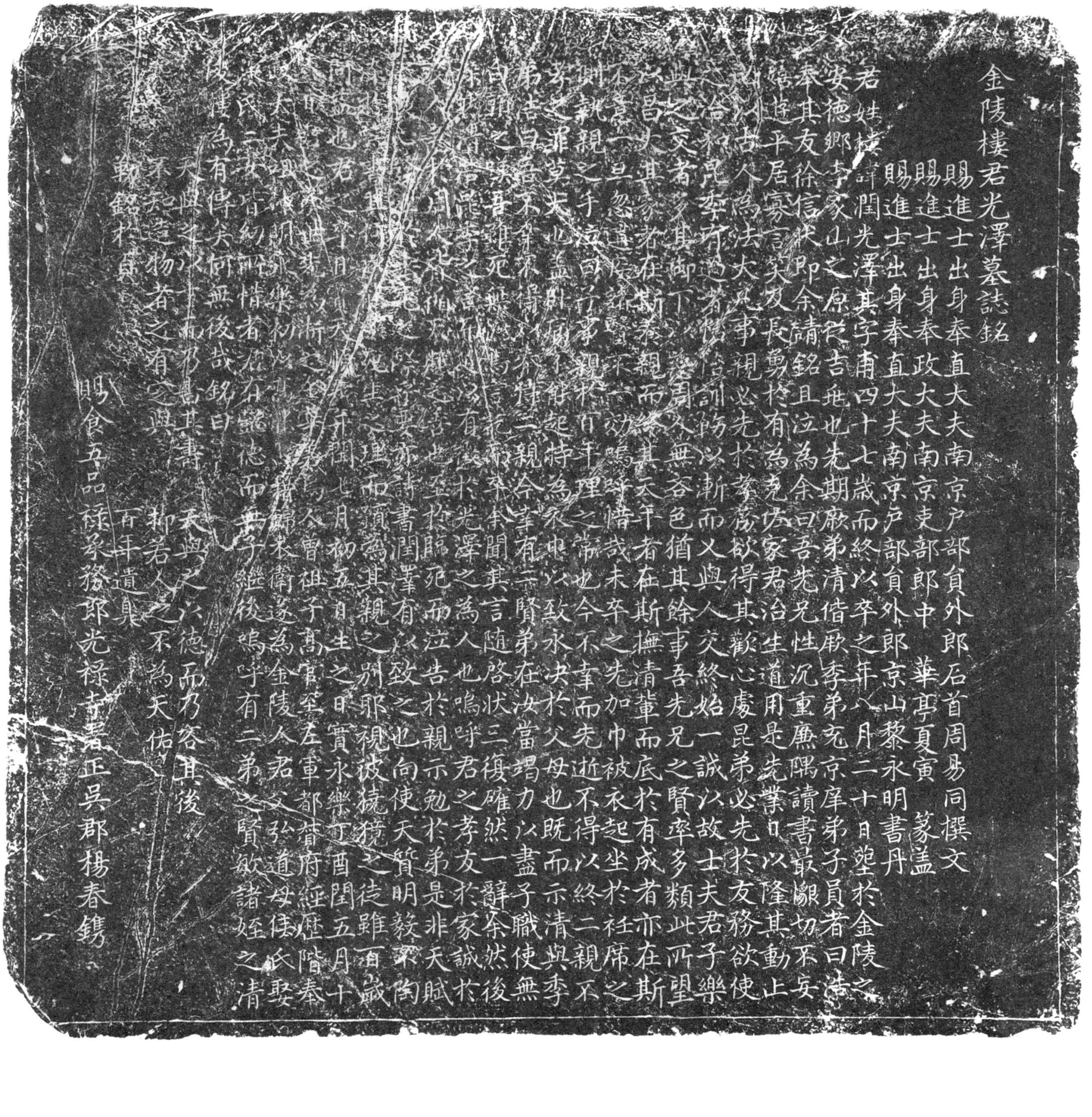

一五七 明金陵樓君光澤（潤）墓誌銘

天順七年（一四六三）八月二十日

石質。誌長六四、寬六二、厚九厘米。誌文三〇行，滿行三〇字。正書。周邊為單綫框。誌輕度泐蝕。誌文略漫漶。蓋佚。

一九四九年後出土，具體時、地不詳。二十世紀八九十年代徵集。現藏南京市博物館。

一五八　明敕封李（宗善）安人張氏（安）墓誌銘

天順八年（一四六四）四月三日

石質。誌長六二，寬六一、厚八厘米。誌文二九行，滿行三一字。正書。周邊為單綫框。誌輕度泐蝕，右上角略有殘缺。誌文略有殘損。蓋佚。

一九四九年後出土，具體時、地不詳。二十世紀八九十年代徵集。現藏南京市博物館。

一五九　明楊（茂）母太淑人朱氏（安）墓誌銘

成化元年（一四六五）六月十八日

石質。誌、蓋均長六二、寬六二、厚八厘米。蓋文四行，滿行三字。篆書。誌文二一行，滿行二三字，正書。周邊為單綫框。蓋斷裂。

一九四九年後出土，具體時、地不詳。南京市文物研究所徵集。二〇〇三年移交南京市博物館。現藏南京市博物館。

一六〇　明榮禄大夫南京前軍都督府都督同知范公（雄）墓誌銘

成化元年（一四六五）

石質。誌、蓋均長六二、寬六二、厚八厘米。蓋文五行，滿行四字。篆書。誌文三五行，滿行三五字。正書。周邊為單綫框。誌斷裂，右上角略有殘缺。誌文略有殘損。蓋佚。

一九四九年後出土，具體時、地不詳。二十世紀八九十年代徵集。現藏南京市博物館。

一六一　明故王遇時（遇）墓誌銘

成化四年（一四六八）三月十二日

石質。誌、蓋均長四七、寬四八、厚七厘米。蓋文二行，滿行三字。篆書。周邊為單綫框。誌文二九行，滿行三〇字。正書。周邊亦為單綫框。誌輕度泐蝕，誌文略有殘損。

一九四九年後出土，具體時、地不詳。一九六六年南京市下關區徵集。現藏南京市博物館。

一六二　明故奉政大夫江西按察司僉事朱公（華）墓誌銘

成化四年（一四六八）七月三日

石質。誌長五七、寬五六、厚七厘米。誌文二九行，滿行三〇字。正書。周邊為單綫框。誌泐蝕較重，左上角斷佚。誌文略有殘損。蓋佚。

一九四九年後出土，具體時、地不詳。南京市文物研究所徵集。二〇〇三年移交南京市博物館。現藏南京市博物館。

一六三　明故徐季昭妻趙氏（妙安）墓誌銘

成化七年（一四七一）閏九月二十二日

石質。誌長五七、寬五七、厚七厘米。誌文二七行，滿行二七字。正書。周邊為單綫框。誌斷裂，上邊略有殘缺。誌文略有殘損。蓋佚。

一九四九年後出土，具體時、地不詳。二十世紀八九十年代徵集。現藏南京市博物館。

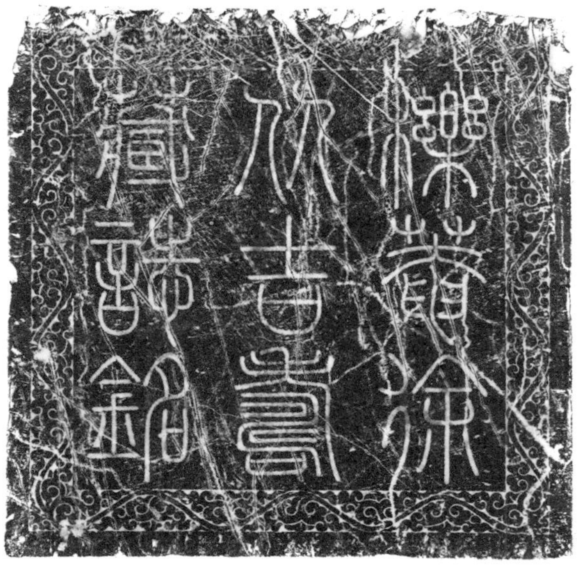

一六四　明櫟菴徐君從吉（迪）壽藏誌銘

成化八年（一四七二）四月四日

石質。誌、蓋均長五六、寬五六、厚七厘米。蓋文三行，滿行三字。篆書。周邊為纏枝花紋。誌文二九行，滿行二八字。正書。周邊為單綫框。誌、蓋均泐蝕嚴重，誌文漫漶不清。

一九四九年後出土，具體時、地不詳。南京市文物研究所徵集。二〇〇三年移交南京市博物館。現藏南京市博物館。

一六五　明處士陳公（亮）墓誌銘

成化八年（一四七二）四月十六日

石質。誌、蓋均長六三、寬六二、厚八厘米。蓋文三行，滿行三字。篆書。周邊為纏枝卷草紋。誌文二四行，滿行二八字。正書。周邊為單綫框。誌、蓋泐蝕較重，誌文漫漶不清。

一九四九年後出土，具體時、地不詳。一九六五年南京市白下區石門坎徵集。現藏南京市博物館。

一六六　明南京內官監太監楊公（雲）壽藏銘

成化九年（一四七三）二月十二日（刻石）

石質。誌、蓋均長六七、寬六八、厚九厘米。蓋文四行，滿行三字。篆書。周邊刻紋二層：第一層為纏枝卷草紋，第二層為卷雲紋。誌文三六行，滿行三六字。正書。周邊為卷雲紋。誌、蓋均輕度泐蝕。

一九八六年八月，南京雨花臺區鐵心橋尹西村楊雲墓出土。現藏南京市博物館。

一六七　明旌表孝行龐公（景華）墓誌銘

成化十一年（一四七五）六月八日

石質。誌、蓋均長五五、寬五五、厚八厘米。蓋文三行，滿行三字。篆書。誌文三四行，滿行三五字。正書。誌斜向斷裂，蓋左上角斷佚。

一九四九年後出土，具體時、地不詳。南京市文物研究所徵集。二〇〇三年移交南京市博物館。現藏南京市博物館。

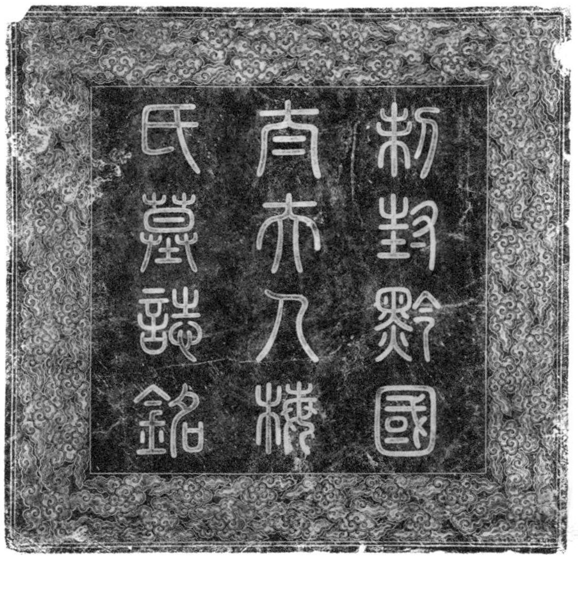

一六八　明制封黔國（沐琮）太夫人梅氏（妙燈）墓誌銘

成化十一年（一四七五）八月七日（卒）

石質。誌、蓋均長九一、寬九一、厚一一厘米。蓋文三行，滿行四字。篆書。周邊為卷雲紋。誌文三七行，滿行三八字。正書。周邊為雙綫框。

二〇〇八年四月，南京市江寧區將軍山梅妙燈墓出土。現藏南京市博物館。

一六九　明故秦仲良（能）墓誌銘

成化十一年（一四七五）九月十五日

石質。誌、蓋均長五六、寬五六、厚九厘米。蓋文三行，滿行三字。篆書。周邊為纏枝卷葉文。誌文二八行，滿行二八字。正書。周邊為單綫框。

一九四九年後出土，具體時、地不詳。一九八五年南京市雨花臺區鐵心橋徵集。

現藏南京市博物館。

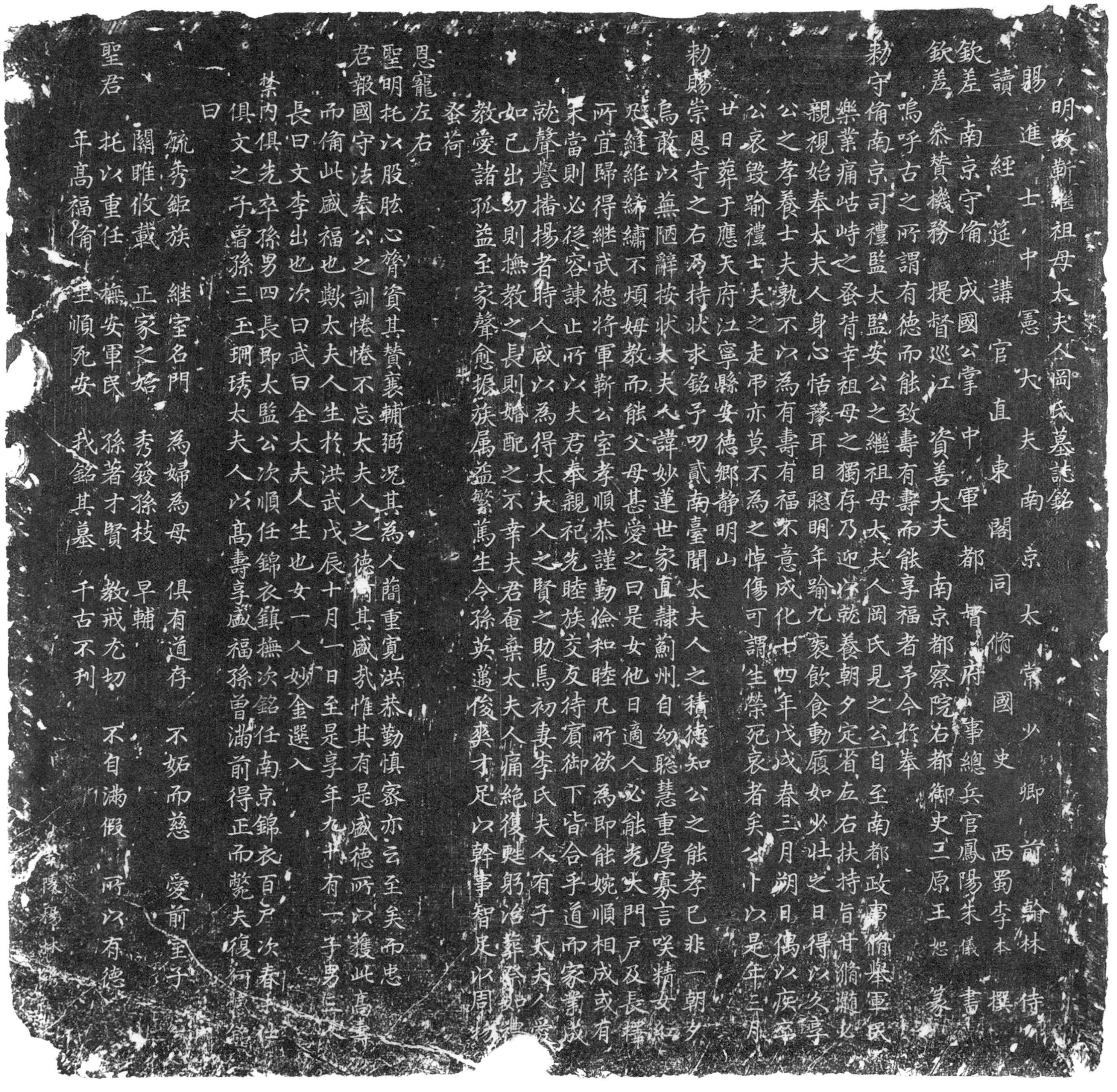

一七〇　明故靳（安）繼祖母太夫人岡氏（妙蓮）墓誌銘

成化十四年（一四七八）三月二十日

石質。誌、蓋均長六九、寬六九、厚九厘米。蓋文五行，滿行三字。篆書。周邊為纏枝卷葉紋。誌文三四行，滿行三四字。正書。誌文略有殘損。

一九四九年後出土，具體時、地不詳。二十世紀八九十年代徵集。現藏南京市博物館。

一七一　明故南京內官監左少監楊公（忠）墓誌銘

成化十四年（一四七八）十一月十五日

石質。誌、蓋均長七五、寬七四、厚一〇厘米。蓋文四行，滿行四字。篆書。周邊為卷雲紋。誌文三一行，滿行三二字。正書。周邊亦為卷雲紋。誌輕度泐蝕，蓋斷裂。

南京市中華门外雨花臺區鐵心橋出土，具體時、地不詳。名目見《南京文獻》第二十四號附録（一九四八年十二月出版）。現藏南京市博物館。

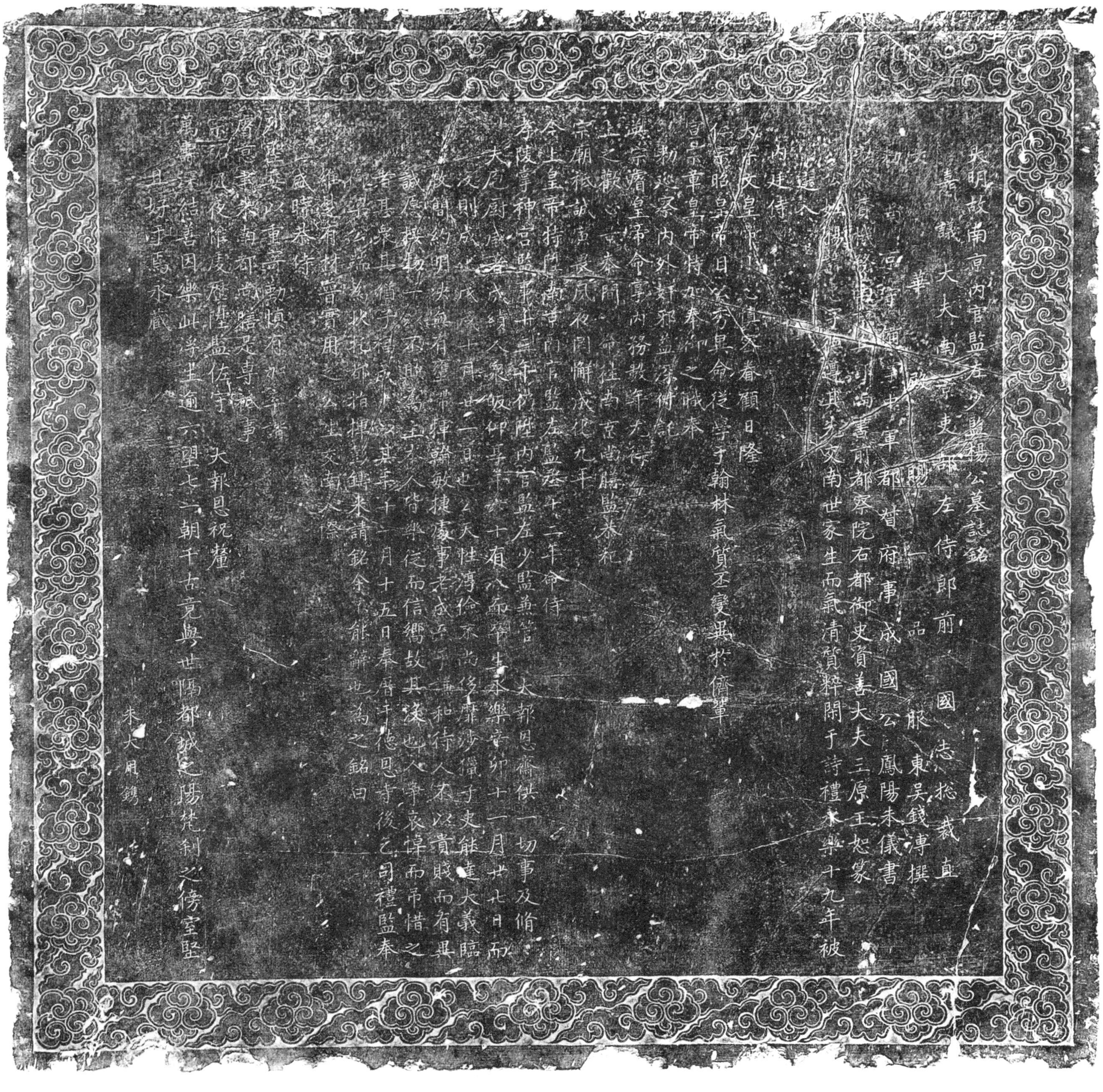

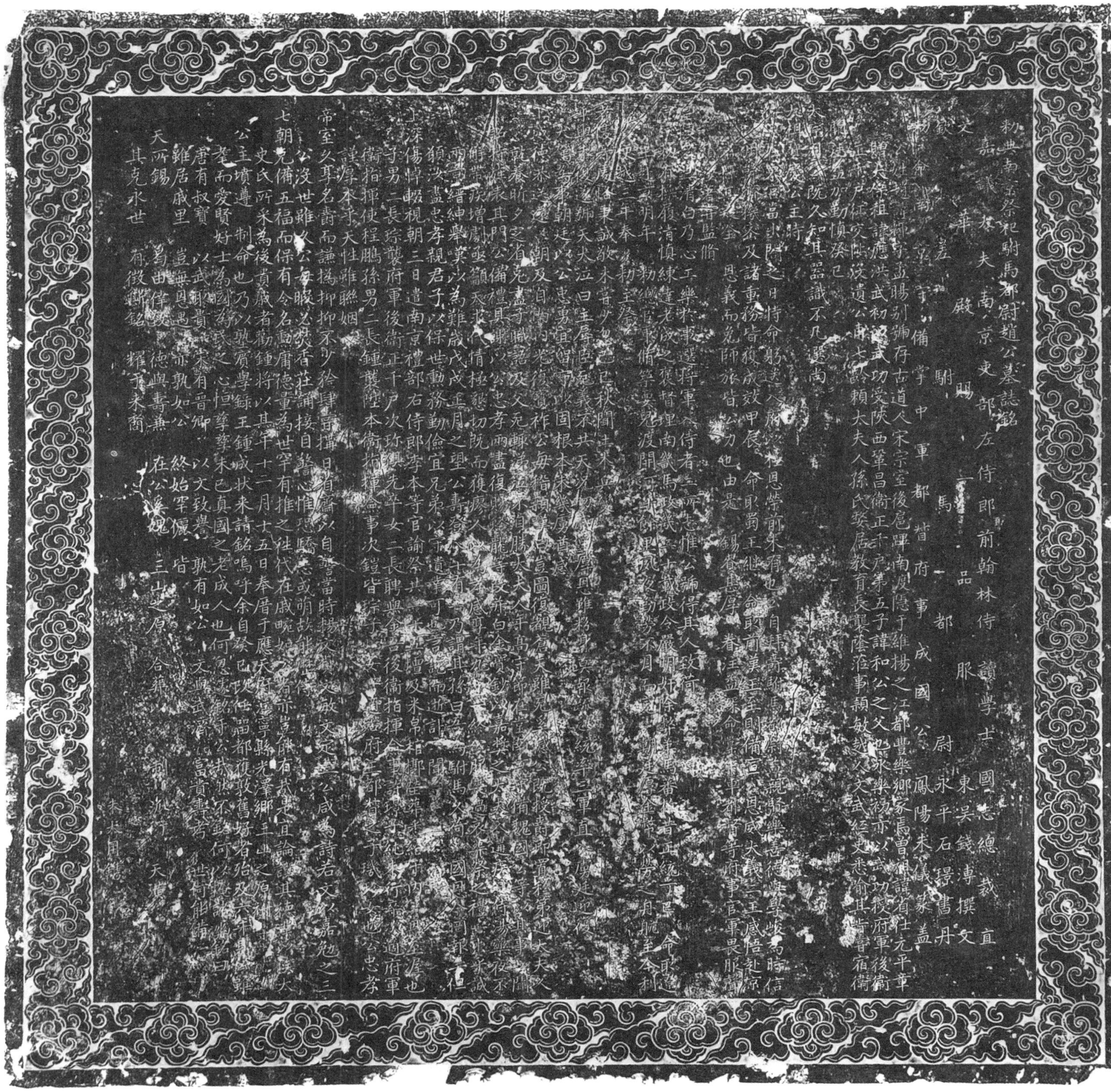

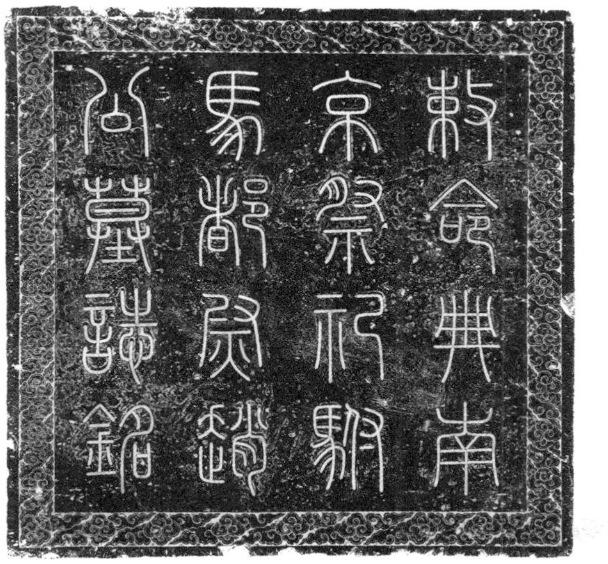

一七二　明敕典南京祭祀駙馬都尉趙公（輝）墓誌銘

成化十四年（一四七八）十二月十五日

石質。誌、蓋均長七五、寬七五、厚一〇厘米。蓋文四行，滿行四字。篆書。周邊為卷雲紋。誌文四三行，滿行四四字。正書。周邊亦為卷雲紋。誌泐蝕較重，誌文漫漶不清。

一九九五年南京市雨花臺區板橋趙墳村趙輝墓出土。現藏南京市博物館。

一七三　明戚里王公克威（鉞）墓誌銘

成化十五年（一四七九）十月八日

石質。誌長六二、寬六二、厚八厘米；蓋長六二、殘寬四五、厚八厘米。蓋文三行，滿行三字。篆書。周邊為纏枝卷葉紋。誌文二八行，滿行三一字。正書。周邊亦為纏枝卷葉紋。蓋右邊斷佚，蓋文殘缺不全。

一九八八年南京市雨花臺區鄧府山M10王克威墓出土。現藏南京市博物館。

一七四　明故竹菴處士張君（縉）墓誌銘

成化十七年（一四八一）九月二十六日

石質。誌長五六、寬五七、厚九厘米。誌文三〇行，滿行三一字。正行相間。蓋佚。

一九四九年後出土，具體時、地不詳。二十世紀八十年代徵集。現藏南京市博物館。

一七五　明劉處士（剛）墓誌銘

成化十七年（一四八一）十二月二十日

石質。誌、蓋均長五〇、寬五〇、厚八厘米。蓋文三行，滿行二字。篆書。誌文二二行，滿行二二字。正書。誌輕度泐蝕，誌文略有殘損。

一九四九年後出土，具體時、地不詳。南京市文物研究所徵集。二〇〇三年移交南京市博物館。現藏南京市博物館。

一七六　明故秦公仲和（忠）墓誌銘

成化十八年（一四八二）正月二十八日

石質。誌長五九、寬六〇、厚九厘米。誌文三二行，滿行三〇字。正書。周邊爲單綫框。誌輕度泐蝕，誌文略有殘損。蓋佚。

一九四九年後出土，具體時、地不詳。南京市文物研究所徵集。二〇〇三年移交南京市博物館。現藏南京市博物館。

一七七　明故蘭谷老人樓翁弘道（定）墓誌銘

成化十八年（一四八二）四月十七日石質。誌、蓋均長六〇、寬五九、厚九厘米。蓋文四行，滿行三字。篆書。誌文三三行，滿行三四字。正書。誌泐蝕严重，誌文漫漶不清。蓋右上角略有殘缺。

一九四九年後出土，具體時、地不詳。二十世紀八九十年代徵集。現藏南京市博物館。

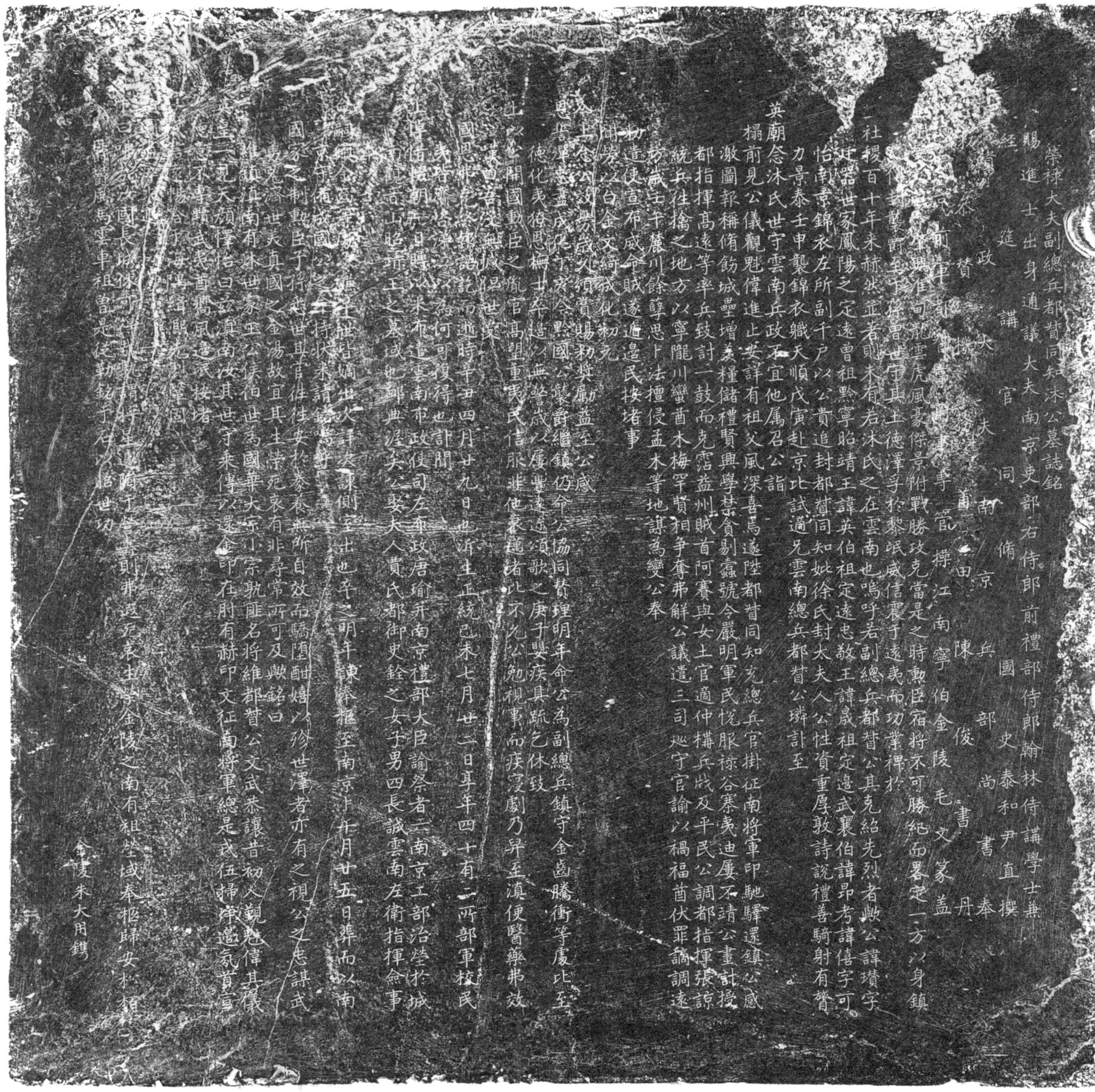

一七八　明榮禄大夫副總兵都督同知沐公（瓚）墓誌銘

成化十八年（一四八二）十月二十五日

石質。誌、蓋均長七五、寬七四、厚一〇厘米。蓋文四行，滿行四字。篆書。周邊為卷雲紋。誌文四二行，滿行四二字。正書。誌泐蝕嚴重，誌文漫漶不清。蓋横向斷裂。

二〇〇五年五月，南京市江寧區將軍山沐瓚夫婦墓出土。現藏南京市博物館。

一七九 明竹溪王公（真）墓誌銘

成化十九年（一四八三）三月十五日

石質。誌、蓋均長六二、寬六二、厚九厘米。蓋文三行，滿行三字。篆書。誌文二七行，滿行二九字。正書。誌泐蝕嚴重，誌文漫漶不清。誌斜向斷裂，蓋左下角斷佚。

一九四九年後出土，具體時、地不詳。二十世紀八九十年代徵集。現藏南京市博物館。

一八〇　明李翰英妻徐氏墓誌銘

成化二十年（一四八四）九月二十二日

石質。誌、蓋均長四四、寬四四、厚六厘米。蓋文三行，滿行三字。篆書。誌文二三行，滿行字數不詳。正書。誌、蓋均泐蝕嚴重。誌文漫漶不清。

一九四九年後出土，具體時、地不詳。二十世紀八九十年代徵集。現藏南京市博物館。

一八一　明魏國公（徐俌）夫人朱氏墓誌銘

成化二十一年（一四八五）五月二十四日（卒）

石質。誌、蓋均長九八、寬九八、厚一五·五厘米。蓋文四行，滿行三字。篆書。周邊為卷雲紋。誌文約三六行，滿行三六字。正書。周邊亦為卷雲紋。誌、蓋均泐蝕嚴重，誌文漫漶不清。誌縱向斷裂為二塊，右上角略有殘缺。

一九七七年五月，南京市玄武區太平門外板倉村徐俌夫婦墓出土。現藏南京市博物館。

明故奉訓大夫戶部員外郎李君墓誌銘

賜進士出身奉政大夫修正庶尹南京工部郎中松陵吳珵撰文

賜進士出身中順大夫知湖廣永州府事前兵部郎中章貢謝芳書丹

賜進士出身奉訓大夫戶部員外郎齊東王問篆蓋

尚書戶部員外郎李君以疾得告歸金陵之三歲成化丙午十月二日卒，距其生正統丁巳正月四日僅年四十有九。其壻謝璠偕其仲子世英奉經踵予，貴其父之友崙刑部主事鄧君新之所次狀，祈以銘。君與新之於予皆同年，銘何辭。謹按狀次而銘之。君諱秉衷，字惠夫，姓李氏。先世為徐之豐人。有諱宥者，仕宋為參謀，遂家于滁。宥生珪，仕元為平江路治中，徙金陵。珪生恩孝，判廣惠路。恩孝生愷，入

本朝簿興化，君之曾大父也。愷生文通，抱道而至。文通生宗善，精天文，累官南京欽天監副，則君之父也。母張氏，封安人。君生而秀發，儀觀偉然。登成化今福建少伯章公治詩經，補應天府庠弟子員。天順己卯領鄉薦，中成化己丑進士第八人。試政兵部，尋授戶部主事。當開粟政弛，當道推幹濟者八人分理之，而君得淮揚。至則修舉廢墜，財官而民以安。未幾丁外艱。甲午起復。丙申冬，閱鹵邊餉告急，君奉

敕往督之，刑不用而事因以集。既事竣還，尚書楊公以天下有所聞於

朝及部有所奏章疏紛集，以君精敏，俾鑒別之。庚子始陞員外郎。明年復

敕督淮揚賦。是冬大同、宣府大告急，又奉

敕以行。還以風痺弗即愈，竟抱病以歸養。又明年遂弗起。嗚乎，君其已矣乎。累世官家，有官將二十年，歿不以其為積之豐邪？抑亮岸突兀，體貌充溢，孰謂君以其為衆所容邪？此特即其外而求其信夫，孰得而知其中邪？蓋君事定行衷，以空化而不校，善闔弗以，夫然，其不謂之豪雄矣哉。君娶南都詩社以全張先生之女，夫封安人。子男二人：長翰英，娶江西僉憲徐君用美之女，卒；次即世英，聘福建藩幕羅君文璧之女。女一，永州太守謝君景昌之子璠其壻也。孫男一，天貫。君嘗慕周廉谿人品之高，扁其休憩之亭曰光霽，因以自号。所著有光霽編云。君之葬以卒之歲明年三月庚申日，葬之地城南安德鄉廟山祖塋之次也。銘曰：

得之難，守之尤難。幾衆所於，刻石是始定於蓋棺。

明故奉訓大夫戶部員外郎李君之墓

一八二　明故奉訓大夫户部員外郎李君（秉衷）墓誌銘

成化二十二年（一四八六）三月十五日

石質。誌、蓋均長五七、寬五七、厚八厘米。蓋文四行，滿行四字。篆書。誌文二九行，滿行二九字。正書。蓋右下角斷佚。

一九四九年後出土，具體時、地不詳。二十世紀八九十年代徵集。現藏南京市博物館。

一八三　明故周（鑑）孺人孫氏（善進）墓誌銘

成化二十三年（一四八七）十一月二十五日

石質。誌、蓋均長五六、寬五六、厚七厘米。蓋文三行，滿行三字。篆書。誌文二四行，滿行二六字。正書。誌、蓋輕度泐蝕，誌右上角略有殘缺。誌文略有殘損。

一九四九年後出土，具體時、地不詳。一九六五年南京市下關區水關橋徵集。現藏南京市博物館。

一八四　明誥封（王克英）宜人楊氏墓誌銘

弘治元年（一四八八）九月十日

石質。誌、蓋均長七八、寬七八、厚一二厘米。蓋文四行，滿行三字。篆書。周邊為卷雲紋。誌文三〇行，滿行三二字。正書。周邊亦為卷雲紋。誌輕度泐蝕，誌文略有殘損。蓋右上角斷裂。

一九八七年南京市雨花臺區鄧府山M9王克英妻楊氏墓出土。現藏南京市博物館。

一八五　明王志遠（洪）墓誌銘

弘治二年（一四八九）十一月六日

石質。誌、蓋均長六三、寬六三、厚一一厘米。蓋文三行，滿行三字。篆書。周邊為卷雲紋。誌文三一行，滿行三二字。正書。周邊亦為卷雲紋。蓋左上角斷裂。

一九八七年南京市雨花臺區鄧府山M2王志遠墓出土。現藏南京市博物館。

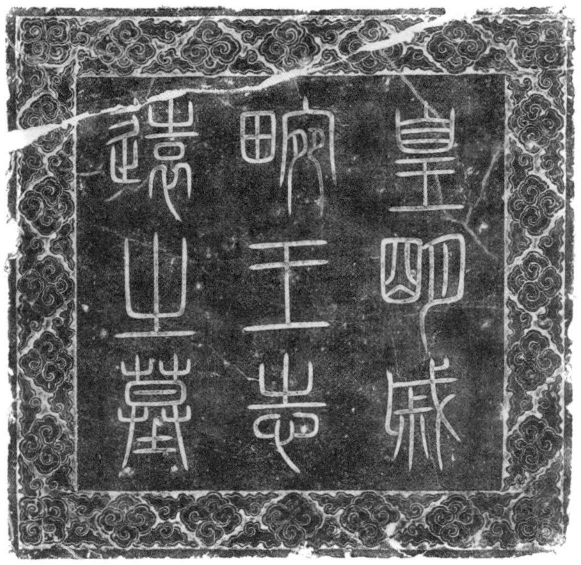

一八六　明故（王明遠）孺人祝氏（妙金）墓誌銘

弘治四年（一四九一）十二月十八日

石質。誌、蓋均長五四、寬五四、厚六厘米。蓋文三行，滿行三字。篆書。誌文二八行，滿行二六字。正書。誌、蓋泐蝕較重，誌文略漫漶。

一九四九年後出土，具體時、地不詳。一九六六年徵集。現藏南京市博物館。

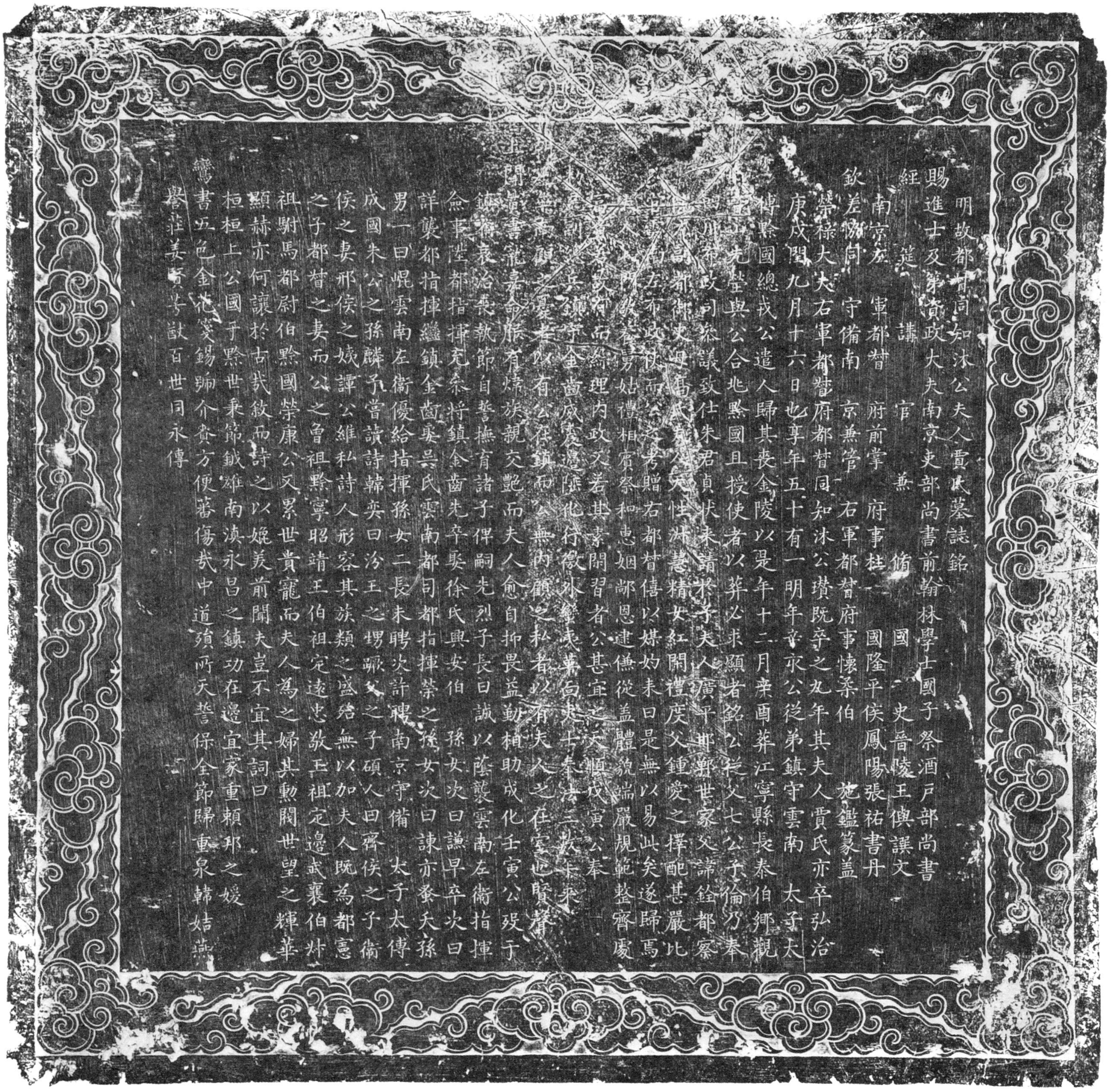

一八七　明故都督同知沐公（瓚）夫人賈氏墓誌銘

弘治四年（一四九一）十二月十九日石質。誌、蓋均長六九、寬六九、厚八厘米。蓋文四行，滿行四字。篆書。周邊為卷雲紋。誌文二九行，滿行三三字。正書。周邊亦為卷雲紋。誌中上部泐蝕，誌文略漫漶。

二〇〇五年六月，南京市江寧區將軍山沐瓚夫婦墓出土。現藏南京市博物館。

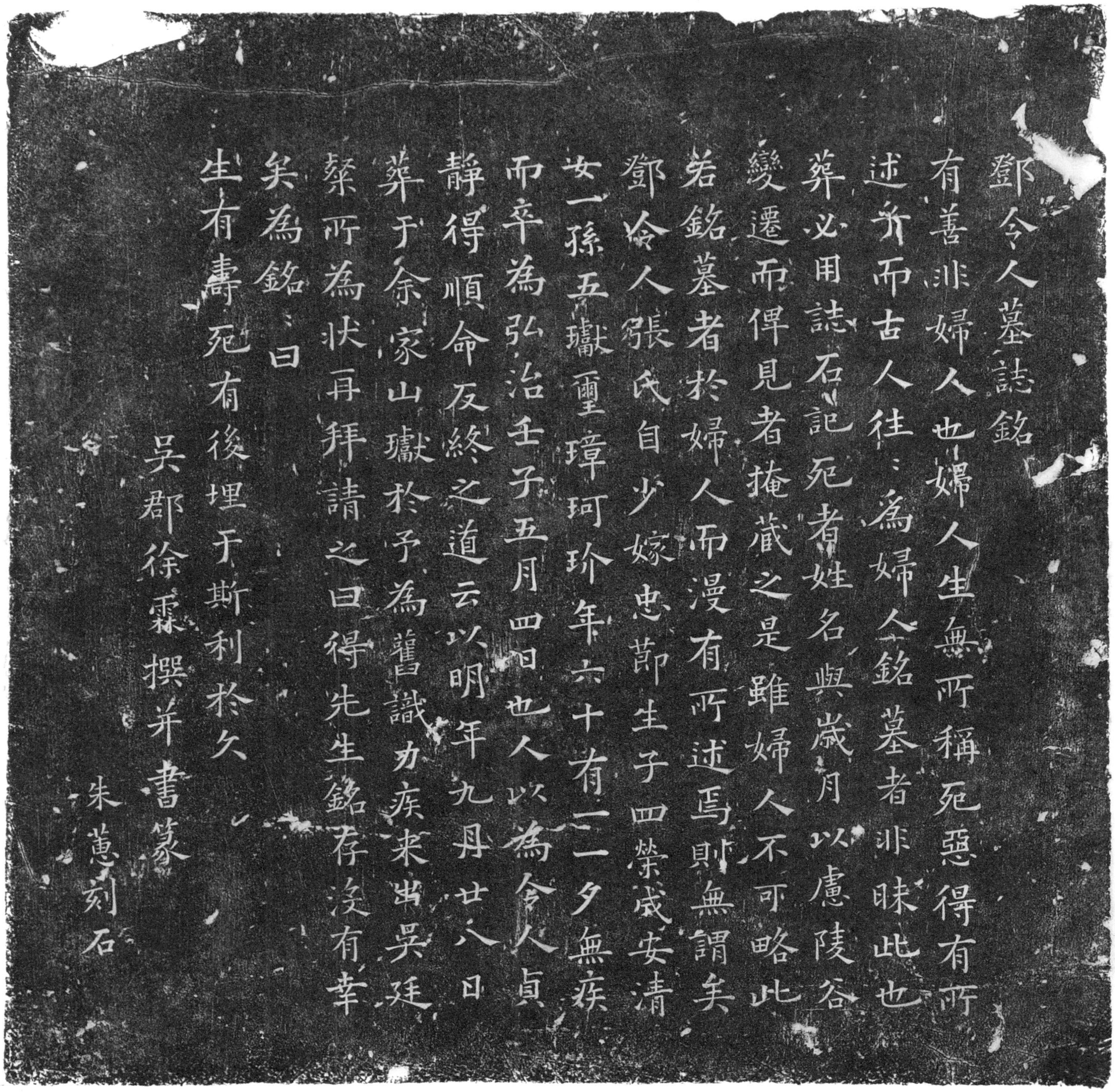

一八八　明鄧（忠節）令人（張氏）墓誌銘

弘治六年（一四九三）九月二十八日石質。誌、蓋均長五六、寬五六、厚九厘米。蓋文三行，滿行三字。篆書。誌文一六行，滿行一七字。正書。

一九四九年後出土，具體時、地不詳。南京市文物研究所徵集。二〇〇三年移交南京市博物館。現藏南京市博物館。

一八九　明故守恒孫先生（惟正）墓誌銘

弘治七年（一四九四）七月十一日

石質。誌、蓋均長五六、寬五六、厚八厘米。蓋文三行，滿行三字。篆書。誌文二四行，滿行二五字。正書。誌輕度泐蝕，誌文略有殘損。蓋右下角斷佚。

一九四九年後出土，具體時、地不詳。南京市文物研究所徵集。二〇〇三年移交南京市博物館。現藏南京市博物館。

一九〇　明故處士王克衡（銓）妻孺人李氏（玉）墓誌銘

弘治九年（一四九六）二月十九日

石質。誌、蓋均長六八、寬六八、厚一一厘米。蓋文四行，滿行四字。篆書。周邊為卷雲紋。誌文二九行，滿行三二字。正書。周邊亦為卷雲紋。誌、蓋泐蝕嚴重，誌文漫漶不清。

一九八七年南京市雨花臺區鄧府山M1 李玉墓出土。現藏南京市博物館。

一九一　明故昭勇將軍南京錦衣衛指揮使王君（銳）墓誌銘

弘治九年（一四九六）三月十九日石質。誌、蓋均長六九、寬六九、厚一二厘米。蓋文四行，滿行四字。篆書。周邊為卷雲紋。誌文三六行，滿行三七字。正書。周邊亦為卷雲紋。誌斷為三塊，已修复。誌文略有殘損。

一九八八年南京市雨花臺區鄧府山M8王銳墓出土。現藏南京市博物館。

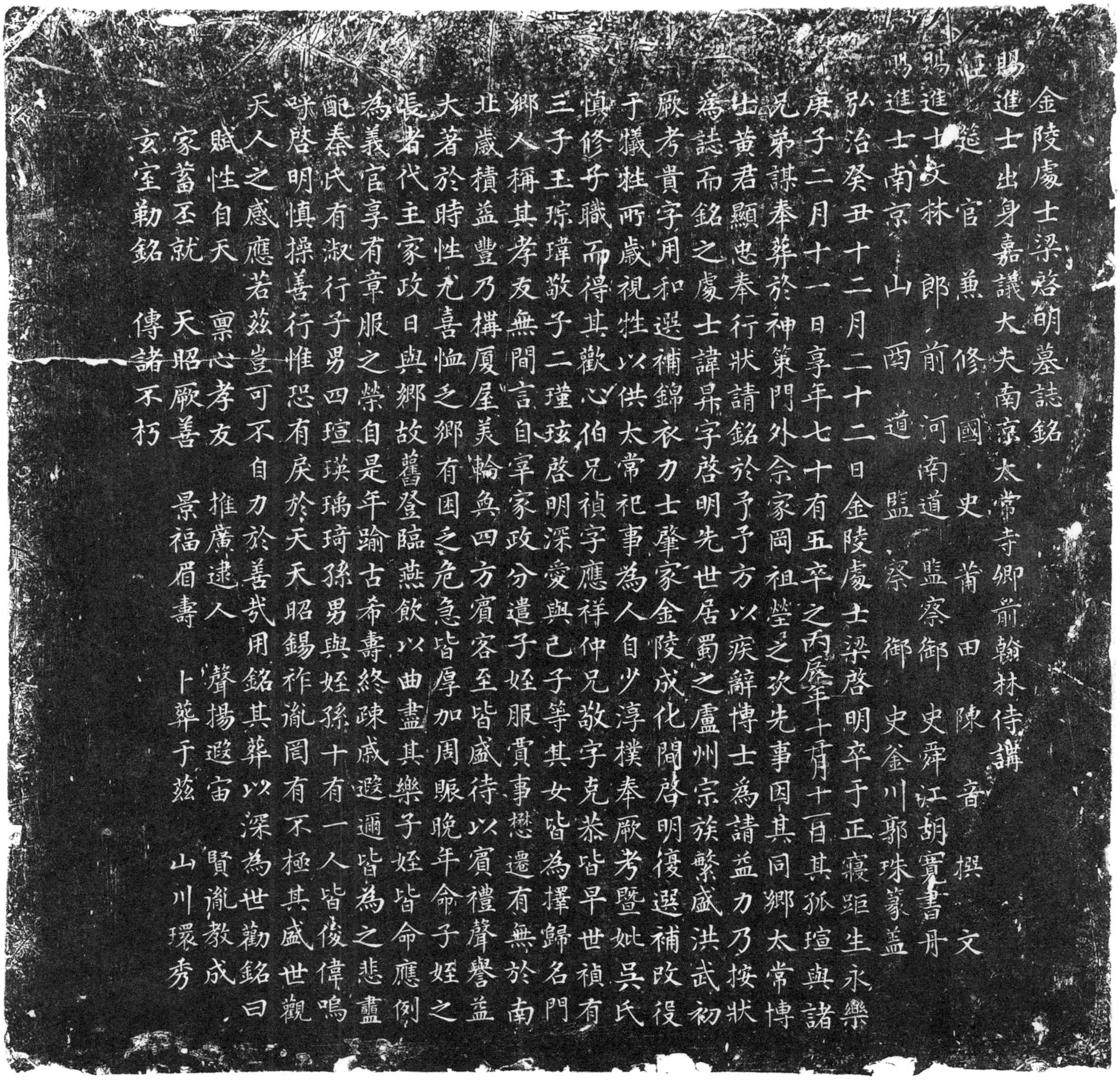

一九二　明金陵處士梁啓明（昇）墓誌銘

弘治九年（一四九六）十二月十一日石質。誌長六八、寬六八、厚九厘米。誌文二五行，滿行二七字。正書。蓋佚。

一九四九年後出土，具體時、地不詳。二十世紀八九十年代徵集。現藏南京市博物館。

一九三　明贈太子太保鎮遠侯顧公（玘）合葬墓誌銘

弘治十年（一四九七）四月十一日石質。誌長七八、寬七八、厚一四厘米。誌文約三二行，滿行約三二字。正書。誌泐蝕嚴重，誌文漫漶不清。蓋佚。

一九四九年後出土，具體時、地不詳。二十世紀八九十年代徵集。現藏南京市博物館。

一九四　明戚畹故公子王志遠（洪）妻成氏（妙音）墓誌銘

弘治十年（一四九七）四月十一日石質。誌、蓋均長五六、寬五六、厚約九厘米。蓋文四行，滿行三字。篆書。誌文三〇行，滿行二九字。正書。誌、蓋均泐蝕嚴重，誌文漫漶不清。

一九八七年南京市雨花臺區鄧府山M4成妙音墓出土。現藏南京市博物館。

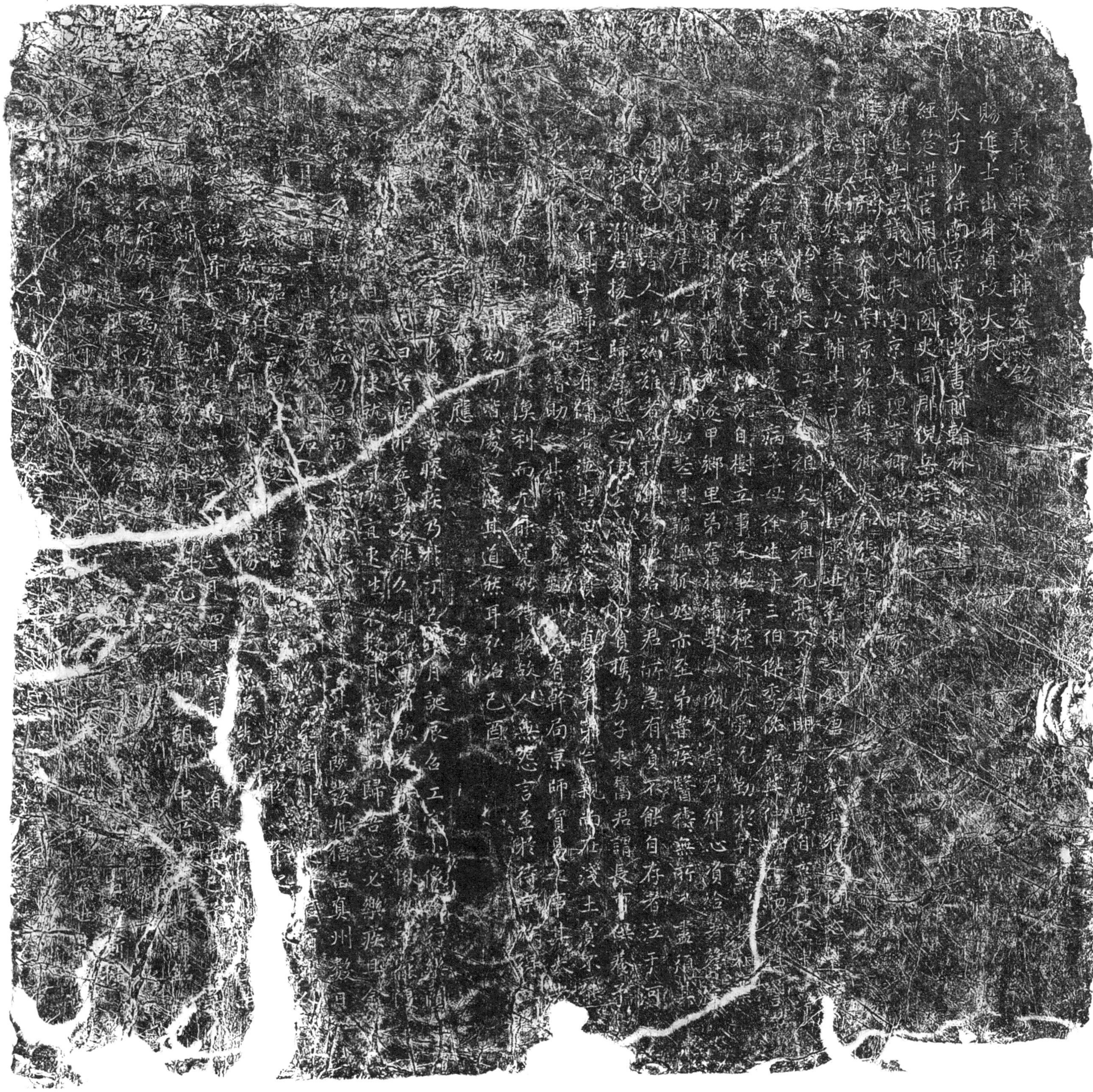

一九五　明義官坦齋華君汝輔（佐）墓誌銘

弘治十年（一四九七）後

石質。誌、蓋均長六七、寬六七、厚一〇厘米。蓋文四行，滿行三字。篆書。誌文三一行，滿行三一字。正書。誌、蓋均泐蝕嚴重，誌文漫漶不清。蓋右下角斷裂，誌亦斷裂。

一九四九年後出土，具體時、地不詳。二十世紀八九十年代徵集。。現藏南京市博物館。

一九六　明故昭勇將軍上輕車都尉南京錦衣衛都指揮僉事丁公（固宗）墓誌銘

弘治十一年（一四九八）正月一日

石質。誌長六八、寬六八、厚一〇厘米。誌文四六行，滿行四七字。正書。誌輕度泐蝕，左上角斷佚。誌文略有殘損。蓋佚。

一九四九年後出土，具體時、地不詳。二十世紀八九十年代徵集。現藏南京市博物館。

一九七　明誥封丁(固宗)淑人杜氏(淑祥)墓誌銘

弘治十一年（一四九八）六月一日

石質。誌、蓋均長六二、寬六二、厚七厘米。蓋文四行，滿行三字。篆書。誌文二八行，滿行二八字。正書。誌文略有殘損。蓋右下角斷裂。

一九四九年後出土，具體時、地不詳。二十世紀八九十年代徵集。現藏南京市博物館。

一九八　明故南京錦衣衛百户松石秦君（瑛）墓誌銘

弘治十二年（一四九九）七月十六日（卒）

石質。誌長六三、寬六三、厚六厘米。誌文二八行，滿行三〇字。正書。誌文略有殘損。蓋佚。

一九四九年後出土，具體時、地不詳。南京市文物研究所徵集。二〇〇三年移交南京市博物館。現藏南京市博物館。

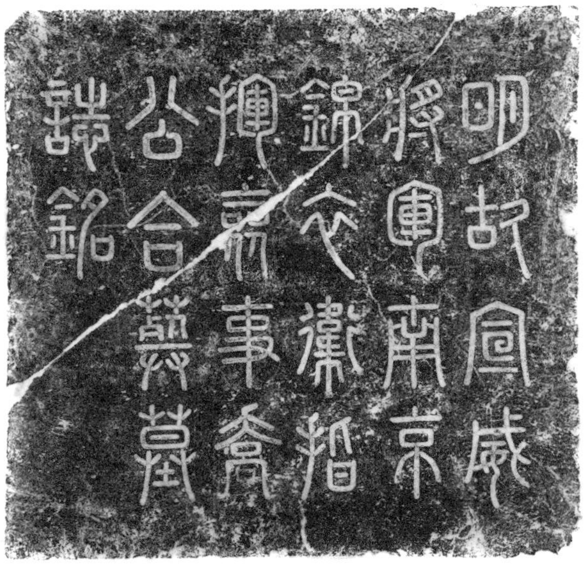

一九九　明故宣威將軍南京錦衣衛指揮僉事喬公（儀）墓誌銘

弘治十二年（一四九九）八月三日

石質。誌、蓋均長六八、寬六八、厚九厘米。蓋文六行，滿行四字。篆書。誌文四〇行，滿行四一字。正書。誌輕度泐蝕，誌文略漫漶。蓋斜向斷裂。

一九四九年後出土，具體時、地不詳。二十世紀八九十年代徵集。現藏南京市博物館。

二〇〇　明故默菴孫處士（成）墓誌銘

弘治十三年（一五〇〇）十二月十日

石質。誌、蓋均長六七、寬六八、厚一〇厘米。蓋文三行，滿行三字。篆書。誌文三〇行，滿行三二字。正行相間。誌右下角略有殘缺。

一九四九年後出土，具體時、地不詳。南京市文物研究所徵集。二〇〇三年移交南京市博物館。現藏南京市博物館。

二〇一　明故戴公儼孺人易氏（妙源）合葬墓誌銘

弘治十三年（一五〇〇）十二月二十二日

石質。誌、蓋均長五六、寬五六、厚六厘米。蓋文四行，滿行三字。篆書。誌文二八行，滿行三〇字。正書。誌左下角斷裂，誌文略有殘損。

一九四九年後出土，具體時、地不詳。二十世紀八九十年代徵集。現藏南京市博物館。

二〇二　明故龐（景華）孺人徐氏（妙寧）墓誌銘

弘治十四年（一五〇一）八月十五日

石質。誌、蓋均長六〇、寬六〇、厚八厘米。蓋文三行，滿行三字。篆書。誌文三四行，滿行三三字。正書。誌文略有殘損。誌、蓋右下角均斷裂。

一九四九年後出土，具體時、地不詳。南京市文物研究所徵集。二〇〇三年移交南京市博物館。現藏南京市博物館。

二〇三　明故登仕郎鉛山縣簿華君汝弼（佑）墓誌銘

弘治十四年（一五〇一）十二月二十四日後

石質。誌、蓋均長六三、寬六三、厚一〇厘米。蓋文四行，滿行四字。篆書。誌文三三行，滿行三六字。正書。誌泐蝕嚴重，左上邊及下角、右上角及下角均斷佚，蓋斜向斷裂。誌文殘缺不全。

一九四九年後出土，具體時、地不詳。二十世紀八九十年代徵集。現藏南京市博物館。

二〇四　明南寧伯（毛良）夫人陳氏墓誌銘

弘治十五年（一五〇二）四月二日（卒）石質。誌、蓋均長六〇、寬六一、厚九厘米。蓋文四行，滿行三字。篆書。誌文三五行，滿行三八字。正書。誌泐蝕較重，誌文漫漶不清。

一九四九年後出土，具體時、地不詳。一九六六年徵集。現藏南京市博物館。

二〇五　明故華汝弼（佑）之妻張氏孺人（惠）墓誌銘

弘治十五年（一五〇二）十二月二十二日

石質。誌長五四、寬五四、厚一〇厘米。誌文二五行，滿行二六字。正行相間。誌輕度泐蝕，誌文略有殘損。蓋佚。

一九四九年後出土，具體時、地不詳。南京市文物研究所徵集。二〇〇三年移交南京市博物館。現藏南京市博物館。

二〇六　明故義官梁公廷璽（玉）墓誌銘

弘治十五年（一五〇二）十二月二十八日

石質。誌、蓋均長六三、寬六三、厚一〇厘米。蓋文三行，滿行三字。篆書。誌文二六行，滿行二七字。正書。誌泐蝕較重，誌文漫漶不清。

一九四九年後出土，具體時、地不詳。一九六六年徵集。現藏南京市博物館。

二〇七　明故許(達)母太安人李氏(玉清)墓誌銘

弘治十六年（一五〇三）九月二十一日

石質。誌、蓋均長五五、寬五五、厚一〇厘米。蓋文三行，滿行三字。篆書。誌文三三行，滿行三三字。正書。

一九四九年後出土，具體時、地不詳。二十世紀八九十年代徵集。現藏南京市博物館。

二〇八　明許（達）安人馬氏（壽貞）墓誌銘

弘治十六年（一五〇三）十二月三日

石質。誌、蓋均長六五、寬約六三、厚一〇厘米。蓋文三行，滿行三字。篆書。誌文三〇行，滿行二八字。正書。蓋右下角斷佚，蓋文略有殘缺。誌輕度泐蝕，誌文略漫漶。

一九四九年後出土，具體時、地不詳。南京市文物研究所徵集。二〇〇三年移交南京市博物館。現藏南京市博物館。

二〇九　明封刑部郎中怡静沈先生（安）墓誌銘

弘治十六年（一五〇三）十二月二十三日

石質。誌、蓋均長六八、寬六九、厚一一厘米。蓋文四行，滿行四字。篆書。誌文三一行，滿行三七字。正書。誌輕度泐蝕，左上角斷佚。誌文略有殘缺。

一九八六年南京市雨花臺區沈安墓出土。現藏南京市博物館。

二一〇　明南京府軍後衛指揮僉事趙君伯容（鍾）墓誌銘

弘治十六年（一五〇三）十二月二十七日

石質。誌、蓋均長六三、寬六二、厚一〇厘米。蓋文三行，滿行三字。篆書。誌文三三行，滿行三四字。正書。誌文略有殘損。

一九四九年後出土，具體時、地不詳。二〇〇八年徵集。現藏南京市博物館。

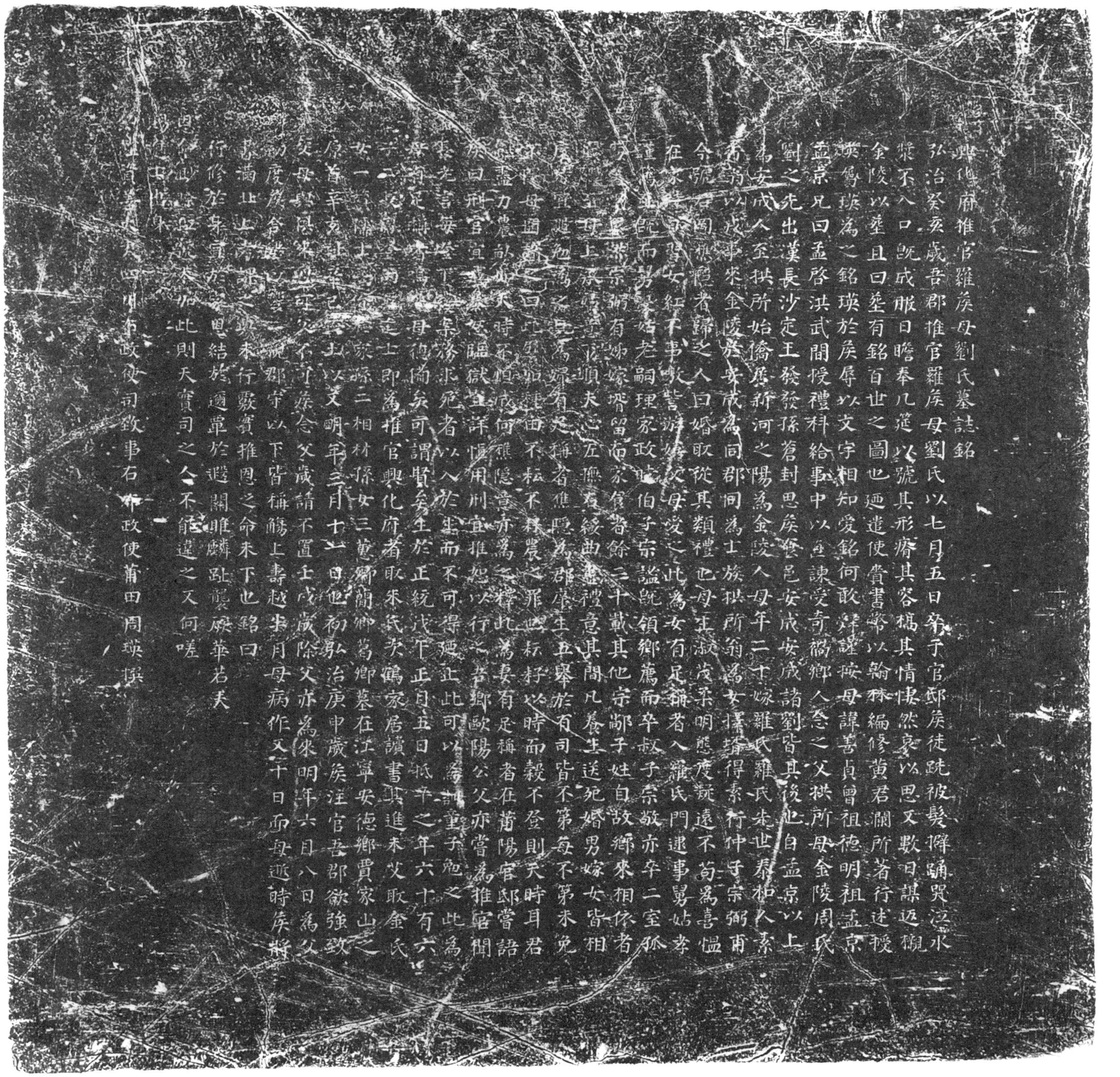

二一一 明興化府推官羅侯（登）母劉氏（善貞）墓誌銘

弘治十七年（一五〇四）三月十一日石質。誌、蓋均長七五、寬七四、厚一一厘米。蓋文三行，滿行三字。篆書。誌文三〇行，滿行三四字。正書。誌輕度泐蝕，誌文略有殘損。

一九四九年後出土，具體時、地不詳。二十世紀八九十年代徵集。現藏南京市博物館。

賜冠帶義官曉窗居士梁君墓誌銘
賜進士通議大夫南都户部右侍郎前翰林　國史官直
文華殿國子祭酒兼　經筵講官莆陽鄭紀撰文
賜進士奉議大夫南京禮部祠祭司郎中蜀人向旹書丹
賜進士承德郎南京吏部考功司主事成都劉寅篆蓋
弘治壬戌六月廿三日曉窗居士以疾卒于正寢其孤欽等殯殮如禮將以
弘治甲子十二月三十日襄大事乃具行狀請銘於予按狀君姓梁名瑄字廷璧
曉窗其別號也先世蜀之瀘人
國初以閭左起遷錦衣力士遂籍之今為南畿人大父貴郎起遷錦衣者父昇
生子四曉窗居長賦性純朴不事浮華甚為父母所鍾愛少游鄉校讀書知
大義既長父理家蠱頗有餘積曉窗與諸弟服賈于外貿易有方而財源遂
大湧尋以父老代蠱政又善營幹家益饒裕處諸弟友愛相接庭無間言馭
童僕嚴而有恩內外各有職業重構屋宇于都城之西北規模宏壯輪奐一
新既可聚族屬以洽恩禮而居積百物且恢　予有餘地人謂梁之有子祖
塋之旁有負郭之田數十畝晚年又以家政付諸子親課僮僕以事耕種式
樵于岡或漁于塘所得野[illegible]甚多親友好事知禮者時相往還至必傾倒終
日無倦色少年不檢者絕之惟恐不遠蓋其性然也晚年富饒之名聞于畿
都
詔舉荒政有司首以禮致曉窗慉然而起曰年荒不濟非仁也積而不散非義
也遂輸粟若干石于官以助
國課冠帶榮身之典非所望也有司強之乃受既受之後遂謝絕世事遇朔望
具冠帶以謁祖宗見大賓客亦然餘惟以野服從事每日夙興啓窗向陽焚
香淨几誦老子道德經數卷少倦則休休而息户外事耳不及聞因以曉窗
自號生於正統辛酉閏十一月初十日辛之時享年六十有二配周氏先齊
德子男三長欽次即鍾次鏊女二長適千户杜綱次適陳淳皆周出側室張
氏男一尚幼孫男二墓在余家岡祖塋之側銘曰
西蜀發源　南都聚族　起家錦衣　共識犧牧　祀事孔脩
神降百福　見孫振振　似之式穀　慶
詔賑荒　需茲
恩渥　薄彼佳城　金岡之麓　大史銘章　義問彌篤

二一二　明賜冠帶義官曉窗居士梁君（瑄）墓誌銘

弘治十七年（一五〇四）十二月三十日

石質。誌、蓋均長六一、寬六一、厚九厘米。蓋文三行，滿行三字。篆書。誌文三〇行，滿行三〇字。正書。誌、蓋均有斷裂，誌文略有殘損。

一九六六年南京市玄武區天津磚瓦廠梁瑄墓出土。現藏南京市博物館。

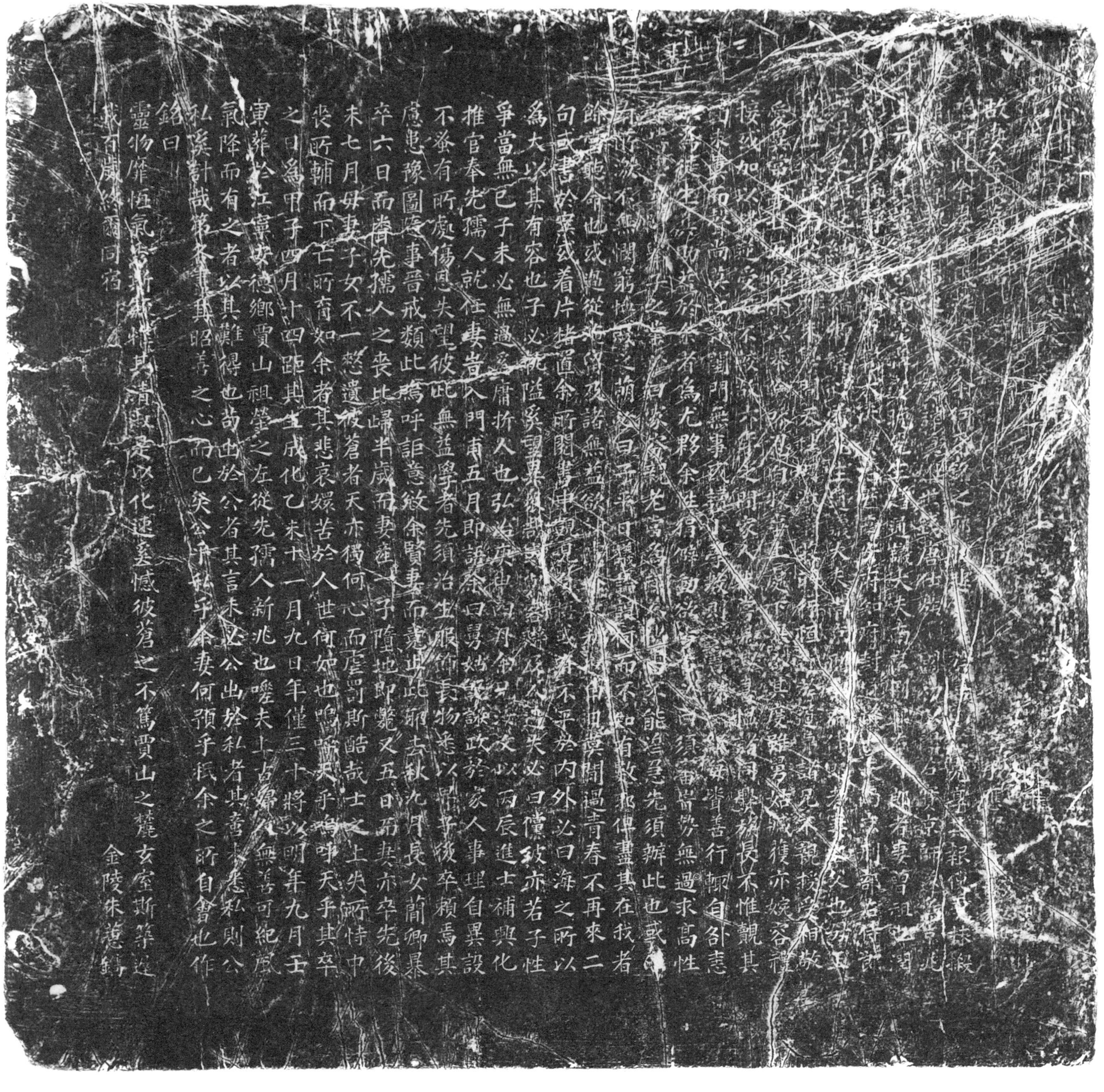

二一三　明故（罗子應）妻金氏墓誌銘

弘治十八年（一五〇五）九月二十一日

石質。誌、蓋均長五六、寬五六、厚一〇厘米。蓋文三行，滿行三字。篆書。誌文三〇行，滿行三二字。正書。誌右半部泐蝕較重，誌文漫漶不清。

二〇一〇年南京市雨花臺區西善桥金氏墓出土。現藏南京市博物館。

二一四　明故沈（庠）母童宜人（妙壽）墓誌銘

弘治十八年（一五〇五）十二月二十八日

石質。誌長六七、寬六七、厚一一厘米。誌文二四行，滿行二九字。正書。誌輕度泐蝕，誌文略有殘損。蓋佚。

一九四九年後出土，具體時、地不詳。二十世紀八九十年代徵集。現藏南京市博物館。

二一五　明故昭信校尉南京錦衣衛百户許侯（達）墓誌銘

正德元年（一五〇六）五月十一日

石質。誌長六五、寬六五、厚一三厘米。誌文三二行，滿行三二字。正書。誌泐蝕較重，誌文略有殘損。蓋佚。

一九四九年後出土，具體時、地不詳。二十世紀八九十年代徵集。現藏南京市博物館。

二一六　明故南京守備司禮監太監鄭公（强）墓誌銘

正德三年（一五〇八）十一月十五日

石質。誌、蓋均長九〇、寬八九、厚一五厘米。蓋文四行，滿行四字。篆書。誌文四七行，滿行五三字。正書。誌輕度泐蝕，誌文略有殘損。

一九七六年南京市江寧區牛首山鄭强墓出土。現藏南京市博物館。

二一七　明故中奉大夫四川等處承宣布政使司右布政使倪公（阜）墓誌銘

正德三年（一五〇八）十二月十日石質。誌、蓋均長六三、寬六三、厚一〇厘米。蓋文五行，滿行四字。篆書。誌文二九行，滿行三八字。正書。誌輕度泐蝕，誌文略有殘損。

一九九五年南京市江寧區東山鎮倪阜墓出土。現藏南京市博物館。

二一八 明故義官蕭仲潔（澄）墓誌銘

正德五年（一五一〇）十二月二十八日

石質。誌、蓋均長六八、寬六八、厚一一厘米。蓋文四行，滿行三字。篆書。誌文三〇行，滿行三一字。正書。

一九四九年後出土，具體時、地不詳。一九八七年南京市雨花臺區鐵心橋徵集。現藏南京市博物館。

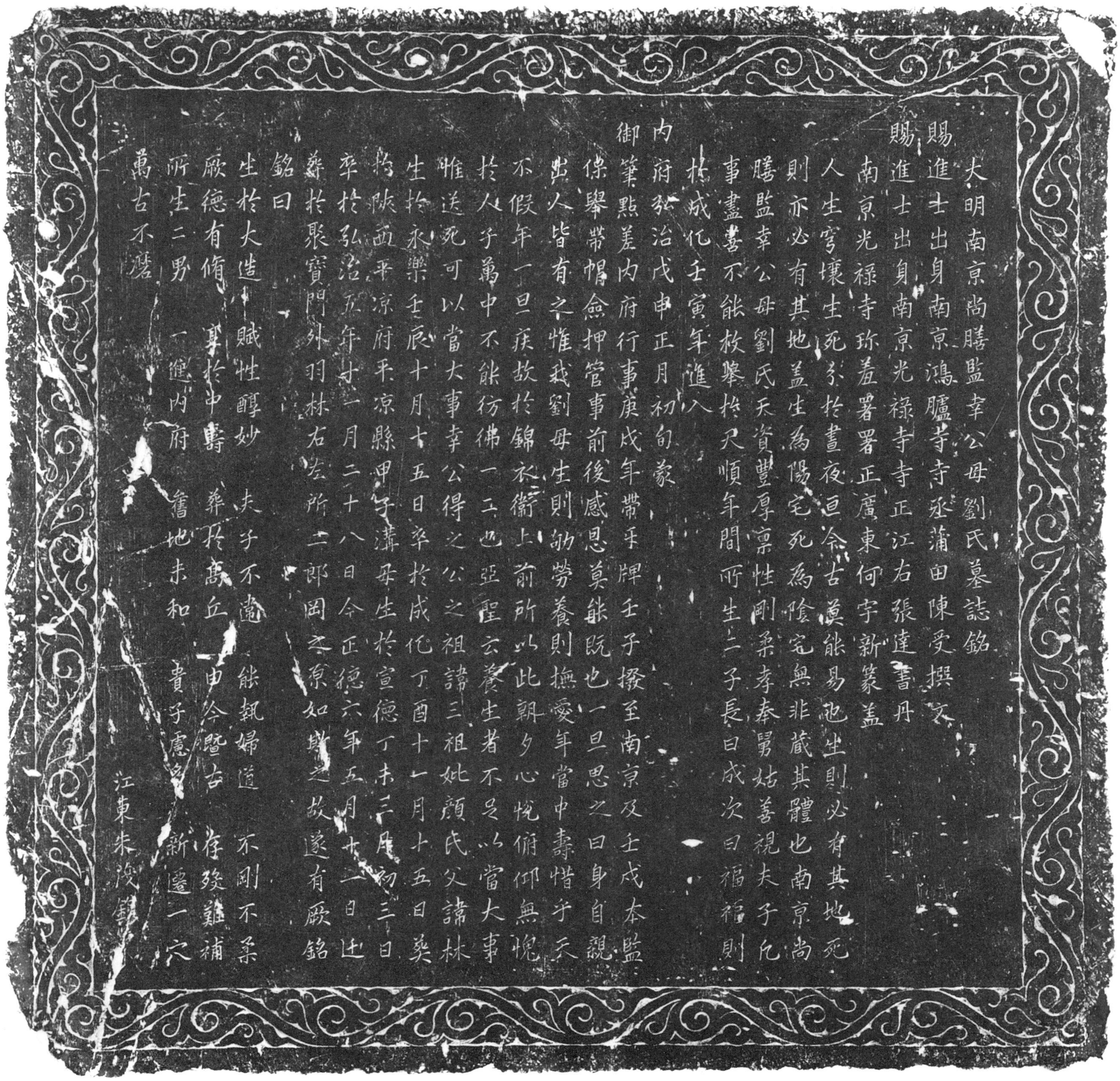
大明南京尚膳監幸公母劉氏墓誌銘
賜進士出身南京鴻臚寺寺丞蒲田陳受撰文
賜進士出身南京光祿寺寺正江右張達書丹
南京光祿寺珎羞署署正廣東何宇新篆蓋
人生穹壤生死分於晝夜亘今古莫能易也生則必有其地死
則亦必有其地蓋生為陽宅死為陰宅無非藏其體也南京尚
膳監幸公母劉氏天資豐厚禀性剛柔孝奉舅姑善視夫子允
事盡善不能枚舉於天順年間所生二子長曰成次曰福福則
於成化壬寅年進入
內府弘治戊申正月初旬蒙
御筆點差內府行事庚戌年帶手牌壬子撥至南京及壬戌本監
保舉帶帽僉押管事前後感恩莫能既也一旦思之曰身自親
出人皆有之惟我劉母生則劬勞養則撫愛年當中壽惜乎天
不假年一旦疾故於錦衣衛上前所以此朝夕心悅俯仰無愧
於人子萬中不能彷彿一二也亞聖云養生者不足以當大事
惟送死可以當大事幸公得之公之祖諱三祖妣顏氏父諱林
生於永樂壬辰十月十五日卒於成化丁酉十一月十五日葬
於陝西平涼府平涼縣甲子溝母生於宣德丁未三月初三日
卒於弘治五年十一月二十八日今正德六年五月十一日遷
葬於聚寶門外羽林右衛所二郎岡之原如斯之故遂有厥銘
銘曰
生於大造　賦性醇妙　夫子不逸　能執婦道　不剛不柔
厥德有脩　享於中壽　葬於高丘　由今暨古　存歿難補
所生二男　一進內府　舊地未和　貴子慮多　新遷一穴
萬古不磨　江東朱浚鐫

二一九　明南京尚膳監幸公（福）母劉氏墓誌銘

正德六年（一五一一）五月十一日

石質。誌長五五、寬五六、厚一〇厘米。誌文二六行，滿行二五字。正書。周邊為纏枝卷草紋。誌文略有殘損。蓋佚。

一九四九年後出土，具體時、地不詳。二十世紀八九十年代徵集。現藏南京市博物館。

二二〇　明故荆門州儒學學正夏君（聰）墓誌銘

正德六年（一五一一）十月五日

石質。誌、蓋均長六一、寬六一、厚一〇厘米。蓋文三行，滿行三字。篆書。誌文三四行，滿行三五字。正書。誌輕度泐蝕，蓋右上角略有殘缺。誌文略有殘損。

一九四九年後出土，具體時、地不詳。南京市文物研究所徵集。二〇〇三年移交南京市博物館。現藏南京市博物館。

二二一　明故明威將軍南京錦衣衛指揮僉事徐君（伯寬）墓誌銘

正德六年（一五一一）十二月二十七日

石質。誌、蓋均長七四、寬七三、厚一三厘米。蓋文五行，滿行四字。篆書。誌文三五行，滿行三六字。正書。誌輕度泐蝕，左上角略有殘缺。誌文略有殘損。

二〇一一年南京市玄武區板倉街南大山徐伯寬夫婦墓出土。現藏南京市博物館。

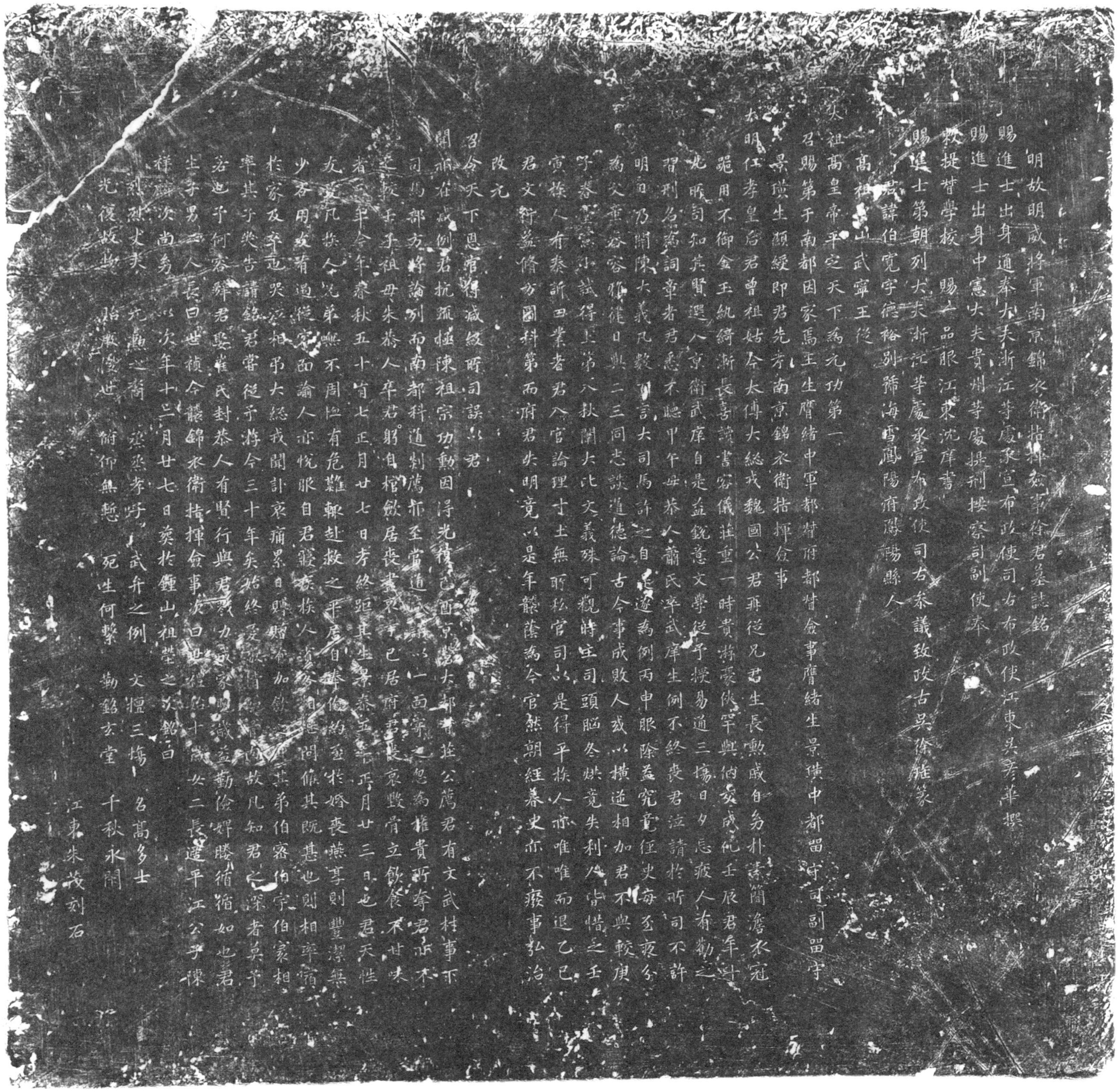

二二三二　明故處士盧翁克新（銘）墓誌銘

正德七年（一五一二）十月十二日

石質。誌長六〇、寬六一、厚九厘米。誌文三〇行，滿行三〇字。正書。誌泐蝕嚴重，斜向斷裂，誌文漫漶不清。蓋佚。

一九四九年後出土，具體時、地不詳。南京市文物研究所徵集。二〇〇三年移交南京市博物館。現藏南京市博物館。

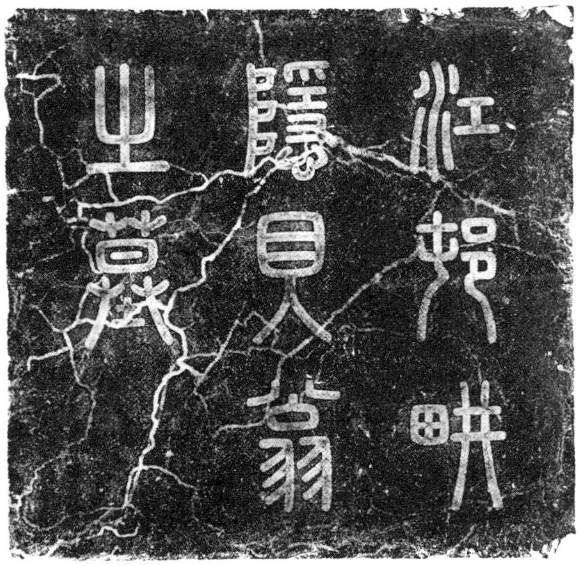

二二三　明耕隱翁貝宗璧（珙）墓誌銘

正德十年（一五一五）正月二日

石質。誌、蓋均長七五、寬七五、厚一三厘米。蓋文三行，滿行三字。篆書。誌文三三行，滿行三五字。正書。誌、蓋均泐蝕較重，誌文略有殘損。

一九四九年後出土，具體時、地不詳。二十世紀八九十年代徵集。現藏南京市博物館。

二二四　明故南京守備內官監太監余公（俊）墓誌銘

正德十二年（一五一七）二月二十日石質。誌長七六、寬七五、厚一三厘米。誌文三七行，滿行三八字。正書。周邊為卷雲紋。誌輕度泐蝕，誌文略有殘損。蓋佚。

一九八五年十一月，南京市雨花臺區油坊橋賈東村余俊墓出土。現藏南京市博物館。

二二五　明趙（世勳）母劉孺人墓誌銘

正德十二年（一五一七）九月十二日（卒）

石質。誌、蓋均長五八、寬五七、厚七厘米。蓋文三行，滿行四字。篆書。誌文三〇行，滿行三一字。正書。誌中部泐蝕較重，誌文漫漶不清。

一九四九年後出土，具體時、地不詳。一九六四年南京市雨花臺區徵集。現藏南京市博物館。

二二六 明故賓石處士姚君（蘭）墓誌銘

正德十二年（一五一七）閏十二月十三日

石質。誌、蓋均長七三、寬七二、厚一二厘米。蓋文三行，滿行三字。篆書。誌文二九行，滿行三一字。正書。誌輕度泐蝕，誌文略漫漶。

一九四九年後出土，具體時、地不詳。南京市文物研究所徵集。二〇〇三年移交南京市博物館。現藏南京市博物館。

二二七 明故貝（鵬）母毛孺人墓誌銘

正德十二年（一五一七）十二月十九日

石質。誌、蓋均長七三、寬七四、厚一〇厘米。蓋文三行，滿行三字。篆書。誌文二八行，滿行二八字。正書。蓋横向斷裂。

一九四九年後出土，具體時、地不詳。二十世紀八九十年代徵集。現藏南京市博物館。

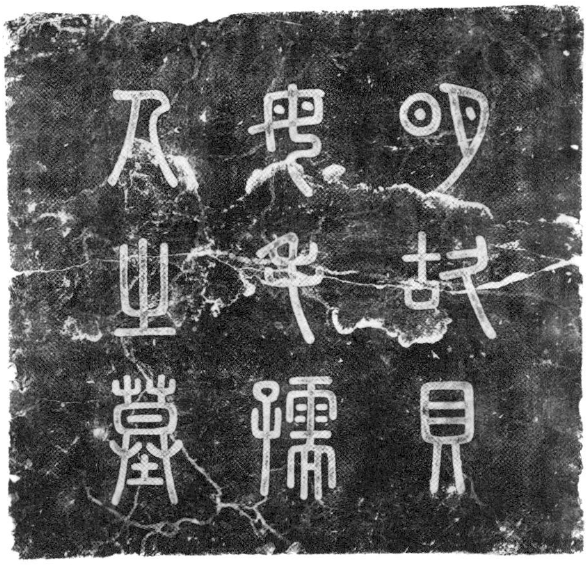

二二八　明故南京守備掌南京中軍都督府事太子太傅加贈光禄大夫右柱國太傅謚莊靖魏國徐公（俌）墓誌銘

正德十二年（一五一七）十二月二十日

石質。誌、蓋均長九八、寬九八、厚一五·五厘米。蓋文六行，滿行六字。篆書。周邊為卷雲紋。誌文四八行，滿行五二字。正書。周邊亦為卷雲紋。誌中部泐蝕較重，蓋縱向斷裂。誌文略漫漶不清。

一九七七年五月，南京市玄武區太平門外板倉村徐俌夫婦墓出土。現藏南京市博物館。

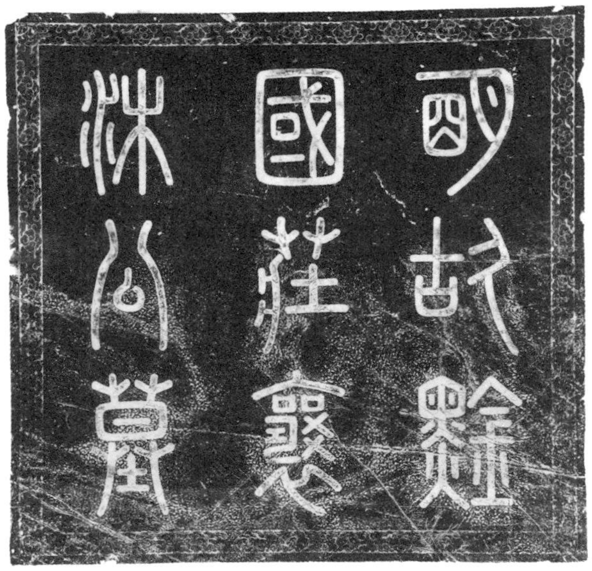

二二九　明故黔國莊襄沐公（崑）墓誌銘

正德十四年（一五一九）六月十八日（卒）

石質。誌、蓋均長一〇〇、寬一〇一、厚一八厘米。蓋文三行，滿行三字。篆書。周邊為卷雲紋。誌文四九行，滿行字數不詳。正書。周邊亦為卷雲紋。誌下半部泐蝕嚴重。誌文漫漶不清。

二〇一〇年南京市江寧區將軍山 M23 沐崑夫婦墓出土。現藏南京市博物館。

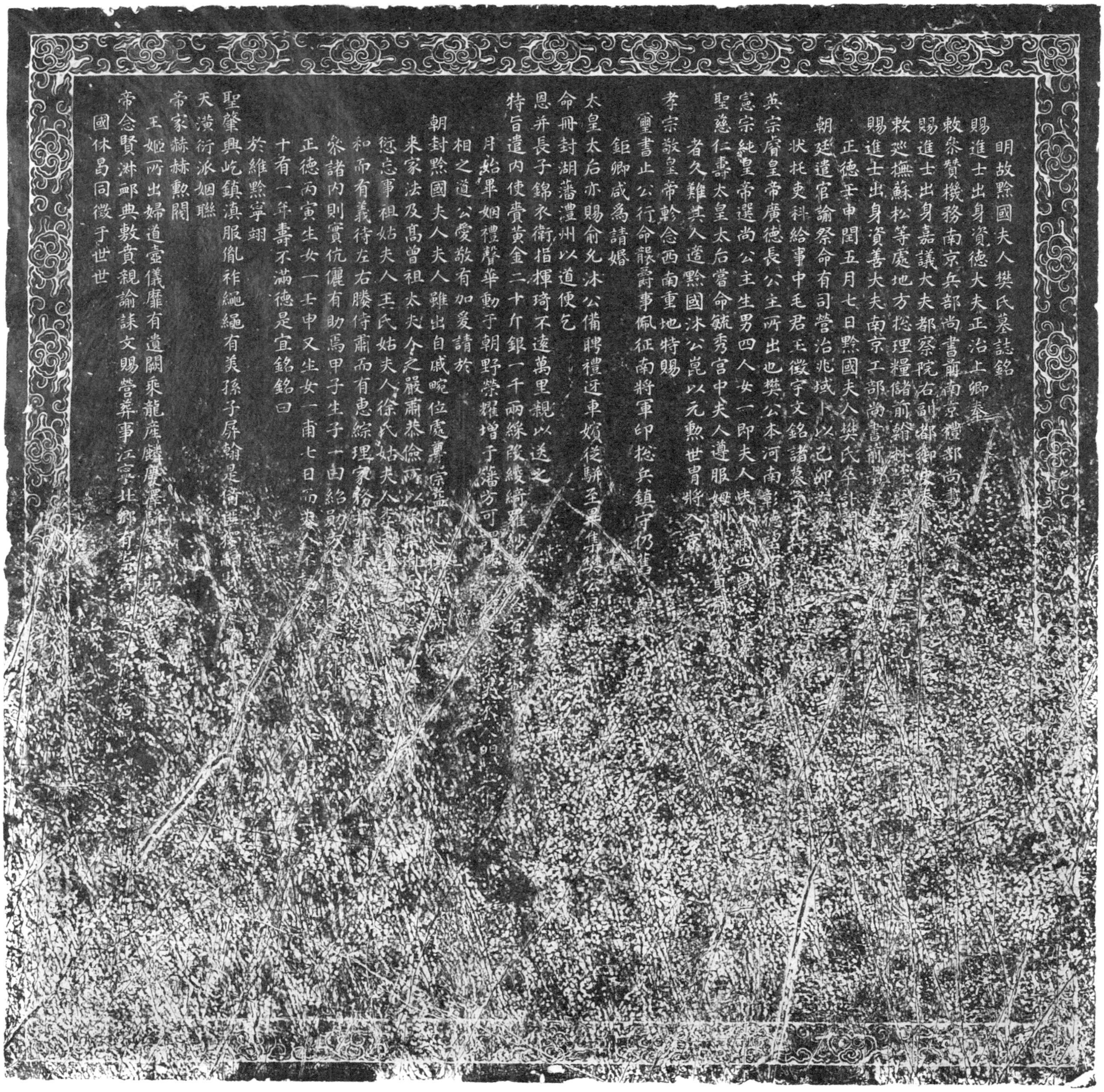

二三〇　明故黔國（沐崑）夫人樊氏墓誌銘

正德十四年（一五一九）六月二十三日

石質。誌、蓋均長五八、寬五七、厚七厘米。蓋文三行，滿行三字。篆書。周邊為卷雲紋。誌文三六行，滿行字數不詳。正書。周邊亦為卷雲紋。誌下半部泐蝕嚴重。誌文漫漶不清。

二〇一〇年南京市江寧區將軍山M23沐崑夫婦墓出土。現藏南京市博物館。

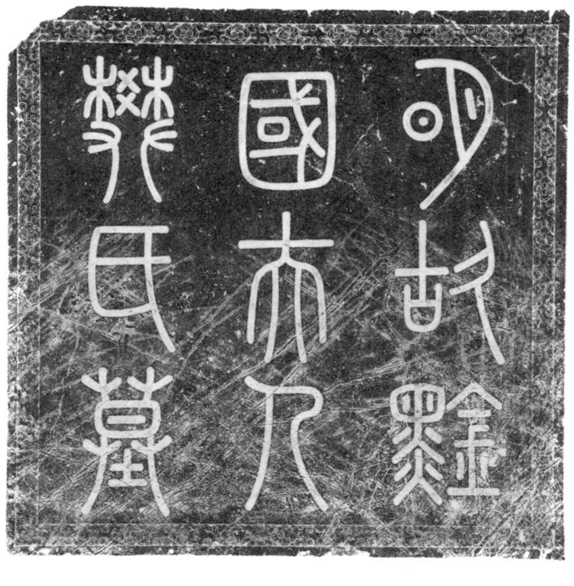

二三一　明故頤菴華翁（偉）偕妻湯孺人（妙福）墓誌銘

正德十五年（一五二〇）閏八月廿一日

石質。誌、蓋均長六四、寬六四、厚一〇厘米。蓋文四行，滿行三字。篆書。誌文三一行，滿行三三字。正書。誌輕度泐蝕，誌文略有殘損。

一九七九年南京市江寧區東山華偉夫婦墓出土。現藏南京市博物館。

二三二　明故漁樂林翁（綱）墓誌銘

嘉靖元年（一五二二）八月十七日

石質。誌、蓋均長五七、寬五七、厚八厘米。蓋文三行，滿行三字。篆書。誌文二五行，滿行二七字。正書。蓋斜向斷裂。

一九四九年後出土，具體時、地不詳。南京市文物研究所徵集。二〇〇三年移交南京市博物館。現藏南京市博物館。

二三三　明任信之妻韓氏（淑蘭）墓誌銘

嘉靖三年（一五二四）十二月二十日石質。誌、蓋均長五六、寬五五、厚七厘米。蓋文三行，滿行三字。篆書。誌文二三行，滿行二八字。正書。

一九四九年後出土，具體時、地不詳。南京市文物研究所徵集。二〇〇三年移交南京市博物館。現藏南京市博物館。

二三四　明故雲南副總兵官都督同知沐公（瓚）夫人劉氏（瑞）墓誌銘

嘉靖三年（一五二四）十二月二十四日

石質。誌、蓋均長七七、寬七七、厚一三厘米。蓋文四行，滿行四字。篆書。周邊為卷雲紋。誌文二九行，滿行三二字。正書。周邊亦為卷雲紋。誌泐蝕較重，誌文略漫漶不清。

二〇〇五年五月，南京市江寧區將軍山沐瓚夫婦墓出土。現藏南京市博物館。

二三五　明徐（世禮）母崔太恭人墓誌銘

嘉靖七年（一五二八）九月三日

石質。誌、蓋均長七三、寬七二、厚一一厘米。蓋文五行，滿行五字。篆書。誌文二三行，滿行二三字。正書。

二〇一一年南京市玄武區太平門外板倉街南大山M2徐世禮母墓出土。現藏南京市博物館。

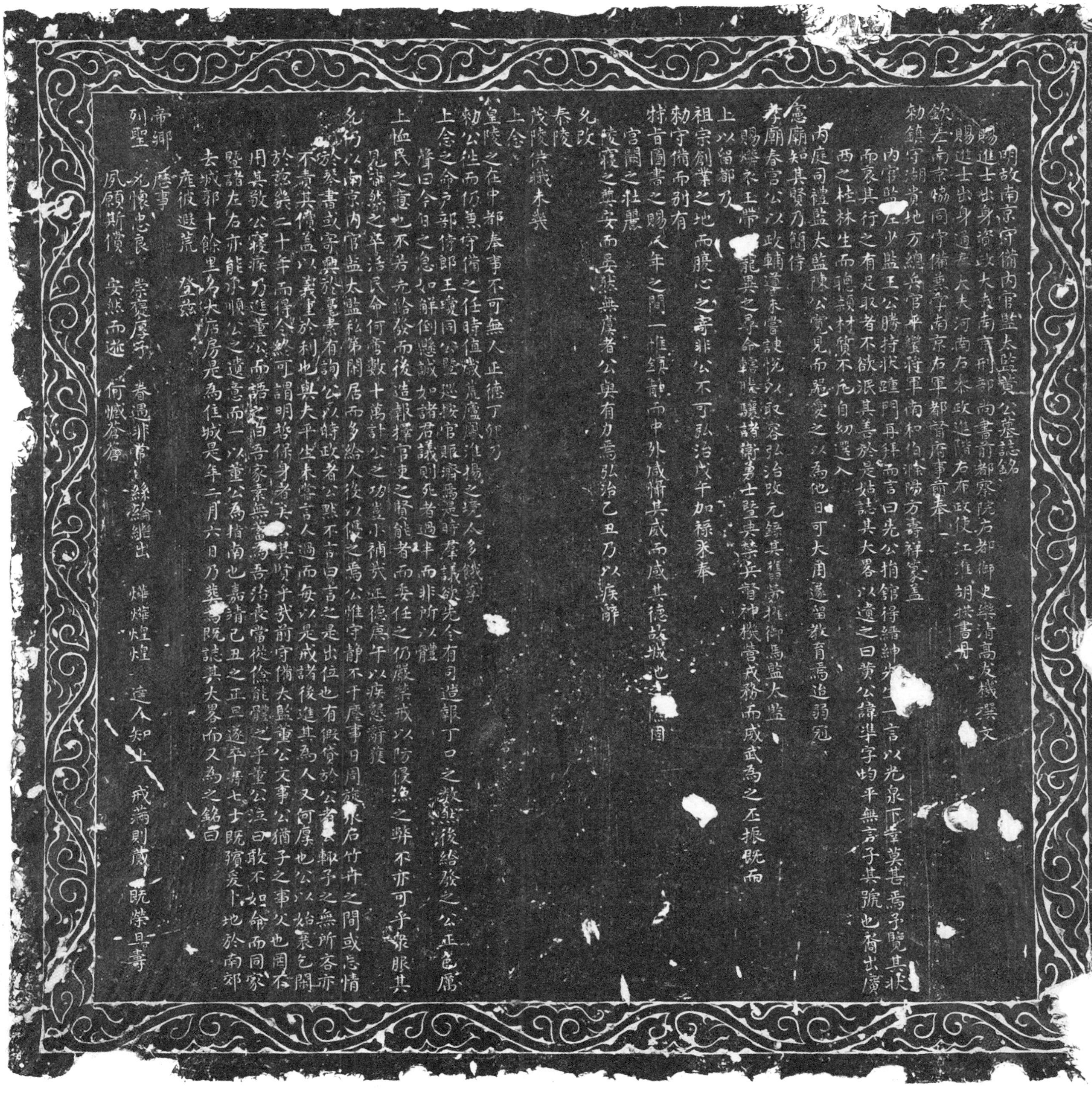

二三六　明故南京守備內官監太監黃公（準）墓誌銘

嘉靖八年（一五二九）二月六日

石質。誌、蓋均長六九、寬七〇、厚一二厘米。蓋文四行，滿行四字。篆書。周邊為纏枝卷草紋。誌文三九行，滿行四三字。正書。周邊亦為纏枝卷草紋。誌文略有殘損。蓋右下角斷裂。

一九四九年後出土，具體時、地不詳。二〇〇九年徵集。現藏南京市博物館。

二三七　明故徐（世禮）恭人周氏墓誌銘

嘉靖八年（一五二九）十二月二十日石質。誌、蓋均長七五、寬七四、厚一一厘米。蓋文四行，滿行五字。篆書。誌文二五行，滿行二五字。正書。誌右邊中部殘缺。誌文略有殘缺。

二〇一一年南京市玄武區太平門外板倉街南大山M1徐世禮夫婦墓出土。現藏南京市博物館。

二三八　明故前御馬監太監游公（孜）墓誌銘

嘉靖十一年（一五三二）正月十八日石質。誌長五五、寬五五、厚八厘米。誌文二五行，滿行二八字。正書。周邊為纏枝卷草紋。

一九四九年後出土，具體時、地不詳。二十世紀五六十年代徵集。現藏南京市博物館。

二三九　明故南京御馬監太監王公（潤）墓誌銘

嘉靖十二年（一五三三）正月二十四日

石質。誌長六五、寬六五、厚九厘米；蓋殘長四九、寬六五、厚一〇厘米。蓋文四行，滿行四字。篆書。周邊為纏枝卷草紋。誌文三二行，滿行三八字。正書。周邊亦為纏枝卷草紋。蓋上部斷佚。

一九四九年後出土，具體時、地不詳。二十世紀八九十年代徵集。現藏南京市博物館。

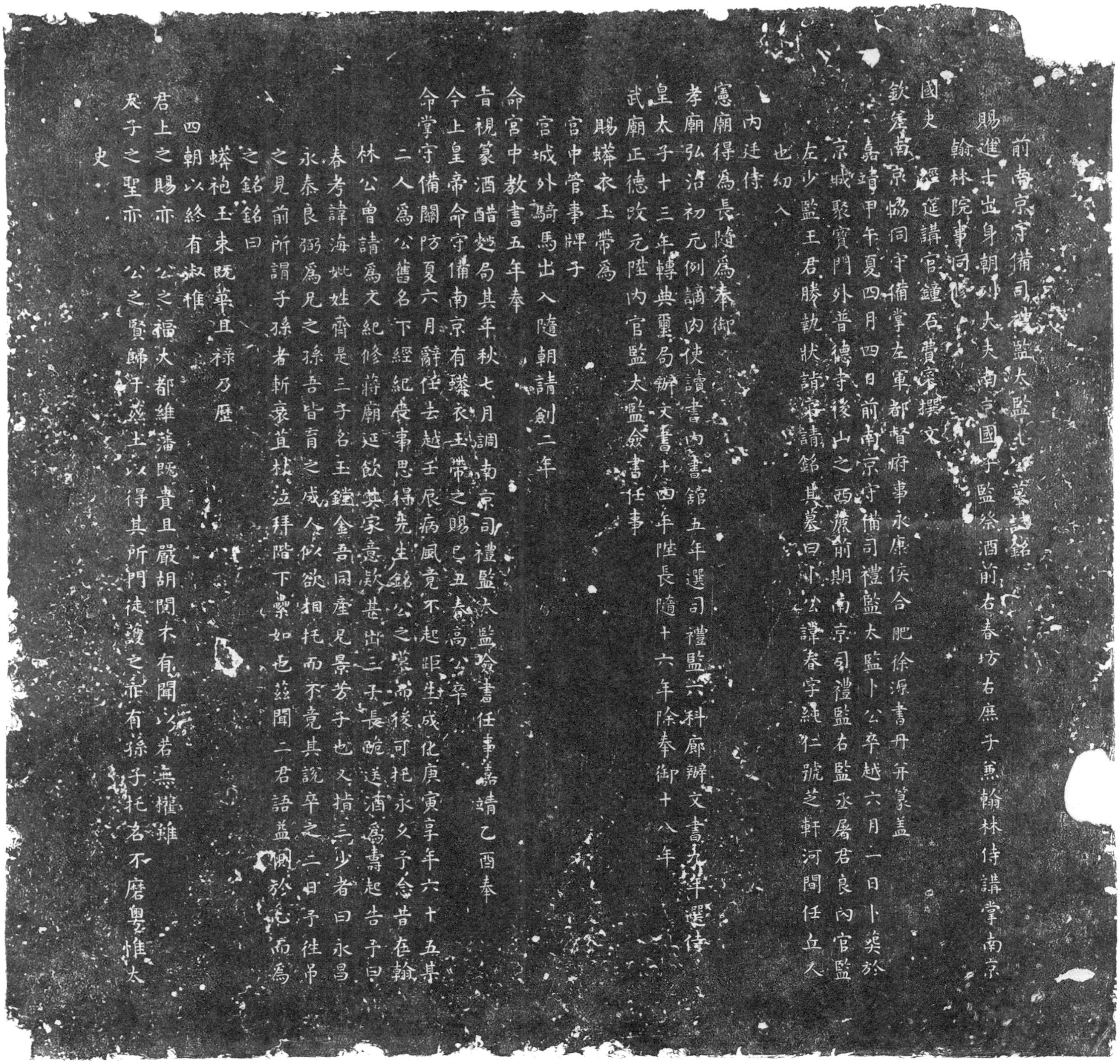

二四〇 明前南京守備司禮監太監卜公（春）墓誌銘

嘉靖十三年（一五三四）六月一日石質。誌、蓋均長六六、寬六五、厚九厘米。蓋文四行，滿行四字。篆書。誌文三二行，滿行三二字。正書。誌文略有殘損。

一九四九年後出土，具體時、地不詳。二十世紀八九十年代徵集。現藏南京市博物館。

二四一　明亡弟洛瞻（司马嵩）墓誌銘

嘉靖十五年（一五三六）閏十二月九日

石質。誌、蓋均長五五、寬五五、厚一〇厘米。蓋文三行，滿行三字。篆書。誌文二五行，滿行二五字。正書。誌泐蝕嚴重，誌文漫漶不清。

一九四九年後出土，具體時、地不詳。南京市文物研究所徵集。二〇〇三年移交南京市博物館。現藏南京市博物館。

二四二　明故處士劉仁甫（浩）暨配張氏合葬墓誌銘

嘉靖十八年（一五三九）十二月九日石質。誌長六〇、寬六〇、厚一〇厘米。誌文二八行，滿行三四字。正書。誌輕度泐蝕，誌文略有殘損。蓋佚。

一九四九年後出土，具體時、地不詳。二十世紀八九十年代徵集。現藏南京市博物館。

二四三　明故南京守備司禮監太監潘公（真）墓誌銘

嘉靖二十二年（一五四三）九月二十五日

石質。誌、蓋均長七八、寬七八、厚一二厘米。蓋文四行，滿行四字。篆書。誌文三五行，滿行四〇字。正書。誌縱向斷裂，左下角斷佚。誌文略有殘損。

一九八五年十一月，南京市雨花臺區油坊橋賈東村潘真墓出土。現藏南京市博物館。

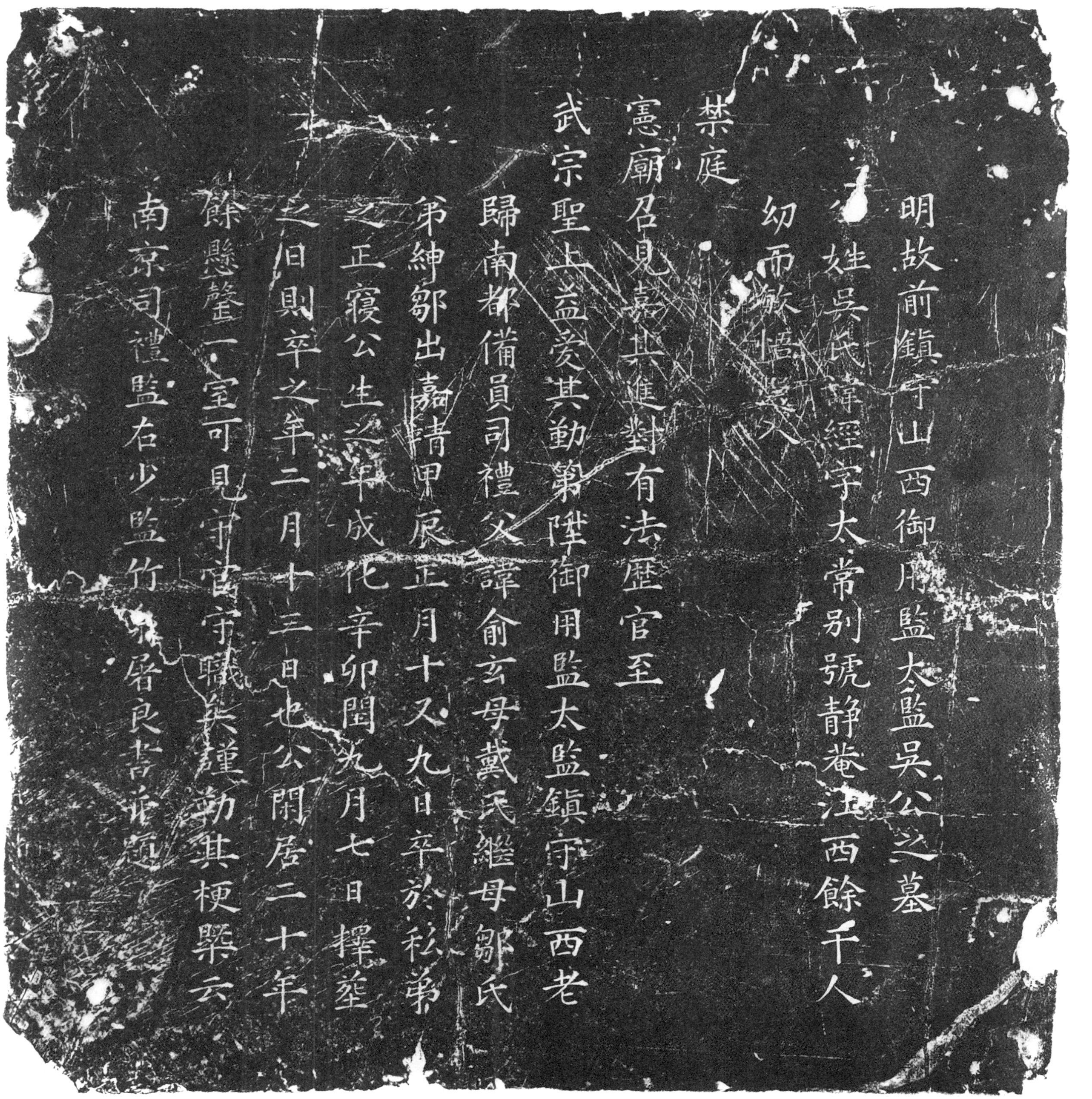

二四四　明故前鎮守山西御用監太監吴公（經）墓誌

嘉靖二十三年（一五四四）二月十三日

石質。誌、蓋均長四八、寬四七、厚七厘米。蓋文四行，滿行四字。篆書。誌文一二行，滿行二〇字。正書。

一九六六年南京市雨花臺區大定坊馬家山吴經墓出土。現藏南京市博物館。

二四五　明故貢士顧君石洲懋涵(嶼)墓誌銘

嘉靖二十三年（一五四四）五月八日（卒）

石質。誌、蓋均長七一、寬六八、厚一二厘米。蓋文三行，滿行三字。篆書。誌文二五行，滿行三二字。正書。有界格。周邊爲單綫框。誌左下部泐蝕較重，誌文漫漶不清。

一九四九年後出土，具體時、地不詳。一九六六年徵集。現藏南京市博物館。

二四六　明誥封明威將軍南京錦衣衛指揮僉事桂亭徐公（世禮）墓誌銘

嘉靖二十三年（一五四四）十一月九日

石質。誌、蓋均長七三、寬七四、厚一三厘米。蓋文六行，滿行四字。篆書。誌文二七行，滿行三四字。正書。

二〇一一年南京市玄武區太平門外板倉街南大山M1徐世禮夫婦墓出土。現藏南京市博物館。

二四七　明故福建福州府儒學教授淩君（雲）墓誌銘

嘉靖二十四年（一五四五）十二月十七日

石質。誌、蓋均長六一、寬六〇、厚八厘米。蓋文四行，滿行四字。篆書。誌文三三行，滿行三八字。正書。誌輕度泐蝕，縱向斷裂。誌文略有殘損。

一九四九年後出土，具體時、地不詳。南京市文物研究所徵集。二〇〇三年移交南京市博物館。現藏南京市博物館。

二四八　明故資政大夫南京刑部尚書顧公（璘）墓誌銘

嘉靖二十五年（一五四六）二月二十七日

石質。誌、蓋均長七〇、寬七〇、厚一三厘米。蓋文四行，滿行四字。篆書。周邊為單綫框。誌文五六行，滿行六三字。正書。有界格，周邊亦為單綫框。

一九四九年後出土，具體時、地不詳。二十世紀六十年代徵集。現藏南京市博物館。

二四九　明故封文林郎順天府懷柔縣知縣東憑汪公（泰）墓誌銘

嘉靖二十七年（一五四八）十二月十三日

石質。誌長六六、寬六六、厚一〇厘米。誌文三一行，滿行三五字。正書。誌輕度泐蝕，誌文略有殘損。蓋佚。

一九四九年後出土，具體時、地不詳。南京市文物研究所徵集。二〇〇三年移交南京市博物館。現藏南京市博物館。

二五〇　明故處士南臺歸君（鳳）墓誌銘

嘉靖三十年（一五五一）十二月十九日

石質。誌、蓋均長六一、寬六一、厚八厘米。蓋文四行，滿行三字。篆書。誌文三二行，滿行三三字。正書。誌斷裂，輕度泐蝕。部分誌文漫漶。

一九四九年後出土，具體時、地不詳。二十世紀八九十年代徵集。現藏南京市博物館。

二五一　明故敕封承德郎南京吏部驗封司主事先君柳塘翁（黄鍾）墓誌

嘉靖三十三年（一五五四）閏十一月十一日

石質。誌長六三、寬六四、厚九厘米。誌文三六行，滿行五〇字。正書。誌輕度泐蝕，誌文略有殘損。

一九四九年後出土，具體時、地不詳。二十世紀八九十年代徵集。現藏南京市博物館。

二五二　明黔國（沐朝輔）太夫人孫氏墓誌銘

嘉靖三十四年（一五五五）（卒）

石質。誌、蓋均長六三、寬六三、厚八厘米。蓋文四行，滿行三字。篆書。周邊為卷雲紋。誌文僅存三五行，滿行四六字。正書。周邊亦為卷雲紋。蓋斜向斷為二塊，蓋文略有殘損。誌斜向斷裂，僅存二塊，右邊中部斷佚，誌文殘缺不全。

一九四九年後出土，具體時、地不詳。二〇〇九年南京市江寧區徵集。現藏南京市博物館。

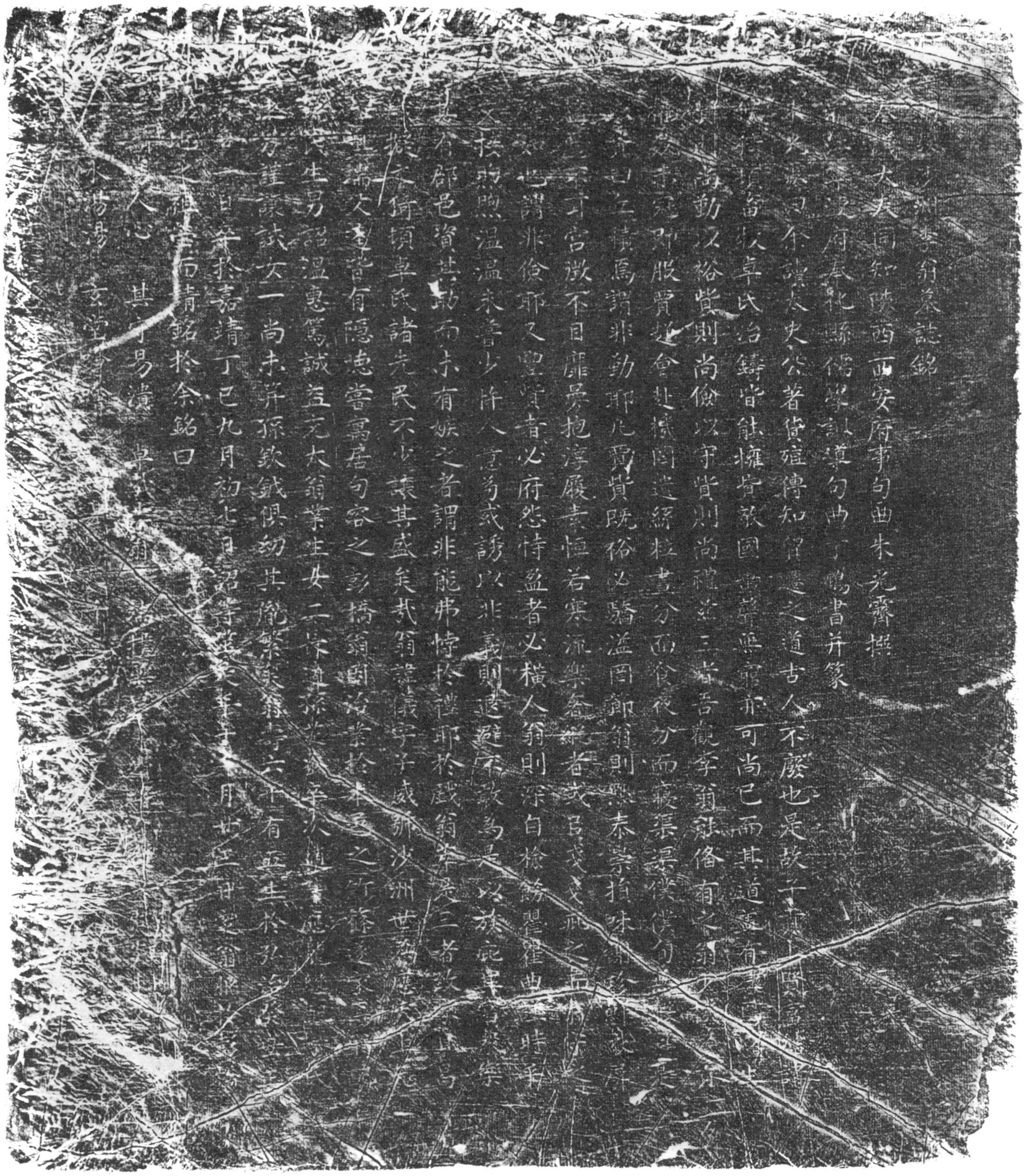

二五三　明故沙洲李翁（儀）墓誌銘

嘉靖三十六年（一五五七）十二月二十三日

石質。誌、蓋均長四七、寬四〇、厚六厘米。蓋文三行，滿行三字。篆書。誌文二〇行，滿行三二字。正書。誌輕度泐蝕，誌文略漫漶。

一九四九年後出土，具體時、地不詳。南京市文物研究所徵集。二〇〇三年移交南京市博物館。現藏南京市博物館。

二五四　明濟南府知府前監察御史西虹司馬公（泰）墓誌銘

嘉靖四十二年（一五六三）九月二十一日

石質。誌長六七、寬六七、厚一一厘米。誌文四三行，滿行五二字。正書。有界欄。周邊為單綫框。誌中部泐蝕較重，右上邊殘缺。誌文漫漶、殘缺不全。蓋佚。

一九四九年後出土，具體時、地不詳。南京市文物研究所徵集。二〇〇三年移交南京市博物館。現藏南京市博物館。

二五五　明故宇（深）母厲夫人墓誌銘

嘉靖四十四年（一五六五）十二月九日

石質。誌、蓋均長六九、寬六八、厚九厘米。蓋文三行，滿行三字。篆書。誌文三五行，滿行四五字。正書。誌泐蝕嚴重，誌文漫漶不清。

一九四九年後出土，具體時、地不詳。南京市文物研究所徵集。二〇〇三年移交南京市博物館。現藏南京市博物館。

二五六　明奉直大夫南京工部營繕清吏司員外郎佩庭劉公（安節）墓誌銘

隆慶元年（一五六七）十月三日

石質。誌、蓋均長五九、寬五九、厚九厘米。蓋文五行，滿行五字。篆書。誌文三二行，滿行四〇字。正書。誌輕度泐蝕，誌文略有殘損。

一九四九年後出土，具體時、地不詳。二十世紀八九十年代徵集。現藏南京市博物館。

二五七　明誥封大總兵南寧伯兩山毛公（良）配夫人鄭氏合葬墓誌銘

隆慶元年（一五六七）十月十六日

石質。誌長六七、寬六五、厚九厘米。誌文四二行，滿行五〇字。正書。誌清度泐蝕，誌文略有殘損。蓋佚。

一九四九年後出土，具體時、地不詳。一九六六年徵集。現藏南京市博物館。

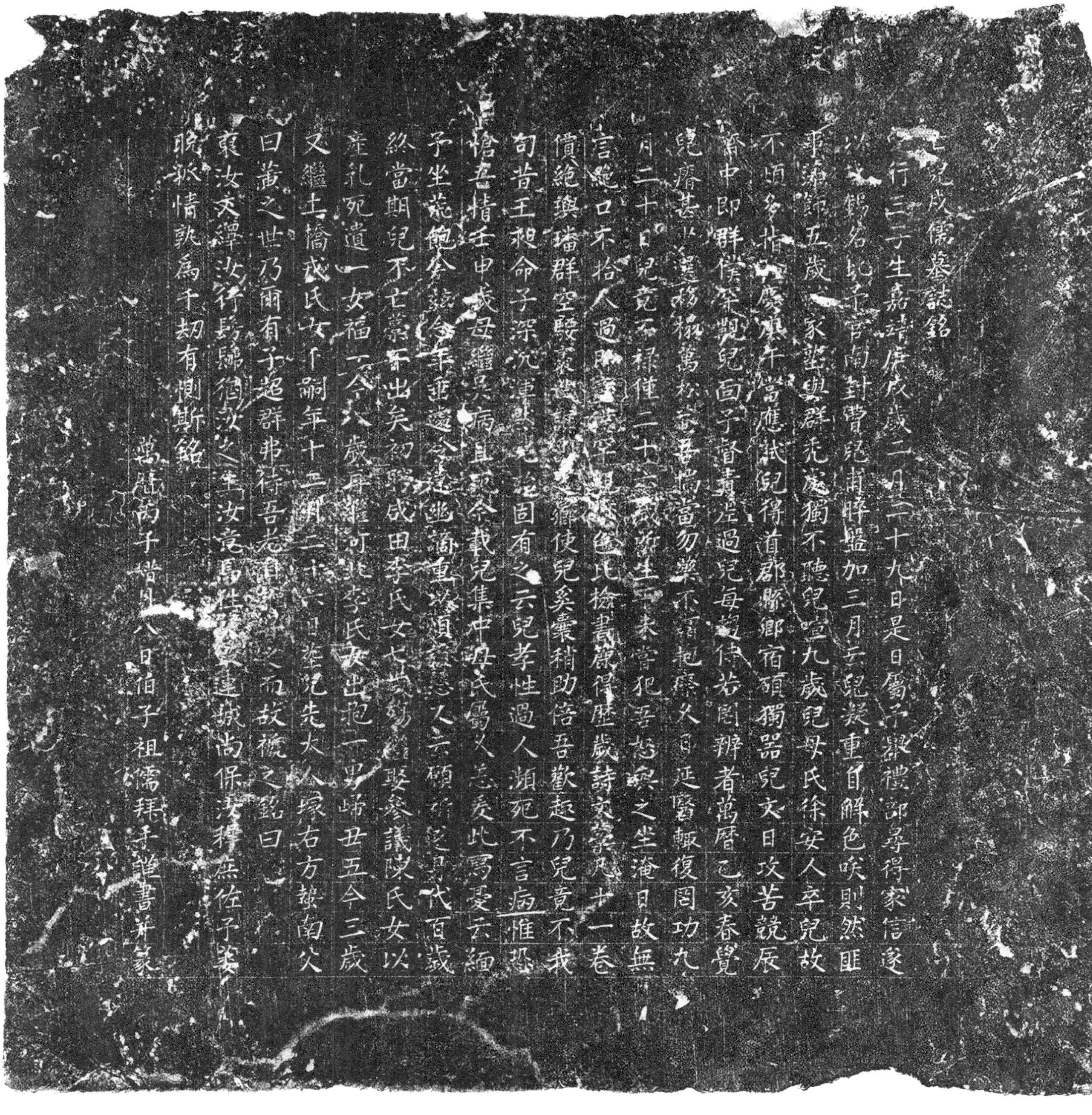

二五八　明亡兒（黄）戌儒墓誌銘

萬曆四年（一五七六）十二月二十六日

石質。誌、蓋均長四六、寬四七、厚七厘米。蓋文四行，滿行二字。篆書。誌文二〇行，滿行二八字。正書。有界格。周邊為單綫框。誌輕度泐蝕，誌文略有殘損。

一九四九年後出土，具體時、地不詳。二十世紀八九十年代徵集。現藏南京市博物館。

二五九　明鴻臚序班秋澗姚君（渮）繼室王孺人墓誌銘

萬曆七年（一五七九）三月十九日（卒）

石質。誌、蓋合為二方。均長二八、寬約七一、厚約九厘米。第一方右為蓋文，四行，滿行四字。篆書。有界格。餘為誌文，共六八行，滿行一八字。正書。有界欄。第二方泐蝕嚴重，誌文漫漶不清。

一九四九年後出土，具體時、地不詳。南京市文物研究所徵集。二〇〇三年移交南京市博物館。現藏南京市博物館。

二六〇 明故鎮守雲南總兵官征南將軍黔國公沐公（朝弼）墓誌銘

萬曆八年（一五八〇）

石質。誌、蓋均長九六、寬九六、厚一四。蓋文五行，滿行五字。篆書。周邊為卷雲紋。誌文三九行，滿行字數不詳。正書。周邊亦為卷雲紋。誌、蓋下半部均泐蝕嚴重。誌文漫漶不清。

二〇〇六年南京市江寧區將軍山M11沐朝弼夫婦墓出土。現藏南京市博物館。

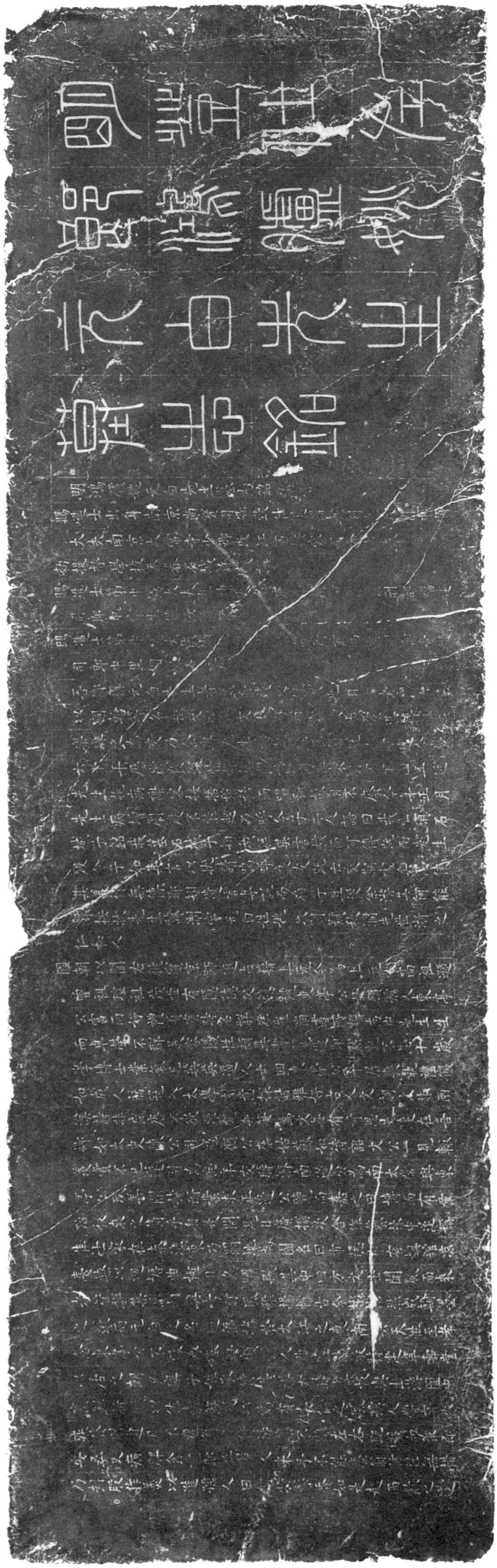

二六一　明鴻臚姚元白先生（淛）墓誌銘

萬曆十四年（一五八六）十一月二十三日

石質。誌、蓋合為一方。均長二九、寬九四、厚八厘米。第一方右為蓋文，四行，滿行四字。篆書。有界格。餘為誌文，共九六行，滿行二二字。正書。有界欄。

誌輕度泐蝕，誌文略有殘損。

一九四九年後出土，具體時、地不詳。南京市文物研究所徵集。二〇〇三年移交南京市博物館。現藏南京市博物館。

二六二　明魏國公徐公（邦瑞）墓誌銘

萬曆十六年（一五八八）（卒）

石質。誌長九二、寬九二、厚一三厘米。誌文約五〇行，滿行約五〇字。正書。上、下二邊為雙龍戲珠紋，左、右二邊為單龍戲珠紋。誌泐蝕嚴重，誌文漫漶不清。蓋佚。

一九四九年後出土，具體時、地不詳。二〇〇四年徵集。現藏南京市博物館。

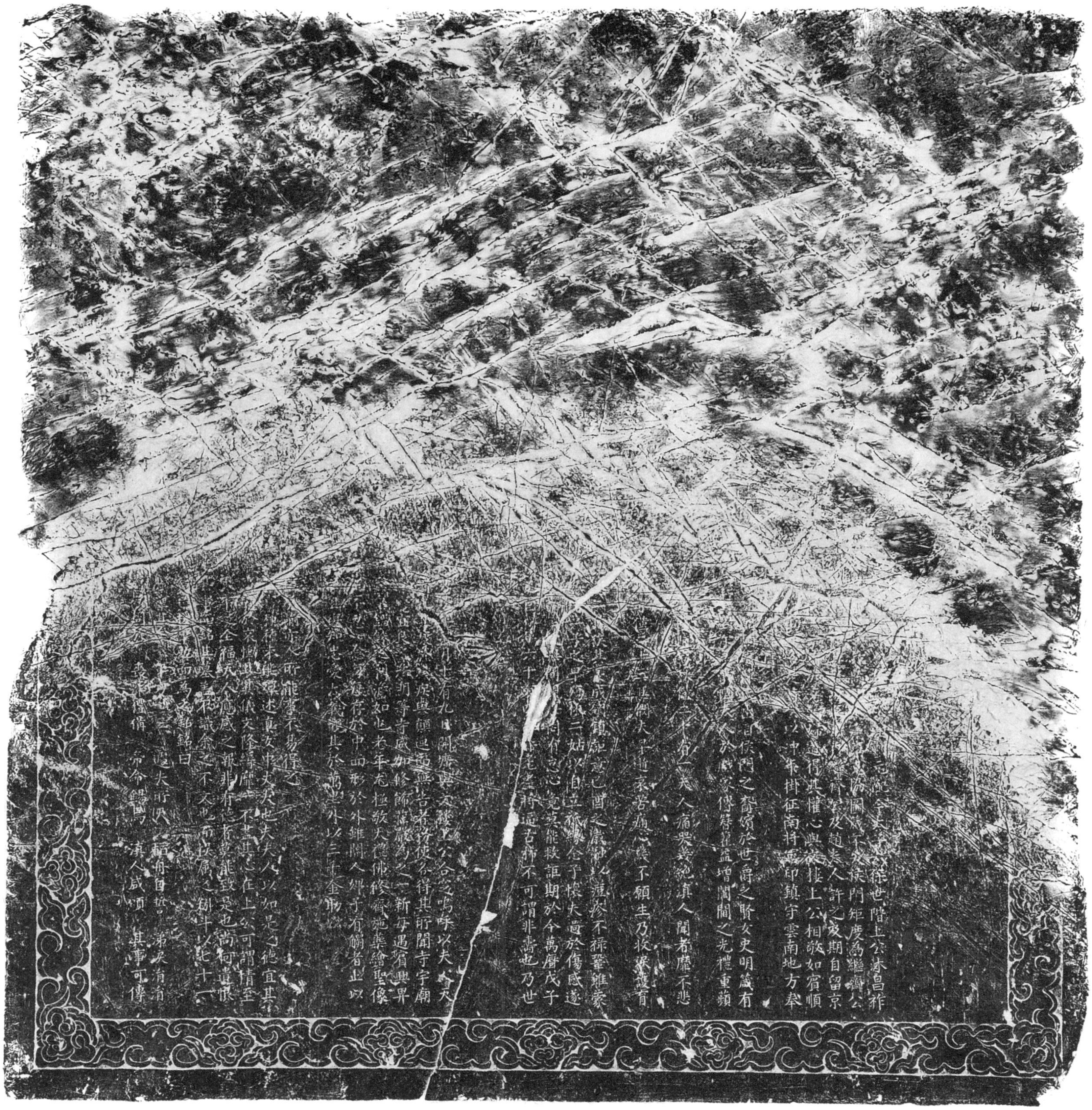

二六三　明黔國（沐朝輔）夫人陳氏墓誌銘

萬曆十六年（一五八八）後

石質。誌長七六、寬七二、厚一三厘米。誌文存三五行，行存一四至二二字不等。正書。周邊為卷雲紋。誌上半部泐蝕嚴重，誌文漫漶不清。

一九七九年南京市江寧區將軍山M4沐朝輔夫婦墓出土。現藏南京市博物館。

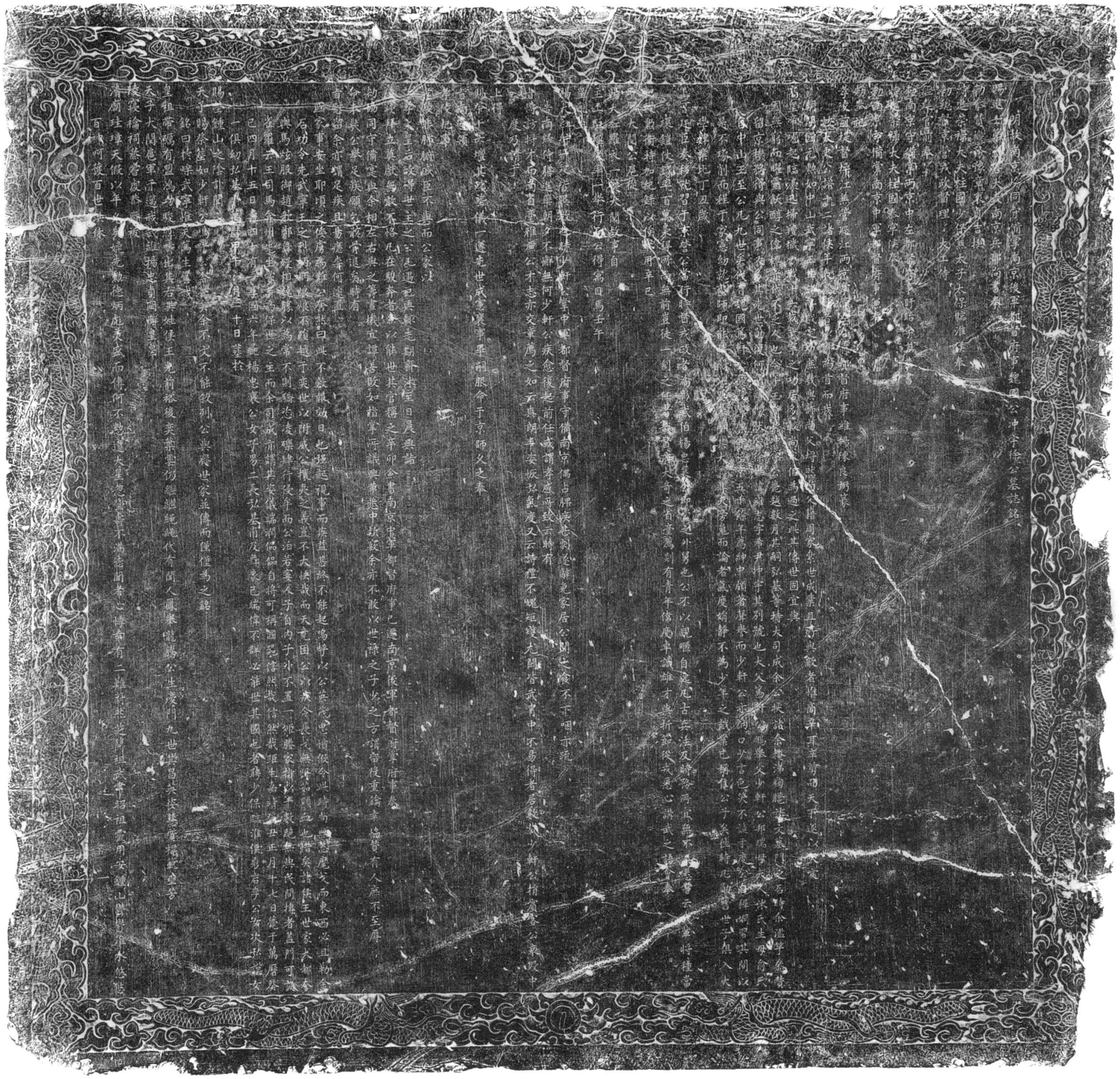

二六四 明故南京協同守備掌南京後軍都督府事魏國公沖宇徐公（維志）墓誌銘

萬曆二十二年（一五九四）八月二十日

石質。誌、蓋均長九五、寬九五、厚一五厘米。蓋文六行，滿行五字。篆書。周邊為二龍戲珠及雲紋。誌文五四行，滿行六〇字，正書。周邊亦為二龍戲珠及雲紋。誌多處斷裂，輕度泐蝕，蓋左下角略有殘缺。誌文略漫漶。

一九四九年後出土，具體時、地不詳。二十世紀八九十年代徵集。現藏南京市博物館。

二六五　明故蒲園武君（煦）暨配徐孺人合葬墓誌銘

萬曆二十三年（一五九五）十一月十六日

石質。誌長六二、寬六二、厚九厘米；蓋殘長五〇、寬六二、厚九厘米。蓋文四行，滿行三字。篆書。誌文三二行，滿行三九字。正書。誌輕度泐蝕，誌文略有殘損。蓋多處斷裂，上部及左中部斷佚，蓋文殘缺不全。

二〇〇八年南京市溧水區柘塘孫家村M1武煦夫婦墓出土。現藏南京市博物館。

二六六　明重建前元故玉泉宮處士（濟□）墓誌銘

萬曆三十年（一六〇二）十一月一日

（重建）

石質。碑形。誌長一九二、寬八八、厚二三厘米。上為額文，三行，滿行三字。篆書。額二邊為玄鳥、天馬紋。下為誌文，共二一行，滿行三八字。正書。周邊為纏枝草葉紋。誌側另有款識二行，滿行一三字。正書。誌泐蝕較重，誌文略漫漶。

一九四九年後出土，具體時、地不詳。二十世紀八九十年代徵集。現藏南京市博物館。

二六七　明故處士斗山李公（仟）墓誌銘

萬曆三十一年（一六〇三）九月二十日

石質。誌、蓋均長三四、寬三五、厚四厘米。蓋文一行，滿行七字。正書。誌文二二行，滿行二二字。正書。有界欄。周邊為單綫框。

一九四九年後出土，具體時、地不詳。二十世紀八九十年代徵集。現藏南京市博物館。

二六八　明宗室齊王(朱榑)六世孫(朱慶寨)母陳孺人墓誌銘蓋

萬曆三十二年(一六〇四)前

石質。蓋長六三、寬六二、厚一〇厘米。蓋文四行，滿行四字。篆書。誌佚。

一九四九年後出土，具體時、地不詳。南京市文物研究所徵集。二〇〇三年移交南京市博物館。現藏南京市博物館。

二六九　明宗室齊王（朱榑）七世孫虹津公（朱睿焞）墓誌銘

萬曆三十二年（一六〇四）十一月二十六日

石質。誌、蓋均長七〇、寬七〇、厚約一一厘米。蓋文四行，滿行四字。篆書。誌文三七行，滿行四〇字。正書。

一九四九年後出土，具體時、地不詳。一九八六年南京市雨花臺區鐵心橋徵集。現藏南京市博物館。

二七〇　明昭武將軍上輕車都尉指揮使徐公（鏜）墓誌銘

萬曆三十五年（一六〇七）十二月二日

石質。誌、蓋均長五七、寬六一、厚一三厘米。蓋文五行，滿行五字。篆書。誌文三二行，滿行三二字。正書。誌、蓋均輕度泐蝕，誌文略有殘損。

一九六五年南京市玄武區吉祥庵徐鏜墓出土。現藏南京市博物館。

二七一 明黔國公（沐昌祚）太夫人程氏墓誌銘

萬曆三十七年（一六〇九）四月二十八日

石質。誌、蓋均長八九、寬八九、厚一三厘米。蓋文四行，滿行三字。篆書。周邊為卷雲紋。誌文四一行，滿行五一字。正書。周邊亦為卷雲紋。誌輕度泐蝕，部分誌文漫漶不清。

二〇〇六年南京市江寧區將軍山M11沐朝弼夫婦墓出土。現藏南京市博物館。

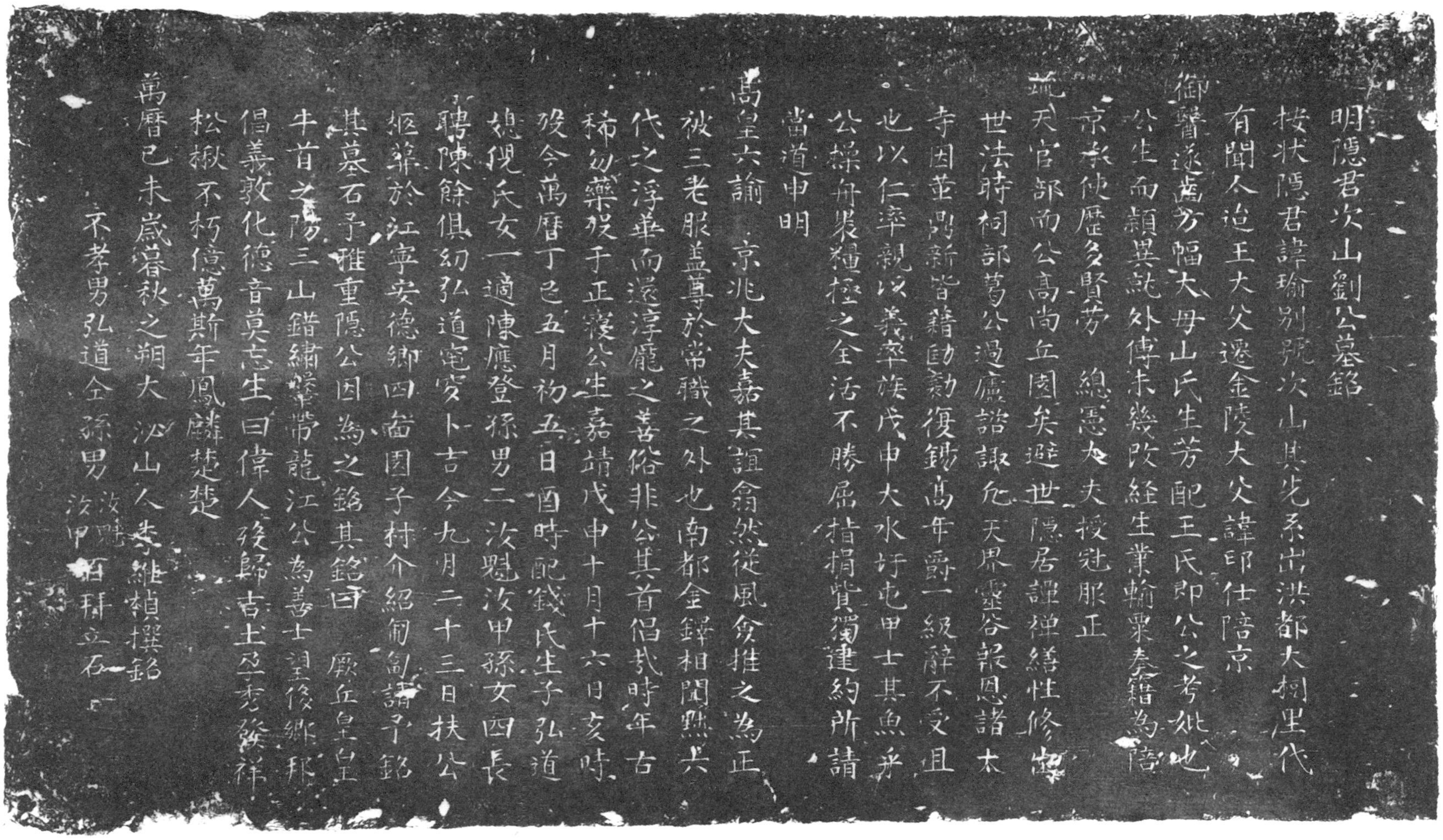

二七二　明隱君次山劉公（瑜）墓銘

萬曆四十七年（一六一九）九月二十三日

石質。銘長三〇、寬四九、厚五厘米。銘文二六行，滿行二一字。正書。

一九四九年後出土，具體時、地不詳。南京市文物研究所徵集。二〇〇三年移交南京市博物館。現藏南京市博物館。

二七三　明故葉（兆登）母劉氏孺人墓誌銘

天啓三年（一六二三）正月六日

石質。二方，均長三五、寬三六、厚八厘米。誌文均一五行，滿行一四字。正書。一九四九年後出土，具體時、地不詳。二十世紀六十年代徵集。現藏南京市博物館。

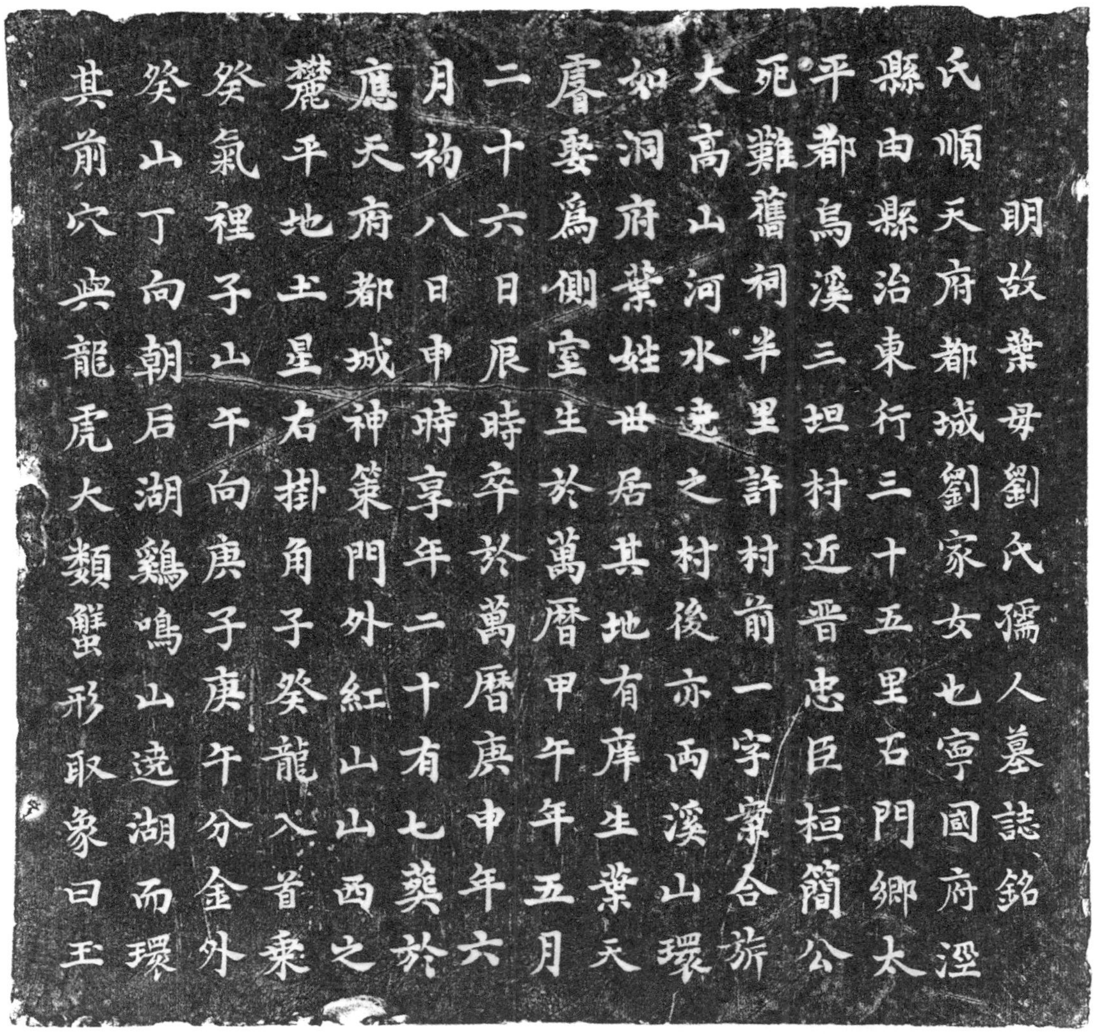

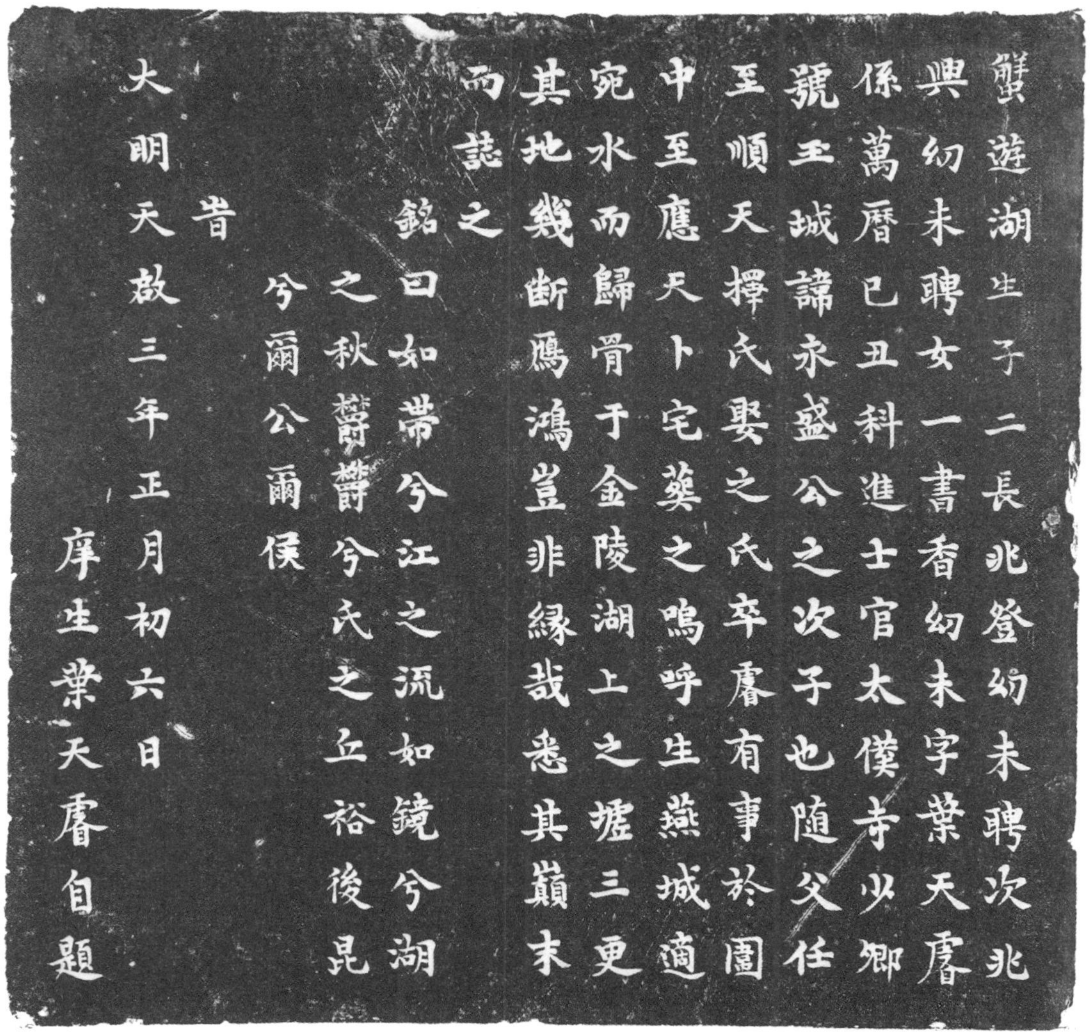

二七四　明黔國公沐啓元墓誌銘

崇禎三年（一六三〇）（卒）

石質。誌長一〇三、寬一〇一、厚八厘米。誌文殘存三二行，滿行字數不詳。正書。周邊為雙龍戲珠及雲紋。誌上部泐蝕嚴重，誌文漫漶不清。

一九七四年南京市江寧區將軍山M3沐啓元墓出土。現藏南京市博物館。

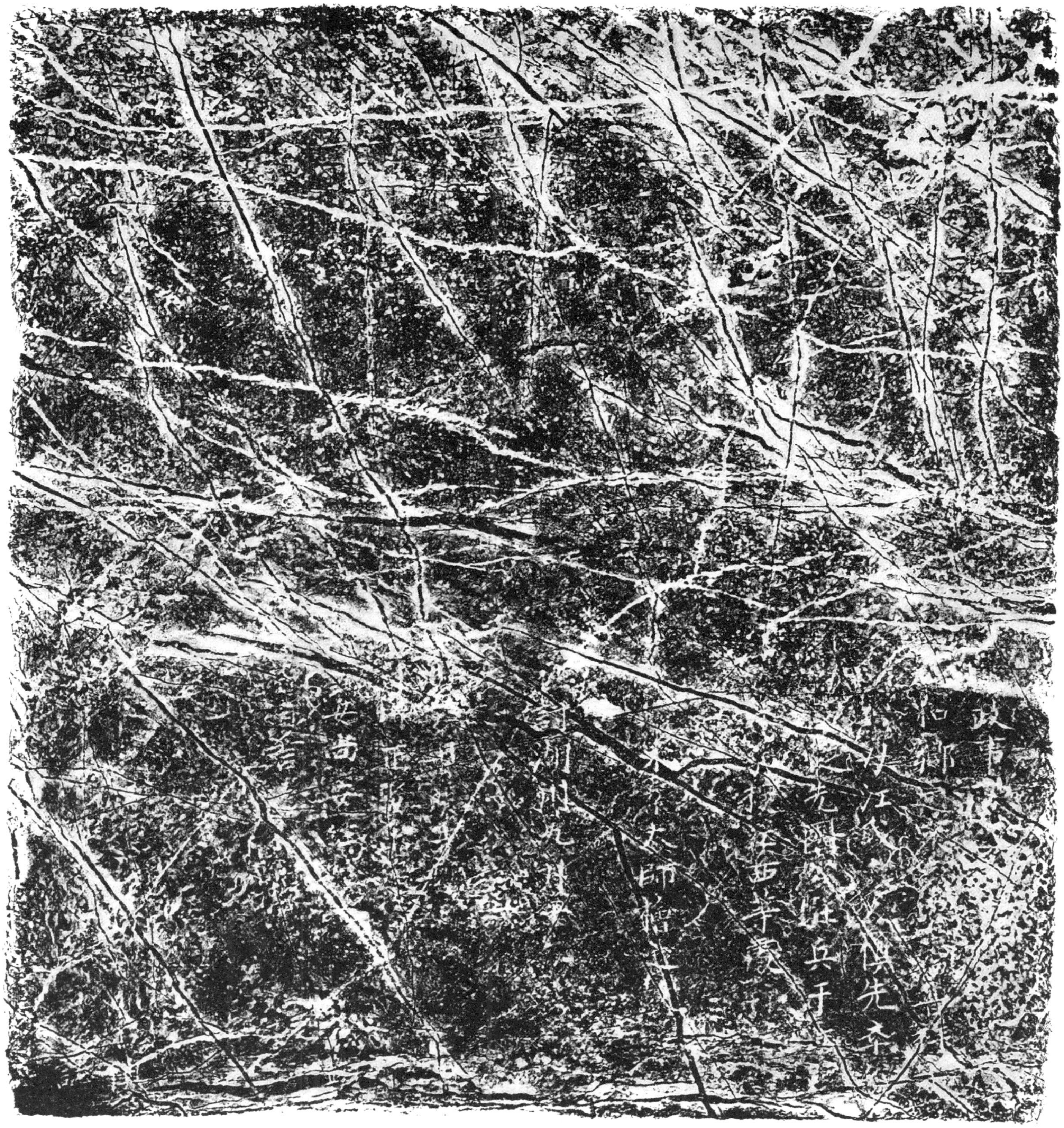

二七五　明佚名墓誌

崇禎十七年（一六四四）前

石質。誌長三五、寬三八、厚七厘米。誌文殘存一六行，滿行字數不詳。正書。誌泐蝕嚴重，誌文漫漶不清。

一九四九年後出土，具體時、地不詳。二十世紀八九十年代徵集。現藏南京市博物館。

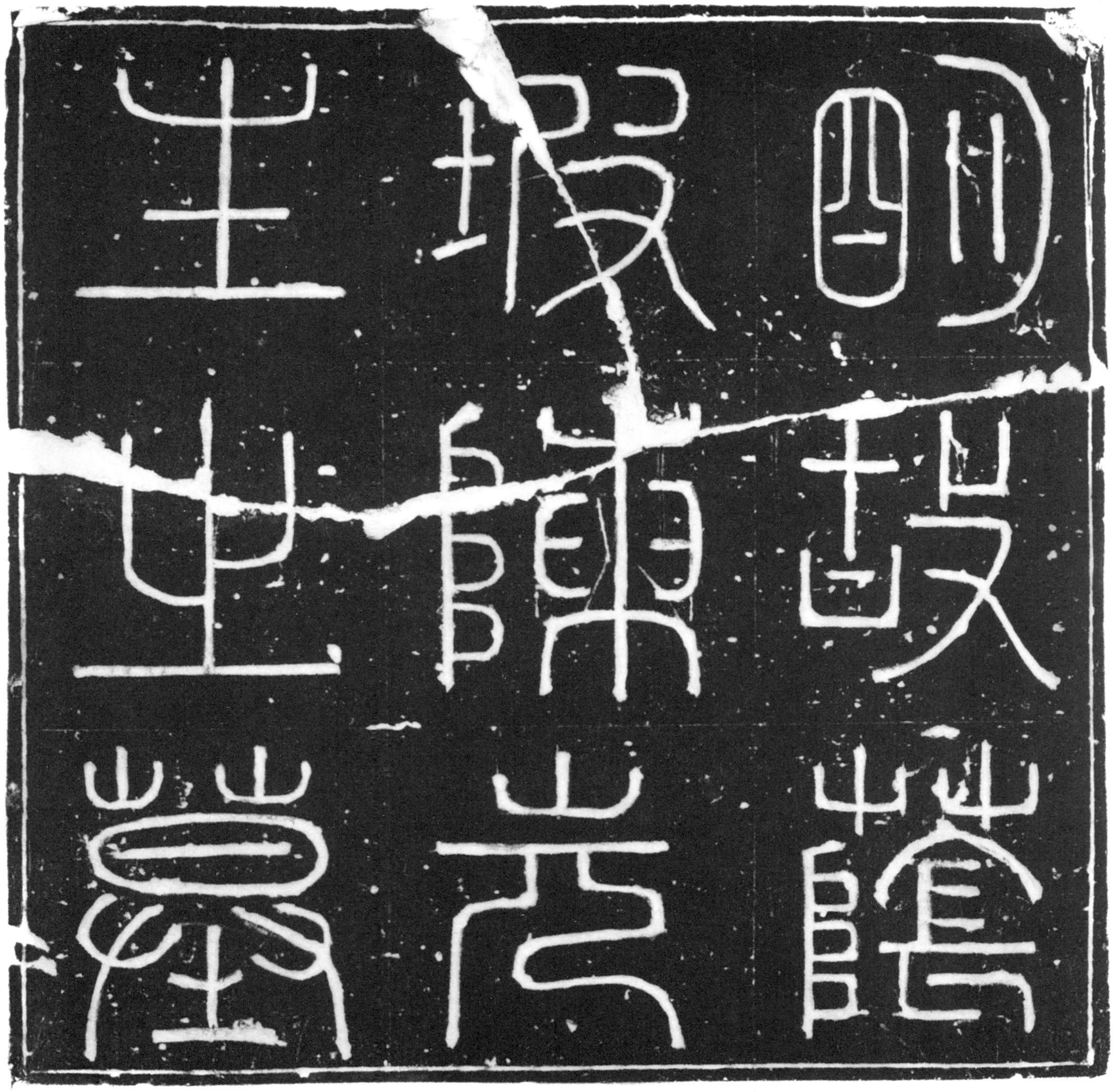

二七六　明故蔭坡陳先生之墓誌蓋

崇禎十七年（一六四四）前

磚質。蓋長三五、寬三五、厚四厘米。蓋文三行，滿行三字。篆書。有界格。周邊為單綫框。蓋斷裂。誌佚。

一九四九年後出土，具體時、地不詳。南京市文物研究所徵集。二〇〇三年移交南京市博物館。現藏南京市博物館。

二七七　明龍虎將軍福建都司都指揮使□□之墓誌蓋

崇禎十七年（一六四四）前

石質。蓋長七四、寬八〇、厚九厘米。蓋文四行，滿行四字。篆書。蓋輕度泐蝕，左上部、右上部均斷佚。蓋文殘缺不全。誌佚。

一九四九年後出土，具體時、地不詳。二十世紀八九十年代徵集。現藏南京市博物館。

二七八　明□徐母□氏孺人墓誌銘蓋

崇禎十七年（一六四四）前

石質。蓋長五〇、寬五〇、厚七厘米。蓋文四行，滿行三字。篆書。周邊為單綫框。蓋右下角斷佚，蓋文殘缺不全。誌佚。

一九四九年後出土，具體時、地不詳。二十世紀八九十年代徵集。現藏南京市博物館。

二七九　明故南京守備掌南京中軍都督府事魏國公少康徐公墓誌銘蓋

崇禎十七年（一六四四）前石質。蓋長九二、寬九二、厚一二厘米。蓋文五行，滿行五字。篆書。上、下二邊為雙龍戲珠及雲紋，左、右二邊為單龍戲珠及雲紋。誌佚。

一九四九年後出土，具體時、地不詳。二十世紀八九十年代徵集。現藏南京市博物館。

二八〇　明故夫人□尹妙静墓誌蓋

崇禎十七年（一六四四）前

石質。蓋殘長四〇、寬五〇、厚八厘米。蓋文三行，滿行三字。篆書。蓋上部斷佚，蓋文殘缺不全。誌佚。

一九四九年後出土，具體時、地不詳。二十世紀八九十年代徵集。現藏南京市博物館。

二八一　明驃騎將軍都督僉事劉公墓誌銘蓋

崇禎十七年（一六四四）前

石質。蓋長四八、寬四八、厚七厘米。蓋文三行，滿行五字。篆書。周邊為單綫框。誌佚。

一九四九年後出土，具體時、地不詳。南京市文物研究所徵集。二〇〇三年移交南京市博物館。現藏南京市博物館。

二八二　明故馬孺人方氏墓誌銘蓋

崇禎十七年（一六四四）前

石質。蓋長五四、寬五四、厚七厘米。蓋文三行，滿行三字。篆書。周邊為纏枝卷葉紋。誌佚。

一九四九年後出土，具體時、地不詳。南京市文物研究所徵集。二〇〇三年移交南京市博物館。現藏南京市博物館。

二八三　明于處士墓誌銘蓋

崇禎十七年（一六四四）前

石質。蓋長四五、寬四五、厚七厘米。蓋文二行，滿行三字。篆書。周邊為單綫框。誌佚。

一九四九年後出土，具體時、地不詳。南京市文物研究所徵集。二〇〇三年移交南京市博物館。現藏南京市博物館。

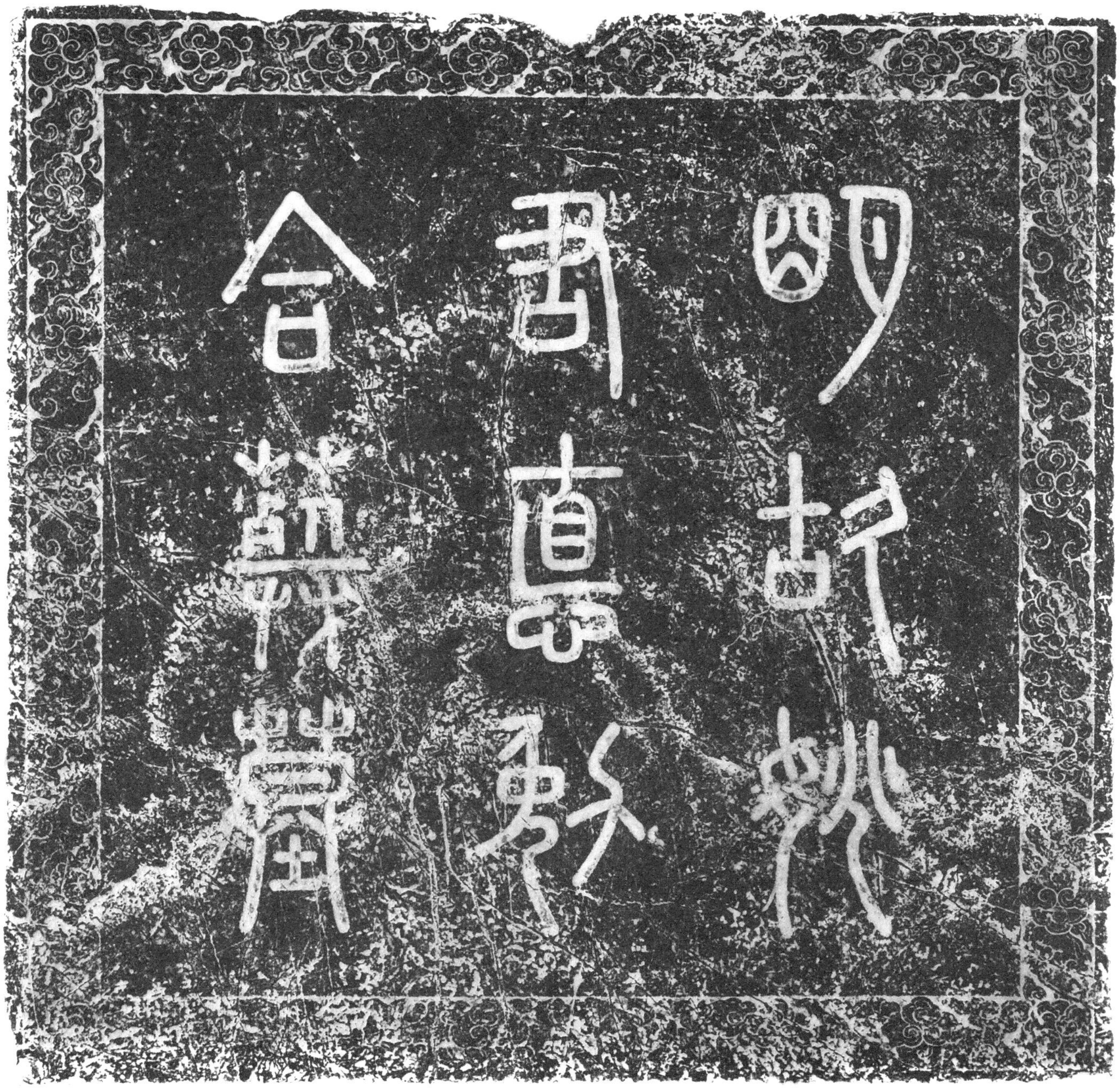

二八四　明故姚君悳勉合葬墓誌蓋

崇禎十七年（一六四四）前

石質。蓋長六七、寬六八、厚一一厘米。蓋文三行，滿行三字。篆書。周邊為卷雲紋。蓋輕度泐蝕。誌佚。

一九四九年後出土，具體時、地不詳。南京市文物研究所徵集。二〇〇三年移交南京市博物館。現藏南京市博物館。

二八五　明賜昭勇將軍驍騎左衛親軍指揮使周公之墓誌蓋

崇禎十七年（一六四四）前

石質。蓋長五七、寬五七、厚一一厘米。蓋文三行，滿行六字。正書。周邊為雙綫框。

一九四九年後出土，具體時、地不詳。二十世紀八九十年代徵集。現藏南京市博物館。

二八六　明故處士吴公彦彬墓誌銘蓋

崇禎十七年（一六四四）前

石質。蓋長四四、寬四四、厚六厘米。蓋文三行，滿行四字。篆書。周邊為單綫框。蓋右上角斷佚。誌佚。

一九四九年後出土，具體時、地不詳。南京市文物研究所徵集。二〇〇三年移交南京市博物館。現藏南京市博物館。

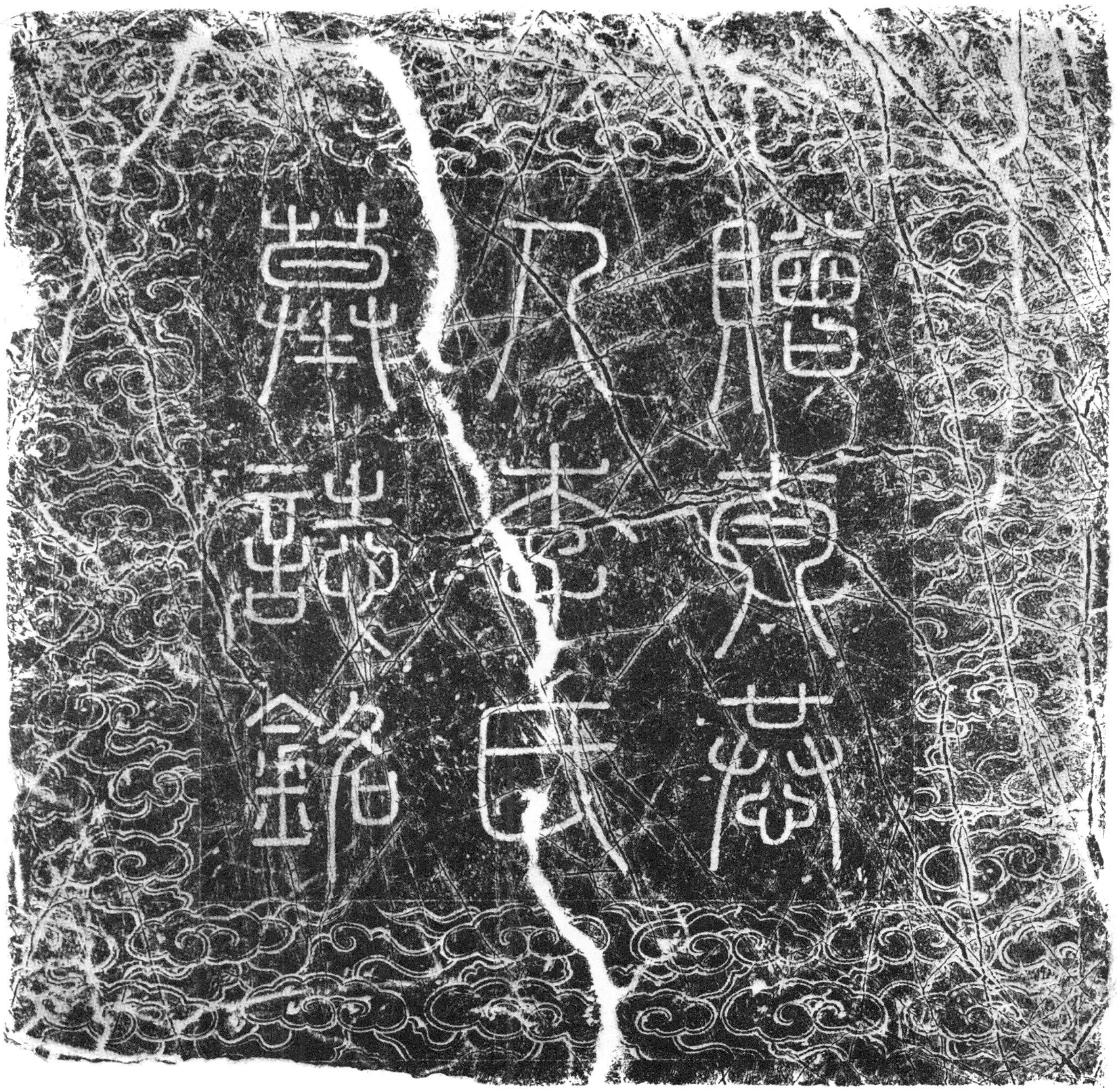

二八七　明贈太恭人李氏墓誌銘蓋

崇禎十七年（一六四四）前

石質。蓋長五三、寬五四、厚七厘米。蓋文三行，滿行三字。篆書。周邊為卷雲紋。蓋縱向斷裂，泐蝕較重。誌佚。

一九四九年後出土，具體時、地不詳。南京市文物研究所徵集。二〇〇三年移交南京市博物館。現藏南京市博物館。

二八八　明故松爰張仲威之墓誌蓋

崇禎十七年（一六四四）前

石質。蓋長五二、寬五四、厚一〇厘米。蓋文四行，滿行三字。篆書。蓋上邊略有殘缺。

一九四九年後出土，具體時、地不詳。二十世紀八九十年代徵集。現藏南京市博物館。

二八九　明敕封黔國夫人□氏墓誌銘

蓋

崇禎十七年（一六四四）前

石質。蓋長七二、寬七六、厚一二厘米。蓋文四行，滿行三字。篆書。周邊為卷雲紋。蓋上半部泐蝕嚴重，蓋文漫漶不清。誌佚。

一九四九年後出土，具體時、地不詳。二十世紀八九十年代徵集。現藏南京市博物館。

二九〇　明故金弌父之墓誌蓋

崇禎十七年（一六四四）前

石質。蓋長六二、寬六三、厚一一厘米。蓋文三行，滿行三字。篆書。蓋斷裂，右下角略有殘缺。誌佚。

一九四九年後出土，具體時、地不詳。一九六六年徵集。現藏南京市博物館。

二九一　明楊廷振妻周氏之墓誌蓋

崇禎十七年（一六四四）前

石質。蓋長五五、寬五五、厚八厘米。蓋文三行，滿行三字。篆書。蓋斷裂。誌佚。

一九四九年後出土，具體時、地不詳。南京市文物研究所徵集。二〇〇三年移交南京市博物館。現藏南京市博物館。

二九二　明故周公玉涵墓誌蓋

崇禎十七年（一六四四）前

石質。蓋長二四、寬二四、厚三厘米。蓋文三行，滿行三字。正書。有界格。周邊為雙綫框。誌佚。

一九四九年後出土，具體時、地不詳。南京市文物研究所徵集。二〇〇三年移交南京市博物館。現藏南京市博物館。

二九三　明隱士杜公廷美墓誌銘蓋

崇禎十七年（一六四四）前

石質。蓋長六二、寬六二、厚八厘米。蓋文三行，滿行三字。篆書。周邊為纏枝卷葉紋。誌佚。

一九四九年後出土，具體時、地不詳。二十世紀八九十年代徵集。現藏南京市博物館。

二九四 明故龍虎將軍陝西都指揮使林公之墓誌蓋

崇禎十七年（一六四四）前

石質。蓋長八〇、寬七〇、厚一〇厘米。蓋文五行，滿行三字。篆書。周邊為雙綫框。蓋泐蝕嚴重，左下角略有殘缺。誌佚。

一九四九年後出土，具體時、地不詳。二十世紀六十年代徵集。現藏南京市博物館。

二九五　明故贈錦衣明威將軍喬公合葬墓誌銘蓋

崇禎十七年（一六四四）前

石質。蓋長七四、寬七四、厚一二厘米。蓋文四行，滿行四字。篆書。蓋輕度泐蝕，左下角斷佚。誌佚。

一九四九年後出土，具體時、地不詳。二十世紀八九十年代徵集。現藏南京市博物館。

二九六　明宗室齊貞菴公墓誌蓋

崇禎十七年（一六四四）前

石質。蓋長六四、寬六七、厚一〇厘米。蓋文三行，滿行三字。篆書。周邊為卷雲紋。蓋斜向斷裂。誌佚。

一九四九年後出土，具體時、地不詳。南京市文物研究所徵集。二〇〇三年移交南京市博物館。現藏南京市博物館。

二九七　明靜誼處士沈公墓誌銘蓋

崇禎十七年（一六四四）前

石質。蓋長六九、寬六九、厚九厘米。蓋文三行，滿行三字，篆書。周邊為卷雲紋。蓋右邊斷裂，右上角略有殘缺。誌佚。

一九四九年後出土，具體時、地不詳。二十世紀八九十年代徵集。現藏南京市博物館。

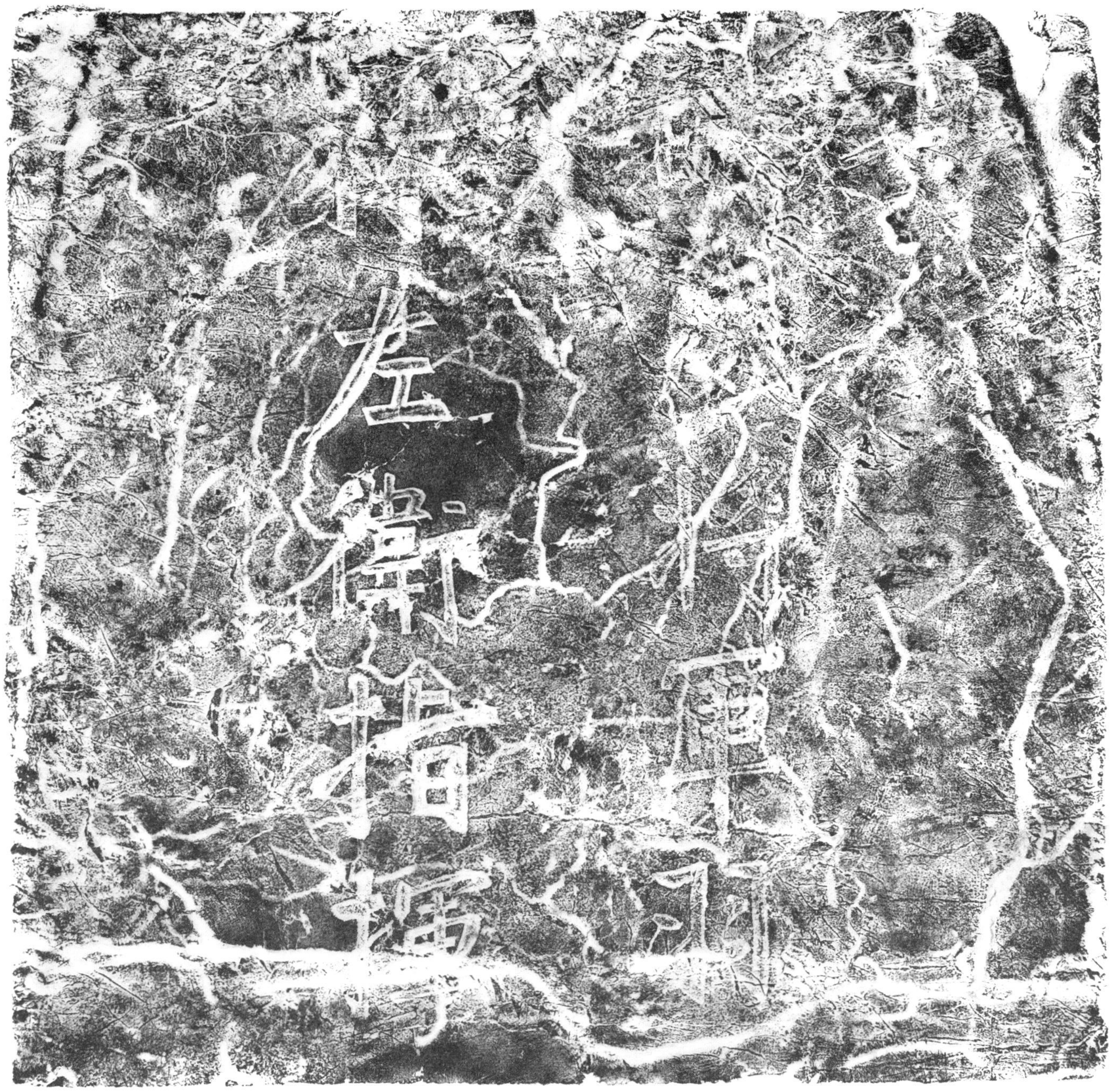

二九八　明明威將軍羽林左衛指揮墓誌蓋

崇禎十七年（一六四四）前

石質。蓋長八〇、寬八〇、厚一〇厘米。蓋文二行，滿行五字。正書。蓋泐蝕嚴重，蓋文略有殘損。誌佚。

一九四九年後出土，具體時、地不詳。二十世紀八九十年代徵集。現藏南京市博物館。

二九九　明誥贈黔國夫人謝氏墓誌銘

蓋

崇禎十七年（一六四四）前

石質。蓋長五九、寬六二、厚八厘米。蓋文四行，滿行三字。篆書。周邊為卷雲紋。蓋泐蝕較重，蓋文略有殘損。誌佚。

一九四九年後出土，具體時、地不詳。二十世紀八九十年代徵集。現藏南京市博物館。

三〇〇 清誥贈中大夫前賜進士敕封文林郎觀瀾佟公（卜年）元配誥贈淑人前封孺人陳氏墓誌銘

順治三年（一六四六）九月十九日（卒）

石質。誌、蓋均長八〇、寬八〇、厚一二厘米。蓋文六行，滿行六字。篆書。周邊為雙綫框。誌文二九行，滿行字數不清。正書。周邊亦為雙綫框。誌、蓋下半部均泐蝕嚴重，誌文漫漶不清。

一九八七年南京市雨花臺區鄧府山M29佟卜年夫人陳氏墓出土。現藏南京市博物館。

三〇一　清誥授驃騎將軍鎮守福建漳州浦詔雲霄等處地方總兵官都督僉事致仕李公（友臣）墓誌銘

康熙六十年（一七二一）十二月四日石質。誌、蓋均長七八、寬七六、厚一〇厘米。蓋文七行，滿行七字。篆書。蓋左邊另有款識一行，行一六字。正書。周邊為雙綫框。誌文四七行，滿行五〇字。正書。

一九四九年後出土，具體時、地不詳。一九六四年南京市栖霞區花林鄉徵集。現藏南京市博物館。

三〇二　清誥授榮禄大夫振威將軍兵部尚書督察院右都御史閩浙總督董文恪公（教增）墓誌銘

道光三年（一八二三）三月二十八日

石質。誌、蓋約長八七、寬八七、厚一〇厘米。蓋文七行，滿行四字。篆書。誌文四〇行，滿行五〇字。正書。誌有裂紋。

一九四九年後出土，具體時、地不詳。二十世紀八九十年代徵集。現藏南京市博物館。

三〇三　清誥授中憲大夫江南分巡淮揚河漕鹽驛兵備道春濤江公（瀚）暨原配丁恭人繼配郭恭人合葬墓誌銘

道光十九年（一八三九）十二月二十九日

石質。誌、蓋均長六四、寬六四、厚一一厘米。蓋文七行，滿行六字。篆書。誌文三五行，滿行四一字。正書。誌輕度泐蝕，誌文略有殘損。

一九四九年後出土，具體時、地不詳。二〇〇四年南京市栖霞區十月村徵集。現藏南京市博物館。

三〇四　清誥授中憲大夫陝安兵備道上元何公（桂芬）暨德配胡恭人墓誌銘

同治十二年（一八七三）十二月一日石質。誌、蓋均長六五、寬六五、厚一二厘米。蓋文五行，滿行六字。篆書。有界格。誌文二五行，滿二六字。正書。亦有界格。另誌右下方，有改葬補刻誌文三行，共計二七字。正書。蓋縱向斷裂。

一九七五年南京市江寧區牛首山何桂芬夫婦墓出土。現藏南京市博物館。

皇清誥授中憲大夫陝安兵備道上元何公暨德配胡恭人墓誌銘
江甯汪士鐸撰文
上元童志鉉篆蓋
江甯方培容書丹
君氏何諱桂芬字新甫江蘇上元人也先世於明永樂中自安徽遷
江甯本生昆弟五人而君其季性淵落浩浩有濟世志不屑計家人
豐嗇以副貢生中式道光十五年順天舉人甲辰大挑一等籤分四
川知縣不赴踰年成進士改庶吉士散館授編修三十年充會試同
考官咸豐六年授湖廣道監察御史洊升刑科掌印給事中同治五
年簡放陝安兵備道七年九月卒於官春秋六十有八明年柩始歸
里十年十月卜葬君於龍山支麓韓林之原與胡恭人同穴禮也始
君之在翰林也工為文小楷韶秀至絕而不以驕人及為言官時事
孔棘同列爭伊優亞言萬不能行之策或魭斷一二細瑣以自見君
所陳言退輒削其稿雖子弟不得聞曰吾豈以此沽名與以故人不
能知既官漢中人以君為書生也頗易之君則築堡寨召流亡靖游
勇慎刑章麻麥甚殖稚片以荒用是擾兆民而保巖疆其勤職若是
惜未竟其施而遂卒然卒之後大吏悼惋婦孺垂泣追送者若喪其
私親此豈強市之人而穫之與將直道之在人心愚夫婦固怦然動
於不能已也君所後從曾祖庠生諱臏若祖諱恩考諱友蘭皆國學
生皆贈如君官妣皆贈恭人胡恭人蓋國子監學正本淵之女孫庠
生大璋之女井臼縫紉一如寒素佐君之廉者也不幸先君卒於京
邸春秋五十有九子四人惟存其次曰忠萬咸豐九年順天舉人辛
未大挑一等不就職今之奉君及胡恭人之柩以歸而葬之者也忠
萬以予習知君而請銘於予遂銘之曰
昌于文敏于政卒不吳民弗病有天道有餘慶
歙陳鑑泐

三〇五 民國陝西省政府高等顧問前榆林道尹江寧吴公敬之（廷錫）墓誌銘

民國三十六年（一九四七）四月二十四日

石質。誌長六二、寬六二、厚七厘米。誌文二九行，滿行三〇字。正書。

一九四九年後出土，具體時、地不詳。南京市文物研究所徵集。二〇〇三年移交南京市博物館。現藏南京市博物館。

建安二十四年（二一九）十月六日

磚質。外為六角柱形，內為中空圓形。券長四四、寬六、厚三・四厘米。券文四行，行九至一七字不等。隸正之間。字口填朱。

二〇〇七年南京市雨花臺區大報恩寺遺址 M2 龍桃杖墓出土。現藏南京市博物館。

附録二　三國吳大男九江黃甫買地券

五鳳元年（二五四）十月十八日

磚質。券二方。第一方長三八・七、寬七・一、厚三・一厘米；第二方長三七・五、寬六・八、厚三・五厘米。第一方券文三行，第二行漏刻四字，補於行右，行一八至二九字不等；第二方券文三行，第三行漏刻一字，補於行右，行一九至二九字不等。均隸正之間。字口填朱。第二方橫向斷裂。

一九七九年十月、一九八〇年六月，南京市下關區幕府山 M1、M2 黃甫墓分別出土。現藏南京市博物館。

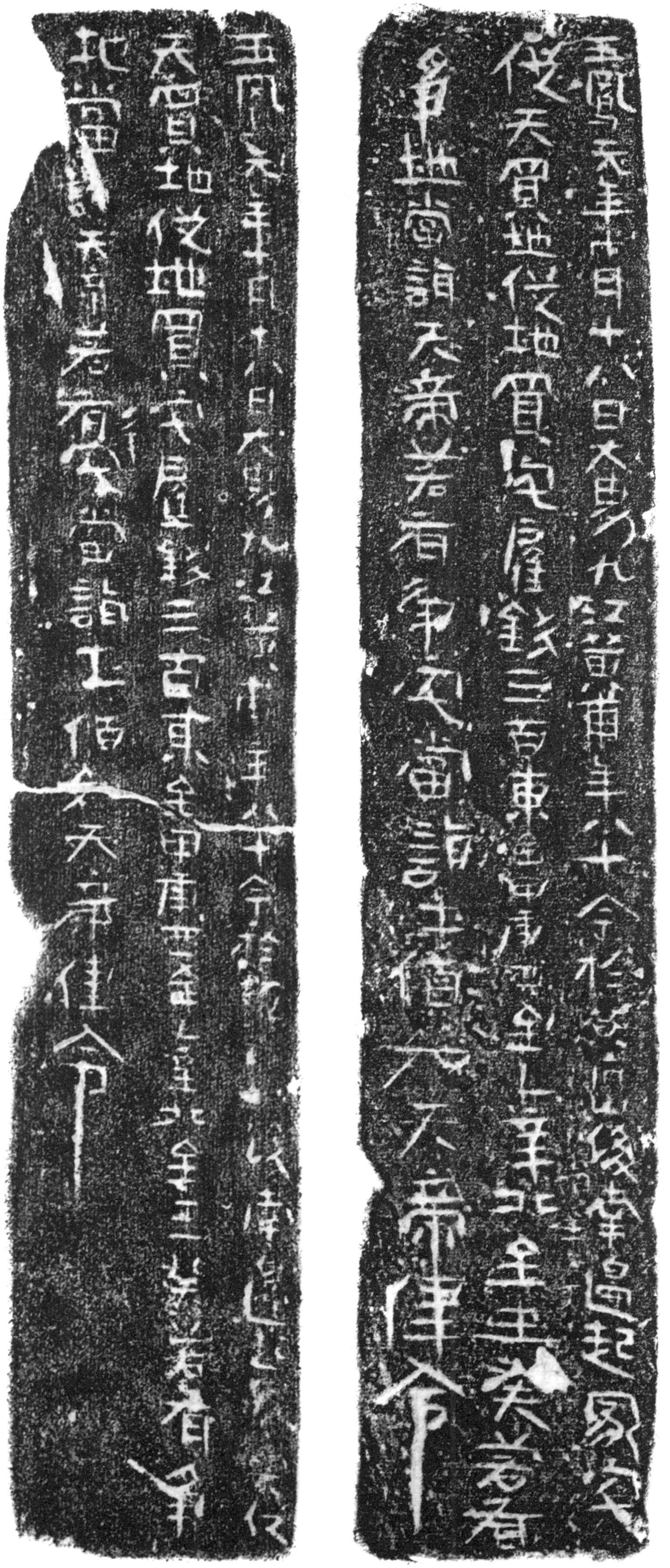

附録三　三國吴立武都尉吴郡陳重買地券

永安二年（二五九）十一月五日

磚質。券長二九、寬一五・三、厚三・六厘米。券文六行，第四行漏刻一字，補於行右，行一〇至一六字不等。隸正之間。字口填朱。券輕度泐蝕，横向斷裂。券文略有殘損。

一九八四年六月，南京市下關區郭家山 M7 陳重墓出土。現藏南京市博物館。

附録四　三國吴大女李湯買地券

永安四年（二六一）十一月十二日

磚質。券長二六、寬一一、厚一・三厘米。券文五行，行一四至二四字不等。隸正之間。字口填朱。券泐蝕較重，斜向斷裂。券文略有殘損。

一九八二年五月，南京市下關區郭家山M6吴墓出土。現藏南京市博物館。

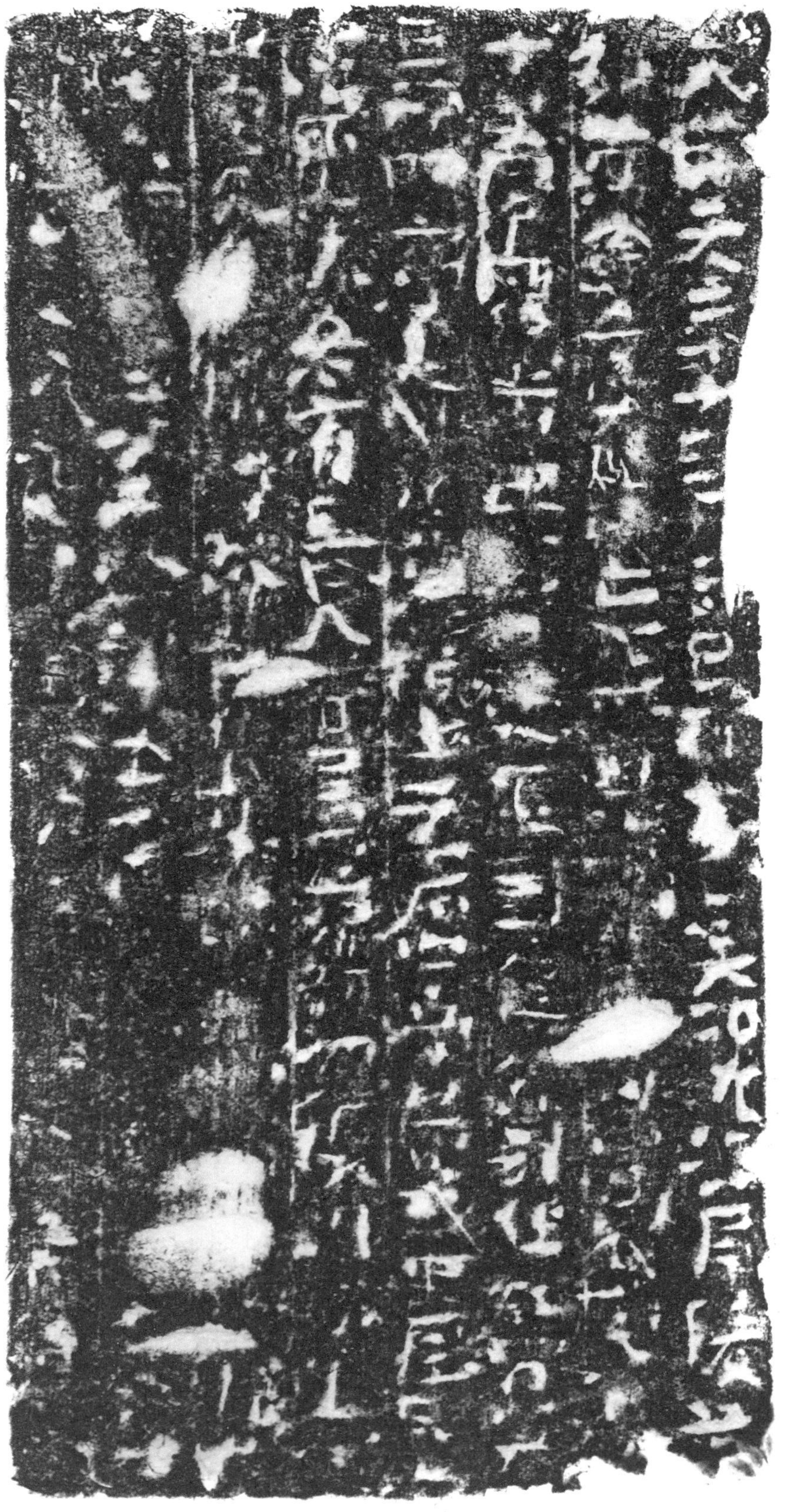

附録五　三國吴佚名買地券

天册元年（二七五）十月三日

磚質。券長二八、寬一四、厚三厘米。券文八行，每行字數不詳。隸正之間。有界欄。券泐蝕較重，券文漫漶不清。

一九九七年南京市雨花臺區丁牆村吴墓出土。現藏南京市博物館。

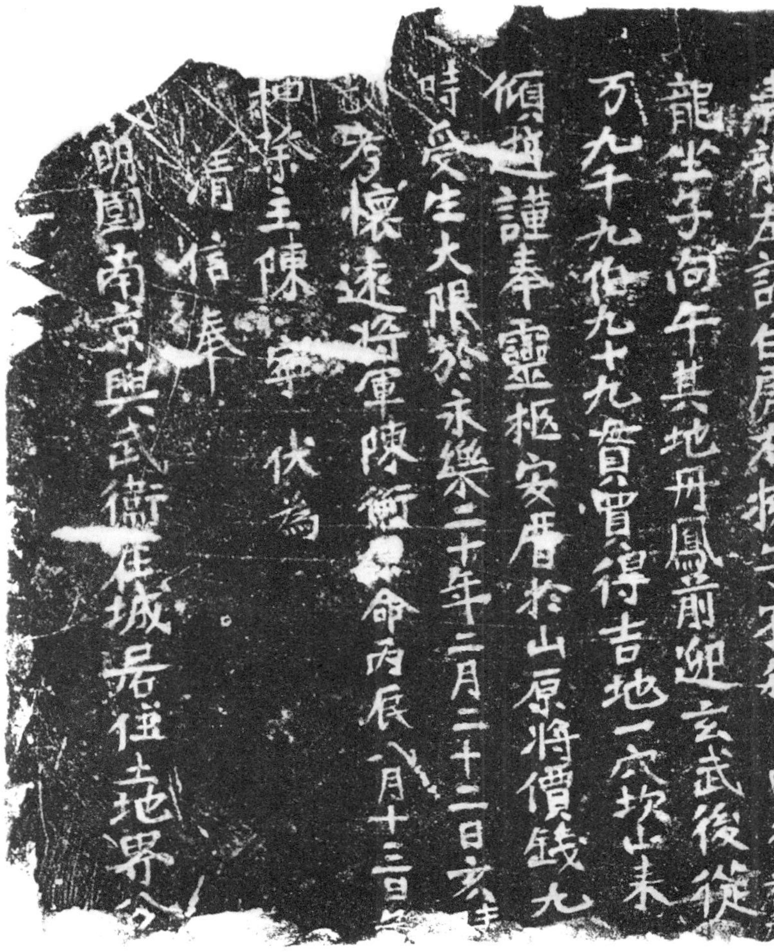

附録六　明陳寧為故考懷遠將軍陳衡買地券

永樂二十年（一四二二）三月三日

石質。券二方。均長三四、寬四〇、厚七厘米。第一方券文自左往右一一行，行三至一九字不等；第二方上為券文，一行、左為三行，行字數不等。均正書。券中部刻八卦名稱及陰陽二爻符號。内有券文四字。正書。左上角均有殘缺，券文略有殘損。

一九四九年後出土，具體時、地不詳。南京市文物研究所徵集。二〇〇三年移交南京市博物館。現藏南京市博物館。

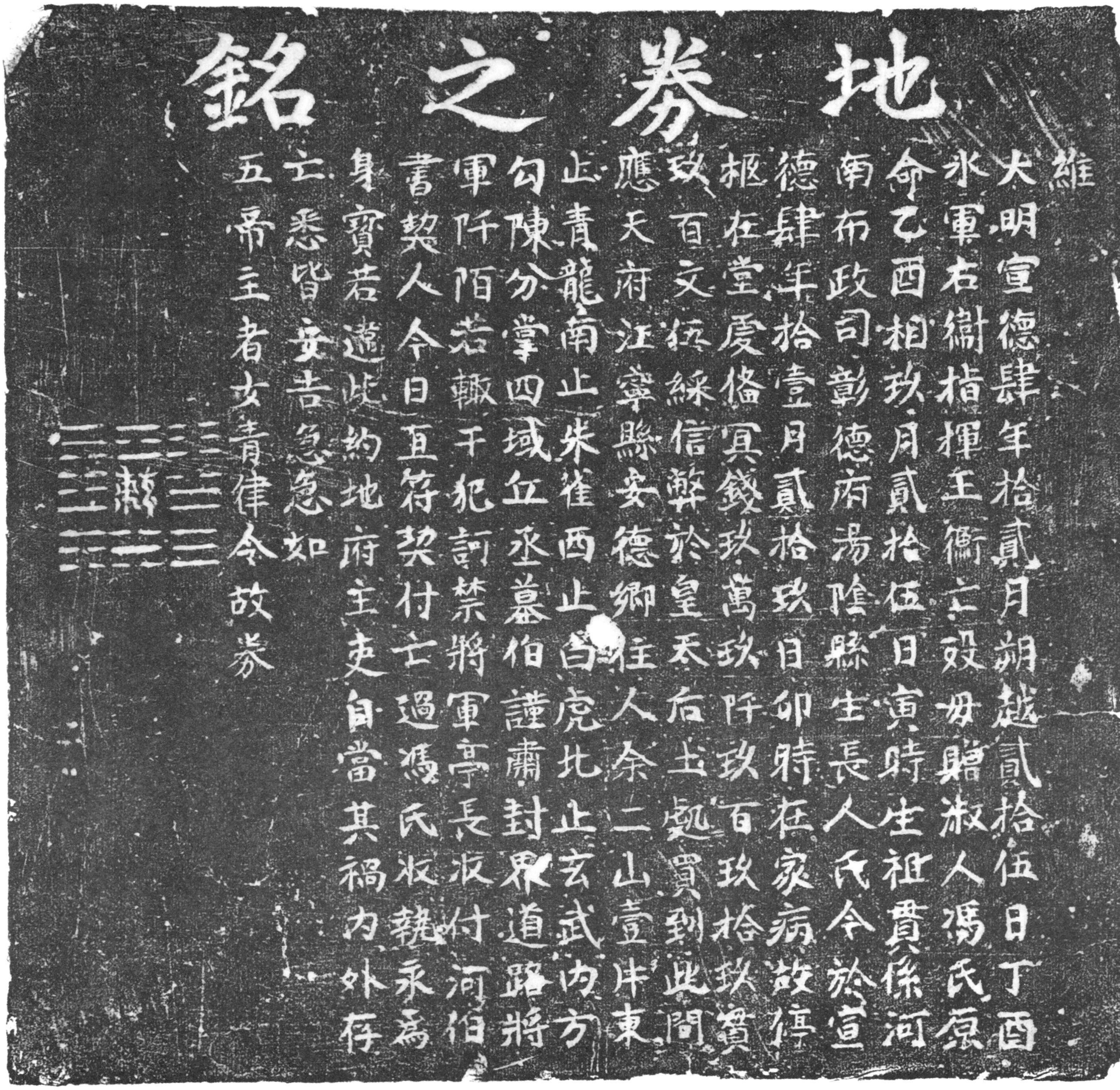

附録七　明水軍右衛指揮王衡為亡母
贈淑人馮氏（淑清）買地券

宣德四年（一四二九）十二月二十五日

陶質。券長三三、寬三三、厚五厘米。上為額文，一行，四字。正書。下為券文，一六行，滿行一七字。正書。末為八卦陰陽二爻符號，內刻一「敕」字。

一九九三年南京市雨花臺區鐵心橋鄉鐵心村馮淑清墓出土。現藏南京市博物館。

附錄八　明孝男楊仁等為故考太監楊慶買地券

宣德五年（一四三〇）□月二十八日

石質。券二方。均長三六、寬三六、厚六厘米。第一方券文一六行，滿行約二六字。正書。後有「合同」右半字。第二方前有「合同」左半字。券泐蝕嚴重，第一方券文略有殘損，第二方券文漫漶不清。

二〇〇五年十月，南京市江寧區韓府山東麓楊慶墓出土。現藏南京市博物館。

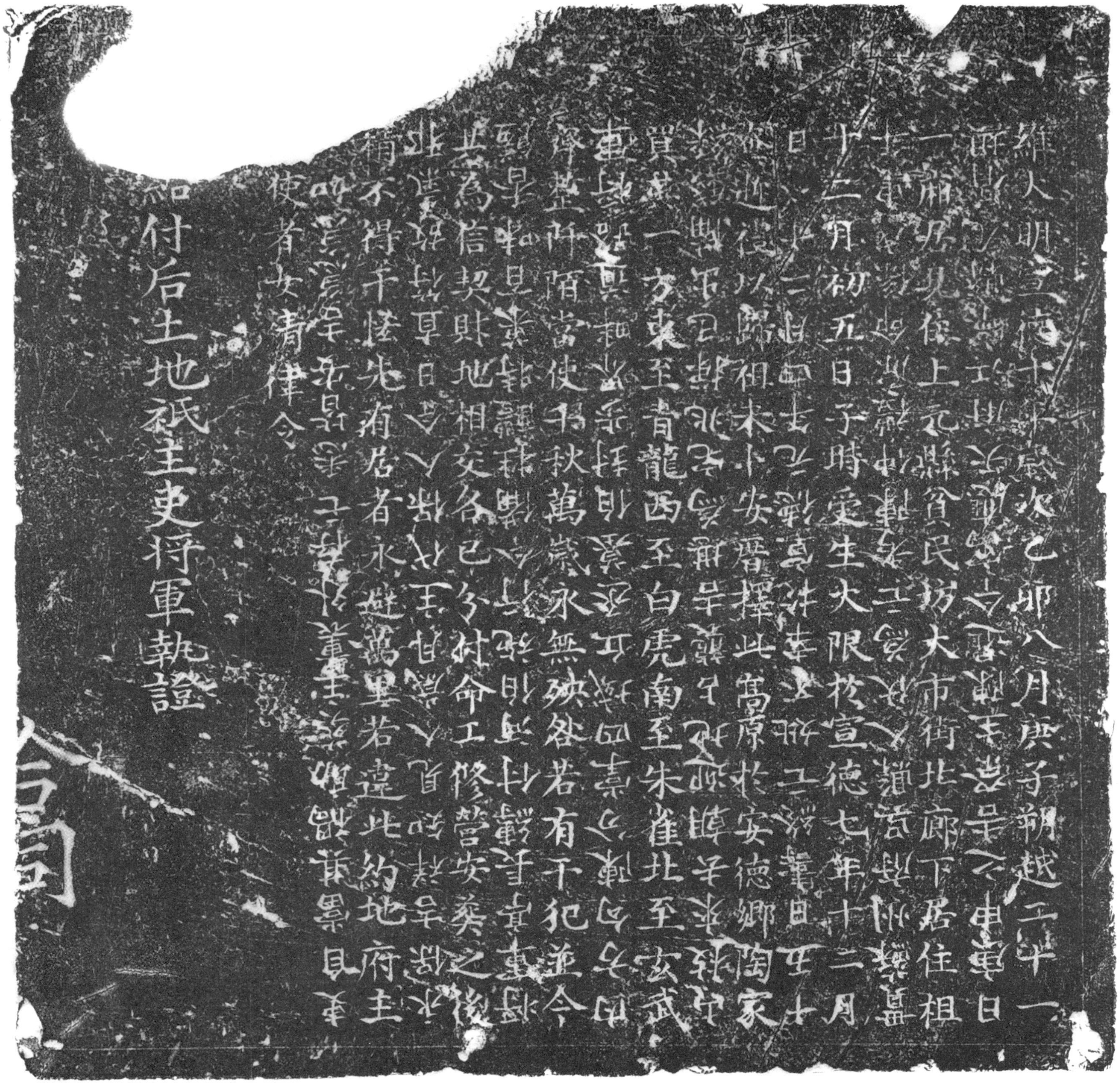

附録九　明陳暹為亡考陳仲禮暨亡妣買地券

宣德十年（一四三五）八月二十一日石質。券長四五、寬四四、厚六厘米。券文一八行，滿行二〇字，自上至下再自下而上循環回讀。正書。後有「合同」右半字。周邊為單綫框。左上邊殘缺。

一九四九年後出土，具體時、地不詳。南京市文物研究所徵集。二〇〇三年移交南京市博物館。現藏南京市博物館。

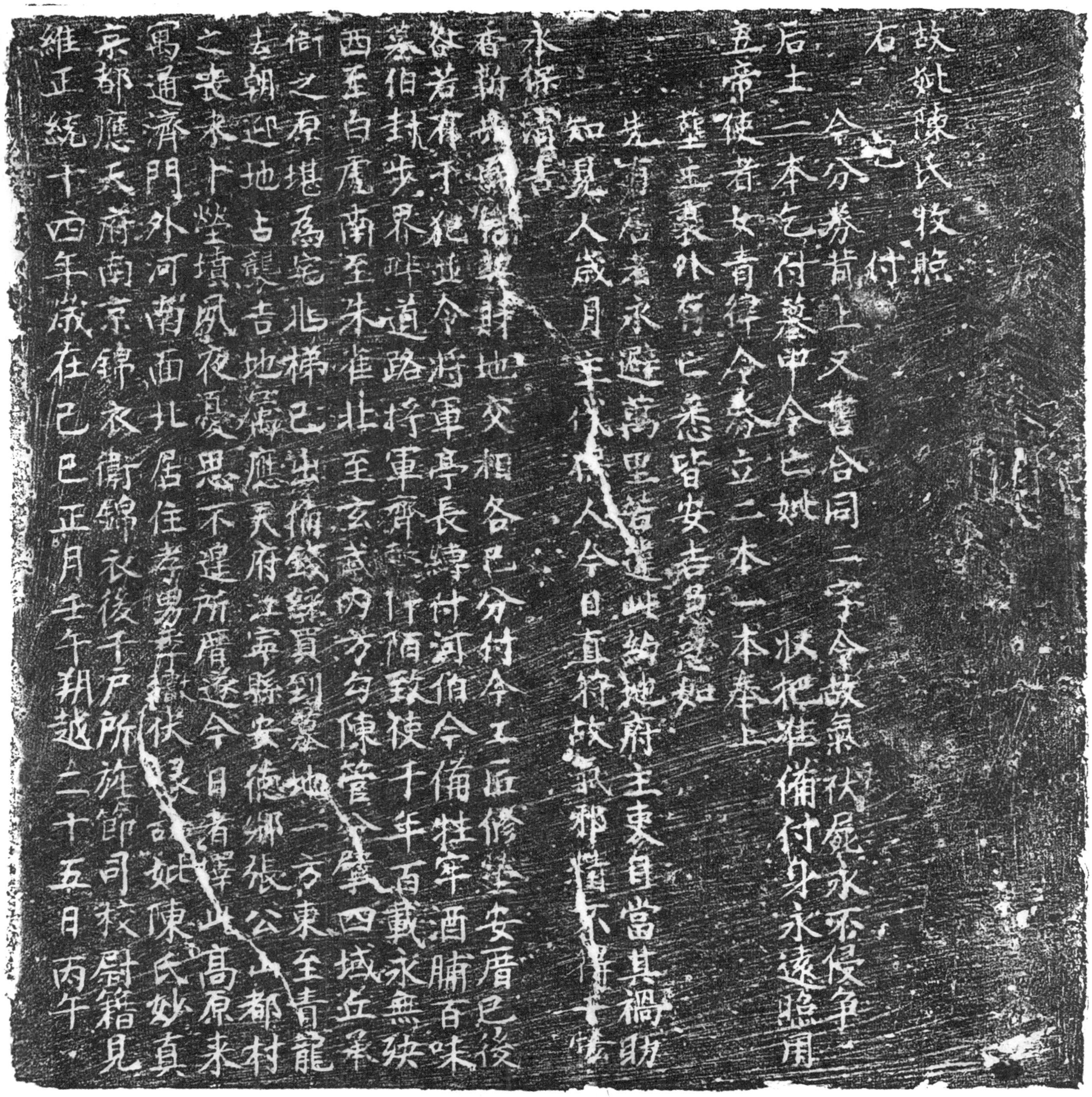

附録一〇　明孝男季瓛為故妣陳氏（妙真）買地券

正統十四年（一四四九）正月二十五日

陶質。券長三七、寬三六、厚五厘米。券文自左往右一九行，滿行二三字。正書。券文略有殘損。

二〇〇三年南京市雨花臺區小行陳妙真墓出土。現藏南京市博物館。

附錄一　明故內官監太監鄭山為先妣李氏買地券

成化二十一年（一四八五）三月三日

石質。券二方。均長五四、寬五四、厚九厘米。第一方券文自右往左一九行，滿行二二字。正書。第二方券文自左往右一九行，滿行二二字。正書。後各有「合同文券」半字。第一方斜向斷裂，上邊及左下角均有殘缺。

一九四九年後出土，具體時、地不詳。南京市文物研究所徵集。二〇〇三年移交南京市博物館。現藏南京市博物館。

維成化二十一年歲次乙巳十一月戊申朔越初
七日甲寅孝義男張銘等伏緣先考
南京司禮監右少監韋公祖貫係廣西柳州府[illegible]
縣人氏大限於成化二十一年十月二十一日亥
時奄然長逝遺兹體魄未卜塋墳有事安厝特令
日者擇到都城之北佛國寺之原回互朝迎水深
土厚龜筮協從寔為吉壤堪為宅兆乃備錢財
憑知見人歲月主代保人今日直符買到墓地一
方東至青龍西至白虎南至朱雀北至玄武方向
分明界域限隔各無干犯即令命工修塋以為幽
宅兆謹以牲牢酒脯庶羞之儀敢告
后土明神乞賜鑒證殯葬之後務使生者福利沒者安
寧千秋百歲永無殃咎獲大吉昌先有居者宜令
遠避故氣邪精若有侵爭地府主吏即降譴罰衛
護亡靈急急如
五帝使者女青律令
券立二本一本奉付
后土一本乞付墓中亡者韋公牧執准備付身永為照
用者

附録一二　明孝義男張銘等為南京司禮監右少監韋公（牧）買地券

成化二十一年（一四八五）十一月七日

石質。誌長五七、寬五七、厚九厘米。券文自左往右一九行，滿行二一字。正書。周邊為纏枝卷草紋。

一九七五年南京市玄武區太平門外板倉村韋牧墓出土。現藏南京市博物館。

附録一三　明孝嗣男孟祥等為亡恩考南京內官監太監孟公（霖）買地券

正德四年（一五〇九）閏九月七日

石質。券二方。均長四五、寬四五、厚八厘米。第一方券文自右往左二一行，滿行二七字。正書。後有「合同」疊壓拼合半字。周邊為纏枝卷葉紋。第二方券文自左往右二二行，滿行二八字。正書。後有符文及「合同」疊壓拼合半字。周邊亦為纏枝卷葉紋。

一九四九年後出土，具體時、地不詳。二十世紀八九十年代徵集。現藏南京市博物館。

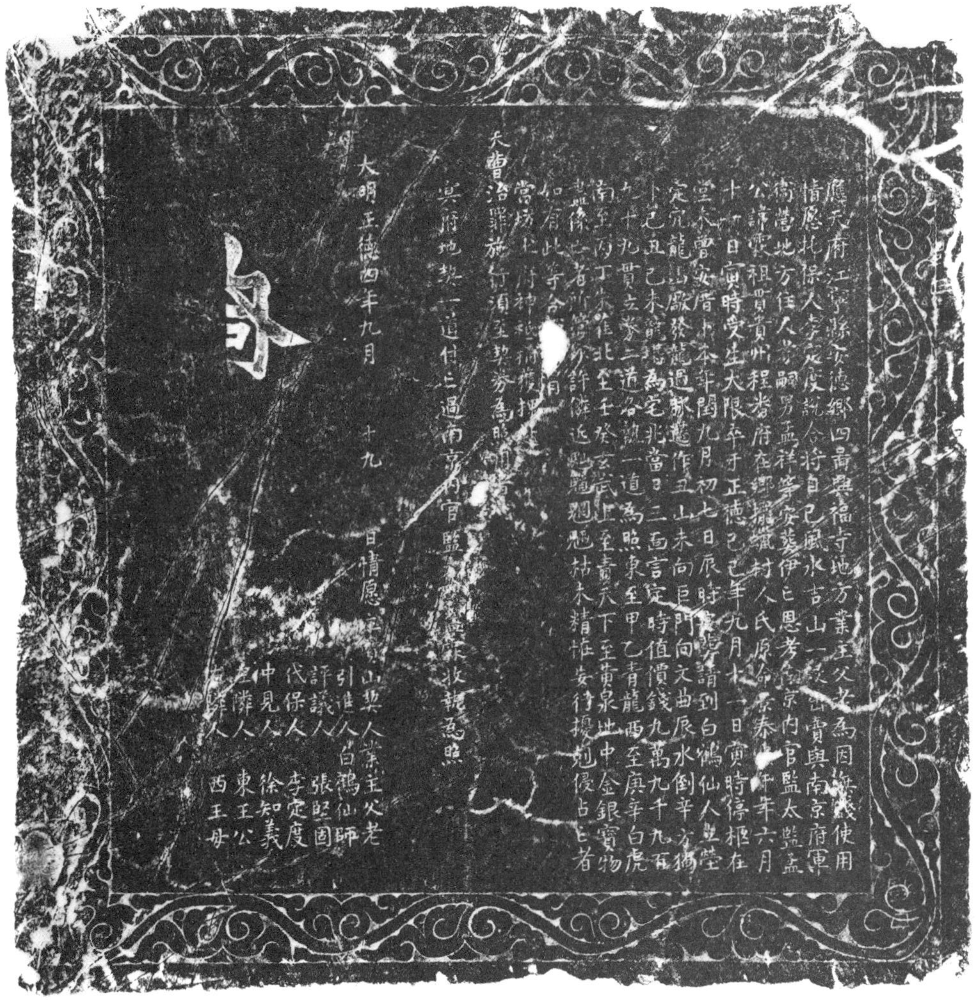

附録一四 明前鎮守山西等處地方兼提督雁門等關御用監太監吴公（經）買地券

嘉靖十二年（一五三三）七月十一日（立）

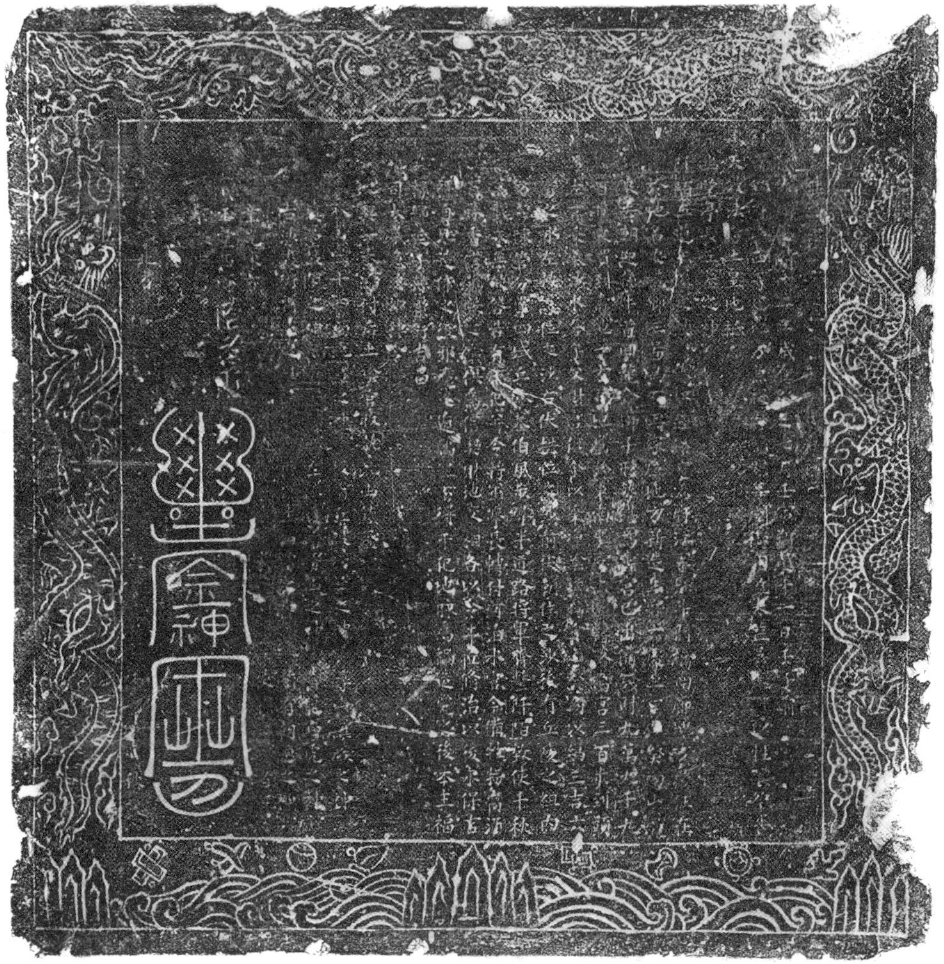

陶質。券二方。均長四八、寬四八、厚八厘米。第一方券文二五行，滿行三〇字。正書。字口填朱。中下部為「合同」疊壓拼合半字及符文。上、左、右三邊為卷雲及龍紋，下邊為波浪及山紋。第二方券文二六行，滿行三〇字。正書。末為「合同」疊壓拼合半字及符文。上、左、右三邊亦為卷雲及龍紋，下邊亦為波浪及山紋。第二方泐蝕嚴重，券文漫漶不清。

一九八六年南京市雨花臺區大定坊馬家山吴經墓出土。現藏南京市博物館。

附録一五　明信士陳和買地券

萬曆三十七年（一六〇九）二月二十五日（立）

磚質。券長三一、寬三一、厚五厘米。兩面刻文：正面券文一七行，滿行三一字。正書。有界欄。周邊為單綫框。背面為鎮墓符籙及八卦圖文。正書。

一九四九年後出土，具體時、地不詳。南京市文物研究所徵集。二〇〇三年移交南京市博物館。現藏南京市博物館。

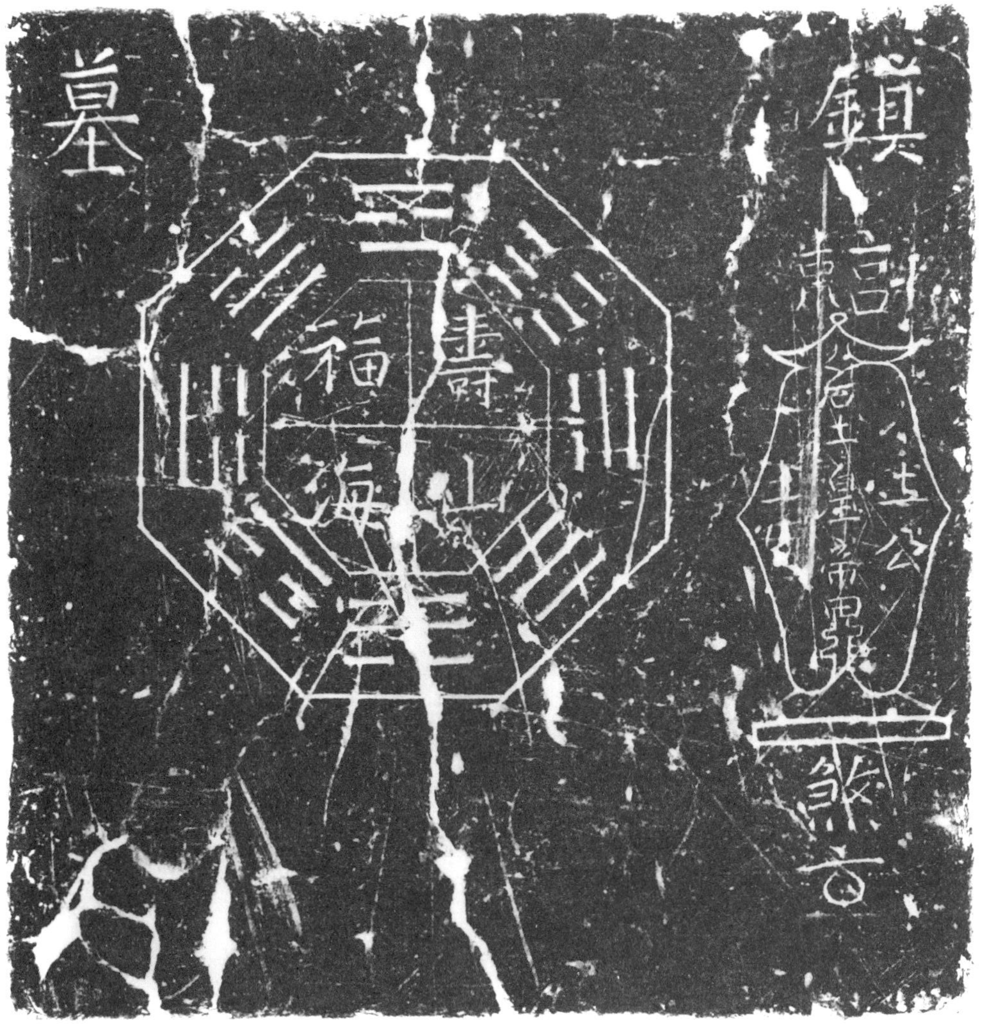

附録一六　明祭主吴孔式等為故先考吴淇竹先妣張孺人買地券

萬曆四十七年（一六一九）三月二十六日

磚質。券二方。兩頂角均為斜殺。均長三八、寬三五、厚五厘米。上為額文，均一行，行二字。正書。下為券文，均一九行，滿行二二字。正書。均有界欄。第二方輕度泐蝕，券文略有殘損。

一九四九年後出土，具體時、地不詳。南京市文物研究所徵集。二〇〇三年移交南京市博物館。現藏南京市博物館。

券文

維萬曆肆拾柒年歲次己未春三月甲申朔越祭日戊申塋
日己酉直隸徽州府歙縣十六都一啚八甲忠鳴鄉禮教里
人氏今寓如臯縣居住祭主吳孔式等伏緣明故先考吳
公淇竹先妣張氏孺人之葛奄逝未卜塋墳夙夜憂思不
遑所晉遂令日者擇此崗源來去朝迎地占襲吉其地名
圖慕村之山堪為宅兆悌已出備錢綵價鈔九萬九千九
百九十九貫文買到墓地一方東西二百步南北二百步
其地左止青龍右止白虎前止朱雀後止玄武內方勾陳
掌分擘四域丘丞墓伯封步界畔道路將軍齊整阡陌致
使千秋百載永無殃咎若有干犯並令將軍亭長縛扶河
伯今備牲牢酒脯百味新香供為信契財地交相各以分
付今工匠修塋安厝已後永保清吉
知見人歲月主代保人今日直符令故氣邪精不得
干恡先有居者永避萬里若違此約地府主使自當
其禍助塋者主內外存亡悉皆安吉急急如律
五帝使者女青真人律令
右地　天元一氣　地支合生　特
右給付與明故先考吳公淇竹先妣張氏孺人執照